Hintzen/Wolf

Die Mobiliarzwangsvollstreckung in der Praxis

Die Mobiliar-zwangsvollstreckung in der Praxis

Grundlagen und Durchführung

von

Udo Hintzen
Dipl.-Rechtspfleger, Amtsgericht Bonn
Dozent an der Fachhochschule für Rechtspflege Bad Münstereifel

und

Hans-Joachim Wolf
Richter am Landgericht, Bonn
Dozent an der Fachhochschule für Rechtspflege Bad Münstereifel

1. Auflage, 1994

JEHLE-REHM

Die Deutsche Bibliothek – CIP-Einheitsaufnahme

Hintzen, Udo:
Mobiliarzwangsvollstreckung in der Praxis : Grundlagen und Durch-
führung / von Udo Hintzen und Hans-Joachim Wolf. – 1. Aufl. –
München : Jehle-Rehm, 1994
    (Rehm-Arbeitshilfen für den Anwalt)
    ISBN 3-8073-0911-X
NE: Wolf, Hans-Joachim:

Bearbeiterverzeichnis:

Hintzen:	Teil C XII., Teil D, Teil E
Wolf:	Teil A, Teil B, Teil C I.–XI., Teil F, Teil G

Bei der Herstellung des Buches haben wir uns zukunftsbewußt für
umweltverträgliche und wiederverwertbare Materialien entschieden.
Der Inhalt ist auf elementar chlorfreiem Papier gedruckt.

ISBN 3-8073-0911-X
Verlag Franz Rehm GmbH & Co KG
in der
Verlagsgruppe Jehle-Rehm
Einsteinstraße 172, 81675 München
Satz: Satz und Layout Fruth GmbH, München
Druck: Schoder-Druck, Gersthofen

Vorwort

Die Mobiliarzwangsvollstreckung schließt eine Lücke zwischen den vorhandenen Kommentaren und Erläuterungswerken für die Praxis. Zielgruppe dieses für Praktiker geschriebenen Buches sind vor allem Rechtsanwälte und deren Mitarbeiter, Vollstreckungsabteilungen von Gemeinden, Finanzämter, Firmen, aber auch Richter und Rechtspfleger und nicht zuletzt die unmittelbar von der Zwangsvollstreckung betroffenen Gläubiger und Schuldner selbst.

Da der Großteil der Bevölkerung nicht über Grundeigentum verfügt, ist die Mobiliarzwangsvollstreckung nach wie vor von großer Bedeutung. Das Buch vermittelt die für eine wirksame und effiziente Mobiliarzwangsvollstreckung notwendigen Kenntnisse durch eine detaillierte Darstellung der zahlreichen, nicht immer übersichtlichen Vorschriften des Vollstreckungsrechts, einschließlich deren Verknüpfung mit dem übrigen Prozeßrecht und dem materiellen Recht.

Dazu werden im Eingangsteil des Buches zunächst die allgemeinen Verfahrensvoraussetzungen kurz dargestellt. Ausführlich wird dabei auf das in der Praxis häufig vorkommende Problem der Notwendigkeit einer Forderungsaufstellung bei einer Teil- bzw. Restforderungsvollstreckung eingegangen. Der zweite Teil befaßt sich mit den allgemeinen und besonderen Voraussetzungen der Zwangsvollstreckung, wobei insbesondere auf die relevanten Bereiche der notwendigen Bestimmtheit von Titeln sowie der qualifizierten Klauseln eingegangen wird. Die Darstellung der Gerichtsvollziehervollstreckung, des Verfahrens zur Abgabe der eidesstattlichen Versicherung, das komplexe Gebiet der Forderungspfändung sowie schließlich die Vollstreckung wegen Herausgabe, Duldung, Unterlassung sowie der Abgabe von Willenserklärungen sind Gegenstand der Teile drei bis sechs. Im abschließenden Teil werden die Rechtsbehelfe im Zwangsvollstreckungsverfahren eingehend behandelt. Wegen des sachlichen Zusammenhangs wird auch auf die Klage gem. § 826 BGB auf Unterlassung der Zwangsvollstreckung und Herausgabe des Titels in einem besonderen Kapitel eingegangen.

Bereits berücksichtigt wurden: das 2. Gesetz zur Änderung des Sozialgesetzbuches vom 13. 6. 1994 (BGBl. I 1229), das im wesentlichen am 18. 6. 1994 in Kraft getreten ist; ferner das Kostenrechtsänderungsgesetz 1994 vom 24. 6. 1994 (BGBl. I 1325), in Kraft seit dem 1. 7. 1994, sowie das Gesetz zur Änderung von Vorschriften über das Schuldnerverzeichnis vom 15. 7. 1994 (BGBl. I 1566), das am 1. 1. 1995 in Kraft treten wird; desweiteren das zum 1. 7. 1995 in Kraft tretende Partnerschaftsgesellschaftsgesetz (PartGG) vom 25. 7. 1994 (BGBl. I 1744).

Wo es zum besseren Verständnis angezeigt erschien, sind im Text Beispielsfälle angeführt. Im Anhang finden sich schwerpunktmäßig ausgewählte Muster, insbesondere für Anträge auf Pfändung und zur Einlegung von Rechtsbehelfen.

Bei der Auswahl der Kommentare und Lehrbücher mußte schon aus Raumgründen eine Beschränkung erfolgen. Rechtsprechung wurde bis Juli 1994 ausgewertet, teilweise auch darüber hinaus.

Im Sommer 1995 wird die Immobiliarzwangsvollstreckung in der 2. Auflage mit den grundlegenden Veränderungen der Rechtsangleichung nach der Wiedervereinigung erscheinen. Mit beiden Werken wird dann die komplette Darstellung der Zwangsvollstreckung abgeschlossen.

Bonn im Oktober 1994

Udo Hintzen
Hans-Joachim Wolf

Inhaltsverzeichnis

Teil C

Gerichtsvollziehervollstreckung

Teil D
Verfahren zur Abgabe der eidesstattlichen Versicherung

Teil E
Forderungspfändung

Kapitel A
Geldforderung

Kapitel F
Abgabe einer Willenserklärung, §§ 894–898 ZPO

Kapitel L
Klage auf Unterlassung der Zwangsvollstreckung gem. § 826 BGB

Literaturverzeichnis

Arnold/Meyer-Stolte/ Herrmann/Hansens	Rechtspflegergesetz, Kommentar, 4. Auflage 1994; zitiert: Arnold/Meyer-Stolte
Barz/Elmenthaler/ Krohn/Riecke	Das (baldige) Ende der Mobiliar-Zwangsvollstreckung? DGVZ 1993, 177; zitiert: Barz
Bassenge/Herbst	Gesetz über die Angelegenheiten der Freiwilligen Gerichtsbarkeit/Rechtspflegergesetz, Kommentar, 6. Auflage 1992
Baßlsperger	Das Girokonto in der Zwangsvollstreckung, Rpfleger 1985, 177
Baumbach/Lauterbach/ Albers/Hartmann	Kommentar zur ZPO, 52. Auflage 1994; zitiert: Baumbach/Bearbeiter
Baur/Stürner	Zwangsvollstreckungs-, Konkurs- und Vergleichsrecht, Lehrbuch, 11. Auflage 1983
Behr	Effektive Sachpfändung durch den Gerichtsvollzieher, NJW 1992, 2738
Behr	Vollstreckung ohne Durchsuchungsanordnung, Art. 13 II GG, NJW 1992, 2125
BGB-RGRK	Das Bürgerliche Gesetzbuch mit besonderer Berücksichtigung der Rechtsprechung des Reichsgerichts und des Bundesgerichtshofes, Kommentar, herausgegeben von den Mitgliedern des BGH, 12. Auflage 1981; zitiert: BGB-RGRK/Bearbeiter
Bischof	Die vollstreckungsrechtliche Durchsuchungs-anordnung (§ 758 ZPO) in der gerichtlichen Praxis, ZIP 1983, 522
Bork	Ab wann ist die Zwangsvollstreckung gegen eine Unterlassungsverfügung sanktionierbar gem. § 890 ZPO?, WRP 1989, 360
Braun/Raab-Gaudin	Auswirkungen des § 11 VerbrKrG auf die Zwangs-vollstreckung, DGVZ 1992, 1
Brehm	Das Pfändungsverbot des § 803 Abs. 2 ZPO bei der Anschlußpfändung, DGVZ 1985, 65

Brinkmann	Offenbarungsverfahren mit mehreren Gläubigern, Rpfleger 1994, 89
Brox	Die Vinkulierung des Vermögens im ganzen sowie der Haushaltsgegenstände und ihre Auswirkungen im Zivilprozeß, FamRZ 1961, 281
Brox/Walker	Zwangsvollstreckungsrecht, 4. Auflage 1993
Däumichen	Die praktischen Probleme für die Gläubiger beim Beantragen eines Durchsuchungsbeschlusses gem. § 758 ZPO, wenn der Gerichtsvollzieher den Schuldner bei der Vollstreckung nicht angetroffen hat, DGVZ 1994, 41
Derleder	Die Voraussetzungen der Räumungsvollstreckung gegen Mieterfamilien, JurBüro 1994, 1
Dressel	Sicherungsvollstreckung im Offenbarungsverfahren, Rpfleger 1991, 43
Dressel	Zustellung des Pfändungsbeschlusses, Rpfleger 1993, 100
Dunkl/Moeller/Baur/Feldmeier/Wetekamp	Handbuch des vorläufigen Rechtsschutzes, 2. Auflage 1991; zitiert: Dunkl/Bearbeiter
Eich/Lübbig	Teilerfolg und Effektivität der Zwangsvollstreckung „Die Bewilligung von Teilzahlungen", DGVZ 1991, 33
Erman	Handkommentar zum Bürgerlichen Gesetzbuch, 9. Auflage 1993
Geimer	Notarielle Vollstreckbarerklärung von Anwaltsvergleichen, DNotZ 1991, 266
Geißler	Meinungsstreit und Kostenfragen um das Beschwerderecht des Gerichtsvollziehers, DGVZ 1990, 105
Gilleßen/Jakobs	Auswirkungen der Vereinfachungsnovelle auf die praktische Tätigkeit des Gerichtsvollziehers, DGVZ 1977, 110
Grunsky	Probleme des Pfändungsschutzes bei mehreren Arbeitseinkommen des Schuldners, ZIP 1983, 908
Hahn	Die gesammten Materialien zur Civilprozeßordnung und dem Einführungsgesetz zu derselben vom 30. Januar 1877, 1. Abtheilung, 1880
Hansens	Der Anwaltsvergleich gemäß § 1044 b ZPO, AnwBl 1991, 113
Hintzen	Immobiliarzwangsvollstreckung, 1991

Hintzen	Taktik in der Zwangsvollstreckung III, 1992; zitiert: Hintzen Taktik
Hintzen	Pfändung des Eigentumsverschaffungsanspruchs und des Anwartschaftsrechts aus der Auflassung, Rpfleger 1989, 439
Hintzen	Pfändung und Verwertung dinglicher Vermögensrechte, JurBüro 1991, 755
Hintzen	Die Auskunftspflicht des Drittschuldners, ZAP Fach 14 Seite 61 (1991, 811)
Hornung	Billigkeitspfändung von Sozialgeldleistungen, Rpfleger 1982, 45
Hövel, van den	„Gefahr im Verzuge" durch die bloße Weigerung des Schuldners zur Wohnungsdurchsuchung, Art. 13 II GG?, NJW 1993, 2031
Jaeger-Henckel	Konkursordnung, Großkommentar, 9. Auflage 1977/1980
Jagenburg	Die Entwicklung des privaten Bauvertragsrechts seit 1991: VOB-Vertrag und Verfahrensfragen, NJW 1992, 3203
Jakobs	Vorläufige Vollstreckbarkeit gegen Sicherheitsleistung unter besonderer Berücksichtigung der Prozeßbürgschaft, DGVZ 1973, 107
Jauernig	Zwangsvollstreckung- und Konkursrecht, Studienbuch, 19. Auflage 1990
Joswig	Nichtbestreiten, Geständnis und Anerkenntnis im Klauselerteilungsverfahren, Rpfleger 1991, 144
Kerres	Das Verfahren zur Pfändung und Versteigerung von Scheinbestandteilen (Gebäude auf fremdem Boden) und fremdem Zubehör zu einem Grundstück, DGVZ 1990, 55
Kerres	Pfändung und Versteigerung von Scheinbestandteilen (Gebäude auf fremdem Boden) und fremdem Zubehör zu einem Grundstück, DGVZ 1992, 53
Kilger/Karsten Schmidt	Konkursordnung, Kommentar, 16. Auflage 1993
Köhler	„Natürliche Handlungseinheit" und „Fortsetzungszusammenhang" bei Verstößen gegen Unterlassungstitel und strafbewehrte Unterlassungserklärungen, WRP 1993, 666

Kotzur	Der Vollstreckungsschutz des Apothekers nach § 811 Nr. 9 ZPO, DGVZ 1989, 165
Kotzur	Zum Nachweis der als Sicherheitsleistung erbrachten Bankbürgschaft in der Zwangsvollstreckung, DGVZ 1990, 65
Kuhn/Uhlenbruck	Konkursordnung, 11. Auflage 1994
Künkel	Die Anfechtbarkeit von Einstellungsentscheidungen nach §§ 707, 732 II, 769 ZPO, MDR 1989, 309
Lorz	Das Gesetz zur Verbesserung der Rechtsstellung des Tieres im bürgerlichen Recht, MDR 1990, 1057
Lüke	Der Inhalt des Pfändungspfandrechts, JZ 1955, 484
Marotzke	Öffentlich-rechtliche Verwertungsmacht und Grundgesetz, NJW 1978, 133
Mertes	Zusammenrechnung bei Pfändung mehrerer Arbeitseinkommen, Rpfleger 1984, 453
Midderhoff	Zum Umfang des Pfändungsprotokolls bei fruchtloser Pfändung, DGVZ 1983, 4
Mümmler	Betrachtungen zur Drittschuldnererklärung, JurBüro 1986, 333
Münchener Kommentar zum Bürgerlichen Gesetzbuch	2. Auflage 1986–1990/3. Auflage 1993; zitiert: MünchKommBGB/Bearbeiter
Münchener Kommentar zur Zivilprozeßordnung	1992; zitiert: MünchKommZPO/Bearbeiter
Münzberg	Vormundschaftsgerichtliche Genehmigungen im Grundstücksrecht, Rpfleger 1987, 485
Münzberg	Geständnis, Geständnisfiktion und Anerkenntnis im Klauselerteilungsverfahren?, NJW 1992, 201
Napierala	Die Berechnung des pfändbaren Arbeitseinkommens, Rpfleger 1992, 49
Napierala	Nochmals: Vollstreckungsklausel nach erfolgreicher Klauselklage, Rpfleger 1989, 493
Noack	Der Einzelkaufmann und der Gewerbetreibende in der Zwangsvollstreckung, JurBüro 1978, 971
Noack	Die Übereignung gem. § 825 ZPO der auf Abzahlung verkauften Sache an den Verkäufer, MDR 1969, 180

Noack	Fehlen einer richterlichen Erlaubnis nach § 761 ZPO und einer richterlichen Anordnung nach Art. 13 GG und die Wirkung auf die Rechtmäßigkeit der Ausübung des Gerichtsvollziehers und auf einen vollzogenen Pfändungsakt, DGVZ 1980, 33
Palandt	Kurzkommentar zum BGB, 53. Auflage 1994, zitiert: Palandt/Bearbeiter
Paulus	Die Pfändung von EDV-Anlagen, DGVZ 1990, 151
Puppe	Ratenzahlungen an den Gerichtsvollzieher, DGVZ 1991, 89
Rosenberg/Gaul/Schilken	Zwangsvollstreckungsrecht, 10. Auflage 1987
Rosenberg/Schwab/Gottwald	Zivilprozeßrecht, 15. Auflage 1993
Rößler	Zwangsvollstreckung und Unverletzlichkeit der Wohnung, NJW 1979, 2137
Schack	Internationale Zwangsvollstreckung in Geldforderungen, Rpfleger 1980, 175
Scherer	Titel gegen Nicht-Mieter bei der Wohnungszwangsräumung?, DGVZ 1993, 161
Schneider, Egon	Bemerkungen zur kostenträchtigen Beitreibung von Minimalforderungen, DGVZ 1983, 132
Schneider, Egon	Die Prüfungspflicht des Gerichtsvollziehers bei Vollstreckung von Restforderungen, DGVZ 1982, 149
Schneider, Egon	Die vollstreckungsrichterliche Durchsuchungsanordnung, NJW 1980, 2377
Schneider, Egon	Streitwert, Kommentar, 10. Auflage 1992
Schneider, Egon	Krankheit und Suizidgefahr als Vollstreckungshindernis, JurBüro 1994, 321
Schneider, Harald	Die Berücksichtigung von Ausfallerscheinungen beim Schuldner durch den Gerichtsvollzieher, DGVZ 1987, 52
Schubert	Nochmals: Durchsuchungen gem. § 758 ZPO nur auf Grund richterlichen Durchsuchungsbefehls, MDR 1980, 365
Schünemann	Befriedigung durch Zwangsvollstreckung, JZ 1985, 49

Schuschke	Vollstreckung und Vorläufiger Rechtsschutz, Kommentar zum Achten Buch der ZPO, Bd. I. §§ 704–915 ZPO, 1992 mit Nachtrag
Seip	Die Zwangsvollstreckung durch den Gerichtsvollzieher, NJW 1994, 352
Spring	Fragerecht des Gläubigers im Offenbarungsverfahren, NJW 1994, 1108
Staub	Großkommentar zum HGB, 4. Auflage 1983; zitiert: Staub/Bearbeiter
Staudinger	Kommentar zum Bürgerlichen Gesetzbuch, 12. Auflage 1981; zitiert: Staudinger/Bearbeiter
Sternel	Mietrecht, 3. Auflage 1988
Stein/Jonas	Kommentar zur ZPO, 20. Auflage 1977–1989; 21. Auflage 1993; zitiert: StJ/Bearbeiter
Stöber	Forderungspfändung, 10. Auflage 1993
Stöber	Vermögensverzeichnis und Fragerecht des Gläubigers, Rpfleger 1994, 321
Stojek	Beweisaufnahme durch den Gerichtsvollzieher?, MDR 1977, 456
Thomas/Putzo	Kommentar zur ZPO, 18. Auflage 1993
Urban	Vollstreckungsrechtliche Folgerungen aus dem Fernsehgeräte-Urteil des BFH, DGVZ 1990, 103
Vultejus	Kostenrecht: Ratenzahlungen des Schuldners, DGVZ 1991, 21
Wertenbruch	Zum Anwesenheitsrecht des Gläubigers bei der Durchsuchung im Rahmen der Mobiliarvollstreckung, DGVZ 1994, 19
Wieczorek	ZPO, Kommentar, bearbeitet von Rössler und Schütze, 2. Auflage 1975–1988
Wieser	Streitfragen zum „Nachtbeschluß" nach § 761 ZPO, Rpfleger 1988, 293
Winterstein	Die Zustellung und Zwangsvollstreckung gegen Einzelfirmen, DGVZ, 1985, 85
Wolfsteiner	Beweislastumkehr durch Zwangsvollstreckungsunterwerfung?, NJW 1982, 2851
Zeller/Stöber	Zwangsversteigerungsgesetz, Kommentar, 14. Auflage 1993

Ziege   Der vollstreckbare außergerichtliche Vergleich
                               nach § 1044b ZPO (Anwaltsvergleich),
                               NJW 1991, 1580

Zimmermann   Kommentar zur ZPO, 3. Auflage 1993

Zöller   Kommentar zur ZPO, 18. Auflage 1993;
                               zitiert: Zöller/Bearbeiter

Abkürzungsverzeichnis

a.A.	anderer Ansicht
a.a.O.	am angeführten Ort
abl.	ablehnend
Abs.	Absatz
Abt.	Abteilung
AbzG	Abzahlungsgesetz
AcP	Archiv für die civilistische Praxis (Band und Seite)
a.E.	am Ende
a.F.	alte Fassung
AFG	Arbeitsförderungsgesetz
AG	Amtsgericht
AGBG	Gesetz zur Regelung des Rechts der Allgemeinen Geschäftsbedingungen
AktG	Aktiengesetz
allg.M.	allgemeine Meinung
Alt.	Alternative
a.M.	anderer Meinung
AnfG	Anfechtungsgesetz
Anh.	Anhang
Anm.	Anmerkung
AnwBl.	Anwaltsblatt (Jahr und Seite)
AO	Abgabenordnung
ArbG	Arbeitsgericht
ArbGG	Arbeitsgerichtsgesetz
arg.	argumentum
Art.	Artikel
Aufl.	Auflage
AV	Allgemeine Verfügung
BAföG	Bundesausbildungsförderungsgesetz
BAG-AP	Arbeitsrechtliche Praxis. Nachschlagewerk des Bundesarbeitsgerichts
BAnz.	Bundesanzeiger
BauGB	Baugesetzbuch
BayObLG	Bayerisches Oberstes Landesgericht
BayObLGZ	Amtliche Sammlung des Bayerischen Obersten Landesgerichts in Zivilsachen (Band und Seite)
BB	Betriebs-Berater (Jahr und Seite)
Bd.	Band
BErzGG	Bundeserziehungsgeldgesetz
bestr.	bestritten
betr.	betreffend

BeurkG	Beurkundungsgesetz
BFH	Bundesfinanzhof
BGB	Bürgerliches Gesetzbuch
BGBl. I/II	Bundesgesetzblatt Teil I/Teil II
BGH	Bundesgerichtshof
BGHZ	Entscheidungssammlung des BGH in Zivilsachen
Bl.	Blatt
BlGBW	Blätter für Grundstücks-, Bau- und Wohnungsrecht (Jahr und Seite)
BRAGO	Bundesgebührenordnung für Rechtsanwälte
BR-Drucks.	Bundesratsdrucksache
BSHG	Bundessozialhilfegesetz
Bsp.	Beispiel
BT-Drucks.	Bundestagsdrucksache
BtG	Betreuungsgesetz
Buchst.	Buchstabe
BVerfG	Bundesverfassungsgericht
BVerfGG	Bundesverfassungsgerichtsgesetz
BVerwG	Bundesverwaltungsgericht
bzw.	beziehungsweise
DAVorm	Der Amtsvormund (Jahr und Seite)
DB	Der Betrieb (Jahr und Seite)
DGVZ	Deutsche Gerichtsvollzieher-Zeitschrift (Jahr und Seite)
DNotZ	Deutsche Notarzeitschrift (Jahr und Seite)
DR-Nr.	Dienstregister
DtZ	Deutsch-Deutsche Rechts-Zeitschrift (Jahr und Seite)
DWW	Deutsche Wohnungswirtschaft (Jahr und Seite)
EGBGB	Einführungsgesetz zum BGB
EGStGB	Einführungsgesetz zum StGB
EGZVG	Einführungsgesetz zum ZVG
ErbbauVO	Verordnung über das Erbbaurecht
EStG	Einkommensteuergesetz
e.V.	eingetragener Verein
EWiR	Entscheidungen zum Wirtschaftsrecht (Jahr und Seite)
FamRZ	Zeitschrift für das gesamte Familienrecht (Jahr und Seite)
f.	folgend
ff.	folgende
FGG	Gesetz über die freiwillige Gerichtsbarkeit
FKPG	Gesetz zur Umsetzung des Föderalen Konsolidierungsprogramms
Fn.	Fußnote
GBA	Grundbuch(amt)gericht
GBO	Grundbuchordnung
GBVerf.	Grundbuchverfügung
gem.	gemäß

XXXIV

GesO	Gesamtvollstreckungsordnung
GG	Grundgesetz
ggf.	gegebenenfalls
GKG	Gerichtskostengesetz
GmbHG	Gesetz über die Gesellschaft mit beschränkter Haftung
GrdStVG	Grundstücksverkehrsgesetz
Gruchot	Beiträge zur Erläuterung des Deutschen Rechts, begr. von Gruchot
GRUR	Gewerblicher Rechtsschutz und Urheberrecht (Jahr und Seite)
GVG	Gerichtsverfassungsgesetz
GVGA	Geschäftsanweisung für Gerichtsvollzieher
HaftpflG	Haftpflichtgesetz
HausratsVO	Hausratsverordnung
HausTWG	Gesetz über den Widerruf von Haustürgeschäften und ähnlichen Geschäften
HGB	Handelsgesetzbuch
HinterlO	Hinterlegungsordnung
h.M.	herrschende Meinung
HRR	Höchstrichterliche Rechtsprechung (Entscheidungssammlung)
Hs.	Halbsatz
i.d.F.	in der Fassung
i.d.R.	in der Regel
i.S.v.	im Sinne von
i.V.m.	in Verbindung mit
JBeitrO	Justizbeitreibungsordnung
jew.	jeweils
JMBl. NW	Justizministerialblatt Nordrhein-Westfalen (Jahr und Seite)
JR	Juristische Rundschau (Jahr und Seite)
JurBüro	Das Juristische Büro (Jahr und Seite)
JZ	Juristenzeitung (Jahr und Seite)
Kap.	Kapitel
KG	Kammergericht in Berlin
KGJ	Jahrbuch für Entscheidungen des Kammergerichts (Band und Seite)
KJHG	Kinder- und Jugendhilfegesetz
KKZ	Kommunal Kassenzeitschrift (Jahr und Seite)
KO	Konkursordnung
KostO	Kostenordnung
krit.	kritisch
KTS	Zeitschrift für das Konkurs-, Treuhand- und Schiedsgerichtswesen (Jahr und Seite)
L	Leitsatz
LAG	Landesarbeitsgericht
lfd. Nr.	laufende Nummer
LG	Landgericht
LM	Nachschlagewerk des BGH in Zivilsachen (herausgegeben von Lindenmaier und Möhring)

M. E.	Meines Erachtens
MDR	Monatsschrift für Deutsches Recht (Jahr und Seite)
MittBayNot	Mitteilungen des Bayerischen Notarvereins (Jahr und Seite)
Mittlg.	Mitteilungen
MittRhNotK	Mitteilungen der Rheinischen Notarkammer (Jahr und Seite)
MuSchG	Mutterschutzgesetz
m.w.N.	mit weiteren Nachweisen
NdsRpfl	Niedersächsische Rechtspflege (Jahr und Seite)
NJW	Neue Juristische Wochenschrift (Jahr und Seite)
NJW-RR	NJW Rechtsprechungs-Report (Jahr und Seite)
Nr.	Nummer
OHG	Offene Handelsgesellschaft
OLG	Oberlandesgericht
OLGE	s. OLGRspr.
OLGRspr.	Rechtsprechung der OLGe in Zivilsachen
OLGZ	Entscheidungen der OLGe in Zivilsachen (Jahr und Seite)
PartG	Partnerschaftsgesellschaft
PartGG	Partnerschaftsgesellschaftsgesetz
PKH	Prozeßkostenhilfe
Prot.	Protokoll
PStG	Personenstandsgesetz
RG	Reichsgericht
RGZ	Entscheidungssammlung des RG in Zivilsachen (Band und Seite)
RHeimStG	Reichsheimstättengesetz
Rn.	Randnummer
Rpfleger	Der Deutsche Rechtspfleger (Jahr und Seite)
RPflG	Rechtspflegergesetz
RpflJB	Rechtspfleger-Jahrbuch (Jahr und Seite)
Rz.	Randziffer
S.	Seite oder Satz
s.	siehe
SchlHA	Schleswig-Holsteinische Anzeigen (Jahr und Seite)
SGB	Sozialgesetzbuch
sogen.	sogenannte
Sp.	Spalte
StGB	Strafgesetzbuch
str.	streitig
StVG	Straßenverkehrsgesetz
StVollzG	Strafvollzugsgesetz
u.a.	unter anderem
UdG	Urkundsbeamter der Geschäftsstelle
UVG	Unterhaltsvorschußgesetz

v.A.w.	von Amts wegen
VerbrKrG	Verbraucherkreditgesetz
VerglO	Vergleichsordnung
VermBG	Vermögensbildungsgesetz
VersR	Versicherungsrecht (Jahr und Seite)
VGH	Verwaltungsgerichtshof
vgl.	vergleiche
VglO	Vergleichsordnung
VO	Verordnung
VwGO	Verwaltungsgerichtsordnung
VwZG	Verwaltungszustellungsgesetz
WEG	Wohnungseigentumsgesetz
WGG	Wohngeldgesetz
WM	Wertpapiermitteilungen (Jahr und Seite)
WRP	Wettbewerb in Recht und Praxis (Jahr und Seite)
WuM	Wohnungswirtschaft und Mietrecht (Jahr und Seite)
ZAP	Zeitschrift für die Anwaltspraxis
z.B.	zum Beispiel
ZIP	Zeitschrift für Wirtschaftsrecht und Insolvenzpraxis (Jahr und Seite)
ZMR	Zeitschrift für Miet- und Raumrecht (Jahr und Seite)
ZPO	Zivilprozeßordnung
ZVG	Gesetz über die Zwangsversteigerung und Zwangsverwaltung
ZZP	Zeitschrift für Zivilprozeß (Jahr und Seite)

Teil A
Allgemeine Verfahrensvoraussetzungen

I. Allgemeines

Eine Zwangsvollstreckung darf nur beginnen bzw. fortgesetzt werden, wenn **1** bestimmte Voraussetzungen erfüllt sind. Dazu zählen zunächst die allgemeinen Verfahrensvoraussetzungen, die im wesentlichen mit den allgemeinen Prozeßvoraussetzungen identisch sind, weiter die allgemeinen und besonderen Voraussetzungen der Zwangsvollstreckung. Schließlich dürfen keine Vollstreckungshindernisse bestehen. Diese Voraussetzungen sind von Amts wegen zu prüfen. Eine ohne sie erfolgte Zwangsvollstreckung ist fehlerhaft, d.h. entsprechende Zwangsvollstreckungsmaßnahmen sind anfechtbar bzw. bei besonders schwerem Mangel nichtig.

Das 8. Buch der ZPO – Zwangsvollstreckung – ist in der Weise aufgebaut, daß Aus- **2** gangspunkt der im Titel dokumentierte Vollstreckungsanspruch ist und sodann nach dem Vollstreckungsobjekt differenziert wird (Schlagwort: „wegen … in"). Bei der Zwangsvollstreckung wegen Geldforderungen in bewegliches Vermögen des Schuldners wird weiter unterschieden nach
- körperlichen Sachen (§§ 808–827 ZPO),
- Forderungen (§§ 828–856 ZPO) und
- sonstigen Vermögensrechten (§§ 857–863 ZPO).

Die Zwangsvollstreckung wegen sonstiger Ansprüche gliedert sich in solche auf Erwirkung der
- Herausgabe von Sachen (§§ 883–886 ZPO),
- Vornahme einer vertretbaren oder unvertretbaren Handlung oder Unterlassung/Duldung (§§ 887–893 ZPO),
- Abgabe von Willenserklärungen (§§ 894–898 ZPO).

II. Antrag

Die Zwangsvollstreckung erfolgt stets nur auf Antrag des Gläubigers. Der Antrag ist **3** an das zuständige Vollstreckungsorgan zu richten. Vollstreckungsorgane sind
- der Gerichtsvollzieher,
- das Vollstreckungsgericht,
- das Prozeßgericht,
- das Grundbuchamt.

Der Antrag muß folgende Angaben enthalten:
- Vollstreckungstitel;
- Bezeichnung des Gläubigers sowie des Schuldners, ggf. des Drittschuldners, mit genauer Anschrift; das Vollstreckungsorgan ist zur Ermittlung nicht verpflichtet;

- die zu vollstreckende Forderung nach Hauptsache, Zinsen, Prozeß- und Zwangs-vollstreckungskosten;
- wenn nur ein Teil der Forderung vollstreckt werden soll: die genaue Angabe der Art der Forderung sowie des Betrages, der vollstreckt werden soll;
- bei nicht körperlichen Gegenständen: der Gegenstand der Pfändung;
- ggf. Anregungen bzw. Anweisungen an das Vollstreckungsorgan.

4   Bei den Anträgen an das Vollstreckungsgericht besteht kein Anwaltszwang (§§ 79, 78 ZPO). Soweit das Prozeßgericht des ersten Rechtszuges als Vollstreckungsorgan tätig werden soll, besteht Anwaltszwang nur im Rahmen des § 78 Abs. 1 u. 2 ZPO, und zwar auch, wenn eine einstweilige Verfügung Grundlage der Zwangsvollstreckung ist (h.M.: vgl. Thomas/Putzo § 891 Rn. 2). Ist eine Vertretung durch Anwälte nicht gebo-ten, kann sich der Gläubiger durch einen Bevollmächtigten vertreten lassen; es gelten dann die §§ 80 ff. ZPO, insbesondere auch § 88 Abs. 2 ZPO (Prüfung der Vollmacht von Amts wegen, es sei denn, es tritt ein Rechtsanwalt auf). Soweit der Vertreter des Gläubigers im Titel als Prozeßbevollmächtigter aufgeführt ist, genügt dies als Nach-weis der Vollmacht (vgl. auch § 62 Nr. 2 GVGA). Ein erforderlicher Nachweis der Be-vollmächtigung ist durch Vorlage des Originals der Urkunde zu führen (BGH NJW 1994, 2298).

Weitere Einzelheiten zum Antrag an den Gerichtsvollzieher vgl. Rn. 325 f., an das Voll-streckungsgericht Rn. 617, sowie die Musteranträge im Anhang.

5   Dem Antrag sind der Vollstreckungstitel in einfacher (soweit keine Vollstreckungs-klausel notwendig ist) oder vollstreckbarer Ausfertigung sowie die sonstigen für den Beginn der Zwangsvollstreckung notwendigen Urkunden (vgl. §§ 750 Abs. 2, 751, 756, 765 ZPO) beizufügen.

Wird ein Pfändungs- und Überweisungsbeschluß beantragt, empfiehlt es sich, diesen so zu formulieren, daß das Vollstreckungsorgan den Antrag als Tenor übernehmen kann. Dies kann auch durch Verweisung und entsprechende Ausfüllung der vom Ge-richt verwendeten Formulare geschehen (vgl. zutreffend Stöber Rn. 468).

Der Antrag muß die Forderungen, wegen deren vollstreckt werden soll, nach Art, Höhe und Schuldtitel genau bezeichnen. In Betracht kommen
- Hauptforderung
- Nebenforderungen (z.B. titulierte Kosten, Zinsen)
- Prozeßkosten
- Zinsen auf die Prozeßkosten
- Kosten der Zwangsvollstreckung.

III. Forderungsaufstellung bei Teil-Vollstreckung

6   Der Gläubiger ist berechtigt, auch **nur einen Teil der titulierten Forderung** voll-strecken zu lassen (h.M.: LG Amberg DGVZ 1992, 157; MünchKommZPO/Arnold § 753 Rn. 28 m.w.N.). Streitig ist, ob der Gläubiger in diesem Fall stets eine Aufstel-lung über seine Gesamtforderung vorlegen muß, also auch dann, wenn Teilzahlungen weder vorgetragen noch aus dem Titel ersichtlich sind.

Dies ist nach zutreffender Auffassung zu verneinen. Eine derartige Verpflichtung des Gläubigers wird mit dem Argument bejaht, der Schuldner habe das Recht, auch bei einer Teil-Vollstreckung die gesamte noch offene Forderung zu begleichen. Das setze aber für ihn und das die vollständige Zahlung überprüfende Vollstreckungsorgan voraus, daß der Schuldner die Höhe dieser Gesamtforderung kenne. Diese Kenntnis könne er nur über eine solche Gesamtaufstellung erhalten (LG Aachen JurBüro 1984, 297; LG Darmstadt DGVZ 1984, 88; LG München DGVZ 1978, 170; Thomas/Putzo § 753 Rn. 11; Baumbach/Hartmann § 753 Rn. 4).

Im **Falle fehlender Zahlungen** trifft das jedoch nicht zu, weil sich die Gesamthöhe 7
der offenen Forderung aus dem Titel ergibt. Eine Ausnahme besteht hier nur für etwaige Vollstreckungskosten, soweit diese nicht – in der Praxis unüblich – gesondert festgesetzt worden sind. Dies nötigt aber nicht zur Vorlage einer Aufstellung der Gesamtforderungen. Denn wenn der Schuldner dem Gerichtsvollzieher den gesamten sich aus dem Titel ergebenden Restbetrag anbietet, wird dieser die Zahlungen auf dem Titel quittieren und kann mangels Kenntnis sonstiger Forderungen des Gläubigers den Titel gem. § 757 ZPO an den Schuldner herausgeben; selbst wenn nicht, kann der Schuldner zuwarten, bis der Gläubiger wegen des Restbetrages vollstreckt, weil dann eine Überprüfung erfolgt (s.u.). Der Schuldner kann aber auch Vollstreckungserinnerung gem. § 766 ZPO einlegen wegen der nicht erfolgten Herausgabe des Titels, wobei dann im Erinnerungsverfahren der Gläubiger etwaige Vollstreckungskosten angeben muß, andernfalls die Erinnerung begründet ist und der Titel vom Gerichtsvollzieher an den Schuldner herausgegeben wird.

Etwas anderes könnte sich nur ergeben, wenn der Gläubiger im Vollstreckungsauftrag 8
ohne Nennung eines Betrages angibt, es seien auch noch **frühere Vollstreckungskosten** angefallen. In diesem Fall genügt es aber, wenn der Gläubiger diesen Betrag auf Nachfrage hin angibt. Der Schuldner kann sich dann überlegen, ob er diese Kosten auch noch zahlen will. Falls nicht, erhält er zwar nicht den Titel vom Gerichtsvollzieher; er kann aber, wenn er die Kosten insgesamt oder in einer bestimmten Höhe bestreitet, Vollstreckungsabwehrklage erheben. Hält er nur die Höhe für unrichtig, ohne den Betrag genau beziffern zu können, kann er zuwarten, bis der Gläubiger die Restforderung vollstrecken läßt. Eine nähere Spezifizierung derartiger Vollstreckungskosten und damit verbunden die Möglichkeit, deren Berechtigung zu überprüfen (§ 788 I ZPO betr. nur notwendige Kosten), ist zu diesem Zeitpunkt noch nicht notwendig. Denn wegen dieser Vollstreckungskosten wird jetzt noch nicht vollstreckt. Geschieht dies später als Restforderung, besteht nach zutreffender Ansicht eine solche Überprüfungsmöglichkeit selbst in den Fällen, in denen der Gläubiger die Teilzahlung auf die Vollstreckungskosten verrechnet und daher nur wegen der – angeblich noch bestehenden – restlichen Hauptforderung vollstreckt (vgl. hierzu sowie zur entsprechenden Problematik der Überprüfbarkeit derartiger Kosten bei der Vollstreckung **wegen Teilforderungen mit unstreitiger Teilzahlung** des Schuldners unten Rn. 12 f.).

Das Vollstreckungsorgan ist aber im Hinblick auf die rein theoretische Möglichkeit, daß der Gläubiger tatsächlich geleistete Zahlungen nicht angegeben hat, weder berechtigt noch verpflichtet, derartige Angaben zu verlangen (so auch LG Amberg DGVZ 1992, 157; LG Frankfurt/Main DGVZ 1988, 95; LG Kaiserslautern DGVZ 1982, 157; wohl auch Schneider DGVZ 1982, 149 f.). Ansonsten müßte es dies auch dann verlangen, wenn der Gläubiger die Gesamtforderung vollstrecken läßt, weil hier theoretisch dieselbe Gefahr besteht. Vielmehr ist es allein Sache des Schuldners, Zahlungen gem. § 767 ZPO geltend zu machen.

Dies zeigt sich auch daran, daß der Gerichtsvollzieher die Vollstreckung fortsetzen muß, wenn der Schuldner ihm Belege über angebliche Zahlungen auf die titulierte Forderung gem. § 775 Nr. 4 oder 5 ZPO vorlegt, der Gläubiger aber diese bestreitet (vgl. Zöller/Stöber § 775 Rn. 12).

9   Sind **Teilzahlungen** des Schuldners erfolgt, muß der Gläubiger diese jedenfalls der Summe nach angeben. Nach zutreffender Ansicht muß er zudem angeben, auf welche der titulierten Forderungen er diese Zahlungen verrechnet hat und welche Restforderung sich insoweit ergibt. Denn anderenfalls fehlt es an der notwendigen Bestimmtheit und Bestimmbarkeit der zu vollstreckenden Forderung und damit auch des Umfangs des Pfändungspfandrechts (LG Berlin Rpfleger 1992, 30; Stöber Rn. 466 m.w.N.; a.A.: LG Bochum Rpfleger 1966, 146; LG Essen JurBüro 1966, 970 = Rpfleger 1967, 113; LG Wuppertal JurBüro 1954, 187; danach soll die Angabe der Gesamtforderung und der Summe der Teilzahlungen genügen).

10 Insoweit ist nach wie vor kontrovers, ob der Gläubiger nicht mehr darlegen muß, nämlich eine **Gesamtberechnung der Forderungen** unter genauer Angabe der Höhe sowie der Daten der einzelnen Teilzahlungen sowie deren Verrechnung gem. § 367 BGB, § 11 VerbrKrG.

Für eine solche Gesamtberechnung wird wiederum als Argument angeführt, daß ansonsten ein zahlungswilliger Schuldner die restliche Gesamtforderung mangels Kenntnis nicht voll bezahlen sowie der Gerichtsvollzieher die Vollständigkeit der Zahlung nicht überprüfen könne. Der Gerichtsvollzieher müsse zudem einen Überblick haben, ob mit der Teilforderung nicht Beträge beigetrieben werden sollen, die sich weder aus dem Titel noch als Zwangsvollstreckungskosten aus § 788 ZPO rechtfertigen (OLG Stuttgart JurBüro 1987, 1813; LG Aachen JurBüro 1984, 297; LG Berlin Rpfleger 1992, 30; LG Darmstadt DGVZ 1984, 88; LG Lübeck DGVZ 1992, 158; LG München DGVZ 1978, 170).

Dem wird entgegengehalten, den Vollstreckungsorganen stehe keine materielle Prüfungskompetenz zu. Der Schuldner wisse selbst, welche Forderungen noch offenstünden und könne sich gegen eine unberechtigte Vollstreckung gem. § 767 ZPO wehren (LG Hanau DGVZ 1993, 112; LG Ravensburg DGVZ 1988, 44; LG Stuttgart DGVZ 1993, 156; Schuschke § 753 Rn. 4; MünchKommZPO/Arnold § 753 Rn. 29; Zöller/Stöber § 753 Rn. 7; Stöber Rn. 464 ; Behr NJW 1992, 2738, 2739; Brox/Walker Rn. 211, alle m.w.N.).

Hierbei sollte jedoch danach differenziert werden, ob bisher – also vom konkreten Vollstreckungsauftrag abgesehen – Kosten der Zwangsvollstreckung angefallen sind oder nicht:

11 • **Es sind keine früheren Zwangsvollstreckungskosten angefallen**
Hauptforderung und Zinsen ergeben sich der Höhe nach aus dem Titel, wobei die Zinsen – wenn vom Gläubiger nicht anders angegeben – bis zum Tag der Vollstreckung berechnet werden.

Die Höhe der Gesamtforderung des Gläubigers ist daher leicht zu errechnen. Soll nur eine Teilforderung vollstreckt werden, so ist unter Berücksichtigung der angegebenen

Teilzahlungen des Schuldners ebenso klar feststellbar, ob in dieser Höhe noch ein vollstreckbarer Titel besteht. Einer Gesamtabrechnung bedarf es daher insoweit nicht. Hinsichtlich der Zinsen kann allerdings fraglich sein, ob der Gläubiger diese richtig berechnet und damit die Zahlungen des Schuldners richtig verrechnet hat. Dies hängt wiederum von der Höhe der einzelnen Zahlungen sowie deren Zeitpunkt ab. Daraus kann jedoch deswegen keine Verpflichtung zur Vorlage einer Gesamtabrechnung mit den entsprechenden Angaben hergeleitet werden, weil sich die Höhe der zu vollstreckenden Forderung aus dem Titel ergibt, diese unter Abzug der Teilzahlungen schlüssig dargelegt ist und die Vollstreckungsorgane also gerade nicht „sehenden Auges Unrecht tun". Bei dieser Sachlage ist es nicht Aufgabe der Vollstreckungsorgane, von Amts wegen über das Fortbestehen des titulierten Anspruchs zu befinden. Wenn materielle Einwendungen gegen den vollstreckbaren Anspruch bestehen, muß der Schuldner diese vor dem Prozeßgericht mit der Vollstreckungsabwehrklage gem. § 767 ZPO verfolgen (vgl. auch LG Münster DGVZ 1994, 10).

• **Es sind frühere Zwangsvollstreckungskosten angefallen**   12
Vollstreckt der Gläubiger (auch) wegen solcher Kosten, muß er diese im einzelnen darlegen, damit das Vollstreckungsorgan der ihm nach allg. M. (vgl. Zöller/Stöber § 788 Rn. 15) gem. § 788 ZPO obliegenden Überprüfungspflicht nachkommen kann.

Hat der Gläubiger hingegen Teilzahlungen des Schuldners intern auf von ihm angesetzte Kosten der Zwangsvollstreckung verrechnet und sind diese damit nach seiner Auffassung erfüllt, so vollstreckt er nur wegen der restlichen Hauptforderung (ggfs. zuzüglich Zinsen), nicht aber wegen der Kosten.   13

Für diesen Fall wird die Möglichkeit für das Vollstreckungsorgan, die Kosten der Zwangsvollstreckung zu überprüfen, teilweise verneint. Zur Begründung wird angeführt, daß die Überprüfung der vom Gläubiger gem. § 367 BGB, § 11 VerbrKrG vorgenommenen Verrechnung eine Prüfung materieller Art eines durch den Titel vollstreckbar ausgewiesenen Anspruchs sei. Eine derartige Überprüfung verstoße aber gegen den prozessualen Grundsatz, daß nur dem Prozeßgericht im Rahmen einer Vollstreckungsabwehrklage des Schuldners gem. § 767 ZPO die Überprüfung materieller Einwendungen gegen den vollstreckbaren Anspruch zustehe, nicht aber dem Vollstreckungsorgan (LG Hanau DGVZ 1993, 112; LG Stuttgart DGVZ 1993, 156; Zöller/Stöber § 753 Rn. 7; Stöber Rn. 464; Behr NJW 1992, 2739 – alle m.w.N.).

Dem wird entgegengehalten, der Gläubiger dürfe sich nicht über eine außerprozessuale Verrechnung der Überprüfung nicht titulierter Kosten entziehen, zumal sich dies bei einem unberechtigten Ansatz und Verrechnung solcher Kosten auf den noch zu vollstreckenden Zins- und Hauptanspruch auswirke (wohl h.M., vgl. OLG Köln DGVZ 1983, 9; OLG Stuttgart JurBüro 1987, 1813; LG Gießen Rpfleger 1985, 245; LG Siegen DGVZ 1991, 27; AG Berlin-Schöneberg JurBüro 1991, 1265; Schneider DGVZ 1982, 149 sowie die Nachweise bei Stöber Rn. 464 Fn. 6).

Der letztgenannten Auffassung ist zuzustimmen. Der Grundsatz, daß den Voll-   14
streckungsorganen keine Überprüfung des titulierten Anspruchs hinsichtlich seiner Berechtigung oder gegen ihn bestehender materieller Einwendungen zusteht, widerspricht dem nicht. Nicht genügend beachtet wird nämlich, daß Kosten der Zwangsvollstreckung – soweit sie nicht ausnahmsweise gem. § 103 f. ZPO festgesetzt wurden – gerade **nicht** im Titel ausgewiesen sind, der Titel daher nur über § 788 ZPO Grund-

lage für die Vollstreckung derartiger – notwendiger, § 91 ZPO – Kosten ist. Gerade weil sich das Vollstreckungsorgan an den im Titel ausgewiesenen Anspruch halten muß, ist aus seiner Sicht bei vom Gläubiger selbst angegebenen Teilzahlungen des Schuldners dieser Anspruch erloschen. Das stellt sich nur dann anders dar, wenn der Gläubiger seine Verrechnung auf von ihm angesetzte Kosten der Zwangsvollstreckung nachvollziehbar darlegt. Erst dann ergibt sich aus dem eigenen Vorbringen des Gläubigers, daß der im Titel ausgewiesene Anspruch noch in Höhe des Vollstreckungsauftrags besteht. Nur bei einem derart „schlüssigen" Vorbringen des Gläubigers besteht aber ein Vollstreckungsanspruch des Gläubigers gegen den Staat. Denn das Vollstreckungsorgan darf aus seiner Sicht rechtswidrige Vollstreckungsmaßnahmen nicht vornehmen. Diese Situation ist daher auch nicht zu vergleichen mit derjenigen, bei der der Schuldner Zahlungen behauptet und Nachweise vorlegt, der Gläubiger diese aber bestreitet und auf Fortsetzung der Vollstreckung besteht. Denn in letzterem Fall ist das Vorbringen des Gläubigers in sich nachvollziehbar.

Die Darlegung der Zwangsvollstreckungskosten ist daher Angabe anspruchsbegründender Tatsachen (OLG Stuttgart JurBüro 1987, 1814). Deren Überprüfung durch das Vollstreckungsorgan ist zwar auch materielle Prüfung des – nicht titulierten – Erstattungsanspruchs, insoweit aber nicht anders als bei gesonderter Festsetzung der Kosten nach § 788 ZPO. Dort wird aber ein derartiges materielles Prüfungsrecht der Vollstreckungsorgane allgemein bejaht (vgl. Zöller/Stöber § 788 Rn. 15).

15 Die Notwendigkeit der Darlegung von Kosten der Zwangsvollstreckung ist aber nicht gleichbedeutend mit der Notwendigkeit der Vorlage einer Gesamtabrechnung, also auch der Verrechnung der Zinsen etc. Die Gesamtabrechnung ist in derartigen Fällen aber mehr als sinnvoll und dringend anzuraten, weil der Gläubiger ansonsten Gefahr läuft, daß sein Vollstreckungsauftrag nicht bzw. nicht voll durchgeführt wird. Setzt nämlich das Vollstreckungsorgan Kosten der Zwangsvollstreckung als nicht notwendig ab, so wird sich dies auf den Zinsanspruch bzw. auch auf die Hauptforderung auswirken, ggfs. auch auf weitere – eigentlich berechtigte – Vollstreckungskosten, weil sich deren Geschäftswert geändert haben kann. Dann würde die vom Gläubiger vorgenommene Verrechnung offensichtlich unrichtig, so daß eine Vollstreckung in der gewünschten Höhe unterbliebe. Eine andere Berechnung der Restforderung ist dem Vollstreckungsorgan dann aber mangels Kenntnis der einzelnen Zahlungsbeträge und der Zeitpunkte nicht oder nur teilweise möglich, so daß es eine Vollstreckung auch nur teilweise oder gar nicht durchführen wird.

Im übrigen erstaunt es, daß die Frage der Gesamtabrechnung immer wieder Gegenstand von Entscheidungen ist. Denn der Gläubiger muß doch – erteilt er den Vollstreckungsauftrag nicht ins Blaue hinein – für sich selbst stets eine solche Gesamtabrechnung erstellen. Dies ist bei dem heutigen Stand der Computertechnik auch bei komplexen Forderungen und zahlreichen Zahlungen auf einfache und auch für Dritte leicht nachvollziehbare Weise möglich.

16 Wird eine **Forderungsaufstellung** vorgelegt, muß das Vollstreckungsorgan diese daraufhin **überprüfen**, ob die Angaben in sich schlüssig sind (Stöber Rn. 464, 465; Braun/Raab/Gautin DGVZ 1992, 6). Diese Aufstellung muß ohne Zuhilfenahme von Codes oder Schlüsselzahlen, also im Klartext lesbar sowie leicht verständlich sein (h.M.: LG Paderborn JurBüro 1988, 249; LG Tübingen DGVZ 1990, 43; Stöber Rn. 465).

IV. Deutsche Gerichtsbarkeit

Sie ist bei allen im Inland zu vollstreckenden inländischen sowie ausländischen Titeln **17** gegeben, soweit nicht die §§ 18–20 GVG entgegenstehen, also insbesondere die Vorschriften des NATO-Truppen-Statuts betreffend Angehörige der in der Bundesrepublik Deutschland stationierten Streitkräfte (hierzu eingehend Stöber a.a.O. Rn. 38 ff.); für Angehörige der sowjetischen Streitkräfte im Beitrittsgebiet vgl. Art. 17 des Vertrages vom 12. 10. 1990 (BGBl. 1991 II, 258, 271) und Gesetz vom 21. 12. 1990 (BGBl. 1991 II, 256), in Kraft getreten am 6. 5. 1991 (BGBl. 1991 II, 723).

V. Rechtsweg

Für die Vollstreckung aus Titeln der ZPO findet die Zivilprozeßordnung Anwendung; **18** ferner in den Fällen, in denen die Vorschriften der ZPO für entsprechend anwendbar erklärt sind, z.B. §§ 145 Abs. 2, 164 Abs. 2 KO; § 167 VwGO (vgl. auch Zöller/Gummer § 13 GVG Rn. 54 f.). Unanwendbar ist demnach die ZPO, soweit Gesetze eigenständige Regelungen über die Vollstreckung enthalten, wie z.B. die Verwaltungsverfahrensgesetze oder auch § 249 ff. AO.

VI. Zuständigkeit der Vollstreckungsorgane

Diese ist in dreifacher Weise von Bedeutung: **19**
Hinsichtlich der sachlichen wie der örtlichen Zuständigkeit stellt § 802 ZPO eine gegenüber den allgemeinen Vorschriften über die Zuständigkeit (vgl. §§ 1 ff., 12 ff. ZPO, 23, 27, 71 GVG) vorgehende, spezielle Regelung dar. Soweit in den §§ 704–945 ZPO nur die örtliche Zuständigkeit geregelt ist (wie z.B. in den §§ 722 Abs. 2, 771 Abs. 1, 796 Abs. 3, 805 Abs. 2 ZPO), gelten im übrigen die allgemeinen Vorschriften.

Ob ein Verstoß gegen die durch § 802 ZPO geregelte ausschließliche Zuständigkeit nur **20** zur Anfechtbarkeit oder aber zur Nichtigkeit der Vollstreckungsmaßnahme führt, ist für die sachliche Zuständigkeit streitig (vgl. Zöller/Stöber § 802 Rn. 2; offengelassen in BGH NJW 1993, 736). Ein Verstoß gegen die örtliche Zuständigkeit führt jedenfalls nur zur Anfechtbarkeit (vgl. Thomas/Putzo § 828 Rn. 5; Brox/Walker Rn. 504).

§ 802 ZPO gilt aber auch entsprechend für die in der ZPO nicht geregelte **20a** funktionelle Zuständigkeit (BayObLGZ 1991, 280), also die Frage, ob der Gerichtsvollzieher/Rechtspfleger/Richter oder welche Abteilung des Amtsgerichts (Zivil-/Vollstreckungs-/Familien-Abteilung) tätig werden soll. Nichtigkeit tritt bei funktioneller Unzuständigkeit ein, soweit das Vollstreckungsorgan von Gesetzes wegen mit derartigen Zwangsvollstreckungsmaßnahmen überhaupt nicht befaßt ist: Forderungspfändung durch den Gerichtsvollzieher; Sachpfändung durch das Vollstreckungsgericht; der Rechtspfleger wird statt des Richters in den Fällen der §§ 887 ff. ZPO tätig (vgl. § 8 Nr. 4 RPflG); voll wirksam hingegen sind derartige Maßnahmen, wenn der Richter statt des Rechtspflegers tätig wird, § 8 Abs. 1 RPflG; ansonsten ist der vom unzuständigen Vollstreckungsorgan vorgenommene Vollstreckungsakt wirksam, aber anfechtbar.

Zur Frage der Zuständigkeit im Einzelfall vgl. die Ausführung in den jeweiligen Kapiteln betreffend die konkreten Vollstreckungsmaßnahmen.

VII. Parteifähigkeit/Prozeßfähigkeit

21 Die **Parteifähigkeit** muß wie im Erkenntnisverfahren auch für das Zwangsvollstreckungsverfahren beim Gläubiger und Schuldner gegeben sein (§ 50 ZPO; § 124 HGB für die OHG; §§ 161 Abs. 2, 124 Abs. 1 HGB für die KG; § 7 Abs. 2 PartGG; Einzelheiten bei Zöller/Vollkommer § 50 Rn. 10–40).

22 Der Gläubiger muß ferner stets **prozeßfähig** bzw. ein prozeßunfähiger Gläubiger ordnungsgemäß vertreten sein, §§ 51–53 ZPO. Ob dies auch für den Schuldner gilt, ist streitig. Während teilweise vertreten wird, der Schuldner müsse stets prozeßfähig oder gesetzlich vertreten sein (so Zöller/Stöber § 704 Rn. 16, der aber Ausnahmen für die bloße Pfändung macht; Brox/Walker Rn. 28; Schneider DGVZ 1987, 52, jew. m.w.N.), ist dies nach anderer Auffassung nur notwendig, wenn der Schuldner aktiv im Verfahren mitwirkt bzw. mitwirken muß oder eine Handlung ihm gegenüber vorzunehmen ist (z.B. bei einer Zustellung gem. §§ 829 Abs. 2, 857 Abs. 2 ZPO, der Einlegung von Rechtsbehelfen, bei der eidesstattlichen Versicherung gem. §§ 807, 883 Abs. 2 ZPO, der Vollstreckung gem. §§ 887–890 ZPO (so OLG Frankfurt/Main Rpfleger 1974, 441; Baumbach/Hartmann Grundzüge § 704, Rn. 40 m.w.N.).

23 Bei erwachsenen natürlichen Personen ist von der Geschäfts- und Prozeßfähigkeit auszugehen. Zu einer Überprüfung der Prozeßfähigkeit besteht daher nur bei besonderen Umständen Anlaß (OLG Frankfurt/Main a.a.O.). Dies gilt um so mehr, wenn ein Titel in Form eines Urteils erging, weil das Prozeßgericht diese Frage – wenn auch nur konkludent – erörtert und bejaht hat. Eine echte Bindungswirkung der Vollstreckungsorgane an die Auffassung des Prozeßgerichts wird man aber entgegen der wohl herrschenden Meinung verneinen müssen. Zwar ist auch bei ausdrücklicher Bejahung der Prozeßfähigkeit im Hauptverfahren die Nichtigkeitsklage gem. § 579 Nr. 4 ZPO gegeben. Dies ist allerdings ebenso wie die Rechtskraft, die nur zwischen den Parteien besteht, kein Argument für die Bejahung einer Bindung des Vollstreckungsorgans. Die Prüfung der Prozeßfähigkeit durch das Vollstreckungsorgan ist nicht vergleichbar mit der – unzulässigen – Überprüfung der Richtigkeit der zu vollstreckenden Entscheidung, stellt also keinen Verstoß gegen den Grundsatz der Formalisierung der Zwangsvollstreckung dar. Denn das Vollstreckungsorgan prüft nicht, ob das Prozeßgericht für den maßgeblichen Zeitpunkt der letzten mündlichen Verhandlung zu Recht die Prozeßfähigkeit bejaht hat, sondern ob diese jetzt, bei Vornahme der Zwangsvollstreckungsmaßnahme besteht.

Wenig praktikabel ist die Ansicht, das Vollstreckungsorgan sei dann in seiner Beurteilung frei, wenn die Prozeßunfähigkeit auf nach Schluß der letzten mündlichen Verhandlung eingetretenen neuen Umständen beruhe (so Brox/Walker Rn. 26). Wie will das Vollstreckungsorgan feststellen, ob der im Zeitpunkt der Vollstreckung geisteskranke Schuldner erst nach Schluß der letzten mündlichen Verhandlung in diesen Zustand geraten ist, insbesondere wenn das Urteil nichts zur Frage der Prozeßfähigkeit enthält? Bei der Vollstreckung anderer Vollstreckungstitel als Urteile muß das Vollstreckungsorgan die Prozeßfähigkeit stets prüfen. Auch dies zeigt die Inkonsequenz der herrschenden Meinung. Denn die Prüfung der Prozeßfähigkeit hat in allen gerichtlichen Verfahren von Amts wegen zu erfolgen (vgl. § 56 ZPO); auch der Notar hat eine entsprechende Verpflichtung (§ 11 BeurkG). Dementsprechend müßte dann aber eine Bindungswirkung auch für die Titel gem. § 794 ZPO sowie bei Beschlüssen im Arrest- und einstweiligen Verfügungsverfahren bestehen.

VIII. Prozeßführungsbefugnis

Die Prozeßführungsbefugnis muß ebenso wie im Erkenntnisverfahren auch im Zwangsvollstreckungsverfahren gegeben sein (vgl. hierzu Zöller/Vollkommer Rn. 42 f. vor § 50 ZPO). Eine isolierte Vollstreckungsstandschaft (Ermächtigung eines Dritten zur Vollstreckung im eigenen Namen ohne eine entsprechende materiell-rechtliche Einzugsermächtigung) ist unzulässig (BGH NJW-RR 1992, 61; NJW 1993, 1396, 1398/1399). Davon zu unterscheiden ist der Fall, daß z.B. der Konkursverwalter in zulässiger Prozeßstandschaft geklagt hat und nunmehr als Prozeßstandschafter auch vollstreckt.   **24**

IX. Rechtsschutzinteresse

Das für die Vollstreckung notwendige Rechtsschutzinteresse folgt für den Gläubiger in der Regel aus der Existenz des Titels. Es besteht auch für die Beitreibung von Kleinstbeträgen (**Bagatellforderungen**; bis etwa 5,– DM). Ein Rechtsmißbrauch kann darin nur in Extremfällen gesehen werden, zumal es einen unauflösbaren Widerspruch bedeuten würde, dem Gläubiger den Rechtsweg zur Erlangung des Titels unter Aufbringung entsprechender, in diesen Fällen die eigentliche Forderung meist weit übersteigenden Kosten zu eröffnen, ihm die Durchsetzung dieses Titels dann aber zu versagen. Wenn überhaupt, so wäre das Rechtsschutzinteresse für ein entsprechendes Erkenntnisverfahren zu verneinen. Jedenfalls kann ein Rechtsschutzinteresse dann nicht verneint werden, wenn der Gläubiger den Schuldner vor der Vollstreckung vergeblich zur Zahlung aufgefordert hat (h.M.: LG Bochum Rpfleger 1994, 117; vgl. zum Streitstand Zöller/Stöber § 753 Rn. 8; vgl. auch Rn. 621).   **25**

Zu verneinen ist das Rechtsschutzinteresse, falls die Unpfändbarkeit einer zu pfändenden Forderung, deren Nichtexistenz oder eine wirksame Abtretung an einen Dritten (Ausnahme: Arbeitseinkommen, vgl. Rn. 666) unstreitig und offenkundig ist; ferner in Fällen, in denen die Zwangsvollstreckung nicht als Druckmittel zur Erfüllung des zu vollstreckenden Anspruchs, sondern vollstreckungsfremder Ziele eingesetzt wird.   **26**

Teil B
Voraussetzungen der Zwangsvollstreckung

Mit der Erlangung eines Titels ist der Gläubiger seinem Ziel der Befriedigung seines **27** Anspruchs schon wesentlich näher gekommen. Soweit der Schuldner der ausgeurteilten Verpflichtung nicht nachkommt, kann der Gläubiger deren Erfüllung erzwingen. Da ihm Selbsthilfe zur Durchsetzung des Titels verwehrt ist, er sich vielmehr dazu des staatlichen Vollstreckungsverfahrens bedienen muß, hat er andererseits auch einen Anspruch gegen den Staat, daß dieser bei Erfüllung der gesetzlich geregelten Voraussetzungen das Vollstreckungsverfahren durchführt **(Vollstreckungsanspruch)**. Der davon zu unterscheidende vollstreckbare Anspruch (titulierter Anspruch) ist also mit Hilfe des Vollstreckungsanspruches (Gläubiger gegen den Staat) durchsetzbar.

Die gesetzlich geregelten Voraussetzungen der Zwangsvollstreckung werden üblicher- **28** weise eingeteilt in die **allgemeinen Voraussetzungen der Zwangsvollstreckung**, nämlich
– Titel
– Klausel
– Zustellung,

die **besonderen Voraussetzungen der Zwangsvollstreckung** (z.B. §§ 751 Abs. 1 und 2; 756; 765; 798 ZPO) sowie das Nichtvorliegen von **Vollstreckungshindernissen** (wie z.B. §§ 775 ZPO, 14 KO, 47 VerglO).

Kapitel A
Allgemeine Vollstreckungsvoraussetzungen

I. Titel

Ohne einen Titel, aus dem sich der vollstreckbare Anspruch ergibt, ist keine Zwangs- **29** vollstreckung denkbar. Er ist unerläßliche Voraussetzung jeder Zwangsvollstreckung. Eine Vollstreckungsmaßnahme ohne Titel ist daher nichtig (allg. M., vgl. BGH NJW 1993, 735, 736). Aber auch wenn der äußeren Form nach ein Titel existiert, ist eine Vollstreckungsmaßnahme dann nichtig, wenn der Titel seiner Art nach als Grundlage für bestimmte Vollstreckungsmaßnahmen allgemein und nicht nur im Einzelfall ausscheidet (BGH a.a.O.: Arrestbefehl als Grundlage für einen Überweisungsbeschluß).

Vollstreckungstitel sind öffentliche Urkunden, die kraft Gesetzes zur Zwangsvoll- **30** streckung berechtigen. Titel sind u.a.:

- **inländische Endurteile** (§§ 704, 300 ZPO), auch Teilurteile (§ 301 ZPO), Verzichts-, Anerkenntnis- und Versäumnisurteile (§§ 306, 307, 330, 331 ZPO), Vorbehaltsurteile

(§§ 302 Abs. 3, 599 Abs. 3 ZPO), die formell rechtskräftig oder für vorläufig vollstreckbar erklärt sind. Die erstinstanzlichen Urteile der Amtsgerichte bzw. Landgerichte sowie die Berufungsurteile der Oberlandesgerichte werden rechtskräftig mit Ablauf der Rechtsmittelfrist (§ 705 ZPO). Mit der Verkündung sind hingegen rechtskräftig die Berufungsurteile des Landgerichts sowie die Revisionsurteile des BayObLG und des BGH (§ 545 Abs. 1 ZPO). Ferner die Urteile der Oberlandesgerichte in Arrest- und einstweiligen Verfügungsverfahren (§ 545 Abs. 2 ZPO). Urteile werden ferner sofort rechtskräftig bei beiderseits wirksam erklärtem Rechtsmittelverzicht (vgl. §§ 514, 566 ZPO). Die vorläufige Vollstreckbarkeit bestimmt sich nach den §§ 708, 709 ZPO. Nicht zu den i.S. des § 704 ZPO vollstreckbaren Urteilen gehören stattgebende Zwischenurteile gem. den §§ 280, 303 ZPO sowie Grundurteile (§ 304 ZPO);

- **ausländische Urteile** gem. §§ 722, 723 ZPO (vgl. Thomas/Putzo Anhang zu § 723 ZPO);

- die in **§ 794 ZPO** aufgeführten Titel; auch ein im Arrestverfahren geschlossener Prozeßvergleich ist ein gem. § 794 Abs. 1 Nr. 1 ZPO wirksamer Vollstreckungstitel (BGH NJW-RR 1991, 1021);

- landesrechtliche Vollstreckungstitel gem. **§ 801 ZPO** (vgl. dazu MünchKomm-ZPO/Wolfsteiner § 801 Rn. 4);

- **Arrest und einstweilige Verfügung** (§§ 922, 928, 929; 935, 940, 936 ZPO);

- vollstreckbare Ausfertigung eines **Auszugs aus der Konkurstabelle,** §§ 145 Abs. 2, 164 Abs. 2 KO;

- ein rechtskräftig bestätigter Zwangsvergleich, § 194 KO;

- ein bestätigter **Vergleich** mit Auszug aus dem berichtigten Gläubigerverzeichnis, § 80 VerglO;

- der **Zuschlagsbeschluß** gem. §§ 93, 132 ZVG;

- Entscheidungen und Vergleiche der **Arbeitsgerichte,** §§ 62, 85 ArbGG und arbeitsrechtlicher Schiedsgerichte, § 109 ArbGG;

- Entscheidungen in **Wohnungseigentumssachen,** § 45 Abs. 3 WEG;

- **vollstreckbare Urkunden des Jugendamtes** gem. § 60 Abs. 1 SGB VIII (= KJHG);

- Entscheidungen in **Adhäsionsverfahren** über Schadenersatzansprüche des Verletzten oder seiner Erben gem. § 406, 406b StPO;

- rechtskräftige Entscheidungen, gerichtliche Vergleiche und einstweilige Anordnungen gem. § 53a FGG betreffend **Ausgleichsforderungen** des Zugewinns bzw. des vorzeitigen Erbausgleichs des nichtehelichen Kindes;

- rechtskräftige Entscheidungen und gerichtliche Vergleiche betreffend den **Versorgungsausgleich** gem. § 53g FGG;

- rechtskräftige Entscheidungen, gerichtliche Vergleiche und einstweilige Anordnungen gem. § 16 Abs. 3 **HausratsVO.**

Vgl. im übrigen die ausführliche Darstellung bei Schuschke Rn. 2 vor §§ 704–707.

1. Vollstreckungsfähigkeit

Der Titel muß einen **vollstreckungsfähigen Inhalt** haben, also auf Leistung lauten. **31** Daher scheiden klageabweisende Urteile, Feststellungsurteile sowie Gestaltungsurteile aus, weil sie in diesem engeren Sinne nicht vollstreckbar sind (zu den Ausnahmen in Fällen der §§ 767, 771 ZPO, vgl. MünchKommZPO/Krüger § 704 Rn. 7). Soweit sie andererseits Grundlage für weiteres staatliches Handeln sind, kommt ihnen eine Vollstreckbarkeit in weiterem Sinne zu (z.B. für die Kostenfestsetzung gem. § 103 ff. ZPO, Aufhebung von Zwangsvollstreckungsmaßnahmen gem. § 776 ZPO, Eintragung in ein Register, z.B. bei der Auflösung einer GmbH). Aus diesem Grunde sind derartige Urteile für vorläufig vollstreckbar zu erklären (vgl. §§ 708, 709 ZPO; Ausnahme: z.B. § 704 Abs. 2 ZPO).

2. Bestimmtheit

Der Titel legt **Inhalt und Umfang der Zwangsvollstreckung** fest. Er muß die Partei- **32** en sowie den zu vollstreckenden Anspruch inhaltlich so bestimmt bezeichnen, daß es den Vollstreckungsorganen möglich ist, die Vollstreckung allein aufgrund des Titels, also ohne Zuhilfenahme anderer Urkunden wie z.B. Gutachten oder Gerichtsakten durchzuführen. Dieses Bestimmtheitserfordernis gilt auch für die Zug-um-Zug zu erbringende Leistung. Die Zug-um-Zug Einschränkung muß so bestimmt sein, daß sie ihrerseits zum Gegenstand einer Leistungsklage gemacht werden könnte (BGH Rpfleger 1993, 206; NJW 1994, 586, 587). Fehlt es an der notwendigen Bestimmtheit der Zug um Zug zu erbringenden Gegenleistung, kann auch die Hauptleistung nicht vollstreckt werden (BGH NJW 1993, 3206, 3207).

Soweit Unklarheiten des Titels bestehen, hat das Vollstreckungsorgan den Titel nach **33** allgemeinen Grundsätzen auszulegen. Bei einem Prozeßvergleich ist für die **Auslegung** in erster Linie **nicht** der übereinstimmende Wille der Beteiligten maßgebend, der den Inhalt eines privatrechtlichen Vertrages bestimmt und für diesen selbst dann maßgebend bleibt, wenn die Erklärungen der Vertragspartner objektiv eine andere Bedeutung haben sollten. Vielmehr ist maßgeblich darauf abzustellen, wie das hierzu berufene Vollstreckungsorgan, vor allem also das Vollstreckungsgericht oder auch ein Beschwerdegericht, den Inhalt der zu erzwingenden Leistung verständigerweise versteht und festlegt (BGH NJW 1993, 1995, 1996).

Beispiel: **34**

Der Beklagte verpflichtete sich in einem Prozeßvergleich „ab August 1990 an die Klägerin einen Unterhaltsbetrag von 480,– DM über den von ihm freiwillig bezahlten Betrag von 500,– DM hinaus zu bezahlen".

Das bedeutet vollstreckungsrechtlich, daß nur der „Spitzenbetrag" von 480,– DM, der über den freiwillig bezahlten Betrag von 500,– DM hinausgeht, tituliert ist (BGH a.a.O.). Bei der Auslegung können Tatbestand und Entscheidungsgründe herangezogen werden. Umstände außerhalb des Titels dürfen hingegen nur berücksichtigt werden, soweit es sich dabei um gesetzliche Vorschriften oder allgemein zugängliche Daten – z.B. den Bundesbankdiskontsatz – handelt (h.M.: vgl. BGH NJW 1986, 1440; OLG Köln Rpfleger 1992, 527). Lassen sich Unklarheiten nicht durch Auslegung beseitigen, ist der Titel für die Zwangsvollstreckung nicht geeignet. Der Gläubiger kann in diesem Fall erneut auf – jetzt hinreichend bestimmte (§ 253 Abs. 2 Nr. 2 ZPO) – Leistung klagen oder nach seiner Wahl Klage auf Feststellung des Urteilsinhalts erheben. Die Rechtskraft des ersten Urteils steht einer derartigen Klage nicht entgegen (h.M.: vgl. MünchKommZPO/Krüger § 704 Rn. 8 m.w.N.).

In der Praxis kommt ein unbestimmter und damit nicht vollstreckungsfähiger Titel durchaus nicht selten vor. Dies ist um so erstaunlicher, als doch oftmals zwei unabhängig voneinander mit der Sache befaßte Rechtspflegeorgane – Rechtsanwalt bzw. der Rechtspfleger bei Aufnahme der Klage sowie ein Richter – tätig geworden sind. Für die Partei stellt es jedenfalls keinen Trost dar, daß spätestens dem Gericht die unzureichende weil ungenaue Abfassung von Antrag und damit meist übereinstimmendem Tenor hätte auffallen müssen. Eines der Hauptaugenmerke des Rechtsanwalts muß es daher sein, einen vollstreckungsfähigen Titel zu erlangen. Die beste Voraussetzung dafür ist, den von ihm formulierten Antrag so präzise wie irgend möglich zu fassen, damit dieser als Tenor des Urteils übernommen werden und in der Form sodann geeignete Grundlage der Zwangsvollstreckung sein kann. Denn wie nötig eine präzise Fassung des Antrags/Tenors ist, stellt sich oftmals erst in der Zwangsvollstreckung heraus – und dann ist es jedoch (meist) zu spät.

35   Ein auf **Geldzahlung lautender Titel** muß daher den Betrag und die Höhe der Zinsen sowie ein Anfangsdatum bzw. einen Zeitraum angeben. Dies gilt gleichermaßen im Fall einer Zug-um-Zug-Verurteilung für die Gegenleistung (BGH NJW 1994, 586, 587). **Zulässig** ist die Titulierung: „5% über Bundesbankdiskontsatz" (BGH NJW 1992, 109 – auch für Verbraucherkredite vor Inkrafttreten des § 11 Abs. 1 VerbrKrG); Urteile auf Zahlung des Bruttolohns (h.M.: BAG NJW 1985, 646). **Unzulässig** hingegen: die Angabe von Bruchteilen oder Prozentsätzen unbestimmter Ansprüche („ein Drittel des Nettogehalts des Schuldners") oder einer bestimmten Summe abzüglich einer unbestimmten Größe („3000,– DM abzüglich des jeweiligen staatlichen Kindergeldes", OLG Düsseldorf VersR 1993, 883); die Auflassung Zug-um-Zug gegen Zahlung eines Taxwertes, der vereinbarungsgemäß erst noch durch ein Schiedsgutachten zu ermitteln ist (BGH Rpfleger 1993, 206; NJW 1994, 586, 587).

36   Bei einem **Anspruch auf Herausgabe** eines bestimmten Gegenstandes ist dieser so genau wie möglich zu bezeichnen. Bei Kraftfahrzeugen ist daher die Angabe der Fahrgestellnummer, auch des Typs und des Baujahrs des Fahrzeugs notwendig. Das amtliche Kennzeichen allein, zumal leicht demontierbar, wird nur ausnahmsweise genügen.

Beispiel:

Ein VW Golf, Baujahr 1992, soll herausgegeben werden. Die Vollstreckung wird kein Problem darstellen, wenn der Schuldner nur ein Fahrzeug dieses Typs besitzt. Hat er aber zwei Fahrzeuge des gleichen Typs und Baujahrs, oder befindet sich sein Auto im Zeitpunkt der Pfändung bei einem Dritten, der ebenfalls ein Fahrzeug dieses Typs und Baujahrs hat, könnte der Gerichtsvollzieher keines von beiden Fahrzeugen pfänden. Völlig klar wird das Problem, wenn der Schuldner Kraftfahrzeughändler ist. Als individualisierendes Merkmal ist daher stets die Fahrgestellnummer anzugeben.

Entsprechendes gilt für die Herausgabe eines „Teppichs, ca. 2 x 3 Meter, gemustert". Findet der Gerichtsvollzieher mehr als einen gemusterten Teppich in dieser Größe in der Wohnung des Schuldners vor, wird er zu Recht eine Pfändung ablehnen. Soweit vorhanden, sollten daher zur näheren Bezeichnung herauszugebender Gegenstände Fotos etc. vorgelegt werden, die dann auch Bestandteil des Urteils werden sollten. Soweit über die §§ 319–321 ZPO im Nachhinein überhaupt noch eine Präzisierung des Titels nachgeholt werden kann (was mindestens voraussetzt, daß der Teppich in einem der Schriftsätze näher beschrieben worden war), kostet dies Zeit und verringert die Aussichten auf eine erfolgreiche Zwangsvollstreckung erheblich.

Bei **Massenartikeln** wird eine genaue Bezeichnung oftmals nur schwer möglich sein. **37** Die Rechtsprechung ist insoweit zu Recht großzügiger und läßt eine möglichst genaue Angabe ausreichen. Für die Auflassung eines **Grundstücks** oder von **Wohnungseigentum** ist dieses Grundstück nach seiner Grundbuchstelle zu bezeichnen (z.B. „das im Grundbuch von Rodert, Amtsgerichtsbezirk Euskirchen, Bd. 374 Bl. 1346 eingetragene Grundstück lfd. Nr. 11, Flur 13, Flurstück 1527"; vgl. § 28 GBO sowie BGH NJW 1994, 1347, 1348).

Urteile auf **Vornahme einer Handlung** sowie auf **Unterlassung** müssen den Inhalt der **38** vorzunehmenden bzw. zu unterlassenden Handlung nach Art und Umfang so konkret beschreiben, daß diese auch für einen Dritten ohne weiteres erkennbar ist.

Beispiel:

> Der Beklagte wird verurteilt, die Putzschäden im Hause des Klägers in Euskirchen, Münstereifeler Straße 23, I. Etage, in den nach Norden gelegenen drei Räumen bis zum 31. August 1993 sach- und fachgerecht zu beseitigen.

Unzureichend daher die Tenorierung „... im Hausanwesen ... ein Bad mit WC zur ausschließlichen Nutzung des Klägers in benutzbarem Zustand einzurichten", weil die Einrichtung des Bades unklar ist (mit/ohne Badewanne, Dusche, Waschbecken, Wand- und/oder Bodenfliesen?; vgl. OLG Saarbrücken JurBüro 1993, 27).

Bei Klagen auf **Beseitigung von Störungen/Immissionen** genügt hingegen die Angabe des Ergebnisses, weil die Wahl des Mittels zur Erreichung des geschuldeten Erfolges in der Regel dem Schuldner verbleiben soll (BGH NJW 1993, 1656; z.B.: „ab 22.00 Uhr den Ausschank von Speisen und Getränken auf der Terrasse des Hauses ... zu unterlassen und geeignete Maßnahmen zu treffen, daß in allen Räumen der Wohnung des Klägers im 1. Stock des Nachbarhauses Münstereifeler Straße 23 in Euskirchen ab 22.00 Uhr keine höheren Luft-/Trittschallwerte als ... db(A) auftreten"). **39**

Bei einer **Zug-um-Zug-Verurteilung** und der ebenso zu vollstreckenden Verurteilung **40** zur **Leistung nach Erfüllung der Gegenleistung** (§ 322 Abs. 2 BGB) muß entweder die vom Gläubiger zu erbringende Leistung durch den Gerichtsvollzieher dem Schuldner tatsächlich angeboten werden, oder der Annahmeverzug des Schuldners bezüglich dieser Gegenleistung durch öffentliche oder öffentlich beglaubigte Urkunden nachgewiesen werden, damit die Zwangsvollstreckung durchgeführt werden kann (§§ 756, 765 ZPO). Dieser **Nachweis** ist am einfachsten dadurch zu führen, daß im Tenor des Urteils der Annahmeverzug festgestellt wird. Dann steht der Annahmeverzug für das Zwangsvollstreckungsverfahren fest (vgl. OLG Köln JurBüro 1989, 870, 873). Zwar kann auch durch Auslegung des Titels (Tatbestand, Entscheidungsgründe) der Annahmeverzug festgestellt und nachgewiesen werden, doch führt dies zu vermeidbaren Verzögerungen und birgt stets die Gefahr, daß das Vollstreckungsorgan, das insoweit in seiner Prüfung frei ist, zu dem Ergebnis gelangt, der Nachweis sei mit den im

Tatbestand/Entscheidungsgründen enthaltenen Ausführungen nicht geführt (vgl. OLG Köln JurBüro 1989, 870, 873).

41 Nicht nur aus haftungsrechtlichen Gründen sollte der Anwalt daher, wenn Annahmeverzug vorliegt, stets neben dem Hauptantrag einen unechten Hilfsantrag auf Feststellung des Annahmeverzugs stellen. Damit sind keine bzw. nur geringe Mehrkosten verbunden, die die späteren möglichen Schwierigkeiten bei der Vollstreckung allemal aufwiegen (vgl. BGH NJW-RR 1989, 826 = MDR 1989, 732 = WM 1989, 802: Streitwert für Feststellung des Annahmeverzuges ist ein „Erinnerungswert"; offengeblieben ist dabei, ob er wertmäßig nicht völlig außer Betracht bleiben kann; vgl. hierzu auch Schneider, Streitwert Rn. 1713a).

42 Entsprechendes gilt bei **Klagen wegen vorsätzlich begangener unerlaubter Handlung.** Auch hier kann und sollte ein unechter Hilfsantrag auf Feststellung, daß der Beklagte aus vorsätzlich begangener unerlaubter Handlung haftet, gestellt werden. Dann ist sichergestellt, daß der Gläubiger bei der Vollstreckung die erweiterten Vollstreckungsmöglichkeiten des § 850f Abs. 2 ZPO nutzen kann (vgl. zu einer solchen nachträglichen Feststellungsklage BGH NJW 1990, 834 mit Anm. Link, der Zweifel an dem notwendigen Feststellungsinteresse für einen solchen Hilfsantrag hat; vgl. BGH NJW 1990, 835 auch zu sonstigen, teilweise streitigen Nachweismöglichkeiten).

3. Parteibezeichnung

43 Der Titel muß neben dem vollstreckungsfähigen und bestimmten Inhalt ferner die **Parteien** (Gläubiger/Schuldner/ggf. Dritte), für und gegen die die Zwangsvollstreckung stattfindet, ausweisen (vgl. § 750 Abs. 1 ZPO).

44 Sind auf Gläubiger- und/oder Schuldnerseite **mehrere Personen** beteiligt, muß sich aus dem Titel ihr Beteiligungs- bzw. Haftungsverhältnis ergeben. Insoweit kommen in Betracht:

- Teilgläubiger/Teilschuldner (§ 420 BGB);

- Gesamtgläubiger (§ 428 BGB)/Gesamtschuldner (§ 421 BGB);

- Mitgläubiger (Gesamthandsgläubiger, z.B. eine Erbengemeinschaft; einfache Forderungsgemeinschaft, z.B. ein Mietzinsanspruch mehrerer Eigentümer; einfache gemeinschaftliche Berechtigung, z.B. der Besitzer und der Eigentümer werden durch dieselbe unerlaubte Handlung geschädigt; § 432 BGB; vgl. Einzelheiten bei Palandt/Heinrichs § 432 BGB Rn. 1–7);

- Gemeinschaftliche Schuld (Gesamthand; gemeinschaftliche Schuld im eigentlichen Sinne, z.B. gemeinschaftliche Verpflichtung mehrerer Musiker zu einer Orchesterveranstaltung, vgl. Palandt/Heinrichs Überblick vor § 420 BGB Rn. 9; beachte auch § 431 BGB).

45 Von den Fällen der Rechtsnachfolge abgesehen, die sich aus einer entsprechenden Vollstreckungsklausel ergeben muß (§ 727 f. ZPO), enthalten die §§ 735–749 ZPO Sonderregelungen hinsichtlich der Zwangsvollstreckung in bestimmte Vermögensmassen (Sondervermögen), die nicht nur der im Titel aufgeführten Person zustehen.

46 Zur Zwangsvollstreckung in das Vermögen eines **nicht rechtsfähigen Vereins** (passiv legitimiert gem. § 50 Abs. 2 ZPO) genügt ein gegen den Verein ergangenes Urteil bzw.

anderer Titel, §§ 735, 795 ZPO. Zum Vereinsvermögen gehören auch die Mitgliedsbeiträge. Vollstreckungsmaßnahmen richten sich gegen die Vereinsorgane, nicht gegen das einzelne Vereinsmitglied; dieses ist Dritter und insoweit durch die Vorschriften der ZPO geschützt (z.B. §§ 766, 809; 771 ZPO).

Für die Zwangsvollstreckung auch in das Privatvermögen der Mitglieder ist ein Titel gegen alle Mitglieder des Vereins erforderlich. Aus einem solchen Titel kann andererseits – gem. § 736 ZPO – auch in das Vereinsvermögen vollstreckt werden.

Zur Zwangsvollstreckung in das **Gesellschaftsvermögen einer Gesellschaft bürgerlichen Rechts (§ 705 BGB)** ist ein gegen alle namentlich bezeichneten Gesellschafter ergangener Titel erforderlich, § 736 ZPO. Es muß nicht ein einziger Titel gegen alle Gesellschafter vorliegen, sondern es genügen mehrere, von der Art her auch unterschiedliche Titel (Vergleich/Urteil/Vollstreckungsbescheid), wenn nur bei Beginn der Zwangsvollstreckung gegen jeden Gesellschafter ein inhaltsgleicher Titel vorliegt. Vollstreckt werden kann sowohl in das gesamte Gesellschaftsvermögen wie auch in das Privatvermögen jeden einzelnen Gesellschafters. Hingegen kann aus einem auf einen einzelnen Gesellschafter lautenden Titel nur in dessen Privatvermögen (einschl. des Gesellschaftsanteils, § 859 Abs. 1 Satz 1 ZPO), nicht aber in das Gesellschaftsvermögen vollstreckt werden. Eine dennoch erfolgte Pfändung ist nicht nichtig, sondern nur anfechtbar (vgl. BGH WM 1977, 840). **47**

Ein gegen die BGB-Gesellschaft als solche oder auf den Namen, unter der sie im Rechtsverkehr auftritt („Boutique Minou") ergangener Titel ist, falls nicht auslegbar, unwirksam (vgl. Einzelheiten bei MünchKommZPO/Arnold § 736 Rn. 15 f.; zur Frage des Gesellschafterwechsels dort Rn. 23 f.).

Soll in das Gesellschaftsvermögen einer **OHG, KG oder PartG** vollstreckt werden, ist gem. §§ 124 Abs. 2, 161 Abs. 2 HGB, § 7 Abs. 2 PartGG hierzu ein Titel gegen die Gesellschaft als solche notwendig. Ein Titel gegen alle Gesellschafter genügt nicht, § 736 ZPO findet keine Anwendung. Aus einem Titel gegen die OHG/KG/PartG kann nach der ausdrücklichen Regelung des § 129 Abs. 4 HGB, § 8 Abs. 1 PartGG nicht in das Privatvermögen eines Gesellschafters vollstreckt werden, obschon er für die Schulden der Gesellschaft auch persönlich haftet, § 128 HGB, § 8 Abs. 1 S. 1 PartGG. **48**

Zur Zwangsvollstreckung in den **ungeteilten Nachlaß**, der den Miterben als Gesamthandsvermögen zusteht (§ 2032 Abs. 1 BGB), ist ein Titel gegen alle Erben erforderlich; auch hier muß es nicht notwendig ein einheitlicher Titel sein (s. Rn. 47), wenn nur die Erben für den vollstreckbaren Anspruch dem Gläubiger (nicht nur einem Nachlaßgläubiger) aus demselben Rechtsgrund als Gesamtschuldner haften (BGHZ 53, 110 = NJW 1970, 473). **49**

Ein schon **gegen den Erblasser ergangener Titel** kann gem. § 727 ZPO gegen die Miterben umgeschrieben werden. Hatte die Zwangsvollstreckung zur Zeit des Todes des Schuldners bereits begonnen, wird sie ohne weiteres in seinen Nachlaß fortgesetzt (§ 779 Abs. 1 ZPO). **50**

Liegt nur ein **Titel gegen einen Miterben** vor, kann nicht in das Gesamthandsvermögen der Miterbengemeinschaft, sondern nur in das Privatvermögen des Miterben vollstreckt werden, zu dem auch der Anteil des Miterben an dem Nachlaß gehört (§ 859 Abs. 2 ZPO). **51**

52 Zur Zwangsvollstreckung in die **Konkursmasse** ist ein gegen den Konkursverwalter ergangener oder umgeschriebener Titel erforderlich. Wegen § 14 Abs. 1 KO kommt dies nur bei Absonderungs-, Aussonderungsrechten sowie Masseschulden in Betracht (§ 43 ff., 47 ff., 59 KO). Vgl. zu den Einzelheiten Rn. 121 f.

53 Ein **Kaufmann** kann unter seiner Firma klagen bzw. verklagt werden (§ 17 Abs. 2 HGB). Firma ist der Name, unter dem der Kaufmann im Handel seine Geschäfte betreibt und seine Unterschrift abgibt (§ 17 Abs. 1 HGB). Der Kläger muß sich daher nicht darum kümmern, welche Person dies tatsächlich ist. Prozeßpartei ist derjenige, der bei Eintritt der Rechtshängigkeit Inhaber der Firma ist. Zulässig ist es daher, eine Frau, die ein Handelsgeschäft erworben hat und unter der bisherigen, auf einen männlichen Inhaber hinweisenden Firma fortführt, unter diesem Namen mit dem Zusatz „Herrn" zu verklagen (BGH NJW 1990, 908). Im Hinblick auf zu erwartende Schwierigkeiten bei der Vollstreckung (Identität der Parteien) empfiehlt es sich aber dringend, bereits im Titel die Person des Inhabers zusätzlich anzugeben (vgl. auch Staub/Hüffer § 17 HGB Rn. 48). Zwar genügt auch für die Zwangsvollstreckung die firmenmäßige Angabe, jedoch wird sich die Person des Inhabers im Zeitpunkt der Rechtshängigkeit jedenfalls bei entsprechendem Bestreiten durch den Firmeninhaber bei der Vollstreckung nur aufgrund eines Handelsregisterauszugs ergeben. Bei nicht zu behebenden Zweifeln ist gem. § 727 ZPO analog ein Antrag auf Erteilung eines entsprechenden Klarstellungsvermerkes möglich.

4. Wirksamkeit

54 Schließlich muß der **Titel**, aus dem vollstreckt wird, im Zeitpunkt der Vollstreckung **noch wirksam** sein, er darf z.B. nicht durch eine spätere Entscheidung überhaupt oder hinsichtlich der Vollstreckbarkeit abgeändert oder aufgehoben worden sein (z.B. durch abänderndes Berufungsurteil oder späteren Prozeßvergleich; vgl. Rn. 272 f. zu § 775 ZPO – Vollstreckungshindernisse). So stellt ein Arrestbefehl bzw. eine einstweilige Verfügung nach fruchtlosem Ablauf der Vollziehungsfrist (§ 929 Abs. 2, 3 ZPO) keine geeignete Grundlage für Zwangsvollstreckungsmaßnahmen mehr dar: bereits erfolgte Vollstreckungshandlungen sind nichtig, nicht nur anfechtbar. Weitere Vollstreckungshandlungen dürfen nicht mehr vorgenommen werden (vgl. BGH NJW 1991, 496). Zum Problem eines wegen Unbestimmtheit der eingeklagten Forderung nicht der materiellen Rechtskraft fähigen und somit wirkungsgeminderten Urteils vgl. BGH NJW 1994, 460 = ZIP 1994, 67 sowie Rn. 1110.

II. Vollstreckungsklausel

1. Zweck der Klausel

55 Die vollstreckbare Ausfertigung ist das amtliche Zeugnis des Bestehens sowie der Vollstreckungsreife des Titels. Damit werden die Vollstreckungsorgane von der Verpflichtung entbunden, diese Tatsachen bei Beginn der Zwangsvollstreckung nachzuprüfen. Ihre Überprüfung erstreckt sich daher nur noch darauf, ob der Titel bzw. die Klausel nicht nichtig sind und ob die sonstigen Vollstreckungsvoraussetzungen vorliegen, nicht aber auf die Rechtmäßigkeit oder die Richtigkeit des Titels bzw. der Klauselerteilung (**Grundsatz der Formalisierung der Zwangsvollstreckung**; vgl. auch OLG Frankfurt/Main FamRZ 1994, 453). Neben dieser Arbeitserleichterung für die Vollstreckungsorgane dient die Vollstreckungsklausel auch dem Schuldnerschutz, vgl. §§ 754, 757; 733, 734, 795 ZPO).

Die Vollstreckungsklausel bestimmt Gegenstand und Umfang der Vollstreckung so 56 wie die Personen, für und gegen die vollstreckt werden kann (Vollstreckungsgläubiger/Vollstreckungsschuldner). Bei **Gesamtgläubigern, Gesamthandsgläubigern** sowie **Mitgläubigergemeinschaft** (§ 432 BGB) bzw. **Gesamtschuldnern** sowie **gemeinschaftlicher Schuld** ist nach wohl h.M. (Thomas/Putzo § 724 Rn. 11, 12; Baumbach/Hartmann § 724 Rn. 9; Zöller/Stöber § 724 Rn. 12) grundsätzlich nur eine vollstreckbare Ausfertigung zu erteilen. Demgegenüber weist Wolfsteiner (in MünchKommZPO § 724 Rn. 21) zutreffend darauf hin, daß das Gesetz für diese Auffassung keine Grundlage bietet und der Gläubiger durchaus Interesse daran haben kann, die Vollstreckungsklausel nur gegen einen von mehreren Gesamtschuldnern erteilt zu bekommen. Eine Umgehung des § 733 ZPO und des damit verbundenen Schuldnerschutzes kann dadurch verhindert werden, daß die Erteilung einer Klausel gegen nur einen der Gesamtschuldner auf der Urschrift des Titels vermerkt wird (vgl. § 734 ZPO). Bei **Teilgläubigern** bzw. **Teilschuldnern** sind so viele vollstreckbare Ausfertigungen zu erteilen, wie Gläubiger bzw. Schuldner vorhanden sind.

Die Klausel kann auch nur **für einen Teil des titulierten Anspruchs** erteilt werden. 57 Für Dritte, die nicht Rechtsnachfolger der im Titel aufgeführten Parteien sind, kann die Vollstreckungsklausel nicht erteilt werden, weil eine isolierte Vollstreckungsstandschaft nicht zulässig ist (BGH NJW 1985, 809; NJW-RR 1992, 61).

Die Vollstreckungsklausel ist zwingende **Voraussetzung für den Beginn der Zwangs 58 vollstreckung** (§ 724 Abs. 1 ZPO). **Ausnahmen** bestehen in folgenden Fällen: bei Vollstreckungsbescheiden, Arrestbefehlen sowie einstweiligen Verfügungen ist eine Klausel nur erforderlich, soweit die Zwangsvollstreckung für bzw. gegen eine andere als die im Titel bezeichnete Person betrieben wird (§ 796 Abs. 1, § 929 Abs. 1, § 936 ZPO); eine Klausel ist ferner nicht erforderlich bei einem Kostenfestsetzungsbeschluß, der auf ein Urteil, vollstreckbaren Beschluß oder gerichtlichen Vergleich gesetzt wird (§§ 795a, 105 Abs. 1 ZPO); schließlich nicht bei Vorpfändung, § 845 Abs. 1 S. 3 ZPO; Haftbefehl, § 908 ZPO; Pfändungsbeschluß gem. § 830 Abs. 1 S. 2 ZPO und Überweisungsbeschluß gem. § 836 Abs. 3 S. 2 ZPO als Titel für die Wegnahme des Hypothekenbriefes bzw. der Urkunden, die die gepfändete und überwiesene Forderung betreffen (Hilfspfändung).

Die Erteilung der Vollstreckungsklausel selbst ist noch **keine Zwangsvollstreckung,** 59 bereitet sie vielmehr nur vor. Die Einstellung der Zwangsvollstreckung (z.B. gem. §§ 707, 769 ZPO) hindert die Erteilung der Vollstreckungsklausel daher nicht. Für das **Konkursverfahren** ist streitig, ob § 14 KO der Erteilung der Klausel entgegensteht (bejahend: Baur/Stürner Rn. 252; Kilger/K. Schmidt § 14 Anm. 2; verneinend: OLG Braunschweig Rpfleger 1978, 220; Kuhn/Uhlenbruck § 14 Rn. 3; MünchKommZPO/Wolfsteiner § 724 Rn. 37 betr. Klausel gegen Gemeinschuldner; Zöller/Stöber § 724 Rn. 5; differenzierend: Jaeger/Henckel § 6 Rn. 96 und § 14 Rn. 35: Klausel gegen Gemeinschuldner möglich, gegen Konkursverwalter gem. § 727 ZPO nicht).

2. Antrag

60 Die Klausel wird erteilt aufgrund eines formlosen, schriftlichen oder mündlich zu Protokoll der Geschäftsstelle erklärten **Antrags,** der keinem Anwaltszwang unterliegt (§ 78 Abs. 3 ZPO, § 13 RPflG). Antragsberechtigt ist die zur Vollstreckung befugte Partei, d.h. grundsätzlich die Partei, die das Urteil erstritten oder den Titel erwirkt hat bzw. deren Rechtsnachfolger (BGH NJW 1984, 806). Ein Prozeßstandschafter bleibt vollstreckungsbefugt und damit antragsberechtigt, solange dem materiellen Anspruchsinhaber keine Klausel erteilt worden ist. Dies gilt auch im Falle der Geltendmachung des Kindesunterhalts durch einen Elternteil gegen den anderen gem. § 1629 Abs. 3 BGB (BGH NJW 1991, 839, 840).

3. Zuständigkeit

61 **Sachlich/örtlich** ausschließlich (§ 802 ZPO) **zuständig** für die Erteilung der vollstreckbaren Ausfertigung eines **Urteils** ist das Gericht des ersten Rechtszuges, also das Gericht des Ausgangsverfahrens, in dem der Vollstreckungstitel geschaffen wurde, unabhängig davon, ob das Prozeßgericht des ersten Rechtszuges für die Streitsache zuständig war. Solange der Rechtsstreit beim Rechtsmittelgericht anhängig ist, wird die Klausel von diesem erteilt (§ 724 Abs. 2 ZPO).

Bei **Vollstreckungsbescheiden** ist gem. §§ 796 Abs. 1 und 3, 795, 724 Abs. 2 ZPO für die Erteilung der Klausel das Mahngericht, das den Vollstreckungsbescheid erlassen hat, zuständig. Dies gilt auch bei der Konzentration der Mahnverfahren auf ein zentrales Mahngericht gem. § 689 Abs. 3 ZPO (BGH NJW 1993, 3141 = Rpfleger 1994, 72; OLG Hamm Rpfleger 1994, 30).

62 Die **funktionelle Zuständigkeit** für die Erteilung der Klausel hängt von der Art der Klausel ab: für die einfache Klausel ist der Urkundsbeamte der Geschäftsstelle des erstinstanzlichen Gerichts bzw. des höheren Gerichts, bei dem der Rechtsstreit anhängig ist, zuständig (§ 724 Abs. 2, § 795 ZPO). Bei einer titelergänzenden bzw. titelumschreibenden (qualifizierten) Klausel ist der Rechtspfleger des entsprechenden Gerichts zuständig (§ 20 Nr. 12 RPflG).

63 Bei **gerichtlichen Urkunden** (§ 794 Abs. 1 Nr. 5 ZPO) ist der Urkundsbeamte der Geschäftsstelle bzw. der Rechtspfleger des Gerichts für die Erteilung der Klausel zuständig (§ 797 Abs. 1 ZPO); bei **notariellen Urkunden** bzw. bei **Anwaltsvergleichen** ist zuständig der sie verwahrende Notar (§ 797 Abs. 2 S. 1, Abs. 6 ZPO), bei behördlicher Verwahrung die sie verwahrende Behörde (§ 797 Abs. 2 S. 2, Abs. 6 ZPO); für die Entscheidung über eine weitere vollstreckbare Ausfertigung gem. § 733 ZPO ist der Rechtspfleger des Amtsgerichts zuständig, in dessen Bezirk der Notar / die Behörde ihren Amtssitz hat. Auf Anweisung des Rechtspflegers wird sie dann vom Notar / Behörde erteilt. Für **Gütestellenvergleiche** (§ 794 Abs. 1 Nr. 1 ZPO) vgl. § 797a ZPO.

64 Das funktionell zuständige Organ prüft vor Erteilung der Klausel anhand der ihm vorliegenden Unterlagen, ob:

a) ein **äußerlich (noch) wirksamer Titel** vorliegt (z.B. notwendige Unterschriften des erkennenden Richters vorhanden sind; bei einem Prozeßvergleich der Vermerk „v.u.g." auf der Ausfertigung vorhanden ist; das Urteil ordnungsgemäß verkündet wurde, § 310 ff. ZPO; der Ausfertigungsvermerk erst nach der Verkündung des

Urteils angebracht wurde (BGH NJW-RR 1993, 956; ein Vorbehaltsurteil nicht im Nachverfahren aufgehoben wurde, §§ 302, 600 ZPO; ein Versäumnisurteil nach Einspruch bzw. ein Urteil erster Instanz in der Berufungsinstanz aufgehoben oder durch Prozeßvergleich gegenstandslos geworden ist; eine Klagerücknahme erfolgt ist);

b) der Titel einen **vollstreckungsfähigen Inhalt** hat (also genügend bestimmt ist, vgl. hierzu Rn. 32 f.). An diesem Erfordernis fehlt es grundsätzlich bei Feststellungsklagen, klageabweisenden Urteilen sowie Gestaltungsklagen. Diese werden nur vollstreckbar ausgefertigt, wenn der Kostenfestsetzungsbeschluß auf das Urteil gesetzt wird, §§ 105, 795a ZPO;

c) das **Urteil** für **vorläufig vollstreckbar** erklärt oder **rechtskräftig** ist, § 704 Abs. 1 ZPO;

d) bereits eine vollstreckbare Ausfertigung erteilt wurde und die Voraussetzungen für die Erteilung einer **weiteren vollstreckbaren Ausfertigung** gem. § 733 ZPO vorliegen.

Fehlt es an einem der Erfordernisse zu a)–d), wird der Antrag zurückgewiesen. Zu Rechtsbehelfen hiergegen vgl. unten Rn. 145 f., 149 f., 152 f., 156 f.

e) ein Fall einer einfachen, titelergänzenden (§ 726 ZPO) oder titelumschreibenden (§ 727 f. ZPO) Klausel vorliegt, weil sich danach die Zuständigkeit von Urkundsbeamten der Geschäftsstelle bzw. Rechtspfleger richtet, (s.o. Rn. 62 f.).

f) **Nicht** geprüft wird: die Zustellung des Urteils, die Erbringung einer Sicherheitsleistung; ob eine im Titel aufgeführte datumsmäßige Fälligkeit eingetreten ist oder Vollstreckungshindernisse vorhanden sind. Denn all dies sind keine Voraussetzungen der Klauselerteilung, sondern von den übrigen Vollstreckungsorganen im Rahmen der Durchführung der Zwangsvollstreckung zu prüfende Voraussetzungen der Zwangsvollstreckung.

    65

Eine **Anhörung des Schuldners** erfolgt bei Erteilung der einfachen Klausel nicht (vgl. § 730 ZPO). Dessen Anspruch auf rechtliches Gehör gem. Art. 103 Abs. 1 GG wird durch § 732 ZPO ausreichend gewahrt. In den Fällen der qualifizierten Klauseln gem. § 726 Abs. 1 und §§ 727–729 ZPO sowie §§ 738, 742, 744, 745 ZPO sowie vor Erteilung einer weiteren vollstreckbaren Ausfertigung gem. § 733 ZPO steht es im pflichtgemäßen Ermessen des Gerichts, ob der Schuldner angehört wird (vgl. § 730 ZPO „kann"; h.M.: Baumbach/Hartmann § 730 Rn. 1; Thomas/Putzo § 730 Rn. 1; Zimmermann § 730; eingehend: Zöller/Stöber § 730 Rn. 1; MünchKommZPO/Wolfsteiner § 730 Rn. 4).

    66

Zum Schutz des Schuldners vor unkontrollierter Mehrfacherteilung einer vollstreckbaren Ausfertigung ist gem. §§ 734, 795 ZPO vor ihrer Aushändigung auf der Urschrift des Titels zu vermerken, für welche Partei und zu welcher Zeit die Ausfertigung erteilt worden ist.

    67

4. § 724 ZPO – einfache Klausel

Sie ist zu erteilen, wenn kein Fall des § 726 ZPO bzw. der §§ 727 ff. ZPO vorliegt. Der **Inhalt** der Vollstreckungsklausel ergibt sich aus **§ 725 ZPO**. Dessen Wortlaut ist zwar nicht zwingend einzuhalten, jedoch muß der Text inhaltlich dem des § 725 ZPO entsprechen. Zur Fassung in den Fällen der qualifizierten Klausel vgl. Rn. 91, 120, 138.

    68

69 Die Klausel wird auf eine Ausfertigung des Titels gesetzt (§§ 724, 795 ZPO), und zwar grundsätzlich an deren Ende. Eine **Ausfertigung** im prozessualen Sinn ist

> „eine in gesetzlich bestimmter Form gefertigte Abschrift, die dem Zweck dient, die bei den Akten verbleibende Urschrift nach außen zu vertreten" (BGH NJW 1981, 2345, 2346).

Die Ausfertigung enthält üblicherweise die (nicht notwendige) Überschrift „Ausfertigung", den Ausfertigungsvermerk (z.B. „für den Gleichlaut der Ausfertigung der Urschrift" oder „ausgefertigt"), zwingend die Unterschrift des Urkundsbeamten der Geschäftsstelle/des Rechtspflegers mit dem Zusatz „als Urkundsbeamter der Geschäftsstelle" bzw. „Rechtspfleger" sowie das Dienstsiegel oder den Dienststempel sowie zweckmäßigerweise Ort und Datum der Erteilung.

Die Klausel wird zu dem Titel erteilt, der den zu vollstreckenden Anspruch enthält. Ergibt sich dieser z.B. bei teilweiser Abänderung des erstinstanzlichen Urteils nur aus mehreren Titeln, so sind bei der vollstreckbaren Ausfertigung diese miteinander zu verbinden (OLG München NJW 1956, 996; weitere Einzelheiten Zöller/Stöber § 725 Rn. 4).

5. § 726 ZPO – titelergänzende Klausel

a) Voraussetzungen

70 Im Rahmen der Erteilung der qualifizierten Klauseln muß der funktionell zuständige Rechtspfleger prüfen, ob die dafür erforderlichen besonderen Voraussetzungen erfüllt sind. § 726 ZPO, der über § 795 ZPO auch auf andere Titel als Urteile anwendbar ist, setzt **kumulativ** voraus, daß

– die Vollstreckung aus dem Titel nach seinem Inhalt vom **Eintritt einer Tatsache abhängig** ist;

– diese Tatsache **eine andere als die der Erbringung einer Sicherheitsleistung** durch den Gläubiger sein muß, weil die Erbringung der Sicherheit vom Vollstreckungsorgan gem. § 751 Abs. 2 ZPO vor Beginn der Zwangsvollstreckung selbst zu prüfen ist. Vgl. im übrigen MünchKommZPO/Wolfsteiner § 726 Rn. 18, 19;

– der **Gläubiger diese Tatsache zu beweisen hat**;

– und der **Beweis durch öffentliche oder öffentlich beglaubigte Urkunden geführt wird**; letzteres ist entbehrlich, wenn die Tatsache offenkundig ist (§ 291 ZPO; h.M.).

Beispiele für eine derart aufschiebend bedingte oder befristete Vollstreckbarkeit sind:

– die Rechtskraft einer bestimmten anderen Entscheidung;

– eine Vorleistung des Gläubigers (z.B. Mängelbeseitigung);

– die Erteilung einer Genehmigung des Ergänzungspflegers, Betreuers, Vormundschaftsgerichts oder einer Behörde;

– die Räumung einer Wohnung, sobald der Schuldner eine angemessene Ersatzwohnung gefunden bzw. vom Gläubiger angeboten bekommen hat;

– die Kündigung des titulierten Anspruchs;

– die Wirksamkeit des Prozeßvergleichs, falls nicht binnen einer bestimmten Frist ein Widerruf bei Gericht eingeht.

b) Beweislast des Gläubigers im einzelnen

aa) Grundsatz

Ob die Beweislast für den Eintritt der Tatsache dem Gläubiger obliegt, ergibt sich aus dem Inhalt des Titels bzw. den allgemeinen Beweislastregeln.   **71**

Grundregel ist:

> „Wer ein Recht geltend macht, hat die tatsächlichen Voraussetzungen der rechts-begründenden und rechtserhaltenden Tatbestandsmerkmale zu beweisen. Wer demgegenüber das Bestehen eines Rechts leugnet, trägt die Beweislast für die tatsächlichen Voraussetzungen der rechtshindernden, rechtshemmenden und rechtsvernichtenden Tatbestandsmerkmale" (BGH NJW 1986, 2426, 2427).

bb) Ausnahmen

Sie können sich ergeben aus **gesetzlichen Beweislastregeln** oder den von der **Recht-sprechung** entwickelten Abweichungen (z.B. wegen eines Regel-Ausnahme-Verhält-nisses, wegen der Zugehörigkeit der beweisbedürftigen Tatsache zu dem Gefahren-bereich einer Partei oder wegen typischer Beweisnot (vgl. Thomas/Putzo Rn. 24–37 vor § 284), oder aufgrund von **Parteivereinbarungen** über die Beweislast (vgl. hierzu Zöller/Greger Rn. 23 vor § 284; zur Unterscheidung letzterer von Vollstreckungsver-einbarungen über den gem. § 726 ZPO notwendigen Nachweis vgl. Rn. 84).   **72**

Diese Regeln gelten auch für **negative Tatsachen**, also diejenigen, die nach der jewei-ligen Norm mit zu den Anspruchsvoraussetzungen gehören (vgl. z.B. in § 812 Abs. 1 S. 1 BGB „ohne rechtlichen Grund"). Zur Überwindung von Beweisschwierigkeiten in diesem Bereich vgl. Zöller/Greger Rn. 24 vor § 284 m.w.N.   **73**

Daher muß der Schuldner als für ihn günstige Tatsache die rechtsvernichtende Ein-wendung der Erfüllung beweisen. Entsprechend ergibt sich auch die Beweislast des Schuldners bei sogenannten **Verfallklauseln**.   **74**

Beispiel:

Der Beklagte verpflichtet sich, zum Ausgleich der Klageforderung an den Kläger 5000,– DM zu zahlen. Der Betrag ist in monatlichen Raten von 500,– DM zu zah-len, fällig jeweils am 3. eines jeden Monats, erstmals am 3.8.1993. Kommt der Be-klagte mit einer Rate ganz oder teilweise in Rückstand, so wird der gesamte noch offenstehende Betrag sofort fällig.

Hier obliegt dem Schuldner der Nachweis der rechtzeitigen Zahlung, damit der Rest-betrag nicht sofort fällig geworden ist (h.M.: BGH DNotZ 1965, 544; MünchKomm-ZPO/Wolfsteiner § 726 Rn. 15). Der Schuldner kann sich ggf. mit der Vollstreckungsab-wehrklage gem. § 767 ZPO gegen eine unberechtigte Vollstreckung zur Wehr setzen.

cc) Offenkundige Tatsachen

75 **Keines Beweises** bedürfen Tatsachen, die **offenkundig**, also allgemeinkundig oder gerichtskundig sind (§ 291 ZPO). **Allgemeinkundig** ist eine Tatsache, die generell oder auch nur einer begrenzten Anzahl verständiger Menschen bekannt ist oder von ihnen wahrgenommen werden könnte; also auch solche Tatsachen, über die man sich aus allgemein zugänglicher verläßlicher Quelle ohne besondere Fachkunde sicher unterrichten kann (BGHSt 6, 292, 293; Baumbach/Hartmann § 291 Rn. 1, 2).

76 **Gerichtskundig** ist eine Tatsache dann, wenn sie dem zur Entscheidung berufenen Organ (Richter, Rechtspfleger) aufgrund eigener amtlicher Tätigkeit in diesem oder einem anderen Verfahren zuverlässig bekannt geworden und noch bekannt ist. Es genügt daher keinesfalls, daß die Tatsache lediglich in Gerichtsakten enthalten ist (aktenkundig), ohne daß dem zur Entscheidung berufenen Organ dies bekannt ist. Streitig ist hingegen, ob derartige aktenkundige Tatsachen auch gerichtskundig werden, wenn z.B. der erkennende Richter die Kenntnis dieser in einem anderen Verfahren von einem anderen Richter gewonnenen Tatsachen erst durch Lesen der ihm vorliegenden Akte erwirbt (bejahend: BGHSt 6, 292, 294; Rosenberg/Schwab/Gottwald § 114 3 b; Thomas/Putzo § 292 Rn. 2; a.A.: Baumbach/Hartmann § 291 Rn. 4 m.w.N.; StJ/Leipold § 291 Rn. 5; MünchKommZPO/Prütting § 291 Rn. 9; Zöller/Greger § 291 Rn. 1).

77 Entsprechendes wird für **Eintragungen in Register** vertreten (MünchKommZPO/Prütting § 291 Rn. 10 sowie die Vorgenannten a.a.O.). Daher bestehe keine Erkundigungspflicht für das zur Entscheidung berufene Organ hinsichtlich solcher Tatsachen, die ihm nicht amtlich bekannt seien. Das Organ könne daher die Vorlage eines beglaubigten Auszugs aus dem Register verlangen (MünchKommZPO/Wolfsteiner § 726 Rn. 49). Im Klauselerteilungsverfahren bestehen Bedenken gegen diese Ansicht insoweit, als ein jedermann zugänglicher Registereintrag (z.B. Handelsregister) zwar nicht gerichtskundig im Sinne der vorgenannten engen Definition ist, wohl aber allgemeinkundig. Denn jedermann – also auch das Gericht – kann sich entsprechende Kenntnis verschaffen (vgl. BGH NJW 1992, 2088 betr. Veröffentlichung des Lebenshaltungskostenindex in der Fachpresse).

Im Hinblick auf die häufig anzutreffende Praxis der Gerichte, die Vorlage eines beglaubigten Registerauszuges oder doch wenigstens die Bezugnahme auf das Register zu verlangen, ist es zwecks Vermeidung von Verzögerungen bei der Verfahrensabwicklung jedoch ratsam, diesem Verlangen nachzukommen und jedenfalls auf das Register Bezug zu nehmen.

78 Umstritten ist die Frage, ob im Rahmen des Klauselerteilungsverfahrens die Vorschriften über das **Geständnis** (§ 288 f. ZPO) anwendbar sind und damit diese Tatsachen keines Beweises bedürfen. Die h.M. bejaht dies vor allem aus Gründen der Praktikabilität, weil anderenfalls der Gläubiger Klage auf Erteilung der Klausel gem. § 731 ZPO erheben würde, in dessen Rahmen § 288 f. ZPO unstreitig Anwendung findet (h.M.: vgl. OLG Köln MDR 1990, 452; OLG Saarbrücken Rpfleger 1991, 161 = JurBüro 1991, 726 m.w.N. sowie zustimmender Anmerkung von Mümmler; Baumbach/Hartmann § 726 Rn. 5; MünchKommZPO/Wolfsteiner § 726 Rn. 50; Münzberg NJW 1992, 201 ff.; Schuschke §§ 726 Rn. 11, 727 Rn. 30; Thomas/Putzo §§ 726 Rn. 6, 727 Rn. 7; Zöller/Stöber §§ 726 Rn. 6, 727 Rn. 20; a.A. OLG Oldenburg Rpfleger 1992, 490).

Ob die **Geständnisfiktion des § 138 Abs. 3 ZPO** im Klauselverfahren Anwendung   79
findet, ist ebenfalls sehr streitig. Vor allem aus Gründen der Prozeßökonomie
wird die Anwendbarkeit des § 138 Abs. 3 ZPO bejaht (vgl. OLG Hamm
(29. Senat) Rpfleger 1991, 161 = JurBüro 1990, 1350; OLG Köln (2. Senat) Rpfleger 1990,
264 = MDR 1990, 452; OLG Koblenz Rpfleger 1990, 518 = JurBüro 1990, 1675). Dem
steht aber u.a. entgegen, daß das Klauselverfahren kein kontradiktorisches, also kein
Streitverfahren ist, der Schuldner sich nicht äußern muß und § 138 Abs. 3 ZPO nur
den Fall des unvollständigen, nicht aber des gänzlich fehlenden Parteivortrages betrifft (vgl. OLG Bamberg JurBüro 1992, 195; OLG Hamm (23. Senat) Rpfleger 1994, 72;
OLG Karlsruhe JurBüro 1991, 275; OLG Köln (19. Senat) MDR 1993, 381 = JurBüro
1994, 310; OLG Nürnberg NJW-RR 1993, 1340 = Rpfleger 1993, 500; OLG Oldenburg
Rpfleger 1992, 490 unter Aufgabe von Rpfleger 1992, 306; OLG Stuttgart Rpfleger 1990,
519; OLG Zweibrücken NJW-RR 1991, 638 = MDR 1991, 162 = Rpfleger 1990, 520).

Das OLG Düsseldorf (Rpfleger 1991, 465) hält § 138 Abs. 3 ZPO für anwendbar, wenn
die Partei über die Folgen ihres Schweigens belehrt wurde und nachgewiesen ist, daß
sie diese Nachricht auch erhalten hat. Vgl. ferner zum Meinungsstand: Münzberg NJW
1992, 201 f.; Joswig Rpfleger 1991, 144 f.

dd) Kalendertag/Wartefristen

Keines Beweises im Klauselerteilungsverfahren, weil vom Vollstreckungsorgan selb-   80
ständig und leicht zu überprüfen, bedarf die Tatsache, daß die Geltendmachung des
Anspruchs von dem Eintritt eines **Kalendertages** abhängig ist (§ 751 Abs. 1 ZPO). Entsprechendes gilt für die Einhaltung von **Wartefristen** gem. §§ 798, 798a ZPO
(Brox/Walker Rn. 111).

c) Nachweis

Der vom Gläubiger zu erbringende Beweis muß durch **öffentliche Urkunden** (§§ 415,   81
417, 418 ZPO) oder **öffentlich beglaubigte Urkunden** (§ 129 BGB, §§ 39, 40 BeurkG)
erbracht werden. Der Nachweis erfolgt durch Vorlegung des Originals, einer Ausfertigung oder einer beglaubigten Abschrift der Urkunde (§ 420 ZPO) bzw. durch Bezugnahme auf Urkunden in Akten, die dem Klauselerteilungsorgan bereits vorliegen;
ein Vorlegungsantrag gem. § 432 ZPO genügt insoweit nicht (Baumbach/Hartmann
§ 726 Rn. 5; MünchKommZPO/Wolfsteiner § 726 Rn. 42; Thomas/Putzo § 726 Rn. 5;
Zöller/Stöber § 726 Rn. 6). Eine Erleichterung für die Beschaffung der Urkunden durch
den Gläubiger stellt § 792 ZPO dar, wonach er an Stelle des Schuldners die Erteilung
eines Erbscheins (siehe insoweit auch § 85 FGG und – im Hinblick auf § 2356 Abs. 1
BGB – § 61 Abs. 1 S. 3 PStG) oder einer anderen Urkunde (z.B. notarielle Erwerbsurkunde, Registerauszug), die dem Schuldner auf Antrag von einer Behörde, einem Beamten oder einem Notar zu erteilen ist, verlangen kann.

Bei einer **Kündigung** oder sonstigen **Willenserklärung** muß allein der Zugang dieser   82
Erklärung in der Form des § 726 Abs. 1 ZPO nachgewiesen werden, die Willenserklärung selbst bedarf dieser Form nicht. Für die Willenserklärung selbst reicht daher bloße Schriftform (h.M.: vgl. Thomas/Putzo § 726 Rn. 5).

83 Nach OLG Köln MDR 1993, 381 = JurBüro 1994, 310 genügt bei einem **gesetzlichen Forderungsübergang** gem. § 67 VVG, daß der Kostengläubiger in öffentlich beglaubigter Urkunde erklärt, daß er durch die antragstellende Rechtsschutzversicherung befriedigt und der Anspruch auf Ersatz der Kosten des vorausgegangenen Verfahrens gem. § 67 VVG auf diese übergegangen sei.

84 Gläubiger und Schuldner können eine **Beweiserleichterung** vereinbaren, z.B., daß statt eines Beweises Glaubhaftmachung oder statt der öffentlichen Urkunde eine Privaturkunde ausreicht (vgl. OLG Stuttgart NJW-RR 1986, 549; Zöller/Stöber § 726 Rn. 17). Möglich ist auch, den Gläubiger ganz von der Nachweispflicht zu befreien. Streitig ist, ob der Verzicht auf den Nachweis der Fälligkeit wegen künftig fällig werdender Kaufpreisraten für ein noch zu errichtendes Haus in einer notariellen Urkunde mit Unterwerfung unter die sofortige Zwangsvollstreckung im Rahmen allgemeiner Geschäftsbedingungen wirksam ist (bejahend: OLG Hamm DNotZ 93, 244; OLG München NJW-RR 1992, 125; OLG Celle NJW-RR 1991, 667; Jagenburg NJW 1992, 3203, 3212; Zöller/Stöber § 794 Rn. 31 m.w.N.; nach a.A. liegt ein Verstoß gegen § 11 Nr. 15 AGBG vor: OLG Stuttgart NJW-RR 1993, 1535 = OLGZ 1994, 101; OLG Nürnberg NJW-RR 1990, 1467).

d) Leistung Zug um Zug

85 Ist der Titel nur **Zug um Zug** gegen eine vom Gläubiger an den Schuldner zu bewirkende Leistung vollstreckbar, so ist dies zwar eine Tatsache, deren Erfüllung an sich vom Gläubiger zu beweisen ist. Dieser Beweis ist aber nach der ausdrücklichen Regelung in § 726 Abs. 2 ZPO nur erforderlich, wenn die dem **Schuldner** obliegende Leistung in der Abgabe einer Willenserklärung besteht. Der Grund hierfür ergibt sich aus § 894 Abs. 1 S. 2 ZPO. Ist nämlich der Schuldner zur Abgabe einer Willenserklärung verurteilt, so tritt die Fiktion der Abgabe der Willenserklärung erst ein, wenn nach den Vorschriften der §§ 726, 730 ZPO eine vollstreckbare Ausfertigung des rechtskräftigen Urteils erteilt worden ist (vgl. im einzelnen Rn. 982).

86 Sowohl die abzugebende Willenserklärung wie die Zug-um-Zug zu erbringende Gegenleistung muß **ausreichend bestimmt** sein (vgl. Rn. 32 f.). Ist die Gegenleistung ein Zahlungsanspruch, muß dieser daher bereits im Titel beziffert sein (BGH NJW 1994, 586, 587).

87 Liegt zwar eine Zug-um-Zug-Verurteilung vor, besteht die vom Schuldner zu erbringende Leistung aber nicht in einer Willenserklärung, sondern einer **anderen Leistung**, z.B. einer Geldzahlung, so findet § 726 Abs. 1 ZPO keine Anwendung. Die Vollstreckungsklausel ist gem. § 724 ZPO zu erteilen. Ansonsten müßte der Gläubiger praktisch vorleisten, um vollstrecken zu können. In diesen Fällen hat das Vollstreckungsorgan bei Beginn der Zwangsvollstreckung dem Schuldner daher die Gegenleistung des Gläubigers anzubieten, soweit nicht der Nachweis der schon erfolgten Befriedigung des Schuldners oder dessen Annahmeverzug durch öffentliche oder öffentlich beglaubigte Urkunden geführt wird und eine Abschrift dieser Urkunden bereits zugestellt ist oder gleichzeitig zugestellt wird (§§ 756, 765 ZPO). Entsprechendes gilt bei einer Verurteilung zur Leistung nach Erfüllung der Gegenleistung gem. § 322 Abs. 2 BGB (OLG Köln DGVZ 1989, 151 = JurBüro 1989, 870; Zöller/Stöber § 726 Rn. 8a).

Kein Fall von § 726 Abs. 1 ZPO, sondern von § 726 Abs. 2 ZPO und damit der Er- 88
teilung der Klausel nach § 724 ZPO ohne Nachweis ist gegeben, wenn der Schuldner
sich in einem **Vergleich** (§ 794 Abs. 1 Nr. 1 ZPO) zur Abgabe einer Willenserklärung
Zug-um-Zug gegen eine Leistung des Gläubigers verpflichtet hat. Denn § 894 ZPO
findet auf Vergleiche nach h.M. keine Anwendung (BGH NJW 1986, 2704, 2705). Die
Vollstreckung der Verpflichtung des Schuldners erfolgt in diesen Fällen gem. § 888
ZPO (h.M.: OLG Frankfurt/Main Rpfleger 1980, 291, 292; LG Koblenz DGVZ 1986, 43,
44; Thomas/Putzo § 726 Rn. 3). Der Gläubiger kann aber wegen des unsicheren Erfolges einer Vollstreckung gem. § 888 ZPO auch Klage auf Abgabe der Willenserklärung erheben (BGH NJW 1986, 2704, 2706; Thomas/Putzo § 726 Rn. 3).

Besteht nicht die Leistung des Schuldners, sondern die des **Gläubigers** in der Abgabe 89
einer **Willenserklärung**, findet nicht § 726 ZPO, sondern § 724 ZPO Anwendung.

Hat nach dem maßgeblichen Inhalt des Vollstreckungstitels die Leistung des Schuld- 90
ners nur Zug-um-Zug gegen Aushändigung bestimmter **Urkunden** (z.B. Quittung,
Wechsel, Scheck) zu erfolgen, stellt dies keinen Fall von § 726 Abs. 2 ZPO dar. Denn
es handelt sich dabei nicht um die Befriedigung eines selbständigen Gegenanspruchs,
sondern um die Ausgestaltung des gem. § 368 BGB bestehenden Rechts auf Quittung
(OLG Frankfurt/Main Rpfleger 1979, 144; Baumbach/Hartmann § 726 Rn. 10 m.w.N.;
im einzelnen streitig; vgl. auch Rn. 236 zu § 756 ZPO).

e) Beispiele einer Klausel

§ 726 Abs. 1 ZPO 91

„Vorstehende Ausfertigung wird dem ... zum Zwecke der Zwangsvollstreckung
erteilt. Der Zugang der Kündigung des titulierten Anspruchs (Darlehen vom
21.4.1971) ist durch Postzustellungsurkunde vom 28.5.1994 nachgewiesen."

§ 726 Abs. 2 ZPO

„Vorstehende Ausfertigung wird dem ... zum Zwecke der Zwangsvollstreckung
erteilt. Der Annahmeverzug des Schuldners ist durch Protokoll des Gerichtsvollziehers ... (DR ...) nachgewiesen."

6. § 727 ZPO – titelumschreibende Klausel

Eine andere qualifizierte Klausel („titelübertragende" oder auch „titelumschreiben- 92
de") ist zu erteilen, wenn im Wege der Rechtsnachfolge der Gläubiger oder/und
Schuldner gewechselt hat. Denn gem. § 750 Abs. 1 ZPO müssen die Personen, für und
gegen die die Zwangsvollstreckung durchgeführt werden soll, im Titel oder in der ihm
beigefügten Klausel namentlich bezeichnet sein (**„Parteiidentität"**).

Die Rechtsnachfolge kann auf verschiedene Art und Weise zustandegekommen sein 93
(Gesetz, Vertrag, Hoheitsakt), als Gesamtrechtsnachfolge (Erbfall) oder Einzel-/Son-
derrechtsnachfolge (z.B. Abtretung), in das volle Recht erfolgen oder nur in einen Teil
davon (gemindertes Recht: Pfandgläubiger).

94 Zweck der Regelung ist es, einen neuen Rechtsstreit über denselben prozessualen Anspruch zu vermeiden. Soweit § 727 ZPO Anwendung findet, fehlt einer Klage grundsätzlich jedenfalls das Rechtsschutzbedürfnis. Anderes gilt jedoch, wenn bei einem Prozeßvergleich oder einer notariellen Urkunde der Gläubiger mit einer Vollstreckungsabwehrklage gem. § 767 ZPO rechnen muß (BGH NJW 1957, 1111, 1112) oder der Gläubiger nur Klage auf Erteilung der Vollstreckungsklausel gem. § 731 ZPO erheben könnte (BGH ZIP 1987, 1262). Dabei muß, wie sich aus der Verweisung in § 727 Abs. 1 ZPO auf § 325 ZPO ergibt, die Rechtsnachfolge bei im Klagewege erstrittenen Titeln stets **nach Rechtshängigkeit** des Anspruchs (§ 253 Abs. 1, § 261 Abs. 1 und 2, § 696 Abs. 3, § 700 Abs. 2, §§ 920, 936 ZPO) eingetreten sein. Bei Vollstreckungstiteln, denen keine Rechtshängigkeit vorausgegangen ist (z.B. vollstreckbare Urkunde gem. § 794 Abs. 1 Nr. 5 ZPO) oder einem Prozeßvergleich gem. § 794 Abs. 1 Nr. 1 ZPO (jedenfalls dann, wenn der vollstreckbare Anspruch nicht Gegenstand des Rechtsstreits war) muß die Rechtsnachfolge nach dem insoweit maßgeblichen Zeitpunkt der Errichtung des Titels stattgefunden haben (BGH NJW 1993, 1396, 1397/98; Zöller/Stöber § 727 Rn. 19).

95 Infolge der rückwirkenden Fiktion der Rechtshängigkeit auf die Zustellung des Mahnbescheids gem. §§ 696 Abs. 3, 700 Abs. 2 ZPO liegt Rechtsnachfolge daher auch vor, wenn nach Zustellung des **Mahnbescheids** Rechtsnachfolge i.S. von § 325 ZPO eingetreten ist. Die streitige Frage, ob in diesen Fällen bei einer Einzelrechtsnachfolge unter Lebenden § 265 ZPO anwendbar ist und ein Vollstreckungsbescheid erlassen werden durfte (so LG Göttingen Rpfleger 1954, 377; Baumbach/Hartmann § 699 Rn. 14; StJ/Schlosser § 699 Rn. 7) oder der Rechtsnachfolger einen neuen Mahnbescheid hätte beantragen müssen (so MünchKommZPO/Holch vor § 688 Rn. 42; Rosenberg/Schwab/Gottwald § 165 II 6; Thomas/Putzo vor § 688 Rn. 3, 6; Zimmermann § 699 Rn. 7; Zöller/Vollkommer vor § 688 Rn. 8 – weil der Vollstreckungsbescheid ansonsten entgegen § 699 Abs. 1 S. 1 ZPO nicht „auf der Grundlage des Mahnbescheids" ergehe), ist für die Klauselerteilung ohne Bedeutung. Denn ein dennoch erlassener Vollstreckungsbescheid ist jedenfalls nicht nichtig und daher bis zu seiner evtl. Aufhebung als wirksam zugrunde zu legen. Entsprechendes gilt, wenn in Unkenntnis des nach Zustellung des Mahnbescheids eingetretenen Todes einer Partei bei dadurch eingetretener Unterbrechung gem. § 239 ZPO (vgl. aber § 246 ZPO) noch ein Vollstreckungsbescheid ergeht. Der Titel ist zwar gegenüber den Parteien unwirksam, aber nicht nichtig, sondern nur anfechtbar (§ 249 Abs. 2 ZPO).

96 Rechtsnachfolger ist also jeder, der nach Rechtshängigkeit des geltend gemachten Anspruchs oder der streitbefangenen Sache bzw. nach Errichtung des Titels eine Rechtsstellung erlangt hat, durch die ihm statt des Klägers/Beklagten die Sachlegitimation zukäme, wenn Klage jetzt erhoben würde (RGZ 102, 179; 109, 48; Rosenberg/Schwab/Gottwald § 102 II 3).

a) Beispiele der Rechtsnachfolge auf Gläubigerseite:

97 Der **Erbe** (§ 1922 BGB), auch vor Annahme der Erbschaft (§ 1942 BGB), jedoch ist vor Annahme der Erbschaft ein Nachweis der Erbenstellung nicht möglich.

Bei **Miterben** gem. §§ 2032, 2039 BGB kann die Klauselerteilung nur an alle Erben gemeinsam erfolgen, an einen einzelnen Miterben lediglich mit dem Inhalt, daß Leistung nur an alle Erben gemeinschaftlich erfolgen kann. Zum Nacherben vgl. § 728 ZPO = Rn. 106.

Neugläubiger (Zessionar) infolge Abtretung gem. § 398 BGB sowie **kraft Gesetzes** (§ 412 BGB), z.B. in den Fällen des § 268 Abs. 3 BGB (ablösungsberechtigter Dritter), § 426 Abs. 2 BGB (befriedigender Gesamtschuldner, vgl. MünchKommZPO/ Wolfsteiner § 727 Rn. 17, auch zur a.A.), § 774 Abs. 1 S. 1 BGB (Bürge), § 1143 Abs. 1 BGB (befriedigender Eigentümer), § 1150 BGB (ablösungsberechtigter Dritter), § 1225 BGB (befriedigender Verpfänder), § 1607 Abs. 2 S. 2, § 1615b BGB (Unterhalt leistender Verwandter), § 67 VVG (Versicherer), **§ 91 BSHG** (Übergang auf den Sozialhilfeträger; nach h.M. ist hier eine Rechtsnachfolgeklausel für zukünftige Ansprüche nicht möglich, vgl. Zöller/Stöber § 727 Rn. 10); **§ 7** Unterhaltsvorschußgesetz **(UVG)** nach Übergang des Anspruchs auf Unterhalt in Höhe der Unterhaltsleistungen; § 37 Abs. 1 BAföG; § 141m AFG; im Falle der Freigabe eines Gegenstandes aus der Konkursmasse (vgl. Kuhn-Uhlenbruck § 6 KO Rn. 27a). **98**

Pfändungspfandgläubiger gem. § 829 Abs. 3, § 857 Abs. 1 ZPO, und zwar unabhängig davon, ob die Forderung an Erfüllungs Statt mit der Folge des Forderungsübergangs gem. § 835 Abs. 2 ZPO oder nur zur Einziehung (§§ 835 Abs. 1 1. Alternative, 836 Abs. 1 ZPO – sogen. Rechtsnachfolge in das „geminderte Recht") überwiesen worden ist (h.M.: Zöller/Stöber § 727 Rn. 8). **99**

Entsprechende Anwendung findet § 727 ZPO auf den an der Drittschuldnerklage gem. § 856 ZPO nicht beteiligten Pfändungspfandgläubiger, unabhängig davon, ob er schon im Zeitpunkt der Rechtshängigkeit der Drittschuldnerklage Pfändungspfandgläubiger des Schuldners war (OLG Saarbrücken NJW-RR 1990, 1472).

Der **Prozeßstandschafter** bleibt vollstreckungsbefugt, solange dem materiellen Anspruchsinhaber keine Klausel erteilt worden ist. Dies gilt auch bei Geltendmachung von Kindesunterhalt durch einen Elternteil als Prozeßstandschafter gem. § 1629 Abs. 3 BGB (BGH NJW 1991, 839, 840). Tritt die Prozeßstandschaft erst aufgrund der Abtretung des rechtshängigen Anspruchs ein, so bleibt der Titelgläubiger aktiv legitimiert, die Forderung im Wege der Zwangsvollstreckung durchzusetzen, wenn er materiellrechtlich aufgrund einer Einziehungsermächtigung befugt ist, Leistung an sich zu verlangen (BGH NJW 1993, 1396, 1398). **100**

Dem neuen Gläubiger steht ein Recht auf Erteilung der Klausel gem. § 727 ZPO jedenfalls dann zu, wenn der Altgläubiger nicht seinerseits eine vollstreckbare Ausfertigung beansprucht, die Gefahr einer Doppelvollstreckung für den Schuldner somit nicht besteht (BGH NJW 1984, 806).

Keine Rechtsfolge liegt vor, wenn der Titelgläubiger einen Dritten lediglich ermächtigt, den titulierten Anspruch im eigenen Namen zu vollstrecken **(isolierte Vollstreckungsstandschaft,** BGH NJW 1985, 809; NJW-RR 1992, 61; NJW 1993, 1396, 1399).

Soweit gegen eine **Partei kraft Amtes (Konkurs-, Nachlaß-, Zwangsverwalter)** vollstreckt werden soll, also in das ihrer Verwaltung unterliegende Vermögen, findet § 727 ZPO entsprechende Anwendung. Somit kann jemand aus einem Titel, den er in seiner früheren Eigenschaft als Konkursverwalter erwirkt hat, nur vollstrecken, wenn der Titel auf ihn als nunmehrigen Rechtsträger (z.B. früheren Gesellschafter, echten **101**

Treuhänder) umgeschrieben worden ist (BGH NJW 1992, 2159; zu weiteren Einzelheiten zum Konkursverwalter vgl. Brox/Walker Rn. 127; MünchKommZPO/Wolfsteiner § 727 Rn. 25).

Zum **Testamentsvollstrecker** vgl. §§ 748, 749 ZPO sowie Rn. 107.

Zur **Eigentums- und Vermögensgemeinschaft** gem. Art. 234 § 4 Abs. 2 EGBGB vgl. § 744a ZPO.

b) Beispiele der Rechtsnachfolge auf Schuldnerseite:

102   **Gesamtrechtsnachfolge vor Rechtshängigkeit:**

§ 727 ZPO findet keine Anwendung. Wenn bei **Miterben** in den Nachlaß vollstreckt werden soll, ist entweder eine Gesamthandsklage gegen die Erbengemeinschaft als solche zu erheben oder eine Gesamtschuldnerklage (vgl. Palandt/Edenhofer § 2059 BGB Rn. 4) gegen jeden einzelnen Miterben (§ 747 ZPO). Dabei reicht es aus, wenn die mehreren Titel von unterschiedlicher Art sind (Urteil, Vollstreckungsbescheid, notarielle Urkunde), wenn nur insgesamt gegen alle Miterben ein Titel vorliegt. Da Miterben als Gesamtschuldner haften (§§ 1967, 2058 BGB), kann der Gläubiger aufgrund eines Titels gegen einen Miterben wegen Nachlaßverbindlichkeiten gegen diesen persönlich in dessen gesamtes Vermögen vollstrecken.

Dem Erben steht allerdings ein **Verweigerungsrecht** gem. §§ 2059 Abs. 1, 2060, 2061 BGB zu, das gem. § 780 Abs. 1 ZPO vorbehalten werden muß. Es genügt dabei die Geltendmachung dieser Einrede. Ein besonderer Antrag ist nicht notwendig (BGH NJW 1993, 1851, 1853). § 780 Abs. 1 ZPO findet auch auf Prozeßvergleiche Anwendung (BGH NJW 1991, 2839).

Vollstreckt der Gläubiger in das Eigenvermögen (nicht den Nachlaß) des Miterben, steht diesem Klage gem. §§ 781, 785, 767 ZPO zu. Vollstreckt der Gläubiger ohne einen Titel gegen alle Miterben in den Nachlaß, steht allen Miterben die Vollstreckungserinnerung gem. § 766 ZPO zu; der Miterbe, gegen den kein Titel vorliegt, kann auch Drittwiderspruchsklage gem. § 771 ZPO erheben.

103   **Gesamtrechtsnachfolge nach Rechtshängigkeit, aber vor Erlaß des Titels:**

Das gem. §§ 239, 246 ZPO ggf. unterbrochene Erkenntnisverfahren wird nach Aufnahme gegen den/die Erben fortgesetzt. Der Titel ergeht daher gegen den/die Erben, so daß es einer Umschreibung gem. § 727 ZPO nicht bedarf. Sollte ein Urteil in Unkenntnis des Todes der Partei noch gegen sie lauten, ist der Titel entsprechend § 727 ZPO auf den Erben umzuschreiben.

104   **Titel gegen den Erblasser, die Zwangsvollstreckung hat bereits begonnen:**

Gem. § 779 ZPO erfolgt keine Umschreibung des Titels gem. § 727 ZPO auf den Erben, vielmehr wird die Zwangsvollstreckung, nicht nur die einzelne Zwangsvollstreckungsmaßnahme, in den Nachlaß fortgesetzt (Ausnahme nur im Falle der §§ 887–890 ZPO).

Titel gegen den Erblasser, die Erbschaft ist noch nicht angenommen: | 105

Gemäß **§ 239 Abs. 5 ZPO** ist der Erbe vor Annahme der Erbschaft zur Fortsetzung des evtl. noch nicht rechtskräftig entschiedenen Rechtsstreits nicht verpflichtet; vgl. aber § 246 ZPO bei einer Vertretung durch Rechtsanwälte.

Gem. **§ 778 Abs. 1 ZPO** ist eine Zwangsvollstreckung in das Eigenvermögen des (Mit-)Erben unzulässig; bei Verstoß: § 766 ZPO bzw. § 771 ZPO.

Zwangsvollstreckung in den Nachlaß ist möglich (§ 778 Abs. 1 ZPO); da aber die Klauselerteilung gegen den Erben erst nach der Annahme der Erbschaft möglich ist (vgl. §§ 1942, 1944, 1958 BGB; wohl h.M.: vgl. Brox/Walker Rn. 118; Zöller/Stöber § 727 Rn. 14; a.A.: MünchKommZPO/Wolfsteiner § 727 Rn. 23), kann die Zwangsvollstreckung nur in der Weise erfolgen, daß auf Antrag des Gläubigers gem. § 1961 BGB ein Nachlaßpfleger bestellt wird oder wenn ein Testamentsvollstrecker bzw. Nachlaßverwalter vorhanden ist, gegen ihn die Klausel erteilt (§ 727 ZPO analog bzw. § 749 ZPO; vgl. LG Stuttgart Justiz 1994, 87) und dann in den Nachlaß vollstreckt wird.

Titel gegen den Erblasser, die Erbschaft ist angenommen: | 106

Gegen den **Alleinerben**: § 727 ZPO

Gegen den **Miterben**: notwendig ist eine Vollstreckungsklausel gegen alle Miterben zwecks Vollstreckung in den ungeteilten Nachlaß (§§ 727, 747 ZPO), oder gegen einen einzelnen Miterben gem. § 727 ZPO zur Vollstreckung in sein gesamtes Vermögen, wozu auch sein Anteil am Nachlaß gehört (§ 2033 Abs. 1 BGB, § 859 Abs. 2 ZPO). Die Haftungsbeschränkung des Erben kann gem. §§ 781, 785, 767 ZPO durch den jeweiligen Miterben geltend gemacht werden.

Der **Vorerbe** ist Erbe des Erblassers, so daß der Titel auf ihn gem. § 727 ZPO umgeschrieben werden kann. Die Zwangsvollstreckung in den Nachlaß ist nur nach Maßgabe des § 2115 BGB zulässig; bei einem Verstoß hiergegen steht dem Nacherben die Widerspruchsklage gem. § 773 ZPO zu.

Der **Nacherbe** ist nicht Erbe des Vorerben, sondern Erbe desselben Erblassers, den der Vorerbe beerbt hat. Ein gegen den Erblasser ergangenes Urteil kann daher nach Eintritt des Nacherbfalls gem. § 727 ZPO auf den Nacherben umgeschrieben werden.

Titel gegen den Vorerben | 106a

Bei einem **Urteil gegen den Vorerben** findet nicht § 727 ZPO, sondern **§ 728 ZPO** Anwendung, weil der Nacherbe kein Rechtsnachfolger des Vorerben, sondern des Erblassers ist. Danach wirkt das in einem Rechtsstreit zwischen dem Vorerben und einem Dritten wegen einer Nachlaßverbindlichkeit (§ 1967 BGB) bzw. wegen eines Nachlaßgegenstandes ergangene Urteil, wenn es vor Antritt der Nacherbfolge rechtskräftig wird, **für** den Nacherben (§ 326 Abs. 1 ZPO). Das dem Vorerben ungünstige Urteil wirkt also **nicht gegen** den Nacherben, so daß insoweit keine Umschreibung gegen den Nacherben möglich ist. Nur soweit der Vorerbe berechtigt ist, über der Nacherbfolge unterliegende Gegenstände ohne Zustimmung des Nacherben zu verfügen (§§ 2112, 2136 BGB), wirkt das Urteil auch gegen den Nacherben. Allein in diesem Fall

ist also eine Umschreibung gem. § 727 ZPO auf den Nacherben möglich. Ist die Nacherbfolge im Falle des § 326 Abs. 1 und 2 ZPO vor Rechtskraft eingetreten, finden die
§§ 242, 239 ZPO Anwendung. Vgl. auch im übrigen § 863 ZPO.

107   Testamentsvollstrecker

Ist ein **Urteil für oder gegen den Erblasser** ergangen, finden gem. **§ 749 ZPO** die
§§ 727, 730–732 ZPO entsprechende Anwendung. Die Umschreibung auf den Testamentsvollstrecker ist bei einer Vollstreckung für den Testamentsvollstrecker im Hinblick auf § 2212 BGB, bei der Vollstreckung gegen ihn wegen § 748 ZPO notwendig.
Danach ist bei Testamentsvollstreckung ein Titel gegen den Testamentsvollstrecker
notwendig, wenn und soweit in den seiner Verfügung unterliegenden Nachlaß bzw.
Nachlaßgegenstände vollstreckt werden soll. Soweit einzelne Nachlaßgegenstände
nicht der Verwaltung des Testamentsvollstreckers unterliegen, ist die Klausel gegen
den Erben gem. § 727 ZPO zu erteilen.

Bei einer Zwangsvollstreckung wegen **Pflichtteilsansprüchen** ist ein Titel gegen den
Erben **und** den Testamentsvollstrecker erforderlich, § 748 Abs. 3 ZPO.

Hatte die Vollstreckung bereits vor dem Erbfall begonnen, findet § 779 ZPO Anwendung.

Ist ein Urteil in einem **Rechtsstreit zwischen dem Testamentsvollstrecker und einem
Dritten** über ein der Verwaltung des Testamentsvollstreckers unterliegendes Recht
(§ 2212 BGB) ergangen, wirkt dieses Urteil **für und gegen** den Erben (**§ 327 Abs. 1
ZPO**). Die vollstreckbare Ausfertigung für und gegen den Erben wird gem. **§ 728
Abs. 2 ZPO** erteilt. Entsprechendes gilt, wenn der Rechtsstreit Nachlaßverbindlichkeiten (§ 1967 BGB) betraf, soweit dem Testamentsvollstrecker insoweit ein Pro-
zeßführungsrecht zustand (vgl. § 2213 BGB).

108   Andere Gesamtrechtsnachfolger:

vgl. die Ausführungen zur Rechtsnachfolge auf Gläubigerseite.

109   Befreiende (privative) Schuldübernahme (§ 414 BGB)

Es liegt keine Rechtsnachfolge vor, weil sie den Übergang der Berechtigung betrifft,
diese jedoch beim Gläubiger verbleibt und nur die Verpflichtung vom Altschuldner
auf den Neuschuldner übergeht (BGHZ 61, 140 = NJW 1973, 1700; Thomas / Putzo § 727
Rn. 13; Brox / Walker Rn. 118; hingegen sind für eine Anwendung des § 727 ZPO: Baumbach / Hartmann § 727 Rn. 2; Zöller / Stöber § 727 Rn. 15; Zöller / Vollkommer § 325
Rn. 24, 25; MünchKommZPO / Wolfsteiner § 727 Rn. 27 mit eingehender Begründung).

110   Rechtsgeschäftliche (kumulative) Schuldübernahme/Schuldbeitritt

Rechtsnachfolge verneinend: Thomas / Putzo § 727 Rn. 13; Baumbach / Hartmann § 727
Rn. 3; Zöller / Stöber § 727 Rn. 16; Zöller / Vollkommer § 325 Rn. 26; BGH Rpfleger 1974,
260 betreffend die Mithaftung der eintretenden Gesellschaft gem. § 28 HGB; BGH NJW
1957, 420 betreffend die Vermögensübernahme gem. § 419 BGB sowie BGH NJW-RR
1989, 1055, 1056 betr. §§ 25, 28 HGB; MünchKommZPO / Wolfsteiner § 727 Rn. 28–32.
Hingegen bejahend für den Fall des Betriebsübergangs gem. § 613a BGB: BAG
MDR 1991, 648.

Hinsichtlich des **gesetzlichen Schuldbeitritts** vgl. aber die Sondervorschrift des § 729   **111**
ZPO = Rn. 116 f.

Der **Besitzer der im Streit befangenen Sache** ist Rechtsnachfolger. Mit **Sachen** sind   **112**
dabei nicht nur körperliche Sachen im Sinne von § 90 BGB, sondern auch Rechte gemeint. **Streitbefangen** ist eine solche Sache, wenn an ihr ein dingliches Recht geltend
gemacht oder der obligatorische Klageanspruch aus dem dinglichen Recht als solchem
hergeleitet wird (z.B. gem. §§ 556, 571, 604, 861, 865 BGB), nicht aber bei schlichten
Verschaffungsprüchen wie z.B. gem. § 433 Abs. 1 BGB (vgl. Thomas/Putzo § 265
Rn. 3 u. 4; Zöller/Greger § 265 Rn. 3 u. 4; Rosenberg/Schwab/Gottwald § 102 II 1;
a.A.: MünchKommZPO/Lüke § 265 Rn. 27; MünchKommZPO/Wolfsteiner § 727
Rn. 35–37).

Dies gilt für den **unmittelbaren Eigenbesitzer** (BGH NJW 1981, 1517), den **unmittelbaren Fremdbesitzer** (z.B. Mieter, Entleiher, Pächter, Dieb) wie auch den **mittelbaren
Besitzer** (z.B. Vermieter, Verleiher). Hingegen gelten die §§ 325, 727 ZPO nicht für den
Besitzdiener (§ 855 BGB), da auf diesen § 808 ZPO Anwendung findet. Der Schuldner
gilt als Gewahrsamsinhaber, so daß ohne eine Klauselumschreibung vollstreckt werden kann. Gegen den Untermieter und mitbesitzende Angehörige, soweit sie aus eigenem Recht mitbesitzen, ist ein eigener Vollstreckungstitel notwendig (BGH NJW
1986, 2438, 2440; Thomas/Putzo § 727 Rn. 5).

Streitig ist, ob ein eigener Vollstreckungstitel auch dann notwendig ist, wenn der **An-**   **113**
gehörige sein Besitzrecht von demjenigen ableitet, gegen den der Titel erlassen wurde; die wohl noch h.M. verneint dies (vgl. LG Oldenburg DGVZ 1991, 139; LG Berlin
ZMR 92, 396; Thomas/Putzo § 885 Rn. 4; a.A.: KG DGVZ 1994, 25; OLG Hamburg
NJW 1992, 3308; LG Mannheim DGVZ 1993, 9 = ZMR 1992, 253 = NJW-RR 1993, 147;
LG Hamburg NJW-RR 1993, 146; Zöller/Stöber § 885 Rn. 5a). Entsprechendes gilt für
die **nichteheliche Lebensgemeinschaft** (LG Lübeck JurBüro 1992, 196; a.A.: KG DGVZ
1994, 25; LG Kiel DGVZ 1992, 42, Zöller/Stöber § 885 Rn. 5e). Einzelheiten hierzu vgl.
Rn. 822 f.

Soweit kein gesonderter Titel für erforderlich gehalten wird, ist ferner streitig, ob der   **114**
Mitbesitzer jedenfalls in der Klausel bezeichnet sein muß (bejahend: OLG Hamm
Rpfleger 1989, 165; LG Lübeck DGVZ 1990, 91; verneinend: OLG Karlsruhe WuM 1992,
493; LG Detmold Rpfleger 1987, 323; LG Krefeld Rpfleger 1987, 259; unklar Tho-
mas/Putzo § 885 Rn. 5, wonach eine Umschreibung gegen den nicht herausgabe-
reiten Dritten möglich sei). In Konsequenz der vorgenannten h.M. wird für den Fall,
daß der Schuldner als alleinige Mietvertragspartei nach Rechtshängigkeit des Räu-
mungsanspruchs aus der Wohnung auszieht, die Umschreibung des Titels gem. § 727
ZPO bzw. analog auf den in der Wohnung verbleibenden nunmehrigen alleinigen Besitzer bejaht (LG Mannheim NJW 1962, 815; Zöller/Stöber § 727 Rn. 17).

Der neue **Eigentümer/Inhaber** ist Rechtsnachfolger; dies gilt auch für den bloßen   **115**
Bucheigentümer nach Eintragung (RGZ 82, 35, 38).

Bei einer **Partei kraft Amtes** gelten die Ausführungen zur Rechtsnachfolge auf der
Gläubigerseite entsprechend.

Ob bei einer **Umwandlung einer BGB-Gesellschaft in eine OHG/KG** bzw. umgekehrt Rechtsnachfolge vorliegt, ist streitig, vgl. die Einzelheiten bei MünchKomm-
ZPO/Wolfsteiner § 727 Rn. 26 m.w.N.

c) Vermögens- und Firmenübernahme

116 Bei einer rechtsgeschäftlichen Übernahme des Aktivvermögens gem. § 419 BGB, die auch bei der Übertragung eines einzelnen Gegenstandes vorliegen kann, wenn dieser das gesamte oder nahezu gesamte Aktivvermögen des Übertragenden darstellt (wobei in der Hand des Schuldners verbleibende unpfändbare Gegenstände die Anwendbarkeit des § 419 BGB nicht hindern, BGH NJW 1993, 921; vgl. auch zur insoweit entsprechenden Vorschrift des § 1365 BGB: BGH NJW 1991, 1739) liegt keine Rechtsnachfolge vor. Der Übernehmer haftet vielmehr **neben** dem bisherigen Schuldner als Gesamtschuldner.

Daher bedurfte es der Sonderregel des § 729 Abs. 1 ZPO, die abweichend von § 727 ZPO (Rechtshängigkeit) verlangt, daß das Vermögen nach **rechtskräftiger Feststellung** der Schuld übernommen wurde. Zur Anwendbarkeit des § 729 ZPO auf nicht der Rechtskraft fähige Titel vgl. MünchKommZPO/Wolfsteiner § 729 Rn. 4. Entsprechend anwendbar ist § 729 Abs. 1 ZPO bei einem **Erbschaftskauf** (§ 2371 BGB), nicht aber bei der Übernahme eines zur Konkursmasse gehörenden Unternehmens bzw. sonstigen nahezu das gesamte Vermögen ausmachenden Gegenstandes (BGH NJW 1988, 1912).

117 Gem. **§ 729 Abs. 2 ZPO** gilt entsprechendes für denjenigen, der ein Handelsgeschäft gem. **§ 25 HGB** fortführt, ferner in entsprechender Anwendung des § 729 Abs. 2 ZPO für die Gesellschaft, wenn jemand als persönlich haftender Gesellschafter oder als Kommanditist in das Geschäft eines Einzelkaufmanns eintritt (jedoch **keine** Anwendung auf den Eintretenden, vgl. Text des **§ 28 HGB** sowie BGH Rpfleger 1974, 260).

118 Der bei fehlender Offenkundigkeit durch öffentliche oder öffentlich beglaubigte Urkunden zu erbringende **Nachweis** der Vermögensübernahme wird sich außerhalb des, § 731 ZPO kaum führen lassen, weil auch die Tatsache, daß (nahezu) das gesamte Vermögen übernommen wurde, in entsprechender Form nachgewiesen werden muß. Das wird gerade in den fast ausschließlich vorkommenden Fällen, daß ein einzelner Gegenstand das (nahezu) gesamte Vermögen ausmacht, so gut wie nie möglich sein, weil gerade dieser Umstand schon im Hinblick auf die für eine Haftung nach der Rechtsprechung notwendige subjektive Kenntnis des Übernehmers üblicherweise gerade nicht in den Vertragstext aufgenommen werden wird. Auch diese Kenntnis des Schuldners, daß der von ihm erworbene Gegenstand das gesamte oder doch nahezu das gesamte Vermögen des Veräußerers darstellt, ist aber in der entsprechenden Form nachzuweisen (OLG Düsseldorf NJW-RR 1993, 959 mit zutreffender Ablehnung der a.A. von Zöller/Stöber § 729 Rn. 3 u. 4). Die Rechtsnachfolge in den Fällen der §§ 25, 28 HGB ist praktisch nur bei Eintragung in das Handelsregister durch einen Auszug aus dem Handelsregister gem. § 9 HGB möglich (vgl. MünchKommZPO/Wolfsteiner § 729 Rn. 8). Ansonsten bleibt dem Gläubiger nur die Klage auf Erteilung der Vollstreckungsklausel gem. § 731 ZPO.

119 In der **Klausel** ist die **Gesamtschuldnerschaft** von Veräußerer und Unternehmer anzugeben, **nicht** aber eine **Haftungsbeschränkung** gem. § 419 Abs. 2 BGB. Dies ist bei Erteilung der Vollstreckungsklausel nicht zu beachten, sondern muß vom Übernehmer gem. §§ 786, 781, 785, 767 ZPO mit der Vollstreckungsabwehrklage geltend gemacht werden; § 767 Abs. 2 ZPO findet insoweit keine Anwendung (BGH NJW 1987, 2863). Eine **im Handelsregister eingetragene Haftungsbeschränkung** gem. § 25

Abs. 2, § 28 Abs. 2 HGB führt hingegen zur Nichterteilung der Klausel, weil die Eintragung zur Offenkundigkeit der Nichthaftung führt (vgl. MünchKommZPO/Wolfsteiner § 729 Rn. 8).

Textbeispiel: 120

„Vorstehende Ausfertigung wird dem ... zum Zwecke der Zwangsvollstreckung erteilt.

Das Handelsgeschäft des Schuldners wird durch (Name) ... fortgeführt. Dies ist durch eine beglaubigte Handelsregisterblattabschrift nachgewiesen. Der Schuldner sowie der die Firma Fortführende haften als Gesamtschuldner."

d) Konkursverwalter/Gemeinschuldner

Hierbei ist zu unterscheiden, ob der Titel auf den Gemeinschuldner oder den Konkursverwalter lautet und entsprechend umgeschrieben werden soll.   121

aa) Titel zugunsten des Gemeinschuldners

Eine Umschreibung auf den Konkursverwalter erfolgt gem. § 727 ZPO analog, sofern   122
der titulierte Anspruch der Verwaltungs- und Verfügungsbefugnis des Konkursverwalters (§ 6 Abs. 2, § 1 KO) unterliegt.

bb) Titel gegen den Gemeinschuldner

Da gem. § 14 KO für bloße Konkursgläubiger (§ 3 KO) eine Einzelzwangsvollstreckung   123
während der Dauer des Konkursverfahrens in das Vermögen des Gemeinschuldners unzulässig ist, verneint die h.M. die Möglichkeit einer Umschreibung des Titels auf den Konkursverwalter, weil derartige Forderungen der Konkursgläubiger gem. §§ 138 f., 12, 14 KO zur Konkurstabelle anzumelden sind (vgl. Brox/Walker Rn. 127; Zimmermann § 727 Rn. 10; kritisch hierzu MünchKommZPO/Wolfsteiner § 727 Rn. 24; gegen die h.M. spricht wohl auch § 152 KO). Zur Frage, ob nicht schon die Erteilung der Klausel eine Maßnahme der Zwangsvollstreckung darstellt vgl. Rn. 59. Im Hinblick auf § 145 Abs. 2, § 164 Abs. 2 KO ist ferner streitig, ob nach Konkursbeendigung für den ursprünglichen Titel eine Klausel erteilt werden kann (vgl. MünchKommZPO/Wolfsteiner § 727 Rn. 25; Zöller/Stöber § 727 Rn. 18).

Betrifft der titulierte Anspruch ein Aussonderungsrecht (§ 43 f. KO, z.B. Eigentum),   124
Absonderungsrecht (§ 47 f. KO, z.B. aus einer eingetragenen Hypothek, rechtsgeschäftliches Pfandrecht oder Pfändungspfandrecht) oder eine Masseschuld (§ 59 Abs. 1 Nr. 3 KO), kann im Hinblick auf § 4 KO die Klausel gegen den Konkursverwalter erteilt werden.

cc) Titel für/gegen den Konkursverwalter

Eine Umschreibung des Titels auf den Gemeinschuldner ist vor Beendigung des Konkurs-   125
verfahrens nur bei Freigabe des Gegenstandes durch den Konkursverwalter möglich, ansonsten erst nach Beendigung des Konkursverfahrens, und zwar unbeschadet

der Tatsache, daß der Gemeinschuldner für Masseverbindlichkeiten nicht bzw. nur mit der übernommenen Konkursmasse haftet. Bei einer Vollstreckung in die insoweit nicht haftende Vermögensmasse bleibt dem Gemeinschuldner nur die Erhebung der Vollstreckungsabwehrklage entsprechend §§ 786, 781, 785 ZPO (MünchKommZPO/Wolfsteiner § 727 Rn. 25 m.w.N.).

126 **e) Keine Rechtsnachfolge**

liegt vor, weil trotz einer Veränderung sich die Identität der Rechtsperson nicht geändert hat:

– bloße Namensänderung, z.B. infolge Heirat, Firmenänderung (Thomas/Putzo § 727 Rn. 4);

– Wechsel in der gesetzlichen Vertretung (KG NJW 1973, 2032);

– Wechsel in der Person des Konkursverwalters (LG Essen NJW-RR 1992, 576; StJ/Münzberg § 727 Rn. 27).

In diesen Fällen erfolgt daher keine Umschreibung des Titels, sondern lediglich ein entsprechender klarstellender Vermerk (h.M.: Thomas/Putzo § 727 Rn. 4).

f) Gutgläubiger Erwerb

127 Nach allg. M. wird der Schuldner im Klauselerteilungsverfahren nicht mit dem Einwand gehört, er sei **in gutem Glauben hinsichtlich der fehlenden Rechtshängigkeit der Klage** gewesen. Dieses Argument kann der Schuldner jedoch vorbringen mit der Klauselerinnerung gem. § 732 ZPO bzw. der Klauselgegenklage gem. § 768 ZPO (Baumbach/Hartmann § 727 Rn. 10; Baur/Stürner Rn. 250; Brox/Walker Rn. 118; Thomas/Putzo § 727 Rn. 15; Zimmermann § 727 Rn. 13; Zöller/Stöber § 727 Rn. 26; nach a.A. mit der Vollstreckungsabwehrklage gem. § 767 ZPO: MünchKommZPO/Wolfsteiner § 727 Rn. 38). Die Beweislast im Rahmen der Klauselgegenklage für die Bösgläubigkeit des Schuldners obliegt dem Gläubiger (allg. M., vgl. auch § 932 Abs. 1 S. 1, § 892 Abs. 1 S. 1 BGB). Nach BGHZ 4, 283 kann der Schuldner, sofern er die Sache gutgläubig im Sinne des § 325 Abs. 2 ZPO erworben hat, sein Eigentum durch eine neue Klage gem. § 985 BGB geltend machen, auch wenn er die Rechtsbehelfe nach §§ 732, 768 ZPO nicht wahrgenommen hat. Die Möglichkeit eines gutgläubigen titelfreien Erwerbs ist gem. § 325 Abs. 3 S. 1 ZPO ausgeschlossen bei dinglichen Titeln betreffend eine eingetragene Reallast, Hypothek, Grund- oder Rentenschuld. In Ausnahme hierzu wirkt ein solcher Titel gegen den Ersteher des Grundstücks in der Zwangsversteigerung jedoch dann, wenn die Rechtshängigkeit spätestens im Versteigerungstermin vor der Aufforderung zur Abgabe von Geboten angemeldet worden ist (§ 325 Abs. 3 S. 2 ZPO).

g) Nachweis

128 Die Rechtsnachfolge bzw. das Besitzverhältnis bezüglich der streitbefangenen Sache ist vom Gläubiger insoweit nachzuweisen, als keine Offenkundigkeit besteht und ihm die Beweislast obliegt (vgl. die entsprechenden Ausführungen zu § 726 unter Rn. 71 f., 81; dort auch zur Frage der Anwendbarkeit eines Geständnisses (§ 288 ZPO) bzw. des Zugestehens durch Nichtbestreiten gem. § 138 Abs. 3 ZPO). Der Nachweis ist durch **öffentliche oder öffentlich beglaubigte Urkunden** zu erbringen und bezieht sich auf all diejenigen Tatsachen, aus denen sich die Rechtsnachfolge bzw. der Besitz der streitbefangenen Sache ergibt. Dies können daher auch mehrere Tatsachen sein.

Die **Gesamtrechtsnachfolge** kann am einfachsten durch eine entsprechende amtliche   **129**
Bescheinigung (Erbschein, § 2353 BGB; Testamentsvollstreckerzeugnis, § 2368 BGB) geführt werden. Eine beglaubigte Abschrift genügt (LG Mannheim Rpfleger 1973, 64; Baumbach/Hartmann § 727 Rn. 11; Schuschke § 727 Rn. 28; Thomas/Putzo § 727 Rn. 7; Zöller/Stöber § 727 Rn. 20; nach a.A. ist eine Ausfertigung erforderlich: AG/LG Aachen Rpfleger 1990, 520; MünchKommZPO/Wolfsteiner § 727 Rn. 45). Gem. § 435 ZPO kann das Gericht jedoch die Vorlage des Originals verlangen (zum Beweisantritt bei Urkunden in den Händen einer öffentlichen Behörde vgl. § 432 ZPO). Auch genügt die öffentlich beurkundete Verfügung von Todes wegen i.V. mit der Niederschrift über die Eröffnung (vgl. §§ 35, 61 Abs. 1 S. 2 GBO; MünchKommZPO/Wolfsteiner § 727 Rn. 45 m.w.N.).

Eintragungen in öffentliche Register (z.B. Handelsregister, Güterrechtsregister) gel-   **130**
ten als offenkundig, so daß die darin enthaltenen Eintragungen über eine Rechtsnachfolge keines Beweises bedürfen, ggf. vielmehr ein entsprechender Hinweis des Gläubigers darauf genügt (im einzelnen streitig, vgl. Rn. 77).

Soweit der Gläubiger zum Nachweis einer **Urkunde** bedarf, die dem Schuldner von   **131**
einer Behörde, einem Beamten oder einem Notar zu erteilen ist (z.B. Erbschein, Testamentsvollstreckerzeugnis, notarielle Erwerbsurkunde), kann er an Stelle des Schuldners die Erteilung für diesen und eine Ausfertigung für sich verlangen **(§ 792 ZPO)**. Dafür muß der Gläubiger die für den Schuldner erforderlichen Erklärungen abgeben und den Vollstreckungstitel vorlegen; die Vorlage einer vollstreckbaren Ausfertigung ist nicht notwendig. Soweit der Gläubiger auf einfacherem Weg (z.B. gem. § 1563 BGB, § 34 FGG, § 12 Abs. 2 GBO, § 9 Abs. 2 HGB) die entsprechende Urkunde erhalten kann, fehlt für einen Antrag gem. § 792 ZPO das Rechtsschutzbedürfnis (Zöller/Stöber § 792 Rn. 1; a.A.: Thomas/Putzo § 792 Rn. 1).

Bei der **Einzelrechtsnachfolge durch Forderungsabtretung** genügt die Vorlage der   **132**
Abtretungserklärung des Altgläubigers durch den Neugläubiger; der Nachweis des Zugangs dieser Erklärung und der Annahmeerklärung seitens des Neugläubigers sowie der Zugang von dessen Annahmeerklärung beim Altgläubiger ist nicht notwendig, sondern ergibt sich schlüssig aus dem Verhalten des (Neu-)Gläubigers, wenn er die Erteilung der Vollstreckungsklausel beantragt (vgl. § 151 S. 1 BGB; BGH NJW 1976, 567, 568). Es genügt ferner eine öffentlich beglaubigte Urkunde des bisherigen Gläubigers über die Abtretung (§ 403 BGB).

Der Nachweis der Rechtsnachfolge gem. **§§ 90, 91 BSHG** auf den Sozialhilfeträger   **133**
setzt **kumulativ** die Vorlage folgender Urkunden voraus:

– **Original/Zweitschrift der Überleitungsanzeige** (für Unterhaltsansprüche nach dem bürgerlichen Recht findet gem. Art. 7 Nr. 19, Art. 43 Abs. 1, 5 FKPG = BGBl. 1993 I, 944 ab dem 27. 6. 1993 ein gesetzlicher Forderungsübergang statt; für bis zu diesem Datum entstandene Unterhaltsansprüche ist eine Überleitungsanzeige weiterhin notwendig, OVG Münster NJW 1994, 675; Scholz FamRZ 1994, 1; a.A. OLG Hamburg FamRZ 1994, 126 im Hinblick auf § 91 Abs. 3 BSHG);

– **Zustellungsurkunde** betr. die Überleitungsanzeige; falls diese nicht zugestellt (§ 3 VwZG), sondern nur per Einschreiben (§ 4 VwZG) versandt wurde, ist streitig, ob der Posteinlieferungsschein als Nachweis genügt (bejahend: OLG Stuttgart FamRZ 1981, 696; Schuschke § 727 Rn. 29; Zöller/Stöber § 727 Rn. 22; a.A.: KG Rpfleger 1974, 119);

– **Aufstellung der auszahlenden Stelle** (z.B. Stadtkasse) über Art (bar, Überweisung) und Höhe der von ihr tatsächlich erbrachten, nicht lediglich bewilligten Hilfe, verbunden mit einer dienstlichen Versicherung über deren Richtigkeit sowie der Unterschrift des Verfassers (OLG Bamberg JurBüro 1983, 141 = FamRZ 1983, 204; OLG Stuttgart Rpfleger 1986, 438 = NJW-RR 1986, 1504 = FamRZ 1987, 81; Schuschke § 727 Rn. 29 m.w.N.; MünchKommZPO/Wolfsteiner § 727 Rn. 47; vgl. auch BGH NJW 1992, 1624, 1625 = FamRZ 1992, 797, 799).

134   Nicht ausreichend daher: Vorlage allein des Bewilligungsbescheides, weil nicht ersichtlich, ob auch geleistet wurde; Quittung des Leistungsempfängers über Höhe und Dauer der erhaltenen Hilfe, weil keine öffentliche oder öffentlich beglaubigte Urkunde (OLG Koblenz FamRZ 1987, 83; OLG Stuttgart a.a.O.; Schuschke § 727 Rn. 29; Zöller/Stöber § 727 Rn. 21 m.w.N.).

Eines Nachweises der Überleitungsanzeige (§ 91 Abs. 2 BSHG a.F.) bzw. der Bedarfsanzeige (§ 91 Abs. 3 S. 1 BSHG n.F.) bedarf es nicht, weil diese nicht Voraussetzung für den Rechtsübergang, sondern nur für die Inanspruchnahme ab dem Beginn der Hilfe ist (h.M.: vgl. OLG Stuttgart a.a.O.; Zöller/Stöber § 727 Rn. 22).

135   Der Nachweis des gesetzlichen Übergangs des Anspruchs auf Arbeitsentgelt auf die Bundesanstalt für Arbeit gem. **§ 141m AFG** mit Stellung des Antrags auf **Konkursausfallgeld** wird geführt durch die Vorlage des Bewilligungsbescheides (Original/Zweitschrift) und des Originals des Antrags auf Konkursausfallgeld (LAG München KTS 1989, 452; OLG Schleswig SchlHA 1990, 72; Zöller/Stöber § 727 Rn. 20; a.A.: LAG Düsseldorf JurBüro 1989, 1018, 1019, weil weder der Originalantrag noch dessen beglaubigte Kopie eine öffentliche Urkunde i.S. von § 129 BGB sind).

136   Bei Leistungen der Länder nach dem **Unterhaltsvorschußgesetz (UVG)** erfolgt der Nachweis durch

– Vorlage des Bewilligungsbescheides

und

– Nachweis der zahlenden Stelle über Art (bar, Überweisung) und Höhe der erfolgten Unterhaltsleistungen (OLG Hamburg FamRZ 1982, 425; vgl. im übrigen oben Rn. 133 f.).

Ein Nachweis der Rechtswahrungsanzeige gem. § 7 Abs. 2 UVG ist nicht notwendig (OLG Stuttgart NJW-RR 1993, 580 = FamRZ 1993, 227).

137   Entsprechendes gilt für Unterhaltsansprüche, die gem. **§ 37 Abs. 1 BAföG** auf das Land übergegangen sind (OLG Köln FamRZ 1994, 52).

h) Beispiel einer Klausel

„Vorstehende Ausfertigung wird dem … als Rechtsnachfolger des Klägers zum Zwecke der Zwangsvollstreckung erteilt. Die Rechtsnachfolge ist nachgewiesen durch Erbschein des Amtsgerichts … vom … (AZ: VI …/..)."
138

7. § 733 ZPO – weitere vollstreckbare Ausfertigung

Die Vorschrift enthält zum Schutz des Schuldners vor wiederholter Zwangsvollstreckung eine gesonderte Regelung für den Fall, daß wegen desselben vollstreckbaren Anspruchs eine neue – weitere – vollstreckbare Ausfertigung des Titels gegen den Schuldner oder seinen Rechtsnachfolger erteilt werden soll und die erste Ausfertigung nicht zurückgegeben wird. Hierzu ist ein besonderes schutzwürdiges Interesse des Gläubigers notwendig, das darzulegen und glaubhaft zu machen ist.
139

Beispiele:

Verlust der 1. Ausfertigung; Vollstreckung gegen denselben Schuldner oder mehrere Gesamtschuldner an mehreren Orten bzw. durch andere Vollstreckungsorgane zur selben Zeit (Gerichtsvollzieher: Sachpfändung; Vollstreckungsgericht: Pfändungsbeschluß); nur teilweiser Übergang des titulierten Anspruchs auf den Zessionar (die Erteilung der weiteren vollstreckbaren Ausfertigung für den Zessionar ist auf der Ausfertigung des Zedenten zu vermerken, OLG Köln Rpfleger 1994, 172). Weitere Beispiele vgl. Zöller/Stöber § 733 Rn. 4–10.

Kein Fall des § 733 ZPO liegt vor, wenn
140

– nur für einen Teil des titulierten Anspruchs eine Klausel erteilt war und nun für den weiteren Teil die Klausel beantragt wird;

– mehrere Gläubiger einen Anspruch auf einen bestimmten Teil der Leistung haben, soweit jeder Gläubiger für seinen Teil eine vollstreckbare Ausfertigung erhält;

– mehrere Schuldner jeweils nur mit einem bestimmten Anteil haften und eine Klausel nur hinsichtlich ihres eigenen Haftungsanteils erteilt werden soll.

Diese Besonderheiten sind bei der Abfassung des Klauseltextes zu berücksichtigen.

Wird die **erste Ausfertigung zurückgegeben**, gelten für die Erteilung der neuen Ausfertigung die normalen Zuständigkeitsregeln. Die Erteilung der weiteren Ausfertigung obliegt hingegen stets gem. § 20 Nr. 12, 13 RPflG dem Rechtspfleger des gem. § 724 Abs. 2 ZPO zuständigen Gerichts. Bei notariellen Urkunden erteilt der Rechtspfleger des gem. § 797 Abs. 1 bzw. Abs. 2 ZPO zuständigen Gerichts selbst die weitere Ausfertigung, oder er weist den Notar an, diese zu erteilen (vgl. § 20 Nr. 13 RPflG).
141

Dem Schuldner ist bis auf die Fälle überwiegender entgegenstehender Interessen des Gläubigers (z.B. besondere Dringlichkeit) grundsätzlich vor der Erteilung der Klausel **rechtliches Gehör** zu gewähren.
142

143 Die Erteilung der weiteren vollstreckbaren Ausfertigung ist auf dem Titel zu vermerken (§ 734 ZPO), der Gegner von der Erteilung in Kenntnis zu setzen (§ 733 Abs. 2 ZPO). Gemäß § 733 Abs. 3 ZPO ist die weitere Ausfertigung ausdrücklich als solche zu bezeichnen, und zwar

- entweder in der Überschrift als „Zweite (usw.) Ausfertigung"

- oder im Text, z.B. „vorstehende zweite (usw.) Ausfertigung wird dem ... erteilt".

Rechtsbehelfe

144 Bei Zurückweisung des Antrags steht dem Gläubiger die unbefristete Erinnerung gem. § 11 Abs. 1 RPflG zu; der Schuldner kann gegen die Erteilung der Klausel gem. §§ 732, 768 ZPO vorgehen.

8. Rechtsbehelfe im Rahmen der Klauselerteilung

a) des Gläubigers

aa) Erinnerung gem. § 576 Abs. 1 ZPO

145 Hat der Urkundsbeamte der Geschäftsstelle (UdG) die Erteilung einer einfachen Klausel verweigert, steht dem Gläubiger dagegen die Erinnerung gem. **§ 576 Abs. 1 ZPO** offen. Die Erinnerung kann schriftlich oder mündlich zu Protokoll der Geschäftsstelle eingelegt werden (§ 569 Abs. 2 ZPO analog). Hierfür besteht kein Anwaltszwang (§ 78 Abs. 3 ZPO). Die Erinnerung ist an keine Frist gebunden.

146 **Zuständig** ist sachlich und örtlich dasjenige Gericht, dem der UdG angehört (§ 724 Abs. 2 ZPO), funktionell der Richter. Der UdG ist aber gem. § 571 ZPO analog zur Abhilfe befugt.

147 Die Erinnerung ist **begründet**, wenn im Zeitpunkt der Entscheidung über die Erinnerung die Voraussetzungen für die Erteilung der Klausel vorliegen (§ 570 ZPO analog). Das Gericht weist dann den UdG an, dem Gläubiger die Klausel zu erteilen. Anderenfalls weist es die Erinnerung zurück.

148 Gegen die Entscheidung des Gerichts ist die **einfache Beschwerde** gegeben (§ 576 Abs. 2, § 567 f. ZPO). Eine weitere Beschwerde findet nicht statt (§ 568 Abs. 2 S. 1 ZPO).

bb) Rechtspflegererinnerung gem. § 11 RPflG

149 Hat der Rechtspfleger die Erteilung einer **qualifizierten Klausel** verweigert, steht dem Gläubiger dagegen die Rechtspflegererinnerung gem. § 11 Abs. 1 S. 1 RPflG zu.

Die Erinnerung kann **schriftlich oder zu Protokoll der Geschäftsstelle** eingelegt werden (§ 11 Abs. 4 RPflG, § 569 Abs. 2 ZPO). Anwaltszwang besteht hierfür nicht (§§ 78 Abs. 3, 79 ZPO, § 13 RPflG). Sie ist an keine Frist gebunden, weil gegen die Entscheidung, falls der Richter sie erlassen hätte, die einfache Beschwerde gem. § 567 Abs. 1 ZPO gegeben gewesen wäre.

Zuständig zur Entscheidung ist der Richter desjenigen Gerichts, dem der Rechtspfleger angehört (§ 724 Abs. 2 ZPO). Diesem legt der Rechtspfleger die Erinnerung vor, falls er ihr nicht abhilft (§ 11 Abs. 2 S. 1 u. 2 RPflG). Hilft auch der Richter der Erinnerung nicht ab, weil er sie für unzulässig oder unbegründet hält, legt er diese dem Beschwerdegericht vor. Sie gilt dann als Beschwerde gegen die Entscheidung des Rechtspflegers (Durchgriffserinnerung, § 11 Abs. 2 S. 4 u. 5 RPflG).   150

Die Erinnerung ist **begründet**, wenn im Zeitpunkt der Entscheidung über die Erinnerung die Voraussetzungen für die Erteilung der Klausel vorliegen (§ 570 ZPO analog). Das Gericht wird dann den Rechtspfleger anweisen, die Klausel zu erteilen. Anderenfalls weist es die als Beschwerde geltende Erinnerung zurück.   151

cc) Beschwerde gemäß § 54 BeurkG

Verweigert der Notar die Erteilung einer von ihm gemäß § 797 Abs. 2 S. 1, Abs. 6 ZPO zu erteilenden einfachen oder qualifizierten Klausel, steht dem Gläubiger hiergegen die Beschwerde gemäß § 54 BeurkG in Verbindung mit § 20 ff. FGG zu.   152

Zuständig ist die Zivilkammer des Landgerichts, in dessen Bezirk der Notar seinen Amtssitz hat, § 54 Abs. 2 S. 2 BeurkG. Die Einlegung erfolgt **schriftlich oder zu Protokoll der Geschäftsstelle** des Beschwerdegerichts, § 21 Abs. 2 FGG. Anwaltszwang besteht daher nicht. Die Beschwerde ist unbefristet.   153

Die Beschwerde ist **begründet**, wenn im Zeitpunkt der Entscheidung über die Beschwerde die Voraussetzungen zur Erteilung der beantragten Klausel vorliegen (§ 23 FGG). Das Gericht wird den Notar anweisen, die beantragte Klausel zu erteilen oder andernfalls die Beschwerde zurückweisen. Eine Kostenentscheidung zu Lasten des Notars scheidet aus, weil er erstinstanzliches Entscheidungsorgan und nicht Beteiligter des Beschwerdeverfahrens ist (OLG Köln WM 1993, 2137, 2139).   154

Gegen die Entscheidung des Landgerichts ist die **weitere Beschwerde** gem. §§ 54 Abs. 2 BeurkG, 27 ff. FGG möglich (OLG Frankfurt/Main Rpfleger 1981, 314; OLG Köln WM 1993, 2137, 2138). Wird diese nicht zu Protokoll der Geschäftsstelle eingelegt (§ 21 Abs. 2 FGG), sondern durch Einreichung einer Beschwerdeschrift, muß diese durch einen Rechtsanwalt unterzeichnet sein, § 29 Abs. 1 S. 2, Abs. 4 FGG.   155

dd) Klage auf Erteilung der Vollstreckungsklausel gemäß § 731 ZPO

Ziel und Wesen

Kann der Gläubiger den ihm in den Fällen der qualifizierten Klausel gemäß §§ 726 Abs. 1, 727–729, 738, 742, 744, 744a, 745 Abs. 2, 749 ZPO obliegenden Nachweis nicht durch öffentliche oder öffentlich beglaubigte Urkunden führen, bleibt ihm zur Erlangung einer Klausel nur noch die Möglichkeit, Klage auf Erteilung der Vollstreckungsklausel zu erheben. Dies ist nach h.M. eine Feststellungsklage (vgl. Zöller/Stöber § 731 Rn. 4; MünchKommZPO/Wolfsteiner § 731 Rn. 4). Sie kann auch als Widerklage erhoben werden.   156

Klageantrag

157 Der Antrag geht dahin

> „dem Kläger zu dem (näher zu bezeichnenden) Titel die Vollstreckungsklausel zum Zwecke der Zwangsvollstreckung gegen den Beklagten zu erteilen".

158 Beklagter ist derjenige, gegen den die Klausel erteilt werden soll, also der Titelschuldner, Rechtsnachfolger etc.

Zuständigkeit

159 Zuständig für die Klage ist das Prozeßgericht des ersten Rechtszuges (§ 731 ZPO), bei Vollstreckungsbescheiden das für eine Entscheidung im Streitverfahren zuständige Gericht (§ 796 Abs. 3, §§ 690 Abs. 1 Nr. 5, 692 Abs. 1 Nr. 1 und 6, 696 Abs. 1 Satz 4, Abs. 5 ZPO), bei vollstreckbaren Urkunden und Anwalts- sowie Gütestellenvergleichen das Gericht des allgemeinen Gerichtsstandes des Schuldners, hilfsweise das gemäß § 23 ZPO zuständige Gericht (§ 797 Abs. 5 und 6, § 797a Abs. 3 ZPO). Bei einer vollstreckbaren Urkunde gegen den jeweiligen Eigentümer ist jedoch das Gericht des ersten Rechtszuges, in dessen Bezirk das Grundstück gelegen ist, zuständig (§ 800 Abs. 3 ZPO). Die vorgenannten Zuständigkeiten sind ausschließlich (§ 802 ZPO).

Rechtsschutzinteresse

160 Das notwendige Rechtsschutzinteresse fehlt, wenn der Gläubiger die erforderliche Beweisurkunde leicht beschaffen kann (h.M.). Ist der Nachweis durch die Urkunde nicht zu führen, muß der Gläubiger nicht zunächst die Erteilung einer qualifizierten Klausel gemäß § 726 ff. ZPO beantragen, weil seine Nachweispflicht evtl. durch ein Geständnis oder Nichtbestreiten des Schuldners entfallen könnte (MünchKomm-ZPO/Wolfsteiner § 731 Rn. 14; Zöller/Stöber § 731 Rn. 2; StJ/Münzberg § 731 Rn. 3; a.A.: Thomas/Putzo § 731 Rn. 6). Zur Frage, ob die Vorschriften über das Geständnis (§ 288 ZPO) bzw. das Nichtbestreiten (§ 138 Abs. 3 ZPO) überhaupt im Klauselverfahren Anwendung finden vgl. Rn. 78 f.

161 Wurde ein **Antrag des Gläubigers zurückgewiesen**, ist streitig, ob der Gläubiger vor Beschreitung des Klageweges noch Erinnerung oder Beschwerde gegen die Versagung der Klauselerteilung einlegen muß (Thomas/Putzo § 731 Rn. 6, Zimmermann § 731 Rn. 2: nur Erinnerung; der Einzelfall sei entscheidend: Zöller/Stöber § 731 Rn. 2; StJ/Münzberg § 731 Rn. 4; sofort Klage möglich: MünchKommZPO/Wolfsteiner § 731 Rn. 15).

Sachbefugnis

162 Auf Klägerseite ist es derjenige, für den die vollstreckbare Ausfertigung erteilt werden soll, auf Beklagtenseite der Schuldner bzw. sein Rechtsnachfolger.

Die Klage ist **begründet**, wenn im Zeitpunkt der letzten mündlichen Verhandlung in der Tatsacheninstanz (vgl. § 296a ZPO) die materiellen Voraussetzungen für die Erteilung der Klausel nicht vorliegen.

163

Beweis

Im **Prozeß** sind alle Beweismittel der ZPO zulässig. Der Urkundsprozeß ist unstatthaft. Die Vorschriften über das Geständnis, das Anerkenntnis sowie ein Nichtbestreiten gemäß § 138 Abs. 3 ZPO finden Anwendung. Der Beklagte kann sich mit Einwendungen gegen die Zulässigkeit der Klausel an sich, gegen das Vorliegen der für die Erteilung notwendigen Voraussetzungen gemäß §§ 726 ff. ZPO, aber auch mit materiell-rechtlichen Einwendungen gegen den titulierten Anspruch wehren, soweit letztere nicht gemäß § 767 Abs. 2 bzw. 3 ZPO präkludiert sind. Ferner kann der Beklagte den Vorbehalt der beschränkten Haftung gemäß §§ 780, 786, 785 ZPO geltend machen.

164

Urteilswirkungen

Aufgrund des rechtskräftigen oder vorläufig vollstreckbaren stattgebenden Urteils wird die Klausel zu dem Titel erteilt, und zwar durch den Urkundsbeamten der Geschäftsstelle (Napierala Rpfleger 1989, 493; Thomas/Putzo § 731 Rn. 9; Zimmermann § 731 Rn. 3; Zöller/Stöber § 731 Rn. 5; a.A.: durch den Rechtspfleger, so Baumbach/Hartmann § 731 Rn. 1; MünchKommZPO/Wolfsteiner § 726 Rn. 21; StJ/Münzberg § 731 Rn. 16).

165

Aufgrund der Rechtskraft des **klageabweisenden Urteils** ist der Kläger bei einer neuen Klage gemäß § 731 ZPO mit allen Tatsachen ausgeschlossen, die bis zum Schluß der mündlichen Verhandlung der ersten Klauselerteilungsklage geltend gemacht werden konnten. Das **stattgebende Urteil** führt dazu, daß der Schuldner mit allen Einwendungen gemäß §§ 732, 768 ZPO sowie den gemäß § 767 ZPO geltend zu machenden materiell-rechtlichen Einwendungen gegen den titulierten Anspruch, die bis zum Schluß der letzten mündlichen Tatsachenverhandlung entstanden waren, ausgeschlossen ist (h.M.: vgl. Zöller/Stöber § 731 Rn. 5).

b) des Schuldners

aa) Klauselerinnerung, § 732 ZPO

Mit der Erinnerung nach § 732 ZPO kann der Schuldner nur Einwendungen gegen die Erteilung der Vollstreckungsklausel vorbringen, und zwar sowohl gegen die einfache wie die qualifizierte Klausel. Derartige Einwendungen können darauf beruhen, daß formelle Fehler im Klauselerteilungsverfahren gemacht wurden und/oder materielle Voraussetzungen für die Erteilung einer qualifizierten Klausel nicht vorgelegen haben. Das unterscheidet die Klauselerinnerung gemäß § 732 ZPO von der Klauselgegenklage gemäß § 768 ZPO. Mit letzterer kann nur das Fehlen der materiellen Voraussetzungen für die Erteilung der qualifizierten Klauseln gerügt werden.

166

Der Unterschied zur Vollstreckungsabwehrklage gemäß § 767 ZPO besteht darin, daß mit letzterer nur materiell-rechtliche Einwendungen (z.B. Erfüllung, Verjährung) gegen den **titulierten Anspruch selbst** geltend gemacht werden können. § 732 ZPO schließt als spezieller Rechtsbehelf die Erinnerung gemäß § 11 RPflG aus (allg. M., vgl. Zöller/Stöber § 732 Rn. 4).

Ziel der Klauselerinnerung ist es, die Zwangsvollstreckung aus der Klausel ganz oder teilweise für unzulässig zu erklären.

167 Als **formelle Fehler** bei der Erteilung einer Vollstreckungsklausel kommen z.B. in Betracht:

– ein unzuständiges Organ hat die Klausel erteilt (beachte aber § 8 Abs. 1 und 5 RPflG);

– ein wirksamer bzw. vollstreckbarer Titel liegt nicht vor (unbestimmter Tenor; der Prozeßvergleich wurde wirksam widerrufen; eine notarielle Urkunde wurde nicht wirksam errichtet);

– der bei der qualifizierten Klausel erforderliche Nachweis z.B. für eine Rechtsnachfolge ist nicht in der notwendigen Form der öffentlichen oder öffentlich beglaubigten Urkunde erbracht worden;

– für die Erteilung einer weiteren vollstreckbaren Ausfertigung fehlt das Rechtschutzbedürfnis.

168 **Materiellrechtliche Einwendungen** gegen die Erteilung der Vollstreckungsklausel können z.B. sein:

– die gemäß § 726 ZPO notwendige Tatsache ist nicht eingetreten (eine z.B. notwendige Kündigung ist nicht erfolgt);

– im Fall des § 727 ZPO liegt keine wirksame Rechtsnachfolge vor, weil der Abtretungsvertrag nichtig war;

– die Rechtsnachfolge war schon vor Rechtshängigkeit eingetreten;

– der Rechtsnachfolger ist nicht der gesetzliche Erbe, sondern ein Dritter aufgrund eines nachträglich gefundenen Testaments.

169 Notwendig ist ein **Antrag des Schuldners**, der schriftlich oder zu Protokoll der Geschäftsstelle gestellt werden kann (§ 569 Abs. 2 ZPO analog). Anwaltszwang besteht nicht (§§ 78 Abs. 3, 79 ZPO). Er ist an keine Frist gebunden. Der Antrag geht dahin,

die Zwangsvollstreckung aus der am …(Datum) für den Gläubiger erteilten vollstreckbaren Ausfertigung des … (Angabe des Vollstreckungstitels) – ganz oder teilweise (mit entsprechender, genauer Angabe) für unzulässig zu erklären.

170 Örtlich und sachlich ausschließlich **zuständig** zur Entscheidung über die Erinnerung ist das Gericht, von dessen Geschäftsstelle die Vollstreckungsklausel erteilt wurde (§§ 732 Abs. 1, 795, 802 ZPO; bei notariellen Urkunden und Anwaltsvergleichen: § 797 Abs. 3 und 6 ZPO; bei Gütestellenvergleichen: § 797a Abs. 4 S. 3 ZPO). Der Urkundsbeamte der Geschäftsstelle bzw. Rechtspfleger kann der Erinnerung abhelfen (§ 11 Abs. 2 S. 1 RPflG bzw. § 571 ZPO analog; vgl. Zimmermann § 732 Rn. 5; Zöller/Stö-

ber § 732 Rn. 14; a.A.: Thomas/Putzo § 732 Rn. 2; differenzierend: MünchKomm-ZPO/Wolfsteiner § 732 Rn. 8 – Ein Grund für eine unterschiedliche Handhabung im Verhältnis zur Vollstreckungserinnerung gemäß § 766 ZPO ist jedoch nicht ersichtlich). Es entscheidet ansonsten stets der Richter des angegangenen Gerichts; eine Vorlage gemäß § 11 Abs. 2 S. 3 und 4 RPflG als Durchgriffserinnerung an das nächsthöhere Gericht scheidet daher aus (h.M.: vgl. Thomas/Putzo § 732 Rn. 1 m.w.N.).

Das notwendige **Rechtsschutzinteresse** besteht ab der Klauselerteilung bis zur Been-   **171** digung der Zwangsvollstreckung (zum Begriff der Beendigung vgl. Rn. 1126). Die Rechtshängigkeit einer Vollstreckungsabwehrklage gem. § 767 ZPO schließt die gleichzeitige Erinnerung gem. § 732 ZPO wegen der unterschiedlichen Rechtsschutzziele nicht aus (BGH NJW 1985, 809). Soweit sowohl die Klauselerinnerung gem. § 732 ZPO als auch die Klauselgegenklage gemäß § 768 ZPO anwendbar sind, hat der Schuldner die freie Wahl zwischen beiden (vgl. Text des § 768 ZPO a.E.). Hingegen schließt die Rechtskraft eines stattgebenden Urteils gemäß § 731 ZPO bzw. eines abweisenden Urteils gemäß § 768 ZPO die Geltendmachung derselben Einwendungen im Rahmen des § 732 ZPO aus.

Die Klauselerinnerung ist **begründet**, wenn die gegen die Klausel vorgebrachten for-   **172** mellen oder materiellen Einwendungen im Zeitpunkt der Entscheidung noch bestehen, die Klausel also jetzt nicht mehr erteilt werden könnte (h.M.: KG NJW-RR 1987, 3 = OLGZ 1986, 464, 468; Baumbach/Hartmann § 732 Rn. 4; Brox/Walker Rn. 140; Zimmermann § 732 Rn. 7; Zöller/Stöber § 732 Rn. 15; a.A.: MünchKommZPO/Wolfsteiner § 732 Rn. 1). Es kann daher sein, daß ein Fehler nach Erteilung der Klausel zwischenzeitlich geheilt wurde (z.B. wurde der entsprechende Nachweis nachträglich geführt; das nicht für vorläufig vollstreckbar erklärte Urteil ist nunmehr rechtskräftig), oder auch eine ursprünglich zu Recht erteilte Klausel nunmehr fehlerhaft ist (der Abtretungsvertrag ist inzwischen mit Wirkung ex tunc angefochten worden, § 142 BGB).

Eine Überprüfung findet jedoch nur dahingehend statt, ob der notwendige Nachweis   **173** in der vorgeschriebenen Form erfolgte und sich aus diesen Urkunden der erforderliche Beweis (Bedingungseintritt, Rechtsnachfolge) ergibt. Läßt sich die Richtigkeit der Einwendungen des Schuldners auf diese Weise nicht beweisen, bleibt ihm nur die Klage gemäß § 768 ZPO, bei der es keine Beweismittelbeschränkung gibt (Zöller/Stöber § 732 Rn. 12; MünchKommZPO/Wolfsteiner § 732 Rn. 1 u. 2).

Die **Entscheidung** ergeht stets durch zu begründenden Beschluß. Eine mündliche Ver-   **174** handlung ist möglich, aber nicht notwendig, § 732 Abs. 1 S. 2 ZPO. Vor einer stattgebenden Entscheidung ist dem Gegner rechtliches Gehör zu gewähren.

Der **Tenor** kann lauten auf

– Zurückweisung oder

– Unzulässigerklärung der Zwangsvollstreckung (ganz oder teilweise) aus der am ... (Datum) für den Gläubiger erteilten vollstreckbaren Ausfertigung des ... (Angabe des Vollstreckungstitels).

Die **Kostenentscheidung** ergibt sich aus § 91 Abs. 1 bzw. § 97 Abs. 1 ZPO analog.

Die stattgebende Entscheidung stellt gemäß § 775 Nr. 1 ZPO ein **Vollstreckungshindernis** dar, das gemäß § 776 S. 1 ZPO zur Aufhebung der entsprechenden Vollstreckungsmaßnahmen führt.

Rechtsbehelf

175 **Hilft der Rechtspfleger der Erinnerung ab,** steht dem Gläubiger gegen diese Entscheidung die unbefristete Erinnerung gem. § 11 Abs. 1 RPflG zu; hilft der Urkundsbeamte der Geschäftsstelle ab, kann der Gläubiger dagegen gem. § 576 ZPO Erinnerung einlegen.

176 **Gegen die stattgebende/zurückweisende Entscheidung des Richters** ist gem. § 567 Abs. 1 ZPO die einfache Beschwerde gegeben, soweit nicht §§ 567 Abs. 3 und 4 ZPO eingreifen (h.M.; Zöller/Stöber § 732 Rn. 16). Eine weitere Beschwerde ist aufgrund der Änderung des § 568 Abs. 2 ZPO durch das Rechtspflegevereinfachungsgesetz seit dem 1.4.1991 nicht mehr statthaft (OLG Köln NJW-RR 1992, 632; Zöller/Stöber § 732 Rn. 16).

177 Da die Einlegung der Erinnerung keine aufschiebende Wirkung hat, kann das Gericht (UdG/Rechtspfleger/Richter) vor der Entscheidung auf Antrag oder von Amts wegen eine **einstweilige Anordnung** erlassen, insbesondere anordnen, daß die Zwangsvollstreckung gegen oder ohne Sicherheitsleistung einstweilen einzustellen oder nur gegen Sicherheitsleistung fortzusetzen sei. Bestritten ist, ob auch die Aufhebung von Vollstreckungsmaßnahmen im Rahmen einer einstweiligen Anordnung zulässig ist (verneinend: OLG Hamburg MDR 1958, 44; Baumbach/Hartmann § 732 Rn. 6; Zöller/Stöber § 732 Rn. 17; a.A.: MünchKommZPO/Wolfsteiner § 732 Rn. 16).

178 Gegen den Erlaß einer einstweiligen Anordnung durch den Urkundsbeamten der Geschäftsstelle ist die Erinnerung gemäß § 576 ZPO, gegen die des Rechtspflegers die befristete Erinnerung gemäß § 11 Abs. 1 S. 2 RPflG gegeben. Streitig ist, ob gegen eine vom Richter erlassene einstweilige Anordnung analog § 707 Abs. 2 S. 2 ZPO kein Rechtsbehelf zulässig ist (vgl. hierzu OLG Stuttgart Rpfleger 1994, 220; Zöller/Stöber § 732 Rn. 17 sowie die ausführliche Darstellung zu dem identischen Problem des Rechtsmittels gegen eine einstweilige Anordnung gemäß § 769 ZPO Rn. 1175 f.).

bb) Klauselgegenklage, § 768 ZPO

Ziel und Wesen

179 Während mit der Klauselerinnerung gemäß § 732 ZPO sowohl formelle wie materielle Einwendungen hinsichtlich der erteilten Klausel geltend gemacht werden können, ist der Anwendungsbereich der Klauselgegenklage beschränkt. Mit ihr kann der Schuldner sich nur

– gegen die Erteilung einer qualifizierten Klausel gemäß §§ 726 ff. ZPO wenden,

   und

– nur geltend machen, daß deren materielle Voraussetzungen nicht vorliegen (vgl. dazu Rn. 168).

Einwendungen formeller Art (vgl. Rn. 167) können ausschließlich mit der Klausel- **180**
erinnerung geltend gemacht werden (RGZ 50, 365, 366; BGHZ 22, 54, 65; OLG Koblenz
NJW 1992, 378; MünchKommZPO/Schmidt § 768 Rn. 2; Brox/Walker Rn. 143; a.A.
wohl Thomas/Putzo § 768 Rn. 7, ohne Begründung). Andererseits stehen – anders als
bei § 732 ZPO – hier alle Beweismittel der ZPO zum Nachweis der materiellen Voraussetzungen zur Verfügung (vgl. zur Abgrenzung gegenüber § 732 ZPO Rn. 173). Soweit
sich die Anwendungsbereiche der §§ 732, 768 ZPO decken, kann der Schuldner den
Rechtsbehelf frei wählen, auch beide nebeneinander geltend machen (Rosen-
berg/Gaul/Schilken § 17 III 3). Die Zurückweisung der Klauselerinnerung schließt
eine Klage gem. § 768 ZPO nicht aus (h.M.: RGZ 50, 373, 374). Anders jedoch im um-
gekehrten Fall: ein rechtskräftiges Urteil gemäß § 768 ZPO schließt die Geltendmachung derselben Einwendungen im Rahmen von § 732 ZPO aus.

Ziel der Klauselgegenklage ist die Unzulässigerklärung der Zwangsvollstreckung aus **181**
der erteilten Klausel. Sie ist wie die Vollstreckungsabwehrklage gemäß § 767 ZPO eine
Gestaltungsklage, unterscheidet sich von ihr aber dadurch, daß mit der Vollstreckungsabwehrklage die Vernichtung der Vollstreckbarkeit des titulierten Anspruchs verfolgt wird.

Klageantrag

Der **Antrag** geht dahin, **182**

> die Zwangsvollstreckung gegen den Kläger aufgrund der zu dem ... (genaue An-
> gabe des Vollstreckungstitels) erteilten Klausel ganz oder teilweise (mit entspre-
> chender, genauer Angabe) für unzulässig zu erklären.

Zuständigkeit

Die Zuständigkeit entspricht durch die Verweisung auf § 767 Abs. 1 ZPO der der Voll- **183**
streckungsabwehrklage. Sachlich und örtlich ausschließlich (§ 802 ZPO) zuständig ist
bei **gerichtlichen Entscheidungen und Prozeßvergleichen** das Prozeßgericht des ersten Rechtszuges, also das Gericht des Ausgangsverfahrens, in dem der Vollstreckungstitel geschaffen und die Klausel erteilt worden ist. Betrifft der Titel eine Familiensache, dann ist auch die Klauselgegenklage eine Familiensache (vgl. BGH NJW
1980, 1393). Ohne Bedeutung ist in diesem Zusammenhang, ob das Prozeßgericht des
ersten Rechtszuges für die Streitsache zuständig war.

Bei einem **Vollstreckungsbescheid** (§ 794 Abs. 1 Nr. 4 ZPO) ist gem. § 796 Abs. 3 ZPO **184**
das Gericht sachlich und örtlich ausschließlich zuständig, das für eine Entscheidung
im Streitverfahren entsprechend §§ 690 Abs. 1 Nr. 5, 692 Abs. 1 Nr. 1 und 6, 696 Abs. 1
Satz 4, Abs. 5 ZPO zuständig gewesen wäre (vgl. im einzelnen Rn. 1123 zu § 767 ZPO).

Bei – gerichtlichen und notariellen – **vollstreckbaren Urkunden** gem. § 794 Abs. 1 **185**
Nr. 5 ZPO ist sachlich – je nach Streitwert – das AG/LG und örtlich das Gericht des
allgemeinen Gerichtsstandes des Schuldners (§§ 12 ff. ZPO) und, wenn es an einem
solchen fehlt, das Gericht des § 23 ZPO zuständig (§ 797 Abs. 5 ZPO). Soweit der besondere Gerichtsstand des § 800 Abs. 3 ZPO gegeben ist – Zwangsvollstreckung aus
Urkunden wegen eines dinglichen oder persönlichen Anspruchs gegen den jeweiligen

Eigentümer eines Grundstücks –, ist jedoch ausschließlich das Gericht zuständig, in dessen Bezirk das Grundstück gelegen ist (§ 24 ZPO).

Rechtsschutzinteresse

186 Ein Rechtsschutzinteresse besteht ab Erteilung der Klausel bis zur Beendigung der Zwangsvollstreckung (zum Begriff vgl. Rn. 1126). Ist die Zwangsvollstreckung aus derselben Klausel gem. § 732 ZPO rechtskräftig für unzulässig erklärt worden, fehlt für eine Klauselgegenklage gem. § 768 ZPO das Rechtsschutzinteresse. Da die Klauselgegenklage das prozessuale Gegenstück zur Klage auf Erteilung der Vollstreckungsklausel gemäß § 731 ZPO darstellt, ist eine Klauselgegenklage gem. § 768 ZPO ausgeschlossen, soweit dieselben Einwendungen im Rahmen einer Klage gem. § 731 ZPO bereits rechtskräftig zurückgewiesen worden sind.

Zum Verhältnis von § 768 ZPO zu § 732 ZPO im übrigen siehe oben Rn. 171.

Sachbefugnis

187 Sachbefugt ist auf Klägerseite derjenige gegen den die Klausel erteilt wurde, auf Beklagtenseite der Vollstreckungsgläubiger, für den die vollstreckbare Ausfertigung erteilt wurde.

188 Die Klage ist **begründet**, wenn im Zeitpunkt der letzten mündlichen Verhandlung in der Tatsacheninstanz (vgl. § 296a ZPO) die materiellen Voraussetzungen für die Erteilung der Klausel nicht (mehr) vorliegen; eine etwaige Heilung eines Mangels ist daher zu berücksichtigen (Zöller/Herget § 768 Rn. 2; MünchKommZPO/Schmidt § 768 Rn. 9; Baumbach/Hartmann § 768 Rn. 2; StJ/Münzberg § 768 Rn. 7; a.A.: Rosenberg/Gaul/Schilken § 17 III 3 c; zweifelnd RGZ 134, 156, 159).

Beweis

189 Streitig ist, ob die **Beweislast** unabhängig von der Parteirolle demjenigen obliegt, der auch im Klauselverfahren die Beweislast zu tragen hat (so OLG Köln NJW-RR 1994, 893; OLG Koblenz NJW 1992, 378, 379; Zöller/Herget § 768 Rn. 2; Brox/Walker Rn. 145; StJ/Münzberg § 768 Rn. 6; Schuschke § 768 Rn. 5; zur Beweislast im Klauselverfahren vgl. Rn. 71 f.) oder dem Vollstreckungsschuldner als Kläger (so RGZ 82, 35, 37; MünchKommZPO/Schmidt § 768 Rn. 10; Thomas/Putzo § 768 Rn. 9; Rosenberg/Gaul/Schilken § 17 III 3 c).

190 Die für die letztgenannte Auffassung angeführten Gründe überzeugen nicht. Die Parteirolle kann hier ebensowenig wie sonst als Argument für die Beweislast herangezogen werden. Maßgebend ist vielmehr das materielle Recht. Daher trägt bei der negativen Feststellungsklage nach h.M. entsprechend den allgemeinen Beweislastgrundsätzen der Beklagte die Beweislast für den behaupteten materiellen Anspruch (vgl. BGH NJW 1993, 1716; BGH NJW 1994, 1353, 1354). Auch das andere Argument, das Gesetz verweise den Schuldner, soweit die formellen Voraussetzungen der Klauselerteilung erfüllt seien, auf den Klageweg und kehre dadurch die Beweislast um, ist nicht zwingend. Das Klageverfahren ist deswegen notwendig, weil einerseits im Klauselerinnerungsverfahren die Erhebung von Gegenbeweisen nicht möglich ist, andererseits dem Schuldner nicht jede Möglichkeit abgeschnitten werden darf, sich gegen

das Vorliegen der als nachgewiesen angesehenen besonderen Voraussetzungen der qualifizierten Klausel zu wehren. Hinzu kommt, daß für eine generelle Beweislastumkehr um so weniger Raum ist, als der Schuldner häufig vor Erteilung der Klausel gar nicht gehört wurde (vgl. § 730 ZPO).

Einigkeit besteht hingegen insoweit, als die **Gutgläubigkeit** im Fall des § 325 Abs. 2 **191** ZPO im Hinblick auf die materiell-rechtlichen Regelungen der §§ 932, 892 BGB der Beklagte als Vollstreckungsgläubiger widerlegen muß.

Mit der Klage müssen alle bis zum Schluß der **mündlichen Verhandlung entstande-** **192** **nen materiellen Einwendungen** gegen die Erteilung der qualifizierten Klausel vorgebracht werden; bei einer weiteren Klauselgegenklage sind sie ausgeschlossen (§ 768 Abs. 1 ZPO mit § 767 Abs. 3 ZPO). Eine zeitliche Begrenzung entsprechend der Regelung des § 767 Abs. 2 ZPO gibt es bei der Klauselgegenklage hingegen nicht.

Urteilswirkungen

Das stattgebende Urteil stellt ein von Amts wegen zu beachtendes **Vollstreckungs-** **193** **hindernis** dar, das zur Aufhebung bereits getroffener Vollstreckungsmaßnahmen führt (§§ 775 Nr. 1, 776 S. 1 ZPO). Ein Anspruch auf Rückgabe der Klausel besteht nicht.

Die **Kostenentscheidung** erfolgt gemäß §§ 91 ff. ZPO. Der **Streitwert** bemißt sich nach § 3 ZPO und richtet sich nach dem Interesse des Klägers an der Unzulässigerklärung der Zwangsvollstreckung (OLG Köln MDR 1980, 852; Zöller/Schneider § 3 Rn. 16 „Vollstreckungsklausel"). In dem Urteil können gemäß § 770 ZPO **einstweilige Anordnungen** erlassen oder bereits erlassene aufgehoben, abgeändert oder bestätigt werden.

Hat der Schuldner als gutgläubiger Erwerber einer Sache (§ 325 Abs. 2 ZPO) versäumt, gegen die auf ihn gemäß § 727 ZPO umgeschriebene Klausel nach § 732 ZPO oder § 768 ZPO vorzugehen, kann er sein gutgläubig erworbenes Eigentum noch mit einer Klage gemäß § 985 BGB gegenüber dem Vollstreckungsgegner geltend machen (BGHZ 4, 283).

Einstweiliger Rechtsschutz

Er kann vor Entscheidung zur Hauptsache über eine einstweilige Anordnung gemäß **194** § 769 ZPO erlangt werden (vgl. hierzu Rn. 1159 f.).

III. Zustellung

1. Zweck

Die Zustellung des Vollstreckungstitels erfüllt in der Zwangsvollstreckung einen **195** **doppelten Zweck**: Zum einen wird dem Zustellungsadressaten die Möglichkeit gegeben, vom Inhalt der Entscheidung Kenntnis zu nehmen und zu überlegen, ob und wie er reagieren wird. Zum anderen wird durch die förmliche Beurkundung der Zustellung (§§ 190, 191 ZPO) die Möglichkeit der Kenntnisnahme bewiesen.

2. Zeitpunkt

196 Die Zwangsvollstreckung ist grundsätzlich nur dann zulässig, wenn **spätestens bei ihrem Beginn** der zu vollstreckende Titel in Ausfertigung oder beglaubigter Abschrift (§ 170 ZPO; vgl. MünchKommZPO/Arnold § 750 Rn. 76 Fn. 120, 121) zugestellt ist bzw. zugestellt wird (§ 750 Abs. 1 ZPO).

197 In **Ausnahme** von diesem Grundsatz kann mit der Vollziehung eines **Arrestes** und einer **einstweiligen Verfügung** auch schon vor Zustellung dieser Titel begonnen werden (§ 929 Abs. 3 S. 1 ZPO). Die Zustellung muß jedoch innerhalb einer Woche nach Beginn der Vollziehung und innerhalb der Monatsfrist des § 929 Abs. 2 ZPO nachgeholt werden; ansonsten ist sie ohne Wirkung, d.h. unwirksam (§ 929 Abs. 3 S. 2 ZPO). Soweit der Arrestbefehl bzw. die einstweilige Verfügung als Urteil ergangen ist und deswegen der Titel von Amts wegen an den Antragsgegner zugestellt wurde, genügt dies zur Wahrung der Vollziehungsfrist des § 929 Abs. 2, 3 ZPO nicht, es ist – auch bei einer Leistungsverfügung – eine zusätzliche Zustellung im Parteibetrieb erforderlich (vgl. BGH NJW 1993, 1076; a.A. OLG Stuttgart OLGZ 1994, 364). Die Frist beginnt mit der Verkündung des Arrestbefehls (Urteil) bzw. amtswegiger Zustellung oder formloser Aushändigung einer Ausfertigung des Beschlusses an den Gläubiger. Sie wird gewahrt schon durch den rechtzeitigen Eingang des Antrags beim zuständigen Vollstreckungsorgan (§ 932 Abs. 3 ZPO bzw. analog, vgl. BGH NJW 1991, 496, 497).

198 Bei der **Vorpfändung** bedarf es für die vom Gläubiger veranlaßte Zustellung einer von ihm gefertigten schriftlichen Benachrichtigung an den Drittschuldner und den Schuldner, daß die Pfändung bevorstehe, keiner vorherigen Zustellung des Schuldtitels (§ 845 Abs. 1 S. 3 ZPO).

199 Daß der Schuldner bei oder nach Beginn der Zwangsvollstreckung auf die Zustellung der gem. § 750 Abs. 1 und 2 ZPO erforderlichen Urkunden verzichten kann, ist unstreitig; streitig ist hingegen, ob der Schuldner auch schon vor Beginn der Zwangsvollstreckung einen solchen **Verzicht** erklären kann. Die wohl h. M. verneint dies (RGZ 83, 336, 339; Zimmermann § 750 Rn. 13; a.A., weil § 750 ZPO allein dem Schuldnerschutz diene: Brox/Walker Rn. 155; Zöller/Stöber § 750 Rn. 21; MünchKommZPO/Arnold § 750 Rn. 91).

3. Zustellungsart

200 Die Zustellung von **Urteilen** (§ 317 ZPO) und **Beschlüssen** (§ 329 ZPO) findet **grundsätzlich von Amts wegen** statt (§§ 270, 208 ff. ZPO). Ein **Vollstreckungsbefehl** hingegen kann sowohl von Amts wegen als auch durch die Partei wirksam zugestellt werden, § 699 Abs. 4 S. 1–3 ZPO. Im **Arrest-** bzw. **einstweiligen Verfügungsverfahren** ist danach zu unterscheiden, ob die Entscheidung als Urteil oder als Beschluß erging. Ein Urteil ist von Amts wegen zuzustellen (§ 317 Abs. 1 ZPO; beachte aber Rn. 197), ein Beschluß im Parteibetrieb (§§ 922 Abs. 2, 936 ZPO). Eine insoweit fehlerhafte Zustellung ist unwirksam.

Für den Beginn der Zwangsvollstreckung genügt jedoch gem. § 750 Abs. 1 S. 2 ZPO 201
eine Zustellung im Parteibetrieb (§ 166 ff. ZPO), wobei es insofern der Zustellung von
Tatbestand und Entscheidungsgründen (abgekürzte Ausfertigung, § 317 Abs. 2 S. 2
Halbs. 1 ZPO) nicht bedarf. Auf diese Weise wird dem Gläubiger ermöglicht, möglichst umgehend vollstrecken zu können.

4. Zustellungsadressat

Die Person, der zugestellt werden soll (Zustellungsadressat, § 191 Nr. 3 ZPO) ist die 202
Partei selbst; bei einer prozeßunfähigen Partei (§ 52 ZPO) deren **gesetzlicher Vertreter**
(§ 171 ZPO). Die Zustellung des Gläubigers an sich selbst als Vertreter des Schuldners
ist nicht möglich (KG Rpfleger 1978, 105). Wurde die Partei im Prozeß durch einen
Prozeßbevollmächtigten vertreten, ist zwingend an diesen zuzustellen (§§ 176, 178
ZPO). In Anwaltsprozessen (§ 78 ZPO) muß die Zustellung auch nach Niederlegung
des Mandats solange an den bisherigen Prozeßbevollmächtigten erfolgen, bis sich ein
neuer Prozeßbevollmächtigter bestellt hat (§ 87 Abs. 1 Halbs. 2 ZPO). Dies gilt jedoch
nicht, d.h. allein die Anzeige des Erlöschens des Mandats gem. § 87 Abs. 1 Halbs. 1
ZPO genügt, in selbständigen Nebenverfahren, in denen die Partei selbst handeln
kann, wie z.B. grundsätzlich im Rahmen der Zwangsvollstreckung (h.M.: LG Trier
Rpfleger 1988, 29; Zöller/Vollkommer § 87 Rn. 3; a.A. MünchKommZPO/v. Metten-
heim § 87 Rn. 8). Daher kann der Gläubiger im Anwaltsprozeß das Urteil zum Zwecke
der Zwangsvollstreckung an den Schuldner selbst zustellen lassen, wenn dessen Prozeßbevollmächtigter das Mandat niedergelegt hat. Auch nach Niederlegung des Mandats hat der Prozeßbevollmächtigte die Pflicht, den Mandanten von der gem. §§ 87
Abs. 1 Hs. 2, 176 ZPO an ihn wirksamen Zustellung zu unterrichten (BGH NJW 1980,
999).

Bei **mehreren Schuldnern** ist zu unterscheiden, ob sie Teil-, Gesamt-, oder Gemein- 203
schaftsschuldner sind (vgl. dazu Palandt/Heinrichs Überblick vor § 420 BGB Rn. 1 ff.).
Maßgebend ist der Titel. Bei Teil- und Gesamtschuldnern muß an denjenigen zugestellt werden, gegen den vollstreckt wird; bei Gemeinschaftsschuldnern (z.B. Gesamthand) und unteilbarer Leistung (§ 431 BGB) ist Zustellung an alle notwendig, bevor mit der Zwangsvollstreckung begonnen werden kann (vgl. Zöller/Stöber § 747
Rn. 5 für den ungeteilten Nachlaß).

Wegen der Zustellung an **Soldaten** in Truppenunterkünften vgl. Erlaß über Zustel- 204
lungen etc. in der Bundeswehr, abgedruckt im Schlußanhang II bei Baumbach/Hart-
mann. Die Zustellung an **Strafgefangene** und in Sicherungsverwahrung Unterge-
brachte erfolgt an den Leiter des allgemeinen Vollzugsdienstes oder seinen ständigen
Vertreter, vgl. § 211 ZPO, § 156 StVollzG; AV des Justizministers NW vom 9.11.1988
(JMBl. NW 1989 S. 6).

5. Zustellungsempfänger

Die Person, der tatsächlich zugestellt worden ist (Zustellungsempfänger), § 191 Nr. 4 205
ZPO, kann, muß aber nicht mit dem Zustellungsadressaten identisch sein, vgl.
§§ 181–184 ZPO. Die Zustellungsurkunde erbringt zwar keinen Beweis dafür, daß der
Zustellungsempfänger unter der Zustellungsanschrift eine Wohnung hat, besitzt hierfür aber Indizwirkung (vgl. BVerfG NJW 1992, 224; BGH NJW 1992, 1963).

6. Gegenstand der Zustellung

206 Dies ist im Rahmen des § 750 Abs. 1 ZPO allein der **Titel**, also ohne die Vollstreckungsklausel. Der Zustellung auch der **Vollstreckungsklausel** bedarf es gem. § 750 Abs. 2 ZPO in den dort einzeln aufgeführten Fällen der titelergänzenden bzw. titelübertragenden Klauseln. Wurde eine solche Klausel aufgrund öffentlicher oder öffentlich beglaubigter Urkunden erteilt, ist auch eine vollständige beglaubigte Abschrift dieser Urkunden vor oder spätestens bei Beginn der Zwangsvollstreckung mit zuzustellen. Bei einer Titelumschreibung gem. § 727 ZPO aufgrund einer öffentlich beglaubigten Urkunde muß die zuzustellende Abschrift den notariellen Beglaubigungsvermerk gem. § 40 BeurkG wiedergeben (OLG Hamm Rpfleger 1994, 173). Üblicherweise werden diese Urkunden schon in der Vollstreckungsklausel angegeben. Dies macht eine Zustellung dieser Urkunden aber nur dann entbehrlich, wenn ihr Inhalt vollständig in der Klausel wiedergegeben ist; die Angabe ihres wesentlichen Inhalts oder gar eine bloße Bezugnahme genügt nicht (h.M.: vgl. Baumbach/Hartmann § 750 Rn. 12; MünchKommZPO/Arnold § 750 Rn. 78; Thomas/Putzo § 750 Rn. 17; Zöller/Stöber § 750 Rn. 20). Denn nur dann wird der Zweck des § 750 Abs. 2 ZPO erfüllt, daß nämlich der Schuldner „die Rechtmäßigkeit der Erteilung der Vollstreckungsklausel und des Beginns der Zwangsvollstreckung sofort prüfen" kann (Hahn, Begründung zu §§ 620–622 Entwurf ZPO S. 439). Die Zustellung dieser Urkunden entfällt im übrigen dann, wenn die qualifizierte Klausel aufgrund Offenkundigkeit oder Zugeständnisses des Schuldners erteilt wurde; ferner in den Fällen der §§ 799, 800 Abs. 2 ZPO.

206a Gem. § 750 Abs. 3 ZPO müssen bei einer **Sicherungsvollstreckung** gem. § 720a ZPO Urteil und Vollstreckungsklausel 2 Wochen vor Beginn der Zwangsvollstreckung zugestellt werden. Zu den Einzelheiten vgl. Rn. 229, 264.

207 Spätestens bei Beginn der Zwangsvollstreckung sind ferner zuzustellen der Nachweis der erfolgten **Sicherheitsleistung** (§ 751 Abs. 2 ZPO) sowie der Befriedigung oder des Annahmeverzugs des Schuldners bei einer Vollstreckung **Zug um Zug** gegen Leistung des Gläubigers (§§ 756, 765 ZPO).

7. Nachweis

208 Der Nachweis der Zustellung kann durch alle Beweismittel erbracht werden (OLG Frankfurt/Main Rpfleger 1978, 134). Bei der Zustellung von Amts wegen gelangt die Zustellungsurkunde in die Akte (§ 212 Abs. 2 ZPO) bzw. wird in dieser vermerkt (§ 213 ZPO). Auf Antrag bescheinigt die Geschäftsstelle den Zeitpunkt der Zustellung (§ 213a ZPO). Erfolgte die Zustellung im Parteibetrieb, kann der Nachweis durch die Zustellungsurkunde des Gerichtsvollziehers bzw. des Postbediensteten (§§ 190, 191 ZPO) oder durch das Empfangsbekenntnis des Anwalts (§ 198 Abs. 2 ZPO) erbracht werden.

Kapitel B
Besondere Voraussetzungen der Zwangsvollstreckung

Über die allgemeinen Voraussetzungen der Zwangsvollstreckung hinaus müssen zum **209** Teil weitere, besondere Voraussetzungen erfüllt sein, damit das Vollstreckungsorgan mit der Zwangsvollstreckung beginnen darf. Dies ist der Fall, wenn die Zwangsvollstreckung von dem Eintritt einer im Titel bestimmten Tatsache abhängt. In den im § 726 ZPO aufgeführten Fällen führt dies dazu, daß der Eintritt dieser Bedingung nachgewiesen sein muß, bevor die Vollstreckungsklausel erteilt wird. In einfacheren Fällen wird die Klausel ohne weiteres erteilt, dafür erfolgt die Prüfung, ob nicht zu früh vollstreckt wird, durch das Vollstreckungsorgan selbst. Derartige Fälle sind:

- Eintritt eines bestimmten Kalendertages, **§ 751 Abs. 1 ZPO**;

- der Nachweis der Sicherheitsleistung durch den Gläubiger, **§ 751 Abs. 2 ZPO**;

- eine Zug um Zug zu bewirkende Leistung des Gläubigers, **§§ 756, 765 ZPO**;

- der Ablauf von Wartefristen, **§§ 750 Abs. 3, 798, 798a ZPO**.

I. § 751 Abs. 1 ZPO – Eintritt eines Kalendertages

Soweit die Geltendmachung eines Anspruchs von dem Eintritt eines Kalendertages **210** abhängt, darf die Zwangsvollstreckung grundsätzlich (siehe Rn. 213) nur beginnen, wenn der Kalendertag abgelaufen ist, § 751 Abs. 1 ZPO. Hauptanwendungsfälle sind Titel auf künftige Leistungen (§§ 257 ff. ZPO), gerichtliche Entscheidungen über die Gewährung von Räumungsfristen bei Wohnraum, wenn Vollstreckungstitel ein Urteil (§ 721 ZPO) oder ein Prozeßvergleich (§ 794a ZPO) ist, sowie Verbundurteile gem. § 510b ZPO.

Beispiele:

- Der Beklagte wird verurteilt, ab September 1994 an den Kläger einen monatlichen Mietzins in Höhe von 500,– DM, fällig jeweils am 15. eines jeden Monats, zu zahlen.

- Dem Beklagten wird eine Räumungsfrist bis zum 31.8.1994 gewährt.

Die Vollstreckung des Zahlungsanspruchs darf in den vorgenannten Beispielen daher erst am 16. des jeweiligen Monats bzw. die Zwangsräumung erst am 1. September 1994 beginnen. Der Kalendertag muß **bestimmt** oder grundsätzlich nur mit Hilfe des Kalenders **bestimmbar** sein (z.B.: Angabe eines bestimmten Datums, oder „Ende Oktober 1994", „8 Tage nach Pfingsten 1994"). Eine bloße **Berechenbarkeit** (2 Wochen nach Kündigung; 1 Monat nach Anmietung einer Ersatzwohnung) genügen hingegen nicht. Im zuletzt genannten Fall ist daher die Erteilung einer qualifizierten Klausel gem. § 726 ZPO notwendig.

Eine Ausnahme macht ein Teil der Literatur (Brox/Walker Rn. 158; Baumbach/Hart- **211** mann § 751 Rn. 2; MünchKommZPO/Arnold § 751 Rn. 13; a.A.: Zöller/Stöber § 751 Rn. 2) insoweit, als sich der Kalendertag nach dem Zustellungsdatum des Vollstreckungstitels berechnen läßt („eine Woche nach Zustellung des Vollstreckungstitels"), weil das Vollstreckungsorgan die Zustellung des Titels sowieso selbst nachprüfen bzw. ihm nachgewiesen werden müsse.

212 Streitig ist, ob § 193 BGB Anwendung findet (der Kalendertag ist ein Sonntag, Samstag oder allgemeiner Feiertag), die Zwangsvollstreckung also erst an dem Tag beginnen darf, der auf den nächsten Werktag folgt. Beispiel: Fristende ist Samstag, 6.8.1994; Zwangsvollstreckungsbeginn: Dienstag, 9.8.1994 (bejahend: MünchKommZPO/Arnold § 751 Rn. 15; Brox/Walker Rn. 158; Baumbach/Hartmann § 751 Rn. 2; StJ/Münzberg § 751 Rn. 2; a.A.: Zöller/Stöber § 751 Rn. 2; Zimmermann § 751 Rn. 1). Im übrigen ist § 761 ZPO (Vollstreckung an Sonn- und Feiertagen) zu beachten.

213 Eine Ausnahme von § 751 Abs. 1 ZPO gilt in den Fällen der **Vorratspfändung gem. § 850 d III ZPO.** Insoweit kann wegen Unterhaltsforderungen bzw. Renten aufgrund einer Körperverletzung zugleich neben der Pfändung fälliger Ansprüche auch wegen erst künftig fällig werdender derartiger Ansprüche in künftig fällig werdendes Arbeitseinkommen gepfändet werden (Einzelheiten vgl. Rn. 700). Streitig ist, ob auch sogenannte Vorauspfändungen (vgl. hierzu Rn. 665) mit § 751 Abs. 1 ZPO vereinbar sind (bejahend: Baumbach/Hartmann § 751 Rn. 2; MünchKommZPO/Arnold § 751 Rn. 7; Zimmermann § 850 d Rn. 13; a.A.: Thomas/Putzo § 751 Rn. 4, jeweils m.w.N.).

II. § 751 Abs. 2 ZPO – Sicherheitsleistung

1. Art der Sicherheitsleistung

214 Hängt die Vollstreckung von einer dem Gläubiger obliegenden Sicherheitsleistung ab, so darf mit der Zwangsvollstreckung nur begonnen (§§ 707 S. 1, 709 S. 1, 711, 712 Abs. 2 S. 2 ZPO) oder sie fortgesetzt (§§ 707 S. 1, 709 S. 2, 769 Abs. 1, 771 Abs. 3 ZPO) werden, wenn die Sicherheitsleistung durch öffentliche oder öffentlich beglaubigte Urkunde (§§ 415, 418 ZPO) nachgewiesen **und** eine Abschrift dieser Urkunde bereits zugestellt ist oder gleichzeitig mit dem Beginn der Zwangsvollstreckung zugestellt wird. In welcher Art oder Höhe die Sicherheit zu leisten ist, ergibt sich aus der Entscheidung des Gerichts (§ 108 Abs. 1 S. 1 ZPO). Falls dieses die Art nicht bestimmt hat, ist maßgebend eine etwaige Parteivereinbarung; liegt eine solche nicht vor, ist die Sicherheitsleistung durch Hinterlegung von Geld oder geeigneten Wertpapieren zu bewirken (§ 108 Abs. 1 S. 2 ZPO). Möglich und in der Praxis häufig ist die Sicherheitsleistung durch Bankbürgschaft. Das Vollstreckungsorgan überprüft die Sicherheitsleistung nur darauf, ob sie hinsichtlich ihrer Art, des Hinterlegungsortes, der Höhe sowie ggfs. des als Bürgen bezeichneten Kreditinstituts der Anordnung entspricht, nicht aber auch darauf, ob ein materiell-rechtlich wirksamer Bürgschaftsvertrag zustandegekommen ist (vgl. Rn. 220 f.).

2. Hinterlegung

215 Das Verfahren der Hinterlegung richtet sich nach der Hinterlegungsordnung. Der Nachweis kann durch eine mit Unterschrift und Dienstsiegel versehenem Buchungs-

und Kassenvermerk auf der Durchschrift der Annahmeverfügung oder durch gesonderte Bescheinigung der Hinterlegungsstelle (Amtsgericht, § 1 Abs. 2 HinterlO) erfolgen. Ein Postschein, der die Absendung an die Hinterlegungsstelle bescheinigt oder ein Beleg einer Bank/Sparkasse über die Entgegennahme bzw. Durchführung einer Überweisung genügen nicht, weil diese nur die Absendung an die Hinterlegungsstelle bestätigen (vgl. auch § 83 Nr. 4 GVGA).

Die Urkunden, durch die der Nachweis der Erbringung der geforderten Sicherheitsleistung erbracht wird, sind dem Vollstreckungsschuldner in Abschrift bereits vor Beginn der Vollstreckung zuzustellen, spätestens jedoch gleichzeitig mit dem Beginn der Vollstreckung. Die Zustellung erfolgt im Parteibetrieb. Wird der Schuldner durch einen Prozeßbevollmächtigten, insbesondere einen Anwalt vertreten, ist an diesen zuzustellen, §§ 176, 178 ZPO.

3. Bürgschaft

In der Praxis weit verbreitet ist die Zulassung der Erbringung der Sicherheitsleistung durch Bürgschaft, in der Regel einer Bank oder Sparkasse. § 751 Abs. 2 ZPO betrifft nur die Form des Nachweises der erbrachten Sicherheitsleistung. Das Zustandekommen des Bürgschaftsvertrages richtet sich nach materiellem Recht. Da die Sicherheitsleistung einen eventuellen Schadenersatzanspruch des Vollstreckungsschuldners (§ 717 ZPO) absichern soll, muß der Bürgschaftsvertrag zwischen dem Vollstreckungsschuldner und der Bank zustandekommen. Die Bürgschaftserklärung muß selbstschuldnerisch (§§ 773 Abs. 1, 774 BGB), unbedingt und unbefristet sein (§ 239 Abs. 2 BGB analog). Bürgschaften der Banken als Vollkaufleute (§ 1 Abs. 1, Abs. 2 Nr. 4 HGB) sind per Gesetz selbstschuldnerisch (§§ 349, 350, 351 HGB). Eine Ausfallbürgschaft genügt daher nicht. Zulässig ist hingegen die auflösende Bedingung, daß die Bürgschaft erlischt, wenn das Original der Bürgschaftserklärung an die Bank zurückgelangt, soweit sichergestellt ist, daß dieses Erlöschen ohne oder gegen den Willen des Vollstreckungsschuldners nicht vor Veranlassung der Sicherheitsleistung eintritt (hier: Zustellung der Bürgschaftserklärung an den Vollstreckungsschuldner; vgl. BGH MDR 1971, 388; OLG München MDR 1979, 1029; Zöller/Herget § 108 Rn. 9). Unzulässig ist es daher, die Haftung der Bank von der Vorlage einer das Ersturteil aufhebenden oder abändernden rechtskräftigen Entscheidung abhängig zu machen (OLG Bamberg NJW 1975, 1664). Die Bürgschaftserklärung der Bank (Angebot) muß dem Vollstreckungsschuldner in Urschrift oder beglaubigter Abschrift durch Vermittlung des Gerichtsvollziehers zugestellt werden (§§ 130 Abs. 1, 132 Abs. 1 S. 1 BGB), wobei die Zustellung nach den Vorschriften der ZPO erfolgt (§ 132 Abs. 1 S. 2 BGB).

216

Nimmt der Vollstreckungsschuldner das Angebot nicht freiwillig an, kann er dadurch den Beginn der Zwangsvollstreckung nicht vereiteln. Nach h.M. wird seine Annahmeerklärung durch die gerichtliche Zulassung der Bürgschaft als Sicherheitsleistung ersetzt **(Theorie des Zwangsvertrages;** vgl. BayObLG Rpfleger 1976, 67; Zöller/Herget § 108 Rn. 10; Thomas/Putzo § 108 Rn. 13). Der Zugang der Annahmeerklärung bei der Bank ist gem. § 151 S. 1 BGB nicht erforderlich. Die Erklärung des Bürgen bedarf der gesetzlichen Schriftform (§§ 766, 126 Abs. 1 BGB). Die Bürgschaftserklärung eines Nichtkaufmanns durch Telefax genügt daher nicht der Schriftform, weil das Original der Bürgschaftserklärung beim Bürgen verbleibt und damit keine „Erteilung" (Entäußerung gegenüber dem Gläubiger, indem die schriftliche Erklärung diesem zur

217

Verfügung gestellt wird) vorliegt (BGH NJW 1993, 1126 f.). Eine öffentliche Beglaubigung der Unterschrift des Bürgen bzw. ein Nachweis der Vertretungsbefugnis des Unterzeichners durch öffentliche oder öffentlich beglaubigte Urkunden ist nur notwendig, wenn dies vom Gericht ausdrücklich so angeordnet wurde (h.M.: vgl. OLG Koblenz Rpfleger 1993, 355, 356 = ZIP 1993, 297; MünchKommZPO/Arnold § 751 Rn. 24 Fn. 22 m.w.N.; a.A.: Baumbach/Hartmann § 751 Rn. 5; Baur/Stürner Rn. 321).

218 Nach a.A. ist für den Beginn der Zwangsvollstreckung kein Bürgschaftsvertrag, sondern nur die Zustellung der Bürgschaftserklärung an den Schuldner notwendig (MünchKommZPO/Arnold § 751 Rn. 25 Fn. 23; wohl auch BGH NJW 1967, 823).

219 Die Bürgschaftserklärung einer Bank muß im Rahmen des § 751 Abs. 2 ZPO schriftlich erfolgen. Zwar ist die Bank Vollkaufmann und von daher ihre Bürgschaftserklärung auch formlos gültig (§§ 343, 350, 351 HGB), doch kann der für § 751 Abs. 2 ZPO notwendige Nachweis des Zugangs der Bürgschaftserklärung nur geführt werden, wenn sie schriftlich vorliegt.

4. Nachweis der Sicherheitsleistung bei Bürgschaft

220 Hinsichtlich des Nachweises der Sicherheitsleistung durch **Bürgschaft** ergeben sich einige Besonderheiten, weil § 751 Abs. 2 ZPO aus historischen Gründen nur im Hinblick auf die Sicherheitsleistung durch Hinterlegung bei einem von Vollstreckungsgläubiger und Schuldner unabhängigen Dritten (Amtsgericht) verfaßt ist, nicht jedoch auf die Erbringung der Sicherheitsleistung gegenüber dem Vollstreckungsschuldner (vgl. hierzu Brox/Walker Rn. 169). Die entstandene Lücke wird nach h.M. durch eine entsprechende Anwendung des für Zug-um-Zug-Leistungen geltenden § 756 ZPO geschlossen.

221 Erforderlich ist daher nur, daß der Gerichtsvollzieher die schriftliche Bürgschaftserklärung dem Vollstreckungsschuldner vor oder zu Beginn der Zwangsvollstreckung übergibt (freiwillige Annahme) oder zustellt. Ob das **Original** der Bürgschaftserklärung, eine **Ausfertigung** oder lediglich eine **beglaubigte Abschrift** davon übergeben/zugestellt werden muß, hängt vom Inhalt der Bürgschaftserklärung bzw. der Anordnung des Gerichts ab:

- Wurde die Bürgschaftserklärung mit der zulässigen Bedingung versehen, daß die Bürgschaft mit der Rückgabe der Bürgschaftserklärung an die Bank durch irgend jemanden erlischt, muß das Original der Bürgschaftserklärung zugestellt werden. Denn nur so kann ein Erlöschen der Bürgschaft gegen den Willen des Schuldners verhindert werden (h.M.: vgl. LG Berlin DGVZ 1973, 117; Kotzur DGVZ 1990, 65, 67).

- Hat das Gericht eine besondere Beurkundungsform angeordnet, muß das Original bzw. eine Ausfertigung der Bürgschaftserklärung übergeben werden.

- Wurde die Hinterlegung der Bürgschaftserklärung in Urschrift angeordnet, muß neben der dem Vollstreckungsorgan nachzuweisenden Hinterlegung dem Vollstreckungsschuldner dieser Hinterlegungsnachweis und eine beglaubigte Abschrift der Bürgschaftserklärung zugestellt werden.

- In den übrigen Fällen genügt die Übergabe/Zustellung einer beglaubigten Abschrift der Bürgschaftserklärung (vgl. auch § 77 Nr. 3 GVGA).

Die Übergabe/Zustellung kann sowohl an den Schuldner als auch dessen Prozeßbevollmächtigten erfolgen, weil diese Zustellung gem. § 81 ZPO von der Prozeßvollmacht erfaßt wird. Andererseits muß sie jedoch nicht zwingend an den Prozeßbevollmächtigten erfolgen. Denn die §§ 176, 178 ZPO finden keine Anwendung, weil die Zustellung der Bürgschaftserklärung keine Prozeßhandlung, sondern die Zustellung einer privatrechtlichen Willenserklärung zum Zwecke des Wirksamwerdens gem. § 132 Abs. 1 BGB darstellt (h.M.: vgl. LG Bochum Rpfleger 1985, 33; MünchKommZPO/Arnold § 751 Rn. 31, jeweils m.w.N.). **222**

Ist Vollstreckungsorgan der Gerichtsvollzieher, der die Bürgschaftserklärung zustellt, so entfällt die Nachweispflicht des § 751 Abs. 2 ZPO, weil das Vollstreckungsorgan selbst bei der Leistung der Sicherheit mitwirkt und es ansonsten sich selbst diesen Nachweis erbringen müßte (h.M.: vgl. MünchKommZPO/Arnold § 751 Rn. 28). Wird die Zwangsvollstreckung durch ein anderes Vollstreckungsorgan als den Gerichtsvollzieher durchgeführt oder ist der Bürgschaftsvertrag bereits vor Beginn der Zwangsvollstreckung zustandegekommen, muß dem Vollstreckungsorgan vor Beginn der Zwangsvollstreckung der Zugang der Bürgschaftserklärung beim Schuldner durch öffentliche oder öffentlich beglaubigte Urkunden nachgewiesen werden, regelmäßig also durch Vorlage der Zustellungsurkunde. **223**

Entgegen dem Wortlaut des § 751 Abs. 2 ZPO entfällt ferner die **Zustellung einer beglaubigten Abschrift der Zustellungsurkunde** an den Schuldner, weil ihm der Zugang durch die Zustellung der Bürgschaftserklärung bekannt ist und daher die Zustellung einer entsprechenden Nachweisurkunde eine unnötige Förmelei wäre (h.M.: vgl. MünchKommZPO/Arnold § 751 Rn. 28; Zöller/Stöber § 751 Rn. 6, jeweils m.w.N.). Dies gilt nach h.M. auch für den Fall, daß der Schuldner durch einen Prozeßbevollmächtigten vertreten war. Insoweit bestehen aber Bedenken. Erfolgte nämlich die Zustellung der Bürgschaftserklärung durch den Gerichtsvollzieher wirksam an den Schuldner selbst und nicht an dessen Prozeßbevollmächtigten, so müßte letzterem gem. §§ 176, 178 ZPO die mit der Bürgschaftserklärung verbundene Zustellungsurkunde des Gerichtsvollziehers zugestellt werden, weil diese Zustellung – anders als die der Bürgschaftserklärung – eine Prozeßhandlung darstellt (so im Ergebnis Thomas/Putzo § 751 ZPO Rn. 67; Jakobs DGVZ 1973, 107, 116). Dies soll jedoch nach h.M. überflüssig sein (OLG Düsseldorf MDR 1978, 489; OLG Hamm MDR 1975, 763; OLG Koblenz Rpfleger 1993, 356 = ZIP 1993, 297; LG Bochum Rpfleger 1985, 33; MünchKommZPO/Arnold § 751 Rn. 31 m.w.N.). **224**

Streitig ist, ob die Zustellung der Bürgschaftserklärung auch gem. **§ 198 ZPO von Anwalt zu Anwalt** erfolgen kann (so die wohl überwiegende Meinung: BGH NJW 1979, 417, 418; OLG Koblenz Rpfleger 1993, 356 = ZIP 1993, 297; LG Mannheim Rpfleger 1989, 72; Thomas/Putzo § 751 Rn. 6; Zimmermann § 751 Rn. 3; MünchKommZPO/Arnold § 751 Rn. 32 m.w.N.) oder ob § 132 BGB (Zustellung durch den Gerichtsvollzieher bzw. öffentliche Zustellung) eine abschließende Regelung enthält (so BGH WM 1986, 1419, 1420; BGHZ 67, 271, 277 = NJW 1977, 194, 195; BVerwG NJW 1981, 2712; Palandt/Heinrichs § 132 BGB Rn. 2; Zöller/Herget § 108 Rn. 11; StJ/Leipold § 108 Rn. 26). **225**

5. Entbehrlichkeit des Nachweises

226   Eine Nachweispflicht entfällt, weil auch die Notwendigkeit der Erbringung einer Sicherheitsleistung nicht besteht bzw. entfallen ist, wenn

- die Entscheidung rechtskräftig geworden und dies vom Urkundsbeamten der Geschäftsstelle auf dem Titel vermerkt worden ist;

- eine auch nur vorläufige vollstreckbare Entscheidung des Berufungsgerichts ergangen ist, durch die die Berufung des Schuldners zurückgewiesen oder verworfen worden ist (vgl. §§ 708 Nr.10, 794 Abs. 1 Nr. 3 ZPO; Zöller/Herget § 708 Rn. 12);

- eine Entscheidung des Gerichts vorgelegt wird, wonach gem. §§ 534, 560, 718 ZPO die vorläufige Vollstreckbarkeit ohne Sicherheitsleistung angeordnet worden ist;

- eine Sicherungsvollstreckung gem. §§ 720a, 795 S. 2 ZPO erfolgt.

Die entsprechenden Entscheidungen sind dem Vollstreckungsorgan zu unterbreiten (vgl. hierzu insgesamt auch § 83 Nr. 5 GVGA).

III. § 720a ZPO – Sicherungsvollstreckung

227   Die Sicherungsvollstreckung stellt eine Ausnahme von § 751 Abs. 2 ZPO dar. Sie dient den Interessen des Gläubigers, weil er schon vor der Erbringung der Sicherheitsleistung Gegenstände pfänden lassen und sich somit im Hinblick auf eine spätere Verwertung, auch hinsichtlich des Ranges (§ 804 Abs. 3 ZPO), sichern lassen kann. Sie dient aber insoweit auch dem Schutz des Schuldners, als eben nur gepfändet, nicht aber auch verwertet werden darf, solange der Gläubiger die erforderliche Sicherheitsleistung nicht erbracht hat.

1. Titel

228   § 720a ZPO setzt zunächst grundsätzlich ein **Urteil** voraus, das auf Zahlung von Geld lautet und nur gegen Sicherheitsleistung des Gläubigers vorläufig vollstreckbar ist (§§ 709, 712 Abs. 2 S. 2 ZPO) bzw. auf die Vollstreckung nach § 720a ZPO beschränkt ist (§ 712 Abs. 1 S. 2 2. Alternative ZPO). Die Vorschrift des § 720a ZPO findet gem. § 795 S. 2 ZPO auch Anwendung auf den **Kostenfestsetzungsbeschluß und Regelunterhaltsbeschlüsse,** wenn diese auf Urteilen beruhen, die nur gegen Sicherheitsleistung vorläufig vollstreckbar sind. Auf **Arrestbefehle,** deren Vollziehung nur gegen Sicherheitsleistung zulässig ist (gleich ob sie als Urteil oder Beschluß ergehen), ist § 720a ZPO weder direkt noch analog anwendbar. Denn dies würde Sinn und Zweck der Anordnung der Sicherheitsleistung widersprechen: die Vollziehung eines Arrestbefehls ist stets nur im Wege der Pfändung, nicht aber auch der Verwertung zulässig. Soll die Pfändung aber kraft ausdrücklicher Anordnung nur gegen vorherige Sicherheitsleistung möglich sein, würde über die Anwendung des § 720a ZPO diese ausdrücklich anders lautende Anordnung hinfällig (vgl. OLG München NJW-RR 1988, 1466).

Darüber hinaus müssen aber auch die sonstigen allgemeinen und besonderen Voraussetzungen für die Zwangsvollstreckung vorliegen (Titel, Klausel, Zustellung des Titels, Ablauf des Kalendertages etc.), und es dürfen keine Vollstreckungshindernisse bestehen.

2. Wartefrist, § 750 Abs. 3 ZPO

Gem. § 750 Abs. 3 ZPO ist im Falle des § 720a ZPO eine Wartefrist von 2 Wochen seit Zustellung des Urteils und der Vollstreckungsklausel einzuhalten. Streitig ist hier, ob dies auch für die einfache Klausel oder nur für die qualifizierte Klausel (§§ 750 Abs. 2, 726 ff. ZPO) gilt. Zweck der Wartefrist ist, dem Schuldner Gelegenheit zur Abwendung der Zwangsvollstreckung gem. § 720a Abs. 3 ZPO (siehe unten Rn. 233 f.) zu gewähren. Deshalb und wegen des uneingeschränkten Wortlauts der Vorschrift ist **jede Klausel** vorher zuzustellen (h.M.: vgl. OLG Hamm Rpfleger 1989, 378; OLG Karlsruhe MDR 1991, 161 = Rpfleger 1991, 51 = DGVZ 1990, 186; KG MDR 1988, 504; OLG Stuttgart MDR 1990, 61 = NJW-RR 1989, 1535; Baumbach/Hartmann § 750 Anm. 4; MünchKommZPO/Krüger § 720a Rn. 3; Thomas/Putzo § 720a Rn. 4; Zimmermann § 720a Rn. 3; Zöller/Stöber § 720a Rn. 4; a.A.: LG Frankfurt/Main Rpfleger 1982, 296; LG Münster JurBüro 1986, 939; Baur/Stürner Rn. 190 Fn. 18; StJ/Münzberg § 750 Rn. 5; Brox/Walker Rn. 154 unter Hinweis auf die Entstehungsgeschichte sowie die Warnfunktion, die schon durch die Urteilszustellung erreicht sei).

229

3. Vollstreckungsmaßnahmen

Als zulässige Maßnahmen der Sicherungsvollstreckung kommen in Betracht:

230

bei **beweglichem** Vermögen:

- Pfändung körperlicher Sachen, § 808 ZPO;
- Pfändung (nicht Überweisung) von Forderungen (§ 828 ff. ZPO) oder anderen Vermögensrechten (§ 857 ff. ZPO);
- Vorpfändung (§ 845 ZPO; BGHZ 93, 71, 74 = NJW 1985, 863).

bei **unbeweglichem** Vermögen:

- Eintragung einer Sicherungshypothek (§§ 866, 867, 870a ZPO).

Bei fruchtloser oder aussichtsloser Pfändung (§ 807 ZPO) kann über § 720a ZPO ferner ein Antrag auf eidesstattliche Versicherung gestellt werden (h.M.: vgl. Rn. 574a).

231

Eine **Verwertung** (Versteigerung, Überweisung bzw. Gläubigerbefriedigung) ist nur zulässig, wenn das Urteil rechtskräftig bzw. ohne Sicherheitsleistung vorläufig vollstreckbar geworden ist oder der Gläubiger die erforderliche Sicherheit geleistet hat (§ 720a Abs. 1 S. 2 ZPO); ansonsten ist die Verwertung ausgeschlossen bzw. nach Maßgabe des § 720a Abs. 2 in Verbindung mit § 930 Abs. 2 und 3 ZPO beschränkt.

232

4. Sicherheitsleistung des Schuldners, § 720a Abs. 3 ZPO

Der Schuldner kann von Gesetzes wegen, also ohne entsprechenden Ausspruch im Urteil, zur Abwendung der Sicherungsvollstreckung Sicherheit in Höhe des Hauptanspruchs (auch beim Kostenfestsetzungsbeschluß ohne Zinsen und weitere Kosten) leisten. Für die **Art der Sicherheitsleistung** gilt § 108 ZPO, sie kann daher bei entspre-

233

chender Anordnung des Gerichts auch durch Bankbürgschaft erfolgen (OLG München Rpfleger 1991, 67 = JurBüro 1991, 594 = OLGZ 91, 75). Ist die Sicherheit erbracht worden, stellt dies ein Vollstreckungshindernis gem. § 775 Nr. 3 ZPO dar. Legt der Schuldner dem Gerichtsvollzieher eine Bürgschaftserklärung vor und beauftragt ihn, diese dem Gläubiger gem. §§ 130, 132 BGB zuzustellen, darf gem. § 775 Nr. 3 ZPO analog nicht weiter vollstreckt werden, weil es nunmehr nur noch in der Hand des Gerichtsvollziehers liegt, die Bürgschaftserklärung durch Zustellung wirksam werden zu lassen (vgl. LG Hagen DGVZ 1976, 31). Bereits ergangene Vollstreckungsmaßnahmen sind aufzuheben (§ 776 S. 1 ZPO). Ein Verstoß kann vom Schuldner mit der Vollstreckungserinnerung gem. § 766 ZPO geltend gemacht werden.

234 Leistet der Gläubiger seinerseits Sicherheit, ist für eine Abwendungsbefugnis des Schuldners gem. § 720a Abs. 3 ZPO kein Raum; der Gläubiger ist dann – bis auf die Fälle des § 712 Abs. 1 S. 2 ZPO – nicht mehr gehindert, die Zwangsvollstreckung einschließlich Verwertung und Erlösauskehr durchzuführen. Eine bereits erbrachte Sicherheitsleistung des Schuldners ist, weil die Veranlassung dafür weggefallen ist, an diesen zurückzugeben (§ 109 ZPO; h.M.: vgl. OLG München Rpfleger 1991, 67 = Jur-Büro 1991, 594, 595 = OLGZ 1991, 75; Zöller/Stöber § 720a Rn. 10; MünchKomm-ZPO/Krüger § 720a Rn. 5; Thomas/Putzo § 720a Rn. 11; Zimmermann § 720a Rn. 6; a.A.: Gilleßen/Jakobs DGVZ 1977, 110, 113: § 766 ZPO).

IV. §§ 756, 765 ZPO –
Zug um Zug zu bewirkende Leistung des Gläubigers

1. Zug-um-Zug-Leistung

235 Die §§ 756, 765 ZPO finden nur Anwendung, wenn sich aus dem Vollstreckungstitel die Zug-um-Zug-Leistung ergibt und es sich um eine **echte Zug-um-Zug-Leistung** handelt (z.B. §§ 273, 274; 320–322; 348 BGB; 13 VerbrKrG).

236 Kein Fall des § 756 ZPO liegt daher in den Fällen vor, in denen der Schuldner zur Zahlung gegen Aushändigung eines Wechsels, Schecks oder sonstiger den Gläubiger legitimierenden Urkunden verurteilt worden ist (wie z.B. §§ 410, 808 Abs. 2, 1167, 1192 BGB, 364 Abs. 3 HGB). Dies gilt selbst dann, wenn das Urteil auf Zug um Zug lauten sollte; denn bei diesen Ansprüchen des Schuldners handelt es sich nicht um selbständige Gegenansprüche und damit keine echte Zug-um-Zug-Leistung, sondern um eine besondere Ausgestaltung des Rechts auf Quittung. Streitig ist, ob dies auch für § 1144 BGB gilt oder insoweit ein selbständiger Anspruch und damit eine echte Zug-um-Zug-Verurteilung vorliegt (für letzteres: RGZ 55, 227; wohl auch BGH NJW 1991, 1953; OLG Köln Rpfleger 1983, 307; MünchKommBGB/Eickmann § 1144 Rn. 1, 29; Staudinger/Scherübl § 1144 BGB Rn. 17, 18; BGB-RGRK/Mattern § 1144 BGB Rn. 1; a.A.: OLG Hamm, DGVZ 1979, 122; MünchKommZPO/Arnold § 756 Rn. 10; Zöller/Stöber § 756 Rn. 4; die für die Gegenmeinung zitierte Entscheidung RGZ 56, 303 betrifft hingegen nicht § 1144 BGB, sondern § 410 BGB).

Der Gläubiger muß allerdings dem Vollstreckungsorgan die Urkunde vor der Vollstreckung aushändigen (§ 62 Nr. 3 Abs. 2 GVGA), weil der Schuldner nur gegen Aushändigung der Urkunde zu leisten braucht (h.M.: vgl. OLG Frankfurt/Main OLGZ 1981, 261 = JurBüro 1981, 938; MünchKommZPO/Arnold § 756 Rn. 9 m.w.N.).

2. Zweck

Die bis auf das Anbieten der Sicherheitsleistung einander entsprechenden Vorschriften der §§ 756, 765 ZPO ergänzen die Regelung des § 726 ZPO. Danach wird bis auf die Ausnahme des § 726 Abs. 2 ZPO die Vollstreckungsklausel unbeschadet der Tatsache erteilt, daß nach dem Inhalt des Vollstreckungstitels die Vollstreckung des Gläubigers nur Zug um Zug gegen eine vom Gläubiger an den Schuldner zu erbringende Leistung zulässig ist. Entsprechendes gilt für den Fall der Leistung nach Empfang der Gegenleistung (§ 322 Abs. 2 BGB; vgl. OLG Köln JurBüro 1989, 870, 873; OLG Karlsruhe MDR 1975, 938). **237**

Die zum Schutz des Schuldners notwendige Prüfung, ob diese Leistung des Gläubigers bei Beginn der Zwangsvollstreckung schon erbracht ist oder sich der Schuldner im Verzug der Annahme dieser Leistung befindet, obliegt daher dem zuständigen Vollstreckungsorgan: bei § 756 ZPO dem Gerichtsvollzieher, bei § 765 ZPO dem Vollstreckungsgericht, Prozeßgericht bzw. Grundbuchamt. **238**

Beispiel:

Der Beklagte wird verurteilt, an den Kläger 27 500,– DM zu zahlen, Zug um Zug gegen Übergabe und Übereignung des PKW Marke VW Golf, karminrot, Fahrgestell-Nr. 73NYK8974593ZZZ.

Im Beispielsfall darf eine Zwangsvollstreckung nur stattfinden, wenn – **alternativ** –

a) der Schuldner die ihm vom Gerichtsvollzieher angebotene Leistung annimmt;

b) der Schuldner die ihm vom Gerichtsvollzieher angebotene Leistung nicht annimmt, er aber dadurch oder weil er seine Leistung nicht vollständig (also titulierte Forderung einschl. der Zwangsvollstreckungskosten gem. § 788 ZPO) erbringen kann oder will, sich im Annahmeverzug (§§ 294–299 BGB) befindet;

c) der Schuldner hinsichtlich der ihm gebührenden Leistung des Gläubigers bereits befriedigt ist **oder** sich schon in Annahmeverzug befindet **und** der Beweis einer dieser Tatsachen durch öffentliche oder öffentlich beglaubigte Urkunden geführt wird, die dem Schuldner bereits zugestellt worden sind, oder gleichzeitig mit der Vollstreckung zugestellt werden.

3. Annahmeverzug des Schuldners (Gläubigerverzug)

a) Tatsächliches Angebot

Es müssen die Voraussetzungen der §§ 294–299 BGB vorliegen. Notwendig ist daher, auch wenn nur ein Teil der titulierten Forderung vollstreckt werden soll, bei Bring- bzw. Schickschulden grundsätzlich ein **tatsächliches Angebot (§ 294 BGB)** des Gerichtsvollziehers. Es muß also dem Vollstreckungsschuldner selbst oder einem zum **239**

Empfang Berechtigten (z.B. Prokurist) die **richtige Leistung** („so, wie sie zu bewirken ist") **zur rechten Zeit** am **rechten Ort** (Wohnung oder Geschäftslokal des Schuldners, soweit nicht im Titel ein bestimmter Leistungsort angegeben ist), **vollständig** (§ 266 BGB; auch wenn der Titel nur teilweise vollstreckt wird) **in der rechten Weise** angeboten werden, also so, daß der Schuldner „nichts als zuzugreifen und die angebotene Leistung anzunehmen" braucht (BGHZ 90, 354, 359 = NJW 1984, 1679, 1680). Besteht die Gegenleistung in einem PKW, so ist – falls sich aus dem Titel nichts anderes ergibt – auch der dazugehörige KFZ-Brief mit anzubieten (AG Mannheim DGVZ 1971, 79; Zöller/Stöber § 756 Rn. 6). Das Vorliegen dieser Voraussetzungen hat das Vollstreckungsorgan in eigener Verantwortung zu prüfen (h.M.: vgl. BGH MDR 1977, 133).

b) Geschuldete Leistung des Gläubigers

240 Ob diese angebotene Leistung die richtige ist, kann in mehrfacher Hinsicht zweifelhaft sein. Zum einen muß die Gegenleistung im Titel so genau **bestimmt** bzw. der Titel aus sich heraus (OLG Köln Rpfleger 1992, 527 m.w.N.) durch Auslegung bestimmbar sein, daß sie ihrerseits zum Gegenstand einer Leistungsklage gemacht werden könnte (BGH Rpfleger 1993, 206). Würde der Beklagte verurteilt,

> an den Kläger 10 000,– DM zu zahlen, Zug um Zug gegen Herausgabe eines Damenmantels, Innenfutter Natur-Zobel mit Zobelkragen, beinseidener, kittfarbener Oberstoff, Sonderanfertigung für den Beklagten, Innenfutter Uli Richter, Modell Giorgio Avolio, Mailand,

so fehlt es an der erforderlichen Bestimmtheit. Zwar kann der Gerichtsvollzieher feststellen, ob der angebotene Mantel ein solcher des geschuldeten Modells und Materials sowie von entsprechender Farbe ist. Ob die Maße des Mantels mit denen, die der Sonderanfertigung zugrundeliegen sollen, übereinstimmen, kann er jedoch mangels Angabe der Größe nicht feststellen, zumal es im entschiedenen Fall (OLG Frankfurt/Main Rpfleger 1979, 432) ein Damenmantel war, der für den Beklagten hergestellt wurde. Da die Zug-um-Zug-Leistung nicht vollstreckbar ist, kann eine Vollstreckung aus dem Titel auch wegen der Hauptleistung nicht stattfinden (BGH NJW 1993, 3206, 3207).

Ebenfalls zu unbestimmt ist die Titulierung, der Beklagte werde zur Auflassung eines konkret bezeichneten Grundstücks

> „Zug um Zug gegen Zahlung des im Vertrag vom (genaue Bezeichnung) vorgeschriebenen Taxwertverfahrens festzustellenden Erwerbspreises"

verurteilt, weil selbst nach Durchführung des Taxwertverfahrens sich die Höhe der Zug-um-Zug-Leistung nicht aus dem Titel ergibt (BGH Rpfleger 1993, 206). Nicht genügend bestimmt ist ferner ein auf „Herausgabe der EDV-Programme Kabelmietabrechnung gemäß Vertrag vom . . . . ." lautendes Urteil. Denn dabei bleibt offen, was konkret geschuldet ist: Rückgabe der (Original)disketten, ggfs. einschließlich der Sicherungsdisketten; zusätzlich/statt dessen Löschung der Daten auf den Disketten und/oder der Festplatte? (KG NJW-RR 1994, 959). Vgl. im übrigen zur notwendigen Bestimmtheit des Titels Rn. 32 f.

Wird als Zug-um-Zug-Leistung die „Übertragung des Eigentums an der Tankstellen-kasse …" geschuldet, ist dies mangels gegenteiliger Anhaltspunkte regelmäßig dahin auszulegen, daß als Angebot der Gegenleistung im Sinne von § 756 ZPO nur ein solches zur Übereignung und Übergabe der Sache (§ 929 S. 1 BGB), nicht aber auch eines zur Abtretung des Herausgabeanspruchs genügt (OLG Köln Rpfleger 1992, 527, 528). Weitere Beispiele zur Bestimmtheit vgl. Zöller/Stöber § 756 ZPO Rn. 3.

Zum anderen können sich Zweifel dahin ergeben, ob die angebotene Leistung mit der im Titel bestimmt bezeichneten **identisch** ist. **241**

Bei einer nur der **Gattung** nach bestimmten Sache muß die angebotene Sache gemäß §§ 243 BGB, 360 HGB von mittlerer Art und Güte sein. Ob dies der Fall ist, muß der Gerichtsvollzieher gegebenenfalls unter Hinzuziehung eines Sachverständigen klären. Ist sie es nicht, darf nicht vollstreckt werden. **242**

Wird eine individuell bezeichnete Sache geschuldet **(Stückschuld)**, muß der Gerichtsvollzieher prüfen, ob die angebotene mit der geschuldeten Sache identisch ist. Liegt Identität vor, kommt es – soweit sich aus dem Titel nichts anderes ergibt – nach wohl h.M. nicht darauf an, ob die angebotene Sache mangelfrei ist (vgl. OLG Stuttgart DGVZ 1991, 8 = MDR 1991, 546; Zöller/Stöber § 756 Rn. 6; Brox/Walker Rn. 172; Baumbach/Hartmann § 756 Rn. 4; Thomas/Putzo § 756 Rn. 6); dem Schuldner bleibe insoweit nur, seine Rechte durch Rechtsbehelfe geltend zu machen (vgl. dazu unten Rn. 256 f.). Nach a.A. soll und muß der Gerichtsvollzieher von Amts wegen prüfen, ob der Schuldner nach dem – ggf. auszulegenden – Titel eine mangelfreie Leistung verlangen kann. Ergebe sich aus dem Titel nichts dazu, dürfe der Gerichtsvollzieher nicht unterstellen, der Schuldner müsse auch eine mit erheblichen Mängeln behaftete Sache abnehmen; werde eine solche angeboten, müsse der Gerichtsvollzieher die Vollstreckung ablehnen (vgl. LG Bonn DGVZ 1983, 187 f.: erheblich beschädigter, evident fehlerhafter Pkw; MünchKommZPO/Arnold § 756 Rn. 35 m.w.N.). **243**

Der in den §§ 756, 765 ZPO angeführte Begriff des Annahmeverzuges ist dem materiellen Recht zu entnehmen. Materiell-rechtlich wird normalerweise eine mangelfreie Leistung geschuldet (vgl. z.B. §§ 459 Abs. 1, 633 Abs. 1 BGB). Daher wird ein Annahmeverzug des Schuldners jedenfalls dann nicht vorliegen, wenn die Sache leicht erkennbare Mängel aufweist und sich aus dem Titel nicht ergibt, daß eine solchermaßen mangelhafte Sache geschuldet wird. In diesem Fall muß der Gerichtsvollzieher die Vollstreckung ablehnen. In den übrigen Fällen erscheint es wegen der eingeschränkten Überprüfungsmöglichkeit im Vollstreckungsverfahren als angemessen, zunächst zu vollstrecken und den Schuldner wegen der Geltendmachung von Mängelbeseitigungsansprüchen auf § 767 ZPO zu verweisen. **244**

Besteht die vom Gläubiger zu erbringende Leistung in einer **Nachbesserung** (insbesondere bei Baumängeln), muß der Gerichtsvollzieher die Ordnungsgemäßheit der Nachbesserung überprüfen und – soweit erforderlich – dazu einen Sachverständigen hinzuziehen (h.M.: vgl. BGH NJW 1973, 1792; KG NJW-RR 1989, 638; OLG Köln Jur-Büro 1986, 1581 = MDR 1986, 1033; OLG Stuttgart DGVZ 1989, 11; Zöller/Stöber § 756 Rn. 8; MünchKommZPO/Arnold § 756 Rn. 34; Thomas/Putzo § 756 Rn. 5; Baumbach/Hartmann § 756 Rn. 5; Zimmermann § 756 Rn. 3; Brox/Walker Rn. 172; a.A.: LG Hamburg DGVZ 1984, 10; Stojek MDR 1977, 456, 458). **245**

c) Wörtliches Angebot

246 Ein wörtliches Angebot des Gläubigers genügt gem. § 295 BGB nur, wenn

- der Gläubiger dem Gerichtsvollzieher einen entsprechenden Auftrag erteilt hat

  und

  der Schuldner vorher erklärt hat, daß er die Leistung nicht annehmen werde oder seine Leistung nicht erbringen könne oder werde (§ 298 BGB).

  Das Vorliegen dieser Voraussetzung muß dem Gerichtsvollzieher durch öffentliche oder öffentlich beglaubigte Urkunden nachgewiesen werden.

  Teilt der Gläubiger dem Gerichtsvollzieher die Annahmeverweigerung des Schuldners formlos mit, so reicht es aus, wenn der Gerichtsvollzieher sich zum Schuldner begibt und dessen nochmals erklärte Ablehnung protokolliert. Dieses Protokoll ist dann der Nachweis, daß ein wörtliches Angebot genügt.

  Anschließend muß der Gerichtsvollzieher dann dem Schuldner das wörtliche Angebot unterbreiten. Die behauptete und für den Annahmeverzug notwendige Leistungsbereitschaft des Gläubigers prüft der Gerichtsvollzieher nicht nach (h.M.: StJ/Münzberg § 756 Rn. 10b; Palandt/Heinrichs § 295 BGB Rn. 3, § 297 BGB Rn. 3);

247 - oder – **alternativ** –

  zur Bewirkung der Leistung eine Handlung des Schuldners erforderlich ist (z.B. Holschuld; Abnahme beim Werklieferungsvertrag gem. § 640 BGB; Abruf; Wahlrecht gem. § 262 BGB). Im Hinblick auf § 299 BGB (vorübergehende Annahmeverhinderung) sollte der Gerichtsvollzieher dem Schuldner eine Frist zur Vornahme der Handlung setzen. Die vom Schuldner zu erbringende Leistung muß sich – ggf. durch Auslegung – aus dem Titel (Tenor, Tatbestand oder Entscheidungsgründe) ergeben (vgl. OLG Schleswig DGVZ 1992, 56, 57; LG Berlin DGVZ 1993, 28; Zöller/Stöber § 756 Rn. 7 m.w.N., auch zur a.A., z.B. MünchKommZPO/Arnold § 756 Rn. 38: für einfach gelagerte Fälle könne der Gerichtsvollzieher den Leistungsort auch nach materiell-rechtlichen Vorschriften selbst bestimmen).

4. Folge des Annahmeverzugs

248 Befindet sich der Schuldner aufgrund eines solchen tatsächlichen oder wörtlichen Angebots in Annahmeverzug, darf die Zwangsvollstreckung nunmehr nur noch ohne Erbringung der Gegenleistung betrieben werden (vgl. §§ 274 Abs. 2, 322 Abs. 3 BGB). Erbringt der Gläubiger die Gegenleistung nicht mehr freiwillig, muß der Schuldner gegen den Gläubiger auf entsprechende Leistung klagen. Denn der auf Leistung Zug um Zug lautende Titel stellt nur für den Gläubiger, nicht aber auch für den Schuldner einen Vollstreckungstitel dar (BGH NJW 1992, 1172, 1173).

5. Nachweis der Befriedigung oder des Annahmeverzugs

249 Der Nachweis der Befriedigung bzw. des Annahmeverzugs muß grundsätzlich durch **öffentliche oder öffentlich beglaubigte Urkunden (§ 415 ff. ZPO)** geführt und eine

Abschrift dieser Urkunde dem Schuldner spätestens bei Beginn der Zwangsvollstreckung zugestellt werden. Das Vorliegen dieser Voraussetzungen hat das Vollstreckungsorgan in eigener Verantwortung zu prüfen.

Eine **Befriedigung** des Schuldners läßt sich z.B. durch notariell beurkundetes Empfangsbekenntnis (Quittung) nachweisen; auf eine solche Quittung hat der Gläubiger einen Anspruch (§ 368 BGB; die Kosten einer solchen Quittung trägt der Schuldner, § 369 BGB). Ein Nachweis der Befriedigung ist unnötig, wenn der Schuldner gegenüber dem Gerichtsvollzieher zugesteht, die Gegenleistung erhalten zu haben (entsprechend § 288 ZPO; LG Düsseldorf DGVZ 1991, 39; Zöller/Stöber § 756 Rn. 10 m.w.N.).

Eine **privatschriftliche Quittung** des Schuldners genügt nicht. Jedoch sollte der Gläubiger in derartigen Fällen den Antrag stellen, der Gerichtsvollzieher möge sich zum Schuldner begeben und diesen unter Vorlage der privatschriftlichen Quittung befragen, ob er die Leistung des Gläubigers – wie quittiert – tatsächlich erhalten habe. Bestätigt der Schuldner dies gegenüber dem Gerichtsvollzieher, so protokolliert dieser die Erklärung des Schuldners. Damit ist nunmehr der Nachweis der Befriedigung des Schuldners erbracht bzw. unnötig (§§ 288, 291 ZPO). Einer Zustellung dieser Urkunde an den Schuldner bedarf es dann nicht mehr. **250**

Die Befriedigungswirkung durch **Aufrechnung** des Gläubigers als Erfüllungsersatz dürfte in der notwendigen Form nicht nachzuweisen sein. Denn es genügt nicht die auf Antrag des Gläubigers erfolgte Zustellung der Aufrechnungserklärung des Gläubigers durch den Gerichtsvollzieher, sondern es müssen auch die weiteren Voraussetzungen der Aufrechnung (§ 387 BGB: Aufrechnungslage, insbesondere Vollwirksamkeit und Fälligkeit der Gegenforderung) in der notwendigen Form nachgewiesen werden (LG Hildesheim NJW 1959, 537; StJ/Münzberg § 756 Rn. 7; MünchKommZPO/Arnold § 756 Rn. 50). Wohl zulässig ist aber die Aufrechnung mit einer Gegenforderung aus einem in derselben Sache ergangenen Kostenfestsetzungsbeschluß, wenn dieser sowie die Aufrechnungserklärung des Gläubigers dem Schuldner vom Gerichtsvollzieher zugestellt wird. In diesem Fall sind die Voraussetzungen der Aufrechnung als offenkundig (§ 291 ZPO) und damit keines Beweises bedürftig anzusehen (vgl. AG Oldenburg DGVZ 1968, 174 f.). **251**

Der **Annahmeverzug** läßt sich z.B. durch ein Protokoll des Gerichtsvollziehers über ein früheres tatsächliches Angebot (§ 762 ZPO; auch eines anderen Gerichtsvollziehers, OLG Köln MDR 1991, 260 = NJW-RR 1991, 383 m.w.N.) oder auch durch den Tenor eines Urteils führen (vgl. zum entsprechenden Fall des Nachweises betr. die Voraussetzungen des § 850f Abs. 2 ZPO: BGH NJW 1990, 834). Da es ohne Bedeutung ist, ob der Annahmeverzug vor oder nach dem Erlaß des zu vollstreckenden Urteils eingetreten ist, kann er auch durch das auf die Leistung lautende Urteil selbst nachgewiesen werden (allg. M., vgl. Zöller/Stöber § 756 Rn. 10 m.w.N.). Nach wohl h.M. reicht es aus, wenn sich der Annahmeverzug aus dem Tatbestand oder den Entscheidungsgründen des Urteils ergibt (BGH NJW 1982, 1048, 1049; OLG Köln JurBüro 1989, 870, 873 = DGVZ 1989, 151; NJW-RR 1991, 383 = MDR 1991, 260; Zöller a.a.O.; Baumbach/Hartmann § 756 Rn. 10; MünchKommZPO/Arnold § 756 Rn. 53 m.w.N., auch zur Gegenmeinung). In diesem Fall ist das Vollstreckungsorgan an die Ausführungen im Tatbestand bzw. in den Entscheidungsgründen des Urteils aber nicht gebunden, sondern diese unterliegen der freien Beweiswürdigung (OLG Köln JurBüro 1989, 873, 874). Nicht genügt hingegen, daß sich aus dem Tatbestand ledig- **252** lich der Klageantrag auf Leistung Zug um Zug sowie der Klageabweisungsantrag des Schuldners ergibt (h.M.: KG NJW 1972, 2052; Zöller/Stöber § 756 Rn. 10; Münch-KommZPO/Arnold § 756 Rn. 53, jeweils m.w.N.). Zur Vermeidung von Schwierigkeiten empfiehlt es sich daher, stets neben dem Hauptantrag einen unechten Hilfsantrag auf Feststellung des Annahmeverzugs zu stellen (vgl. Rn. 41).

253 Wird die **Übereignung einer Sache als Gegenleistung** geschuldet und ist diese vom Urteilsinhalt her auch durch Abtretung des Herausgabeanspruchs gegen einen Dritten möglich (§ 931 BGB), muß durch öffentliche oder öffentlich beglaubigte Urkunden nachgewiesen werden, daß der Herausgabeanspruch gegen den Dritten besteht und dieser Besitzer der Sache ist (OLG Köln Rpfleger 1992, 527, 528). Anders hingegen, wenn vom Urteilsinhalt her nur die Abgabe der **Abtretungserklärung** als Gegenleistung zu erbringen ist; dann ist ein Nachweis des Bestehens der abgetretenen Forderung nicht notwendig (OLG Hamm JurBüro 1955, 487; OLG Köln MDR 1991, 260 = NJW-RR 1991, 383; MünchKommZPO/Arnold § 756 Rn. 16).

254 Die Nachweisurkunden müssen in beglaubigter Abschrift spätestens bei Beginn der Zwangsvollstreckung zugestellt werden; war der Schuldner durch einen Prozeßbevollmächtigten vertreten, muß an diesen zugestellt werden, §§ 176, 178 ZPO.

Rechtsbehelfe des Gläubigers:

255 Lehnt der Gerichtsvollzieher die Durchführung der Zwangsvollstreckung ab, weil seiner Auffassung nach die Gegenleistung nicht hinreichend bestimmt ist, oder nicht ordnungsgemäß, oder ein Annahmeverzug nicht ausreichend bzw. formgerecht nachgewiesen sei, steht dem Gläubiger die Erinnerung gem. § 766 Abs. 2 ZPO zu. Gegen die Entscheidung des Richters ist sofortige Beschwerde gem. § 793 ZPO möglich.

Streit besteht, ob sich das Nachprüfungsrecht des Vollstreckungsgerichts darauf beschränkt, daß der Gerichtsvollzieher die Grenzen seines Ermessens nicht überschritten hat (so LG Hannover DGVZ 1984, 152; Thomas/Putzo § 756 Rn. 6; a.A.: Zöller/Stöber § 756 Rn. 13; MünchKommZPO/Arnold § 756 Rn. 59 m.w.N.).

Soweit Zweifel über die Bestimmtheit der im Titel angeführten Gegenleistung verbleiben, kann der Gläubiger Klage auf Feststellung erheben, daß die von ihm angebotene Leistung mit der titulierten Gegenleistung identisch ist (BGH MDR 1977, 133; Brox/Walker Rn. 172; MünchKommZPO/Arnold § 756 Rn. 60 m.w.N.).

Rechtsbehelfe des Schuldners:

256 Ihm steht die Vollstreckungserinnerung gem. § 766 Abs. 1 ZPO offen, wenn er z.B. geltend macht: die Gegenleistung sei nicht in einer den Annahmeverzug begründenden Weise angeboten worden; die den Annahmeverzug nachweisenden Urkunden seien ihm nicht bzw. nicht ordnungsgemäß zugestellt worden; diese seien nicht formgerecht; aus ihnen ergebe sich der Annahmeverzug nicht; der Gläubiger sei bei einem wörtlichen Angebot nicht leistungsbereit gewesen. Gegen die Entscheidung des Richters kann er dann sofortige Beschwerde gem. § 793 ZPO erheben.

257 Streitig ist, wie die Mangelhaftigkeit der Leistung einer Stückschuld geltend zu machen ist: gem. § 766 ZPO (KG NJW-RR 1989, 638 m.w.N.; MünchKommZPO/Ar-

nold § 756 Rn. 64; Zöller/Stöber § 756 Rn. 13; Baumbach/Hartmann § 756 Rn. 14) oder gem. § 767 ZPO (OLG Stuttgart DGVZ 1991, 8; LG Hamburg DGVZ 1984, 10). Nur mit der Vollstreckungsabwehrklage gem. § 767 ZPO kann der Schuldner hingegen die nachträgliche Unmöglichkeit der Gegenleistung sowie Gewährleistungsrechte, Wandelung, Rücktritt oder Anfechtung geltend machen (KG NJW-RR 1989, 638; LG Berlin NJW-RR 1989, 639 m.w.N.; MünchKommZPO/Arnold § 756 Rn. 66, 67 m.w.N.).

6. § 765 ZPO

Eine dem § 756 ZPO inhaltlich entsprechende Regelung trifft § 765 ZPO, der für das **258** Vollstreckungsgericht und – entsprechend (vgl. Zöller/Stöber § 765 Rn. 2 m.w.N.) – auf das Prozeßgericht sowie das Grundbuchamt Anwendung findet. Insoweit kann grundsätzlich auf die obigen Ausführungen Bezug genommen werden, jedoch mit einer Ausnahme: da diese Vollstreckungsorgane – anders als der Gerichtsvollzieher – die Gegenleistung nicht anbieten, muß ihnen gegenüber durch öffentliche oder öffentlich beglaubigte Urkunden nachgewiesen werden, daß der Schuldner befriedigt ist oder er sich in Annahmeverzug befindet, **und** daß eine Abschrift dieser Urkunden zugestellt ist, damit die Zwangsvollstreckung beginnen kann.

Ausnahmsweise bedarf es der Zustellung dieser Urkunden gem. § 765 S. 2 ZPO **259** dann nicht, wenn bereits die Zwangsvollstreckung gem. § 756 ZPO durch den Gerichtsvollzieher begonnen wurde und der Beweis hierfür durch das Gerichtsvollzieherprotokoll geführt wird. Denn der Gerichtsvollzieher durfte gem. § 756 ZPO die Zwangsvollstreckung seinerseits nur beginnen, wenn ihm nachgewiesen worden war, daß die Gegenleistung des Gläubigers erbracht bzw. Annahmeverzug des Schuldners bereits eingetreten war oder durch sein Anbieten der Gegenleistung eintrat. Das dies nachweisende Gerichtsvollzieherprotokoll (öffentliche Urkunde i.S. des § 418 ZPO, vgl. §§ 762, 763 ZPO; 84 Nr. 2 Abs. 3 GVGA) muß dem Schuldner nicht zugestellt werden (OLG Köln NJW-RR 1986, 863 = MDR 1986, 765 = Rpfleger 1986, 393).

Das Vollstreckungsgericht muß prüfen, ob der Gerichtsvollzieher im Rahmen des § 756 **260** ZPO und nicht etwa nur zu bloßen Feststellungen der Befriedigung des Gläubigers oder des Annahmeverzugs tätig geworden ist. Ferner muß es, ohne an die rechtliche Beurteilung des Gerichtsvollziehers gebunden zu sein, die Beweiskraft der Urkunde daraufhin überprüfen, ob sich unter Zugrundelegung der tatsächlichen Angaben auch in rechtlicher Hinsicht die notwendige Befriedigung des Schuldners bzw. dessen Annahmeverzug ergibt (vgl. KG NJW-RR 1994, 959; OLG Köln NJW-RR 1991, 383 = MDR 1991, 260; MünchKommZPO/Arnold § 765 Rn. 11).

Rechtsbehelfe des Gläubigers:

Wird der Antrag des Gläubigers zurückgewiesen, steht ihm gegen eine entsprechende **261** Entscheidung des Vollstreckungsgerichts (Rechtspfleger gem. § 20 Nr. 17 RPflG) die befristete Erinnerung gem. § 11 RPflG, gegen Entscheidungen des Prozeßgerichts die sofortige Beschwerde gem. § 793 Abs. 1 ZPO, gegen eine entsprechende Entscheidung des Grundbuchamts die einfache Beschwerde (Erinnerung) gem. § 71 GBO (§ 11 Abs. 1 S. 1 RPflG) zu.

Rechtsbehelfe des Schuldners:

262   Er kann Vollstreckungserinnerung gem. § 766 ZPO bzw. befristete Erinnerung gem. § 11 RPflG einlegen, je nachdem ob dem Schuldner vorher rechtliches Gehör gewährt wurde (vgl. hierzu die Einzelheiten Rn. 1014 f.).

Vgl. im übrigen die entsprechenden Ausführungen zum richtigen Rechtsbehelf im Rahmen des § 756 ZPO.

V. Wartefristen

263   Grundsätzlich kann aus einem – soweit erforderlich mit der Vollstreckungsklausel versehenen – Titel sofort nach dessen Zustellung vollstreckt werden (§ 750 Abs. 1 ZPO). Zum Schutze des Schuldners gibt es hiervon ausnahmsweise Wartefristen (vgl. auch § 78 GVGA).

1. § 750 Abs. 3 ZPO

264   Bei der Sicherungsvollstreckung gem. §§ 720a, 795 S. 2 ZPO (s. Rn. 227 f.) müssen der Titel und die Klausel mindestens zwei Wochen vor Beginn der Zwangsvollstreckung dem Schuldner zugestellt worden sein (vgl. aber § 224 ZPO). Der Schuldner soll in dieser Zeit überlegen können, ob er von seiner Abwendungsbefugnis gem. § 720a Abs. 3 ZPO Gebrauch machen will. § 750 Abs. 3 ZPO findet keine Anwendung bei der Vorpfändung gem. § 845 ZPO (h.M. KG MDR 1981, 412; Zöller/Stöber § 845 Rn. 2 m.w.N.). Die **Frist beginnt** mit der Zustellung des Titels nebst Klausel im Parteibetrieb (§ 750 Abs. 1 S. 2, 1. Halbs. ZPO) bzw. von Amts wegen (§ 317 Abs. 1, § 329 Abs. 3 ZPO; MünchKommZPO/Arnold § 750 Rn. 93). Maßgeblich ist der Zeitpunkt, in dem die letzte der zustellungsbedürftigen Urkunden erstmals zugestellt wurde. War der Schuldner durch einen Prozeßbevollmächtigten vertreten, ist der Zeitpunkt der Zustellung an letzteren maßgebend (§§ 176, 178 ZPO). Die **Fristberechnung** erfolgt gem. § 222 ZPO mit §§ 187 Abs. 1, 188 Abs. 2 1. Alternative BGB. Die Frist läuft gem. § 202 GVG auch in den Gerichtsferien. Zuzustellen ist nach dem Wortlaut der Vorschrift nicht nur die qualifizierte, sondern auch die einfache Klausel (wohl h.M.: vgl. OLG Hamm Rpfleger 1989, 378; OLG Karlsruhe DGVZ 1990, 186 = MDR 1991, 161 = Rpfleger 1991, 51; KG MDR 1988, 504; OLG Stuttgart NJW-RR 1989, 1535 = MDR 1990, 61; Zöller/Stöber § 720a Rn. 4; Zimmermann § 720a Rn. 3; Baumbach/Hartmann § 750 Rn. 14; Thomas/Putzo § 750 Rn. 19; MünchKommZPO/Arnold § 750 Rn. 94 m.w.N.; a.A. unter Hinweis auf die Entstehungsgeschichte: LG Frankfurt/Main Rpfleger 1982, 296; LG Münster JurBüro 1986, 939; Baur/Stürner Rn. 190 Fn. 18; StJ/Münzberg § 750 Rn. 5; Brox/Walker Rn. 154 m.w.N.).

2. § 798 ZPO

Die Vollstreckung aus **Kostenfestsetzungsbeschlüssen**, die nicht auf das Urteil ge-   **265**
setzt sind (§§ 794 Abs. 1 Nr. 2, 104, 105 ZPO), aus **Regelunterhaltsbeschlüssen** (§ 794
Abs. 1 Nr. 2a, § 642a–d ZPO), **Anwaltsvergleichen**, die durch einen Notar für vollstreckbar erklärt wurden (§ 794 Abs. 1 Nr. 4a, 2. Halbs., § 1044b Abs. 2 ZPO) sowie
vollstreckbaren Urkunden (§ 794 Abs. 1 Nr. 5 ZPO) darf nur beginnen, wenn der Titel
mindestens zwei Wochen vor Beginn der Zwangsvollstreckung zugestellt worden ist.
Dadurch soll dem Schuldner Gelegenheit gegeben werden, durch freiwillige Zahlungen die Zwangsvollstreckung zu verhindern. § 798 ZPO gilt für jede Art der Zwangsvollstreckung mit Ausnahme der Vorpfändung gem. § 845 ZPO (h.M.: vgl. BGH NJW
1982, 1150; a.A.: Zöller/Stöber § 845 Rn. 2).

Hinsichtlich der Zustellung und der Fristberechnung vgl. Rn. 264.

3. § 798a ZPO

Aus Beschlüssen über eine Abänderung von Unterhaltstiteln Minderjähriger im   **266**
vereinfachten Verfahren (§§ 798 S. 1, 641p ZPO) sowie aus Kostenfestsetzungsbeschlüssen aufgrund solcher Beschlüsse (§§ 798 S. 2, 794 Abs. 1 Nr. 2 ZPO) darf die
Zwangsvollstreckung erst beginnen, wenn der Abänderungsbeschluß mindestens
einen Monat vorher (von Amts wegen, § 329 Abs. 3 ZPO) zugestellt worden ist. Dies
deshalb, weil die Klagefrist von einem Monat gegen den Abänderungsbeschluß (§ 641q
Abs. 3 ZPO) abgewartet werden soll. Wird Abänderungsklage erhoben, kann die
Zwangs-vollstreckung aus dem Abänderungsbeschluß gem. § 769 ZPO analog einstweilen eingestellt werden.

Die Wartefrist des § 798 ZPO muß zusätzlich gewahrt sein (§ 798 S. 2 ZPO). Zur Fristberechnung s. Rn. 264.

4. Rechtsbehelfe

Bei Verstoß gegen eine der vorgenannten Wartefristen steht dem Schuldner die Voll-   **267**
streckungserinnerung gem. § 766 ZPO zu. Mit Fristablauf entsteht ein wirksames Pfändungspfandrecht, auch wenn zwischenzeitlich Vollstreckungserinnerung eingelegt
wurde (RGZ 125, 286, 288; OLG Hamm NJW 1974, 1516; Baur/Stürner Rn. 142, 144).

VI. Vollstreckungshindernisse

1. Arten

Vollstreckungshindernisse können insoweit vorliegen, als die Zwangsvollstreckung   **268**
generell (**Einstellung** der Zwangsvollstreckung) oder aber eine einzelne Vollstreckungsmaßnahme (**Beschränkung der Zwangsvollstreckung**) erst gar nicht begonnen oder aber nicht fortgesetzt werden darf. Häufig sind sie die Folge eines ent-

sprechenden Antrags des Schuldners. In der ZPO sind sie in § 775 ZPO erschöpfend geregelt. Weitere ergeben sich aus §§ 14 KO, 47 VerglO und 7 Abs. 3 GesO. Ferner werden hierzu teilweise auch noch gerechnet: die Zwangsvollstreckung gegen den Erben vor Annahme der Erbschaft (§ 778 ZPO); der Ablauf der Vollziehungsfrist gem. § 929 Abs. 2 u. 3 ZPO; Vollstreckungsvereinbarungen. Die (eventuelle) Aufhebung erfolgter Vollstreckungsmaßnahmen richtet sich nach § 776 ZPO.

269 Die Vollstreckungsorgane haben ihnen bekannt gewordene Vollstreckungshindernisse von Amts wegen zu beachten (Zöller/Stöber § 775 Rn. 9). Eines Antrags des Schuldners auf Einstellung oder Beschränkung der Zwangsvollstreckung bedarf es daher insoweit nicht. Andererseits haben die Vollstreckungsorgane keine Verpflichtung, von Amts wegen die Existenz etwaiger Vollstreckungshindernisse zu ermitteln.

2. § 775 ZPO

270 Die Vorschrift des § 775 ZPO gilt – mit Ausnahme des § 894 ZPO – bei jeder Art der Zwangsvollstreckung, gleich aus welchem Titel vollstreckt wird. Eine Sonderregelung für die Hypothek ergibt sich aus § 868 ZPO.

3. § 775 Nr. 1 ZPO – Vollstreckungshindernde Entscheidung

271 Dem Vollstreckungsorgan ist in – nicht notwendig vollstreckbarer – Ausfertigung oder Urschrift ein rechtskräftiges oder vorläufig vollstreckbares **Urteil** oder ein – stets vollstreckbarer – **Beschluß** (nicht ein Prozeßvergleich nach vorausgegangenem Urteil, dafür §§ 732, 767 ZPO; nicht ein Beschluß gem. § 269 Abs. 3 S. 3 ZPO nach Klagerücknahme) vorzulegen, aus der sich ergibt,

272 – **die Aufhebung des Vollstreckungstitels (1. Fall)**

Beispiele:

Nach Einspruch gegen Versäumnisurteil (§ 343 S. 2 ZPO); Berufungsurteil; Urteil auf Abänderung (§ 323 ZPO); Feststellung der Nichtigkeit eines Urteils; Urteil im Nachverfahren (§§ 302 Abs. 4, 600 Abs. 2 ZPO; Arrest/einstweilige Verfügung (§§ 923, 925–928, 936 ZPO).

Wird ein Urteil dahin abgeändert („aufgehoben"), daß sich die Urteilssumme erhöht (1000,– DM Unterhalt pro Monat statt bisher 800,– DM), liegt hinsichtlich des in der abändernden Entscheidung aufgehenden Betrages (hier: 800,– DM) keine Aufhebung im Sinne des § 775 Nr. 1 vor (OLG Karlsruhe FamRZ 1988, 859; Zöller/Stöber § 775 Rn. 4).

273 – **Die Aufhebung der vorläufigen Vollstreckbarkeit des Titels (2. Fall)**

in den Fällen der §§ 718, 717 ZPO. Nicht hierzu gehört die Abänderung des Urteils allein hinsichtlich der Sicherheitsleistung, z.B. dahin, daß das Urteil jetzt nur gegen Sicherheitsleistung oder in anderer Höhe oder einer anderen Art der Sicherheitsleistung vorläufig vollstreckbar ist.

– **Unzulässigerklärungen der Zwangsvollstreckung (3. Fall),**   274

z.B. gem. §§ 732, 766, 767, 768, 770–774, 785 ff. ZPO. Ist die Entscheidung, die die Zwangsvollstreckung für unzulässig erklärt, nur gegen Sicherheitsleistung vorläufig vollstreckbar, muß dem Vollstreckungsorgan die Erbringung der angeordneten Sicherheit nachgewiesen werden (LG Bonn MDR 1983, 850).

– **Einstellung der Zwangsvollstreckung (4. Fall),**   275

z.B. gem. §§ 732 Abs. 1, 765 a, 766 ZPO. Hier handelt es sich im Gegensatz zu Nr. 2 des § 775 ZPO stets um eine **endgültige** Einstellung der Zwangsvollstreckung.

Die Aufhebung der Vollstreckungsmaßregeln erfolgt gem. § 776 S. 1 ZPO.   276

4. § 775 Nr. 2 ZPO – Einstweilige Einstellung der Zwangsvollstreckung bzw. Zwangsvollstreckung nur gegen Sicherheitsleistung

Dem Vollstreckungsorgan ist in – nicht notwendig vollstreckbarer – Ausfertigung die   277
gerichtliche Entscheidung (nur Urteil oder Beschluß) vorzulegen, aus der sich ergibt:

– **Einstweilige Einstellung der Zwangsvollstreckung,**   278

z.B. gem. §§ 104 Abs. 3 S. 2, 107 Abs. 3, 572 Abs. 2 u. 3, 707 Abs. 1 S. 1 1. Altern., 719, 732 Abs. 2, 765a, 766 Abs. 1 S. 2, 769, 770, 771 Abs. 3, 813a, 924 Abs. 3 S. 2 ZPO. Die entsprechende Entscheidung muß – anders als bei § 775 Nr. 1, vgl. Gesetzestext – nur erlassen, nicht auch vollstreckbar sein. Erlassen ist eine Entscheidung, wenn sie aus dem internen Geschäftsgang des Gerichts zum Zwecke der Beförderung weggegeben worden ist, z.B. Übergabe an die Post bzw. den Gerichtswachtmeister (BFH NJW 1991, 1975). Ist die Einstellung nur gegen Sicherheitsleistung des Schuldners erfolgt, muß deren Erbringung dem Vollstreckungsorgan nachgewiesen werden. Einer Zustellung dieses Nachweises an den Gläubiger bedarf es nicht, weil kein Fall des § 751 ZPO vorliegt.

– **Fortsetzung der Zwangsvollstreckung nur durch Sicherheitsleistung des Gläubigers,**   279

z.B. gem. §§ 707 Abs. 1 S. 1 2. Alt., 709 S. 2, 719 Abs. 1, 732 Abs. 2, 769, 770, 771 Abs. 3 ZPO. Die Zwangsvollstreckung darf dann nur fortgesetzt werden, wenn der Gläubiger dem Vollstreckungsorgan durch eine öffentliche oder öffentlich beglaubigte Urkunde die Erbringung der Sicherheitsleistung nachweist und eine Abschrift dieser Urkunde dem Schuldner zugestellt worden ist oder gleichzeitig zugestellt wird (§ 751 Abs. 2 ZPO).

Getroffene Vollstreckungsmaßnahmen bleiben einstweilen bestehen, es sei denn, ihre Aufhebung sei durch die Entscheidung ausdrücklich angeordnet worden (§ 776 S. 2 2. Halbs. ZPO).

5. § 775 Nr. 3 ZPO – Nachweis der Sicherheitsleistung oder Hinterlegung

Fälle der Sicherheitsleistung zur Abwendung der Vollstreckung: §§ 711, 712 Abs. 1,   280
720a Abs. 3 ZPO. Der Nachweis muß durch eine öffentliche Urkunde im Sinne von

§ 415 ZPO erbracht werden, z.B. die Bescheinigung der Hinterlegungsstelle; eine öffentlich beglaubigte Urkunde genügt nicht. Bei der Sicherheitsleistung durch Bankbürgschaft muß dem Vollstreckungsorgan durch öffentliche Urkunden nachgewiesen werden, daß diese Art der Sicherheitsleistung gestattet ist, und daß das Original oder eine beglaubigte Abschrift der Bürgschaftserklärung dem Gläubiger bereits zugestellt wurde (Zustellungsurkunde, §§ 190, 195 ZPO; auch Empfangsbekenntnis gem. § 198 ZPO, OLG München OLGZ 1965, 292). Ausreichend ist aber auch, daß der Schuldner dem Gerichtsvollzieher das Original der Bürgschaftserklärung übergibt, verbunden mit dem Auftrag, die Bürgschaftsurkunde bzw. dessen beglaubigte Abschrift dem Gläubiger zuzustellen (LG Hagen DGVZ 1976, 31).

Hat der Schuldner zu einem Zeitpunkt gegen ein gem. § 890 ZPO vollstreckbares Verbot verstoßen, nachdem er die ihm im Urteil zur Abwendung der Vollstreckung gem. § 711 ZPO nachgelassene Sicherheitsleistung erbracht hat, und hat der Gläubiger zu diesem Zeitpunkt seinerseits noch keine Sicherheit geleistet (durch die die Sicherheitsleistung des Schuldners hinfällig würde), so kann die Zuwiderhandlung nicht mit Ordnungsmitteln geahndet werden; denn gem. § 775 Nr. 3 ZPO lag infolge der Sicherheitsleistung zu diesem Zeitpunkt kein vollstreckbarer Titel mehr vor (OLG Frankfurt/Main NJW-RR 1990, 124).

Ein Postschein genügt nicht, weil durch ihn nur die Absendung, aber nicht die Erbringung der Sicherheitsleistung nachgewiesen wird (allg. M.).

281   Soweit die Sicherheitsleistung nicht zur Abwendung der Zwangsvollstreckung, sondern als Voraussetzung für eine einstweilige Einstellung der Zwangsvollstreckung erfolgt, liegt kein Fall von § 775 Nr. 3 ZPO, sondern ein solcher des § 775 Nr. 2 ZPO vor (LG Berlin Rpfleger 1971, 322).

282   Die Aufhebung von Vollstreckungsmaßregeln erfolgt gem. § 776 S. 1 ZPO.

6. § 775 Nr. 4 ZPO – Befriedigung/Stundung

283   Der **Nachweis** der vollständigen Befriedigung des Gläubigers – Hauptforderung einschließlich Nebenforderungen und Kosten – bzw. Stundung muß unmittelbar durch eine öffentliche Urkunde (§ 415 ZPO) oder durch das Original einer vom Gläubiger ausgestellten Privaturkunde (§ 416 ZPO) erbracht werden; die Privaturkunde muß vom Gläubiger am Schluß des Textes (vgl. BGH NJW 1991, 487) unterschrieben (Schreibmaschine bzw. Faksimilestempel genügen also nicht) oder mittels notariell beglaubigten Handzeichens unterzeichnet worden sein. Aussteller der Urkunde kann der Gläubiger, aber auch ein in dessen Vertretung handelnder Dritter sein, der mit „i.V." oder sogar mit dem Namen des Gläubigers unterschreibt.

284   Ist nach dem Inhalt des Titels oder aufgrund gesetzlicher Vorschrift (z.B. §§ 38 ff. EStG, §§ 393, 1396 RVO) an einen Dritten zu leisten (z.B. bei Verurteilung des Arbeitgebers zur Zahlung von Bruttolohn hinsichtlich der Abzüge für Steuern und Sozialversicherungsbeiträge), oder ist die Forderung kraft Gesetzes auf einen Dritten übergegangen (z.B. gem. § 268 Abs. 3, § 426 Abs. 1 S. 2, § 774 BGB; §§ 90, 91 BSHG) und dem Vollstreckungsorgan dies nachgewiesen, so genügt eine entsprechende Privaturkunde des **Dritten** (LG Berlin DGVZ 1993, 27; LG Braunschweig DGVZ 82, 42; MünchKommZPO/Schmidt § 775 Rn. 18; Zöller/Stöber § 775 Rn. 7).

Das Vollstreckungsorgan hat die **Echtheit** der Urkunde von Amts wegen zu prüfen und sich bei Zweifeln beim Gläubiger (telefonisch) zu vergewissern. Lassen sich Zweifel nicht zu Gunsten des Schuldners beseitigen, muß weiter vollstreckt werden. 285

Die **Befriedigung** des Gläubigers kann durch Erfüllung oder Erfüllungssurrogate (z.B. Leistung an Erfüllungs Statt, Erlaß, Aufrechnung – soweit vom Gläubiger anerkannt, ansonsten: § 767 ZPO für den Schuldner) erfolgen. Hierzu zählt auch der Fall, daß die titulierte Forderung des Gläubigers gegen den Schuldner von letzterem aufgrund eines Titels gegen den Gläubiger gepfändet und ihm zur Einziehung überwiesen wurde (RGZ 33, 290; Zöller/Stöber § 775 Rn. 7 m.w.N.); ferner der Verzicht des Gläubigers auf die Vollstreckung im Rahmen einer Vollstreckungsvereinbarung (OLG Frankfurt/Main JurBüro 1991, 1554, 1555). 286

Ist die Befriedigung des Gläubigers **nur teilweise** erfolgt oder nur teilweise nachgewiesen, wird die Zwangsvollstreckung nur in entsprechender Höhe beschränkt. Bei der Stundung ist zu beachten, daß der Zeitraum der Stundung im Zeitpunkt der Vornahme der Vollstreckungshandlung noch nicht abgelaufen sein darf. 287

Nicht unter § 775 Nr. 4 ZPO fallen materiell-rechtliche Einwendungen anderer Art wie Rücktritt gem. § 13 VerbrKrG, Wandelung, Anfechtung, Übergang des Anspruchs auf einen Dritten (h.M.: OLG Frankfurt/Main DGVZ 1993, 91; LG Münster MDR 1964, 603; Baumbach/Hartmann § 775 Rn. 13; MünchKommZPO/Schmidt § 775 Rn. 19; Zöller/Stöber § 775 Rn. 7; a.A.: LG Köln MDR 1963, 688). 288

Maßgeblicher Zeitpunkt für die Befriedigung bzw. Stundung ist der Erlaß des Urteils (Verkündung gem. § 310 Abs. 1 ZPO, Verkündungsersatz durch Zustellung gem. § 310 Abs. 3 ZPO), bei einem Vollstreckungsbescheid die Zustellung des Mahnbescheides (LG Kiel DGVZ 1983, 24; LG Stuttgart DGVZ 1953, 56; MünchKommZPO/Schmidt § 775 Rn. 20 Fn. 61; Thomas/Putzo § 775 Rn. 14; nach a.A. die Zustellung des Vollstreckungsbescheides, weil nur letzterer einen Vollstreckungstitel darstelle: StJ/Münzberg § 775 Rn. 16; Zimmermann § 775 Rn. 10). Bei Beschlüssen ist maßgeblich deren Existentwerden, (vgl. hierzu Rn. 278), ansonsten die Errichtung des Vollstreckungstitels. 289

Getroffene Vollstreckungsmaßregeln bleiben einstweilen bestehen, § 776 S. 2 1. Halbs. ZPO. Widerspricht der Gläubiger der Einstellung, muß das Vollstreckungsorgan trotz Vorlage der Urkunden weiter vollstrecken; dem Schuldner bleiben nur §§ 767, 769 ZPO (h.M.: OLG Hamm MDR 1973, 857 = Rpfleger 1973, 324 sowie Rpfleger 1979, 431, 432 m.w.N.). 290

7. § 775 Nr. 5 ZPO – Postschein

Wird ein Postschein (Einzahlungsquittung: Postanweisung, Zahlkarte, Lastschriftzettel, Quittung im Posteinlieferungsbuch) vorgelegt, aus dem sich ergibt, daß nach Erlaß des Urteils (vgl. hierzu Rn. 289 zu § 775 Nr. 4) die zur Befriedigung des Gläubigers erforderliche Summe (Hauptsache + Nebenforderung + Kosten) zur Auszahlung an ihn bei der Post eingezahlt worden ist, führt dies zur Einstellung bzw. Beschränkung der Zwangsvollstreckung. Wird nur ein Teilbetrag eingezahlt, wird die Zwangsvollstreckung, auf die Restforderung beschränkt, fortgesetzt. 291

292 Dem Posteinzahlungsschein steht gleich eine **Bescheinigung einer Bank oder Sparkasse** über die Einzahlung auf das Konto des Gläubigers bzw. eine Bestätigung über die erfolgte Durchführung einer entsprechenden Überweisung (h.M.: BGH NJW-RR 1988, 881; OLG Köln NJW 1993, 3079; MünchKommZPO/Schmidt § 775 Rn. 22). Es ist das Original oder eine Ausfertigung des entsprechenden Belegs über die Leistung an den Gläubiger vorzulegen. Nicht genügen hingegen: der Nachweis über die Absendung eines Wertbriefes oder Schecks; Kontoauszug mit erfolgter Abbuchung; Durchschrift des Überweisungsauftrags (und zwar auch dann nicht, wenn er mit einem Eingangsstempel der Bank versehen ist, LG Düsseldorf DGVZ 1990, 140).

293 Getroffene Vollstreckungsmaßregeln bleiben einstweilen bestehen, § 776 S. 2 1. Halbs. ZPO. Zum Widerspruch des Gläubigers vgl. Rn. 290 zu § 775 Nr. 4 ZPO.

294 **Folge der Einstellung bzw. Beschränkung der Zwangsvollstreckung** ist, daß die Zwangsvollstreckung erst gar nicht begonnen oder nicht fortgesetzt werden darf. Abhängig vom Stand des Vollstreckungsverfahrens kann also ein **Nichtstun** des Vollstreckungsorgans genügen (z.B. keine Verwertung der gepfändeten Sache; die Zustellung eines erlassenen Pfändungs- und Überweisungsbeschlusses unterbleibt). Wurden künftige Vollstreckungsmaßnahmen bereits veranlaßt, sind entsprechende **Gegenmaßnahmen** zu ergreifen (z.B. Aufhebung eines Versteigerungstermins oder der Haftanordnung).

295 Bei der **Pfändung von Forderungen und sonstigen Rechten** gem. §§ 828 ff. ZPO ändert die Einstellung der Zwangsvollstreckung nichts daran, daß der Drittschuldner nach wie vor nicht an den Schuldner leisten darf (§ 829 Abs. 1 S. 1 ZPO – Arrestatorium), andererseits darf der Drittschuldner nun nicht mehr an den Gläubiger zahlen (RGZ 128, 81, 83; MünchKommZPO/Schmidt § 775 Rn. 27; StJ/Münzberg § 775 Rn. 26). Diese Rechtsfolge sollte dem Drittschuldner zusammen mit dem Einstellungsbeschluß durch Zustellung mitgeteilt werden, da der Drittschuldner bei einer in Kenntnis der Einstellung erfolgten Zahlung an den Gläubiger nicht von seiner Leistungspflicht frei wird. Um einem Konkursrisiko des Drittschuldners zu begegnen, empfiehlt sich zudem, einen Antrag auf Anordnung zu stellen, daß der Drittschuldner die fällige Leistung für Gläubiger und Schuldner zu hinterlegen (§ 1281 BGB analog) oder an Gläubiger und Schuldner gemeinsam zu leisten habe (vgl. KG OLGRspr. 35, 122; LG Berlin Rpfleger 1973, 63; StJ/Münzberg § 775 Rn. 26).

296 Nach erfolgter Einstellung bzw. Beschränkung darf die **Zwangsvollstreckung nur dann fortgesetzt werden**, wenn das Vollstreckungshindernis nicht mehr besteht. Das ist in § 775 Nr. 1 u. 2 ZPO der Fall bei Fristablauf gem. §§ 769 Abs. 2 S. 2, 815 Abs. 2 S. 1 ZPO (Fortsetzung von Amts wegen) sowie bei einer die Unzulässigerklärung bzw. einstweilige Einstellung der Zwangsvollstreckung aufhebenden Entscheidung; in den Fällen des § 775 Nr. 3 ZPO beim Nachweis der Rechtskraft oder einer die Fortsetzung der Zwangsvollstreckung erlaubenden, vom Gläubiger erbrachten (vgl. § 751 Abs. 2 ZPO) Sicherheitsleistung (Fortsetzung nur auf Antrag des Gläubigers). In den Fällen des § 775 Nr. 4 u. 5 ZPO ist die Zwangsvollstreckung fortzusetzen, wenn der Gläubiger dies unter Bestreiten der behaupteten Befriedigung/Stundung verlangt oder der Stundungszeitraum abgelaufen ist. Dem Schuldner bleibt dann nur, seine materiellrechtlichen Einwendungen der Befriedigung/Stundung mit der Vollstreckungsabwehrklage gem. § 767 ZPO geltend zu machen und ggf. eine einstweilige Einstellung gem. § 769 ZPO zu erreichen (LG Frankfurt/Main DGVZ 1989, 42 m.w.N.).

Ein **Verstoß gegen** § 775 ZPO führt nur zur Anfechtbarkeit, nicht zu Unwirksamkeit   **297**
der Vollstreckungsmaßnahmen. Rechtsbehelfe: § 766 ZPO bei Vollstreckungsmaßnahmen, § 11 Abs. 1 S. 1 RPflG/§ 793 ZPO bei Entscheidungen (zur Unterscheidung vgl. Rn. 1014 f.).

8. § 776 ZPO – Aufhebung von Vollstreckungsmaßregeln

Die Vorschrift regelt die Folgen von Vollstreckungsmaßnahmen, die bei Einstellung   **298**
bzw. Beschränkung der Zwangsvollstreckung bereits erfolgt waren. Diese sind von dem jeweils zuständigen Vollstreckungsorgan in den Fällen des § 775 Nr. 1 u. 3 ZPO aufzuheben. Erst dadurch wird die Verstrickung des Pfandgegenstandes beseitigt (z.B. Entfernung des Pfandsiegels durch den Gerichtsvollzieher oder den Schuldner, soweit dieser dazu ermächtigt wurde, vgl. § 171 GVGA; das Vollstreckungsgericht hebt durch zuzustellenden Beschluß den Pfändungs- und Überweisungsbeschluß oder die Haftanordnung auf; Aufhebung des Zwangsgeldbeschlusses durch das Prozeßgericht, § 888 ZPO).

Wird die der **Aufhebung** zugrunde liegende Entscheidung bzw. der Aufhebungsbe-   **299**
schluß seinerseits **aufgehoben**, lebt die Zwangsvollstreckungsmaßnahme nicht wieder auf (allg.M., vgl. BGH NJW 1976, 1453). Dadurch kann, soweit keine Anordnung gem. § 572 Abs. 2 ZPO erfolgte oder ein Fall des § 765a Abs. 4 ZPO vorliegt, ein Rangverlust eintreten, weil dem Gläubiger nur eine erneute Vollstreckung bleibt.

Eine Aufhebung von Vollstreckungsmaßnahmen erfolgt ferner dann, wenn der **Gläu-**   **300**
biger den Vollstreckungsauftrag **zurücknimmt**, einen Pfandgegenstand **freigibt**, einen Antrag gem. § 887 ff. ZPO zurücknimmt oder die Aufhebung des Pfändungs- und Überweisungsbeschlusses beantragt.

Da in den Fällen des § 775 Nr. 2 ZPO (soweit nicht ausnahmsweise in der Entschei-   **301**
dung die Aufhebung der Vollstreckungsmaßnahme angeordnet wurde) sowie des § 775 Nr. 4 u. 5 ZPO die Zwangsvollstreckung lediglich eingestellt wird, die bisherigen Vollstreckungsmaßnahmen also bestehen bleiben, kann der Schuldner deren Aufhebung nur durch entsprechenden Antrag des Gläubigers oder durch Klage gem. § 767 ZPO und Nachweis der entsprechenden Entscheidung gem. §§ 775 Nr. 1, 776 S. 1 ZPO erreichen.

9. § 14 Abs. 1 KO

Das Konkursverfahren dient der gleichmäßigen Befriedigung aller Konkursgläubiger.   **302**
Daher ist es nur konsequent, wenn während der Dauer des Konkursverfahrens Einzelzwangsvollstreckungsmaßnahmen zugunsten von Konkursgläubigern gem. § 14 Abs. 1 KO unzulässig sind. Die Vorschrift begründet jedoch kein Abtretungshindernis nach § 400 BGB, so daß nach Konkurseröffnung vom Gemeinschuldner erworbene Forderungen von diesem auch an Konkursgläubiger wirksam abgetreten werden können (BGH NJW 1994, 1057).

303 § 14 Abs. 1 KO setzt voraus:

– eine Maßnahme bzw. Entscheidung der **Einzelzwangsvollstreckung**. Was unter Zwangsvollstreckung zu verstehen ist, ergibt sich aus der ZPO. Daher ist die Erteilung der Vollstreckungsklausel nur Vorbereitungshandlung und selbst noch keine Zwangsvollstreckung (Rn. 59);

– **in** die Konkursmasse oder das sonstige **Vermögen des Gemeinschuldners;**

– **während der Dauer des Konkursverfahrens.** Die Zwangsvollstreckungsmaßnahme darf somit bei Konkurseröffnung noch nicht vollständig beendet sein;

– **zugunsten eines Konkursgläubigers.** Wer Konkursgläubiger ist, ergibt sich aus § 3 KO: Persönliche Gläubiger, denen zur Zeit der Konkurseröffnung ein begründeter, erzwingbarer und konkursfester Vermögensanspruch gegen den Gemeinschuldner zusteht.

Daher gehören nicht zu den Konkursgläubigern und dürfen also eine Einzelzwangsvollstreckung während des Konkursverfahrens in die Konkursmasse durchführen (§ 4 KO):

– Aussonderungsberechtigte (§ 43 ff. KO, z.B. Eigentümer, Inhaber schuldrechtlicher Herausgabeansprüche, wie Vermieter, Verleiher)
– Absonderungsberechtigte (§ 47 ff. KO, z.B. die Inhaber von Grund- und Vertragspfandrechten, gesetzlichen Pfandrechten, Pfändungspfandrechten, bestimmten Zurückbehaltungsrechten).
– Massegläubiger (gem. §§ 58, 59 Abs. 1 Nr. 1, 2 und 4 KO).

Hingegen findet § 14 KO Anwendung auch auf Konkursgläubiger, die auf eine Beteiligung am Konkursverfahren verzichtet haben (Kilger/K. Schmidt § 14 KO Anm. 1a).

304 **Wegen anderer als Konkursforderungen** (z.B. nach Konkurseröffnung begründete Unterhaltsforderungen, § 3 Abs. 2 KO; seit Konkurseröffnung auf Konkursforderungen angefallene Zinsen, § 63 Nr. 1 KO; erst nach Konkurseröffnung begründete Ansprüche) kann nicht in die Konkursmasse, sondern nur in das konkursfreie Vermögen des Gemeinschuldners vollstreckt werden (vgl. § 15 KO).

305 Das **allgemeine Veräußerungsverbot gem. § 106 Abs. 1 S. 3 KO** bewirkt hingegen kein Vollstreckungsverbot, sondern lediglich ein Verwertungsverbot (vgl. auch § 772 ZPO). Zulässig sind somit Pfändungen, die allerdings gegenüber den Konkursgläubigern relativ unwirksam sind. Mit der Eröffnung des Konkursverfahrens wird diese relative Unwirksamkeit zu einer absoluten (h.M.: vgl. BGH ZIP 1980, 23; Kilger/K. Schmidt § 106 KO Anm. 3).

10. § 47 VerglO

306 Die Vergleichsgläubiger sowie die Gläubiger der in § 29 VerglO bezeichneten Ansprüche (Zinsen seit Vergleichseröffnung; Kosten der Teilnahme am Verfahren; Geldstrafen etc.; aus unentgeltlichen Zuwendungen des Schuldners) können ab Eröffnung des Vergleichsverfahrens (vgl. dazu §§ 21–23 VerglO) bis zur Rechtskraft der das Verfahren abschließenden Entscheidung (§§ 78, 80, 90, 99 f. VerglO) Zwangsvollstreckungsmaßnahmen gegen den Schuldner und sein gesamtes Vermögen nicht vornehmen.

Vergleichsgläubiger sind alle persönlichen Gläubiger des Schuldners, die einen zur Zeit der Eröffnung des Vergleichsverfahrens begründeten Vermögensanspruch gegen den Schuldner haben (§ 25 VerglO). Dies entspricht der Regelung des § 3 KO (s. Rn. 303).   **307**

Eine Sonderregelung enthält **§ 28 VerglO**: Gläubiger, die innerhalb der Sperrfrist von 30 Tagen vor Stellung des Eröffnungsantrags eine Sicherung oder Befriedigung durch eine Zwangsvollstreckungsmaßnahme erlangt haben, bleiben danach Vergleichsgläubiger („**Sperrwirkung**").   **308**

Vollstreckungsmaßnahmen, die zugunsten von Vergleichsgläubigern sowie den in § 29 Nr. 3 u. 4 VerglO bezeichneten Gläubigern gegen den Schuldner anhängig sind, werden kraft Gesetzes bis zur Rechtskraft der das Verfahren abschließenden Entscheidung **einstweilen eingestellt (§ 48 Abs. 1 VerglO)**.   **309**

Auf Antrag des Vergleichsverwalters kann das Vergleichsgericht die **endgültige Einstellung und Aufhebung** von Zwangsvollstreckungsmaßnahmen von Vergleichsgläubigern (§§ 25, 28 VerglO) und den in § 29 Nr. 3 u. 4 VerglO genannten Gläubigern anordnen, wenn die Verfügung über den von der Vollstreckung betroffenen Gegenstand im Interesse der Vergleichsgläubiger geboten ist (z.B. sofortige Verwertung der Pfandsachen durch den Vergleichsverwalter).   **310**

11. § 7 Abs. 3 GesO

In den neuen Bundesländern gilt nicht die Konkursordnung, sondern die Gesamtvollstreckungsordnung (GesO). Gemäß § 7 Abs. 3 GesO verlieren die vor Eröffnung der Gesamtvollstreckung gegen den Schuldner eingeleiteten Vollstreckungsmaßnahmen zugunsten einzelner Gläubiger ihre Wirkung. Die Vollstreckungsverfahren sind an das Gericht zu verweisen, das die Gesamtvollstreckung durchführt.   **311**

12. § 778 ZPO – Zwangsvollstreckung vor Erbschaftsannahme

Die Zwangsvollstreckung eines **Nachlaßgläubigers** darf vor Annahme der Erbschaft nur in den Nachlaß, nicht aber in das Eigenvermögen des Erben erfolgen, § 778 Abs. 1 ZPO. Zur Klauselerteilung für diesen Fall vgl. Rn. 105.   **312**

Rechtsbehelfe bei einem Verstoß: § 766 ZPO für den Erben und den persönlichen Gläubiger des Erben; § 771 ZPO für den Erben. Hatte die Zwangsvollstreckung zur Zeit des Todes des Erblassers bereits begonnen, wird sie ohne Umschreibung des Titels in den Nachlaß fortgesetzt (§ 779 ZPO).

Ein **persönlicher Gläubiger des Erben** darf vor Annahme der Erbschaft nur in das Eigenvermögen des Erben, nicht aber in den Nachlaß vollstrecken, § 778 Abs. 2 ZPO.   **313**

Rechtsbehelf bei Verstoß: § 766 ZPO für den Erben und den Nachlaßgläubiger, Nachlaßpfleger, Nachlaßverwalter sowie Testamentsvollstrecker; § 771 ZPO für den Erben, ggf. für den Nachlaßpfleger, Nachlaßverwalter bzw. Testamentsvollstrecker.

13. Vollziehungsfristen gem. § 929 Abs. 2 und 3 ZPO

314 Die Vollziehung eines Arrestbefehls bzw. einer einstweiligen Verfügung ist unstatthaft, wenn seit ihrer Verkündung oder der amtswegigen Zustellung an den Antragsteller ein Monat verstrichen ist (§§ 929 Abs. 2, 936 ZPO). Eine vor der Zustellung des Arrestbefehls/der einstweiligen Verfügung an den Schuldner vorgenommene Vollziehung ist ohne Wirkung, wenn die Zustellung nicht innerhalb einer Woche nach der Vollziehung (§ 929 Abs. 3 S. 2 ZPO) und vor Ablauf der für diese in § 929 Abs. 2 bestimmten Monatsfrist erfolgt. Zweck der Vorschrift ist die Verhinderung der Vollstreckung nach einem bestimmten Zeitablauf, weil damit die Gefahr der Veränderung der für den Erlaß der Entscheidung maßgeblichen Umstände größer geworden ist.

Nach BGH NJW 1991, 496 f liegt bei Überschreiten der Vollziehungsfrist des § 929 Abs. 2 ZPO aber kein Vollstreckungshindernis im eigentlichen Sinne vor, sondern es fehlt an dem für die Zwangsvollstreckung notwendigen Titel, weil der Arrest/die einstweilige Verfügung mit Ablauf der Vollziehungsfrist gegenstandslos geworden ist (BGH NJW 1991, 497 unter Ziffer 1 b) bb) [1]).

315 Die Vollziehungsfrist ist gem. **§ 932 Abs. 3 ZPO** bzw. in analoger Anwendung gewahrt, wenn der Vollstreckungsauftrag innerhalb der Frist beim zuständigen Vollstreckungsorgan eingeht (BGH NJW 1991, 496, 497). Die Vollziehungsfrist wird immer nur hinsichtlich der innerhalb der Frist beantragten bestimmten Vollstreckungsmaßnahme gewahrt. Für neue Vollstreckungsmaßnahmen, die erst nach Ablauf der Frist beantragt werden, stellt der Arrestbefehl keine Grundlage mehr dar (BGH NJW 1991, 496, 497; Pohlmann WM 1994, 1277, 1278 m.w.N. auch zur a.A.).

316 Bei **vertretbaren Handlungen** (§ 887 ZPO) ist zur Wahrung der Vollziehungsfrist des § 929 ZPO neben der Zustellung des Titels zumindest ein rechtzeitiger Vollstreckungsantrag beim zuständigen Vollstreckungsorgan auf Vornahme von Vollstreckungshandlungen erforderlich (OLG Hamm NJW-RR 1993, 959, 960).

Bei einstweiligen Verfügungen auf **Unterlassung** ist zu unterscheiden: Ergeht sie durch Beschluß, so genügt zur Wahrung der Vollziehungsfrist des § 929 ZPO die Zustellung des Beschlusses im Parteibetrieb. Denn unmittelbare Vollstreckung des Unterlassungsgebots ist nicht möglich, sondern nur mittelbare über Ordnungsgeld bzw. Ordnungshaft, vgl. § 890 ZPO. Bei einer entsprechenden Verfügung in Form eines Urteils reicht nach h.M. die amtswegige Zustellung des Urteils als Vollziehung nicht aus. Notwendig ist vielmehr die (nochmalige) Zustellung der einstweiligen Verfügung im Parteibetrieb oder eine andere, ähnlich formalisierte oder urkundlich belegte, jedenfalls leicht feststellbare Maßnahme des Antragstellers. Erst dadurch wird deutlich, daß der Antragsteller von dem Titel Gebrauch machen will. Daher reichen auch bloße (fernmündliche) Erklärungen nicht aus (BGH NJW 1993, 1076, 1079; Pohlmann WM 1994, 1277, 1282; a.A.: OLG Stuttgart OLGZ 1994, 364).

Eine **Heilung von Zustellungsmängeln** gem. § 187 S. 1 ZPO ist bei einstweiligen Verfügungen, die auf Unterlassung lauten, im Hinblick auf § 929 Abs. 2 ZPO ausgeschlossen (OLG Hamburg WRP 1993, 822 = OLGZ 1994, 213 unter Aufgabe von WRP 1976, 58; OLG Karlsruhe WRP 1992, 339, jeweils m.w.N., auch zur a.A.).

Soll ein Arrest durch die Eintragung einer **Sicherungshypothek** vollzogen werden, genügt nicht der rechtzeitige Einwurf des Antrags in den Nachtbriefkasten; maßgeblich ist vielmehr die fristgemäße Entgegennahme des Eintragungsantrags durch den zuständigen Grundbuchbeamten (OLG Düsseldorf Rpfleger 1993, 488 im Hinblick auf § 13 Abs. 1 S. 3 GBO).

14. Vollstreckungsvereinbarungen

Vollstreckungsvereinbarungen sind Verträge zwischen Vollstreckungsgläubiger und Vollstreckungsschuldner über die Voraussetzungen und Grenzen der durchzuführenden Zwangsvollstreckung. Davon zu unterscheiden sind Abreden über den vollstreckbaren Anspruch (z.B. Stundung, Erlaß der Forderung). Da das Verfahrensrecht zum öffentlichen Recht gehört, sind davon abweichende privatrechtliche Vereinbarungen nur in bestimmten Grenzen zulässig. **317**

- **Vollstreckungsbeschränkende Abreden** **318**

sind sowohl in zeitlicher wie gegenständlicher Hinsicht zulässig (Vollstreckungsgläubiger = „Herr des Verfahrens"). Möglich daher: es soll nicht vor einem bestimmten Termin, nicht vor Rechtskraft des Urteils, nicht in einen bestimmten Gegenstand, oder nur in bestimmte Gegenstände vollstreckt werden; Gläubiger verzichtet auf Antragstellung zur Abgabe der eidesstattlichen Versicherung. Zulässig daher auch die stärkste Form der Beschränkung, der teilweise oder vollständige Verzicht des Gläubigers auf die Vollstreckung aus dem Titel (BGH MDR 1991, 668 = NJW 1991, 2295), soweit dieser erst nach Existenz des Titels erfolgt. Streitig ist, ob auch ein vorheriger Verzicht möglich ist (verneinend: BGH NJW 1968, 700; Baur/Stürner Rn. 135, weil dies über die Dispositionsfreiheit des Gläubigers hinausgehe; a.A.: Brox/Walker Rn. 202, weil ein materiell-rechtlicher Verzicht möglich sei).

- **Vollstreckungserweiternde Abreden** **319**

würden zu einer Erweiterung bzw. Erleichterung der Vollstreckungsbefugnis des Gläubigers und damit zu einer Schlechterstellung des Schuldners führen (z.B. Vollstreckung ohne Titel, ohne Klausel; in unpfändbare Gegenstände; Verzicht auf Vollstreckungsschutz gem. § 765a ZPO). Derartige Vereinbarungen sind nichtig, soweit das Gesetz sie nicht ausnahmsweise zuläßt (wie z.B. in §§ 816 Abs. 1, 825, 876 S. 3 ZPO; vgl. insges. hierzu Brox/Walker Rn. 204; Zöller/Stöber Rn. 24 f. vor § 704 ZPO).

Problematisch ist, wie derart zulässige Vollstreckungsvereinbarungen **geltend gemacht** werden können. Ist auf eine Vollstreckung aus dem Titel ganz oder teilweise verzichtet worden, kann insoweit Klauselerinnerung gem. **§ 732 ZPO** erhoben werden (vgl. OLG Düsseldorf Rpfleger 1987, 254 zu dem Fall, daß sich die die Vollstreckung ausschließende Vereinbarung aus dem Titel selbst ergibt). **320**

Im übrigen kommt eine analoge Anwendung von **§ 766 ZPO** in Betracht (OLG Frankfurt/Main OLGZ 1981, 112; OLG Karlsruhe NJW 1974, 2242; Baur/Stürner Rn. 136; analog deshalb, weil eine Verletzung gesetzlicher Vorschriften nicht vorliegt) oder von **§ 767 ZPO** (BGH NJW 1991, 2295; Rosenberg/Gaul/Schilken § 33 VI; analog, weil die Vereinbarung nicht den vollstreckbaren Anspruch betrifft, sondern nur ein Vollstreckungshindernis darstellt; differenzierend nach dem Inhalt der Vereinbarung: LG Münster Rpfleger 1988, 321).

Vorzuziehen ist die **praktikable Lösung,** daß das Vollstreckungsorgan die vom Schuldner vorgelegte Vollstreckungsvereinbarung entsprechend § 775 Nr. 4 ZPO zu beachten hat und dem Schuldner grundsätzlich die Vollstreckungserinnerung gem. § 766 ZPO analog zusteht, hingegen nur § 767 ZPO zur Anwendung kommt, wenn Streit über die Existenz oder den Inhalt der Vollstreckungsvereinbarung besteht (vgl. Brox/Walker Rn. 204). Allein die Auslegungsbedürftigkeit einer Vollstreckungsvereinbarung kann nicht zu ihrer Nichtberücksichtigung führen, soweit das Vollstreckungsorgan die Auslegung leicht vornehmen kann. Hier bietet sich eine Parallele zur Zug-um-Zug-Leistung gem. § 756 ZPO an, bei der der Gerichtsvollzieher die Identität der titulierten mit der tatsächlich angebotenen Gegenleistung sowie deren Freiheit von groben Mängeln auch in eigener Verantwortung feststellen muß.

Teil C
Gerichtsvollziehervollstreckung

I. Zuständigkeit des Gerichtsvollziehers

Der Gerichtsvollzieher ist im Bereich der Mobiliarzwangsvollstreckung **funktionell** **321** **zuständig** für die Vollstreckung wegen Geldforderungen in bewegliche körperliche Sachen durch Pfändung und Verwertung, § 808 ff. ZPO; für die Pfändung und Verwertung in noch nicht vom Boden getrennte Früchte eines Grundstücks, §§ 810, 813 Abs. 3, 824 ZPO; für die Pfändung und teilweise auch die Verwertung von in Wertpapieren verbrieften Forderungen und Beteiligungsrechten (§§ 821–823, 808; 831, 808 ZPO); ferner ist er u.a. zuständig für die Herausgabevollstreckung gem. § 883 f. ZPO (vgl. Rn. 804 f.), bei der Überwindung von Widerstand des Schuldners gem. § 892 ZPO im Rahmen einer Vollstreckung gem. §§ 887, 890 ZPO; für die Vollstreckung der Haft in den Fällen der §§ 888, 889, 899–914 ZPO sowie § 125 KO. Im übrigen ist der Gerichtsvollzieher stets dann das zuständige Vollstreckungsorgan, wenn das Gesetz nichts anderes bestimmt (§ 753 ZPO).

Ein **Verstoß** gegen die funktionelle Zuständigkeit führt grundsätzlich zur Nichtigkeit **322** der Pfändung (z.B. der Gerichtsvollzieher erläßt statt des Vollstreckungsgerichts einen Pfändungs- und Überweisungsbeschluß oder setzt statt des Prozeßgerichts ein Zwangsgeld fest). Streitig ist, ob dies auch bei der Pfändung von Grundstückszubehör gilt, das gem. § 865 Abs. 2 Satz 1 ZPO der Zwangsvollstreckung in das unbewegliche Vermögen unterfällt, so daß hierfür der Rechtspfleger des Zwangsversteigerungsgerichtes gem. § 3 Nr. 1 h RPflG und nicht der Gerichtsvollzieher zuständig ist (für Nichtigkeit: RGZ 135, 197, 206; OLG München MDR 1957, 428; Baumbach/Hartmann § 865 Rn. 12; Zöller/Stöber § 865 Rn. 11; Folge: es entsteht kein Pfändungspfandrecht). Demgegenüber ist nach anderer Auffassung im Hinblick auf die grundsätzliche Zuständigkeit des Gerichtsvollziehers für die Pfändung beweglicher Sachen und der für ihn bestehenden Schwierigkeit, die Zubehöreigenschaft sowie die Frage der Enthaftung zu beurteilen, die Pfändung wirksam, aber mit der Vollstreckungserinnerung gem. § 766 ZPO anfechtbar (Brox/Walker Rn. 207; Thomas/Putzo § 865 Rn. 5; Baur/Stürner Rn. 442; StJ/Münzberg § 865 Rn. 36; MünchKommZPO/Eickmann § 865 Rn. 61; Zimmermann § 865 Rn. 3; Folge: die Entstehung eines Pfändungspfandrechts hängt von der angewandten Theorie ab, vgl. hierzu Rn. 494 f.).

Die **örtliche Zuständigkeit** des Gerichtsvollziehers ergibt sich aus den §§ 154 GVG, **323** 20 GVO; er kann daher innerhalb des ihm vom dienstaufsichtsführenden Richter des Amtsgerichts zugewiesenen Bezirks tätig werden. Ein Verstoß hiergegen führt lediglich zur Anfechtbarkeit der Vollstreckungsmaßnahme gem. § 766 ZPO (s. auch § 20 Abs. 2 GVO).

Die Zwangsvollstreckung durch Sachpfändung spielt auch heute noch eine nicht unbedeutende Rolle (vgl. Seip NJW 1994, 352). Zudem kann der Gerichtsvollzieher über **324** eine Sachpfändung wertvolle Informationen über anderes pfändbares und verwertbares Vermögen des Schuldners durch diesen selbst oder anläßlich einer Vollstreckung (§ 806a ZPO) erlangen, aber auch die Voraussetzungen einer eidesstattlichen Versicherung gem. 807 ZPO herbeiführen.

II. Vollstreckungsantrag

325   Der Gerichtsvollzieher wird nur auf **Antrag** des Gläubigers tätig. Soweit das Gesetz in § 753 ZPO vom **Auftrag** spricht, beruht das auf der inzwischen überholten Vorstellung, daß der Gerichtsvollzieher als Vertreter des Gläubigers tätig wird (Mandatstheorie).

Er ist vielmehr ein selbständiges Organ der Rechtspflege, der aufgrund eines öffentlich-rechtlichen Rechtsverhältnisses zwischen ihm und dem Gläubiger tätig wird (Amtstheorie; vgl. BGHZ 93, 287, 298 = NJW 1985, 1714; Brox/Walker Rn. 12 m.w.N.). Der Gerichtsvollzieher ist Beamter und handelt grundsätzlich hoheitlich, selbständig und in eigener Verantwortung. Er unterliegt der Dienstaufsicht, aber nicht der Leitung des aufsichtsführenden Richters des Amtsgerichts, bei dem er beschäftigt ist (§§ 2, 58 Nr. 1 GVO). Seine Tätigkeit als Organ der Zwangsvollstreckung kann im Wege der Vollstreckungserinnerung durch das Vollstreckungsgericht nachgeprüft werden, §§ 766, 764 ZPO. Die Vorschriften der GVGA (bundeseinheitliche Geschäftsanweisung für Gerichtsvollzieher) hat er als Erläuterungen der gesetzlichen Bestimmungen zu beachten, ist jedoch an sie letztlich nicht gebunden. Eine Bindung an Weisungen des Gläubigers besteht nur insoweit, als diese nicht gegen das Gesetz oder die GVGA verstoßen (§ 58 Nr. 2 GVO; Zöller/Stöber § 753 Rn. 4; weitere Einzelheiten vgl. Rn. 331).

326   Der Antrag an den Gerichtsvollzieher bedarf keiner **Form** (§ 754 ZPO); er kann direkt oder durch Vermittlung der Geschäftsstelle (§ 753 Abs. 2 ZPO) an den zuständigen Gerichtsvollzieher oder an die Gerichtsvollzieherverteilungsstelle bei den Vollstreckungsgerichten mit der Bitte um Weiterleitung an den zuständigen Gerichtsvollzieher gerichtet werden (§§ 33–39 GVO). Die zügigste Verfahrensweise ist – ggf. nach Erfragung des zuständigen Gerichtsvollziehers bei der Gerichtsvollzieherverteilungsstelle – die direkte Beauftragung des Gerichtsvollziehers. Wird der Antrag bei Gericht gestellt, ist er schriftlich einzureichen und vom Antragsteller bzw. dessen Vertreter eigenhändig zu unterschreiben; ein Faksimilestempel genügt nicht (LG Coburg DGVZ 1994, 62; MünchKommZPO/Arnold § 754 Rn. 3). Er kann auch zu Protokoll der Geschäftsstelle erklärt werden und sollte auch im letzteren Fall vom Antragsteller bzw. dessen Vertreter unterschrieben werden (§§ 153 GVG, 24 Abs. 2 Nr. 3 RPflG; eingehend dazu Stöber Rn. 469).

327   Der Gläubiger kann sich bei der Auftragserteilung durch Bevollmächtigte vertreten lassen; es gelten die §§ 80 ff. ZPO entsprechend, insbesondere auch § 88 Abs. 2 ZPO (Prüfung der Vollmacht von Amts wegen, soweit nicht ein Anwalt tätig wird). Die Legitimation gesetzlicher Vertreter ist auf der Grundlage des vorgetragenen Sachverhalts von Amts wegen zu prüfen, § 56 ZPO. Ist der Vertreter im Titel als Prozeßbevollmächtigter bzw. gesetzlicher Vertreter aufgeführt, genügt dies als Nachweis (vgl. § 62 Nr. 2 GVGA). Ein erforderlicher Nachweis der Bevollmächtigung ist durch Vorlage des Originals der Urkunde zu führen (BGH NJW 1994, 2298).

Der Antrag muß folgende Angaben enthalten (weitere Einzelheiten vgl. Muster An-   328
hang):

–   Vollstreckungstitel;

–   Bezeichnung von Gläubiger und Schuldner mit genauer Anschrift; der Gerichts-
    vollzieher ist zur Ermittlung der Anschrift nicht verpflichtet;

–   die zu vollstreckende Forderung (Hauptsache, Zinsen, Prozeß- und Zwangsvoll-
    streckungskosten);

–   wenn nur ein Teil der Forderung vollstreckt werden soll: die genaue Angabe der
    Art der Forderung sowie des Betrages, der vollstreckt werden soll; zur Problema-
    tik der Notwendigkeit einer genauen Aufstellung der Forderungen, insbesondere
    bei der Vollstreckung von Rest- bzw. Teilforderungen (vgl. Rn. 6 ff.).

Darüber hinaus sind ggf. Weisungen und Hinweise an den Gerichtsvollzieher sowie   329
weitergehende Anträge aufzunehmen (z.B.: Zustellung des Titels; Sicherungsvollstreckung, § 720a ZPO; Zustellung der Bürgschaftserklärung bei Leistung Zug um Zug,
§ 756 ZPO; Vorpfändung, § 845 ZPO; Stellung des ggfs. notwendigen Antrags gem.
§§ 758, 761 ZPO; Hilfspfändung gem. §§ 836 Abs. 3 ZPO, 156 GVGA; Drittschuldnererklärung, § 840 Abs. 2 und 3 ZPO; Anschlußpfändung gem. §§ 826 ZPO, 167 Abs. 5
GVGA; Vollstreckung gegen vermögenslose Schuldner gem. § 63 Nr. 2 GVGA; Bewilligung der Entgegennahme von Teilzahlungen bei Pfändungen, aber auch nach er-
folgloser Pfändung, vgl. hierzu Seip NJW 1994, 352, 353; Antrag auf Abschrift des Pfändungsprotokolls, § 760 ZPO; bei einer Antragstellung durch Rechtsanwälte die Beifügung einer Geldempfangsvollmacht, § 62 II GVGA (wenn auch deren Notwendigkeit
umstritten ist; vgl. auch Anhang).

Zudem ist dem Antrag stets eine einfache (soweit eine Vollstreckungsklausel z.B. gem.   330
§§ 796 Abs. 1, 929 Abs. 1 ZPO nicht notwendig ist), ansonsten eine vollstreckbare **Aus-**
fertigung des Titels sowie die sonstigen für den Beginn der Zwangsvollstreckung **not-**
wendigen Urkunden (vgl. §§ 750 Abs. 2, 751 Abs. 2, 756 ZPO) beizufügen.

Der Gläubiger als „Herr des Verfahrens" kann dem Gerichtsvollzieher **Weisungen** er-   331
teilen, soweit diese nicht gegen gesetzliche Vorschriften oder die GVGA verstoßen (vgl.
§ 58 Nr. 2 GVGA), z.B. kann der Gläubiger bestimmen, daß bestimmte Gegenstände
von der Pfändung ausgeschlossen sind, nicht vor einem bestimmten Zeitpunkt mit
der Vollstreckung begonnen werden darf, die Vollstreckung vorläufig nicht weiter betrieben werden soll („Ruhen"), eine erfolgte Pfändung aufzuheben ist („Freigabe").
Ferner kann er die rechtzeitige Benachrichtigung von dem Zeitpunkt der Vollstreckung
verlangen, wenn er oder sein Vertreter die Zuziehung zur Zwangsvollstreckung
wünscht (KG DGVZ 1983, 72; LG Münster NJW-RR 1991, 140; § 62 Nr. 5 GVGA). Auf
ausdrückliche Anweisung des Gläubigers sind auch Gegenstände, die offensichtlich
zum Vermögen eines Dritten gehören, zu pfänden (§ 119 Nr. 2 S. 2 GVGA). Dies erklärt
sich daraus, daß Dritte u.U. der Zwangsvollstreckung in ihr Eigentum nicht gem. § 771
ZPO widersprechen können, weil der Vollstreckungsgläubiger ein besseres Recht hat
(vgl. Kap. „Gegenrechte des Beklagten" Rn. 1214).

Da **vollstreckungsbeschränkende Vereinbarungen** auch mit dem Inhalt zulässig sind,   332
daß nur in einen oder mehrere bestimmte Gegenstände vollstreckt werden darf, muß
auch eine dementsprechende Anweisung des Gläubigers an den Gerichtsvollzieher

möglich sein; aber auch ohne eine solche Vereinbarung ist eine derartige Anweisung zulässig (MünchKommZPO/Arnold § 753 Rn. 27 m.w.N.; Thomas/Putzo § 753 Rn. 15; a.A.: LG Berlin MDR 1977, 146 (generell seien nur Anregungen zulässig); Zimmermann § 753 Rn. 6; Zöller/Stöber § 753 Rn. 4).

Zur Frage welchen Inhalt das vom Gerichtsvollzieher anzufertigende **Protokoll** haben muß vgl. Kap. Rn. 478 f.

333 Hingegen entscheidet der Gerichtsvollzieher nach eigenem pflichtgemäßen Ermessen über die **Reihenfolge** der durchzuführenden Vollstreckungsmaßnahmen aufgrund der sich aus den jeweils konkreten Umständen des Einzelfalles ergebenden Dringlichkeit. Ergibt sich diese nicht bereits aus der Art der Vollstreckungshandlung (Arrest, einstweilige Verfügung, Vorpfändung gem. § 845 ZPO, Zustellung zur Wahrung von Notfristen), hat der Gläubiger für sein Verlangen nach eiliger Ausführung den maßgebenden Grund für die besondere Beschleunigung erkennen zu lassen (§ 6 S. 5 GVGA). Zwar sind alle Aufträge schnell und nachdrücklich durchzuführen (§§ 6, 64 GVGA), doch kann es angebracht sein, einen Pfändungsauftrag umgehend auszuführen, um den Rang des Pfandrechts zu sichern. Erfolgt die erste Vollstreckungshandlung nicht innerhalb eines Monats nach Antragseingang, so ist der Grund der Verzögerung aktenkundig zu machen (§ 64 GVGA).

Zum Rechtsschutzinteresse bei **Bagatellforderung** vgl. Rn. 25.

334 Ist ein auf **Zug-um-Zug-Leistung lautender Titel** (§ 756 ZPO) zu vollstrecken und kann der Gläubiger die Befriedigung des Schuldners lediglich durch eine – nicht ausreichende – privatschriftliche Quittung des Schuldners belegen, so sollte der Gläubiger den Antrag stellen, daß der Gerichtsvollzieher sich zum Schuldner begibt und diesen unter Vorlage der privatschriftlichen Quittung befragt, ob er die Leistung des Gläubigers – wie quittiert – tatsächlich erhalten hat. Wenn der Schuldner dies dann bestätigt, so nimmt der Gerichtsvollzieher diese Erklärung des Schuldners zu Protokoll, so daß damit der erforderliche Nachweis der Befriedigung des Schuldners erbracht bzw. unnötig ist (§§ 288, 291 ZPO). Einer Zustellung des Protokolls an den Schuldner bedarf es in diesem Fall nicht mehr. Im übrigen vgl. die Ausführungen zur Zug-um-Zug-Leistung in Rn. 235 ff.

335 Der Gläubiger sollte den Gerichtsvollzieher auch im Hinblick auf § 806a ZPO bitten, den Schuldner insbesondere zu **befragen nach**

– Namen und Anschrift seines **Arbeitgebers** (falls der Schuldner nicht angetroffen wird: hierzu die in seinem Hausstand gehörigen Personen zu befragen),

– **Forderungen des Schuldners gegen Dritte**, insbes. der Angabe der Stammnummer bei Bezug von Arbeitslosengeld bzw. der Renten- oder Versicherungsnummer bei Bezug von Renten, Pensionen oder Versicherungsleistungen.

336 Empfehlenswert ist ferner der Antrag an den Gerichtsvollzieher, für den Gläubiger **Anträge gem. § 758 ZPO** auf richterliche Durchsuchungsanordnung sowie **§ 761 ZPO** auf Vollstreckung zur Nachtzeit sowie an Sonn- und Feiertagen zu stellen (zur Frage der rechtlichen Zulässigkeit eines solches Auftrages vgl. Rn. 363).

337 Ein ausdrücklicher Auftrag an den Gerichtsvollzieher ist notwendig, wenn er die zur **Vorpfändung** notwendige Benachrichtigung über die bevorstehende Pfändung nebst

Aufforderungen an Drittschuldner und Schuldner nicht nur zustellen, sondern auch selbst anfertigen soll (§ 845 Abs. 1 S. 2 ZPO). Ob der Gerichtsvollzieher auch hierbei hoheitlich handelt, ist streitig (vgl. Zöller/Stöber § 845 Rn. 4 m.w.N.). Im Hinblick auf eine zügige Durchführung empfiehlt es sich, eines der im Handel erhältlichen Vorpfändungsformulare soweit wie möglich auszufüllen und dem Antrag an den Gerichtsvollzieher beizufügen.

Sind die allgemeinen und besonderen Voraussetzungen der Zwangsvollstreckung gegeben und liegt auch kein Vollstreckungshindernis vor, muß der Gerichtsvollzieher die Zwangsvollstreckung schnell und nachdrücklich bis zu ihrem Ende durchführen. Nur das Vollstreckungsgericht, nicht der Gerichtsvollzieher kann unter den Voraussetzungen des **§ 813a ZPO** einen **Verwertungsaufschub** anordnen (vgl. näheres dazu in Kap. Rn. 554 f.). Der Gerichtsvollzieher darf eine Aussetzung der Verwertung nur vornehmen, wenn ein Beschluß des Vollstreckungsgerichts gem. § 813a ZPO vorliegt (Vollstreckungshindernis gem. § 775 Nr. 2 ZPO) oder wenn der Gläubiger ausdrücklich oder konkludent zustimmt (vgl. auch § 141 Nr. 2 Abs. 2 S. 1 GVGA). Gemäß § 141 Nr. 2 Abs. 2 S. 3 GVGA kann der Gerichtsvollzieher unter bestimmten Voraussetzungen von einer solchen stillschweigenden Zustimmung des Gläubigers ausgehen. Wenn der Gläubiger dies nicht will, sollte er in dem Antrag an den Gerichtsvollzieher entsprechendes von vornherein mitteilen. Keinesfalls ist der Gerichtsvollzieher berechtigt, im Hinblick auf vom Schuldner angebotene Ratenzahlungen sogar von der Pfändung abzusehen. Da dies in der Praxis aber immer wieder geschieht, empfiehlt sich ein entsprechender Hinweis in dem Auftragsschreiben an den Gerichtsvollzieher, falls der Gläubiger mit einer entsprechenden Verfahrensweise nicht einverstanden ist oder im Einzelfall vorher gefragt werden will.

In der Praxis kommt es auch immer wieder vor, daß der Schuldner dem Gerichtsvollzieher eine angebliche, in Wahrheit aber **gefälschte Quittung** des Gläubigers über eine vereinbarte Stundung oder erhaltene Zahlungen vorlegt, um so unter Darlegung eines Vollstreckungshindernisses (§ 775 Nr. 4 ZPO) einer sofortigen Zwangsvollstreckung zu entgehen. Um eine dadurch hervorgerufene Verzögerung der Zwangsvollstreckung zu verhindern, sollte der Gläubiger in dem Auftragsschreiben an den Gerichtsvollzieher angeben, daß bis zum Zeitpunkt der Erteilung des Auftrags an den Gerichtsvollzieher keine Urkunden über Zahlungen oder Stundungen vom Gläubiger ausgestellt worden sind und daher bei gegenteiliger Darstellung durch den Schuldner die Vollstreckung weiter durchgeführt werden soll.

III. § 758 ZPO

Seit der Entscheidung des Bundesverfassungsgerichts (NJW 1979, 1539) ist es h.M., daß der Gerichtsvollzieher entgegen dem Wortlaut des § 758 Abs. 1 ZPO einen richterlichen Durchsuchungsbeschluß benötigt, um die Wohnung des Schuldners nach pfändbaren Sachen zu durchsuchen, falls der Schuldner sich nicht freiwillig damit einverstanden erklärt oder Gefahr in Verzug vorliegt.

1. Art der Räume

341 Nach der Rechtsprechung des Bundesverfassungsgerichts umfaßt der Schutz des Artikel 13 GG aber nicht nur Wohnräume, sondern auch Arbeits-, Betriebs- und Geschäftsräume (BVerfG NJW 1971, 2299). Daher ist für eine Durchsuchung auch derartiger Räume einschließlich der Nebenräume und Zugänge (Abstellräume, Dachboden, Flure, Garage, Garten, Hof, Keller, Stall), ferner auch bei Wohnwagen, Wohnbooten, Gast- und Hotelzimmern ein richterlicher Durchsuchungsbeschluß notwendig (h.M.: BFH NJW 1989, 855 = DGVZ 1989, 169, 170; OLG Hamburg NJW 1984, 2898; LG Düsseldorf MDR 1981, 679; Zöller/Stöber § 758 Rn. 4; MünchKommZPO/Arnold § 758 Rn. 9–12 m.w.N.; Brox/Walker Rn. 323; a.A.: AG Berlin-Tempelhof MDR 1980, 502; Baumbach/Hartmann § 758 Rn. 14; Thomas/Putzo § 758 Rn. 4; Behr NJW 1992, 2125, 2126). Dies gilt auch für allgemein zugängliche Räume wie Warenhäuser, Gaststätten, Ausstellungsräume etc. (Zöller/Stöber § 758 Rn. 8; MünchKommZPO/Arnold § 758 Rn. 12, 48, jeweils m.w.N.). Nicht zu den entsprechenden Räumen zählen: Autos, ein kurzzeitig betriebener Marktstand (AG Hamburg DGVZ 1981, 63).

342 Da sich der Durchsuchungsbeschluß auf konkret bezeichnete Räume beziehen muß, ist bei einem **Wohnungswechsel** des Schuldners ein neuer Durchsuchungsbeschluß notwendig (allg. Meinung, vgl. LG Köln, DGVZ 1985, 91; MünchKommZPO/Arnold § 758 Rn. 88; Baumbach/Hartmann § 758 Rn. 20; Zöller/Stöber § 758 Rn. 24; Thomas/Putzo § 758 Rn. 5).

2. Räume des Schuldners

343 Bei den zu durchsuchenden **Räumen** muß es sich um solche **des Schuldners** handeln. Wohnt der Schuldner mit anderen Personen zusammen (z.B. Familie, Wohngemeinschaft, Untermiete), so genügt eine Anordnung gegen ihn, um alle von ihm mitbenutzten Räume durchsuchen zu dürfen. Die damit verbundenen Beeinträchtigungen müssen die Mitbewohner hinnehmen. Eine Durchsuchungsanordnung gegen diese selbst scheidet aus, weil sich die Durchsuchung nicht gegen sie richtet (h.M.: OLG Stuttgart Rpfleger 1981, 152; MünchKommZPO/Arnold § 758 Rn. 16 f. m.w.N., auch zu abweichenden Auffassungen).

344 Werden bestimmte Räume innerhalb einer Wohnung (z.B. Untermieter) oder eines Hotels (Gast) **ausschließlich von Dritten**, hingegen andere Räume nur vom Schuldner bewohnt, erstreckt sich die Durchsuchungsanordnung grundsätzlich allein auf letztere. Der Gerichtsvollzieher ist aber berechtigt, diejenigen Teile der Wohnung zu betreten und sie zu „durchschreiten", die den notwendigen Zugang zu den Räumen des Schuldners (z.B. Durchgangszimmer) bilden (MünchKommZPO/Arnold § 758 Rn. 30, 40; Zimmermann § 758 Rn. 5; Brox/Walker Rn. 326).

Wenn konkrete Anhaltspunkte dafür bestehen, daß sich in allein von einem mitbewohnenden Dritten genutzten Räumen Sachen befinden, die im Alleingewahrsam des Schuldners stehen, darf der Gerichtsvollzieher auch diese Räume betreten (h.M.; vgl. MünchKommZPO/Arnold § 758 Rn. 32 m.w.N.). Untersagt ist ihm hingegen, diese Räume nach Sachen des Schuldners zu durchsuchen, weil dafür entspr. Art. 13 GG eine Durchsuchungsanordnung gegen den Dritten notwendig wäre, für die es allerdings – da er nicht Schuldner ist – keine Rechtsgrundlage gibt. Er darf daher nur im Alleingewahrsam des Schuldners stehende und ohne weiteres erreichbare Sachen pfänden oder Behältnisse durchsuchen. Beim Mitgewahrsam des Dritten gilt § 809 ZPO.

Auf den Schutz des Artikel 13 GG können sich nicht nur natürliche, sondern auch **juristische Personen** sowie Personenvereinigungen des Privatrechts berufen (vgl. BVerfG NJW 1971, 2299; 1976, 1735; Zöller/Stöber § 758 Rn. 7; MünchKommZPO/Arnold § 758 Rn. 9 m.w.N.; str.).   **345**

3. Durchsuchung

Durchsuchen bedeutet, ziel- und zweckgerichtetes Suchen staatlicher Organe, um Sachen des Schuldners oder Personen in den Räumen aufzuspüren, die der Inhaber der Wohnung von sich aus nicht herausgeben oder nicht offenlegen will (BVerfG NJW 1979, 1539; 1987, 2499; Zöller/Stöber § 758 Rn. 2).   **346**

Daher stellt das bloße Betreten oder Durchschreiten einer Wohnung keine Durchsuchung dar (s.o.). Hingegen wird man die Notwendigkeit einer richterlichen Anordnung auch dann bejahen müssen, wenn der Gerichtsvollzieher positiv weiß, daß in einer Wohnung eine bestimmte Sache vorhanden ist, die er pfänden will. Zwar ist dann ein zielgerichtetes Suchen nicht erforderlich, aber der Schuldner will die Sache nicht freiwillig herausgeben und Art. 13 GG gibt ihm das Recht, in seinen Wohnräumen „in Ruhe gelassen zu werden" (BVerfG NJW 1979, 1539; MünchKommZPO/Arnold § 758 Rn. 41 m.w.N.; Brox/Walker Rn. 325; Zöller/Stöber § 758 Rn. 8; a.A.: BFH DGVZ 1989, 169 = NJW 1989, 855; Rößler NJW 1979, 2137, 2138).

Soll für **mehrere Gläubiger** oder für denselben Gläubiger wegen **mehrerer Vollstreckungsaufträge** durchsucht und gepfändet werden, deckt die für die Vollstreckung eines bestimmten Titels erteilte richterliche Anordnung die Durchsuchung und Pfändung für die übrigen Vollstreckungsmaßnahmen nur dann mit ab, wenn sich dadurch keine zusätzlichen, weitergehenden Maßnahmen (Durchsuchung anderer Räume und Behältnisse und dadurch zwangsläufig bedingtes längeres Verweilen des Gerichtsvollziehers) ergeben (BVerfG NJW 1987, 2499; AG Berlin-Charlottenburg DGVZ 1990, 174; Zöller/Stöber § 758 Rn. 12; MünchKommZPO/Arnold § 758 Rn. 89; Baumbach/Hartmann § 758 Rn. 16, jeweils m.w.N.; a.A.: LG München DGVZ 1985, 45, 46; Thomas/Putzo § 758 Rn. 12). Ansonsten bedarf es einer gesonderten richterlichen Durchsuchungsanordnung.   **347**

4. Entbehrlichkeit der Anordnung

Eine richterliche Durchsuchungsanordnung ist **entbehrlich**:

a) Einwilligung

Wenn der Schuldner oder einer seiner erwachsenen Familienangehörigen oder sonstigen Hausgenossen oder Bevollmächtigte in die Durchsuchung ohne richterliche Anordnung **einwilligt**. Für die Rechtswirksamkeit dieser Erklärung bedarf es eines entsprechenden Bewußtseins des Schuldners, d.h. er muß wissen, daß er das Recht hat, eine richterliche Anordnung für die beabsichtigte Durchsuchung zu verlangen.   **348**

Der Gerichtsvollzieher wird daher dies durch eine entsprechende Rückfrage an den Schuldner abklären und ihn ggf. darauf hinweisen müssen (Zöller/Stöber § 758 Rn. 8; Baumbach/Hartmann § 758 Rn. 8; Brox/Walker Rn. 324; Schubert MDR 1980, 366 m.w.N.; a.A.: MünchKommZPO/Arnold § 758 Rn. 47; Zimmermann § 758 Rn. 3; Thomas/Putzo § 758 Rn. 9; Bischof ZIP 1983, 522). Die erteilte Einwilligung gilt – vorbehaltlich eines Widerrufs, vgl. Rn. 350 – für das gesamte Vollstreckungsverfahren, also auch für das spätere Abholen gepfändeter, aber zunächst beim Schuldner verbliebener Sachen.

349 Keine wirksame Einwilligung stellt die Erklärung des Schuldners in einer notariellen Urkunde dar, daß er sich der Durchsuchung unterwerfe (Mittlg. der Bundesnotarkammer DNotZ 1981, 347). Eine derartige Erklärung in allgemeinen Geschäftsbedingungen ist wegen Verstoßes gegen § 9 AGBG unwirksam. Das **Zugänglichmachen von Geschäftsräumen** für die Allgemeinheit stellt keine Einwilligung zur Durchsuchung dar, weil Ziel eines solchen Zugänglichmachens der Verkauf von Waren bzw. Erbringung von Dienstleistungen, nicht aber die Durchsuchung und Pfändung von Sachen ist (LG Düsseldorf DGVZ 1981, 115; LG Wuppertal DGVZ 1980, 11; Zöller/Stöber § 758 Rn. 8; MünchKommZPO/Arnold § 758 Rn. 118, jeweils m.w.N.; Seip NJW 1994, 352, 355; a.A.: BFH NJW 1989, 855 = DGVZ 1989, 169).

350 Eine erteilte Einwilligung kann jederzeit vom Schuldner, seinen Familienangehörigen oder sonstigen Hausgenossen **widerrufen** werden mit der Folge, daß eine weitere Durchsuchung unzulässig ist und nunmehr eine richterliche Anordnung erwirkt werden muß. Gepfändete, aber im Gewahrsam des Schuldners verbliebene Sachen können daher ohne richterliche Anordnung dann nicht mehr abgeholt werden (Bischof ZIP 1983, 522, 526; Zöller/Stöber § 758 Rn. 8; MünchKommZPO/Arnold § 758 Rn. 52 m.w.N.; a.A.: AG Wiesbaden DGVZ 1980, 28). Bei einem Widerruf der Einwilligung kann jedoch nunmehr „Gefahr in Verzug" vorliegen.

b) Gefahr in Verzug

351 Diese liegt nur dann vor, wenn die vorherige Einholung der richterlichen Anordnung den Erfolg der Durchsuchung gefährden würde (BVerfG NJW 1979, 1539, 1540). Die bloße Weigerung des Schuldners, die Zwangsvollstreckung in seinen Wohnräumen zu dulden und die damit verbundene abstrakte Gefahr, der Schuldner könne die Zwangsvollstreckung vereiteln, begründet für sich allein eine solche Gefahr nicht (so auch der vom BVerfG entschiedene Fall). Denn zum einen würde so die Ausnahme zur Regel gemacht, zum anderen wäre eine richterliche Anordnung dann niemals notwendig, weil diese ja nur gerade für den Fall erforderlich ist, daß der Schuldner nicht freiwillig die Durchsuchung gestattet (zutreffend van den Hövel NJW 1993, 2031 sowie Seip NJW 1994, 354 gegen Behr NJW 1992, 2126).

352 Eine derartige Ausnahme kommt in Betracht:
bei Vollstreckung eines im Beschlußwege ergangenen Arrestbefehls oder einer einstweiligen Verfügung (streitig; vgl. MünchKommZPO/Arnold § 758 Rn. 54–57; Zöller/Stöber § 758 Rn. 9, jeweils m.w.N.); ferner bei konkreten Verdachtsmomenten für eine Vollstreckungsvereitelung oder bevorstehende Ausreise des Schuldners ins Ausland (LG Bamberg DGVZ 1989, 153; LG Kaiserslautern DGVZ 1986, 62). Gefahr in Verzug soll auch bei einem bevorstehenden Umzug und bekannter neuer Adresse des Schuldners gegeben sein (OLG Karlsruhe DGVZ 1992, 41). Dies ist jedoch abzulehnen,

weil ein entsprechender Beschluß für die alte und/oder neue Wohnung erwirkt werden kann (im Ergebnis so auch Zöller/Stöber § 758 Rn. 9). Anderes könnte nur gelten, wenn der Schuldner ständig umzöge, um so die Zwangsvollstreckung zu vereiteln.

c) Ermessensentscheidung

Ob eine richterliche Anordnung wegen Einwilligung oder Gefahr in Verzug nicht notwendig ist, entscheidet der Gerichtsvollzieher nach pflichtgemäßem Ermessen. Die entsprechenden Tatsachen sind im Protokoll des Gerichtsvollziehers von diesem zu vermerken. Eine Nachprüfung kann gem. § 766 ZPO erfolgen. Hat der Gerichtsvollzieher zutreffend Gefahr in Verzug bejaht, bedarf es einer nachträglichen richterlichen Bestätigung nicht (Zöller/Stöber § 758 Rn. 9; MünchKommZPO/Arnold § 758 Rn. 57). Hat der Gerichtsvollzieher zu Unrecht eine Einwilligung oder Gefahr in Verzug angenommen, kann der Grundrechtsverstoß nicht durch eine nachträgliche richterliche Anordnung geheilt werden, also auch nicht durch eine auf Erinnerung ergangene Entscheidung des Richters (BVerfG NJW 1979, 1539). **353**

5. Konkludente Anordnungen

Ob eine **ausdrückliche Anordnung** gem. Art. 13 Grundgesetz in jedem Fall notwendig ist oder ein richterlicher Titel diese Anordnung konkludent enthält, ist im einzelnen streitig. **354**

Ein **Titel auf Zahlung von Geld** enthält keinesfalls gleichzeitig eine entsprechende Anordnung, weil bei seinem Erlaß die Notwendigkeit der Durchsuchung der Wohnung des Schuldners noch offen ist (BVerfG NJW 1979, 1539, 1540). **355**

Entsprechendes gilt für die **Herausgabe beweglicher Sachen**. Auch hier ist eine gesonderte richterliche Anordnung notwendig, weil sich die herauszugebende Sache im Zeitpunkt der Zwangsvollstreckung nicht zwingend in der Wohnung des Schuldners befinden muß, z.B. trifft der Gerichtsvollzieher den Schuldner auf der Straße, dieser trägt die herauszugebende Uhr am Arm; das herauszugebende Gemälde befindet sich in der Wohnung eines Dritten (h.M.: vgl. Zöller/Stöber § 758 Rn. 10 m.w.N.; a.A.: Brox/Walker Rn. 1054; Zimmermann § 883 Rn. 1; Barz DGVZ 1993, 177, 179 bei Anerkenntnis-Urteilen betr. Wohnungseinrichtungsgegenständen). **356**

Lautet der **Titel auf Zutrittsgewährung zur Wohnung** zwecks Vornahme von Handlungen (z.B. Sperrung des Stromzählers) oder Wegnahme bestimmter Sachen (Ausbau eines schuldnerfremden Gaszählers), so schließt er die Anordnung gem. Art. 13 GG ein (OLG Köln NJW-RR 1988, 832; Zöller/Stöber § 758 Rn. 10 m.w.N.). **357**

Ein vom Richter erlassener **Räumungstitel** beinhaltet die Anordnung, Räume des Schuldners betreten und ihn zwangsweise aus dem Besitz zu setzen (h.M.: vgl. OLG Düsseldorf NJW 1980, 458; Zöller/Stöber § 758 Rn. 10 m.w.N.; vgl. auch § 107 Nr. 8 Abs. 2 GVGA). Ob dies auch für einen auf Räumung lautenden Prozeßvergleich, einen Konkurseröffnungsbeschluß oder einen vom Rechtspfleger erlassenen Zuschlagsbeschluß gem. § 93 ZVG gilt, ist streitig (gesonderte Anordnung erforderlich: OLG Bremen Rpfleger 1994, 77; AG Bad Segeberg NJW-RR 1989, 61; Zeller/Stöber ZVG § 93 Anm. 2.4; Zöller/Stöber § 758 Rn. 10 und § 885 Rn. 10; Schuschke § 885 Rn. 8; MünchKommZPO/Schilken § 885 Rn. 15; Zimmermann § 885 Rn. 4; Brox/Walker Rn. 1059; **358**

Schneider NJW 1980, 2377, 2379; a.A.: LG Berlin DGVZ 1981, 184 = JurBüro 1982, 619; MünchKommZPO/Arnold § 758 Rn. 60; Thomas/Putzo § 758 Rn. 13; Baumbach/Hartmann § 758 Rn. 15). Im Rahmen der Räumungsvollstreckung darf der Gerichtsvollzieher auch Durchsuchungen jedenfalls für denselben Gläubiger wegen der Kosten des Räumungsverfahrens auch ohne richterliche Anordnung durchführen (OLG Düsseldorf NJW 1980, 458; Zöller/Stöber § 758 Rn. 11).

359 **Haftbefehl** (§§ 901, 908, 909, 933 ZPO) sowie **Vorführungsbefehl** (§§ 372a, 380 Abs. 2, 613 Abs. 2, 640 Abs. 1 ZPO) schließen die Anordnung der Durchsuchung der Räume des Schuldners zum Zwecke seiner Verhaftung oder Vorführung mit ein (h.M.: vgl. LG Berlin NJW 1980, 457; Zöller/Stöber § 758 Rn. 10; MünchKommZPO/Arnold § 758 Rn. 61; Thomas/Putzo § 758 Rn. 13; Zimmermann § 758 Rn. 6; vgl. auch § 107 Nr. 8 Abs. 2 GVGA; a.A.: LG Saarbrücken NJW 1979, 2571 mit abl. Anm. Schubert NJW 1980, 459; Baumbach/Hartmann § 758 Rn. 11). Für Räume Dritter bedarf es bei deren Weigerung einer richterlichen Durchsuchungsanordnung, wobei streitig ist, ob dafür überhaupt eine Rechtsgrundlage vorhanden ist (vgl. Zöller/Stöber § 758 Rn. 10; MünchKommZPO/Arnold § 758 Rn. 38, jeweils m.w.N.).

360 Bei einer **Anschlußpfändung** gem. § 826 ZPO genügt die in das Protokoll aufzunehmende Erklärung des Gerichtsvollziehers, daß er die konkret bezeichnete Sache für seinen neuen Auftraggeber (anderen Gläubiger) oder für einen bisherigen Gläubiger erneut (wegen einer anderen Forderung) pfände. Da sich die Pfändung somit anders als bei einer Anschlußpfändung gem. § 808 ZPO außerhalb der Wohnung des Schuldners vollzieht, ist keine Durchsuchungsanordnung notwendig.

361 Ein **Beschluß gem. § 761 ZPO** (Vollstreckung zur Nachtzeit sowie an Sonn- und Feiertagen) enthält nicht ohne weiteres eine Anordnung gem. § 758 ZPO (LG Stuttgart DGVZ 1981, 11; Zöller/Stöber § 761 Rn. 7; MünchKommZPO/Arnold § 761 Rn. 24; Baumbach/Hartmann § 758 Rn. 8; a.A.: Thomas/Putzo § 758 Rn. 13; Bischof ZIP 1983, 522, 524 unter Berufung auf BVerfGE 16, 239, 241, von der aber das BVerfG in BVerGE 51, 97 = NJW 1979, 1539, 1540 abgerückt ist).

6. Verfahren

362 Das Verfahren zur Erwirkung einer richterlichen Anordnung ist nicht geregelt; es finden die Vorschriften des 8. Buches der ZPO, insbesondere § 761 ZPO entsprechende Anwendung (allg. M., BVerfG NJW 1979, 1539, 1541; BGH NJW-RR 1986, 286; Zöller/Stöber § 758 Rn. 15).

a) Antrag

363 Notwendig ist stets ein entsprechender **Antrag**, in dem die genaue Bezeichnung des Vollstreckungsauftrags (Gläubiger, Schuldner, Titel) sowie der Wohnung des Schuldners enthalten sein muß. Die Stellung des Antrags ist Sache des Gläubigers (vgl. § 107 Nr. 3 GVGA; MünchKommZPO/Arnold § 758 Rn. 68; Thomas/Putzo § 758 Rn. 7). Streitig ist, ob der Gerichtsvollzieher auf entsprechenden Antrag des Gläubigers hin den Antrag stellen kann (so LG Bamberg DGVZ 1989, 152; Zöller/Stöber § 758 Rn. 17; Brox/Walker Rn. 328; Thomas/Putzo § 758 Rn. 7; a.A.: MünchKommZPO/Arnold § 758 Rn. 68; Baumbach/Hartmann § 758 Rn. 3, jeweils m.w.N.); er ist jedenfalls nicht dazu verpflichtet (h.M.: LG Bamberg a.a.O.; LG Koblenz DGVZ 1981, 24; Zöller/Stöber § 758 Rn. 17 m.w.N.). Andererseits soll der Gerichtsvollzieher auch ohne entsprechenden Auftrag zur Stellung des Antrags im Namen des Gläubigers berechtigt sein (Zöller/Stöber § 758 Rn. 17; Zimmermann § 758 Rn. 7).

Das Vorliegen sämtlicher Zwangsvollstreckungsvoraussetzungen ist **vom Gläubiger**   **364**
darzulegen (z.B. Zustellung des Titels, Erbringung der Sicherheitsleistung, Ablauf einer Wartefrist); nach h.M. sind ferner die entsprechenden Unterlagen sowie die für die Prüfung des Gerichts maßgeblichen Tatsachen (u.a. Protokoll des Gerichtsvollziehers über einen vergeblichen Vollstreckungsversuch) dem Antrag beizufügen (OLG Oldenburg DGVZ 1991, 172; LG Aschaffenburg DGVZ 1985, 115; LG Berlin DGVZ 1988, 74; LG Darmstadt DGVZ 1989, 120; Zöller/Stöber § 758 Rn. 18; MünchKomm-ZPO/Arnold § 758 Rn. 71, jeweils m.w.N.).

b) Zuständigkeit

Zuständig für die Entscheidung ist der Richter des Amtsgerichts, in dessen Bezirk die   **365**
Zwangsvollstreckung durchgeführt werden soll (§ 761 Abs. 1 ZPO analog; BGH NJW-RR 1986, 286).

c) Rechtsschutzinteresse

Für die Anordnung der Durchsuchung muß ein Rechtschutzinteresse bestehen. Es be-   **366**
steht nicht, wenn der Schuldner mit der Durchsuchung einverstanden ist. Daher muß zunächst festgestellt werden, ob dies der Fall ist; ein Vollstreckungsversuch muß also grundsätzlich stattgefunden haben. Nur wenn ausnahmsweise aufgrund konkreter Umstände feststeht, daß der Schuldner die Einwilligung verweigern wird, bedarf es dieses Vollstreckungsversuches nicht (LG Darmstadt JurBüro 1980, 775; Zöller/Stöber § 758 Rn. 20; MünchKommZPO/Arnold § 758 Rn. 69, jeweils m.w.N.). Die bloße Mitteilung des Gerichtsvollziehers, der Schuldner habe bisher niemals einen Zutritt gestattet, genügt daher nicht (LG Köln JurBüro 1988, 537). Verweigert der Schuldner, eine mit ihm in häuslicher Gemeinschaft lebende Person oder ein Vertreter des Schuldners die Einwilligung, ist ein Rechtsschutzbedürfnis gegeben.

Im einzelnen streitig ist die Frage, ob ein Rechtsschutzbedürfnis zu bejahen ist, wenn   **367**
der **Schuldner bei dem Vollstreckungsversuch nicht angetroffen wurde**. Nach wohl h.M. muß der Gerichtsvollzieher mindestens zweimal den Schuldner nicht in seiner Wohnung angetroffen haben, davon mindestens einmal zu einer Zeit, in der man sich gewöhnlich in der Wohnung aufzuhalten pflegt (OLG Bremen DGVZ 1989, 40 = NJW-RR 1989, 1407; LG Berlin DGVZ 1988, 74; LG Köln DGVZ 1993, 190; vgl. weitere Einzelheiten und Nachweise bei Zöller/Stöber § 758 Rn. 20; MünchKommZPO/Arnold § 758 Rn. 69; Barz DGVZ 1993, 177 f.; Däumichen DGVZ 1994, 41); oder der Gerichtsvollzieher muß beim ersten Mal eine schriftliche Nachricht hinterlassen haben, mit der Aufforderung, sich mit ihm wegen eines Termins in Verbindung zu setzen, ansonsten mit einer richterlichen Durchsuchungsanordnung und gewaltsamer Öffnung gerechnet werden müsse (OLG Celle Rpfleger 1987, 73; MünchKommZPO/Arnold § 758 Rn. 69).

d) Verhältnismäßigkeit

368 Die Durchsuchung muß ferner dem **Grundsatz der Verhältnismäßigkeit** entsprechen. Dieser ist nicht gewahrt bei ernsthafter Erkrankung des Schuldners oder einer in seinem Haushalt lebenden Person, soweit diese die Wohnung während der Vollstreckung krankheitsbedingt nicht verlassen können (LG Hannover NJW-RR 1986, 288; DGVZ 1984, 116; MünchKommZPO/Arnold § 758 Rn. 77). Unverhältnismäßigkeit ist ferner gegeben, wenn aufgrund konkreter Anknüpfungstatsachen davon auszugehen ist, daß in der zu durchsuchenden Wohnung keine verwertbaren Sachen vorhanden sind (BVerfG NJW 1981, 2111, 2112; vgl. im einzelnen Zöller/Stöber § 758 Rn. 14). Andererseits kann der Gläubiger nicht generell auf andere Möglichkeiten der Zwangsvollstreckung (Forderungspfändung; Vollstreckung in Immobilien; Pfändung von Sachen des Schuldners bei Dritten) verwiesen werden. Bei **Bagatellforderungen** kann eine Durchsuchung unverhältnismäßig sein, ist es aber nach zutreffender Auffassung nicht stets (vgl. BVerfG NJW 1979, 1539, 1540; LG Düsseldorf NJW 1980, 1171; MünchKommZPO/Arnold § 758 Rn. 78 m.w.N.; a.A.: LG Hannover NJW-RR 1986, 1256; Zöller/Stöber § 758 Rn. 14).

e) Rechtliches Gehör

369 Vor der Entscheidung über den Antrag ist dem Schuldner rechtliches Gehör zu gewähren, es sei denn, dadurch würde der Erfolg der Vollstreckung gefährdet (h.M.: BVerfG NJW 1981, 2112; Zöller/Stöber § 758 Rn. 19). Ob eine derartige Gefährdung vorliegt, ist aufgrund der konkreten Umstände des Einzelfalles, aber auch unter Berücksichtigung allgemeiner Erfahrungssätze vom Gericht nach pflichtgemäßem Ermessen zu entscheiden (BVerfG a.a.O.; LG Bamberg DGVZ 1989, 152; Zöller/Stöber § 758 Rn. 19; MünchKommZPO/Arnold § 758 Rn. 75; Baumbach/Hartmann § 758 Rn. 4; Thomas/Putzo § 758 Rn. 11; Zimmermann § 758 Rn. 9; a.A.: LG Hannover DGVZ 1986, 62). Es ist daher eine rein tatsächliche Frage, ob in der Praxis diese Gefährdung nahezu regelmäßig besteht (BVerfG a.a.O.; letzteres bejahend LG Berlin DGVZ 1993, 173).

f) Entscheidung

370 Die Entscheidung ergeht durch kurz zu begründenden Beschluß oder Verfügung (vgl. § 761 Abs. 2 ZPO). In ihr sind der Vollstreckungsauftrag nach Gläubiger, Schuldner und Titel sowie die zu durchsuchende Wohnung des Schuldners genau zu bezeichnen (OLG Köln OLGZ 1993, 375). Das Gericht prüft seinerseits, ob sämtliche Voraussetzungen für den Erlaß vorliegen (allgemeine und besondere Voraussetzungen der Zwangsvollstreckung, Rechtsschutzbedürfnis, Verhältnismäßigkeit), nicht jedoch die inhaltliche Richtigkeit des Titels (allg. M., vgl. BVerfG NJW 1979, 1539). Anders als bei der Durchsuchung gemäß § 102 StPO sind hier Angaben zum Zweck der Durchsuchung und der zulässigen Maßnahmen nicht erforderlich, weil sich dies unmittelbar aus § 758 ZPO ergibt. Die Anordnung kann und – aus Gründen der Verhältnismäßigkeit – muß zeitlich begrenzt werden. Eine Entscheidung gem. § 761 ZPO oder eine Anweisung des Gerichts an den Gerichtsvollzieher gem. § 766 Abs. 2 ZPO, die Zwangsvollstreckung durchzuführen, beinhaltet eine Anordnung gem. § 758 ZPO nicht (vgl. oben Rn. 361 sowie KG DGVZ 1983, 72 = JurBüro 1983, 1424).

Die **Durchsuchungsanordnung** ist erst mit der Erledigung des Vollstreckungsauftrags 371
verbraucht, nicht bereits mit vergeblichen Versuchen des Gerichtsvollziehers, in die
Wohnung zu gelangen (Zöller/Stöber § 758 Rn. 24; MünchKommZPO/Arnold § 758
Rn. 85, jeweils m.w.N. und Einzelheiten). Sie schließt die Berechtigung des Gerichts-
vollziehers zur Abholung von zunächst im Gewahrsam des Schuldners belassenen
Sachen ein (Zöller/Stöber a.a.O.).

g) Zustellung

Ob die Entscheidung dem Gläubiger und Schuldner formlos **mitzuteilen** oder **zuzu-** 372
stellen ist, hängt davon ab, welcher Rechtsbehelf gegen die Versagung oder Erteilung
der Anordnung dem Beschwerten zusteht (vgl. § 329 Abs. 2 S. 1 bzw. 329 Abs. 2 S. 2,
Abs. 3 ZPO). Nach richtiger Ansicht steht dem Gläubiger bei Zurückweisung des Antrags sowie dem Schuldner bei Erlaß der Anordnung und ihm gewährten rechtlichen
Gehör die sofortige Beschwerde gemäß § 793 ZPO zu; in diesen Fällen ist die Entscheidung daher zuzustellen. Einem Dritten sowie dem nicht angehörten Schuldner
steht die Vollstreckungserinnerung gemäß § 766 ZPO zu; insoweit genügt eine formlose Mitteilung (vgl. Einzelheiten Rn. 1015). Gegen Durchsuchungen ohne richterliche
Anordnung steht dem Schuldner und ggf. dem Dritten der Rechtsbehelf des § 766
Abs. 1 ZPO zu; gegen die Ablehnung des Vollstreckungsauftrags kann der Gläubiger
gem. § 766 Abs. 2 ZPO vorgehen. Entsprechend § 761 Abs. 2 ZPO ist der Beschluß dem
Schuldner bei der Durchsuchung vorzuzeigen und entsprechend § 909 S. 2 ZPO ihm
auf Verlangen eine Abschrift davon zu übergeben.

7. Öffnung von Haustüren etc., § 758 Abs. 2 ZPO

Aufgrund der Durchsuchungsanordnung ist der Gerichtsvollzieher auch befugt, ver- 373
schlossene Haustüren, Zimmertüren und Behältnisse (das ist ein zur Verwahrung und
Sicherung geeigneter und dienender Raum, der seinerseits nicht dazu bestimmt ist,
von Menschen betreten zu werden, wie z.B. ein Beutel, Kassetten, Koffer, Sack,
Schrank, Taschen, Truhen, Umschlag, vgl. OLG Köln NJW 1980, 1531 = OLGZ 1980,
352; MünchKommZPO/Arnold § 758 Rn. 97) **öffnen zu lassen, § 758 Abs. 2 ZPO.** Zuvor muß er dem Schuldner oder in dessen Abwesenheit eine zu dessen Familie gehörige oder bei ihm beschäftigte erwachsene Personen, die er in der Wohnung oder in den
Räumen antrifft, auffordern, die Türen und Behältnisse zu öffnen (§ 131 Nr. 1 GVGA).
Einer gewaltsamen Öffnung der Wohnung soll in der Regel eine schriftliche Ankündigung vorausgehen unter Hinweis auf § 758 ZPO und § 288 StGB, die Durchsuchungsanordnung sowie eine Zahlungsaufforderung (§ 107 Nr. 7 GVGA).

Bei der Öffnung ist darauf zu achten, daß diese sachgerecht geschieht und der Schaden das nach Lage der Dinge unvermeidbare Maß nicht überschreitet (BGH NJW 1957,
544 L = ZZP 70 (1957), 251). Nur soweit der Gerichtsvollzieher nicht entsprechend vor-
geht, steht dem Schuldner ein Schadensersatzanspruch gem. § 839 BGB i.V. mit Art. 34
GG zu. Für geschädigte Dritte kommt ein **Schadensersatzanspruch** gegen den Schuldner oder den Staat gemäß §§ 904, 1004 BGB oder aus Aufopferung in Betracht (vgl.
StJ/Münzberg § 758 Rn. 7 Fn. 29).

8. Widerstand des Schuldners, § 758 Abs. 3 ZPO

374 Leistet der Schuldner oder ein ihn unterstützender Dritter (nicht im Falle der §§ 809, 886 ZPO) Widerstand bei einer erlaubten Durchsuchung, darf der Gerichtsvollzieher selbst Gewalt anwenden oder sich der Unterstützung der Polizei bedienen, § 758 Abs. 3 ZPO. Es ist gemäß § 759 ZPO zu verfahren. Die Gewaltanwendung ist auf das sachangemessene Maß zu beschränken; dazu kann auch das Anlegen von Handschellen während der Dauer der Vollstreckung gehören (LG Ulm DGVZ 1994, 73).

9. Anwesenheit des Gläubigers

375 Der Gläubiger oder sein bevollmächtigter Vertreter können verlangen, bei der Vollstreckung anwesend zu sein. Dann hat der Gerichtsvollzieher sie rechtzeitig vom Zeitpunkt der Vollstreckung zu benachrichtigen (§ 62 Nr. 5 GVGA). Nach wohl h.M. steht dem Gläubiger ein solches Anwesenheitsrecht bei der Vollstreckung gegen den Willen des Schuldners aber nur aufgrund einer ausdrücklichen richterlichen Ermächtigung zu, die wiederum nur aus triftigen Gründen erteilt werden darf, z.B. Identifizierung einer wegzunehmenden Sache, ggf. auch im Hinblick auf eine Austauschpfändung oder andere Verwertungsart gem. § 825 ZPO (vgl. LG Stuttgart DGVZ 1991, 188; Zöller/Stöber § 758 Rn. 28; MünchKommZPO/Arnold § 758 Rn. 120 f.; Behr NJW 1992, 2738, 2741, Wertenbruch MDR 1994, 19 f., jeweils m.w.N.).

10. Kosten

376 Zu den Kosten der Maßnahmen gemäß § 758 ZPO vgl. MünchKommZPO/Arnold § 758 Rn. 125–132.

IV. § 761 ZPO

1. Voraussetzungen

377 Eine Vollstreckung zur Nachtzeit sowie an Sonntagen und allgemeinen Feiertagen bedarf einer ausdrücklichen entsprechenden Erlaubnis. **Nachtzeit** umfaßt im Zeitraum vom 1. 4. – 30. 9. die Stunden von 21.00 bis 4.00 Uhr und im Zeitraum vom 1.10. – 31. 3. die Stunden von 21.00 – 6.00 Uhr (§ 188 Abs. 1 S. 2 ZPO). Welches allgemeine **Feiertage** sind, richtet sich nach Landes- bzw. Bundesrecht (Neujahr, Karfreitag, Ostermontag, Himmelfahrt, Tag der Arbeit – 1. Mai, Pfingstmontag, Tag der Deutschen Einheit – 3. Oktober; vgl. zum Landesrecht: Zöller/Stöber § 188 Rn. 2; Rosenmontag ist auch im Rheinland kein Feiertag, vgl. BGH NJW 1982, 184, 185). Auf den Samstag/Sonnabend findet § 761 ZPO keine Anwendung.

378 Der **Antrag** ist vom Gläubiger zu stellen. Der Gerichtsvollzieher soll den Antrag auch ohne (so Zöller/Stöber § 761 Rn. 5; MünchKommZPO/Arnold § 761 Rn. 5; Brox/Walker Rn. 308; vgl. auch § 65 Nr. 3 GVGA) oder nur mit entsprechendem Auftrag des Gläubigers (so Thomas/Putzo § 761 Rn. 5; Schuschke § 761 Rn. 3) stellen können, nach anderer Ansicht jedoch in keinem Fall (AG Düsseldorf DGVZ 1981, 90; Baumbach/Hartmann § 761 Rn. 5; Rosenberg/Gaul/Schilken § 26 III 1 a). Im Antrag ist die konkrete Vollstreckungsmaßnahme (Pfändung generell oder bestimmter Sachen, Räumung, Herausgabe) sowie die Zeit der Vollstreckung (nachts, sonntags, feiertags) an-

zugeben, ferner – wenn gewünscht – die ausdrückliche Angabe, daß die Erlaubnis für die mehrmalige (Angabe der Anzahl) Vornahme von Vollstreckungsmaßnahmen erteilt werden soll, weil sie grundsätzlich nur für eine einmalige Vollstreckung erteilt wird (vgl. OLG Stuttgart NJW 1970, 1329, 1330; s. Anhang).

Zuständig ist der Richter des Amtsgerichts, in dessen Bezirk die Vollstreckungshandlung vorgenommen werden soll (h.M.: mit unterschiedlicher Begründung, vgl. BVerfG NJW 1979, 1539, 1540 unter C I 3 c; OLG Düsseldorf NJW 1978, 2205, 2206; KG DGVZ 1975, 57; Brox/Walker Rn. 308; MünchKommZPO/Arnold § 761 Rn. 12; Thomas/Putzo § 761 Rn. 2; Zimmermann § 761 Rn. 1; Zöller/Stöber § 761 Rn. 4; nach a.A. ist der Rechtspfleger zuständig: AG Pinneberg DGVZ 1976, 60; Baumbach/Hartmann § 761 Rn. 1). Eine vom Rechtspfleger erteilte Erlaubnis ist unwirksam (§ 8 Abs. 4 S. 1 RPflG). **379**

Der Antrag ist nur dann erfolgversprechend, wenn die **Notwendigkeit** der Vollstreckung zu ungewöhnlicher Zeit **dargelegt** und nötigenfalls **glaubhaft gemacht** wird. Ein solcher Fall ist gegeben, wenn die Vollstreckung ansonsten besonders schwierig wäre, insbesondere also nur zu den unüblichen Zeiten Erfolg verspricht oder die Erfolgsaussicht zu diesen Zeiten doch wesentlich größer ist (OLG Stuttgart NJW 1970, 1329; LG Berlin Rpfleger 1981, 444; AG Gladbeck MDR 1990, 1123); also z.B. eine Kassenpfändung bei Abend- oder Feiertagsveranstaltungen, bei einem Nachtclub. Dazu gehört auch, daß der Schuldner bisher nicht in seiner Wohnung angetroffen wurde. Hier wird grundsätzlich notwendig aber auch ausreichend sein, daß der Schuldner zweimal nicht angetroffen wurde, davon mindestens einmal zu einer Zeit, in der man sich üblicherweise in der Wohnung aufzuhalten pflegt (vgl. im einzelnen Zöller/Stöber § 761 Rn. 6; MünchKommZPO/Arnold § 761 Rn. 13, jeweils m.w.N.). **380**

Das notwendige **Rechtsschutzbedürfnis** ist dann nicht gegeben, wenn die Vollstreckung von vornherein keine Aussicht auf Erfolg verspricht (LG Berlin NJW 1957, 798; LG Frankfurt/Main DGVZ 1980, 23, 26; LG Köln MDR 1971, 588; LG Trier DGVZ 1981, 13). **381**

Die Vollstreckung zur Nachtzeit sowie an Sonn- und Feiertagen muß zudem dem Grundsatz der **Verhältnismäßigkeit** entsprechen; sie darf daher auch bei Berücksichtigung der legitimen Interessen des Gläubigers für den Schuldner nicht unzumutbar sein (z.B. nicht an einem hohen kirchlichen Feiertag oder Silvester, AG Groß-Gerau DGVZ 1984, 29; Bagatellforderung, LG Berlin DGVZ 1971, 61). **382**

Notwendig für die Erteilung der Erlaubnis ist lediglich ein **Vollstreckungstitel**, die übrigen allgemeinen und besonderen Voraussetzungen der Zwangsvollstreckung müssen noch nicht erfüllt sein (LG Marburg DGVZ 1982, 30; Zöller/Stöber § 761 Rn. 5; MünchKommZPO/Arnold § 761 Rn. 17). Der Schuldner ist grundsätzlich vorher **anzuhören**; hiervon kann jedoch bei besonderer Dringlichkeit oder Gefährdung des Vollstreckungserfolges abgesehen werden (MünchKommZPO/Arnold § 758 Rn. 18 m.w.N.). **383**

2. Entscheidung

Die **Entscheidung** ergeht durch **Verfügung** (§ 761 Abs. 2 ZPO). In ihr ist die erlaubte Zwangsvollstreckungsmaßnahme, die Zeit (Nachtzeit, Sonn- bzw. Feiertag) sowie eine zeitliche Befristung der Erlaubnis anzugeben; ferner die Anzahl von Vollstreckungsmaßnahmen, wenn die Erlaubnis nicht – wie normalerweise – nur für eine einmalige Vollstreckungshandlung (nicht bloßen Vollstreckungsversuch) Gültigkeit haben soll. **384**

Die Entscheidung beinhaltet keine Durchsuchungsanordnung, vgl. Rn. 361 zu § 758 ZPO.

385 Die Entscheidung wird dem Gläubiger ausgehändigt, dem Schuldner wird sie **nicht zugestellt**, sondern bei Beginn der Zwangsvollstreckung vorgezeigt (§ 761 Abs. 2 ZPO); dies ist im Protokoll vom Gerichtsvollzieher zu vermerken (§ 65 Nr. 4 GVGA).

386 Der Gerichtsvollzieher kann **Vollstreckungsaufträge anderer Gläubiger**, die keine entsprechende Erlaubnis erwirkt haben, mitvollstrecken, soweit dadurch der Schuldner nicht in größerem Ausmaß in seiner Nacht- bzw. Sonn- oder Feiertagsruhe gestört wird (entsprechend § 758 ZPO, vgl. dort Rn. 347; Zöller/Stöber § 761 Rn. 7a; Münch-KommZPO/Arnold § 761 Rn. 23; a.A.: LG Augsburg NJW 1986, 2769 = Rpfleger 1986, 267; Münzberg Rpfleger 1987, 485, der uneingeschränkt eine Vollstreckung auch für andere Gläubiger bejaht).

3. Rechtsbehelfe

387 Nach zutreffender Ansicht steht dem Gläubiger bei Zurückweisung des Antrags sowie dem Schuldner bei Erteilung der Erlaubnis und ihm gewährten rechtlichen Gehör als **Rechtsbehelf** die sofortige Beschwerde gemäß § 793 ZPO zu; ohne vorherige Gewährung rechtlichen Gehörs kann der Schuldner Vollstreckungserinnerung gemäß § 766 ZPO erheben (zu den Einzelheiten vgl. Rn. 1015).

388 Eine **ohne Erlaubnis erfolgte Vollstreckung** ist wirksam, jedoch vom Schuldner mit der Vollstreckungserinnerung gem. § 766 ZPO anfechtbar (h.M.: vgl. MünchKomm-ZPO/Arnold § 758 Rn. 28 m.w.N.; a.A.: StJ/Münzberg § 761 Rn. 3). Streitig ist, ob in dem Zeitpunkt, in dem der Gerichtsvollzieher auch ohne die Erlaubnis gem. § 761 ZPO hätte pfänden können, Heilung der fehlerhaften Pfändung eintritt (so Thomas/Putzo § 758 Rn. 10; Noack DGVZ 1980, 33, 36). Zutreffend verneint dies MünchKommZPO/Arnold (§ 761 Rn. 30) mit dem Argument, dies werde der Bedeutung des § 761 ZPO nicht gerecht. Im übrigen liefe die auch von der Gegenansicht bejahte grundsätzliche Anfechtbarkeit der Vollstreckungsmaßnahme leer, weil bei Einlegung der Erinnerung der zeitliche Schutzraum des § 761 ZPO üblicherweise bereits abgelaufen ist. Ordnungsgemäß pfändende Gläubiger hätten daher dann das Nachsehen; z.B. wenn an dem auf den Sonn- bzw. Feiertag folgenden Werktag morgens 4.00 Uhr ein wirksames Pfandrecht entstünde, weil in dieser logischen Sekunde der Gerichtsvollzieher für einen anderen Gläubiger noch nicht wirksam gepfändet haben kann. Wird die richterliche Erlaubnis im Beschwerdeverfahren noch erwirkt, so entsteht zu dem Zeitpunkt des Wirksamwerdens dieser Erlaubnis ein wirksames Pfandrecht (Zöller/Stöber § 761 Rn. 9 mit § 758 Rn. 25). Abzulehnen daher LG Augsburg NJW 1986, 2769 = Rpfleger 1986, 267, wonach eine nicht rechtmäßige Pfändung dennoch zu einem Gleichrang mit rechtmäßigen Pfändungen führen soll.

V. Gegenstand der Pfändung

1. Grundlage: Geldforderung

Grundlage der Zwangsvollstreckung durch Pfändung beweglicher Sachen ist eine **389** **Geldforderung**. Das ist eine auf Zahlung einer bestimmten Geldsumme gerichtete Forderung. Hierzu zählen auch uneigentliche (unechte) Geldsortenschulden (Wertschulden, Valutaschulden §§ 244, 245 BGB: Der Titel lautet auf 3000,– US-Dollar). Ist die Schuld im Inland zu zahlen, so kann im Zweifel Zahlung in DM als inländischer Währung erfolgen. Maßgebend für die Umrechnung ist der Kurswert zur Zeit der Zwangsvollstreckung. Die Vollstreckung eigentlicher (echter) Geldsortenschulden (Zahlung muß in nicht mehr im Umlauf befindlichen Münzen oder in ausländischer Währung erfolgen; erkennbar durch Formulierungen wie z.B. „1500,– US-Dollar effektiv", oder „in US-Dollar" bzw. durch Auslegung zu ermitteln, vgl. LG Frankfurt/Main NJW 1956, 65) erfolgt hingegen gem. § 883 f. BGB.

Geldforderungen im Sinne der §§ 803 ff. ZPO sind ferner

– **Haftungs- und Duldungsansprüche für Geldleistungen** (z.B. aus Hypotheken, Grundschulden, §§ 1147, 1192 BGB; § 7 AnfG; § 29 ff. KO; Pfandrecht, § 1277 BGB);

– Titel auf Leistung von **Geld an einen Dritten** oder an den Kläger und den Dritten;

– Titel auf **Hinterlegung einer bestimmten Geldsumme** zugunsten des Gläubigers oder/und eines Dritten.

Titel auf **Befreiung von einer Verbindlichkeit** hingegen werden gem. § 887 ZPO vollstreckt (vgl. Rn. 847).

2. Gegenstand

Gegenstand der Pfändung durch den Gerichtsvollzieher sind **bewegliche körperliche** **390** **Sachen, § 808 Abs. 1 ZPO**. Der Begriff der Sache ergibt sich aus dem bürgerlichen Recht (§§ 90 ff. BGB), jedoch enthält die ZPO hinsichtlich der Vollstreckbarkeit einige Besonderheiten.

So können wesentliche Bestandteile zwar nicht Gegenstand besonderer Rechte sein (§ 93 BGB), doch können vom Boden noch nicht getrennte, periodisch zu erntende **Früchte**, wie Obst, Getreide, obwohl diese gem. 94 BGB wesentliche Bestandteile des Grundstücks sind, im Wege der Mobiliarzwangsvollstreckung gepfändet werden, solange nicht ihre Beschlagnahme gem. §§ 20, 21 Abs. 1, 148 ZVG erfolgt ist **(§ 810 Abs. 1 S. 1 ZPO)**. Da sich die Beschlagnahme gem. § 21 Abs. 3 ZVG nicht auf den Fruchtgenuß des Pächters (§ 956 BGB) erstreckt, können Gläubiger des Pächters trotz Beschlagnahme des Grundstücks in Früchte vollstrecken. Die Vollstreckung darf nicht früher als einen Monat vor der gewöhnlichen Reifezeit erfolgen (§ 810 Abs. 1 S. 2 ZPO). Vgl. aber auch § 810 Abs. 2 ZPO.

Andererseits kann **Zubehör** eines Grundstücks (§§ 97, 98 BGB), soweit es im Eigen- **391** tum des Grundstückseigentümers steht, gar nicht im Wege der Mobiliarzwangsvollstreckung gepfändet werden (§ 865 Abs. 2 S. 1 ZPO). Streitig ist, ob eine dagegen verstoßende Pfändung zu deren Nichtigkeit (so RGZ 135, 197, 206; OLG München MDR 1957, 428; Baumbach/Hartmann § 865 ZPO Rn. 12; Zöller/Stöber § 865 Rn. 11) oder nur zur Anfechtbarkeit führt (so Baur/Stürner Rn. 442; Brox/Walker Rn. 207; MünchKommZPO/Eickmann § 865 Rn. 61; StJ/Münzberg § 865 Rn. 36; Thomas/Putzo § 865 Rn. 5; Zimmermann § 865 Rn. 3 – weil der Gerichtsvollzieher grundsätzlich für die Pfändung beweglicher Sachen zuständig und es für ihn schwierig sei, die Zubehöreigenschaft sowie die Frage der Enthaftung zu beurteilen). Wird Zubehör dennoch gepfändet, steht dem Schuldner, jedem dinglichen Gläubiger sowie dem Zwangsverwalter als Rechtsbehelf die Vollstreckungserinnerung gem. § 766 ZPO zu. Zur Klagemöglichkeit gem. § 771 ZPO in diesem Fall vgl. Rn. 1203.

Andere zum **Hypothekenhaftungsverband** gehörende Gegenstände (§ 1120 ff. BGB, u.a. getrennte Erzeugnisse und sonstige Bestandteile) dürfen im Wege der Mobiliarzwangsvollstreckung nur bis zum Zeitpunkt der gem. §§ 20, 22, 146, 148 ZVG erfolgten Beschlagnahme gepfändet werden.

392 **Scheinbestandteile** (§ 95 BGB, z.B. ein Behelfsheim, vom Mieter errichtete Garage, Grabstein – OLG Köln OLGZ 1993, 113 = JurBüro 1991, 1703 = DGVZ 1992, 116) unterliegen der Mobiliarzwangsvollstreckung (vgl. im einzelnen Kerres DGVZ 1990, 55 und DGVZ 1992, 53).

393 **Wertpapiere** (solche Papiere, bei denen die Geltendmachung des Rechts von der Innehabung der Urkunde abhängig ist) werden stets gem. § 808 ZPO gepfändet (vgl. §§ 154, 175 GVGA). Die Pfändung erfaßt auch das in der Urkunde verbriefte Recht. Nicht zu diesen Wertpapieren gehören außer den Legitimationspapieren auch noch die Hypotheken-, Grundschuld- oder Rentenschuldbriefe, soweit sie nicht auf den Inhaber lauten; diese werden gem. §§ 830, 857 Abs. 6 ZPO durch das Vollstreckungsgericht gepfändet. Insoweit kommt aber eine Hilfspfändung des Briefes gem. § 830 Abs. 1 S. 2 ZPO in Betracht. Hinsichtlich der Verwertung der Wertpapiere ist jedoch zwischen Inhaber- bzw. Namenspapieren (§§ 814, 821 ff. ZPO) und Orderpapieren (§§ 831, 835 ZPO) zu unterscheiden.

Hingegen muß bei **Legitimationspapieren,** die nicht Träger des Rechts sind, sondern nur zur Erleichterung des Nachweises der Berechtigung oder zum Beweise dienen (z.B. Sparbuch, § 808 BGB; Schuldschein, § 371 BGB; Garderobenschein, Versicherungsschein, Depotschein) das entsprechende Recht (z.B. die Forderung des Gläubigers gegen die Sparkasse) gepfändet werden. Da sich das Pfandrecht gem. § 952 Abs. 1 S. 2, Abs. 2 BGB auch auf die Schuldurkunde erstreckt, kommt hinsichtlich dieser Papiere eine **Hilfspfändung** in Betracht (§§ 836 Abs. 3 S. 2, 883, 886 ZPO; KG JurBüro 1994, 502). Gemäß § 156 GVGA ist sogar schon vor der Pfändung der Forderung eine vorläufige Inbesitznahme durch den Gerichtsvollzieher möglich.

394 Bei Pfändung von **Kraftfahrzeugen** gilt § 952 Abs. 1 S. 2 BGB entsprechend, daher hat der Gerichtsvollzieher den Kfz-Schein und -Brief im Wege der Hilfspfändung in Besitz zu nehmen (§§ 159, 160 GVGA). Diese sind daher nur zusammen mit dem Kfz pfändbar (KG JurBüro 1994, 502). Eine Ausnahme besteht hinsichtlich des **Postsparbuches** gemäß § 23 Abs. 4 S. 4 PostG: dieses ist gem. §§ 808, 831 ZPO zu pfänden.

VI. Gewahrsam

1. Tatsächliche Sachherrschaft

Die Zwangsvollstreckung durch Pfändung körperlicher Sachen ist nur zulässig, so- **395**
weit diese sich im **Gewahrsam** des Schuldners (§ 808 ZPO), des Gläubigers oder eines
herausgabebereiten Dritten (§ 809 ZPO) befinden. Gewahrsam im Sinne der §§ 808,
809 ZPO bedeutet äußerlich erkennbare, tatsächliche Sachherrschaft. Der Begriff ähnelt
damit dem des Besitzes i.S. des BGB, ist jedoch enger, weil mittelbare Besitzer (§ 868
BGB), bloße Erbenbesitzer (§ 857 BGB: Besitz ohne Sachherrschaft, h.M.: Brox/Walker
Rn. 236; Palandt/Bassenge § 857 Rn. 1; a.A.: MünchKommZPO/Schilken § 808 Rn. 5)
nicht darunter fallen.

Keinen Gewahrsam haben ferner Besitzdiener (§ 855 BGB) als solche, weil sie aufgrund **396**
eines sozialen Abhängigkeitsverhältnisses für den Besitzherrn in dessen Haushalt bzw.
Erwerbsgeschäft quasi als Werkzeug die tatsächliche Sachherrschaft ausüben; allei-
niger Gewahrsamsinhaber ist daher der Besitzherr. Beispiele für Besitzdiener (vgl.
auch § 118 Nr. 3 GVGA): Hausangestellte, Gewerbegehilfen, Kellner, Kraftdroschken-
fahrer, Gepäckträger.

Tatsächliche Sachherrschaft besteht an Sachen in der eigenen Wohnung oder sonsti- **397**
gen abgeschlossenen Räumen oder Behältnissen, über die man allein die tatsächliche
Gewalt ausübt (z.B. Gewerberäume, Lagerhallen, Schränke, Kassetten, Büros). Aber
auch an Sachen auf frei zugänglichen Grundstücken sowie in Räumen Dritter kann
Gewahrsam bestehen (vgl. Zöller/Stöber § 808 Rn. 5). Ausschlaggebend ist letztlich
die Verkehrsauffassung aufgrund zusammenfassender Wertung der gesamten Umstände, insbesondere des äußeren Erscheinungsbildes. Anhand dieser Kriterien hat der
Gerichtsvollzieher im konkreten Fall zu prüfen, ob und für wen Gewahrsam an den
zu pfändenden Sachen besteht.

2. Alleingewahrsam

Für eine Pfändung gem. § 808 ZPO ist Alleingewahrsam des Schuldners notwendig; **398**
Mitbesitz im Sinne des § 866 BGB genügt daher nicht. Ob dieser Alleingewahrsam vorliegt, kann insbesondere bei Miete, gesetzlicher Vertretung, Vollstreckung in besondere Vermögensmassen sowie gegen Eheleute zweifelhaft sein. Hierauf wird daher im
folgenden kurz eingegangen.

a) Mieter

Der Mieter hat Alleingewahrsam an seinen in der Wohnung befindlichen Sachen; aber **399**
auch an den darin verbliebenen mitvermieteten Sachen des Vermieters. Ein bloßes
Betretungsrecht des Vermieters ändert hieran nichts (h.M.: Baumbach/Hartmann § 808
Rn. 16; MünchKommZPO/Schilken § 808 Rn. 8; Zimmermann § 808 Rn. 2; Zöller/Stö-
ber § 808 Rn. 6). Streitig ist, ob dies auch für Hotelzimmer gilt (so MünchKomm-
ZPO/Schilken a.a.O.) oder insoweit Mitgewahrsam von Mieter und Vermieter besteht
(so Zöller/Stöber a.a.O., Baumbach/Hartmann a.a.O.). Bewohnen mehrere eine Woh-

nung gemeinsam, so haben sie an den offensichtlich ihrem persönlichen Gebrauch dienenden sowie den unter ihrem Alleinverschluß stehenden Sachen Alleingewahrsam, an den übrigen Gegenständen Mitgewahrsam. Dies gilt auch im Verhältnis der Familienangehörigen zueinander sowie zum Haushaltsvorstand, z.B. Eltern (vgl. BGHZ 12, 380, 399 = NJW 1954, 918, 920; MünchKommZPO/Schilken § 808 Rn. 8). Soweit Räume (z.B. in einer Wohngemeinschaft) ausschließlich einem Mitbewohner zur Nutzung zugewiesen sind, hat dieser an den darin befindlichen Sachen grundsätzlich Alleingewahrsam. Dies gilt auch für nichteheliche Lebensgemeinschaften, weil insoweit § 739 BGB keine Anwendung findet (h.M.: OLG Köln NJW 1989, 1737; LG Frankfurt/Main NJW 1986, 729; MünchKommZPO/Schilken § 808 Rn. 10 m.w.N.).

b) Büro-, Betriebs- und Geschäftsräume

400 Bei Büro-, Betriebs- und Geschäftsräumen stehen grundsätzlich alle zum Betrieb gehörenden Sachen im Alleingewahrsam des Inhabers (h.M.: Noack JurBüro 1978, 971, 974; MünchKommZPO/Schilken § 808 Rn. 9 m.w.N.). An den Gegenständen im Schließfach hat der Kunde Alleingewahrsam. Am Schließfach selbst haben Bank und Kunde Mitgewahrsam, weil beide Schlüssel notwendig sind, um den Safe zu öffnen. Weigert sich die Bank das Fach aufzuschließen, muß der Gläubiger den Anspruch des Schuldners gegen die Bank auf Mitwirkung bei der Öffnung des Safes pfänden und sich überweisen lassen (h.M.: LG Berlin DR 1940, 1639; Baur/Stürner Rn. 446). Ferner hat ein Gastwirt Alleingewahrsam an dem Automaten in seiner Gaststätte, der Automatenbetreiber Alleingewahrsam am Inhalt des Automaten, wenn er allein den Schlüssel zum Automaten hat (OLG Oldenburg/LG Aurich, MDR 1990, 932 = DGVZ 90, 136; a.A.: OLG Hamm ZMR 1991, 385 – Mitgewahrsam).

c) Prozeßunfähige Personen

401 **Prozeßunfähige Personen** müssen als Partei im Prozeß durch ihre gesetzlichen Vertreter vertreten werden (§§ 51, 52 ZPO). Dementsprechend kommt es in der Zwangsvollstreckung auch auf den Gewahrsam ihrer gesetzlichen Vertreter an. Sachen, die der gesetzliche Vertreter des Schuldners für diesen in Gewahrsam hat, sind wie solche im Gewahrsam des Schuldners zu behandeln (h.M.: LG Mannheim DB 1983, 1481 = DGVZ 1983, 118; vgl. auch § 118 Nr. 1 Abs. 2 S. 4 GVGA).

Die Eltern des Minderjährigen oder geschäftsunfähigen Kindes (§ 1629 BGB), die Mutter des nichtehelichen Kindes (§ 1705 BGB), der Betreuer des Geschäftsunfähigen (§ 1902 BGB), der Vormund (§ 1793 BGB), der Pfleger (§§ 1909, 1911, 1915, 1793 BGB) als gesetzliche Vertreter natürlicher Personen sind daher nicht Dritte bezüglich der in ihrem Gewahrsam stehenden Sachen des Schuldners (Minderjährigen, Geschäftsunfähigen, Betreuten, Mündels, Pfleglings) und können einer Pfändung somit nicht gem. § 809 ZPO widersprechen. Hingegen ist gem. § 809 ZPO zu verfahren, wenn sie Gewahrsam an schuldnereigenen Sachen erkennbar als eigenen und nicht für den Schuldner ausüben; ebenso bei schuldnerfremden Sachen. Insoweit kommt es dann auf ihre Herausgabebereitschaft an (LG Berlin DGVZ 1972, 114).

d) Juristische Personen/OHG/KG/Partnerschaftsgesellschaft

Entsprechendes gilt für die vertretungsberechtigten Organe juristischer Personen so- **402** wie geschäftsführende Gesellschafter von Personenhandelsgesellschaften (OHG/KG). Die juristische Person sowie die OHG/KG/Partnerschaftsgesellschaft haben Gewahrsam an den zu ihrem Vermögen gehörenden Sachen, der aber für sie durch ihr Organ bzw. geschäftsführenden Gesellschafter ausgeübt wird. Insoweit haben letztere keinen eigenen Gewahrsam, sind daher auch nicht Dritte i.S. von § 809 ZPO (BGH NJW 1957, 1877 für die GmbH; BGH JZ 1968, 69 für die OHG; Zöller/Stöber § 808 Rn. 12 mit weiteren Einzelheiten und Nachweisen). Abgrenzungsschwierigkeiten hinsichtlich etwa behaupteten Eigengewahrsams sind vom Gerichtsvollzieher dahin zu lösen, daß er nach den äußeren Umständen unter Berücksichtigung der Lebensauffassung entscheidet (h.M.: Zöller/Stöber § 808 Rn. 12; MünchKommZPO/Schilken § 808 Rn. 10; Brox/Walker Rn. 242).

So hat die GmbH Gewahrsam am Gesellschaftsvermögen auch dann, wenn es sich in **403** der Wohnung des Geschäftsführers befindet (LG Mannheim DGVZ 1983, 118 = DB 1983, 1481); die GmbH als persönlich haftende Gesellschafterin der GmbH & Co. KG an deren Gesellschaftsvermögen, das sich in ihren Geschäftsräumen befindet, auch wenn die KG ihren Sitz in einem anderen Ort hat (LG Düsseldorf JurBüro 1987, 1425). Ist jemand Organ mehrerer juristischer Personen, ist zur Verhinderung von Rechtsmißbrauch besonders sorgfältig zu prüfen, ob tatsächlich Mitgewahrsam der anderen juristischen Person an Sachen des Schuldners besteht. Dies ist bei gemeinschaftlicher Nutzung von Gegenständen in denselben Räumen nicht von vornherein ausgeschlossen, so daß ggf. § 809 ZPO Anwendung finden kann (vgl. Brox/Walker Rn. 243; MünchKommZPO/Schilken § 808 Rn. 10 gegen OLG Frankfurt/Main MDR 1969, 676).

Streitig ist, ob der Gewahrsam von **Kommanditisten** am Gesellschaftsvermögen der **404** KG als Organbesitz (KG NJW 1977, 1160; Zöller/Stöber § 808 Rn. 12; Zimmermann § 808 Rn. 2), als Besitzdiener (Brox/Walker Rn. 245; MünchKommZPO/Schilken § 808 Rn. 10) oder gar nicht (Baumbach/Hartmann § 808 Rn. 13; StJ/Münzberg § 808 Rn. 16 Fn. 53) zuzurechnen ist.

e) Verwalter fremden Vermögens

Richtet sich die Zwangsvollstreckung gegen den Schuldner in seiner Eigenschaft als **405** Verwalter fremden Vermögens (Testamentsvollstrecker, Konkursverwalter, Zwangsverwalter) muß der Gerichtsvollzieher nicht nur den Gewahrsam des Schuldners, sondern darüber hinaus auch noch prüfen, ob die im Gewahrsam des Schuldners befindlichen Sachen zu dem Vermögen gehören, das für die titulierte Forderung haftet (h.M.: Zöller/Stöber § 808 Rn. 4; vgl. auch § 118 Nr. 4 GVGA).

f) Eheleute

Bei Eheleuten, gleich in welchem Güterstand sie leben (Ausnahme für das Gesamtgut **406** gem. § 1416 BGB: §§ 740–745 ZPO), wird gem. § 739 ZPO zugunsten des Gläubigers eines Ehepartners unwiderlegbar vermutet (h.M.: LG München II JurBüro 1989, 1311), daß dieser schuldende Ehepartner Alleingewahrsam an den beweglichen Sachen hat, soweit auf diese die Eigentumsvermutung des § 1362 BGB Anwendung findet. Gemäß

§ 1362 Abs. 1 S. 1 BGB wird zugunsten der Gläubiger des Mannes bzw. der Frau widerleglich vermutet, daß die im Besitz eines Ehegatten oder beider Ehegatten befindlichen beweglichen Sachen oder mit Blankoindossament versehenen Inhaber- und Orderpapiere dem Schuldner gehören.

Die Eigentumsvermutung gilt **nicht** bei erkennbarem, nicht nur vorübergehendem Getrenntleben der Eheleute, wenn sich die Sache im Besitz des Ehegatten befindet, der nicht Schuldner ist (§ 1362 Abs. 1 S. 2 BGB). Ferner nicht bei Sachen, die ausschließlich zum persönlichen Gebrauch eines Ehegatten bestimmt sind (wie z.B. Kleidungsstücke, Schmuck, Arbeitsgeräte, und zwar unabhängig davon, wer sie erworben hat). Bei Erwerbsgeschäften, die getrennt vom Haushalt und erkennbar allein nur von einem Ehegatten betrieben werden, findet § 1362 Abs. 1 Satz 1 BGB ebenfalls keine Anwendung (h.M.: vgl. Zöller/Stöber § 739 Rn. 6).

407 § 739 ZPO gilt ebenso **nicht** bei Gewahrsam anderer Angehöriger als Ehegatten (z.B. Kind), ferner nicht für die nichteheliche Lebensgemeinschaft oder sonstige Wohngemeinschaften (siehe Rn. 399). Da somit Eheleute in der Zwangsvollstreckung schlechter gestellt sind, wird § 739 ZPO nach verbreiteter Auffassung für verfassungswidrig gehalten (vgl. Rosenberg/Gaul/Schilken § 20 II 1 m.w.N.).

408 Wird dieselbe bewegliche Sache **sowohl für Gläubiger des Ehemannes wie der Ehefrau gepfändet**, so gilt § 739 ZPO für beide Pfändungen. Die Vermutungen heben sich also nicht gegenseitig auf. Der Rang der Pfändungen richtet sich nach § 804 Abs. 3 ZPO (h.M.: Brox/Walker Rn. 240; Zöller/Stöber § 739 Rn. 12;).

409 Im Anwendungsbereich des § 739 ZPO findet § 809 ZPO für den anderen Ehegatten keine Anwendung; er kann sein Eigentumsrecht allein gem. § 771 ZPO geltend machen (Einzelheiten dazu in Rn. 1219). Die Vollstreckungserinnerung gem. § 766 ZPO steht dem Gläubiger zu, wenn sich der Gerichtsvollzieher weigert, Sachen zu pfänden; ferner dem anderen Ehegatten sowie dessen Gläubiger, wenn und soweit §§ 1362 BGB, 739 ZPO keine Anwendung finden.

3. Eigentumslage

410 Auf die Eigentumslage kommt es bei der Pfändung grundsätzlich nicht an, sondern auf den Gewahrsam des Schuldners (entsprechend dem Rechtsgedanken des § 1006 BGB). Etwas anderes gilt nur, wenn für den Gerichtsvollzieher nach Lage der Dinge vernünftigerweise kein Zweifel daran besteht, daß die im Gewahrsam des Schuldners bzw. des Dritten befindliche Sache nicht zu dem haftenden Vermögen des Schuldners gehört (vgl. auch § 119 Nr. 2, 3 GVGA).

Beispiele:

Dem Handwerker zur Reparatur, dem Frachtführer zum Transport, dem Pfandleiher zum Pfand gegebene Sachen; Klagewechsel in den Akten eines Rechtsanwalts, auch für mit dem Stempel einer Bibliothek versehene Bücher („Eigentum der Uni Bonn"). Das im Handelsverkehr häufig nur leihweise überlassene wertvolle Leergut, wenn sich hierfür Hinweise aus Angeboten, Rechnungen, Stempeln, Schildern („unverkäuflich", „Eigentum des . . .") ergeben, wie z.B. bei Eisen-, Stahl-, Blei- und Korbflaschen; Kupfer- und Aluminiumkannen sowie Metallfässern bei Lieferungen von Erzeugnissen der chemischen Industrie; Fässer, Glas- und Korbflaschen sowie Flaschenkästen bei Lieferung von Flüssigkeiten; für wertvollere Kisten und Säcke bei Lieferungen sonstiger Art. Dasselbe gilt für Paletten.

Eine in diesen Fällen vom Gerichtsvollzieher dennoch ausgebrachte Pfändung schuldnerfremder Sachen, insbesondere soweit der Gläubiger dies ausdrücklich gem. § 119 Nr. 2, 3 GVGA verlangt, führt zwar zu einer Verstrickung, kann aber Amtshaftungsansprüche gem. § 839 BGB, Art. 14 GG zur Folge haben. Ebenfalls nur eine Verstrickung, jedoch kein Pfändungspfandrecht entsteht bei der zulässigerweise erfolgten Pfändung gläubigereigener Sachen (z.B. bei Eigentumsvorbehalt).   **411**

4. Gewahrsam Dritter

Steht die zu pfändende Sache hingegen im **Allein- oder Mitgewahrsam eines Dritten**, so entfällt die an den Alleingewahrsam des Schuldners geknüpfte Vermutung, der Schuldner sei auch Eigentümer dieser Sache. Streitig ist, ob der Gerichtsvollzieher daher bei der Pfändung gem. § 809 ZPO auch prüfen muß, ob die zu pfändende Sache im Eigentum des Schuldners steht (so Baumbach/Hartmann § 809 Rn. 2; Brox/Walker Rn. 260; MünchKommZPO/Schilken § 809 Rn. 4 a.E.; StJ/Münzberg § 809 Rn. 4; Schuschke § 809 Rn. 6) oder es dennoch bei der bloßen Gewahrsamsprüfung bleibt (Zöller/Stöber § 809 Rn. 7).   **412**

Die Pfändung einer im Allein- oder Mitgewahrsam des Gläubigers oder eines zur Herausgabe bereiten Dritten stehenden beweglichen Sache erfolgt gem. **§ 809 ZPO**, der wiederum auf die §§ 808, 803, 804 ZPO verweist. Der Gewahrsam muß zur Zeit der Pfändung bestehen. Zum Gewahrsamsbegriff vgl. Rn. 395 f. Erhält jemand nach der Pfändung Gewahrsam an der Sache, so ist streitig, ob der Gerichtsvollzieher diesem auch ohne entsprechenden Titel unter Anwendung von Zwang die Sache wieder abnehmen darf (bejahend: LG Saarbrücken DGVZ 1975, 170; Baumbach/Hartmann § 808 Rn. 1; Thomas/Putzo § 809 Rn. 8; verneinend: LG Bochum DGVZ 1990, 73; Zöller/Stöber § 809 Rn. 3; MünchKommZPO/Schilken § 808 Rn. 24a m.w.N. auch zur Gegenmeinung). Richtigerweise ist ein solches „Verfolgungsrecht" des Gerichtsvollziehers zu verneinen, weil für Zwangsmaßnahmen gegen Dritte ein Titel erforderlich ist und die erfolgte Verstrickung mangels entsprechender gesetzlicher Regelung keine solche Ermächtigung enthält. Zwar ist zutreffend, daß – was als Argument häufiger angeführt wird – Arglist auch in der Zwangsvollstreckung untersagt ist. Das kann aber – wie im materiellen Recht – nicht zur Selbsthilfe führen, sondern nur dazu, das fortbestehende Pfändungspfandrecht durch Klage oder einstweilige Verfügung geltend zu machen, mit dem Ziel, die Sache an den Gerichtsvollzieher zwecks Durchführung der Verwertung herauszugeben.   **413**

5. Gewahrsam des Vollstreckungsgläubigers

Befindet sich die Sache **im Gewahrsam des Vollstreckungsgläubigers,** so braucht dieser nicht zur Herausgabe bereit zu sein, darf der Zwangsvollstreckung andererseits aber auch nicht widersprechen (h.M.: Zöller/Stöber § 809 Rn. 6; MünchKommZPO/Schilken § 809 Rn. 4; Thomas/Putzo § 809 Rn. 3; a.A.: Baumbach/Hartmann § 809 Rn. 1; StJ/Münzberg § 809 Rn. 1).   **414**

6. Herausgabebereitschaft Dritter

415 Pfändung bei Dritten ist gem. § 809 2. Alt. ZPO nur zulässig, wenn der Dritte zur Herausgabe bereit ist. **Dritter** ist jede Person, die weder Gläubiger noch Schuldner ist und eigenen persönlichen Gewahrsam hat, also nicht: gesetzliche Vertreter, Organe oder Besitzdiener (vgl. Rn. 395 f.). Auch der Gerichtsvollzieher kann Dritter sein (h.M.: vgl. zu den einzelnen Fallgestaltungen eingehend Brox/Walker Rn. 250–252; einschränkend MünchKommZPO/Schilken § 809 Rn. 5 mit Übersicht über den Meinungsstand).

416 Ob der Dritte **zur Herausgabe bereit** ist, hat der Gerichtsvollzieher durch Befragen des Dritten festzustellen. Dabei ist die Frage so zu stellen, daß der Dritte das erforderliche Bewußtsein hat, eine echte Wahl zwischen Ablehnung oder Zustimmung zu treffen. Der Dritte muß daher darüber informiert werden, daß ihm diese Alternative zur Verfügung steht.

Die Bereitschaft zur Herausgabe kann ausdrücklich oder konkludent erklärt werden und bedeutet das Einverständnis des Dritten mit der Pfändung und der Verwertung. Sie ist Prozeßhandlung und kann ggf. auch noch nach der Pfändung erklärt werden, z.B. im Pfändungsprotokoll, das die entsprechende Erklärung enthalten soll (h.M.: vgl. Zöller/Stöber § 809 Rn. 6 m.w.N.; vgl. auch § 137 GVGA).

417 Ob diese Zustimmung **unter einer Bedingung** erklärt werden kann, ist streitig. Während die Zulässigkeit sachbezogener Bedingungen wie vorzugsweise Befriedigung vorrangiger Pfand- oder Vorzugsrechte bejaht wird (MünchKommZPO/Schilken § 809 Rn. 8), halten andere dies nur bei Annahme der Bedingung durch alle Beteiligten für zulässig (Zöller/Stöber § 809 Rn. 6; Zimmermann § 809 Rn. 4; StJ/Münzberg § 809 Rn. 9; so auch § 118 Nr. 2 Abs. 3 GVGA), oder generell für unzulässig (LG Düsseldorf DGVZ 1961, 121; Thomas/Putzo § 809 Rn. 3; Baumbach/Hartmann § 809 Rn. 5).

418 Sie kann bei der Vollstreckung für mehrere Gläubiger auch nur **zugunsten bestimmter Gläubiger** erteilt werden (MünchKommZPO/Schilken § 809 Rn. 9; Thomas/Putzo § 809 Rn. 3; Zimmermann § 809 Rn. 4; Zöller/Stöber § 809 Rn. 6; a.A.: Baumbach/Hartmann § 809 Rn. 5). Für eine **Anschlußpfändung** gem. § 826 ZPO ist eine erneute bzw. fortbestehende Herausgabebereitschaft notwendig (Baumbach/Hartmann § 809 Rn. 5; Thomas/Putzo § 809 Rn. 3; Zimmermann § 809 Rn. 4).

419 Eine erklärte Zustimmung ist – wie grundsätzlich alle Prozeßhandlungen – **unwiderruflich** (MünchKommZPO/Schilken § 809 Rn. 7; Zimmermann § 809 Rn. 4; nach a.A. ist sie bis zur Pfändung widerruflich: Zöller/Stöber § 809 Rn. 6; Baumbach/Hartmann § 809 Rn. 5; Thomas/Putzo § 809 Rn. 3; so auch § 118 Nr. 2 Abs. 3 GVGA).

420 Mit der Erklärung der Herausgabebereitschaft verliert der Dritte sein auf den Besitz gestütztes Klagerecht gem. § 771 ZPO (BGH MDR 1978, 401 = LM Nr. 2 zu § 809 ZPO = JZ 1978, 200; Zöller/Stöber § 809 Rn. 8). Entsprechendes gilt hinsichtlich des Eigentums, wenn der Dritte Eigentümer der Sache war; anders nur dann, wenn er sich über die Eigentumslage an der gepfändeten Sache irrte (BGH a.a.O.; Zöller/Stöber a.a.O.; Baumbach/Hartmann § 809 Rn. 5; Thomas/Putzo § 809 Rn. 5; Brox/Walker Rn. 255; a.A. stets § 771 ZPO auch ohne Irrtum: MünchKommZPO/Schilken § 809 Rn. 12). Dem Dritten bleibt jedoch die Klagebefugnis gem. § 805 ZPO (h.M.: vgl. BGH a.a.O.).

421 Ist der Dritte **nicht herausgabebereit**, darf der Gerichtsvollzieher nicht pfänden. Dem Gläubiger bleibt dann nur, den Leistungs- bzw. Herausgabeanspruch des Schuldners

gegen den Dritten gem. §§ 829, 846, 847 ZPO pfänden und sich zur Einziehung über-
weisen zu lassen, einen entsprechenden Herausgabetitel zu erwirken, diesen zu vollstrecken und anschließend die Sache pfänden zu lassen. Nach zutreffender Ansicht
(LG Oldenburg DGVZ 1984, 92; LG Bochum DGVZ 1990, 73; Baur/Stürner Rn. 449;
Brox/Walker Rn. 254 mit Einschränkungen; MünchKommZPO/Schilken § 808 Rn. 6;
Rosenberg/Gaul/Schilken § 51 I 3; Thomas/Putzo § 809 Rn. 4; a.A.: Zöller/Stöber
§ 809 Rn. 5 (differenzierend); Baumbach/Hartmann § 809 Rn. 1) gilt dies auch für die
Fälle, in denen dem Schuldner gegen den Dritten unstreitig ein Herausgabeanspruch
zusteht oder der Schuldner dem Dritten Gewahrsam nur zu dem Zweck verschafft
hat, die Zwangsvollstreckung zu vereiteln (oftmals ungenau als **Scheingewahrsam** bezeichnet). Denn die Prüfung materiellen Rechts obliegt, wie auch sonst im Zwangsvollstreckungsverfahren, nicht dem Gerichtsvollzieher, sondern dem erkennenden Gericht. § 809 ZPO bietet für eine anderweitige Handhabe keine Rechtsgrundlage, weil
er nicht danach unterscheidet, zu welchem Zweck der Gewahrsam des Dritten begründet wurde. Auch sonst fehlt es an einer Norm, die die Zwangsvollstreckung gegen den Dritten ohne entsprechenden Titel erlauben würde. Der Gerichtsvollzieher
hat insoweit nicht mehr Rechte in der Zwangsvollstreckung, als der Gläubiger sie nach
materiellem Recht hätte. Der Gläubiger selbst muß aber die Hilfe der Gerichte in Anspruch nehmen und darf grundsätzlich nicht zur Selbsthilfe greifen.

7. Rechtsbehelfe

Ein **Verstoß gegen § 809 ZPO** führt zur Anfechtbarkeit der Pfändung durch den Drit-   422
ten gem. § 766 Abs. 1 ZPO; ggfs. besteht auch eine Klagemöglichkeit gem. § 771 ZPO,
vgl. Rn. 1181. Pfändet der Gerichtsvollzieher die im Gewahrsam des Gläubigers oder
des herausgabebereiten Dritten befindliche Sache nicht, steht dem Gläubiger der
Rechtsbehelf des § 766 Abs. 2 ZPO offen.

VII. Pfändungsverbote und -beschränkungen

1. Sinn und Zweck

Den berechtigten Interessen des Gläubigers an möglichst effektiver Zwangsvoll-   423
streckung steht das grundgesetzlich geschützte Recht des Schuldners (Art. 1, 2, 20, 28
GG) auf Führung eines menschenwürdigen Lebens entgegen. Eine Kahlpfändung des
Schuldners liegt zudem auch nicht im öffentlichen Interesse, da der Schuldner (und
seine Familie) ansonsten der Sozialhilfe anheimfallen würden. Für einen gerechten
Ausgleich der widerstreitenden Interessen sorgen **§§ 811 ff. ZPO**, die für alle Zwangs-
vollstreckungen wegen Geldforderungen in körperliche Sachen Anwendung finden,
also auch bei Anschlußpfändungen, bei Arrest und auf Geldzahlung lautenden
einstweiligen Verfügungen; bei Pfändungen von Herausgabeansprüchen gelten sie
entsprechend (§ 847 Abs. 2 ZPO), nicht jedoch bei der Zwangsvollstreckung auf
Herausgabe von Sachen (§§ 883 f. ZPO). Andererseits hindert die Unpfändbarkeit den
Schuldner nicht an rechtsgeschäftlichen Verfügungen wie der Verpfändung oder
Sicherungsübereignung eines Gegenstandes an den Gläubiger.

2. Prüfung der Pfändbarkeit

424 Der Gerichtsvollzieher hat **von Amts wegen** selbständig zu prüfen und zu entscheiden, welche Sachen des Schuldners von der Pfändung auszuschließen sind. Ergeben sich Zweifel, ob eine Sache pfändbar ist, so pfändet er sie, sofern sonstige Pfandstücke nicht in ausreichendem Maße vorhanden sind (vgl. auch § 120 GVGA). Diese **Prüfung** hat er bei jeder Pfändung erneut vorzunehmen, weil ausschlaggebend für die Pfändbarkeit grundsätzlich der **Zeitpunkt der Pfändung** ist. Änderungen der Sachlage nach diesem Zeitpunkt können sich jedoch auswirken und mit der Vollstreckungserinnerung gem. § 766 ZPO geltend gemacht werden. Hier sollte jedoch differenziert werden.

3. Nachträgliche Pfändbarkeit

425 Wird die unpfändbare Sache nachträglich pfändbar, z.B. erwirbt der Schuldner nach der Pfändung des Schwarz/Weiß-Fernsehers ein Farbfernsehgerät, tritt Heilung des anfechtbaren Pfändungsaktes im Zeitpunkt der Pfändbarkeit ein (ex nunc). Im Erinnerungsverfahren ist dies gem. § 570 ZPO analog zu berücksichtigen. Folge: Eine vom Schuldner wegen der seinerzeitigen Unpfändbarkeit zu Recht eingelegte Erinnerung ist nunmehr unbegründet; hatte der Gerichtsvollzieher sich wegen der Unpfändbarkeit der Sache geweigert zu pfänden, ist er auf die Erinnerung des Gläubigers hin anzuweisen, die Pfändung in diese Sache durchzuführen, falls er in Kenntnis der veränderten Umstände nunmehr nicht freiwillig pfändet.

4. Nachträgliche Unpfändbarkeit

426 Wird die pfändbare Sache nach der Pfändung unpfändbar, soll dies nach wohl h.M. (KG NJW 1952, 751; LG Bochum DGVZ 1980, 37; Thomas/Putzo § 811 Rn. 3; Baumbach/Hartmann § 811 Rn. 13; Zöller/Stöber § 811 Rn. 9; Schuschke § 811 Rn. 4) keinen Einfluß auf die Rechtmäßigkeit der Pfändung haben und demnach auch nicht mit der Erinnerung geltend gemacht werden können. Dies steht jedoch in Widerspruch zu dem in § 811 ZPO geregelten Vorrang des existenziellen Rechts des Schuldners vor dem legitimen Recht des Gläubigers sowie zu dem Grundsatz, daß im Erinnerungsverfahren auch neue Tatsachen geltend gemacht werden können und daher maßgebend die Sach- und Rechtslage im Zeitpunkt der Entscheidung über die Erinnerung ist (§ 570 ZPO analog). Dem von der h.M. zur Begründung angeführten Argument, es könne nicht angehen, daß der Schuldner nachträglich die Unpfändbarkeit herbeiführe und dadurch das rechtmäßig erworbene Pfandrecht des Gläubigers beseitige, kann auf andere Weise Rechnung getragen werden. Die zur Unpfändbarkeit führenden Umstände müssen daraufhin überprüft werden, ob sie vom Schuldner mittelbar oder unmittelbar herbeigeführt wurden oder ob sie auf davon unabhängigem Verhalten Dritter bzw. Zufall beruhen. Die Beweislast dafür, daß die eingetretene Unpfändbarkeit nicht – gleichgültig ob rechtsmißbräuchlich oder nicht – durch den Schuldner verursacht wurde, obliegt dabei dem Schuldner (so auch im Ergebnis MünchKomm-ZPO/Schilken § 811 Rn. 14; Rosenberg/Gaul/Schilken § 52 III 3 b; mit Beschränkung auf Rechtsmißbrauch: Brox/Walker Rn. 295; StJ/Münzberg § 811 Rn. 17). Der Schuldner kann daher beispielsweise mit der Erinnerung geltend machen, daß der Zweitfernseher nach der Pfändung des anderen Fernsehers funktionsuntüchtig geworden, der Zweit-Pkw durch Dritte entwendet worden sei.

5. Eigentumslage

Für die Frage der Pfändbarkeit kommt es nicht darauf an, wer **Eigentümer** der Sache   **427**
ist. Dies gilt auch, wenn die Sache im Eigentum des Gläubigers steht (z.B. aufgrund
Eigentumsvorbehalt) und dieser einen unstreitigen Herausgabeanspruch gegen den
Schuldner hat (h.M.: OLG Hamm WM 1984, 671 = MDR 1984, 855 = OLGZ 1984, 368;
OLG Köln Rpfleger 1969, 439; KG NJW 1960, 682; LG Heilbronn DGVZ 1993, 12; LG
Oldenburg DGVZ 1991, 119; LG Rottweil DGVZ 1993, 57; Thomas/Putzo § 811 Rn. 5;
Zöller/Stöber § 811 Rn 7; MünchKommZPO/Schilken § 811 Rn. 11; Schuschke § 811
Rn. 3, jeweils m.w.N.; a.A.: OLG München MDR 1971, 580; OLG Frankfurt/Main NJW
1973, 104; Baumbach/Hartmann § 811 Rn. 6).

Dies ergibt sich zum einen aus dem Wortlaut des § 811 ZPO, der nicht auf die Eigen-   **428**
tumslage an den Sachen abstellt, sowie dessen Schutzfunktion (s.o.). Zum anderen hat
nicht das Vollstreckungsorgan, sondern das erkennende Gericht über materiell-rechtliche Ansprüche und Rechte zu entscheiden. Es geht nicht an, einerseits den Schuldner oder Dritte darauf zu verweisen, materielles Recht im Erkenntnisverfahren geltend zu machen (§§ 767, 771 ZPO), andererseits derartige materiell-rechtliche Einwendungen des Gläubigers jedoch im Vollstreckungsverfahren zu berücksichtigen.
Dies gilt auch, wenn die Einwendungen „offensichtlich" sind oder „klar zutage treten"
(vgl. OLG München MDR 1971, 580; AG Offenbach NJW 1987, 387 = DGVZ 1986, 158).
Sollte die Rechtslage so klar sein, wird der Gläubiger über eine Herausgabeklage bzw.
eine einstweilige Verfügung ausreichenden Rechtsschutz erreichen können, zumal
§ 811 ZPO bei der Herausgabevollstreckung keine Anwendung findet.

6. Verzicht auf Pfändungsschutz

Da § 811 ZPO nicht nur dem Schutz des Schuldners, sondern auch öffentlichen, ins-   **429**
besondere sozialpolitischen Interessen dient, ist ein Verzicht des Schuldners weder vor
der Pfändung noch bei oder nach ihr möglich (allg.M. für den Verzicht vor der Pfändung, vgl. RGZ 72, 181, 183; Brox/Walker Rn. 302 m.w.N.; im übrigen wohl h.M:., vgl.
OLG Bamberg MDR 1981, 50; BayObLG NJW 1950, 697; Zöller/Stöber § 811 Rn. 10;
Thomas/Putzo § 811 Rn. 5; Brox/Walker Rn. 303, 304 mit eingehender Begründung;
offen: KG NJW 1960, 682; a.A.: MünchKommZPO/Schilken § 811 Rn. 9; Baum-
bach/Hartmann § 811 Rn. 4, 5; Zimmermann § 811 Rn. 4; Schuschke § 811 Rn. 9). Dem
Schuldner bleibt es allerdings unbenommen, evtl. Verstöße nicht zu rügen.

7. Folge verbotswidriger Pfändung

Ein Verstoß gegen § 811 ZPO führt für den Schuldner und geschützte Dritte wie z.B.   **430**
Familienangehörige nur zur Anfechtbarkeit der Pfändung im Wege der Vollstreckungserinnerung gem. § 766 ZPO (allg.M.). Da sich die Unpfändbarkeit am Erlös fortsetzt, kann die Erinnerung bis zur Auskehr des Erlöses an den Gläubiger geltend gemacht werden (allg.M.: vgl. Zöller/Stöber § 811 Rn. 39). Der Gerichtsvollzieher darf bei erkanntem Verstoß die Pfändung nicht selbst aufheben; er sollte aber den
Gläubiger sowie den Schuldner auf den Verstoß hinweisen und über sachgemäße Ver-
fahrensweisen belehren (Freigabe durch den Gläubiger, Erinnerung durch den Schuldner). Die Unpfändbarkeit ist im Streitfall vom Schuldner zu beweisen. Weigert sich
der Gerichtsvollzieher, bestimmte Sachen zu pfänden, steht dem Gläubiger die

Vollstreckungserinnerung gem. § 766 Abs. 2 ZPO zu, wobei der Gläubiger die Pfändbarkeit zu beweisen hat.

8. Übermaßverbot, § 803 Abs. 1 S. 2 ZPO

431 § 803 Abs. 1 S. 2 ZPO enthält das allgemeine **Verbot der Überpfändung**: es darf nicht mehr gepfändet werden, als zur Befriedigung des Gläubigers und zur Deckung der Kosten der Zwangsvollstreckung erforderlich ist. Der Gerichtsvollzieher schätzt daher vor der Pfändung den voraussichtlichen Erlös der jeweiligen Pfandstücke, rechnet die Beträge zusammen und vergleicht sie mit der Summe der zu vollstreckenden Forderungen des Gläubigers (Hauptsache, Zinsen und Kosten). Im Hinblick auf die mit der Schätzung verbundenen Unsicherheiten hinsichtlich des voraussichtlichen Erlöses ist ein großzügiger Maßstab angebracht. Vorrangige Pfändungen sowie Rechte Dritter sind dabei zu berücksichtigen. Ist nur eine einzige pfändbare Sache vorhanden, findet § 803 Abs. 1 S. 2 ZPO keine Anwendung (allg.M.: vgl. OLG Celle DGVZ 1951, 137; Schuschke § 803 Rn. 2). Erkennt das Vollstreckungsorgan, daß der Erlös der gepfändeten Gegenstände die zu vollstreckende Forderung nicht decken wird, muß von Amts wegen eine Nachpfändung erfolgen (allg.M.: OLG Karlsruhe MDR 1979, 237; vgl. auch § 132 Nr. 9 GVGA).

Zum Übermaßverbot bei Forderungen vgl. Rn. 622.

9. Verbot nutzloser Pfändungen, § 803 Abs. 2 ZPO

432 Verboten sind zudem gem. § 803 Abs. 2 ZPO nutzlose Pfändungen, wenn also nach der Schätzung des Vollstreckungsorgans die Verwertung der Pfandgegenstände keinen Überschuß über die Kosten der Zwangsvollstreckung erwarten läßt. Dies gilt nicht bei einer Anschlußpfändung gem. § 826 ZPO, da sie Erstpfändung werden kann; anders nur, wenn sie auch als Erstpfändung nutzlos wäre, weil sie dann selbst gegen § 803 Abs. 2 ZPO verstieße (h.M.: LG Marburg Rpfleger 1984, 406; Brehm DGVZ 1985, 65 m.w.N.). Das Verbot kann entfallen, wenn der Gläubiger den Eigenerwerb des Pfandstückes zu einem die Zwangsvollstreckungskosten übersteigenden Erlös zusichert (LG Köln DGVZ 1988, 60).

10. § 811 Nr. 1 ZPO – Sachen des persönlichen Gebrauchs / Haushalts

433 Die Vorschrift betrifft Sachen des persönlichen Gebrauchs und Haushaltsgegenstände, deren der Schuldner zu seiner Berufstätigkeit sowie einer seiner Verschuldung angemessenen, bescheidenen Lebens- und Haushaltsführung bedarf. Zum Haushalt des Schuldners gehören auch die im gemeinsamen Haushalt lebenden und auf den Schuldner wirtschaftlich angewiesenen (insoweit a.A.: MünchKommZPO/Schilken § 811 Rn. 19) Personen, wie Angehörige, Pflegekinder, Lebensgefährte, Hausangestellte. Auf eine Unterhaltspflicht des Schuldners kommt es dabei nicht an. Über die Merkmale „angemessen" sowie „bescheiden" können zum einen die wechselnden allgemeinen Lebensauffassungen sowie der wachsende Lebensstandard berücksichtigt werden, zum anderen aber auch die konkreten Lebensumstände des Schuldners (z.B. Beruf, Familienstand, städtischer oder ländlicher Wohnort, Alter, Gesundheitszustand). **Bescheiden** bedeutet, daß sich der Schuldner nicht auf seinen bisherigen Lebensstandard als Besitzstand berufen kann, sondern Einschränkungen seiner Lebensqualität hinnehmen muß. Andererseits darf er nicht auf den Stand äußerster Dürftigkeit und völliger Ärmlichkeit herabgedrückt werden (allg.M.: RGZ 72, 181, 183; LG Heilbronn DGVZ 1993, 12; Zöller/Stöber § 813 Rn. 20). Die Merkmale **„persönlicher Gebrauch"** bzw. **„Haushaltsgegenstände"** lassen sich nicht streng voneinander trennen. Die Rechtsprechung hat unter Berücksichtigung vorgenannter Grundsätze zu einer kaum noch überschaubaren Kasuistik geführt, die wegen der jeweils maßgeblichen Umstände des Einzelfalles nicht ohne weiteres auf andere Fälle übertragen werden kann.

Unpfändbar:
Kleidungsstücke, Wäsche einschl. ausreichender Anzahl zum Wechseln; notwendige Anzahl von Betten; einzige Armband- oder Taschenuhr (OLG München DGVZ 1983, 140 = OLGZ 1983, 325; ggf. Austauschpfändung); Haus- und Küchengeräte wie Bügeleisen, Fahrrad (ggf. Austauschpfändung), Fernsehgerät (gleich ob schwarz/weiß oder farbig, auch wenn Radiogerät vorhanden ist, BFH NJW 1990, 1871 = JurBüro 1990, 1358 = DGVZ 1990, 118; OLG Stuttgart NJW 1987, 196 = DGVZ 1986, 152 = JurBüro 1987, 460; LG Augsburg DGVZ 1993, 55; LG Hannover KKZ 1990, 135, 136 = DGVZ 1990, 60; aber: Austauschpfändung eines Farb- gegen Schwarz/Weiß-Fernsehers, OLG Stuttgart a.a.O.; LG Berlin DGVZ 1991, 91 sowie hochwertigerer Geräte gegen einfachere; a.A. LG Wiesbaden DGVZ 1994, 43); Radio; Küchenherd; Backofen; Kühlschrank; Möbel wie Tische, Stühle, Schränke, Regale, Sofa, Sessel; Waschmaschine (LG Berlin NJW-RR 1992, 1038, anders bei einem Ein-Personenhaushalt: LG Konstanz DGVZ 1991, 25). **434**

Pfändbar hingegen regelmäßig: **435**
Anrufbeantworter (LG Berlin NJW-RR 92, 1038); Fotoapparat; Gefriertruhe; Geschirrspüler; Kaffeemühle; Nähmaschine; Stereoanlage, soweit Radio vorhanden; Videorecorder (LG Hannover DGVZ 1990, 60). Beachte aber: § 812 ZPO (s. Rn. 456).

Unpfändbar sind zudem gem. § 811 Nr. 1 2. Hs. ZPO Gartenhäuser, Wohnlauben u.ä. **436**
zu Wohnzwecken dienende Einrichtungen (wie Wohnboot, Wohnwagen, Behelfsheim), die nicht der Zwangsvollstreckung in das unbewegliche Vermögen unterliegen (§§ 864, 865 ZPO), soweit der Schuldner oder seine Familie ihrer zur ständigen Unterkunft bedarf. Zu Hausratsgegenständen vgl. auch noch § 812 ZPO (s. Rn. 456).

11. § 811 Nr. 2 ZPO – Vorräte bzw. entsprechender Geldbetrag

Unpfändbar sind die für den Schuldner und in seinem Haushalt lebenden und helfenden Personen auf 4 Wochen erforderlichen Vorräte an Nahrungs-, Feuerungs- und Beleuchtungsmitteln. Sind diese nicht vorhanden, ist dem Schuldner der zur Beschaffung notwendige Geldbetrag zu belassen, falls nicht die Beschaffung auf andere Weise gesichert ist, wie z.B. durch kurzfristig anstehende Lohnzahlung. Dann ist nur der bis zur alsbaldigen Zahlung notwendige Geldbetrag zu belassen. **437**

12. § 811 Nr. 3 ZPO – Kleintiere etc.

Kleintiere sind z.B. Kaninchen, Enten, Hühner, Gänse. Anders als in § 811 Nr. 2 ZPO zählen auch Gewerbegehilfen zum Haushalt. Die Vorschrift gilt auch für Nichtlandwirte. **438**

13. § 811 Nr. 4 ZPO

439 Die Vorschrift betrifft eine haupt- wie nebenberufliche Tätigkeit in der Landwirtschaft. Hierzu zählt der Acker-, Garten-, Gemüse-, Obst-, Wiesen- und Weiden- sowie Weinbau; ferner Baumschulen, Fischzucht, Tabakanbau, Forstwirtschaft, Imkerei. Nicht dazu gehören rein gewerbliche Betriebe wie Pelztierfarm, Legehennenhaltung, Vieh- und Pferdezucht, wenn und soweit sie nicht im wesentlichen durch Ausnutzung von Grund- und Boden betrieben werden (vgl. MünchKommZPO/Schilken § 811 Rn. 24; Zöller/Stöber § 811 Rn. 19, jeweils m.w.N.).

Was an landwirtschaftlichen Geräten, Vieh sowie landwirtschaftlichen Erzeugnissen **notwendig** ist, richtet sich nach objektiven Gesichtspunkten. Zum Verkauf bereitgestellte landwirtschaftliche Erzeugnisse sichern den Unterhalt des Schuldners nicht unmittelbar, sondern nur über ihren Erlös, fallen daher nicht unter § 811 Nr. 4 ZPO (LG Kleve DGVZ 1980, 38). Zu beachten ist, daß vorgenannte Sachen, soweit sie Grundstückszubehör (§ 98 Nr. 2 BGB) sind, gem. §§ 865 ZPO, 1120 BGB unpfändbar sind. Trotz Unpfändbarkeit gehören diese Gegenstände aber zur Konkursmasse, § 1 Abs. 2 KO. Zu sonstigen Tieren vgl. noch § 811c ZPO.

14. § 811 Nr. 4a ZPO

440 Für Arbeitnehmer in landwirtschaftlichen Betrieben bleiben gem. § 811 Nr. 4a ZPO die ihnen als Vergütung geleisteten **Naturalien** unpfändbar, soweit der Schuldner selbst und seine Familie ihrer als Unterhalt bedarf. Welche Tätigkeit der Arbeitnehmer ausübt, ist ohne Belang (z.B. Elektriker). Die Naturalien müssen weder aus dem landwirtschaftlichen Betrieb gewonnen worden noch überhaupt landwirtschaftliche Erzeugnisse sein (der Knecht des Obstbauern erhält Kohle als Deputat).

15. § 811 Nr. 5 ZPO – Gegenstände persönlicher Arbeit

441 Den Schutz des Erwerbers aus **persönlichen Leistungen** regelt § 811 Nr. 5 ZPO. Die zur weiteren Erbringung der persönlichen Arbeitsleistung des Schuldners erforderlichen Gegenstände dürfen nicht gepfändet werden. Da die Vorschrift der Sicherung des Lebensunterhalts des Schuldners und seiner Familie dient, sind derartige Gegenstände auch dann unpfändbar, wenn nur der mitarbeitende Familienangehörige diese zu seiner persönlichen Arbeitsleistung benötigt und damit insoweit zur Sicherung des Familieneinkommens beiträgt (OLG Hamm MDR 1984, 855 = OLGZ 1984, 368 = WM 1984, 671 = DGVZ 1984, 138; LG Siegen NJW-RR 1986, 224; Zöller/Stöber § 811 Rn. 24; MünchKommZPO/Schilken § 811 Rn. 28, jeweils m.w.N.; a.A.: OLG Stuttgart DGVZ 1963, 152).

442 Unter § 811 Nr. 5 ZPO fallen nur solche Personen, die aus ihrer **persönlichen** Arbeitsleistung ihren Erwerb ziehen. Auf juristische Personen ist die Vorschrift daher nicht anwendbar (h.M.: vgl. AG Düsseldorf DGVZ 1991, 175; evtl. anders für den Alleingesellschafter-Geschäftsführer einer GmbH: StJ/Münzberg § 811 Rn. 43). Bei der OHG/KG ist entscheidend, ob bei allen Gesellschaftern – wohl mit Ausnahme der Kommanditisten – der Schwerpunkt ihrer Tätigkeit in der persönlichen Arbeitsleistung liegt (h.M.: OLG Oldenburg NJW 1964, 505; Zöller/Stöber § 811 Rn. 26; MünchKommZPO/Schilken § 811 Rn. 28; Brox/Walker Rn. 284; a.A.: Thomas/Putzo

§ 811 Rn. 18). Hier wie bei selbständig tätigen Personen (z.B. Kaufleuten, Handwerkern, Rechtsanwälten, Ärzten, Künstlern) steht der Einsatz von Mitarbeitern oder Maschinen der Anwendung des § 811 Nr. 5 ZPO nicht in jedem Falle entgegen. Zwingend notwendig ist jedoch, daß der Erwerb überwiegend auf der persönlichen Arbeitsleistung und nicht der etwaiger Mitarbeiter oder dem Einsatz von sachlichen Betriebsmitteln (Maschinen) bzw. Kapital („kapitalistische Arbeitsweise") beruht (h.M.: vgl. LG Frankfurt/Main NJW-RR 1988, 1471; Zöller/Stöber § 811 Rn. 25; MünchKomm-ZPO/Schilken § 811 Rn. 27, jeweils m.w.N.). Arbeitnehmer gehören daher stets zum geschützten Personenkreis. Unerheblich ist, ob die Tätigkeit haupt- oder nebenberuflich ausgeübt wird (h.M.: Zöller/Stöber § 811 Rn. 26). Auch die Vorbereitung zu einer beruflichen Erwerbstätigkeit wird geschützt, wenn alsbaldige Einnahmen erwartet werden können. Daher werden Auszubildende, Gesellen, Schüler, Studenten von § 811 Nr. 5 ZPO erfaßt. Andererseits steht die nur vorübergehende Nichtausübung der Erwerbstätigkeit der Unpfändbarkeit nicht entgegen.

Dementsprechend gehören **Fuhr- und Taxiunternehmer** zu den geschützten Personen, wenn sie selbst transportieren oder fahren, aber nicht mehr bei 3–4 Mitarbeitern (OLG Hamburg DGVZ 1984, 57). Bei einer **Videothek** sowie einer **Kfz-Vermietung** steht der Einsatz von Betriebsmitteln und nicht die persönliche Arbeitsleistung im Vordergrund (LG Augsburg DGVZ 1989, 138; LG Frankfurt/Main NJW-RR 1988, 1471), wie überhaupt bei größeren **Warenumsätzen**; anders ggf. bei mitverkaufenden Inhabern von „**Tante-Emma-Läden**" (AG Köln DGVZ 1992, 47) oder bei selbst kochenden oder bedienenden **Gastwirten** (AG Karlsruhe DGVZ 1989, 141). **Sonnenbänke** sind pfändbar, weil bei dem Betrieb eines Sonnenstudios der Einsatz von Sachwerten überwiegt (LG Oldenburg DGVZ 1993, 12). Weitere Beispiele bei Baumbach/Hartmann § 811 Rn. 35. **443**

Nur solche Gegenstände sind unpfändbar, die für die weitere Erwerbstätigkeit auch **erforderlich** sind. Das sind nicht nur die unentbehrlichen Sachen, sondern all diejenigen, die nach wirtschaftlichen und betrieblichen Gesichtspunkten erforderlich sind, damit die bisherige Erwerbstätigkeit fortgesetzt werden kann (allg.M.: LG Mannheim BB 1974, 1458; Zöller/Stöber § 811 Rn. 27). Dies trifft daher vor allem auf technische Arbeitsmittel (Maschinen, Werkzeuge, Bürogeräte), Mittel zur geistigen Arbeit (Bücher) sowie Materialvorräte zu. Die Rechtsprechung hierzu ist stets auf den Einzelfall bezogen und von daher nur mit Einschränkungen auf andere Fälle übertragbar. Zudem ist insbesondere bei älteren Entscheidungen die fortschreitende technische und wirtschaftliche Entwicklung zu berücksichtigen (vgl. StJ/Münzberg § 811 Rn. 51 mit Beispielen). **444**

Beispiele für Unpfändbarkeit: **445**

– **Anrufbeantworter** eines Immobilienmaklers (LG Düsseldorf DGVZ 1986, 44);

– **Computer**, soweit man ihn persönlich zum Beruf (LG Frankfurt/Main DGVZ 1994, 28; AG Bersenbrück DGVZ 1990, 78) oder Gewerbe (LG Heilbronn MDR 1994, 405 = DGVZ 1994, 55; LG Hildesheim DGVZ 1990, 30) benötigt;

– **Diktiergerät** eines Rechtsanwalts (LG Mannheim MDR 1966, 516) ebenso bei einem Notar, Steuerberater;

– **Fotokopiergerät** eines Architekten (LG Frankfurt/Main DGVZ 1990, 58), Rechtsanwalts (a.A.: AG/LG Berlin DGVZ 1985, 142), Steuerberaters, Notars, Immobilienmaklers;

– **Hochdruckreiniger** in Kfz-Werkstatt (LG Bochum DGVZ 1982, 43);

– **Pkw**, wenn der Arbeitsplatz mit öffentlichen Verkehrsmitteln in angemessener Zeit nicht zu erreichen ist (OLG Hamm DGVZ 1984, 138; LG Rottweil DGVZ 1993, 57; LG Stuttgart DGVZ 1986, 78; LG Heidelberg DGVZ 1994, 9), oder damit Transporte für sich (Gastwirt: AG Mönchengladbach DGVZ 1977, 95; Gärtner: OLG Schleswig DGVZ 1978, 9, 11), für andere (Lohnfahrten: AG Karlsruhe DGVZ 1989, 141) oder Patienten- oder Kundenbesuche (Arzt; Handelsvertreter: LG Braunschweig MDR 1970, 338; verneint für einen Hautarzt: FG Bremen DGVZ 1994, 14; Immobilienmakler: LG Koblenz JurBüro 1989, 1470, Zöller/Stöber § 811 Rn. 28 m.w.N.) ausgeführt werden;

– **Schreibmaschine** eines Schriftstellers oder Gewerbetreibenden (vgl. Zöller/Stöber § 811 Rn. 28);

– **Warenvorräte** geringen Ausmaßes (OLG Frankfurt/Main DGVZ 1960, 125; Winterstein DGVZ 1985, 87 m.w.N.);

– **Wechselgeld** in einer Gaststätte, Einzelhandelsgeschäft (ca. 100,– DM).

446   **Pfändbar hingegen grundsätzlich:**

– **Anrufbeantworter** eines Polizeibeamten (LG Berlin NJW-RR 1992, 1039);

– **Computer**, soweit für das Examen benötigt (AG Heidelberg DGVZ 1989, 15; a.A.: Paulus DGVZ 1990, 151, 152), soweit der persönliche Arbeitseinsatz zurücktritt (LG Koblenz JurBüro 1992, 264: Versicherungsagent; LG Frankfurt/Main DGVZ 1990, 58: Architekt zur Buchführung; AG Steinfurt DGVZ 1990, 62: Buchhaltungscomputer einer GmbH) oder ein weiterer Computer für die Berufsausübung zur Verfügung steht (LG Frankfurt/Main DGVZ 1994, 28);

– **Videokassetten** eines Videoverleihs (LG Augsburg NJW-RR 1989, 1536; LG Frankfurt/Main NJW-RR 1988, 1471);

– **Warenvorräte** eines Vollkaufmanns (LG Saarbrücken DGVZ 1994, 30);

– **Wählautomat** eines Immobilienmaklers (LG Düsseldorf DGVZ 1986, 44).

Zu weiteren Beispielen vgl. Zöller/Stöber § 811 Rn. 28, 29; MünchKommZPO/Schilken § 811 Rn. 41–57.

16. § 811 Nr. 6 ZPO

447   Führen **Witwen/Witwer** oder minderjährige Erben die Erwerbstätigkeit der in § 811 Nr. 5 ZPO bezeichneten Personen durch einen Stellvertreter fort, erstreckt sich gem. § 811 Nr. 6 ZPO die Schutzwirkung des § 811 Nr. 5 ZPO auch auf sie.

17. § 811 Nr. 7 ZPO

448   Die Regelung des § 811 Nr. 7 ZPO stellt lediglich eine Konkretisierung des § 811 Nr. 5 ZPO dar und bestimmt ausdrücklich, daß **Dienstkleidungs- und Dienstausrüstungsgegenstände** der im öffentlichen Dienst Beschäftigten sowie zum Beruf erforderlichen Gegenstände der dort genannten Berufsgruppen unpfändbar sind. Entsprechend anwendbar ist die Vorschrift auf Richter und Patentanwälte. Eine eigen-

ständige Bedeutung kommt ihr aber insoweit zu, als eine Austauschpfändung gem. § 811a ZPO hier nicht möglich ist.

18. § 811 Nr. 8 ZPO

§ 811 Nr. 8 ZPO schützt den Schuldner bei **Barauszahlung seines Arbeitseinkommens** in bestimmter Höhe. Er ergänzt den Pfändungsschutz von Arbeitseinkommen gem. §§ 850 ff. ZPO und entspricht der Vorschrift des § 850k ZPO, die ansonsten inhaltsgleich den Schutz des auf ein Konto des Schuldners überwiesenen Arbeitseinkommens regelt. Für Auszahlungen von Bargeld für Sozialleistungen vgl. § 55 SGB I.

449

19. § 811 Nr. 9 ZPO

Eine eigene Regelung für **Apotheken** enthält § 811 Nr. 9 ZPO. Anders als in § 811 Nr. 5 ZPO müssen die Geräte, Gefäße und Waren nicht nur erforderlich, sondern unentbehrlich sein. Vgl. im einzelnen Kotzur DGVZ 1989, 165 f. Trotz Unpfändbarkeit gehören diese Gegenstände zur Konkursmasse, § 1 Abs. 2 KO.

450

20. § 811 Nr. 10–13 ZPO

Die in § 811 Nr. 10–13 ZPO aufgeführten **Gegenstände** gehören zur **persönlichen Lebenssphäre**, an denen der Schuldner ein besonderes Interesse hat. Eine Austauschpfändung kommt bei keinem der Gegenstände in Betracht, also auch nicht bei einer Schmuckausgabe der Bibel (AG Bremen DGVZ 1984, 157). Bei § 811 Nr. 11 ZPO ist streitig, ob Verlobungsringe sowie Familienfotos ebenfalls unpfändbar sind (vgl. Zöller/Stöber § 811 Rn. 35). Geschäftsbücher gehören trotz Unpfändbarkeit gem. § 1 Abs. 3 KO zur Konkursmasse. Ob ein Pkw eines körperlich Behinderten unter § 811 Nr. 12 ZPO fällt, hängt von den Umständen des Einzelfalles ab. Nach OLG Köln NJW-RR 1986, 488 = DGVZ 1986, 13 = Rpfleger 1986, 57 = OLGZ 1986, 83 soll dann aber analog § 811a ZPO eine Austauschpfändung möglich sein (zutreffend a.A.: Zöller/Stöber § 811 Rn. 2; Brox/Walker Rn. 289; MünchKommZPO/Schilken § 811 Rn. 2). Ob zu den Bestattungsgegenständen des § 811 Nr. 13 ZPO auch Grabsteine zu rechnen sind, ist streitig (verneinend: OLG Köln DGVZ 1992, 116 = JurBüro 1991, 1703 = OLGZ 1993, 113 m.w.N.; a.A.: LG Oldenburg JurBüro 1990, 1680 sowie DGVZ 1992, 92). Auch die Frage, ob die Pietät der Pfändung entgegenstehen kann, oder dies jedenfalls dann abzulehnen ist, wenn der Gläubiger der Hersteller des Grabsteines ist, wird von der Rechtsprechung unterschiedlich beantwortet. Vgl. dazu die Zusammenstellung bei Zöller/Stöber § 811 Rn. 37.

451

Vgl. im übrigen die ausführlichen Darstellungen bei Zöller/Stöber § 811 Rn. 11–37; MünchKommZPO/Schilken § 811 Rn. 17–57; Baumbach/Hartmann § 811 Rn. 15–53.

21. § 811a Abs. 3 ZPO

Gemäß § 811a Abs. 3 ZPO ist der bei einer Austauschpfändung gem. § 811 Abs. 1 S. 1, 2. und 3. Alt. ZPO dem Schuldner **überlassene Geldbetrag für die Beschaffung eines Ersatzstückes für den gepfändeten Gegenstand** unpfändbar. Ebenso das Ersatz-

452

stück selbst bzw. der Anspruch auf Leistung des Ersatzstückes oder eines entsprechenden Geldbetrages (StJ/Münzberg § 811a ZPO Rn. 30).

22. § 811c ZPO

453 **Tiere**, die im häuslichen Bereich (in räumlicher Nähe zum Schuldner wie Wohnung, Haus, Garten) und nicht zu Erwerbszwecken gehalten werden, sind gem. **§ 811c ZPO** ebenfalls grundsätzlich unpfändbar. Eine Ausnahme kann bei Abwägung von Gläubiger- und Schuldnerinteressen sowie der Belange des Tierschutzes auf Antrag des Gläubigers erfolgen, wenn die Unpfändbarkeit für den Gläubiger wegen des hohen Wertes des Tieres (mindestens 500,– DM, z.B. für Rassekatzen) eine Härte bedeuten würde. Zuständig ist das Vollstreckungsgericht, funktionell der Rechtspfleger, § 20 Nr. 17 RPflG. Zu Einzelheiten vgl. Lorz MDR 1990, 1057, 1060.

454 Rechtsbehelf bei einem Verstoß gegen § 811c Abs. 1 ZPO: § 766 ZPO; bei einem Beschluß gem. § 811c Abs. 2 ZPO für den Gläubiger (bei Ablehnung) bzw. Schuldner (bei Erlaß): befristete Erinnerung gem. § 11 Abs. 1 S. 2 RPflG.

23. § 811d ZPO – Vorwegpfändung

455 Alle gem. § 811a ZPO unpfändbaren Gegenstände können im Wege der Vorwegpfändung gem. § 811d ZPO gepfändet werden, wenn nur zu erwarten ist, daß sie demnächst – spätestens binnen Jahresfrist, § 811d Abs. 2 ZPO – pfändbar werden (z.B. wegen beruflicher Veränderung). Die Sache ist im Gewahrsam des Schuldners zu belassen, die Pfändung daher gem. § 808 Abs. 2 S. 2 ZPO kenntlich zu machen. Die Fortsetzung der Zwangsvollstreckung (Wegnahme, Verwertung) darf nur erfolgen, wenn die Sache pfändbar geworden ist. Tritt dies nicht binnen eines Jahres ein, ist die Pfändung durch den Gerichtsvollzieher von Amts wegen aufzuheben.

24. § 812 ZPO

456 Soweit beim Schuldner in Gebrauch befindliche **Gegenstände des Hausrats** (z.B. Einrichtungsgegenstände, Kleider, Wäsche) nicht schon gem. § 811 Nr. 1 ZPO unpfändbar sind, sollen, d.h. dürfen sie gem. § 812 ZPO nicht gepfändet werden, wenn ohne weiteres ersichtlich ist, daß durch ihre Verwertung nur ein Erlös erzielt werden würde, der zu dem Wert, den die Sache für den Schuldner ausmacht, außer allem Verhältnis steht, also offensichtlich unverhältnismäßig ist.

457 Die Pfändung von **Barmitteln und Guthaben aus Miet- und Pachtzinsforderungen** soll unterbleiben, wenn offenkundig ist, daß diese Mittel für den Schuldner notwendig sind zur laufenden Unterhaltung des Grundstückes (wie Grundstücksgebühren, Versicherungsprämien, Energiekosten), für notwendige Instandsetzungsarbeiten oder zur Befriedigung von Ansprüchen, die bei einer Zwangsvollstreckung in das Grundstück gem. § 10 ZVG dem Anspruch des Gläubigers vorgehen würden.

25. Erbschaftsnutzungen

458 Zur Pfändungsbeschränkung bei diesen vgl. **§ 863 ZPO**.

26. Weitere Pfändungsbeschränkungen

Sie sind in besonderen Gesetzen geregelt, vgl. hierzu die Anmerkung zu § 811 ZPO **459**
in: Schönfelder, Deutsche Gesetze sowie bei Baumbach/Hartmann § 811 Rn. 54; auch
§ 126 GVGA betreffend Pfändung von Gegenständen, deren Veräußerung unzulässig
ist oder die dem Washingtoner Artenschutzübereinkommen unterliegen.

Zur Unpfändbarkeit von Grundstückszubehör sowie der Erzeugnisse und sonstigen Bestandteile im Rahmen der Mobiliarzwangsvollstreckung vgl. § 865 ZPO und Rn. 391.

VIII. Pfändung

1. Aufforderung zur Leistung

Vor der Pfändung hat der Gerichtsvollzieher den Schuldner zur freiwilligen Leistung **460**
aufzufordern. Dies ergibt sich aus § 105 Nr. 2 GVGA sowie dem Grundsatz der Verhältnismäßigkeit staatlichen Handelns. Kommt der Schuldner der Aufforderung nach,
hat der Gerichtsvollzieher Leistungen, auch Teilleistungen anzunehmen und deren
Empfang zu bescheinigen. Bei vollständiger Begleichung der zu vollstreckenden Forderung (titulierte Forderung nebst aller Nebenleistungen und Kosten) übergibt der
Gerichtsvollzieher dem Schuldner nach deren Empfang die vollstreckbare Ausfertigung des Titels sowie eine Quittung. Teilleistungen vermerkt er auf dem Titel und
händigt dem Schuldner eine entsprechende Quittung aus (§ 757 Abs. 1 ZPO). Ansonsten führt er die Zwangsvollstreckung durch.

2. Inbesitznahme, § 808 Abs. 1 ZPO

Die Pfändung beweglicher Sachen wird dadurch bewirkt, daß der Gerichtsvollzieher **461**
sie in Besitz nimmt (§ 808 Abs. 1 ZPO). Diese Inbesitznahme setzt Erlangung der
tatsächlichen Sachherrschaft des Gerichtsvollziehers unter Ausschluß der Verfü-
gungsgewalt des Schuldners voraus (RGZ 118, 276). Sie kann auf zweierlei Weise geschehen: entweder durch Wegschaffung der Sachen aus dem Gewahrsam des Schuld-
ners/Dritten in den des Gerichtsvollziehers, oder durch Kenntlichmachung der Pfändung unter Belassung der Sache beim Schuldner.

Geld, Kostbarkeiten und Wertpapiere hat der Gerichtsvollzieher grundsätzlich weg- **462**
zunehmen. Geld (inländische oder ausländische Münzen und Banknoten in gültiger
Währung) ist bis zur Übereignung an den Gläubiger (§ 815 Abs. 1 ZPO) ebenso an ge-
eignetem Ort zu verwahren (Banksafe, Pfandkammer, ggfs. Einzahlung auf ein Sonderkonto des Gerichtsvollziehers) wie die übrigen Gegenstände bis zu ihrer Verwertung. Etwaige Lagerverträge des Gerichtsvollziehers sind privatrechtliche Verträge.
Streitig ist, ob er sie in eigenem Namen (RGZ 145, 204, 209; OLG Karlsruhe Rpfleger
1974, 408; Brox/Walker Rn. 334; MünchKommZPO/Schilken § 808 Rn. 19 m.w.N.) oder
als Vertreter des Justizfiskus schließt (BGHZ 89, 82 = DGVZ 1984, 38 = MDR 1984, 383
= NJW 1984, 1759 im Falle einer Arrestpfändung für einen gem. § 8 GVKostG von der
Zahlung der Kosten befreiten Gläubiger; Zöller/Stöber § 808 Rn. 17; Zimmermann
§ 808 Rn. 6).

463 **Kostbarkeiten** sind Sachen, deren Wert im Verhältnis zu ihrem Umfang oder Gewicht besonders groß ist (z.B. Sachen aus Gold, Platin, Münzen, Briefmarken, Schmuckstücke, Kunstwerke, Teppiche). Zu **Wertpapieren** vgl. Rn. 393.

Auch **übrige Sachen** sind **wegzuschaffen**, wenn deren Belassen im Gewahrsam des Schuldners oder des Dritten die Befriedigung des Gläubigers gefährdet (z.B. Verdacht des Verbrauchs oder der Veräußerung, Ungeeignetheit der Räume zur Aufbewahrung, § 808 Abs. 2 S. 1 ZPO; grundsätzlich wird dies bejaht bei der Pfändung von Kraftfahrzeugen, vgl. Zöller/Stöber § 808 Rn. 21 m.w.N.). Die Notwendigkeit der Wegschaffung kann sich auch noch nachträglich ergeben. Das Vorliegen einer Gefährdung hat der Gerichtsvollzieher nach eigenverantwortlicher Prüfung zu beurteilen.

464 Mit Zustimmung des Gläubigers oder wenn die Wegschaffung mit besonderen Gefahren oder Schwierigkeiten verbunden ist (z.B. bei wertvollen Kunstsammlungen, kostbarem Porzellan) kann der Gerichtsvollzieher auch Geld, Kostbarkeiten oder Wertpapiere beim Schuldner **belassen** (vgl. Zöller/Stöber § 811 Rn. 16; MünchKomm-ZPO/Schilken § 811 Rn. 20).

3. Pfandzeichen etc., § 808 Abs. 2 S. 2 ZPO

465 **Andere Sachen** hat der Gerichtsvollzieher im Gewahrsam des Schuldners/Dritten zu belassen, muß dann jedoch die Pfändung deutlich kenntlichmachen. Dies kann nach Wahl des Gerichtsvollziehers durch Anbringung eines Pfandsiegels oder auf sonstige Weise geschehen (§ 808 Abs. 2 S. 2 ZPO). Ein Verstoß hiergegen macht die Pfändung nichtig, so daß insoweit äußerste Sorgfalt vom Gerichtsvollzieher verlangt wird. Das **Pfandzeichen** muß haltbar angebracht und bei verkehrsüblicher Sorgfalt von Dritten zu bemerken sein, ohne daß es sofort ins Auge fallen müßte (allg.M.: vgl. AG Göttingen DGVZ 1972, 32; Baumbach/Hartmann § 808 Rn. 22; StJ/Münzberg § 808 Rn. 29 mit zahlreichen Nachweisen). Die Anbringung des Pfandsiegels im Inneren des Pfandstückes (Möbel, Kassette) oder das Ankleben des Siegels an Vieh genügt daher nicht.

466 Aufgrund der Beschaffenheit der Pfandsachen wird sich nicht immer ein Pfandzeichen anbringen lassen (z.B. Früchte auf dem Halm), zum anderen wird bei einer Mehrzahl von Pfandstücken oder Teilen von Warenlagern die Anbringung von einzelnen Siegeln unpraktisch sein. In diesen Fällen erfolgt die Kenntlichmachung üblicherweise durch eine **Pfandanzeige** oder **Pfandtafel**. Sie muß an der Stelle, an der sich die Pfandsachen befinden, so angebracht sein, daß jedermann bei Anwendung verkehrsüblicher Sorgfalt von ihr Kenntnis nehmen kann. In ihr sind die gepfändeten Sachen im einzelnen aufzuführen. Sollen alle in einem Raum/Behältnis befindlichen Sachen gepfändet werden, so genügt die – mit jederzeit widerruflicher Zustimmung des Schuldners – vorgenommene Versiegelung **aller** Türen des Raumes/Behältnisses, wenn der Gerichtsvollzieher sämtliche Schlüssel zu dem Raum/Behältnis in Besitz hat.

467 Die Zulässigkeit der **weiteren Nutzung** von im Gewahrsam des Schuldners belassenen Gebrauchsgegenständen hängt von den Umständen des Einzelfalles ab (vgl. hierzu Zöller/Stöber § 808 Rn. 21).

4. Mehrere Aufträge

Erfolgt eine Pfändung derselben Sache aufgrund mehrerer Aufträge **gegenüber dem-** 468
selben Schuldner, wird die Pfändung nur einmal kenntlich gemacht; in dem einheitlichen Pfändungsprotokoll sind sämtliche Gläubiger und deren Schuldtitel zu bezeichnen und ferner zu vermerken, daß die Pfändung gleichzeitig für alle als bewirkt
gilt. Der zeitlich unterschiedliche Eingang der Anträge beim Gerichtsvollzieher ist insoweit ohne Bedeutung (h.M.: LG München DGVZ 1985, 45; Zöller/Stöber § 808 Rn. 25;
vgl. auch § 168 Nr. 1 GVGA; a.A.: MünchKommZPO/Schilken § 808 Rn. 31).

Wird die Pfändung derselben Sache aufgrund **mehrerer Aufträge gegenüber ver-** 469
schiedenen Schuldnern (Doppelpfändung; möglich bei der Zwangsvollstreckung gegen Eheleute, § 739 ZPO) vorgenommen, liegt kein Fall für eine Anschlußpfändung
vor (siehe Rn. 482). Es sind vielmehr zwei selbständige Pfändungen vorzunehmen und
zwei Pfändungsprotokolle zu erstellen. Die Kenntlichmachung der Pfändung kann
einheitlich erfolgen (Zöller/Stöber § 808 Rn. 26).

5. Besitzverhältnisse

Durch die Inbesitznahme ändern sich die Besitzverhältnisse am Pfandgegenstand (vgl. 470
eingehend MünchKommZPO/Schilken § 808 Rn. 28). Nimmt der Gerichtsvollzieher
die Pfandsache weg, wird er unmittelbarer Fremdbesitzer; er vermittelt dem Gläubiger mittelbaren Fremdbesitz erster Stufe (RGZ 126, 21, 25) und dem Schuldner mittelbaren Eigenbesitz zweiter Stufe. Beläßt der Gerichtsvollzieher die Pfandsache im
Gewahrsam des Schuldners, so ist der Schuldner unmittelbarer Fremdbesitzer und
vermittelt als mittelbarer Eigenbesitzer dritter Stufe dem Gerichtsvollzieher mittelbaren Fremdbesitz erster Stufe und dem Gläubiger solchen zweiter Stufe (RGZ 94, 341,
342).

Der Schuldner kann jedoch dem Gerichtsvollzieher gegenüber keine Besitzschutzan- 471
sprüche geltend machen, wenn dieser die Sachen bei ihm abholt, um die Verwertung
durchzuführen oder zur Vermeidung der Gläubigergefährdung zu sichern (Brox/Wal-
ker Rn. 360). Veräußert der Schuldner die Pfandsache, liegt bei vorstehender Besitzla-
ge kein Abhandenkommen im Sinne des § 935 BGB vor; gutgläubiger lastenfreier Erwerb der Pfandsache durch Dritte ist daher gem. §§ 936, 135 Abs. 2, 136 BGB möglich.

Die **Beschädigung** oder Beseitigung sowie das Abfallen oder Unkenntlichwerden von 472
Pfandzeichen nach durchgeführter Pfändung hat auf die Wirksamkeit der Pfändung
keinen Einfluß. Der Gerichtsvollzieher hat sie jedoch zu erneuern, sobald er davon erfährt, auch um gutgläubigen lastenfreien Erwerb der Pfandstücke durch Dritte zu verhindern.

6. Hilfspfändung

Eine Hilfspfändung liegt vor, wenn der Gerichtsvollzieher Urkunden in Besitz nimmt, 473
die eine Forderung beweisen oder deren Inhaber für die Entgegennahme der Leistung
legitimieren, ohne daß das Papier selbst Träger des Rechtes ist (vgl. Rn. 393). Gesetzlich
geregelt in § 830 Abs. 1 S. 2 ZPO für den Hypothekenbrief und in § 836 Abs. 3 S. 2
ZPO (z.B. für Schuldscheine, Versicherungspolicen, Lohnsteuerkarte, Mietvertrag,

Sparbuch). Vollstreckungstitel ist insoweit der Pfändungs- und Überweisungsbeschluß, der keiner Klausel bedarf, jedoch vor der gem. § 883 ZPO durchzuführenden Zwangsvollstreckung an den Schuldner zuzustellen ist.

474 Derartige Papiere kann der Gerichtsvollzieher jedoch auch **ohne entsprechenden Beschluß** vorläufig in Besitz nehmen, um so die Forderungspfändung zu sichern. Grundlage hierfür ist § 156 GVGA bzw. § 836 Abs. 3 S. 2 ZPO analog (Zöller/Stöber § 808 Rn. 28; Baumbach/Hartmann § 808 Rn. 3; vgl. zum Kfz-Brief auch § 952 Abs. 1 S. 2 BGB). Der Gerichtsvollzieher hat dem Gläubiger die vorläufige Wegnahme unverzüglich unter Angabe der gesicherten Forderung mitzuteilen. Legt der Gläubiger nicht innerhalb eines Monats dem Gerichtsvollzieher den Pfändungsbeschluß über die Forderung vor, sind die Papiere dem Schuldner zurückzugeben.

7. Weitere Pflichten des Gerichtsvollziehers

475 Der Gerichtsvollzieher hat den Schuldner von der Pfändung **in Kenntnis zu setzen** (**§ 808 Abs. 3 ZPO**; vgl. im einzelnen § 132 Nr. 5 GVGA). Ein Verstoß hiergegen beeinträchtigt die Wirkungen der Pfändung nicht, da § 808 Abs. 3 ZPO lediglich eine Ordnungsvorschrift ist (allg.M.). Dem Schuldner ist, wenn die Vollstreckung in seiner Abwesenheit stattgefunden hat, auch ohne Anforderung eine Abschrift des Pfändungsprotokolls zu erteilen; ansonsten erfolgt die Erteilung an ihn sowie den Gläubiger nur auf entsprechendes Verlangen (§ 135 Nr. 5 GVGA).

476 Konnte eine Pfändung nicht bewirkt werden oder wird eine bewirkte Pfändung voraussichtlich nicht zur vollständigen Befriedigung des Gläubigers führen, so hat der Gerichtsvollzieher, wenn er anläßlich der Zwangsvollstreckung durch Befragung des Schuldners oder durch Einsicht in Schriftstücke Kenntnis von Geldforderungen des Schuldners gegen Dritte erlangt, dies unter Angabe von Namen und Anschriften der Drittschuldner sowie des Grundes der Forderungen und der für diese bestehenden Sicherheiten dem Gläubiger mitzuteilen (**§ 806a Abs. 1 ZPO**).

477 Der Gerichtsvollzieher darf ferner, wenn der Schuldner in der Wohnung nicht angetroffen wird, die zum Hausstand des Schuldners gehörenden erwachsenen Personen nach dem Arbeitgeber des Schuldners befragen. Diese sind zur Auskunft nicht verpflichtet und zuvor vom Gerichtsvollzieher auf die Freiwilligkeit ihrer Angaben hinzuweisen. Entsprechende Erkenntnisse teilt der Gerichtsvollzieher dem Gläubiger mit (**§ 806a Abs. 2 ZPO**). Der Gläubiger sollte daher den Gerichtsvollzieher in dem Auftragsschreiben auf § 806a ZPO hinweisen (vgl. Rn. 329).

8. Vollstreckungsprotokoll

478 Der Gerichtsvollzieher hat über jede Vollstreckungshandlung ein Protokoll aufzunehmen, dessen Inhalt sich nach den **§§ 762, 763 ZPO** richtet; vgl. auch § 110 GVGA. Bei Pfändungen derselben Sache aufgrund mehrerer Titel desselben Gläubigers oder mehrerer Gläubiger gegen denselben Schuldner wird nur ein Protokoll errichtet. Das Protokoll ist öffentliche Urkunde gem. §§ 415, 418 ZPO; es dient nur zu Beweiszwecken. Ein Verstoß gegen die Protokollierungspflichten hat – mit Ausnahme bei der Anschlußpfändung – keine Auswirkung auf die Wirksamkeit der Pfändung. Führt die Vollstreckung nicht zu einer vollständigen Befriedigung des Gläubigers, wird § 762

Abs. 2 Nr. 2 ZPO nach allg.M. dahin interpretiert, daß das Protokoll jedenfalls die allgemeine Erklärung des Gerichtsvollziehers enthalten muß, der Schuldner habe keine oder nur solche Sachen im Besitz, die der Pfändung nicht unterworfen seien, oder von deren Verwertung ein Überschuß über die Kosten der Zwangsvollstreckung nicht zu erwarten sei.

Unstreitig ist ferner, daß der Gerichtsvollzieher **kein vollständiges Inventarverzeichnis** mit detaillierter Beschreibung der einzelnen Gegenstände anfertigen muß (allg.M.: OLG Oldenburg JurBüro 1989, 261; LG Traunstein Rpfleger 1988, 199). Kontrovers beantwortet wird hingegen die Frage, ob der Gerichtsvollzieher dann, wenn der Gläubiger es ausdrücklich verlangt, im Protokoll die vorgefundenen aber nicht gepfändeten Sachen ihrer Art, Beschaffenheit und – jedenfalls soweit § 803 Abs. 2, § 812 ZPO in Betracht kommen – ihrem Wert nach so zu bezeichnen hat, daß sich daraus für den Gläubiger ein Anhalt für die Beurteilung ergeben kann, ob ihre Pfändung mit Recht unterlassen worden ist. **479**

Nach wohl h.M. sind die an sich pfändbaren Sachen im einzelnen aufzuführen; ansonsten genügt die Bezeichnung der Gegenstände nach Art und Zahl (vgl. auch § 135 Nr. 6 GVGA; OLG Bremen JurBüro 1989, 263 = NJW-RR 1989, 1407; OLG Oldenburg JurBüro 1989, 261; LG Bochum JurBüro 1994, 308; LG Duisburg JurBüro 1990, 1049; LG Lübeck JurBüro 1990, 1369; LG Saarbrücken DGVZ 1994, 30; Zöller/Stöber § 762 Rn. 3; Baumbach/Hartmann § 762 Rn. 3; Thomas/Putzo § 762 Rn. 2; Schuschke § 762 Rn. 3 – auch ohne entsprechenden Antrag; MünchKommZPO/Arnold § 762 Rn. 14; a.A.: LG Bonn DGVZ 1993, 41 = JurBüro 1994, 311 mit abl. Anm. Mümmler; LG Münster DGVZ 1984, 46; AG Frankfurt/Main DGVZ 1990, 77; Midderhoff DGVZ 1983, 4). **480**

Soweit eine derartige Verpflichtung des Gerichtsvollziehers hinsichtlich der gem. § 811 Nr. 1 u. 2 ZPO offensichtlich unpfändbaren Sachen nur einschränkend bejaht wird (so OLG Bremen a.a.O.; AG Westerburg DGVZ 1992, 124; Zöller/Stöber a.a.O.), kann dem nur insoweit zugestimmt werden, als auch eine Austauschpfändung nicht in Betracht kommt (entsprechend § 807 Abs. 1 S. 3 ZPO). § 135 Nr. 6 GVGA ist so verstanden mit Wortlaut und Sinn des § 762 Abs. 2 Nr. 2 ZPO jedenfalls vereinbar. Andererseits stellt die GVGA zwar nur eine Verwaltungsanweisung an den Gerichtsvollzieher dar, die als solche keine Rechtsgrundlage für einen Anspruch auf bestimmtes Handeln des Gerichtsvollziehers abgibt. Die Frage ist aber, ob nicht § 135 Nr. 6 GVGA eine zutreffende Interpretation des Normzweckes von § 762 Abs. 2 Nr. 2 ZPO darstellt. Dies ist zu bejahen und hat nichts mit einem unberechtigten Argwohn gegenüber dem Gerichtsvollzieher zu tun. Vielmehr wird durch eine entsprechende Protokollierung vermieden, daß der Gläubiger zwecks Erlangung genauerer Kenntnis von unpfändbaren Sachen das Verfahren auf Abgabe der eidesstattlichen Versicherung betreibt. Da der Gesetzgeber aus demselben Grunde (Vermeidung von Anträgen auf eidesstattliche Versicherung) den § 806a ZPO über die Mitteilungspflicht des Gerichtsvollziehers neu in die ZPO aufgenommen hat, sollte nicht über eine restriktive Auslegung des § 762 ZPO zu einer Häufung von Verfahren der eidesstattlichen Versicherung beigetragen werden. Der Arbeitsersparnis des Gerichtsvollziehers steht zudem die stärkere Mehrarbeit für den Rechtspfleger/Richter und eine größere Belastung für den Schuldner durch Abgabe der eidesstattlichen Versicherung gegenüber. Fehl geht der Hinweis, der Gläubiger könne sich ja durch die Anwesenheit bei der Vollstreckung die genaue Kenntnis von unpfändbaren Sachen verschaffen (so aber LG Bonn DGVZ 1993, 41, 43 = JurBüro 1994, 311, 312). Dies ist zum einen wenig praktikabel, wenn Gläubiger und **481**

Schuldner nicht am selben Ort wohnen; zum anderen kann der Gläubiger nicht vorher wissen, welche Angaben der Gerichtsvollzieher im Protokoll machen wird, und ob er an deren Richtigkeit Zweifel haben kann. Überdies setzt die Teilnahme des Gläubigers an der Vollstreckungshandlung nach allg.M. voraus, daß der Schuldner der Anwesenheit des Gläubigers nicht widerspricht – oder in dem richterlichen Durchsuchungsbeschluß ausdrücklich die Anwesenheit des Gläubigers gestattet wird; letzteres kommt aber nur in besonderen Ausnahmefällen in Betracht (vgl. Rn. 375).

9. Anschlußpfändung

482 Ist eine Sache bereits gepfändet worden und soll sie für eine andere Forderung desselben Gläubigers oder für einen anderen Gläubiger nochmals gepfändet werden, so kann dies als weitere Erstpfändung gem. § 808 ZPO oder als Anschlußpfändung in der einfacheren Form des § 826 ZPO geschehen. Eine Pfändung derselben Sache im Rahmen der Zwangsvollstreckung gegen einen anderen Schuldner (Doppelpfändung; möglich im Rahmen des § 739 ZPO) kann nicht als Anschlußpfändung, sondern nur als Erstpfändung durchgeführt werden (h.M.: Thomas/Putzo § 826 Rn. 1).

483 Die **Anschlußpfändung gem. § 826 ZPO** setzt voraus:

- Die Pfändung richtet sich **gegen denselben Schuldner** wie die Erstpfändung (h.M.: OLG Hamm DGVZ 1963, 1, 4; Thomas/Putzo § 826 Rn. 1).

- Eine wirksame und zur Zeit der Anschlußpfändung noch bestehende **Verstrickung** der Sache durch die Erstpfändung (Zöller/Stöber § 826 Rn. 3); nicht notwendig ist, daß die Erstpfändung durch denselben Gerichtsvollzieher stattgefunden hat (§ 826 Abs. 2 ZPO). Bestehen an der Wirksamkeit der Erstpfändung Zweifel, soll der Gerichtsvollzieher die Pfändung in der Form der Erstpfändung vornehmen (§ 167 Nr. 4 GVGA). Die spätere Aufhebung der Erstpfändung hat auf die Anschlußpfändung keine Auswirkungen.

  Die allgemeinen Voraussetzungen der Zwangsvollstreckung müssen im Zeitpunkt der Anschlußpfändung vorliegen. **§ 803 Abs. 2 ZPO** findet nur dann Anwendung, wenn die Anschlußpfändung auch in Form einer Erstpfändung nutzlos wäre. Dabei können die Kosten der Vollstreckung der Erstpfändung im Hinblick auf die Frage der Nutzlosigkeit nicht in Ansatz gebracht werden, weil der Bestand der Erstpfändung ungewiß ist.

  Wurde die Sache gem. **§ 809 ZPO** gepfändet, muß der Dritte auch im Zeitpunkt der Anschlußpfändung noch herausgabebereit sein, und zwar auch dann, wenn der Gerichtsvollzieher die Sache aus dem Gewahrsam des Dritten weggeschafft hatte. Der Gerichtsvollzieher ist nicht Dritter i.S. von § 809 ZPO (vgl. § 167 Nr. 3 GVGA; h.M.: OLG Düsseldorf OLGZ 1973, 50, 53; Zöller/Stöber § 826 Rn. 3; Schuschke § 826 Rn. 5; Thomas/Putzo § 826 Rn. 3; Zimmermann § 826 Rn. 2; Brox/Walker Rn. 344; MünchKommZPO/Schilken § 826 Rn. 4; a.A.: Baumbach/Hartmann § 826 Rn. 3). Auch ein Übererlös kann bis zur Auskehr gem. 826 ZPO gepfändet werden (LG Berlin DGVZ 1983, 93).

- Die **Erklärung des Gerichtsvollziehers zu Protokoll** (§ 762 ZPO), daß er die schon gepfändeten Sachen für seinen Auftraggeber gleichfalls pfände. Dabei ist der Zeitpunkt, zu der diese Erklärung abgegeben wird, im Hinblick auf den Rang gem. §804 Abs. 3 ZPO genau zu bezeichnen. **484**

Ein **Verstoß** gegen die vorgenannten Voraussetzungen macht die Pfändung nichtig. Wegen der weiteren vom Gerichtsvollzieher zu beachtenden Einzelheiten vgl. § 167 GVGA.

Ein Verstoß gegen die Verpflichtung, dem anderen Gerichtsvollzieher, der die erste Pfändung bewirkt hat, eine Abschrift des Protokolls zuzustellen (**§ 826 Abs. 2 ZPO**) bzw. den Schuldner von den weiteren Pfändungen in Kenntnis zu setzen (**§ 826 Abs. 3 ZPO**) beeinträchtigt die Wirksamkeit der Pfändung nicht (RGZ 13, 345).

IX. Wirkungen der Pfändung

1. Beschlagnahme

Die im Rahmen einer Zwangsvollstreckung wegen Geldforderung in das bewegliche **485** Vermögen durchgeführte Pfändung (§ 803 ZPO) stellt eine hoheitliche **Beschlagnahme** eines Pfandstückes dar, die die Befriedigung des Gläubigers durch Verwertung oder jedenfalls – wie beim Arrest – deren Sicherung zum Ziel hat. Sie entspricht damit der Beschlagnahme im Rahmen der Immobiliarzwangsvollstreckung gem. §§ 20, 146 ZVG. Die Wirkungen dieser Pfändungen sind in der ZPO nur unvollkommen geregelt. Die Pfändung führt bei ordnungsgemäßem Ablauf zu einer Verstrickung, einem Pfändungspfandrecht (§ 804 Abs. 1 ZPO) sowie zu Änderungen in den Besitzverhältnissen (s. zu letzteren Rn. 470).

2. Verstrickung

Verstrickung bedeutet Begründung einer staatlichen Verfügungsmacht und daraus **486** folgendem Veräußerungsverbot für den Schuldner (h.M.: Zöller/Stöber § 804 Rn. 1; Schuschke vor § 803 Rn. 1; Brox/Walker Rn. 361; nach MünchKommZPO/Schilken § 803 Rn. 29 stellt das Verfügungsverbot eine selbständige Folge der Pfändung dar). Entgegenstehende Verfügungen des Schuldners sind den Pfändungspfandgläubigern gegenüber relativ unwirksam, §§ 135, 136 BGB. Die Verstrickung genießt strafrechtlichen Schutz gem. § 136 StGB (Verstrickungsbruch). Sie entsteht unabhängig davon, ob dem Gläubiger materiell-rechtlich eine Forderung gegen den Beklagten zusteht und ist Grundlage aller nachfolgenden Vollstreckungsmaßnahmen, insbesondere auch der Verwertung.

Die Verstrickung entsteht durch jede, auch anfechtbare Pfändung, wenn diese nicht nichtig ist. Eine – seltene – nichtige Vollstreckungsmaßnahme liegt nur vor bei einem offenkundigen und besonders schweren Fehler (h.M.: BGH NJW 1993, 735, 736 m.w.N.).

487 **Nichtigkeit** ist u.a. in folgenden Fällen bejaht worden:

- Fehlen eines vollstreckbaren Titels (BGHZ 70, 313, 317, insoweit in NJW 1978, 943 nicht abgedruckt).
- Bei einem aufgrund eines Arrestes ergangenen Überweisungsbeschluß (BGH NJW 1993, 735).
- Pfändung durch ein funktionell unzuständiges Vollstreckungsorgan (Gerichtsvollzieher pfändet eine Forderung; streitig allerdings bei einer gegen § 865 Abs. 2 ZPO verstoßenden Pfändung, vgl. Rn. 322).
- Fehlende Inbesitznahme/Kenntlichmachung der Pfändung gem. § 808 ZPO.
- Fehlende Zustellung des Pfändungsbeschlusses an den Drittschuldner gem. § 829 Abs. 3, § 846, § 857 Abs. 1 ZPO.
- Zu ungenaue Bezeichnung des Schuldners (OLG Stuttgart WM 1993, 2020).
- Keine Protokollierung der Anschlußpfändung gem. § 826 ZPO.
- Der Vollstreckungsschuldner unterliegt nicht der deutschen Gerichtsbarkeit.

488 Eine **Heilung** der Pfändung nach Wegfall des Mangels ist nur durch Neuvornahme mit Wirkung ex nunc möglich (MünchKommZPO/Schilken § 803 Rn. 31; Schuschke § 803 Rn. 7 m.w.N.).

489 Verstöße allein gegen Ordnungsvorschriften (wie z.B. § 761 Abs. 2, §§ 762, 763, 808 Abs. 2 u. 3 ZPO) bleiben ohne Auswirkungen auf die Entstehung des Pfandrechts (Brox/Walker Rn. 383; MünchKommZPO/Schilken § 804 Rn. 13).

490 In den übrigen Fällen bleibt es bei einer bloßen **Anfechtbarkeit** einer Pfändung, u.a. in folgenden Fällen:

- Pfändungs- und Überweisungsbeschluß betreffen das Kontoguthaben einer BGB-Gesellschaft, wenn ein Titel nur gegen einen der Gesellschafter vorlag (BGH WM 1977, 840).
- Die Vollstreckungsklausel fehlte.
- Die Zustellung des Titels war nicht erfolgt.
- Eine besondere Voraussetzung der Zwangsvollstreckung fehlte, z.B. die Sicherheitsleistung.
- Ein Vollstreckungshindernis gem. § 775 ZPO lag vor.
- Es wurden unpfändbare Sachen (§ 811 ZPO) gepfändet.
- Die gepfändete Sache stand nicht im Eigentum des Schuldners.
- Die Pfändung erfolgte trotz fehlender Herausgabebereitschaft des Dritten, also unter Verstoß gegen § 809 ZPO.

Zu weiteren Beispielen vgl. Brox/Walker Rn. 363.

491 Die **Beendigung der Verstrickung** tritt ein durch:

- Verwertung des Pfandgegenstandes (Zuschlag und Ablieferung der versteigerten Sache an den Ersteigerer; jedoch setzen sich Verstrickung und Pfändungspfandrecht am Erlös fort).
- Aufhebung der Pfändung durch das zuständige Vollstreckungsorgan (Entstrickung). Bei beweglichen Sachen entweder durch den Gerichtsvollzieher selbst

(beispielsweise durch Abnahme des Pfandsiegels), oder mit Zustimmung des Gerichtsvollziehers durch den Schuldner bzw. Dritte. Dabei kommt es nicht darauf an, ob dies seitens des Gerichtsvollziehers zu Recht geschieht (also in den Fällen der §§ 775, 776 ZPO aufgrund einer Anordnung des Vollstreckungsgerichts, oder auf Freigabeerklärung des Gläubigers hin) oder zu Unrecht (eigenmächtiges Handeln des Gerichtsvollziehers nach erkannter fehlerhafter Pfändung ohne gerichtliche Entscheidung gem. § 766 ZPO). Streitig ist, ob allein die Freigabeerklärung des Gläubigers zur Entstrickung beweglicher Sachen führt (so in Analogie zu § 843 ZPO: BGH KTS 1959, 156; Zimmermann § 803 Rn. 6) oder es dazu der Zustimmung des Gerichtsvollziehers bedarf (so OLG Oldenburg JR 1954, 33; MünchKomm-ZPO/Schilken § 803 Rn. 35; Schuschke vor § 803 Rn. 8; Brox/Walker Rn. 369 m.w.N.).

Ebenfalls bestritten ist, ob der gem. § 135 Abs. 2, §§ 136, 936 BGB mögliche gutgläubige Erwerb der beweglichen Sache ohne weiteres Handeln des Vollstreckungsorgans zur Beendigung der Verstrickung führt (so Zöller/Stöber § 804 Rn. 13; Baumbach/Hartmann § 804 Rn. 4; Thomas/Putzo § 803 Rn. 11; Brox/Walker Rn. 370; StJ/Münzberg § 804 Rn. 43; a.A.: LG Köln MDR 1965, 213; MünchKommZPO/Schilken § 803 Rn. 37; Schuschke vor § 803 Rn. 9; Baur/Stürner Rn. 427).

- Erlöschen des Rechts; Untergang der Sache; Verbindung oder Verarbeitung gem. §§ 946, 951 BGB; bei Versäumung der Vollziehungsfrist gem. § 929 Abs. 2 ZPO (BGH NJW 1991, 497) sowie § 929 Abs. 3 S. 2 ZPO (StJ/Münzberg § 804 Rn. 43; MünchKommZPO/Schilken § 803 Rn. 37 m.w.N.); dem Schuldner zugestellte Freigabeerklärung des Gläubigers bei der Forderungspfändung.

492 Nicht zur Beendigung der Vollstreckung führen hingegen das Abfallen oder die Beseitigung des Pfandzeichens durch Unbefugte, der unfreiwillige Besitzverlust des Gerichtsvollziehers an der gepfändeten Sache oder die Aufhebung des Vollstreckungstitels.

3. Pfändungspfandrecht

493 Gemäß § 804 ZPO erwirbt der Gläubiger durch die Pfändung ein Pfandrecht an dem gepfändeten Gegenstand (sog. **Pfändungspfandrecht**). Dieses gewährt dem Gläubiger im Verhältnis zu anderen Gläubigern dieselben Rechte wie ein durch Vertrag erworbenes Pfandrecht (**§ 804 Abs. 2 Halbs. 1 ZPO**). Es setzt sich nach dem Grundsatz der dinglichen Surrogation insbesondere am Erlös fort (entsprechend § 1247 S. 2 BGB). Das vertragliche Pfandrecht (§§ 1204 ff. BGB an beweglichen Sachen, §§ 1273 ff. BGB an Rechten) ist gem. § 1227 BGB bzw. analog § 1227 BGB (vgl. Brox/Walker Rn. 386) gegen Beeinträchtigungen in der gleichen Weise geschützt wie das Eigentum. Zum strafrechtlichen Schutz vgl. § 289 StGB (Pfandkehr).

Dem Pfändungspfandrechtsgläubiger stehen u.a. folgende **Rechte** zu:

Herausgabeanspruch gem. § 985 BGB, als mittelbarem Besitzer aber nur auf Herausgabe an den Gerichtsvollzieher, § 986 Abs. 1 S. 2 BGB; Schadensersatzansprüche gem. §§ 989 ff. BGB; Beseitigungs- und Unterlassungsansprüche gem. §§ 1004, 1005 BGB; Ansprüche auf Schadensersatz gem. § 823 BGB wegen Verletzung des Pfändungspfandrechts. Besitzschutzansprüche gem. §§ 859, 861, 862 BGB stehen dem Pfändungspfandrechtsgläubiger bereits aufgrund der Verstrickung zu. Das bis zum Zeitpunkt der Konkurseröffnung erworbene Pfändungspfandrecht gibt dem Gläubiger zudem im Konkurs des Schuldners ein Absonderungsrecht (§§ 4, 48, 49 Abs. 1 Nr. 2 KO).

a) Rechtsnatur

494   In diesem Zusammenhang sowie bei der Frage der Rangordnung mehrerer Pfandrechtsgläubiger ist die **Rechtsnatur des Pfändungspfandrechts** von Bedeutung. Dazu werden drei Theorien vertreten.

495   **aa) Privatrechtliche Theorie**
Die bis zum Beginn der 30er Jahre herrschende **privatrechtliche Theorie** (RGZ 60, 70, 73; aufgegeben in RGZ 153, 257 ff.) sah auf der Grundlage der Zwangsvollstreckung als privatrechtlichem Handeln das Pfändungspfandrecht als dritte Art eines privatrechtlichen Pfandrechts an (neben dem rechtsgeschäftlichen und gesetzlichen Pfandrecht). Entstehung, Wirkung und Untergang des Pfandrechts sollten sich daher grundsätzlich nach dem BGB bestimmen. Da die Zwangsvollstreckung heutzutage zutreffend als hoheitliches Handeln charakterisiert wird, ist die Grundlage der privatrechtlichen Theorie entfallen. Sie wird demzufolge so gut wie gar nicht mehr vertreten (anders noch: Marotzke NJW 1978, 133, 136).

496   **bb) Öffentlich-rechtliche Theorie**
Demgegenüber richten sich Entstehung, Wirkung und Untergang des Pfändungspfandrechts nach der **öffentlich-rechtlichen Theorie** (Lüke JZ 1955, 484; Zöller/Stöber § 804 Rn. 2; Baumbach/Hartmann Übersicht vor § 803 Rn. 8; Thomas/Putzo § 804 Rn. 3; weitere Nachweise bei MünchKommZPO/Schilken § 804 Rn. 5 Fn. 7; offen: BGH NJW 1992, 2570 m.w.N.) allein nach öffentlich-rechtlichen Bestimmungen, also der ZPO. Mit jeder wirksamen (nicht nichtigen) Pfändung entstehe Verstrickung und Pfändungspfandrecht. Das fehlende Eigentum des Schuldners an der Pfandsache oder die nach materiellem Recht fehlende, aber titulierte Forderung hindere die Entstehung eines Pfändungspfandrechts nicht, weil es auf das materielle Recht nicht ankomme. Nur wenn die Verstrickung entfalle (s.o.) gehe auch das Pfändungspfandrecht unter. Von dieser Verwertungsbefugnis des Gläubigers und dessem Recht, den Erlös zu „bekommen" sei aber zu trennen das Recht, den Erlös auch „behalten" zu dürfen. Letzteres richte sich nach materiellem Recht. Bei der Pfändung und Verwertung schuldnerfremder Sachen oder wenn die zu vollstreckende Forderung nach materiellem Recht nicht bestehe, müsse der Gläubiger den Erlös an den wahren Berechtigten herausgeben. Das Pfändungspfandrecht bildet keine Rechtsgrundlage dafür, den Erlös behalten zu dürfen (BGH NJW 1992, 2570, 2572; a.A. Baumbach/Hartmann § 819 Rn. 2; Schünemann JZ 1985, 49; zutreffend abgelehnt in BGH NJW 1992, 2570, 2572).

Hierbei zeigt sich der unlösbare Widerspruch der öffentlich-rechtlichen Theorie, weil ein wirksames Pfandrecht, das nur zur Verwertung und zum Erhalt, nicht aber auch zum Behaltendürfen des Erlöses und damit zur Befriedigung des Gläubigers führt, praktisch funktionslos ist und daher keinen Sinn macht (zur weiteren Kritik im einzelnen vgl. Brox/Walker Rn. 392; MünchKommZPO/Schilken § 804 Rn. 11).

497   **cc) Gemischt privat- und öffentlich-rechtliche Theorie**
Diesen Widerspruch vermeidet die **gemischt privat- und öffentlich-rechtliche Theorie** (RGZ 156, 395, 398; BGHZ 23, 299; BGH NJW 1971, 1938, 1941; Baur/Stürner

Rn. 432; Brox/Walker Rn. 393; MünchKommZPO/Schilken § 804 Rn. 6 m.w.N.; offen: BGH NJW 1992, 2573 m.w.N.). Sie sieht im Pfändungspfandrecht eine dritte Art des privat-rechtlichen Pfandrechts (insoweit übereinstimmend mit der privat-rechtlichen Theorie), die Grundlage für die Verwertung der Pfandsache aber in der wirksamen Verstrickung (insoweit übereinstimmend mit der öffentlich-rechtlichen Theorie) und bejaht – mit gewissen Einschränkungen – die Anwendung der materiell-rechtlichen Pfandrechtsvorschriften des BGB auf das Pfändungspfandrecht. Danach **setzt ein Pfändungspfandrecht voraus**:

- Eine wirksame Verstrickung (statt Einigung und Übergabe beim rechtsgeschäftlichen Pfandrecht). Danach bleiben Verstöße allein gegen Ordnungsvorschriften (wie z.B. § 761 Abs. 2, §§ 762, 763, 808 Abs. 2 u. 3 ZPO) ohne Auswirkungen auf die Entstehung des Pfandrechts (Brox/Walker Rn. 383; MünchKommZPO/Schilken § 804 Rn. 13; a.A.: Jauernig § 16 III c; Schuschke vor § 803 Rn. 14: Die Verletzung von Verfahrensvorschriften sei nur dann von Bedeutung, wenn dies zur Nichtigkeit der Pfändung führe oder die Pfändung als Ergebnis einer Anfechtung aufgehoben werde).

- Die Existenz der zu vollstreckenden Forderung oder doch wenigstens deren rechtskräftige Titulierung (Brox/Walker Rn. 383).

- Eigentum des Schuldners an der gepfändeten Sache. Ist ein Dritter Eigentümer, entsteht kein schwebend wirksames Pfandrecht (BGH NJW 1992, 2570, 2573). Bei der Pfändung gläubigereigener Sachen entsteht daher nur eine Verstrickung (BGHZ 97, 59 = NJW 1963, 763), aber kein Pfändungspfandrecht (MünchKommZPO/Schilken § 804 Rn. 16; Brox/Walker Rn. 383).

b) Untergang des Pfändungspfandrechts

Der Untergang des Pfändungspfandrechts erfolgt durch: **498**

- Beendigung der Verstrickung;

- Entfallen einer wesentlichen Verfahrensvoraussetzung, soweit dies gem. § 776 ZPO zur Aufhebung der Zwangsvollstreckung führen kann (z.B. bei Aufhebung des Vollstreckungstitels, und zwar entsprechend § 868 ZPO; so RGZ 121, 349, 351; BGH KTS 1959, 156; OLG Hamm JMBlNW 1955, 175; Baur/Stürner Rn. 435; a.A.: MünchKommZPO/Schilken § 804 Rn. 20; Rosenberg/Gaul/Schilken § 50 III 3 c aa; offen: Brox/Walker Rn. 385);

- Erlöschen des materiell-rechtlichen Pfandrechts, z.B. durch Verzicht (Freigabe) des Gläubigers auf das Pfandrecht (§ 1255 BGB); Entfernung des Pfandsiegels mit Zustimmung des Gläubigers durch den Schuldner entsprechend § 1253 BGB (RGZ 57, 323, 326; Untergang der Forderung (§ 1252 BGB);

- Gutgläubiger Erwerb der Pfandsache durch Dritte gem. §§ 936, 135, 136 BGB (Baur/Stürner Rn. 435; Brox/Walker Rn. 385).

Die öffentlich-rechtliche sowie die gemischte Theorie stimmen darin überein, daß ein   **499** **gutgläubiger Erwerb eines Pfändungspfandrechts** ausscheidet, weil es sich dabei um ein Pfandrecht kraft Hoheitsaktes handelt und nicht um ein rechtsgeschäftliches Pfandrecht, bei dem allein ein gutgläubiger Erwerb möglich ist. Sie führen auch überwiegend zu übereinstimmenden Ergebnissen, so beim Schutz des Pfändungspfandrechts, bezüglich der Verstrickung als Grundlage für die Verwertung sowie bei der Frage des Behaltendürfens des Vollstreckungserlöses, wenn die Zwangsvollstreckung trotz Nicht(mehr)-Bestehens der materiell-rechtlichen Forderung durchgeführt oder eine schuldnerfremde Sache verwertet wurde. Daher erwirbt nach beiden Theorien der Ersteher in der Zwangsversteigerung, soweit diese durch den Gerichtsvollzieher und nicht durch Privatpersonen (z.B. privaten, öffentlich bestellten Auktionator im Wege des § 825 ZPO) vorgenommen wird, kraft staatlichen Hoheitsaktes und damit unabhängig von seinem guten oder bösen Glauben Eigentum, auch wenn z.B. der Schuldner nicht Eigentümer der Pfandsache war, vorausgesetzt die Verstrickung war wirksam (BGH NJW 1992, 2570; Brox/Walker Rn. 387).

500 Mag auch die Häufigkeit der übereinstimmenden Resultate überwiegen, so führen die Theorien doch in zwei wesentlichen Fragen zu völlig **anderen Ergebnissen**. Von daher trifft die gelegentlich anzutreffende Aussage nicht zu, der Theorienstreit habe keine oder nur geringe praktische Konsequenzen (so Thomas/Putzo § 804 Rn. 2; Brox/Walker Rn. 386).

501 Dies ist zum einen im **Konkurs des Schuldners** der Fall. Die §§ 4, 48, 49 Abs. 1 Nr. 2 KO gewähren dem Gläubiger nur dann ein Absonderungsrecht, wenn das Pfändungspfandrecht bis zur Konkurseröffnung wirksam entstanden ist (§ 14 KO). Nach der öffentlich-rechtlichen Theorie setzt dies lediglich eine nicht nichtige Verstrickung voraus. Nach der gemischten Theorie müssen hingegen bis auf bloße Ordnungsvorschriften die Verfahrensvorschriften eingehalten worden sein, die Forderung muß bestehen oder rechtskräftig tituliert, der Pfandgegenstand Eigentum des Schuldners sein. Hier wie auch sonst ist eine Heilung etwaiger Mängel zwar möglich (z.B. die fehlende Sicherheit wird geleistet; das Vollstreckungshindernis Stundung entfällt), wirkt jedoch grundsätzlich nur ab dem Zeitpunkt des Wegfalls (ex nunc), nicht aber rückwirkend (h.M.: RGZ 125, 286, 288; Baur/Stürner Rn. 144; Brox/Walker Rn. 389; MünchKommZPO/Schilken § 804 Rn. 17 m.w.N.). Ebenso führt der nach der Pfändung erfolgte Eigentumserwerb des Schuldners am Pfandgegenstand gem. § 185 Abs. 2 S. 1 Fall 2 u. 3 BGB nur zu einer Heilung ex nunc (Brox/Walker Rn. 389). Ein nach Konkurseröffnung erfolgter Wegfall des Mangels führt daher grundsätzlich nicht mehr zu einem Absonderungsrecht. Eine Ausnahme wird hingegen für den Fall der Pfändung einer schuldnerfremden Sache gemacht. Hier kann der Dritte seine nachträgliche Zustimmung (Genehmigung) erteilen, die gem. § 185 Abs. 2 S. 1 Fall 1, Abs. 1 BGB zu einer rückwirkenden Heilung des Mangels führt (wohl h.M.: MünchKommZPO/Schilken § 804 Rn. 17 m.w.N. in Fn. 51; Baur/Stürner Rn. 439; Schuschke § 804 Rn. 16; offen: StJ/Münzberg § 804 Rn. 15).

502 Auswirkungen des Theorienstreits ergeben sich zum anderen im Hinblick auf den **Rang** des Pfändungspfandrechts, da es insoweit auf seinen Entstehungszeitpunkt ankommt. Vgl. dazu nachfolgend Rn. 503 f.

X. Rang des Pfändungspfandrechts

Der Rang des Pfändungspfandrechts ergibt sich aus § 804 Abs. 2 Halbs. 2, Abs. 3 ZPO. **503**
Danach entscheidet grundsätzlich die zeitliche Reihenfolge des Entstehens des Pfand-
bzw. Vorzugsrechts über seinen Rang (**Prioritäts- oder Präventionsprinzip**, BGH NJW
1969, 1347; NJW 1985, 863, 864), und zwar im Verhältnis mehrerer Pfändungspfandrechtsgläubiger zueinander wie auch im Verhältnis der Pfändungspfandrechtsgläubiger zu vertraglichen und gesetzlichen Pfandrechtsgläubigern sowie Inhabern von Vorzugsrechten gem. §§ 48, 49 KO.

Im einzelnen ergibt sich folgende Reihenfolge:

Stets Rang vor dem Pfändungspfandrecht haben **504**
– im Konkurs des Schuldners die in § 49 Abs. 1 Nr. 1 KO aufgeführten Rechte auf
 öffentliche Abgaben (§ 804 Abs. 2 S. 1, § 49 Abs. 2 Nr. 1, Abs. 2 KO);
– gutgläubig erworbene Faustpfandrechte (§§ 1208 BGB, 366 Abs. 2 HGB).

Gleichen Rang haben diejenigen Pfändungspfandrechte, für die derselbe Pfand- **505**
gegenstand gleichzeitig gepfändet wurde.

Das **zeitliche früher entstandene Pfandrecht** geht allen später entstandenen **506**
Pfändungspfandrechten/vertraglichen Pfandrechten/gesetzlichen Pfandrechten/Vor-
zugsrechten gem. § 49 Abs. 1 Nr. 3, 4 KO vor (§ 804 Abs. 2 Halbs. 1, Abs. 3 ZPO). Ausnahme: Pfändung aufgrund dinglichen Titels (§§ 879 ff. BGB; vgl. Rn. 612).

Stets Rang nach dem Pfändungspfandrecht haben die dem Faustpfandrecht gem. § 49 **507**
Abs. 1 Nr. 3 und 4 KO nicht gleichgestellten Vorzugsrechte (z.B. § 273 ZPO);
dem Faustpfandrecht nicht gleichgestellte Pfandrechte sind nicht ersichtlich.

Steht dem Gläubiger wegen derselben Forderung an dem Pfandrechtsgegenstand be- **508**
reits ein älteres vertragliches oder gesetzliches Pfandrecht zu, so entsteht durch die
Pfändung für ihn zusätzlich ein Pfändungspfandrecht (OLG Frankfurt/Main Rpfleger 1974, 430; StJ/Münzberg § 804 Rn. 8). Dies soll abweichend von § 804 Abs. 3 ZPO
den besseren Rang des älteren Pfandrechts erhalten (Zimmermann § 804 Rn. 10;
Thomas/Putzo § 804 Rn. 12; Brox/Walker Rn. 377; Schuschke § 804 Rn. 2; StJ/Münz-
berg § 804 Rn. 39; a.A.: MünchKommZPO/Schilken § 804 Rn. 29).

Der Zeitpunkt der Entstehung des Pfändungspfandrechts ergibt sich aus den jeweili- **509**
gen Pfandrechtstheorien (s. Rn. 495 f.).

Obschon nach der **öffentlich-rechtlichen Theorie** jede Verstrickung zu einem Pfän- **510**
dungspfandrecht führt, kennt sie im Hinblick auf den Rang der Pfändungspfandgläubiger zueinander dennoch eine **Heilung**: wurden bei der Pfändung nur formelle Vorschriften verletzt, auf die der Gläubiger keinen Einfluß hat (z.B. Zustellung),
so bestimmt sich der Rang nach dem Zeitpunkt der Verstrickung (Heilung mit Wirkung ex tunc).

Beispiel:

Gläubiger G 1 pfändet ein Bild am 10. 1., Gläubiger G 2 pfändet dasselbe Bild bei
gleichzeitiger Zustellung des Titels am 20. 1. Gläubiger G 1 läßt den Titel am 30. 1.
zustellen.
Folge: Gläubiger G 1 hat ein rangbesseres Pfandrecht als Gläubiger G 2.

Bei der Verletzung sonstiger Vorschriften sowie in Fällen, in denen nach Art und Inhalt des Titels die Pfändung noch nicht hätte erfolgen dürfen (z.B. § 751 Abs. 1, §§ 756, 798 ZPO, Pfändung vor notwendiger Klauselerteilung bzw. Umschreibung) tritt Heilung erst mit dem Wegfall des Mangels ein (ex nunc, vgl. Zöller/Stöber § 878 Rn. 12; StJ/Münzberg vor § 704 Rn. 139, § 750 Rn. 11–13, § 878 Rn. 17; vgl. auch Brox/Walker Rn. 390).

Beispiel:

Gläubiger G 1 pfändet ohne die erforderliche Vollstreckungsklausel am 15. 1. ein Bild. Gläubiger G 2 läßt am 18. 1. eine fehlerfreie Pfändung durchführen. Gläubiger G 1 erhält die Klausel am 20. 1.

Folge: Das Pfandrecht des Gläubigers 2 geht dem des Gläubigers 1 vor.

511 Nach der **gemischt privat- und öffentlich-rechtlichen Theorie** führt die **Heilung des Mangels** grundsätzlich dazu, daß das Pfändungspfandrecht erst zum Zeitpunkt des Wegfalls des Fehlers entsteht (ex nunc: RGZ 60, 70, 73; a.A.: Schuschke vor § 803 Rn. 14; Jauernig § 16 III c 4a: Heilung sei irrelevant, weil die Verletzung von Verfahrensvorschriften die Entstehung des Pfändungspfandrechts – im obigen Beispiel durch den G 1 am 15. 1. – nicht hindere). Ausnahmsweise führt die Heilung rückwirkend zum Zeitpunkt der Verstrickung zur Entstehung des Pfändungspfandrechts, wenn bei Pfändung schuldnerfremder Sachen der Eigentümer der Pfändung zustimmt (§ 185 Abs. 2 S. 1 Fall 1, § 184 Abs. 1 BGB; wohl h.M.: Baur/Stürner Rn. 439; MünchKommZPO/Schilken § 804 Rn. 17; Schuschke § 804 Rn. 16; offen: StJ/Münzberg § 804 Rn. 15). Entsprechend § 184 Abs. 2 BGB beeinträchtigt diese Genehmigung jedoch nicht den Rang von Pfandrechten, die Gläubiger des genehmigenden Eigentümers an der Pfandsache erworben haben (MünchKommZPO/Schilken a.a.O.; Baur/Stürner a.a.O.; unklar Schuschke a.a.O.).

Beispiel:

Gläubiger A des Schuldners pfändet am 20. 5. ein im Eigentum des X stehendes Bild. Gläubiger B des Eigentümers des Bildes pfändet das Bild am 25. 5. Der Eigentümer des Bildes genehmigt die Pfändung seitens des Gläubigers A am 28. 5.

Folge: Gläubiger B des Eigentümers hat einen besseren Rang als der Gläubiger A des Schuldners.

512 Da das Pfändungspfandrecht sich am Vollstreckungserlös fortsetzt (dingliche Surrogation entsprechend § 1247 BGB, vgl. BGH NJW 1969, 1347), ist der Erlös entsprechend dem Rang des Pfandrechts an die Gläubiger auszukehren, so daß der Rangschlechtere erst zum Zuge kommt, wenn alle Rangbesseren voll befriedigt wurden. Ist der Rang streitig, kann der Besserrangige nach § 805 ZPO bzw. § 878 ZPO vorgehen. Bei einem Gleichrang der Pfandrechte ist der Erlös zwischen den Gläubigern im Verhältnis ihrer Forderung zueinander aufzuteilen, soweit er nicht zur vollständigen Befriedigung aller ausreicht.

Beispiel:

Erlös 9000,– DM. Forderung des Gläubigers A beträgt 10 000,– DM, die des Gläubigers B 5000,– DM. Der Gläubiger A erhält dementsprechend 6000,– DM aus dem Erlös, Gläubiger B 3000,– DM.

XI. Verwertung, §§ 814–824, 827 ZPO

Zahlt der Schuldner auch nach Pfändung nicht, wird die Pfandsache – ausgenommen die Fälle der Sicherungsvollstreckung gemäß § 720a ZPO sowie der Vollziehung eines Arrestes in bewegliches Vermögen gemäß § 930 ZPO – verwertet. **513**

Die Durchführung der **Verwertung** kann **vorübergehend ausgesetzt** werden, entweder auf Antrag des Gläubigers oder auf entsprechenden Antrag des Schuldners hin durch das Vollstreckungsgericht, § 813a ZPO; vergleiche auch § 141 Nr. 2 Abs. 2, Satz 3 GVGA, wonach der Gerichtsvollzieher von einer stillschweigenden Zustimmung des Gläubigers zur Einstellung ausgehen kann, wenn ihm bei gewissenhafter Prüfung der Persönlichkeit und der wirtschaftlichen Verhältnisse des Schuldners die Erwartung gerechtfertigt erscheint, daß der Schuldner die Vollstreckungsschuld innerhalb von 12 Monaten durch Zahlung an den Gerichtsvollzieher begleichen wird. Einzelheiten zu § 813a ZPO vgl. Rn. 554 f.

1. Versteigerung

Die Verwertung geschieht in der Regel durch **Versteigerung** (§ 814 ZPO; vgl. auch §§ 141 ff. GVGA). Sie darf nur erfolgen, wenn die allgemeinen und besonderen Voraussetzungen der Zwangsvollstreckung gegeben sind, eine wirksame Verstrickung (noch) vorliegt und keine Vollstreckungshindernisse bestehen. **514**

Zuständig ist stets der Gerichtsvollzieher. Wurde dieselbe Sache aufgrund einer Vollstreckung gegen denselben Schuldner für mehrere Gläubiger gepfändet, ist derjenige Gerichtsvollzieher zuständig, der die erste Pfändung bewirkt hat (§ 827 Abs. 1 ZPO). Der Gerichtsvollzieher wird dabei hoheitlich und nicht als Vertreter/Beauftragter des Gläubigers tätig (h.M.: vgl. BGH NJW 1992, 2571). Je nach Art des Pfandgegenstandes kommt (auch) eine andere Verwertungsweise in Betracht, so daß im folgenden entsprechend differenziert werden soll. **515**

2. Geld

Gepfändetes Geld ist nach Abzug der Kosten der Zwangsvollstreckung (arg. § 817 Abs. 4 ZPO) vom Gerichtsvollzieher dem Gläubiger abzuliefern, § 815 Abs. 1 ZPO. Geld sind gültige deutsche Zahlungsmittel; ferner solche gültigen deutschen Wertzeichen, die vom Gerichtsvollzieher ohne gerichtliche Anordnung in Geld umgewechselt werden können, wie etwa Briefmarken, Stempel-, Kosten- oder Versicherungsmarken (allg.M.). Ausländische Zahlungsmittel sind gemäß § 821 ZPO vom Gerichtsvollzieher zum Tageskurs freihändig in inländische Währung umzutauschen. Ausnahme: Der Titel lautet auf ausländische Währung. **516**

Ablieferung bedeutet Übereignung kraft staatlichen Hoheitsaktes (allg.M.: StJ/Münzberg § 815 Rn. 15; Zöller/Stöber § 815 Rn. 1; Thomas/Putzo § 815 Rn. 3; Brox/Walker Rn. 418; Baumbach/Hartmann § 815 Rn. 1; Schuschke § 815 Rn. 2; a.A.: MünchKommZPO/Schilken § 815 Rn. 4: öffentlich-rechtlicher Vertrag). Die §§ 929–936 BGB finden somit keine Anwendung. Der Gläubiger wird daher auch dann Eigentümer des Geldes, wenn dieses nicht dem Schuldner gehörte. Die Ablieferung kann in der Weise **517**

erfolgen, daß das Geld dem Gläubiger direkt übergeben wird, aber auch durch Überweisung auf ein Konto des Gläubigers, durch Verrechnungsscheck oder Postanweisung. Für eine Empfangnahme durch einen Bevollmächtigten ist eine besondere Geldempfangsvollmacht erforderlich; die Prozeßvollmacht genügt insoweit nur für die Prozeßkosten (§ 81 ZPO; Zöller/Stöber § 815 Rn. 1).

518 Ausnahmsweise ist gepfändetes Geld jedoch zu **hinterlegen**. Dies ist der Fall, wenn dem Gerichtsvollzieher durch einen Dritten oder den Schuldner gemäß § 294 ZPO glaubhaft gemacht wird, daß an dem gepfändeten Geld ein die Veräußerung hinderndes Recht eines Dritten besteht (§ 771 ZPO, z.B. Eigentum; näheres zu den Rechten und dem Begriff des Dritten vgl. Rn. 1195 f.). Entsprechendes gilt bei der Geltendmachung von Pfand- oder Vorzugsrechten gemäß § 805 ZPO sowie bei Klagen gemäß §§ 781, 785, 786 ZPO (allg.M.). Grund hierfür ist, daß mit der Ablieferung des Geldes an den Gläubiger die Zwangsvollstreckung beendet ist, entsprechende Klagen daher unzulässig wären.

Die Hinterlegung erfolgt gemäß §§ 5 ff. HinterlO, im Hinblick auf § 815 Abs. 2 Satz 2 ZPO unter dem Vorbehalt der Rücknahme. Denn wird nicht innerhalb von zwei Wochen seit dem Tage der Pfändung dem Gerichtsvollzieher die Entscheidung des zuständigen Prozeßgerichts über die Einstellung der Zwangsvollstreckung vorgelegt, ist die Vollstreckung fortzusetzen. Der Gerichtsvollzieher läßt sich dann das Geld von der Hinterlegungsstelle auszahlen und liefert es dem Gläubiger ab. Wird zwar verfristet, aber noch vor Ablieferung des Geldes an den Gläubiger dem Gerichtsvollzieher der Einstellungsbeschluß vorgelegt, bleibt das Geld hinterlegt bzw. wird wieder neu hinterlegt (Zöller/Stöber § 815 Rn. 4; MünchKommZPO/Schilken § 815 Rn. 8).

Hinterlegung erfolgt auch im Falle eines gemäß § 711 Satz 1, § 712 Abs. 1 Satz 2 ZPO nur gegen Sicherheitsleistung des Gläubigers vorläufig vollstreckbaren Urteils, soweit der Gläubiger die Sicherheit noch nicht geleistet hat; ferner bei der Sicherungsvollstreckung gemäß § 720a ZPO, der Arrestvollziehung gemäß § 930 Abs. 2 ZPO sowie der Mehrfachpfändung gemäß § 827 Abs. 2 und 3 ZPO.

519 Gemäß **§ 815 Abs. 3 ZPO** gilt die Wegnahme des Geldes durch den Gerichtsvollzieher als Zahlung seitens des Schuldners, sofern nicht Hinterlegung zu erfolgen hat. Diese Bestimmung enthält lediglich eine **Gefahrtragungsregelung**. Sie besagt, daß der Schuldner nicht nochmals an den Gläubiger zahlen muß, selbst wenn dieser nicht Eigentümer des Geldes wird, z.B. weil der Gerichtsvollzieher das Geld verliert, es ihm gestohlen oder von ihm unterschlagen wird. Der Titel ist in Höhe der fingierten Zahlung endgültig verbraucht. Dies ist auf dem Titel zu vermerken, im übrigen ist gemäß § 757 ZPO zu verfahren (h.M.: Baur/Stürner Rn. 468; Brox/Walker Rn. 421; MünchKommZPO/Schilken § 815 Rn. 10, m.w.N.; Schuschke § 815 Rn. 9; Zimmermann § 815 Rn. 4; a.A.: Thomas/Putzo § 815 Rn. 10; Zöller/Stöber § 815 Rn. 2).

520 § 815 Abs. 3 ZPO gilt nicht bei der **Wegnahme schuldnerfremden Geldes**, weil der Schuldner nur vor nochmaliger Leistung aus seinem Vermögen geschützt werden soll, bei erneuter Zwangsvollstreckung aber kein nochmaliger, sondern ein erstmaliger Zugriff auf das Vermögen des Schuldners erfolgt (MünchKommZPO/Schilken § 815 Rn. 10; StJ/Münzberg § 815 Rn. 16; Brox/Walker Rn. 421; Schuschke § 815 Rn. 9; Thomas/Putzo § 815 Rn. 10; Zimmermann § 815 Rn. 5; a.A.: Baumbach/Hartmann § 815 Rn. 6; wohl auch Zöller/Stöber § 815 Rn. 2). Soweit in einem solchen Fall der Titel an den Schuldner herausgegeben oder eine Zahlung auf ihm vermerkt wurde, kann der Gläubiger sich zwecks Fortsetzung der Zwangsvollstreckung eine weitere vollstreckbare Ausfertigung gemäß § 733 ZPO erteilen lassen.

Der **Eigentumserwerb** am Geld seitens des Gläubigers erfolgt erst mit Ablieferung an ihn durch den Gerichtsvollzieher kraft staatlichen Hoheitsaktes. Erst damit ist die Zwangsvollstreckung beendet, so daß bis dahin eine Anschlußpfändung gemäß § 826 ZPO ebenso möglich ist wie die Erhebung von Klagen gemäß §§ 767, 771, 805 ZPO. Auch der Erfüllungserfolg tritt gemäß § 362 BGB erst zu diesem Zeitpunkt ein, soweit das Geld Eigentum des Schuldners war (Baur/Stürner Rn. 468; MünchKomm-ZPO/Schilken § 815 Rn. 10 m.w.N.).   **521**

Auf **freiwillige Zahlungen des Schuldners** ist § 815 Abs. 3 ZPO entsprechend anzuwenden, weil diese im Hinblick auf die Zahlungsaufforderung des Gerichtsvollziehers zur Zahlung (vgl. § 105 GVGA) und der ansonsten durchzuführenden Zwangsvollstreckung erfolgen. Es wäre daher nicht gerechtfertigt, dem sich vernünftig verhaltenden, weil „freiwillig" zahlenden Schuldner die Gefahr des Erreichens des Leistungserfolges aufzubürden und ihn damit schlechter zu stellen als bei Anwendung von Zwangsmaßnahmen (RGZ 90, 193, 197; Baur/Stürner Rn. 87; Brox/Walker Rn. 314; Thomas/Putzo § 815 Rn. 4; MünchKommZPO/Schilken § 815 Rn. 14; Schuschke § 815 Rn. 11; Zimmermann § 815 Rn. 1; a.A.: AG Bad Homburg DGVZ 1991, 121; Zöller/Stöber § 755 Rn. 4; StJ/Münzberg § 815 Rn. 23; Baumbach/Hartmann § 815 Rn. 8).   **522**

Der Gläubiger erwirbt auch bei freiwilliger Zahlung Eigentum erst mit Ablieferung des Geldes durch den Gerichtsvollzieher (so im Ergebnis mit zum Teil abweichenden Begründungen: Baur/Stürner Rn. 87; Zöller/Stöber § 755 Rn. 4; Brox/Walker Rn. 313; Zimmermann § 815 Rn. 1; Baumbach/Hartmann § 815 Rn. 6; MünchKommZPO/Schilken § 815 Rn. 14; a.A.: OLG Frankfurt/Main NJW 1963, 773; StJ/Münzberg § 754 Rn. 7; Thomas/Putzo § 815 Rn. 4).

3. Wertpapiere

Wertpapiere, die einen Börsen- oder Marktpreis haben, sind gemäß § 821 ZPO vom Gerichtsvollzieher zum Tageskurs freihändig zu verkaufen und, soweit sie keinen solchen haben, nach den allgemeinen Bestimmungen zu versteigern. Zu den Einzelheiten des Verfahrens vgl. §§ 147–149, 155 GVGA. Zu derartigen Papieren gehören: Inhaberpapiere („das Recht aus dem Papier folgt dem Recht am Papier") wie Aktien, Inhaberschuldverschreibungen, Investmentanteile, Immobilienzertifikate, Inhaberschecks. Die Übereignung erfolgt gemäß §§ 929 f. BGB. Ferner Namenspapiere wie Namensaktien, die auch durch Indossament übertragen werden (siehe auch § 822 ZPO). Nicht zu diesen Wertpapieren gehören hingegen: Wechsel, Scheck, auf Order lautende Papiere gemäß § 363 HGB, Postsparbuch, vgl. § 831 ZPO. Zur Verwertung gemäß §§ 835 ff. ZPO vgl. Rn. 640 f. Schließlich gehören hierzu nicht Legitimationspapiere wie Sparbücher, Pfandscheine, Hypotheken-, Grund- und Rentenschuldbriefe, für die §§ 830, 837 ZPO gelten.   **523**

4. Gold- und Silberwaren

Gold- und Silberwaren sind grundsätzlich zu versteigern. Wird aber in der Versteigerung ein den Zuschlag gestattendes Angebot (nicht unter dem Mindestgebot des § **817a**   **524**

Abs. 1 ZPO, und nicht unter dem Gold- oder Silberwert, § 817a Abs. 3 Satz 1 ZPO) nicht abgegeben, kann der Gerichtsvollzieher sie freihändig verkaufen. Der Preis darf auch bei freihändigem Verkauf die Hälfte der vorgenannten Mindestbeträge nicht unterschreiten (817a Abs. 3 Satz 2 ZPO).

5. Grundstücksfrüchte

525 Vgl. hierzu § 814 ZPO und § 153 GVGA.

6. Öffentliche Versteigerung

526 Soweit die vorstehenden Besonderheiten nicht eingreifen und keine Anordnung einer anderen Verwertungsart gemäß 825 ZPO (vgl. hierzu Rn. 562 f.) getroffen wurde, werden die gepfändeten Sachen durch **öffentliche Versteigerung** verwertet (**§ 814 ZPO**). Öffentlich bedeutet, daß während der Dauer der Versteigerung jedermann Zutritt zu gewähren ist, soweit dies unter Berücksichtigung der Raumverhältnisse unter Aufrechterhaltung der öffentlichen Ordnung möglich ist (allg.M.: vgl. MünchKomm-ZPO/Schilken § 814 Rn. 7). Die Einzelheiten der Versteigerung ergeben sich aus § 816 ff. ZPO; weitere Einzelheiten enthalten die §§ 142–146 GVGA. Die Versteigerung stellt sich – kurz skizziert – wie folgt dar (Einzelheiten vgl. Brox/Walker Rn. 395 ff.):

527 Die **Versteigerung** erfolgt ohne besonderen Antrag des Gläubigers **von Amts wegen**. Der **Zeitpunkt** darf nicht früher als eine Woche seit dem Tage der Pfändung liegen, sofern nicht der Gläubiger und der Schuldner über eine frühere Versteigerung sich einigen oder diese erforderlich ist, um die Gefahr einer beträchtlichen Wertverringerung der zu versteigernden Sache abzuwenden oder um unverhältnismäßige Kosten einer längeren Aufbewahrung zu vermeiden (**§ 816 Abs. 1 ZPO**; z.B. bei verderblichen Waren). Sie soll nicht später als einen Monat nach der Pfändung erfolgen (§ 142 Nr. 3 GVGA).

528 **Versteigerungsort** ist die Gemeinde, in der die Pfändung geschehen ist, oder ein anderer Ort im Bezirk des Vollstreckungsgerichts, sofern nicht Gläubiger und Schuldner sich über einen dritten Ort einigen (**§ 816 Abs. 2 ZPO**). In der Wohnung des Schuldners darf die Versteigerung im Hinblick auf Artikel 13 GG nur mit dessen Zustimmung erfolgen (OLG Hamm NJW 1985, 75). Zeit und Ort der Versteigerung sind öffentlich bekannt zu machen, unter allgemeiner Bekanntgabe der zu versteigernden Sachen (z.B. Zeitungsannonce, Aushang). Sämtliche beteiligten Gläubiger sowie der Schuldner sind von dem Termin zu benachrichtigen (§ 142 Nr. 4 GVGA).

529 Vor Beginn des **Termins** stellt der Gerichtsvollzieher die zu versteigernden Sachen zum Verkauf und zur Besichtigung für Kauflustige bereit (§ 143 Nr. 1 GVGA). Sodann erfolgt die Eröffnung des Termins mit der Bekanntgabe der Versteigerungsbedingungen und der Aufforderung zum Bieten. Dabei sind der gewöhnliche Verkaufswert und das Mindestgebot bekanntzugeben (**§ 817a Abs. 1 Satz 2 ZPO**, § 145 GVGA). Der **gewöhnliche Verkaufswert** ist der Preis, der unter Berücksichtigung von Ort, Zeit und wirtschaftlichen Umständen üblicherweise erzielt werden kann (**§ 813 Abs. 1 ZPO**). **Mindestgebot** ist das Gebot, das mindestens die Hälfte des gewöhnlichen Verkaufswertes erreicht (**§ 817a Abs. 1 Satz 1 ZPO**). Mitbieten darf jeder außer dem Gerichtsvollzieher und dessen Angehörigen und Gehilfen (§§ 456–458 BGB,

§ 141 GVGA); somit auch der Gläubiger sowie der Schuldner (§ 816 Abs. 4 ZPO mit § 1239 BGB).

Ein **Gebot** erlischt, wenn ein höheres Gebot abgegeben wird (Übergebot, § 817 Abs. 1   **530** Halbs. 2 ZPO, § 156 Satz 2 BGB). Das höchste Gebot ist das Meistgebot. Erreicht dieses das Mindestgebot nicht, erlischt es (§ 817 Abs. 1 ZPO, § 156 Satz 2 BGB), und es wird kein Zuschlag erteilt, es sei denn, alle beteiligten Gläubiger und der Schuldner wären damit einverstanden oder es lägen die besonderen Umstände des § 816 Abs. 1 ZPO vor (vgl. auch § 145 Nr. 2c GVGA).

Wird kein Zuschlag erteilt, bleibt das Pfandrecht des Gläubigers bestehen. Er kann je-   **531** derzeit einen neuen Versteigerungstermin oder eine anderweitige Verwertung gemäß § 825 ZPO beantragen (§ 817a Abs. 2 ZPO). Wird das Mindestgebot erreicht, soll ein dreimaliger Aufruf erfolgen, bevor der **Zuschlag** dem Meistbietenden erteilt wird (§ 817 Abs. 1 ZPO). Streitig ist, ob durch den Zuschlag ein kaufähnlicher öffentlich-rechtlicher Vertrag zwischen dem Meistbietenden und dem Staat zustande kommt (so OLG München DGVZ 1980, 123; Thomas/Putzo § 817 Rn. 2; Baumbach/Hartmann § 817 Rn. 4; Baur/Stürner Rn. 472; Zimmermann § 817 Rn. 2; MünchKommZPO/Schilken § 817 Rn. 3; Schuschke § 817 Rn. 6) oder es sich dabei um einen Hoheitsakt handelt (Zöller/Stöber § 817 Rn. 7; StJ/Münzberg § 817 Rn. 20; offen: Brox/Walker Rn. 406).

Dieser Meinungsstreit hat so gut wie keine praktischen Auswirkungen (vgl. im einzelnen Brox/Walker Rn. 407 f.). Der Meistbietende kann seinen Übereignungsanspruch nicht durch Leistungsklage, sondern nur über § 766 ZPO durchsetzen. Der Staat hat keinen Erfüllungsanspruch (§ 817 Abs. 3 ZPO; es besteht lediglich eine Ausfallhaftung des Meistbietenden). Gewährleistungsansprüche stehen dem Erwerber nicht zu (§ 806 ZPO).

Die **Eigentumsübertragung** auf den Erwerber erfolgt mit der Ablieferung der zuge-   **532** schlagenen Sache kraft Hoheitsaktes. Der Erwerber erhält damit originäres Eigentum, und zwar unabhängig davon, ob die zugeschlagene Sache im Eigentum des Schuldners stand oder die titulierte Forderung bestand. Auf einen bösen oder guten Glauben des Erwerbers kommt es daher nicht an (h.M.: BGH NJW 1992, 2571; Zöller/Stöber § 817 Rn. 8; Brox/Walker Rn. 411 m.w.M.). Notwendige Voraussetzung ist jedoch eine nicht nichtige Verstrickung, die Öffentlichkeit der Versteigerung sowie Barzahlung durch den Erwerber (h.M.: Brox/Walker Rn. 412–416). Ablieferung bedeutet Verschaffung des unmittelbaren Besitzes. Die Übertragung des mittelbaren Besitzes genügt nur ausnahmsweise, so z.B. bei schwer transportierbaren oder außerhalb des Versteigerungsortes eingelagerten Sachen (vgl. StJ/Münzberg § 817 Rn. 21; Zöller/Stöber § 817 Rn. 8; großzügiger: MünchKommZPO/Schilken § 817 Rn. 10 m.w.N.).

Die Ablieferung der zugeschlagenen Sache darf nur gegen **Barzahlung** geschehen (§ 817   **533** Abs. 2 ZPO), soweit nicht die Ausnahme des § 817 Abs. 4 ZPO vorliegt. Hiervon abweichende Zahlungsweisen sind nur mit Zustimmung von Gläubiger und Schuldner oder auf Anordnung des Vollstreckungsgerichts gemäß § 825 ZPO zulässig. Ein aufgrund der Scheckkarte garantierter Scheck genügt nicht (Schuschke § 817 Rn. 8).

Bei **Nichtzahlung** durch den Meistbietenden wird die Sache anderweit versteigert   **534** (§ 817 Abs. 4 ZPO). Erhält der **Gläubiger** den **Zuschlag**, so muß er nur dann volle Barzahlung leisten, wenn dem Schuldner nachgelassen war, die Vollstreckung durch Sicherheitsleistung oder Hinterlegung abzuwenden. Ansonsten muß er lediglich die

Kosten der Zwangsvollstreckung sowie den zu seiner Befriedigung nicht zu verwendenden Betrag (Übererlös) in bar entrichten (§ 817 Abs. 4 Satz 1 ZPO).

535 Bei einer **Mehrheit von Pfandsachen** wird die Versteigerung eingestellt, sobald der Erlös zur Befriedigung des Gläubigers und zur Deckung der Zwangsvollstreckungskosten ausreicht (**§ 818 ZPO**).

536 Die Empfangnahme des **Erlöses** durch den Gerichtsvollzieher gilt als Zahlung des Schuldners, soweit nicht dem Schuldner nachgelassen ist, Vollstreckung durch Sicherheitsleistung oder Hinterlegung abzuwenden. Insoweit besteht eine inhaltsgleiche Regelung der Gefahrtragung wie bei der Geldwegnahme, § 815 Abs. 3 ZPO (vgl. Rn. 519). Der Eigentümer der Pfandsache ist gem. § 1247 Satz 2 BGB analog auch Eigentümer des Erlöses; entsprechend besteht das Pfandrecht am Erlös fort (dingliche Surrogation). Aus dem Erlös entnimmt der Gerichtsvollzieher die Vollstreckungskosten (§ 169 Nr. 2 GVGA). Den restlichen Erlös liefert er in Höhe des zur vollständigen Befriedigung des Gläubigers notwendigen Betrages an diesen ab. Einen etwaigen Übererlös erhält der Schuldner bzw. Eigentümer der Pfandsache. Bei mehreren Gläubigern erfolgt die Auskehr des Erlöses nach dem Rang der Pfandrechte (§ 804 Abs. 2 und 3 ZPO, vgl. Rn. 503 f.).

537 Der Gläubiger erwirbt mit der Auskehr des Erlöses originäres Eigentum an dem Geld kraft staatlichen Hoheitsaktes (entsprechend der Ablieferung gepfändeten Bargeldes, vgl. Rn. 517). Hingegen erfolgt bei Auszahlung des Übererlöses an den Schuldner/Eigentümer nur eine Besitzübertragung. Die fortbestehenden Eigentumsrechte an dem Erlös bleiben unberührt (Brox/Walker Rn. 455).

538 Zu Ausgleichsansprüchen wegen Nichtexistenz der titulierten Forderung und Verwertung schuldnerfremder Sachen vgl. Rn. 1111, 1222; vgl. hierzu auch MünchKommZPO/Schilken § 804 Rn. 31–39; Brox/Walker Rn. 456–475; Thomas/Putzo § 819 Rn. 3–9).

XII. Besondere Vollstreckungsanträge

1. Austauschpfändung, § 811a ZPO

a) Voraussetzungen

539 Durch das vom Gerichtsvollzieher gefertigte Pfändungsprotokoll (§ 762 ZPO), die eidesstattliche Versicherung des Schuldners (§ 807 ZPO) oder einer entsprechenden Benachrichtigung des Gerichtsvollziehers (§ 811b Abs. 3 ZPO) kann der Gläubiger davon erfahren, daß der Schuldner über an sich unpfändbare Gegenstände im Sinne des § 811 Nr. 1, 5 und 6 ZPO verfügt. In diesem Fall sollte der Gläubiger prüfen, ob nicht eine Austauschpfändung gem. § 811a ZPO in Betracht kommt und ggf. einen entsprechenden Antrag stellen.

540 Der Austauschpfändung unterliegen nur die ausdrücklich in § 811a Abs. 1 S. 1 ZPO aufgeführten Gegenstände, eine entsprechende Anwendung auf weitere unpfändbare

Gegenstände ist unzulässig (Brox/Walker Rn. 289; Zöller/Stöber § 811a Rn. 2; MünchKommZPO/Schilken § 811a Rn. 2). Nach anderer Auffassung kann die Austauschpfändung auch bei Unpfändbarkeit eines Personenkraftwagens nach § 811 Nr. 12 ZPO bejaht werden (OLG Köln Rpfleger 1986, 57). Das OLG Köln rechnet einen Pkw zu den typischen Gegenständen, die einer Austauschpfändung zugänglich sein müssen, die Unpfändbarkeit eines Pkw im Falle des § 811 Nr. 5 ZPO sei ebenfalls auf den Fall des § 811 Nr. 12 ZPO anzuwenden (so auch AG Bersenbrück DGVZ 1992, 140). Nicht pfändbar ist der Pkw, wenn er für den Weg zur Arbeit ständig benutzt wird und öffentliche Verkehrsmittel nicht zur Verfügung stehen (LG Rottweil DGVZ 1993, 57; vgl. im übrigen Rn. 445).

Bei Computeranlagen handelt es sich regelmäßig um Gegenstände von durchweg ho- **541** hem Wert, eine Austauschpfändung kann daher immer in Betracht kommen, wenn die Computeranlage unpfändbar ist. Hierbei ist von entscheidender Bedeutung, ob der Schuldner unter Berücksichtigung der Brancheneigenart, der Konkurrenz und der technischen Entwicklung auf den Computer angewiesen ist (vgl. LG Frankfurt/Main DGVZ 1990, 58; LG Hildesheim DGVZ 1990, 137). Diese Argumente werden auch auf andere bürotechnische Arbeitsmittel zutreffen, wie z.B. Anrufbeantworter (LG Düsseldorf DGVZ 1986, 44), Fotokopiergerät (AG Berlin-Schöneberg DGVZ 1985, 142) oder Faxgerät, Fernschreibegerät (vgl. hierzu auch Rn. 445 f.). Im Privathaushalt hat die Austauschpfändung eines Farbfernsehgerätes durch eine Entscheidung des BFH (DGVZ 1990, 118 = JurBüro 1990, 1358) zu einer kontroversen Diskussion geführt (vgl. Urban DGVZ 1990, 103). Der BFH erkärte den Farbfernseher für unpfändbar, auch wenn der Schuldner zusätzlich noch über ein Runkfunkgerät verfügt (so bereits LG Frankfurt/Main KKZ 1988, 188; LG Detmold und LG Hannover KKZ 1990, 135, 136; OLG Stuttgart DGVZ 1986, 152 = JurBüro 1987, 460; LG Augsburg DGVZ 1993, 55; a.A. LG Wiesbaden DGVZ 1991, 157 = JurBüro 1992, 59). Hiervon bleibt jedoch die Austauschpfändung unberührt (so bereits LG Gießen NJW 1979, 769). Dem Schuldner muß nur ein Schwarzweißgerät als Austauschobjekt zur Verfügung gestellt werden (vgl. LG Berlin DGVZ 1991, 91: Schätzwert des Farbfernsehers von 500,– DM). Eine Austauschpfändung dürfte weiterhin in Betracht kommen bei: Fotoausrüstung, Gefriertruhe, Geschirrspülmaschine, Hifi-Anlage (vgl. LG Hannover JurBüro 1989, 1469), Hochdruckreiniger (vgl. LG Bochum DGVZ 1982, 43), Kraftfahrzeuge (vgl. hierzu OLG Köln DGVZ 1986, 13 = Rpfleger 1986, 57 und LG Oldenburg, DGVZ 1991, 119 zu LKW mit Anhänger), Gartengeräte wie z.B. Rasenmäher, wertvolle Möbelstücke, Musikinstrumente, wertvolle Teppiche (vgl. KG DGVZ 1976, 105), elektrische Schreibmaschine, Wäscheschleuder, Wäschetrockner etc.

b) Verfahren

Über die Zulässigkeit der Austauschpfändung entscheidet das Vollstreckungsgericht **542** auf Antrag des Gläubigers durch Beschluß. Vor der Entscheidung ist dem Schuldner grundsätzlich rechtliches Gehör zu gewähren (MünchKommZPO/Schilken § 811a Rn. 10). Hiervon kann allenfalls dann abgesehen werden, wenn der Vollstreckungserfolg gefährdet wird (Zöller/Stöber § 811a Rn. 8). Entscheidungserheblich ist die Tatsache, daß der Vollstreckungserlös den Wert des Ersatzstückes erheblich übersteigen muß, § 811a Abs. 2 S. 2 ZPO (vgl. hierzu LG Mainz NJW-RR 1988, 1150). Der voraussichtliche Versteigerungserlös muß den Wert des Ersatzstückes wesentlich übersteigen, damit der Gläubiger auch eine nennenswerte Befriedigung verzeichnen kann.

543 Der Antrag muß die Ersatzleistung für die zu pfändende Sache bezeichnen. Die **Ersatzleistung** kann gem. § 811a Abs. 1 ZPO auf drei verschiedene Weisen erbracht werden:

544 – **Der Gläubiger überläßt dem Schuldner ein Ersatzstück, das dem geschützten Verwendungszweck genügen muß.**

Ob das Ersatzstück dem gem. § 811 Nr. 1, 5, 6 ZPO jeweils geschützten Verwendungszweck entspricht, ist durch einen Vergleich der Gebrauchsvorteile der unpfändbaren Sache mit der des Ersatzstückes (auch hinsichtlich der Haltbarkeit und Güte) festzustellen.

Überlassung bedeutet Eigentumsübertragung gem. § 929 BGB. Verweigert der Schuldner seine erforderliche Mitwirkung, genügt entsprechend § 756 ZPO das ordnungsgemäße Angebot des Gläubigers (allg.M.: StJ/Münzberg § 811a Rn. 26). Dem Schuldner stehen gegen den Gläubiger Gewährleistungsrechte gem. §§ 493, 440, 459 f. BGB zu, mit Ausnahme von Wandlung und Rücktritt (allg.M.: vgl. eingehend StJ/Münzberg § 811a Rn. 28; Zöller/Stöber § 811a Rn. 11; Thomas/Putzo § 811a Rn. 7; MünchKommZPO/Schilken § 811a Rn. 5).

545 – **Statt dessen wahlweise:**
der Gläubiger überläßt dem Schuldner den zur Beschaffung eines solchen Ersatzstückes erforderlichen Geldbetrag.

Dies setzt voraus, daß ein derartiges Ersatzstück überhaupt beschaffbar ist. Die Höhe des Geldbetrages richtet sich nach den zeitlichen und örtlichen Gegebenheiten; daher sind Sonderangebote, Rabatte, aber auch Transportkosten mit zu berücksichtigen.

546 – **Ausnahmsweise:**
nur wenn dem Gläubiger die rechtzeitige Ersatzbeschaffung nicht möglich oder nicht zuzumuten ist, kann die Sache zunächst gepfändet und verwertet werden, erst dann erhält der Schuldner aus dem Verwertungserlös den zur Ersatzbeschaffung erforderlichen Geldbetrag. Dies kann z.B. bei wirtschaftlicher Notlage des Gläubigers gegeben sein.

547 Der Gläubiger muß angeben, welche der drei Alternativen durchgeführt werden soll. Da das Vollstreckungsgericht an diesen Antrag entsprechend § 308 ZPO gebunden ist (Zöller/Stöber § 811a Rn. 8; Baumbach/Hartmann § 811a Rn. 7; Zimmermann § 811a Rn. 2), andererseits das Gericht die Austauschpfändung aber auch in der Weise zulassen kann, daß der Gläubiger zwischen den vom Gericht genau konkretisierten Alternativen der Ersatzleistung wählen darf (Zöller/Stöber § 811a Rn. 9; Baumbach/Hartmann § 811a Rn. 7; MünchKommZPO/Schilken § 811a Rn. 11; StJ/Münzberg § 811a Rn. 13) sollte der Gläubiger einen dahingehenden Antrag stellen. Ohne einen entsprechenden Antrag dürfte ein Verstoß gegen § 308 ZPO vorliegen, weil das Gericht nicht nur nicht mehr, sondern auch nichts anderes als beantragt zusprechen darf. Die Überlassung eines Geldbetrages für die Beschaffung eines Ersatzstückes stellt aber ein aliud zur Überlassung eines Ersatzstückes dar und kein minus (so wohl auch Zöller/Stöber § 811a Rn. 8, 9; unklar insoweit Baumbach/Hartmann § 811a Rn. 7).

548 Notwendig ist ferner die genaue Bezeichnung des Ersatzstückes, jedenfalls der Gattung nach, sowie dessen Wert; im übrigen ist die Angabe des erforderlichen Geldbetrages nicht notwendig (Zöller/Stöber § 811a Rn. 7; Baumbach/Hartmann § 811a

Rn. 7). Sie ist i.S. einer Begrenzung auch nicht empfehlenswert, weil das Gericht über diesen Höchstbetrag nicht hinausgehen dürfte und daher den Antrag abweisen müßte, wenn es einen – wenn auch nur relativ geringen – höheren Betrag für angemessen hält. Überschreitet hingegen der vom Gericht angesetzte Betrag die nicht bindend oder gar nicht geäußerten Vorstellungen des Gläubigers, bleibt es ihm unbenommen, die Austauschpfändung nicht durchführen zu lassen. Bei der letztgenannten Möglichkeit muß der Gläubiger zudem darlegen, warum ihm die rechtzeitige Beschaffung des Ersatzstückes nicht möglich oder nicht zuzumuten ist.

Dem Gläubiger obliegt die Darlegung und ggf. der **Beweis** aller vorgenannten Voraussetzungen der Austauschpfändung. Glaubhaftmachung genügt insoweit nicht. **549**

Mit der Existenz des Beschlusses, nicht erst mit dessen Zustellung oder gar Rechtskraft, wird die Sache **pfändbar**. Der Gläubiger muß den Gerichtsvollzieher mit der weiteren Vollstreckung beauftragen. Die Wegnahme darf aber erst erfolgen, wenn der Schuldner zuvor das Ersatzstück oder den erforderlichen Geldbetrag erhalten hat. Ausnahme: der Geldbetrag für die Ersatzbeschaffung soll erst aus dem Vollstreckungserlös dem Schuldner überlassen werden. Dann muß zuvor Pfändung, Wegnahme und Verwertung stattgefunden haben. Zum Schutz des Schuldners ist nach **§ 811a Abs. 4 ZPO** in diesem Fall die Wegnahme erst nach Rechtskraft des Zulassungsbeschlusses zulässig. **550**

Der dem Schuldner überlassene Geldbetrag ist **unpfändbar**, § 811a Abs. 3 ZPO; ebenso das Ersatzstück oder der Anspruch des Schuldners auf Leistung eines Ersatzstückes bzw. des entsprechenden Geldbetrages (StJ/Münzberg § 811a ZPO Rn. 30). **551**

c) Rechtsbehelfe

Bei Abweisung des Antrags sowie bei Zulassung der Austauschpfändung nach Anhörung des Schuldners kann befristete Erinnerung gem. § 11 Abs. 1 S. 2 RPflG eingelegt werden; hingegen ist die Vollstreckungserinnerung gem. § 766 ZPO der richtige Rechtsbehelf, wenn die Austauschpfändung ohne Anhörung des Schuldners zugelassen wurde und Verfahrensverstöße gerügt werden (MünchKommZPO/Schilken § 811a Rn. 15; vgl. im einzelnen Rn. 1026). **552**

2. Vorläufige Austauschpfändung, § 811b ZPO

Hat der Gläubiger den Gerichtsvollzieher mit der Sachpfändung beauftragt, kann dieser bereits selbständig eine vorläufige Austauschpfändung vornehmen, wenn zu erwarten ist, daß der Vollstreckungserlös den Wert des Ersatzstückes erheblich übersteigen wird, § 811b Abs. 1 ZPO (vgl. hierzu LG Berlin DGVZ 1991, 91). Der Gerichtsvollzieher pfändet hierbei zunächst den unpfändbaren Gegenstand, beläßt ihn jedoch im Gewahrsam des Schuldners. Über die Pfändung informiert er unverzüglich den Gläubiger, damit dieser binnen einer Frist von **zwei Wochen** einen Antrag auf Zulassung der Austauschpfändung bei dem Vollstreckungsgericht stellen kann. Wird der Antrag nicht rechtzeitig gestellt, oder dieser rechtskräftig zurückgewiesen, ist die Pfändung wieder aufzuheben, § 811b Abs. 2 ZPO. Erst nach Zulassung der Austauschpfändung durch das Vollstreckungsgericht ist der gepfändete Gegenstand dem Schuldner wegzunehmen unter gleichzeitiger Übergabe eines entsprechenden Ersatzstückes oder des zu seiner Beschaffung erforderlichen Geldbetrages, § 811b Abs. 4 ZPO. **553**

Wird der erforderliche Geldbetrag zur Ersatzbeschaffung zur Verfügung gestellt, darf die Wegnahme des gepfändeten Gegenstandes erst nach Rechtskraft des Zulassungsbeschlusses erfolgen, § 811b Abs. 4 S. 2 ZPO.

3. Aussetzung der Verwertung, § 813a ZPO

a) Voraussetzungen des Verwertungsaufschubes

554 Auf Antrag des Schuldners kann das Vollstreckungsgericht die Verwertung gepfändeter Sachen unter Anordnung von Zahlungsfristen zeitweilig aussetzen, wenn dies nach der Persönlichkeit und den wirtschaftlichen Verhältnissen des Schuldners sowie nach der Art der Schuld angemessen erscheint und nicht überwiegende Belange des Gläubigers entgegenstehen, § 813a Abs. 1 ZPO (vgl. hierzu Vultejus DGVZ 1991, 21; Puppe DGVZ 1991, 89; Eich und Lübbig DGVZ 1991, 33). Es muß sich somit um eine Sachpfändung wegen einer Geldforderung durch den Gerichtsvollzieher handeln, §§ 808 ff. ZPO. Hat der Gerichtsvollzieher Geld gepfändet, ist die Vorschrift nicht anzuwenden, das Geld ist direkt an den Gläubiger abzuführen, § 815 Abs. 1 ZPO, es sei denn, es handelt sich um Münzen (OLG Köln JurBüro 1991, 1406).

555 Vollstreckt der Gläubiger im Wege der Sicherungsvollstreckung, § 720a Abs. 1 Nr. 1a ZPO, oder im Wege der Arrestpfändung, § 930 Abs. 1 S. 1 ZPO, findet eine Verwertung der gepfändeten Sachen nicht statt, eine Aussetzung derselben ist somit ausgeschlossen. Weiterhin ist die Vorschrift **unanwendbar** im Falle der Forderungspfändung, der Pfändung in andere Vermögensrechte, bei der Zwangsvollstreckung zur Erwirkung oder Herausgabe bestimmter beweglicher Sachen, der Zwangsvollstreckung zur Erwirkung von Handlungen oder Unterlassungen oder auch der Zwangsvollstreckung auf Herausgabe oder Leistung körperlicher Sachen.

Kraft Gesetzes ausgeschlossen ist der Verwertungsaufschub in Wechselsachen, § 813a Abs. 6 ZPO. Ob dies auch in einer Schecksache ausgeschlossen ist, wird streitig beantwortet (bejahend: Thomas/Putzo § 813a Rn. 1, MünchKommZPO/Schilken § 813a Rn. 8; verneinend: Zöller/Stöber § 813a Rn. 2; Schuschke § 813a Rn. 2). Im Rahmen eines Verfahrens zur Abgabe der eidesstattlichen Versicherung ist § 813a ZPO ebenfalls nicht anzuwenden (h.M.). Eine Ausnahme bildet nur die Herausgabe beweglicher Sachen gemäß § 847 Abs. 2 ZPO, da insoweit die Vorschriften über die Verwertung gepfändeter Sachen anzuwenden sind.

556 Die Pfändung der beweglichen Sache muß bereits durch den Gerichtsvollzieher erfolgt sein, eine bevorstehende Pfändung alleine berechtigt den Schuldner nicht zu einem Aussetzungsantrag. Zum Schutz des Gläubigers soll zunächst das Pfandrecht begründet werden. Auch die Anordnung nach § 813a ZPO hebt das Pfandrecht nicht auf, die Verstrickung und der Pfändungsrang bleiben erhalten. Durch den Verwertungsaufschub soll dem Schuldner die Möglichkeit eingeräumt werden, durch freiwillige Zahlung innerhalb eines begrenzten Zeitraumes die Verwertung des gepfändeten Gegenstandes abzuwenden.

b) Entscheidungserhebliche Tatsachen

557 Zunächst muß der Schuldner seiner Person und seinen wirtschaftlichen Verhältnissen nach schutzwürdig sein, um einem entsprechenden Antrag stattgeben zu können. Unredliche, böswillige und unzuverlässige Schuldner genießen keinen Voll-

streckungsschutz (Thomas/Putzo § 813a Rn. 4). Diese Gründe in der Person des Schuldners hat der Gläubiger vorzutragen, oder sie ergeben sich bereits aus dem Verhalten im Rahmen der bisherigen Zwangsvollstreckung oder auch aus der Zeit des Rechtsstreites zur Erlangung des Vollstreckungstitels. Im Hinblick auf die wirtschaftlichen Verhältnisse des Schuldners darf dieser nicht in der Lage sein, die titulierte Forderung auf einmal auszugleichen, andererseits aber in so hohen Raten, daß die Schuld spätestens in einem Jahr getilgt ist, § 813a Abs. 4 ZPO.

Ein weiteres entscheidungserhebliches Kriterium ist die Art der geschuldeten Leistung. Handelt es sich um eine Forderung, die keinen Verwertungsaufschub duldet, muß ein entsprechender Aussetzungsantrag des Schuldners abgelehnt werden (z.B. eine Unterhaltsforderung, Zöller/Stöber § 813a Rn. 6). Abzulehnen ist der Antrag des Schuldners dann, wenn überwiegende schutzwürdige Interessen des Gläubigers entgegenstehen. Wenn der Gläubiger somit auf den Erlös aus der Pfandverwertung dringend angewiesen ist, oder wenn durch den bisherigen Forderungsausfall die Existenz des Gläubigers gefährdet ist, müssen die Belange des Schuldners zurücktreten. Hierbei ist aber auch die Dauer der Verwertungsaussetzung zu beachten. Macht der Schuldner glaubhaft, daß er die Forderung binnen zwei oder drei Monaten ausgleichen kann, muß eine solche Frist auch dem Gläubiger zugemutet werden können. **558**

c) Verfahrensablauf

Das Vollstreckungsgericht, in dessen Bezirk das Vollstreckungsverfahren stattgefunden hat, entscheidet auf einen entsprechenden Antrag des Schuldners hin. Der Antrag muß binnen zwei Wochen nach der Pfändung durch den Gerichtsvollzieher vom Schuldner gestellt werden, § 813a Abs. 2 ZPO. Einen verspäteten Antrag muß das Vollstreckungsgericht aber dann zulassen, wenn es zur Überzeugung gelangt, daß der Schuldner den Antrag nicht in der Absicht der Verschleppung oder aus grober Nachlässigkeit verspätet gestellt hat, § 813a Abs. 2 ZPO. Der Schuldner kann im Antrag bereits konkrete Ratenzahlungen anbieten oder die Frist für den maximalen Verwertungsaufschub benennen. Insgesamt darf die Verwertung nicht länger als ein Jahr nach der Pfändung ausgesetzt werden. Dies gilt selbst dann, wenn die Anordnungen des Gerichts mehrfach ergehen, z. B. zunächst nur auf drei Monate, danach nochmals drei Monate usw., § 813a Abs. 4 ZPO. Die Jahresfrist ist eine Ausschlußfrist, die das Vollstreckungsgericht in jedem Falle zu beachten hat, eine Verlängerung ist nur mit Zustimmung des Gläubigers möglich (Zöller/Stöber § 813a Rn. 11, MünchKomm-ZPO/Schilken § 813a Rn. 15; a.A.: OLG Celle NJW 1954, 723 auch bei freiwilliger Gewährung einer Fristverlängerung ist das Gericht an die Jahresfrist gebunden). Die Angaben zur Begründung des Antrages hat der Schuldner glaubhaft zu machen, § 294 ZPO. Widerspricht der Gläubiger dem Antrag des Schuldners, muß auch er seine entsprechenden Gründe glaubhaft machen. **559**

d) Beschluß

Die Entscheidung über den Antrag des Schuldners trifft das Vollstreckungsgericht durch Beschluß. Zur gütlichen Abwicklung des Verfahrens kann das Vollstreckungsgericht eine mündliche Verhandlung anordnen, § 813a Abs. 5 S. 3 ZPO. Vor der Entscheidung ist dem Gläubiger rechtliches Gehör zu gewähren, § 813a Abs. 5 S. 1 ZPO. Sofern die Anhörung des Gläubigers zu erheblichen Verzögerungen führt, ist das Vollstreckungsgericht gehalten, die Verwertung des gepfändeten Gegenstandes durch den **560**

Gerichtsvollzieher zunächst einstweilen einzustellen, § 732 Abs. 2 ZPO. Das Vollstreckungsgericht ist bei seiner Entscheidung an den Antrag des Schuldners gebunden, hat dieser jedoch keine weiteren Angaben getroffen, hat das Vollstreckungsgericht die Höhe der Raten und den Zeitpunkt des Verwertungsaufschubes selbständig festzulegen. Das Gericht kann in zeitlichen Abständen mehrfach beschließen, insgesamt darf jedoch die Jahresfrist nicht überschritten werden, § 813a Abs. 4 ZPO.

561 Ob das Vollstreckungsgericht in dem Beschluß eine sog. „Verfallklausel" aufnehmen darf, wird streitig beantwortet. Hiernach treten die Wirkungen des Verwertungsaufschubes außer Kraft, wenn der Schuldner den Zahlungsauflagen nicht fristgerecht nachkommt (Zöller/Stöber § 813a Rn. 14). Hiergegen wird argumentiert, daß der Gerichtsvollzieher nicht prüfen kann und braucht, ob der Schuldner seinen Zahlungspflichten fristgerecht nachgekommen ist (Baumbach/Hartmann § 813a Rn. 6). Diese Argumentation überzeugt jedoch nicht, da auch bei der sonstigen Vollstreckung der Gerichtsvollzieher auf Antrag des Gläubigers diese in jedem Falle fortsetzen muß, selbst wenn der Schuldner die Zahlung behauptet. Mit diesen Einwendungen ist der Schuldner auf die Vollstreckungsgegenklage zu verweisen.

4. Anderweitige Verwertung, § 825 ZPO

a) Verfahrensvoraussetzung

562 Im Anschluß an die Pfändung durch den Gerichtsvollzieher findet die Verwertung der gepfändeten Gegenstände statt, §§ 814 ff. ZPO. Hierzu bedarf es keines weiteren Antrages des Gläubigers. Gepfändetes Geld wird verwertet, indem es an den Gläubiger direkt ausgehändigt wird, § 815 Abs. 1 ZPO. Im übrigen werden gepfändete Gegenstände durch den Gerichtsvollzieher öffentlich versteigert, § 814 ZPO (Einzelheiten vgl. Rn. 513 f.). § 825 ZPO bietet dem Gläubiger darüber hinaus die Möglichkeit, weitere Anträge hinsichtlich der Verwertungsart gepfändeter Gegenstände zu stellen, um damit die Höhe des Erlöses unter Umständen nachhaltig zu verbessern.

563 Voraussetzung für einen entsprechenden Antrag ist die Tatsache der wirksamen Pfändung, die Zwangsvollstreckungsvoraussetzungen müssen allesamt vorliegen und der Pfandgegenstand muß wirksam verstrickt sein. Es darf sich bei dem gepfändeten Gegenstand nicht um eine unpfändbare Sache gemäß § 811 ZPO handeln. Weiterhin muß ein höherer Erlös durch die beantragte andere Verwertungsart voraussichtlich zu erzielen sein. Hierbei ist ein vorheriger Versteigerungsversuch durch den Gerichtsvollzieher nicht zwingend erforderlich, kann aber geboten sein (LG Berlin Rpfleger 1973, 34).

b) Verwertungsmöglichkeiten

564 Die Versteigerung kann an einem anderen Tag oder an einem anderen Ort als dem der Pfändung erfolgen, z.B. wird ein Kunstgegenstand eher in einer Großstadt als auf dem Lande versteigert werden können. Die Versteigerung oder der freihändige Verkauf kann auch eine andere Person als der Gerichtsvollzieher vornehmen, z.B. der Kunstgegenstand durch einen Kunsthändler oder einen Auktionator. Hat die Versteigerung zu keinem Ergebnis geführt oder wird sie glaubhaft auch zu keinem Ergebnis führen, kann auch der freihändige Verkauf durch den Gerichtsvollzieher oder eine andere Person angeordnet werden. Der Eigentumserwerb vollzieht sich hierbei nach bürgerlich-rechtlichen Grundsätzen. Gehört die Pfandsache nicht dem Schuldner und ist der Ersteher insoweit bösgläubig, kann er das Eigentum nicht allein durch das Vertrauen auf die Wirksamkeit der Verstrickung und der Versteigerungsanordnung erwerben (BGH Rpfleger 1993, 75 = NJW 1992, 2570). Möglich ist auch die Zwangsüberweisung des gepfändeten Gegenstandes an den Gläubiger zu dem von ihm angebotenen Preis. Das Eigentum erlangt der Gläubiger, sobald der Gerichtsvollzieher ihm die Sache übereignet. Der Gläubiger ist von der Zahlung des Preises befreit, soweit der Erlös auf die Vollstreckungskosten und seine Forderung verrechnet wird, § 817 Abs. 4 ZPO.

Hat der Schuldner von dem Gläubiger einen Gegenstand unter **Eigentumsvorbehalt**   **565** gekauft und gerät er dann mit der vereinbarten Ratenzahlung in Rückstand, stellt sich für den Gläubiger die Frage des Rechtschutzinteresses, wenn er wegen der titulierten Restforderung in den unter Eigentumsvorbehalt gekauften Gegenstand vollstreckt und beantragt, den Gegenstand zum Mindestgebot gemäß § 817a Abs. 1 ZPO auf ihn zu übertragen. Unstreitig ist, daß dem Gläubiger, der grundsätzlich noch Eigentümer des gepfändeten Gegenstandes ist, das Rechtschutzinteresse für einen Antrag nach § 825 ZPO nicht abgesprochen werden kann, da er durch die Eigentumszuweisung originäres Eigentum erhält, unbelastet von möglichen Rechten Dritter, insbesondere das Anwartschaftsrecht des Schuldners an der Sache selbst erlischt (vgl. Noack MDR 1969, 181). Streitig werden hingegen die Fragen beantwortet, die sich aus § 13 VerbrKrG (für Verträge **nach** dem 1. 1. 1991) bzw. aus den §§ 1, 3, 5 AbzG (für Verträge **vor** dem 1. 1. 1991) ergeben: führt die Zwangsvollstreckung in die Kaufsache zur Rücktrittsfiktion und falls ja, in welchem Zeitpunkt tritt sie ein? Eine weitere Frage ist die, ob diese Rücktrittswirkungen vom Vollstreckungsgericht von Amts wegen zu berücksichtigen sind. Nach heute h.M. führt die Verwertung des aufgrund des Kaufpreistitels gepfändeten Gegenstandes zur Rücktrittsfiktion nach § 13 VerbrKrG bzw. § 5 AbzG und zwar gleichgültig, wer die Sache erwirbt, der Gläubiger oder ein Dritter und ob die Verwertung nach §§ 814 ff. ZPO oder § 825 ZPO erfolgt (BGHZ 55, 59 = NJW 1971, 191, MünchKommZPO/Schilken § 825 Rn. 12 m.w.N.).

Ebenso uneinheitlich wird die Frage nach dem Zeitpunkt des Eintritts der   **566** Rücktrittsfiktion beantwortet. Hierzu werden die Auffassungen vertreten: bereits mit der Pfändung, mit Anberaumung des Versteigerungstermins, mit der Antragstellung nach § 825 ZPO oder erst durch den Verwertungsakt selbst, also nach der Versteigerung oder nach der Verwertung gemäß § 825 ZPO. Der Zeitpunkt ist insbesondere im Hinblick auf die Vollstreckungsgegenklage des Käufers gemäß § 767 ZPO von Bedeutung (vgl. Schuschke § 825 Anhang Rn. 6). Entschieden ist bisher lediglich die Tatsache, daß die Pfändung als vorbereitende Maßnahme die Rücktrittsfiktion noch nicht auslöst und andererseits nach Abschluß der Verwertung die titulierte Forderung erloschen und deshalb die Vollstreckungsgegenklage begründet ist (BGHZ 55, 59). Der Nachteil bei den ersten drei Möglichkeiten liegt darin, daß nicht sicher ist, ob es überhaupt zur endgültigen Verwertung und Besitzwegnahme kommt. Näher liegt es daher, der letzteren Auffassung den Vorzug zu geben, daß die Rücktrittsfiktion erst durch den Verwertungsakt selbst eintritt. Der Gesetzeszweck des § 13 Abs. 1 VerbrKrG bzw. § 3 AbzG erfordert jedoch, daß die Zug-um-Zug-Einrede schon vor Eintritt der Rücktrittswirkung geltend gemacht wird. Diese Einwendung ist jedoch materiell-rechtlicher Natur und muß vom Schuldner im Wege der Vollstreckungsgegenklage geltend gemacht werden, § 767 ZPO. Daher ist diese Klage bereits ab der Pfändung zulässig (vgl. Schuschke § 825 Anhang Rn. 6). Mit diesen Einwendungen kann der Schuldner im formalisierten Zwangsvollstreckungsverfahren nicht gehört werden. Das Vollstreckungsgericht wird einem Antrag somit auch ohne diese Prüfung stattgeben (OLG Frankfurt/Main NJW 1954, 1083; OLG München MDR 1969, 60; Zöller/Stöber § 825 Rn. 18; a.A. LG Bielefeld NJW 1970, 337).

c) Beschluß

567 Das Vollstreckungsgericht entscheidet auf Antrag des Gläubigers oder des Schuldners durch Beschluß. Dem jeweiligen Vollstreckungsgegner ist in jedem Falle vor der Entscheidung rechtliches Gehör zu gewähren. Der Beschluß muß die Art der anderweitigen Verwertung eindeutig angeben, eine Wahlmöglichkeit darf dem Gerichtsvollzieher nicht eingeräumt werden (LG Nürnberg-Fürth Rpfleger 1978, 333).

Die Verwertung selbst erfolgt dann wieder durch den Gerichtsvollzieher oder durch die anderweitig bestimmte Person. Bei der Anordnung eines freihändigen Verkaufes ist als Mindestpreis die Hälfte des gewöhnlichen Verkehrswertes im Beschluß als Untergrenze anzugeben, § 817a Abs. 3 ZPO. Ist die Übereignung des gepfändeten Gegenstandes an eine bestimmte Person, auch den Gläubiger selbst, angeordnet worden, erfolgt der Eigentumsübergang nicht durch den Anordnungsbeschuß, sondern erst mit der Übergabe des Gegenstandes durch den Gerichtsvollzieher an den Erwerber (vgl. auch Rn. 532).

Teil D
Verfahren zur Abgabe der eidesstattlichen Versicherung

I. Einleitung

Im 8. Buch der ZPO sind zwei Verfahren zur Abgabe der eidesstattlichen Versicherung des Schuldners geregelt. Ist der Schuldner verpflichtet, bestimmte bewegliche Sachen an den Gläubiger herauszugeben, so sind diese grundsätzlich durch den Gerichtsvollzieher wegzunehmen und dann dem Gläubiger zu übergeben, § 883 Abs. 1 ZPO. Wird nun die herauszugebende Sache bei dem Schuldner nicht vorgefunden, ist dieser verpflichtet, zu Protokoll an Eides Statt zu versichern, daß er die Sache nicht besitze, und auch nicht wisse, wo sich diese befindet, § 883 Abs. 2 ZPO. Erscheint der Schuldner im Termin zur Abgabe der eidesstattlichen Versicherung nicht, oder verweigert er die Abgabe, wird auf Antrag des Gläubigers Haftbefehl erlassen; die §§ 899 bis 913 ZPO sind auch auf dieses Verfahren anzuwenden, allerdings ohne die §§ 900 Abs. 2 und 4, 903, 914, 915 ZPO (StJ/Münzberg § 883 Rn. 37). Relevant wird dieses Verfahren insbesondere nach der Forderungspfändung, wenn der Schuldner Legitimationsurkunden herausgeben muß, z.B. Sparbuch, Versicherungsschein, Hypothekenbrief.

568

Die zweite Variante der eidesstattlichen Versicherung ist in den §§ 899 ff. ZPO geregelt. Hierauf soll im nachfolgenden näher eingegangen werden.

II. Verfahrensziel

Hat die Pfändung zu einer vollständigen Befriedigung des Gläubigers nicht geführt oder macht dieser glaubhaft, daß er durch die Pfändung seine Befriedigung nicht vollständig erlangen könne, so ist der Schuldner auf Antrag verpflichtet, ein Verzeichnis seines Vermögens vorzulegen und für seine Forderungen den Grund und die Beweismittel zu bezeichnen, § 807 Abs. 1 S. 1 ZPO. Zweck der eidesstattlichen Versicherung ist demnach, den Gläubiger weitere Informationen über pfändbare Vermögensgegenstände des Schuldners zu verschaffen, um seine titulierte Forderung zu realisieren. Aus dem vorzulegenden Vermögensverzeichnis sollen sich die bisher nicht bekannten Vermögensgegenstände und auch mögliche pfändbare Forderungsansprüche ergeben. Wie die Praxis immer wieder zeigt, bietet allein die Antragstellung dem Gläubiger oftmals die Chance, die titulierte Forderung zumindest ratenweise einzufordern, da viele Schuldner die negativen Folgen nach der Abgabe der eidesstattlichen Versicherung mit der zwangsweisen Eintragung in der Schuldnerkartei und damit unmittelbar folgend die Eintragung in der SCHUFA (Schutzgemeinschaft für allgemeine Kreditsicherung) scheuen.

569

III. Antrag

1. Antragsinhalt

570 Wie bei allen Verfahren in der Zwangsvollstreckung muß auch hier der Gläubiger einen Antrag auf Abnahme der eidesstattlichen Versicherung stellen, § 900 Abs. 1 S. 1 ZPO. (Muster 7.) Hat der Schuldner innerhalb der letzten drei Jahre vor der Antragstellung bereits in anderer Sache eine eidesstattliche Versicherung abgegeben oder ist gegen ihn die Haft angeordnet worden, wird das Verfahren nur auf besonderen Antrag fortgesetzt, § 900 Abs. 2 ZPO. Diesen Fortsetzungsantrag sollte der Gläubiger möglichst gleichzeitig mitstellen. Erscheint der Schuldner im Termin nicht oder verweigert er die Abgabe der eidesstattlichen Versicherung ohne Grund, wird auf Antrag die Haft angeordnet, § 901 ZPO. Auch diesen Antrag sollte der Gläubiger bereits vorweg formulieren.

2. Ratenzahlungsangebot

571 In einer Vielzahl der Fälle in der Praxis bietet der Schuldner im Termin Ratenzahlung an, um damit die Eintragung in der Schuldnerkartei zu verhindern. Vielfach bringt das Amtsgericht das Verfahren dann zunächst zum Ruhen. Zahlt der Schuldner die Raten nunmehr nicht, muß der Gläubiger erneut einen Termin zur Abgabe der eidesstattlichen Versicherung beantragen. Ein Haftbefehl darf noch nicht ergehen, da es sich ausdrücklich nicht um die gesetzlich geregelte Verlagungsmöglichkeit nach § 900 Abs. 4 ZPO handelt (LG Hannover JurBüro 1987, 1426; LG Paderborn Rpfleger 1993, 254). Auch wenn eine mehrmalige Verlegung des Termins mit Einverständnis des Gläubigers, nachdem der Schuldner Zahlungen auf die Forderung geleistet hat, nicht unbedingt rechtsmißbräuchlich sein muß (LG Detmold Rpfleger 1991, 212), besteht doch die Gefahr, daß ein weiterer Terminsantrag durch das Vollstreckungsgericht abgelehnt wird, weil dem Gläubiger vorgeworfen wird, das Verfahren lediglich als Druckmittel zur Realisierung seiner Forderung gegen den Schuldner zu benutzen (LG Nürnberg-Fürth Rpfleger 1985, 309). Der Gläubiger sollte daher im Antrag entweder angeben, daß er nur mit einer Vertagung des Termins einverstanden ist oder im zweiten Termin jede weitere Ratenzahlung ablehnen.

3. Zusatzfragen im Antrag

571a Der Schuldner muß durch umfassende Angaben im Vermögensverzeichnis dem Gläubiger seine wirschaftlichen Verhältnisse offenlegen. Hierzu kann der Gläubiger bereits im Antrag – oder im Termin – zusätzliche Fragen formulieren, die dem Schuldner vorzuhalten sind. Nicht richtig sein dürfte die Auffassung, das Vollstreckungsgericht müsse einem weiteren Auskunftsverlangen des Gläubigers über die bereits in dem amtlichen Vordruck für das Vermögensverzeichnis enthaltenen Fragen nur nachkommen, wenn konkrete Anhaltspunkte für pfändbare Forderungen bestehen (so LG Augsburg Rpfleger 1993, 454). Der amtliche Vordruck ist in keinem Falle abschließend. Was der Schuldner offenbaren muß, ergibt sich nicht aus einem verwendeten Vordruck, sondern aus 807 ZPO (LG Göttingen Rpfleger 1994, 368 = JurBüro 1994, 194; LG Mannheim JurBüro 1994, 501; LG Freiburg JurBüro 1994, 407; LG München JurBüro 1994, 407. Dem Vollstreckungsgericht ist jedoch das Recht einzuräumen, Fragen abzulehnen, wenn diese nicht zu den dem Schuldner obliegenden Auskunftspflichten gehören, (Stöber Rpfleger 1994, 321 ff.; Hintzen Rpfleger 1994, 368 in Anm. zu LG Göttingen; zu weitgehend Spring NJW 1994, 1108).

IV. Zuständigkeit

1. Allgemein

Für die Abnahme der eidesstattlichen Versicherung ist das Amtsgericht zuständig, in 572 dessen Bezirk der Schuldner seinen allgemeinen Wohnsitz oder in Ermangelung eines solchen seinen Aufenthaltsort hat, § 899 ZPO. Hierbei ist auf den Zeitpunkt der Antragstellung abzustellen (OLG Stuttgart Rpfleger 1977, 220; BayObLG Rpfleger 1994, 471). Ein Wohnsitzwechsel des Schuldners nach diesem Zeitpunkt hat auf die einmal begründete Zuständigkeit keinen Einfluß, § 261 Abs. 3 Nr. 2 ZPO (Schuschke § 899 Rn. 2). Geht der Antrag des Gläubigers direkt bei einem unzuständigen Gericht ein, muß er einen Verweisungsantrag an das zuständige Gericht stellen, § 281 ZPO (Schuschke § 899 Rn. 5; MünchKommZPO/Eickmann § 899 Rn. 12). Es empfiehlt sich, einen solchen pauschalen Verweisungsantrag bereits bei der Antragstellung zu berücksichtigen und aufzunehmen. Der Gläubiger wird über die Weiterleitung des Antrages informiert. Die Verweisung ist für das übernehmende Gericht bindend, § 281 Abs. 2 S. 5 ZPO. Einer Anhörung des Schuldners vor der Verweisung bedarf es nicht, § 834 ZPO analog (a.A. OLG Düsseldorf Rpfleger 1975, 102). Das angegangene Gericht ist aber wiederum erst dann zuständig, wenn feststeht, daß der Schuldner dort auch tatsächlich seinen Wohnsitz hat. Sollte der Schuldner seinen Wohnsitz erst im Laufe des Verfahrens in einen anderen Bezirk verlegen, und ist er durch das Vollstreckungsgericht nochmals vorzuladen, bleibt die einmal begründete Zuständigkeit erhalten. Das neue Wohnsitzgericht ist dann im Wege der Rechtshilfe in Anspruch zu nehmen (MünchKommZPO/Eickmann § 899 Rn. 13).

2. Nachbesserungsverfahren

Vielfach ist das Vermögensverzeichnis des Schuldners unvollständig und muß ergänzt 573 werden (vgl. Rn. 590). Hierzu kann der Schuldner in einem Nachbesserungsverfahren erneut vorgeladen werden. Zuständig ist hierfür das Erstgericht, welches die eidesstattliche Versicherung bereits abgenommen hat. Bei der Nachbesserung oder Ergänzung handelt es sich um die Fortsetzung des einmal durchgeführten Verfahrens. Deshalb darf auch kein weiterer Auslagenvorschuß angefordert werden (LG Frankenthal Rpfleger 1984, 194; LG Münster JurBüro 1988, 1091). Hat der Schuldner seinen Wohnsitz nicht mehr im Bezirk des Erstgerichtes, dann ist das neue Wohnsitzgericht im Wege der Rechtshilfe zu bemühen. Diese Grundsätze gelten auch dann, wenn die Ergänzung des Vermögensverzeichnisses durch einen anderen Gläubiger beantragt wird, welcher das ursprüngliche Verfahren nicht beantragt hatte (MünchKommZPO/Eickmann § 903 Rn. 20; Zöller/Stöber § 903 Rn. 15). Die einmal abgegebene eidesstattliche Versicherung wirkt für und gegen alle Gläubiger des Schuldners, sie alle haben das Recht, sich Abschriften aus dem vorliegenden Vermögensverzeichnis erstellen zu lassen. Ein neues Verfahren kann nur im Hinblick auf § 903 ZPO eingeleitet werden.

V. Sicherungsvollstreckung

Aus einem nur gegen Sicherheit vorläufig vollstreckbaren Urteil darf der Gläubiger 574 grundsätzlich ohne Nachweis der Sicherheitsleistung nicht vollstrecken, § 751 Abs. 2 ZPO. Im Rahmen der Sicherungsvollstreckung ist ihm jedoch gestattet, bewegliches

Vermögen zu pfänden oder im Wege der Zwangsvollstreckung in das unbewegliche Vermögen eine Sicherungshypothek eintragen zu lassen, § 720a Abs. 1 ZPO. Die Sicherheitsleistung durch den Gläubiger dient dem Schuldner als Schadensersatz, § 717 Abs. 2 ZPO, für den Fall, daß das für vorläufig vollstreckbar erklärte Urteil im nachhinein aufgehoben wird. Demzufolge ist dem Gläubiger gestattet, die Vollstreckung durch Pfändung oder Sicherung zu bewirken, eine Verwertung ist jedoch ausgeschlossen (Einzelheiten vgl. Rn. 227 f.).

574a Da das Verfahren zur Abgabe der eidesstattlichen Versicherung keine Verwertung darstellt, wird die Abnahme auch im Rahmen der Sicherungsvollstreckung ohne Nachweis der Erbringung der Sicherheitsleistung für zulässig erachtet (OLG Düsseldorf NJW 1980, 2717; OLG Hamm MDR 1982, 416; KG Rpfleger 1989, 291; OLG München und OLG Koblenz Rpfleger 1991, 66; Zöller/Stöber § 720a Rn. 7; MünchKomm ZPO/Krüger § 720a Rn. 4; kritisch hierzu Dressel Rpfleger 1991, 43: Im Hinblick auf die mögliche Ersatzpflicht des Gläubigers, wenn das Urteil in der Rechtsmittelinstanz aufgehoben wird).

VI. Rechtsschutzinteresse

575 Für jeden Vollstreckungsantrag des Gläubigers muß ein Rechtsschutzinteresse bestehen, so auch für das Verfahren zur Abgabe der eidesstattlichen Versicherung. Grundsätzlich ist das Rechtsschutzinteresse zu unterstellen, solange der Vollstreckungstitel noch in der Welt ist und die titulierte Forderung noch nicht vollständig beglichen ist. Speziell für das Verfahren zur Abgabe der eidesstattlichen Versicherung ist der Antrag jedoch als unzulässig abzulehnen, wenn das Gericht Kenntnis davon hat, daß der Schuldner noch verwertbares Vermögen besitzt, in welches der Gläubiger bisher nicht vollstreckt hat. Allerdings ist der Gläubiger nicht gehindert, den Antrag zu stellen, wenn es sich bei dem Vermögensanspruch des Schuldners um eine Forderung nach dem SGB handelt (LG Kassel JurBüro 1993, 26). Hat der Gläubiger eine Forderung gepfändet und sich zur Einziehung überweisen lassen, so kann er verpflichtet sein, nachzuweisen, daß eine alsbaldige Befriedigung nicht zu erwarten ist (LG Heilbronn JurBüro 1993, 437).

576 Abzulehnen ist der Antrag allerdings dann, wenn der Gläubiger schon zuverlässig weiß, daß der Schuldner keine pfändbare Habe besitzt (LG Köln JurBüro 1987, 1423). Zwar kann der Gläubiger die Kenntnis über die Vermögensverhältnisse des Schuldners z.B. bereits aus einem Prozeßkostenhilfe-Verfahren aus dem vorangegangene Erkenntnisverfahren erlangt haben oder der Schuldner überreicht dem Gläubiger ein Vermögensverzeichnis, welches er bereits vor einem Notar abgegeben oder seinem Anwalt gegenüber anwaltlich versichert hat, jedoch kann der Schuldner mit diesen Hinweisen der Abgabe der eidesstattlichen Versicherung nicht widersprechen (LG Verden Rpfleger 1986, 186). Unzutreffend ist insofern die Auffassung des LG Itzehoe (Rpfleger 1985, 153), das die Erzwingung der eidesstattlichen Versicherung in diesem Falle für rechtsmißbräuchlich angesehen hat. Der Gläubiger hat grundsätzlich einen Anspruch auf ein vollständiges Vermögensverzeichnis, welches der Schuldner vor dem Amtsgericht abgegeben und an Eides Statt versichert hat. Der Schuldner muß sein gesamtes Vermögen offenbaren, mit der negativen Folge der Eintragung in der Schuldnerkartei (vgl. hierzu LG Detmold Rpfleger 1987, 165; LG Berlin Rpfleger 1992, 168 m. Anm. Hintzen).

VII. Unpfändbarkeitsbescheinigung

1. Nachweis der Unpfändbarkeit

Mit dem Antrag auf Abgabe der eidesstattlichen Versicherung muß der Gläubiger den Nachweis führen, daß die bisherige Pfändung nicht zu einer vollständigen Befriedigung geführt hat oder er macht glaubhaft, daß er durch die Pfändung seine Befriedigung nicht vollständig erlangen wird, § 807 Abs. 1 S. 1 ZPO. Diesen Nachweis führt der Gläubiger regelmäßig durch die Unpfändbarkeitsbescheinigung (auch genannt Fruchtlosigkeitsbescheinigung). Der Gläubiger muß somit bereits vorher den Gerichtsvollzieher mit der Sachpfändung beauftragt haben. Die durch den Gerichtsvollzieher ausgestellte Unpfändbarkeitsbescheinigung darf aber nicht zu alt sein. Auch wenn es keine festen Zeitgrenzen gibt, werden in der Praxis als obere Grenze durchweg sechs Monate bis ein Jahr angenommen, wobei allerdings auch die Umstände des Einzelfalles eine andere Beurteilung rechtfertigen können (LG Stuttgart Rpfleger 1959, 193 = ca. 4 Monate; LG Hagen MDR 1975, 497 = 1 Jahr; LG Kiel MDR 1977, 586 = 1 Jahr; LG Frankenthal MDR 1987, 65 = 6 Monate). Anstelle dieser Unpfändbarkeitsbescheinigung ist auch eine allgemein gehaltene Bescheinigung des Gerichtsvollziehers ausreichend, in dem er erklärt, daß er bei dem Schuldner keine pfändbare Habe vorgefunden hat oder das die in letzter Zeit bei dem Schuldner durchgeführtem Vollstreckungsversuche fruchtlos ausgefallen sind.

577

2. Hinweis auf Durchsuchungsanordnung

Der Gläubiger braucht seinem Antrag die Unpfändbarkeitsbescheinigung nicht beizufügen, wenn er glaubhaft macht, daß er seine Befriedigung durch die Pfändung nicht oder nicht vollständig erlangen wird. Hierzu kann er sich jedes Beweismittels bedienen. Hat der Gläubiger den Gerichtsvollzieher mit der Sachpfändung beauftragt, verweigert – wie vielfach üblich in der Praxis – der Schuldner dem Gerichtsvollzieher den Zutritt zu seiner Wohnung ohne besondere Begründung, § 758 ZPO. Ob der Gläubiger nunmehr gehalten ist, eine erforderliche Durchsuchungsanordnung zu beantragen, um dann den Gerichtsvollzieher erneut zu beauftragen, oder ob die grundlose Weigerung des Schuldners als Nachweis der Voraussetzungen des Verfahrens zur Abgabe der eidesstattlichen Versicherung ausreicht, wird unterschiedlich beantwortet. M.E. ist es dem Gläubiger nicht zuzumuten, erst die richterliche Durchsuchungsanordnung zu erwirken, um dann erneut den Gerichtsvollzieher mit der Pfändung zu beauftragen, da dieser nunmehr bei dem Schuldner pfändbare Habe sicherlich nicht mehr vorfinden wird (so auch: LG Dortmund Rpfleger 1987, 165; LG Paderborn Jur-Büro 1989, 273; LG Traunstein Rpfleger 1989, 115; LG Aschaffenburg FamRZ 1991, 74; LG Ansbach Rpfleger 1992, 119). Diese Auffassung wird jedoch von vielen Gerichten als zu weitgehend abgelehnt (LG Bonn Rpfleger 1987, 424; LG Frankenthal Rpfleger 1989, 247; LG Köln Rpfleger 1989, 467; LG Frankfurt/Main Rpfleger 1989, 468; LG Düsseldorf DGVZ 1990, 26; LG Kassel JurBüro 1991, 605; LG Hannover DGVZ 1991, 189; LG Essen DGVZ 1991, 189; LG Oldenburg DGVZ 1992, 13; auch MünchKomm-ZPO/Eickmann § 807 Rn. 17 m.w.N.).

578

3. Hinweis auf Haftbefehl

Eine weitere Möglichkeit für den Gläubiger zur Glaubhaftmachung der Voraussetzungen der Unpfändbarkeit ist der Hinweis auf bereits vorliegende Haftbefehle ge-

579

gen den Schuldner in anderen Verfahren, §§ 901, 915 Abs. 1 S. 1 ZPO. Liegt bereits ein Haftbefehl in anderer Sache vor, muß dort der Nachweis der Unpfändbarkeit vom Gericht als ausreichend akzeptiert worden sein. Auch diese Handhabung ist in der Rechtsprechung streitig, wird von einigen Gerichten abgelehnt (so LG Berlin Rpfleger 1984, 361), von vielen Gerichten jedoch als Nachweis grundsätzlich akzeptiert (LG Frankenthal Rpfleger 1984, 472; auch Thomas/Putzo § 807 Rn. 13), wobei die Gerichte verlangen, daß diese bereits vorliegenden Haftbefehle in anderer Sache zeitlichen Beschränkungen unterliegen (LG Kassel JurBüro 1987, 457 = Haftbefehl ca. 11 Monate alt; LG Hannover JurBüro 1987, 457; LG Bochum JurBüro 1990, 128 = Haftbefehl ca. 6 Monate alt; LG Aachen JurBüro 1990, 261; LG Konstanz JurBüro 1990, 17; LG Limburg JurBüro 1990,1052 = Haftbefehl aus jüngerer Zeit; LG Moosbach JurBüro 1990, 489 = Haftbefehl ohne zeitliche Beschränkung, sofern dieser in der Schuldnerkartei noch nicht gelöscht ist; so auch MünchKommZPO/Eickmann § 807 Rn. 18 m.w.N.). Verweist der Gläubiger auf einen Haftbefehl in einem Verfahren zur wiederholten Abgabe der eidesstattlichen Versicherung nach § 903 ZPO und liegt in dieser Akte keine Unpfändbarkeitsbescheinigung vor, kann der Nachweis als nicht geführt angesehen werden (vgl. Hintzen in Anm. zu LG Heilbronn Rpfleger 1993, 356).

4. Wohnung/Geschäftslokal

580 Die Unpfändbarkeitsbescheinigung muß sich grundsätzlich auf die Wohnung des Schuldners beziehen. Hat der Schuldner mehrere Wohnungen, genügt der Pfändungsversuch in der Wohnung, die dem Schuldner als Hauptwohnsitz dient (OLG Frankfurt/Main JurBüro 1977, 857). Es genügt die Bestätigung des Gerichtsvollziehers, daß der Schuldner an seinem ersten Wohnsitz nicht anzutreffen ist und sich auch dort nicht aufhält (LG Oldenburg JurBüro 1992, 570). Betreibt der Schuldner eine Einzelfirma, ist die Unpfändbarkeitsbescheinigung sowohl bezüglich der Wohnung als auch des Geschäftslokals erforderlich (vgl. OLG Köln Rpfleger 1975, 441). Ist dem Gläubiger jedoch nur eine Anschrift bekannt, genügt die Vollstreckung an diesem Ort. Handelt es sich bei dem Schuldner um eine juristische Person, tritt an die Stelle der Wohnung das Geschäftslokal, bei mehreren reicht die Vollstreckung in einem Geschäftslokal aus.

VIII. Vorladung des Schuldners oder des gesetzlichen Vertreters

581 Zur Abgabe der eidesstattlichen Versicherung ist stets der Schuldner persönlich verpflichtet. Der Gläubiger hat den Schuldner mit ladungsfähiger Anschrift im Antrag zu bezeichnen. Ist der Schuldner selbst nicht prozeßfähig, ist der gesetzliche Vertreter zur Abgabe der eidesstattlichen Versicherung verpflichtet (z. B. die Eltern für den minderjährigen Schuldner, der Betreuer oder der Pfleger, vgl. hierzu LG Frankfurt/Main Rpfleger 1988, 528). Kann der Schuldner aus gesundheitlichen Gründen nicht zum Termin vor Gericht erscheinen, ist gegebenenfalls die Abgabe der eidesstattlichen Versicherung in der Wohnung des Schuldners vorzunehmen.

Werden juristische Personen oder Personenvereinigungen kraft Gesetzes oder nach der   **582**
Satzung bzw. dem Gesellschaftsvertrag durch mehrere Personen gesetzlich vertreten,
sind nicht alle Vertretungsberechtigten vorzuladen, es genügt die Vorladung eines gesetzlichen Vertreters, der über die Vermögensverhältnisse hinreichend Auskunft geben
kann (LG Frankfurt/Main Rpfleger 1993, 502; Thomas/Putzo § 807 Rn. 18; Münch-
KommZPO/Eickmann § 807 Rn. 32; a.A. Zöller/Stöber § 807 Rn. 10). Auch der frühere Liquidator einer KG bleibt nach deren Auflösung und Löschung im Handelsregister
weiter zur Abgabe der eidesstattlichen Versicherung verpflichtet (LG Saarbrücken Jur-
Büro 1988, 1242). Für die GmbH muß der Geschäftsführer, der im Zeitpunkt des Termins zur Abgabe der eidesstattlichen Versicherung dieses Amt innehat, vorgeladen
werden (OLG Hamm Rpfleger 1985, 121). Erfolgt die Abberufung des Geschäftsführers
nach Zustellung der Terminsladung, und ist ein neuer Geschäftsführer noch nicht bestellt, bleibt der bisherige Geschäftsführer zur Abgabe verpflichtet (OLG Hamm Rpfleger 1985, 121). Die Niederlegung des geschäftsführenden Amtes oder die Abberufung
nur mit dem Ziel, sich der Verpflichtung zur Abgabe der eidesstattlichen Versicherung
zu entziehen, entbindet den bisherigen Geschäftsführer nicht von der Erscheinungs-
pflicht zum Termin. Bei den Gründen für die Annahme einer treuwidrigen Amtsniederlegung ist immer auf die Umstände des Einzelfalles abzustellen (vgl. hierzu OLG
Köln Rpfleger 1983, 361 zur Amtsniederlegung eines Liquidators der GmbH).

Ist der Schuldner eine GmbH und Co. KG und ist über das Vermögen der GmbH das   **583**
Konkursverfahren eröffnet worden, ist die KG selbst aufgelöst. Die eidesstattliche Versicherung über das Vermögen der KG ist nunmehr von den Liquidatoren abzugeben,
wobei an die Stelle des Geschäftsführers der Komplimentär-GmbH der Konkursverwalter tritt (OLG Frankfurt/Main Rpfleger 1988, 110). Ist die Eröffnung des
Konkursverfahrens über das Vermögen der GmbH selbst mangels einer die Verfah-
renskosten deckenden Masse abgelehnt worden, ist die GmbH kraft Gesetzes aufgelöst, die Verpflichtung zur Abgabe der eidesstattlichen Versicherung trifft nunmehr
den ehemaligen Geschäftsführer (LG Düsseldorf JurBüro 1987, 458 KG MDR 1991, 957;
LG Siegen Rpfleger 1987, 380). Wird im Konkursantragsverfahren ein allgemeines Veräußerungsverbot nach § 106 KO erlassen, bewirkt dies keine Vollstreckungssperre, das
Verfahren zur Abgabe der eidesstattlichen Versicherung ist zulässig und durchführ-
bar (LG Frankfurt/Main Rpfleger 1988, 111; LG Detmold Rpfleger 1989, 300).

IX. Termin

1. Ladung zum Termin

Liegen alle Voraussetzungen vor, bestimmt das Vollstreckungsgericht den Termin zur   **584**
Abgabe der eidesstattlichen Versicherung. Hierzu ist der Schuldner persönlich mit Zustellungsurkunde zu laden, auch wenn er einen Prozeßbevollmächtigten bestellt hat,
§ 900 Abs. 3 S. 1 ZPO. Dem Gläubiger selbst bzw. seinem Prozeßbevollmächtigten wird
die Terminsbestimmung formlos mitgeteilt. Seine Anwesenheit im Termin ist nicht
erforderlich, § 900 Abs. 3 S. 2, 3 ZPO. Die Praxis zeigt, daß der Gläubiger selbst im
Termin nur ausnahmsweise erscheint. Eine Terminsteilnahme würde für den Gläubiger jedoch die Möglichkeit eröffnen, von seinem Fragerecht gezielt Gebrauch zu

machen oder aber direkt in konkrete Absprachen über Rückzahlungsmodalitäten mit dem Schuldner einzutreten.

584 a   Reicht der Schuldner ein Attest ein, aus dem hervorgeht, daß er krankheitsbedingt nicht zum Termin erscheinen kann, ist je nach Krankheitsbild entweder ein amtsärztliches Attest vorzulegen oder das Gericht muß die eidesstattliche Versicherung dem Schuldner in dessen Wohnung abnehmen (Zöller/Stöber § 227 Rn. 6, § 219 Rn. 1).

2. Terminsdurchführung

585   Ist der Schuldner im Termin erschienen und legt das ausgefüllte Vermögensverzeichnis vor, ist dieses durch das Vollstreckungsgericht auf Vollständigkeit zu überprüfen. Der Schuldner hat dann zu Protokoll an Eides Statt zu versichern, daß er die von ihm verlangten Angaben nach bestem Wissen und Gewissen vollständig und richtig gemacht hat, § 807 Abs. 2 ZPO. Der Schuldner hat sein gesamtes Vermögen anzugeben, damit dem Gläubiger die Möglichkeit eingeräumt wird, zu prüfen, ob er weitere Zwangsvollstreckungsmaßnahmen einleiten kann.

585 a   Der Schuldner hat daher insbesondere anzugeben: Wertsachen, Forderungen nach Art und Höhe unter Angabe des Drittschuldners (LG München Rpfleger 1988, 491), bei abgetretenen Forderungen, deren Höhe und den Zessionar (LG Koblenz JurBüro 1992, 570, LG Memmingen JurBüro 1994, 407; LG Stuttgart JurBüro 1991, 876); den Arbeitgeber mit genauer Anschrift (LG Stade Rpfleger 1984, 324), eine Lebensversicherung möglichst mit Angabe der Versicherungsnummer und Angaben zur Bezugsberechtigung (LG Duisburg NJW 1955, 717), bei Renten Angabe des Rententrägers und der Rentennummer einschließlich Art und Höhe der Rente (LG Lübeck JurBüro 1989, 550; LG Oldenburg Rpfleger 1983, 163; vgl. jetzt nach Änderung des § 54 SGB I Rn. 725). Bei Gelegenheitsarbeiten muß der Schuldner alle Arbeiten angeben, die er in der letzten Zeit oder in den letzten zwölf Monaten geleistet hat unter Angabe des durchschnittlichen Arbeitslohnes (LG Frankfurt/Main Rpfleger 1988, 111; LG München Rpfleger 1989, 33). Ist der Schuldner selbständig tätig, hat er seine offenstehenden Forderungsansprüche nach Art und Höhe und Auftraggeber anzugeben (vgl. hierzu LG Lübeck Rpfleger 1989, 32; LG Hagen JurBüro 1989, 876; LG Münster MDR 1990, 61; LG Kiel JurBüro 1991, 1408; OLG Köln MDR 1993, 1007; OLG Köln JurBüro 1994, 408; LG Münster Rpfleger 1993, 501; BGH NJW 1991, 2844 [Makler]).

586   Ist der Schuldner arbeitslos oder krank, ist das Arbeitsamt bzw. die Krankenkasse anzugeben und möglichst die Dauer der Arbeitslosigkeit oder Krankheit zu vermerken (OLG Hamm Rpfleger 1979, 114). Neuerdings wird auch die Auffassung vertreten, daß der Schuldner im Hinblick auf die Pfändungsmöglichkeit des Taschengeldanspruches Angaben zu seinem Unterhaltsanspruch gegenüber seinem Ehepartner angeben muß (vgl. hierzu LG Osnabrück Rpfleger 1992, 259 m. Anm. Hintzen; LG Heilbronn Rpfleger 1992, 400; LG Stade JurBüro 1993, 31; LG Ellwangen JurBüro 1993, 173; OLG Köln Rpfleger 1994, 32; a.A. LG Bremen Rpfleger 1993, 119; LG Bonn Rpfleger 1993, 30; OLG Köln NJW 1993, 3335 = Rpfleger 1994, 32; LG Münster Rpfleger 1994, 33).

587   Angegeben werden müssen auch Veräußerungen (entgeltlich oder unentgeltlich) an Verwandte des Schuldners innerhalb bestimmter Fristen gem. § 807 Abs. 1 S. 2 ZPO. Diese Rechtshandlungen sind anfechtbar nach dem Anfechtungsgesetz. Für den Gläubiger muß der Anfechtungsgrund erkennbar sein, um die Erfolgsaussicht einer evtl. Klage prüfen zu können (vgl. Zöller/Stöber § 807 Rn. 30).

3. Widerspruch

Der Schuldner kann die Verpflichtung zur Abgabe der eidesstattlichen Versicherung 588 bestreiten, § 900 Abs. 5 S. 1 ZPO. Der Widerspruch muß mündlich im Termin erklärt werden, ein schriftlicher Widerspruch vor dem Termin ist unzulässig (Zöller/Stöber § 900 Rn. 14). Rügt der Schuldner schriftlich die Vollstreckungsvoraussetzungen, so liegt hierin kein Widerspruch, sondern eine Erinnerung nach § 11 RPflG (OLG Hamm Rpfleger 1983, 362). Über den Widerspruch entscheidet das Vollstreckungsgericht durch Beschluß, § 900 Abs. 5 S. 1 ZPO. Dem Gläubiger ist vorher rechtliches Gehör zu gewähren. Bei Anwesenheit im Termin kann der Gläubiger direkt zum Vorbringen des Schuldners Stellung nehmen, der Beschluß kann dann sofort verkündet und wirksam werden. Ansonsten ist der Beschluß den Parteien zuzustellen. Erst nach Rechtskraft der Entscheidung kann das Vollstreckungsgericht erneut Termin zur Abgabe der eidesstattlichen Versicherung anberaumen, § 900 Abs. 5 S. 2 ZPO. Erhebt der Schuldner in dem weiteren Termin wiederum Widerspruch, kann das Vollstreckungsgericht hierüber sofort entscheiden und gleichzeitig die Abgabe der eidesstattlichen Versicherung anordnen, ohne Rücksicht auf die Rechtskraft des Beschlusses, § 900 Abs. 5 S. 2 ZPO. Verweigert der Schuldner dann die Abgabe, ergeht Haftbefehl (LG Berlin Rpfleger 1991, 467 m. Anm. Jelinsky Rpfleger 1992, 74).

4. Vertagung

Der Termin zur Abgabe der eidesstattlichen Versicherung kann bis zu drei Monate ver- 589 tagt werden, wenn der Schuldner im Termin glaubhaft macht, daß er die Forderung des Gläubigers binnen drei Monaten bezahlen kann, § 900 Abs. 4 S. 1 ZPO. Weist der Schuldner in dem Vertagungstermin nach, daß er die Forderung des Gläubigers bereits zu $2/3$ gezahlt hat, und das restliche Drittel innerhalb der nächsten sechs Wochen begleichen kann, kann erneut eine Vertagung um weitere sechs Wochen erfolgen. In dem dann anberaumten – nunmehr dritten – Termin kommt eine weitere Vertagung nicht mehr in Betracht, § 900 Abs. 4 S. 2 ZPO. Von dieser gesetzlichen Regelung wird in der Praxis sehr selten Gebrauch gemacht, überwiegend bietet der Schuldner Ratenzahlungen an, die insgesamt weit über den gesetzlich geregelten Vertagungszeitraum hinausgehen. Ist der Gläubiger mit der Ratenzahlung einverstanden, sollte er dies im Anhang mit Ratenhöhe angeben. Zahlt der Schuldner aber im Laufe der Zeit die Raten nicht, darf nicht sofort Haftbefehl erlassen werden, statt dessen muß ein erneuter Termin bestimmt werden (LG Hannover JurBüro 1987, 1426; LG Paderborn Rpfleger 1993, 254). Eine mehrfache Terminsvertagung kann auch als Rechtsmißbrauch gewertet werden (LG Detmold Rpfleger 1991, 212 m. Anm. Schauf).

X. Nachbesserung

Zur Nachbesserung bzw. Ergänzung des vorgelegten Vermögensverzeichnisses ist der 590 Schuldner verpflichtet, wenn dieses unvollständig, lückenhaft oder ungenau ist (KG MDR 1990, 1124). Hierzu kann der Schuldner in einem Nachbesserungsverfahren erneut vorgeladen werden. Den Nachbesserungsantrag kann nicht nur der Gläubiger stellen, der den Schuldner erstmals hat vorladen lassen, sondern auch jeder andere

Drittgläubiger (LG Frankenthal Rpfleger 1984, 194; OLG Frankfurt/Main MDR 1976, 320; a.A:. LG Berlin JurBüro 1991, 286, jedoch abzulehnen). Zwar muß der Gläubiger wiederum sämtliche Vollstreckungsunterlagen einreichen, der Vorlage einer Fruchtlosigkeitsbescheinigung bedarf es jedoch nicht.

Der Schuldner muß die nachzubessernden Angaben auf Vollständigkeit und Richtigkeit an Eides Statt versichern; verweigert er die Abgabe oder erscheint im Termin nicht, ergeht Haftbefehl.

Nachzubessern ist das Vermögensverzeichnis z.B. dann, wenn ein Geschäftsmann versichert, es befänden sich „diverse Büromöbel in der Wohnung" (LG Oldenburg Rpfleger 1983, 163); die Einkommensangabe „ca. 1000,– DM monatliche Rente von der S.-Kasse" ist zu wenig (LG Oldenburg Rpfleger 1983, 163); die Angabe „600,– DM brutto" ohne Angabe des Zeitraums, genügt nicht (LG Lübeck Rpfleger 1986, 99); neben dem Netto-Betrag des Lohns ist auch der Brutto-Betrag anzugeben (LG Köln Rpfleger 1988, 322); zur Angabe des Rententrägers, des Unterhaltsanspruches gegenüber Angehörigen und weiteren Beispielen, vgl. Rn. 585.

XI. Haftbefehl

1. Anordnung der Haft

591 Ist der Schuldner im ersten oder weiteren Termin zur Abgabe der eidesstattlichen Versicherung nicht erschienen oder verweigert er grundlos die Abgabe, hat das Vollstreckungsgericht auf Antrag die Haft zur Erzwingung der Abgabe anzuordnen, § 901 ZPO. Die Haftanordnung verletzt nicht den Grundsatz der Verhältnismäßigkeit und ist demnach auch mit dem Grundrecht der Freiheit der Person vereinbar (BVerfG Rpfleger 1983, 80 = NJW 1983, 559). Der Antrag auf Erlaß des Haftbefehls kann nach dem Termin, aber auch bereits im Antrag auf Abgabe der eidesstattlichen Versicherung gestellt werden.

Im Zeitpunkt des Erlasses des Haftbefehls muß die Pflicht zur Abgabe der eidesstattlichen Versicherung noch bestehen (OLG Zweibrücken NJW-RR 1988, 696). Der für die Anordnung der Haft zuständige Richter des Vollstreckungsgerichtes prüft neben den allgemeinen und besonderen Zwangsvollstreckungsvoraussetzungen das Nichterscheinen oder die Verweigerung der eidesstattlichen Versicherung durch den Schuldner und die Tatsache der ordnungsgemäßen Ladung des Schuldners zum Termin. Liegen diese Voraussetzungen vor und ist die Haft zulässig (Ausnahme: §§ 904, 905 ZPO), ergeht die Entscheidung durch Beschluß. Unzulässig ist die Haftanordnung nach einer bereits vollstreckten sechsmonatigen Haft, selbst wenn der Antrag durch einen anderen Gläubiger gestellt wird, § 914 Abs. 1 ZPO. Etwas anderes gilt nur dann, wenn glaubhaft gemacht wird, daß der Schuldner später Vermögen erworben hat oder sein bisher bestehendes Arbeitsverhältnis aufgelöst wurde, oder seit Beendigung der Haft drei Jahre verstrichen sind, § 914 Abs. 1, 2 ZPO.

592 Gegen die Entscheidung kann sofortige Beschwerde eingelegt werden, § 793 ZPO (Zöller/Stöber § 901 Rn. 12 m.w.N.). Die Frist beginnt ab Zustellung der Haftanordnung,

§ 329 Abs. 3 ZPO (streitig: LG Kaiserslautern Rpfleger 1989, 116; a.A.: OLG München Rpfleger 1987, 319). In jedem Falle beginnt die Frist mit Vorzeigen des Haftbefehls durch den Gerichtsvollzieher, § 909 ZPO.

2. Haftbefehl

Zugleich mit der Anordnung der Haft hat das Vollstreckungsgericht einen Haftbefehl **593** zu erlassen, § 908 ZPO. Der Haftbefehl bedarf keiner Klausel. Er muß neben der Parteienbezeichnung den Haftgrund angeben, insbesondere die Tatsache, ob die eidesstattliche Versicherung nach §§ 807, 883 Abs. 2 oder § 903 ZPO abzugeben ist. Weiterhin ist der Vollstreckungstitel zu bezeichnen (streitig: vgl. Zöller/Stöber § 908 Rn. 2 m.w.N. auch zur a.A.). Der Haftbefehl wird wirkungslos, wenn der Schuldner auf Antrag des Gläubigers aus der Haft entlassen wird, § 911 ZPO. Gleiches gilt, wenn der Schuldner 6 Monate in Haft war, § 913 ZPO. Der Schuldner kann vor und nach der Verhaftung jederzeit beim Vollstreckungsgericht die eidesstattliche Versicherung abgeben, er ist im Falle der Verhaftung unverzüglich aus der Haft zu entlassen, § 902 ZPO. Durch Zeitablauf alleine verliert der Haftbefehl nicht seine Wirkung (LG Detmold Rpfleger 1987, 74; AG Iserlohn DGVZ 1990, 126). Liegt der Haftbefehl jedoch längere Zeit zurück, kann er als verwirkt angesehen werden mit der Folge, daß er nicht mehr zur Vollstreckung geeignet ist (LG Detmold Rpfleger 1987, 74 = neun Jahre alt; AG Ansbach DGVZ 1990, 125 = acht Jahre; Zöller/Stöber § 909 Rn. 5 nach drei Jahren, spätestens nach fünf Jahren).

Zahlt der Schuldner den titulierten Forderungsbetrag an den Gläubiger, ist das **594** Zwangsvollstreckungsverfahren einstweilen einzustellen, § 775 Nr. 4, 5, § 776 ZPO. Bestreitet der Gläubiger diese Tatsache, ist auf seinen Antrag hin das Verfahren fortzusetzen.

3. Verhaftung

Die Verhaftung des Schuldners erfolgt durch den Gerichtsvollzieher. Hierbei muß der **595** Haftbefehl dem Schuldner vorgezeigt und auf Begehren eine Abschrift erteilt werden, § 909 ZPO. Der Gerichtsvollzieher hat den Schuldner überall dort zu verhaften, wo dieser sich befindet. In der Wohnung eines Dritten darf der Gerichtsvollzieher aber nur dann eindringen, wenn ihm eine entsprechende Durchsuchungsanordnung vorliegt, § 758 ZPO (vgl. Schuschke § 908 Rn. 2, § 909 Rn. 3). Ist der Schuldner bereit, die eidesstattliche Versicherung abzugeben, ist er umgehend dem Vollstreckungsgericht vorzuführen, andernfalls ist er in die Vollzugsanstalt einzuweisen.

Der Geschäftsführer einer GmbH bleibt auch nach seiner Abberufung zur Abgabe der **596** eidesstattlichen Versicherung verpflichtet, die Abberufung stellt keinen Grund für die Aufhebung des Haftbefehls dar (OLG Stuttgart Rpfleger 1984, 107; a.A. LG Bremen DGVZ 1990, 139). Auch wenn die GmbH während des Verfahrens wegen Vermögenslosigkeit von Amts wegen gelöscht wird, bleibt der Haftbefehl gegen den bisherigen Geschäftsführer bestehen (LG Siegen Rpfleger 1987, 380; KG NJW-RR 1991, 933). Streitig wird die Frage beantwortet, ob ein Verhaftungsauftrag durch den Gläubiger mit der Bedingung zulässig ist, daß der Gerichtsvollzieher von der Verhaftung absehen soll, wenn der Schuldner einen bestimmten Teilbetrag der titulierten Forderung zahlt. Durch eine entsprechende Teilleistung des Schuldners wird der Haftbefehl grundsätzlich nicht verbraucht (LG Stade JurBüro 1988, 927; LG Aurich NJW-RR 1988,

1469). Eine andere Auffassung sieht in diesem Verfahren ein unzulässiges Druckmittel zur ratenweisen Beitreibung der titulierten Forderung und lehnt dies unter Mißbrauchsgesichtspunkten ab (LG Bonn JurBüro 1988, 926; LG Bielefeld DGVZ 1988, 14; LG Lübeck JurBüro 1989, 1312).

597 Liegen mehrere Haftbefehle gegen den Schuldner vor, und gibt der Schuldner in einem Verfahren die eidesstattliche Versicherung ab, sind die übrigen Haftbefehle nicht automatisch verbraucht. Der Gerichtsvollzieher ist gehalten, die weitere Vollstreckung aus diesen Haftbefehlen einstweilen einzustellen, §§ 775, 776 ZPO analog. Der Haftbefehl selbst verliert seine Vollstreckbarkeit erst nach förmlicher Aufhebung im Rechtsmittelwege oder über § 765a ZPO (als Generalvorschrift des Schuldnerschutzes, vgl. Zöller/Stöber § 901 Rn. 10).

598 Ist die Gesundheit des Schuldners gefährdet, kann die Haft nicht vollzogen werden, § 906 ZPO. Die Entscheidung über die Haftfähigkeit trifft der Gerichtsvollzieher nach eigenem Ermessen. Die Beweislast obliegt allerdings dem Schuldner, regelmäßig muß er ein ärztliches Attest vorlegen, aus dem die Haftunfähigkeit erkennbar ist. Bestreitet der Gläubiger die Angaben des Schuldners, muß gegebenenfalls ein amtsärztliches Zeugnis vorgelegt werden. Der Gerichtsvollzieher hat die Feststellungen über die Haftunfähigkeit schriftlich niederzulegen und dem Gläubiger mitzuteilen (LG Hannover DGVZ 1990, 59). Gegen die Weigerung des Gerichtsvollziehers, den Schuldner zu verhaften, muß der Gläubiger im Wege der Erinnerung vorgehen, § 766 ZPO (Zöller/Stöber § 766 Rn. 14).

XII. Schuldnerverzeichnis

599 Hat der Schuldner die eidesstattliche Versicherung abgegeben oder ist gegen ihn die Haft angeordnet worden, ist er in das Schuldnerverzeichnis einzutragen, § 915 Abs. 1 ZPO (geändert durch das Gesetz zur Änderung der Vorschriften über das Schuldnerverzeichnis vom 15. 7. 1994, in Kraft ab dem 1. 1. 1995). Ebenfalls einzutragen ist die von dem Schuldner abgeleistete Haftdauer von sechs Monaten. Der Schuldner ist mit vollständiger Namensangabe und Geburtsdatum soweit bekannt, § 915 Abs. 1 S. 4 ZPO n.F., einzutragen, bei juristischen Personen ist in keinem Falle der Name des gesetzlichen Vertreters zu vermerken (LG Frankenthal Rpfleger 1987, 380).

600 Personenbezogene Informationen aus dem Schuldnerverzeichnis dürfen in erster Linie nur für Zwecke der Zwangsvollstreckung verwendet werden, § 915 Abs. 2 ZPO n.F.; zur Erteilung von Abschriften an Gläubiger ist daher die Vorlage eines Titels erforderlich (LG Frankfurt/Main Rpfleger 1987, 424). Weitere Auskunftsberechtigte ergeben sich aus § 915 Abs. 2 S. 2 ZPO n.F.

601 Die Eintragung des Schuldners wird auf seinen eigenen Antrag hin nach Ablauf von drei Jahren zum Schluß des Kalenderjahres nach der Eintragung gelöscht, § 915 Abs. 2 S. 1 ZPO, von Amts wegen erfolgt die Löschung nach 5 Jahren. Weist der Schuldner nach, daß er die titulierte Forderung an den Gläubiger beglichen hat, erfolgt ebenfalls Löschung, § 915a Abs. 2 Nr. 1 ZPO n.F. Eine bewilligte Stundung des Anspruches steht jedoch einer Befriedigung des Gläubigers nicht gleich, die Eintragung ist nicht zu löschen (LG Tübingen Rpfleger 1986, 24). Wird die Haftanordnung aufgehoben, der Titel aufgehoben oder die Zwangsvollstreckung im Wege der Vollstreckungsabwehrklage für unzulässig erklärt, ist ebenfalls die Löschung vorzunehmen, § 915a Abs. 2 Nr. 2 ZPO n.F.

XIII. Wiederholte eidesstattliche Versicherung

1. Verfahrensvoraussetzungen

Hat der Schuldner die eidesstattliche Versicherung abgegeben, ist er in den nächsten **602** drei Jahren zur erneuten Abgabe nur in den nach § 903 ZPO gegebenen Fällen verpflichtet: entweder macht der Gläubiger glaubhaft, daß der Schuldner später Vermögen erworben hat oder daß er ein bisher bestehendes Arbeitsverhältnis aufgelöst hat. Hat der Schuldner im ersten Vermögensverzeichnis unwahre Angaben gemacht, so steht dem Gläubiger in analoger Anwendung nach § 903 ZPO ein Anspruch auf Wiederholung der eidesstattlichen Versicherung zu, z.B. Angabe eines Arbeitsverhältnisses, welches tatsächlich nicht mehr bestanden hat (OLG Köln Rpfleger 1975, 180; KG MDR 1990, 1124). Die Drei-Jahresfrist gilt gegenüber allen Gläubigern und ist durch das Vollstreckungsgericht von Amts wegen zu beachten. Der Gläubiger muß verfahrensrechtlich wiederum einen Antrag stellen und die Vollstreckungsunterlagen beifügen.

Als besondere Voraussetzung muß der Gläubiger den späteren Erwerb von Vermögen **603** glaubhaft machen. Verweist der Gläubiger darauf, daß der Schuldner seinen selbständigen Gewerbebetrieb fortführt, ist hierdurch nicht glaubhaft gemacht, daß pfändbares Vermögen erworben wurde (LG Düsseldorf JurBüro 1987, 466). Ebenso nicht ausreichend ist die behauptete Tatsache, daß der Schuldner als Ausländer wiederholt Reisen in seine Heimat unternimmt und somit offensichtlich über Vermögen verfügen muß (LG Köln JurBüro 1987, 1812). Leistet der Schuldner jedoch fortlaufend in kurzen Abständen Teilzahlungen auf die titulierte Forderung, kann sich hieraus die Tatsache eines Vermögenserwerbes ergeben (LG Düsseldorf JurBüro 1987, 467). Auch die Auflösung eines bestehenden Arbeitsverhältnisses ist durch den Gläubiger glaubhaft zu machen. Unter dem Begriff Arbeitsverhältnis ist jede Einkommens- bzw. Erwerbsmöglichkeit zu verstehen. Die Vorschrift ist somit auch dann anzuwenden, wenn der Schuldner als Selbständiger seinen Gewerbebetrieb aufgibt oder verliert (LG Hamburg Rpfleger 1984, 363; OLG Bamberg JurBüro 1988, 1422). Es genügt auch, wenn der Gläubiger nachweist, daß der Schuldner von bisher zwei selbständigen Erwerbsquellen eine aufgegeben hat (OLG Frankfurt/Main Rpfleger 1990, 174). Bei Verlust einer Witwenpension oder Sozialrente sind ebenfalls die Voraussetzungen erfüllt (OLG Hamm Rpfleger 1983, 322). Allein wegen des Wegfalls von Arbeitslosengeld ist der Schuldner jedoch nicht zur wiederholten eidesstattlichen Versicherung verpflichtet (LG Berlin Rpfleger 1991, 118; a.A. LG Hechingen Rpfleger 1992, 208). Kann durch ein Schreiben des Arbeitsamtes glaubhaft gemacht werden, daß der Schuldner nach Ablauf des Bewilligungszeitraumes keinen Antrag auf Fortzahlung der Arbeitslosenhilfe gestellt hat, liegen die Antragsvoraussetzungen vor (LG Hannover MDR 1993, 801). Ergibt sich aus den Umständen des Einzelfalles, insbesondere unter Berücksichtigung des Alters, des Berufes und der Arbeitsfähigkeit des Schuldners die Tatsache, daß ein arbeitswilliger Schuldner wieder einen Arbeitsplatz hat finden können, genügt es, wenn der Gläubiger glaubhaft macht, daß der arbeitslose Schuldner nunmehr mit hoher Wahrscheinlichkeit wieder einen Arbeitsplatz hat finden müssen. Hierbei kann nach den Einzelumständen eine Frist von sechs Monaten oder auch bis zu zwei Jahren nach der Arbeitslosigkeit genügen (vgl. z.B. LG Hannover JurBüro 1987, 942; LG Frankenthal Rpfleger 1985, 450; OLG Karlsruhe Rpfleger 1992, 208; LG Hechingen Rpfleger 1992, 208).

2. Erneute Unpfändbarkeitsbescheinigung

604 Da das Verfahren zur wiederholten Abgabe der eidesstattlichen Versicherung ein völlig neues, selbständiges Verfahren ist, muß der Gläubiger wiederum einen entsprechenden Antrag stellen und sämtliche Vollstreckungsunterlagen beifügen. Streitig wird die Frage beantwortet, ob der Gläubiger auch eine neue Unpfändbarkeitsbescheinigung vorlegen muß. Die Befürworter dieser Auffassung stützen sich darauf, daß es sich eben um ein neues, selbständiges Verfahren handelt (LG Stade Rpfleger 1982, 193; LG Tübingen Rpfleger 1984, 70; MünchKommZPO/Eickmann § 903 Rn. 11). Die andere Auffassung beruft sich auf den Gesetzeswortlaut des § 903 ZPO, der eine erneute Vorlage nicht vorsieht und es auch unlogisch ist, den Nachweis der Unpfändbarkeit zu führen und gleichzeitig vorzutragen, daß der Schuldner Vermögen erworben hat (LG Stuttgart JurBüro 1981, 944; LG Augsburg JurBüro 1992, 431; vgl. auch Zöller/Stöber § 903 Rn. 11).

605 Hierbei ist jedoch zwischen den beiden Möglichkeiten zur Abgabe der wiederholten eidesstattlichen Versicherung nach § 903 ZPO zu unterscheiden. Bei Glaubhaftmachung der Auflösung des alten Arbeitsverhältnisses ist keine erneute Vorlage erforderlich, da dem Gläubiger hier nur daran gelegen ist, die neue Arbeitsstelle zu erfahren; wird jedoch glaubhaft gemacht, daß der Schuldner neues Vermögen erworben hat, ist eine vorherige Sachpfändung durch den Gerichtsvollzieher angebracht (AG Groß-Gerau Rpfleger 1982, 193).

606 Erscheint der Schuldner in dem anberaumten Termin nicht, oder verweigert er die wiederholte Abgabe der eidesstattlichen Versicherung, ist auf Antrag des Gläubigers die Haft anzuordnen, § 901 ZPO.

Teil E
Forderungspfändung

Kapitel A
Geldforderung
I. Einleitung

Aufgrund eines Zahlungstitels kann der Gläubiger die Zwangsvollstreckung **607** grundsätzlich in das gesamte Vermögen des Schuldners betreiben. Hierbei spielt in der Praxis neben der Vollstreckung durch den Gerichtsvollzieher die Forderungspfändung die dominierende Rolle. Der Gläubiger vollstreckt hierbei in eine Forderung, die dem Schuldner angeblich gegen einen Dritten, den Drittschuldner, zusteht § 829 Abs. 1 ZPO.

Jede **Forderung**, die auf Zahlung in Geld gerichtet ist, kann grundsätzlich gepfändet **608** werden, ob sie nun **bedingt, betagt, zeitbestimmt** oder von einer Gegenleistung abhängig ist. Auch eine **zukünftige** Forderung kann gepfändet werden, sofern diese hinreichend bestimmbar ist. Zur Zeit der Pfändung muß allerdings zwischen dem Schuldner und Drittschuldner eine Rechtsbeziehung bestehen, und damit eine rechtliche Grundlage vorhanden sein, die die Bestimmung der Forderung entsprechend ihrer Art und dem Drittschuldner nach ermöglicht (BGH NJW 1955, 544; BGH NJW 1982, 2193). Unerheblich ist hierbei die Tatsache, in welcher Höhe die Forderung letztendlich entstehen wird, es genügt eine Rechtsgrundlage für die Möglichkeit der Entstehung der zukünftigen Forderung.

Nicht der Pfändung in eine Geldforderung unterliegt die Vollstreckung in eine **609** Geldstückschuld oder eine Geldsortenschuld. Hierbei muß der Schuldner ganz bestimmte Geldstücke herausgeben, die Vollstreckung erfolgt gemäß § 846 ZPO oder § 883 ZPO (vgl. Rn. 389, 743 f.). Die Pfändung indossabler Wertpapiere, § 831 ZPO, obliegt der Sachpfändung durch den Gerichtsvollzieher (vgl. Rn. 393).

Ausgenommen von der Pfändung sind auch solche Forderungen, die generell nicht **610** übertragbar sind, § 851 Abs. 1 ZPO (OLG Oldenburg MDR 1994, 257 zur Berufsunfähigkeitszusatzversicherung). Eine nach § 399 BGB nicht übertragbare Forderung kann jedoch gepfändet und zur Einziehung überwiesen werden, sofern der geschuldete Gegenstand selbst der Pfändung unterworfen ist, § 851 Abs. 2 ZPO. Zweck dieser Vorschrift ist, daß der Schuldner nicht durch einfache Absprachen mit dem Dritten eine Forderung der Pfändung entziehen soll.

Generell unpfändbar sind höchstpersönliche Ansprüche des Schuldners, wie z.B. die **611** Inanspruchnahme eines Überziehungskredites auf dem Girokonto (vgl. hierzu Rn. 735), der Anspruch des Schuldners gegenüber seinem Ehegatten auf Mitwirkung zur gemeinsamen Steuerveranlagung und Unterzeichnung der Steuererklärung (LG Hechingen FamRZ 1990, 1127). Ebenfalls für unpfändbar gehalten wird die Versicherungsforderung wegen eines Brandes im Haushalt, soweit sie sich auf Reparatur- und Reinigungsarbeiten bezieht und die Differenz zwischen Neuwert und Zeitwert umfaßt (LG Detmold Rpfleger 1988, 154).

611a Zum Arbeitsentgelt eines **Strafgefangenen**, zum Eigengeld des Strafgefangenen, §§ 43, 47, 52 StVollzG, und zum Hausgeld des Strafgefangenen vgl. Rn. 662.

612 Forderungen, auf die sich bei Grundstücken die Hypothek erstreckt (Hypothekenhaftungsverband, §§ 1120 ff. BGB), können nur gepfändet werden, solange nicht ihre Beschlagnahme im Wege der Zwangsvollstreckung in das unbewegliche Vermögen erfolgt ist, § 865 Abs. 2 S. 2 ZPO. Zu diesen dem **Hypothekenhaftungsverband** unterliegenden Forderungen gehören Miet- und Pachtzinsforderungen, §§ 1123–1125 BGB, Rechte auf wiederkehrende Leistungen, z. B. die Reallast oder der Erbbauzins, § 1126 BGB, und Versicherungsforderungen §§ 1127–1130 BGB. Wird die Zwangsversteigerung des Grundstückes angeordnet, umfaßt die Beschlagnahme zwar nicht Miet- und Pachtzinsforderungen, § 21 Abs. 2 ZVG, bei der Anordnung der Zwangsverwaltung werden die zuvor genannten Forderungen jedoch allesamt beschlagnahmt, §§ 148 Abs. 1 S. 1, 21 Abs. 2 ZVG. Gleichermaßen werden diese Forderungen beschlagnahmt, wenn der Gläubiger des Grundstückseigentümers diese zum Hypothekenhaftungsverband gehörenden Forderungen aufgrund eines dinglichen Titels pfändet, § 1147 BGB (MünchKommBGB/Eickmann BGB § 1123 Rn. 22). Hat bereits ein Gläubiger aufgrund eines persönlichen Titels eine solche Forderung gepfändet, durchbricht der nachträglich pfändende Gläubiger aufgrund des Duldungstitels das Pfändungspfandrecht des persönlichen Gläubigers. Es gilt hier nicht mehr das Prioritätsprinzip, § 804 Abs. 3 ZPO, sondern es gilt das Rangverhältnis der dinglichen Gläubiger im Grundbuch in Verbindung mit dem Rangverhältnis nach dem Zwangsversteigerungsgesetz, § 879 BGB, § 10 ZVG. Erst wenn die Zwangsversteigerung oder Zwangsverwaltung des Grundstückes beendet ist, oder die Forderung enthaftet wurde, §§ 1123, 1124, 1126, 1127, 1129 BGB, kann diese wieder gepfändet werden, §§ 828 ff. ZPO (vgl. hierzu Hintzen, Immobiliarvollstreckung, Kap. E 5.6).

613 Beschränkt pfändbar sind der **Pflichtteilsanspruch**, der **Zugewinnausgleichsanspruch** und eine **Schenkungsrückforderung**, § 852 ZPO. Diese Ansprüche können nur gepfändet werden, wenn sie durch Vertrag anerkannt oder rechtshängig geworden sind. Nach einer Entscheidung des BGH (NJW 1993, 2876 = Rpfleger 1994, 73) kann der Pflichtteilsanspruch bereits vor vertraglicher Anerkennung oder Rechtshängigkeit als in seiner zwangsweisen Verwertbarkeit aufschiebend bedingter Anspruch gepfändet werden. Hierbei erwirbt der Pfändungsgläubiger bei Eintritt der Verwertungsvoraussetzungen das Pfandrecht, dessen Rang sich nach dem Zeitpunkt der Pfändung richtet.

614 Die übertragbare bzw. abtretbare Forderung muß dem Schuldner gegen den Drittschuldner zustehen (MünchKommZPO/Smid § 829 Rn. 6 m.w.N.). Da das Vollstreckungsgericht den Tatbestand der **Zugehörigkeit zum Schuldnervermögen** nicht prüfen kann, reicht der schlüssige Vortrag des Gläubigers aus, daß die Forderung des Schuldners gegen den Drittschuldner bestehe. Gepfändet wird nur die angebliche Forderung des Schuldners. Sofern die Forderung bei Wirksamwerden der Pfändung dem Schuldner tatsächlich nicht zusteht, ist die Pfändung ins Leere gegangen (vgl. LG Münster Rpfleger 1991, 379; zur Ausnahme beim Arbeitseinkommen vgl. Rn. 666). Hat das Gericht Kenntnis davon, daß die zu pfändende Forderung nicht besteht, ist die Pfändung abzulehnen (OLG Hamm Rpfleger 1956, 197, Stöber Rn. 488). Bloße Zweifel am Bestehen der Forderung genügen jedoch nicht (LG Köln JurBüro 1986, 781). Sofern der Schuldner die Forderung bereits an einen Dritten abgetreten hat, sollte der Gläubiger immer die Anfechtungsmöglichkeiten, insbesondere nach § 3 AnfG, in Betracht ziehen.

Pfändet der Gläubiger in eine Forderung, die **mehreren Schuldnern** gemeinsam 615 gehört, ist die Pfändung nur zulässig, wenn der Schuldner Teilgläubiger, § 420 BGB, oder Gesamtgläubiger, § 428 BGB, ist. Steht die Forderung dem Schuldner jedoch in Bruchteils- oder Gesamthandsgemeinschaft zu, kann der Gläubiger die Vollstreckung nur betreiben, wenn er einen Titel gegen alle Forderungsinhaber hat, ansonsten unterliegt der Pfändung nur der schuldnerische Anteil an der Gemeinschaft bzw. der Auseinandersetzungsanspruch., (z.B. ist der Anteil des schuldnerischen Miterben an einem einzelnen Nachlaßgegenstand nicht pfändbar, pfändbar ist nur der Nachlaßanteil des Schuldners mit allen Rechten und Pflichten, § 2033 Abs. 2 BGB, § 859 Abs. 2 ZPO).

Der Gläubiger kann auch eine Forderung pfänden, die dem Schuldner gegen den 616 Gläubiger selbst zusteht (Zöller/Stöber § 829 Rn. 2). Die Pfändung kann nicht mit der Begründung abgelehnt werden, daß dem Gläubiger die Möglichkeit der Aufrechnung zustehe, da diese möglicherweise durch Vereinbarung ausgeschlossen ist. Weiterhin benötigt der Gläubiger oftmals einen Titel zur Herausgabevollstreckung notwendiger Urkunden, die er mit dem Pfändungsbeschluß erhält, § 836 Abs. 3 S. 2 ZPO.

II. Antrag

1. Antragsvoraussetzungen

Wie alle anderen Vollstreckungsmaßnahmen auch wird der Pfändungsbeschluß nur 617 auf Antrag des Gläubigers erlassen. Dem Antrag sind die gesamten Vollstreckungsunterlagen einschließlich der Belege über die bisherigen Vollstreckungskosten beizufügen. Ist aus dem Antrag erkennbar, daß die zu pfändende Forderung nicht zum Schuldnervermögen gehört, fehlt dem Antrag das Rechtschutzinteresse (OLG Köln ZIP 1980, 578; OLG Frankfurt/Main Rpfleger 1978, 229). Als unzulässig wird auch eine sogenannte „Ausforschungspfändung" angesehen, wenn der Gläubiger z.B. sämtliche Bankenvertretungen am Wohnsitzgericht des Schuldners als Drittschuldner aufführt, um so über die Drittschuldnererklärung in Erfahrung zu bringen, über welche Guthaben bei welcher Bank der Schuldner tatsächlich verfügt (LG Hannover ZIP 1985, 60; OLG München WM 1990, 1591). Auch die Pfändung des Anspruches des Schuldners gegenüber fünf Notaren auf Auszahlung derzeitiger und künftiger auf Notaranderkonto hinterlegter Maklerprovision wurde abgelehnt (OLG Köln Rpfleger 1987, 28), da das Entstehen der Ansprüche noch völlig im Ungewissen liegt, und es sich bei den zu pfändenden Forderungen eher um „Hoffnungen und Erwartungen" handele, als um eine zukünftige oder konkrete Forderung mit gesicherter Rechtsgrundlage (vgl. hierzu auch MünchKommZPO/Smid § 829 Rn. 10).

2. Antragsinhalt

Der Gläubiger hat im Antrag anzugeben die genaue Bezeichnung des Gläubigers, (ggf. 618 ohne Anschrift vgl. KG MDR 1994, 513), des Schuldners, den Vollstreckungstitel und

die zu pfändende Forderung. Letztere muß nach dem Vortrag des Gläubigers bestehen oder künftig entstehen, dem Schuldner gegen den Drittschuldner zustehen, hinreichend individualisiert und pfändbar sein. Ob die Forderung tatsächlich dem
Schuldner gegen den Drittschuldner zusteht, prüft das Vollstreckungsgericht nicht.
Die exakte Bezeichnung der zu pfändenden Forderung ist jedoch unerläßlich. Zweifel an der Identität der zu pfändenden Forderung dürfen nicht bestehen. Das Rechtsverhältnis, aus dem die Forderung stammt, muß so angegeben sein, daß die Forderung für den allgemeinen Rechtsverkehr nach der Person des Schuldners wie der des
Drittschuldners zu erkennen ist, und von anderen Forderungen jederzeit unter-
scheidbar ist (BGH NJW 1983, 863 und 886). Da der Gläubiger regelmäßig die Verhältnisse des Schuldners nur oberflächlich kennt, schaden Ungenauigkeiten bei der
Bezeichnung der zu pfändenden Forderung nicht, wenn sie nicht Anlaß zu Zweifeln
geben, welche Forderung tatsächlich gemeint ist (BGH NJW 1980, 584). Zu unbestimmt
ist z.B. folgende Bezeichnung: „Forderungen aus Lieferungen und Leistungen – Bohr-
arbeiten –" (BGH NJW 1983, 886) oder die Bezeichnung: „Alle Ansprüche des Schuldners auf Rückgewähr von Sicherheiten" (OLG Koblenz Rpfleger 1988, 72; LG Aachen
Rpfleger 1990, 215 und 1991, 326) oder „Ansprüche auf Geldleistungen gemäß §§ 19
und 25 SGB, soweit sie gemäß § 54 SGB pfändbar sind" (KG Rpfleger 1982, 74; LG
Berlin Rpfleger 1984, 426) oder „der Anspruch auf Steuerrückerstattung" (OLG Stuttgart MDR 1979, 324) oder „Forderungen aus Bankverbindungen" (OLG Frank-
furt/Main WM 1980, 1377) oder „Anspruch auf Zahlungen jeglicher Art aus der laufenden Geschäftsverbindung (OLG Stuttgart ZIP 1994, 222). Genügend ist jedoch die
Angabe bei der Pfändung gegenüber einem Rechtsanwalt als Drittschuldner mit „Ansprüche aus Verwahrung, Verwaltung, Geschäftsbesorgung und Mandatsverhältnis"
(LG Berlin Rpfleger 1993, 168).

III. Gesamtforderung

619 Im Antrag hat der Gläubiger die zu vollstreckende Forderung nach Grund und Höhe
einschließlich der festgesetzten Kosten nebst den bisher entstandenen Vollstreckungskosten anzugeben. Hat der Schuldner im Vorfeld des beantragten Pfändungsbeschlusses bereits **Teilzahlungen** geleistet, muß der Gläubiger diese zunächst
auf die Zinsen dann die Kosten und den Hauptanspruch verrechnen, § 367 BGB (bei
Ansprüchen nach dem VerbrKrG ist § 11 Abs. 3 zu beachten: Kosten-Hauptanspruch-
Zinsen).

620 Nach Verrechnung hat der Gläubiger die Wahl, den Antrag auf Erlaß des Pfändungsbeschlusses nur noch wegen der Resthauptforderung oder aber wegen eines Teilbe-
trages zu beantragen. In beiden Fällen wird die Frage streitig beantwortet, ob der Gläubiger eine spezifizierte **Forderungsaufstellung** mit Angabe der vom Schuldner geleisteten Zahlungen und der Verrechnungsmodalität anzugeben hat oder nicht. Vgl.
hierzu im einzelnen Rn. 6 ff.

621 Macht der Gläubiger im Antrag nur noch eine ganz geringe Restforderung geltend,
kann diesem nur dann nicht entsprochen werden, wenn es sich um einen **Bagatell-
betrag** handelt und Rechtsmißbrauch nicht auszuschließen ist. Grundsätzlich kann
dem Gläubiger nicht das Recht abgesprochen werden, auch Kleinstbeträge mit Hilfe

staatlicher Vollstreckungsorgane beizutreiben. Dies gilt insbesondere dann, wenn der Gläubiger vor der Vollstreckung den Schuldner bereits mehrfach erfolglos zur Zahlung aufgefordert hat (LG Wuppertal NJW 1980, 297; OLG Düsseldorf NJW 1980, 1171; AG Karlsruhe NJW-RR 1986, 1256; LG Hannover DGVZ 1991, 190; a.A.: Schneider DGVZ 1983, 132).

Pfändet der Gläubiger eine Forderung des Schuldners gegen den Drittschuldner, die **622** der Höhe nach über der zu vollstreckenden Forderung liegt, handelt es sich hierbei nicht um einen Verstoß gegen das Verbot der Überpfändung, § 803 Abs. 1 S. 2 ZPO. Das Gericht kann die Aussicht, inwieweit die zu vollstreckende Forderung tatsächlich realisiert wird, nicht überprüfen. Hierzu fehlt jeglicher Maßstab für den wirtschaftlichen Wert der Forderung. Da weiterhin nur die angebliche Forderung gepfändet wird, ist nicht einmal sicher, ob dem Schuldner die Forderung gegen den Drittschuldner auch tatsächlich zusteht. Eine Überpfändung liegt daher nur dann vor, wenn der tatsächliche Wert der gepfändeten Forderung bei Erlaß des Beschlusses bereits feststeht. Bei der Pfändung einer zukünftigen Forderung entfällt dieses Merkmal überhaupt, da die Pfändung mit dem Risiko der Nichtentstehung oder des Wegfalls der gepfändeten Forderung behaftet ist (BGH DB 1982, 2684).

Vollstreckt der Gläubiger gegen mehrere Schuldner als Gesamtschuldner, kann er von **623** jedem Schuldner die volle Leistung verlangen, und auch gegenüber jedem Schuldner in voller Höhe pfänden. Insgesamt darf der Gläubiger die Leistung nur einmal fordern. Den Einwand der vollen Befriedigung der Forderung muß der einzelne Gesamtschuldner im Wege der Vollstreckungsabwehrklage geltend machen, § 767 ZPO (LG Stuttgart Rpfleger 1983, 161; vgl. Rn. 1108 f., 1132). Beruft sich der Schuldner auf das Verbot der Überpfändung, muß er diese im Wege der Erinnerung erheben, § 766 ZPO (BGH NJW 1975, 738; vgl. Rn. 1008 f., 1040).

IV. Vollstreckungsunterlagen

Vor Erlaß des Pfändungsbeschlusses prüft das Vollstreckungsgericht die allgemeinen **624** Verfahrensvoraussetzungen. Weiterhin müssen die allgemeinen und besonderen Voraussetzungen der Zwangsvollstreckung gegeben sein, insbesondere Titel, Klausel, Zustellung (vgl. hierzu Rn. 27 ff.). Der Gläubiger hat daher mit dem Antrag den vollstreckbaren **Zahlungstitel** vorzulegen, welcher grundsätzlich mit der Vollstreckungsklausel versehen sein muß (Ausnahme z.B.: Vollstreckungsbescheid, einstweilige Verfügung, §§ 796 Abs. 1, 929 Abs. 1 ZPO; vgl. Rn 58). Ob die Klausel zu Recht erteilt worden ist, prüft das Vollstreckungsgericht nicht, es sei denn, die Klausel wäre nichtig, z. B. wegen Überschreiten der funktionellen Zuständigkeit (OLG Hamm JurBüro 1987, 1255; OLG Hamm Rpfleger 1989, 466; OLG Frankfurt/Main MDR 1991, 162). Ferner muß der Vollstreckungstitel wirksam zugestellt sein. Erfolgt die Zustellung des Titels von Amts wegen, erteilt die Geschäftsstelle hierüber eine Bescheinigung, § 213a ZPO, im Falle der Zustellung durch die Partei erfolgt der Nachweis durch die Zustellungsurkunde des Gerichtsvollziehers oder der Post. Ist der Schuldner durch einen Anwalt vertreten, genügt auch dessen Empfangsbekenntnis, § 212a ZPO. Vgl. im übrigen zur Zustellung Rn. 195 f.

625 Weiterhin müssen vor Erlaß des Pfändungsbeschlusses die **besonderen Vorausset-zungen der Zwangsvollstreckung** nachgewiesen sein, z. B. Ablauf des Kalendertages, § 751 Abs. 1 ZPO, Zug-um-Zug-Leistung, § 765 ZPO, Ablauf der Wartefristen, § 798 ZPO, und es dürfen keine Vollstreckungshindernisse entgegenstehen, z.B. § 14 KO, §§ 47, 48 VerglO (vgl. hierzu Rn. 268 f.). Hängt die Vollstreckung von einer dem Gläubi-ger obliegenden Sicherheitsleistung ab, und beantragt der Gläubiger zugleich den Pfändungs- und den Überweisungsbeschluß zu erlassen, muß er zunächst die ord-nungsgemäße Sicherheitsleistung durch öffentliche oder öffentlich beglaubigte Ur-kunden nachweisen, § 751 Abs. 2 ZPO. Ohne Nachweis der Sicherheitsleistung kann der Gläubiger jedoch im Wege der „Sicherungsvollstreckung" zunächst nur die Pfän-dung bewirken, § 720a Abs. 1a ZPO. In diesem Falle muß jedoch das Urteil und die Vollstreckungsklausel – auch die einfache, vgl. Rn. 229 – bereits zwei Wochen vor Er-laß des Pfändungsbeschlusses dem Schuldner zugestellt sein, § 750 Abs. 3 ZPO (OLG Karlsruhe MDR 1991, 161; OLG Stuttgart NJW-RR 1989, 1535; KG JurBüro 1988, 790).

In den Fällen des § 708 Nr. 4 bis 11 ZPO hat das Gericht bei Erlaß des Urteils auszuspre-chen, daß der Schuldner die Vollstreckung durch **Sicherheitsleistung oder Hinterle-gung** abwenden darf, wenn nicht der Gläubiger vor der Vollstreckung selbst Sicher-heit leistet, § 711 ZPO. Beantragt der Gläubiger aufgrund eines solchen Urteils zu-gleich mit dem Pfändungsbeschluß den Überweisungsbeschluß, so darf einerseits die Überweisung der gepfändeten Forderung nur zur Einziehung erfolgen und anderer-seits nur mit der Wirkung, daß der Drittschuldner den pfändbaren Betrag zu hinter-legen hat, § 839 ZPO. Mit Hinterlegung des Betrages wird der Drittschuldner frei. Da der Gläubiger jedoch hierbei keinen direkten Zugriff auf die Forderung erhält, wird er in der Praxis regelmäßig die Rechtskraft des Urteils abwarten.

626 Beantragt der Gläubiger den Pfändungsbeschluß nicht nur wegen des titulierten Forderungsbetrages, der festgesetzten Kosten, sondern auch wegen bisher entstande-ner anderer Vollstreckungsmaßnahmen, muß er dem Antrag eine vollständige Über-sicht über die bisher entstandenen **Vollstreckungskosten** einschließlich der Nach-weise beifügen (LG Paderborn Rpfleger 1987, 318; LG Bad Kreuznach DGVZ 1991, 117; LG Berlin Rpfleger 1992, 30; vgl. im einzelnen Rn. 12 f.). Maschinell ausgedruckte For-derungsaufstellungen können nur dann als ausreichend und nachvollziehbar angese-hen werden, wenn die Einzelpositionen im Klartext dargestellt sind. Eine Berechnung mit einer Vielzahl von Schlüsselzahlen und Abkürzungen muß das Vollstreckungsge-richt nicht akzeptieren (LG Tübingen DGVZ 1990, 43; vgl. Rn. 16).

V. Der Pfändungsbeschluß

1. Zuständigkeit

627 **Funktionell** zuständig für den Erlaß des Pfändungsbeschlusses und auch des Über-weisungsbeschlusses ist der Rechtspfleger des Vollstreckungsgerichts, § 20 Nr. 17 RPflG. **Sachlich** zuständig ist das Amtsgericht als Vollstreckungsgericht, §§ 828, 764

ZPO. Das Amtsgericht ist auch zuständig für die Vollstreckung aus einem arbeitsgerichtlichen Titel, § 62 ArbGG, und für die Vollstreckung aus einem verwaltungsgerichtlichen Vergütungsfestsetzungsbeschluß (OVG Münster Rpfleger 1986, 152; OVG Lüneburg NJW 1984, 2484; vgl. auch zur Gegenmeinung Zöller/Stöber § 899 Rn. 1), im übrigen ist das Verwaltungsgericht selbst Vollstreckungsgericht, § 167 VwGO. Für die Vollstreckung aus einem familiengerichtlichen Titel gilt ebenfalls nichts anderes (BGH NJW 1979, 1048). Für die Pfändung aufgrund eines Arrestbefehls oder -urteils ist das Arrestgericht als Vollstreckungsgericht zuständig, § 930 Abs.1 S. 3 ZPO.

Örtlich zuständig ist das Amtsgericht, bei dem der Schuldner im Inland seinen allgemeinen Gerichtsstand hat, somit das Gericht am Wohnort des Schuldners; ein Soldat hat seinen Wohnsitz hierbei am Standort, § 9 BGB. Hat der Schuldner im Inland keinen Wohnsitz, ist das Amtsgericht zuständig, in dessen Bezirk sich Vermögen des Schuldners befindet, § 828 Abs. 2, § 23 ZPO. Die Zuständigkeit des Vollstreckungsgerichts ist hierbei ausschließlich, § 802 ZPO. Keine Anwendung kann daher § 10 ZPO finden (OLG München JurBüro 1991, 989).

Bei einem **Verstoß** gegen die funktionelle Zuständigkeit ist die Pfändung grundsätzlich nichtig (Thomas/Putzo § 828 Rn. 5, differenziert MünchKommZPO/Smid § 828 Rn. 10: nur anfechtbar, wenn ein Richter ihn erlassen hat). Bei Verstoß gegen die sachliche oder örtliche Zuständigkeit ist die Pfändung zwar wirksam, aber anfechtbar (Thomas/Putzo § 828 Rn. 5; Brox/Walker Rn. 504; Schuschke § 828 Rn. 10). **628**

Sind **mehrere Gerichte zuständig**, hat der Gläubiger ein Wahlrecht, § 35 ZPO. Befindet sich der Schuldner in der **Haftanstalt**, ist zu unterscheiden, ob er dort in Untersuchungshaft einsitzt oder eine kürzere Freiheitsstrafe verbüßt, in diesem Fall bleibt das Wohnsitzgericht zuständig; verbüßt der Schuldner jedoch eine längere Strafhaft, gibt er regelmäßig seinen Lebensmittelpunkt auf (OLG Düsseldorf MDR 1969, 143). Vollstreckt der Gläubiger gegen **mehrere Schuldner**, denen die zu pfändende Forderung gemeinschaftlich zusteht, ist auf Antrag des Gläubigers ein für alle Schuldner zuständiges Amtsgericht durch das nächsthöhere Obergericht zu bestimmen, § 36 Nr. 3 ZPO (BayObLG Rpfleger 1983, 288). Der Gläubiger kann jedoch auch getrennte Vollstreckungsverfahren gegen jeden Schuldner in dessen Bezirk durchführen lassen, die Pfändung wird dann erst mit der Zustellung des letzten Pfändungsbeschlusses wirksam. Wechselt der Schuldner nach Erlaß des Pfändungsbeschlusses seinen Wohnsitz, wird hiervon die einmal begründete örtliche Zuständigkeit nicht berührt. Die einmal begründete Zuständigkeit bleibt für alle weiteren Einzelmaßnahmen im Rahmen desselben Verfahrens erhalten, insbesondere für die Entscheidung über einen Rechtsbehelf, oder im Rahmen der Arbeitseinkommenspfändung für Entscheidungen über Anträge gemäß § 850c Abs. 4, § 850e Nr. 2, 2a, 4 oder § 850f ZPO (OLG München Rpfleger 1985, 154) und für Abänderungen gemäß § 850g ZPO (BGH Rpfleger 1990, 308). **629**

2. Pfändungsbeschluß

Vor Erlaß des Pfändungsbeschlusses ist der Schuldner grundsätzlich nicht zu hören, § 834 ZPO. Er soll im Vorfeld der Vollstreckung die Pfändung nicht vereiteln (OLG Köln MDR 1988, 683). Das grundgesetzlich geschützte Recht auf Gewährung rechtlichen Gehörs wird hierdurch nicht verletzt. **630**

631 **Ausnahme** hiervon

- bei der Pfändung von bedingt pfändbaren Ansprüchen, § 850b ZPO.

632 Obwohl in den meisten Fällen auf Antrag des Gläubigers neben dem Pfändungsbeschluß auch gleichzeitig der Überweisungsbeschluß erlassen wird, ist zwischen beiden Beschlüssen streng zu unterscheiden. Der Pfändungsbeschluß enthält das an den Drittschuldner gerichtete Verbot, keine Zahlungen mehr an den Schuldner zu leisten, § 829 Abs. 1 S. 1 ZPO **(Arrestatorium)**. Fehlt dieses Verbot, ist der Pfändungsbeschluß unwirksam (Stöber Rn. 504). Weiterhin wird dem Schuldner verboten, die gepfändete Forderung einzuziehen, § 829 Abs. 1 S. 2 ZPO **(Inhibitorium)**. Fehlt dieses Verbot, ist der Pfändungsbeschluß trotzdem wirksam (Stöber Rn. 506).

633 Wird dem Antrag des Gläubigers stattgegeben, erhält er hierüber vom Vollstreckungsgericht eine formlose Mitteilung, andernfalls ist ein Zurückweisungsbeschluß dem Gläubiger zuzustellen, § 329 Abs. 3 ZPO. Die **Zustellung** des Pfändungsbeschlusses an den Drittschuldner hat der Gläubiger im Parteibetrieb zu veranlassen. Hierbei kann er sich der Vermittlung der Geschäftsstelle bedienen, § 829 Abs. 2 ZPO. Beantragt der Gläubiger, die Zustellung selbst vornehmen zu lassen, erhält er eine Ausfertigung des Pfändungsbeschlusses, mit der er den Gerichtsvollzieher zum Zwecke der Zustellung beauftragen kann. Empfehlenswert ist dies dann, wenn der Gläubiger gleichzeitig eine Hilfspfändung auf Urkundenherausgabe vornehmen lassen will, § 836 Abs. 3 ZPO.

634 Die **Zustellung an den Drittschuldner** ist Wirksamkeitsvoraussetzung für die Pfändung, § 829 Abs. 3 ZPO. Eine öffentliche Zustellung an den Drittschuldner ist daher nicht möglich, §§ 203 ff. ZPO. Auch wenn Gläubiger und Drittschuldner identisch sind, ist eine Zustellung an den Drittschuldner erforderlich (Thomas/Putzo § 829 Anm. Rn. 24). Hat der Drittschuldner seinen Wohnsitz bzw. Sitz im Ausland, wird eine Zustellung regelmäßig erfolglos bleiben. Es obliegt dem ausländischen Staat nach freiem Ermessen zu entscheiden, ob er die Pfändung in seinem Hoheitsgebiet wirksam werden läßt oder nicht (Schuschke § 829 Rn. 22). In der Praxis wird diese Mitwirkung regelmäßig verweigert. Der Pfändungsbeschluß darf jedoch nicht verweigert werden, weil die Zustellung nicht erfolgen kann (MünchKommZPO/Smid § 829 Rn. 74). Das Vollstreckungsgericht muß auf Antrag des Gläubigers den Pfändungsbeschluß erlassen und auch das erforderliche Ersuchen zum Zwecke der Zustellung im Ausland erlassen, §§ 199, 202 ZPO. Falls sich der ausländische Drittschuldner nicht freiwillig der Vollstreckung unterwirft, ist der Gläubiger regelmäßig darauf angewiesen, gegen den Schuldner einen im Ausland wirksamen Vollstreckungstitel zu erwirken, um dann nach den dortigen Vorschriften vollstrecken zu können (vgl. hierzu Schack Rpfleger 1980, 175).

635 Die **Zustellung** des Pfändungsbeschlusses **an den Schuldner** nimmt der Gerichtsvollzieher kraft Gesetzes vor, § 829 Abs. 2 S. 2 ZPO. Wurde der Schuldner vor der Pfändung angehört, muß der Pfändungsbeschluß von Amts wegen zugestellt werden (Dressel Rpfleger 1993, 100; a.A.: LG Düsseldorf Rpfleger 1990, 376). Mit Zustellung des Beschlusses entsteht für den Schuldner die Verpflichtung, sich jeder Verfügung über die Forderung zu enthalten, § 829 Abs.1 S. 2 ZPO. Hat der Schuldner seinen Wohnsitz bzw. Sitz im Ausland, erfolgt die Zustellung durch Aufgabe zur Post. Ist der

Aufenthaltsort des Schuldners gänzlich unbekannt, kann die Zustellung auch ganz unterbleiben, § 829 Abs. 2 S. 2 ZPO.

3. Wirkung des Pfändungsbeschlusses

Durch die Zustellung des Pfändungsbeschlusses an den Drittschuldner entsteht die **öffentlich-rechtliche Verstrickung**. Gleichzeitig entsteht für den Gläubiger in Höhe der Forderung, wegen der die Pfändung beantragt wurde, ein **Pfändungspfandrecht**, § 804 Abs. 1 ZPO. Besteht die gepfändete angebliche Forderung des Schuldners gegen den Drittschuldner nicht oder steht sie einem anderen als dem Schuldner zu, geht die Pfändung ins Leere (zu Arbeitseinkommen vgl. Rn. 666). Dann entstehen weder Verstrickung noch Pfändungspfandrecht (Brox/Walker, Rn. 615). Das Pfändungspfandrecht gewährt dem Gläubiger die gleichen Rechte wie ein rechtsgeschäftlich bestelltes Pfandrecht, § 804 Abs. 2 ZPO, §§ 1273 ff. BGB (vgl. hierzu Rn. 493 f.). **636**

Mit Zustellung des Beschlusses an den Schuldner entsteht für diesen ein relatives Veräußerungsverbot, §§ 135, 136 BGB. Ein gutgläubiger Erwerb Dritter ist ausgeschlossen, da es einen solchen gutgläubigen Forderungserwerb nicht gibt (vgl. Münch-KommBGB/Mayer-Maly § 135 BGB Rn. 41). Das Pfändungspfandrecht gibt dem Gläubiger noch nicht das Recht, die gepfändete Forderung einzuziehen. Voraussetzung hierfür ist der Überweisungsbeschluß, § 835 ZPO. Die Bedeutung des Pfändungspfandrechtes liegt in der rangwahrenden Wirkung, § 804 Abs. 3 ZPO. Auch hier gilt das Prioritätsprinzip, die Reihenfolge der Pfändung ist ausschlaggebend für die Befriedigungsreihenfolge (vgl. auch Rn. 503 f.). In der Zustellungsurkunde des Pfändungsbeschlusses ist daher die Zustellung nach Stunde und Minute anzugeben (§ 173 Nr. 1 GVGA). **637**

4. Gläubigerrechte

Nach wirksamer Pfändung darf der Gläubiger alle Handlungen vornehmen, die zur Erhaltung seines Pfändungspfandrechtes erforderlich sind. Er kann insbesondere gegen den Drittschuldner auf Feststellung des Bestehens der Forderung klagen, einen Arrest ausbringen, einen Wechsel zu Protest geben oder die Forderung zum Konkursverfahren anmelden (LG Berlin MDR 1989, 76). Er darf aber keine Handlungen vornehmen, die zur Realisierung der Forderung beitragen. Ihm ist insbesondere untersagt, die gepfändete Forderung einzuziehen, gegenüber der Forderung aufzurechnen oder diese abzutreten (hierzu benötigt er noch den Überweisungsbeschluß). Beabsichtigt der Gläubiger die Forderung einzuklagen, muß er dem Schuldner den Streit verkünden, § 841 ZPO. **638**

5. Schuldnerrechte

Für den Schuldner besteht aufgrund des Pfändungspfandrechtes ein relatives Veräußerungsverbot. Hiervon unberührt bleibt jedoch sein Rechtsverhältnis mit dem Drittschuldner. Der Schuldner kann daher ohne Rücksicht auf das Pfändungspfandrecht z.B. einen Arrest gegen den Drittschuldner ausbringen oder seine Forderung ge- **639** gen den Drittschuldner im Konkursverfahren anmelden. Er ist ebenfalls berechtigt, einen Mietvertrag oder sein Arbeitsverhältnis zu kündigen, auch wenn hiervon die gepfändete Forderung direkt betroffen wird. Er kann auch seine höchstpersönlichen Rechte ausüben, z.B. eine Erbschaft ausschlagen (Zöller/Stöber § 829 Rn. 18; vgl. auch BGH NJW 1993, 2876, 2877).

VI. Der Überweisungsbeschluß

640   Die Überweisung der gepfändeten Forderung dient der Verwertung. Sie setzt eine wirksame Pfändung voraus, und die Vollstreckungsvoraussetzungen müssen gegeben sein. Ein auf einen Arrest gestützter Überweisungsbeschluß ist nichtig (BGH NJW 1993, 735 = Rpfleger 1993, 292), er zeigt auch gegenüber dem Drittschuldner keine Wirkung. Die Überweisung wird durch Beschluß ausgesprochen und wird wirksam mit Zustellung an den Drittschuldner, §§ 835 Abs. 3, 829 Abs. 3 ZPO. Die Zustellung erfolgt im Parteibetrieb. Der Gläubiger hat die Wahl zwischen der Überweisung zur Einziehung und der Überweisung an Zahlungs Statt, § 835 Abs. 1 ZPO.

641   Bei der **Überweisung an Zahlungs Statt** geht die Forderung auf den Gläubiger mit der Wirkung über, daß er, soweit die Forderung besteht, wegen seines Anspruches gegen den Schuldner als befriedigt gilt, § 835 Abs. 2 ZPO. Hierbei handelt es somit um einen erzwungenen Forderungsübergang, der Gläubiger verliert seine eigene titulierte Forderung gegen den Schuldner und erwirbt gleichzeitig die Forderung des Schuldners gegen den Drittschuldner als Gläubiger. Allerdings tritt diese Wirkung nur ein, wenn die überwiesene Forderung auch tatsächlich besteht und der Drittschuldner gegen die Forderung keine Einwendungen oder Einreden geltend machen kann. Ist der Drittschuldner hingegen zahlungsunfähig und die Forderung aus diesem Grunde nicht realisierbar, bleibt es beim Erlöschen der eigenen Vollstreckungsforderung (Zöller/Stöber § 835 Rn. 8). In nahezu allen Fällen wird daher in der Praxis die Überweisung zur Einziehung durch den Gläubiger vorgezogen.

642   Mit der **Überweisung zur Einziehung** erhält der Gläubiger das Recht, die überwiesene Forderung des Schuldners gegen den Drittschuldner im eigenen Namen einzuziehen, § 836 Abs. 1 ZPO. Die titulierte Forderung bleibt somit zunächst erhalten und der Gläubiger ist weiterhin berechtigt, die überwiesene Forderung im eigenen Namen zu realisieren.

643   Vor Erlaß des Überweisungsbeschlusses ist der Schuldner ebenso wie vor der Pfändung nicht zu hören, **§ 834 ZPO**. Auch wenn vereinzelt die Auffassung vertreten wird, das Gesetz regele mit § 834 ZPO nur die anhörungslose Pfändung, nicht aber die Überweisung (so Münzberg Rpfleger 1982, 329), dürfte es sich hierbei um eine eher theoretische Frage handeln, da in der Praxis die Pfändung und die Überweisung nahezu immer in einem Beschluß erlassen werden.

1. Gläubigerrechte nach Überweisung

644   Mit dem Überweisungsbeschluß darf der Gläubiger alle Handlungen im eigenen Namen vornehmen, die die Verwertung der gepfändeten Forderung bezwecken. Er darf

insbesondere die Forderung kündigen und sie im eigenen Namen einklagen (BGH NJW 1982, 173). Liegt bereits über die gepfändete Forderung zwischen Schuldner und Drittschuldner ein vollstreckbarer Titel vor, kann der Gläubiger sich diesen auf seinen Namen umschreiben lassen, § 727 ZPO (vgl. hierzu Rn. 99). Erst nach Umschreibung des Titels ist die Pfändung des Erstattungsanspruches im Kostenfestsetzungsverfahren zu beachten. Ferner ist der Gläubiger berechtigt, mit einer eigenen Forderung aufzurechnen, die er gegenüber dem Drittschuldner hat (BGH NJW 1978, 1914). Ist die Forderung des Schuldners gegen den Drittschuldner von mehreren Gläubigern gepfändet und überwiesen worden, ist jeder Gläubiger berechtigt, gegen den Drittschuldner Klage auf Hinterlegung des geschuldeten Betrages zu erheben, § 856 ZPO. Aus der Überweisung kann der Gläubiger aber nicht nur Rechte herleiten, er hat auch Pflichten gegenüber dem Schuldner zu erfüllen. Eine Verzögerung der Einziehung kann zu Schadensersatzansprüchen des Schuldners führen, § 842 ZPO. Ebenso darf der Gläubiger keine Handlungen vornehmen, die die Rechtsstellung des Schuldners gegenüber dem Drittschuldner verschlechtern würde, insbesondere mit dem Drittschuldner Stundung vereinbaren, einen Vergleich abschließen oder die Forderung an einen Dritten abtreten (Zöller/Stöber § 836 Rn. 4).

2. Herausgaberecht

Nach Überweisung der gepfändeten Forderung ist der Schuldner dem Gläubiger 645
gegenüber verpflichtet, die über die Forderung vorhandenen Urkunden herauszugeben, § 836 Abs. 3 S. 1 ZPO. Vollstreckungstitel hierfür ist der zugestellte Überweisungsbeschluß. Die **herauszugebenden Urkunden** sind für den Gerichtsvollzieher in dem Beschluß genau zu bezeichnen (OLG Frankfurt/Main Rpfleger 1977, 221). Der Überweisungsbeschluß selbst bedarf keiner eigenen Klausel, die erforderliche Zustellung ist bereits gemäß § 829 Abs. 2 S. 2 ZPO erfolgt. Der Schuldner ist verpflichtet, sämtliche Urkunden herauszugeben, die über die Forderung vorhanden sind und die der Gläubiger zur Realisierung und einer eventuellen Drittschuldnerklage benötigt, z.B. den Versicherungsschein (LG Darmstadt DGVZ 1991, 9), das Sparbuch, den Mietvertrag, Quittungen usw. Hat der Gläubiger den Anspruch auf den Lohnsteuerjahresausgleich gepfändet, muß der Schuldner die Lohnsteuerkarte zur Vorlage beim Finanzamt an den Gläubiger herausgeben, (MünchKommZPO/Smid § 836 Rn. 13; LG Göttingen und LG Osnabrück Rpfleger 1994, 372; a.A.: LG Koblenz DGVZ 1994, 57; Stöber Rn. 391). Nach der Pfändung des Arbeitseinkommens ist der Schuldner auch verpflichtet, eine Gehaltsabrechnung auszuhändigen (LG Ravensburg Rpfleger 1990, 266; LG Berlin Rpfleger 1993, 294 m.Anm. Hintzen; LG Hannover Rpfleger 1994, 221; a.A.: LG Mainz Rpfleger 1994, 309). Abzulehnen ist in diesem Zusammenhang die Auffassung, daß der Gläubiger keinen Anspruch auf Herausgabe eines Leistungsbescheides des Arbeitsamtes nach Pfändung des Arbeitslosengeldes habe (so aber LG Hannover Rpfleger 1986, 143).

Findet der Gerichtsvollzieher die herauszugebenden Urkunden bei dem Schuldner 646
nicht vor, kann der Gläubiger beantragen, daß der Schuldner zu Protokoll an Eides Statt versichert, daß er die Urkunde nicht besitze und auch nicht wisse, wo sich diese befinde, § 883 Abs. 2 ZPO. Mit Hilfe einer solchen eidesstattlichen Versicherung kann der Gläubiger dann auch ein Aufgebotsverfahren durchführen, um gegebenen-

falls die benötigte Urkunde für kraftlos erklären zu lassen, um somit zu erreichen, daß eine Ersatzurkunde erstellt wird.

647 Befindet sich die herauszugebende Urkunde im Gewahrsam eines Dritten, und ist dieser nicht herausgabebereit, kann der Gläubiger den Herausgabeanspruch des Schuldners gegen den Dritten pfänden und sich überweisen lassen, §§ 886, 829, 835 ZPO, er kann aber auch direkt gegen den Dritten auf Herausgabe klagen (Zöller/Stöber § 836 Rn. 9).

648 Weiterhin hat der Gläubiger ein Recht auf Auskunftserteilung gegenüber dem Schuldner, § 836 Abs. 3 ZPO. Kommt der Schuldner dieser Auskunft nicht nach, hat der Gläubiger ein Klagerecht, den Titel muß er dann gemäß § 888 ZPO vollstrecken (vgl. Schuschke § 836 Rn. 5 m.w.N.; im Gegensatz zur Auskunftspflicht des Drittschuldners, vgl. hierzu Rn. 652).

3. Schuldnerrechte

649 Auch nach Überweisung der Forderung zur Einziehung an den Gläubiger bleibt der Schuldner Inhaber der gepfändeten Forderung. Er kann somit nach wie vor alle seine Rechte wahrnehmen, soweit dadurch nicht die Rechte des Gläubigers beeinträchtigt werden. Er kann insbesondere die Forderung kündigen, er kann die Forderung gegen den Drittschuldner einklagen, mit der Maßgabe, daß an den Vollstreckungsgläubiger zu leisten ist (BGH NJW 1968, 2059). Liegt über die gepfändete Forderung zwischen Schuldner und Drittschuldner bereits ein Vollstreckungstitel vor, kann der Schuldner auch die Zwangsvollstreckung gegen den Drittschuldner für den Pfändungsgläubiger betreiben. Er muß sich allerdings hierbei auf Maßnahmen der Sicherung der Forderung beschränken, z.B. Pfändung oder Eintragung einer Zwangssicherungshypothek (LG Berlin MDR 1989, 76; Brox/Walker, Rn. 645). Neben der Verpflichtung des Schuldners, dem Gläubiger die erforderliche Auskunft zu erteilen und die benötigten Urkunden herauszugeben, § 836 Abs. 3 ZPO, darf der Schuldner keine Handlung vornehmen, die gegen das Einziehungsverbot verstößt, z.B. die Forderung gegenüber dem Drittschuldner stunden oder erlassen, die Forderung an einen Dritten abtreten, oder mit einer eigenen Forderung aufrechnen; diese Verfügungen wären dem Gläubiger gegenüber relativ unwirksam (Zöller/Stöber § 836 Rn. 5).

VII. Der Drittschuldner

1. Vertrauensschutz

650 Der Überweisungsbeschluß gilt zugunsten des Drittschuldners dem Schuldner gegenüber solange als rechtsbeständig, auch wenn er zu Unrecht erlassen ist, bis er aufgehoben wird und die Aufhebung dem Drittschuldner zur Kenntnis gelangt, § 836 Abs. 2 ZPO. Dies gilt jedoch nicht, wenn der Überweisungsbeschluß nichtig ist, z.B. wenn er auf der Grundlage eines Arrestbefehls erlassen wurde (BGH NJW 1993, 735 = Rpfleger 1993, 292). Bei mehrfacher Pfändung der Forderung zahlt der Drittschuldner mit befreiender Wirkung so lange an den rangbesten Gläubiger, bis ihm die Aufhebung der Pfändung zur Kenntnis gebracht wird. Der nachrangige Gläubiger hat bei

Auszahlung des Drittschuldners an den rangbesseren Gläubiger diesem gegenüber lediglich einen Anspruch aus ungerechtfertigter Bereicherung, § 816 Abs. 2 BGB. Zahlt der Drittschuldner trotz Kenntnis der Aufhebung der Pfändung an den rangbesseren Gläubiger, kann er von diesem das Gezahlte zurückverlangen, § 812 Abs. 1 S. 1 BGB (streitig: BGH Rpfleger 1982, 73; a.A.: OLG München NJW 1978, 1438). Der Drittschuldner leistet jedoch dann nicht mit befreiender Wirkung, wenn die Forderung dem Vollstreckungsschuldner überhaupt nicht zugestanden hat, sondern einem Dritten zusteht, z.B. infolge einer Abtretung (BGH NJW 1988, 495).

2. Einwendungen des Drittschuldners

Nach Überweisung der gepfändeten Forderung kann der Drittschuldner dem Gläubiger gegenüber diejenigen Einwendungen entgegenhalten, die bereits vor der Pfändung begründet waren. Er kann sich insbesondere darauf berufen, daß die gepfändete Forderung tatsächlich nicht besteht oder nicht durchsetzbar ist. Weiterhin kann er dem Gläubiger einen bereits wirksamen Aufrechnungsvertrag entgegenhalten (z.B. Arbeitgeberdarlehen). Die Aufrechnungsvereinbarung muß jedoch bereits vor Wirksamwerden der Pfändung abgeschlossen sein, ein nach der Pfändung geschlossener Aufrechnungsvertrag ist dem Gläubiger gegenüber unwirksam. Eine wirksame Aufrechnung bewirkt den Nachrang der Pfändung (BGH Rpfleger 1980, 98). Ferner kann der Drittschuldner dem Gläubiger auch einen wirksamen Abtretungsvertrag entgegenhalten. Hat der Schuldner die gepfändete Forderung bereits wirksam abgetreten, geht die frühere Abtretung der späteren Pfändung vor. Die Pfändung selbst ist ins Leere gegangen, da im Zeitpunkt des Wirksamwerden der Pfändung der Schuldner nicht Inhaber der Forderung ist (LG Münster Rpfleger 1991, 379). Die Pfändung lebt auch dann nicht wieder auf, wenn die abgetretene Forderung an den Schuldner zurück abgetreten wird (so BGH NJW 1987, 1703; zur Abtretung bei Arbeitseinkommen vgl. Rn. 666). Eine Abtretung ist jedoch dann unwirksam, wenn sie nur zu weiterer Sicherungszwecken erfolgt und dem Schuldner gleichzeitig eine Einziehungsermächtigung zur Inanspruchnahme des abgetretenen Betrages im eigenen Namen erteilt wird, solange der Sicherungsfall nicht eintritt (BAG MDR 1980, 522). Wird die Pfändung gegenüber dem Drittschuldner zuerst wirksam und erst danach ein Abtretungsvertrag vorgelegt, der aber bereits zeitlich vor der Pfändung liegt, muß der Drittschuldner ab Kenntnis die zeitlich und rechtlich vorrangige Abtretung beachten (BGH NJW 1958, 457).

3. Drittschuldnerauskunft

Auf Verlangen des Gläubigers hat der Drittschuldner binnen einer Frist von zwei Wochen, beginnend mit der Zustellung des Pfändungsbeschlusses, dem Gläubiger zu erklären:
- ob und inwieweit er die Forderung als begründet anerkenne und Zahlung zu leisten bereit ist;
- ob und welche Ansprüche andere Personen an die Forderung stellen;
- ob und wegen welcher Ansprüche die Forderung bereits für andere Gläubiger gepfändet ist, § 840 Abs. 1 ZPO.

Das Auskunftsverlangen ist in der Zustellungsurkunde des Pfändungsbeschlusses mit aufzunehmen, § 840 Abs. 2 S. 1 ZPO. Die Auskunft kann innerhalb der Zwei-Wochen-

651

652

653

frist schriftlich erfolgen oder auch direkt bei der Zustellung durch den Gerichtsvollzieher diesem gegenüber in der Zustellungsurkunde aufgenommen werden. In letzterem Falle hat der Drittschuldner die Erklärung zu unterschreiben. Unabhängig von dem Erlaß des Überweisungsbeschlusses besteht die Auskunftspflicht mit Wirksamwerden des Pfändungsbeschlusses, somit auch bei einer Pfändung im Wege der Sicherungsvollstreckung, § 720a ZPO oder bei der Arrestpfändung. Keine Verpflichtung zur Auskunftserteilung besteht nach Zustellung einer Vorpfändungsverfügung, § 845 ZPO (BGH NJW 1977, 1199).

Besteht die gepfändete Forderung tatsächlich nicht oder ist diese nicht durchsetzbar, genügt es, wenn der Drittschuldner dies dem Gläubiger gegenüber erklärt. Andernfalls muß sich der Drittschuldner darüber erklären, daß er die Forderung als begründet anerkennt und zur Zahlung bereit ist. Bei der Pfändung von Arbeitseinkommen muß der Drittschuldner den Bruttolohn, den Nettolohn, und die Zahl der Unterhaltspflichtigen und zu berücksichtigenden Personen angeben (Thomas/Putzo § 840 Rn. 5). Abgelehnt wird dagegen die Verpflichtung des Drittschuldners, wiederholte und ergänzende Erklärungen einer bereits ausreichend erteilten Auskunft zu geben (BGHZ 86, 26 = NJW 1983, 687). Weiterhin wird auch die Verpflichtung verneint, laufende Informationen über den Kontostand eines gepfändeten Girokontos abzugeben (OLG Köln ZIP 1981, 964; LG Frankfurt/Main Rpfleger 1986, 186). M.E. ist der Drittschuldner jedoch zu einer umfassenderen Auskunft verpflichtet, insbesondere zu allen Angaben, die der Gläubiger zur Realisierung seiner Forderung spätestens im Wege der Drittschuldnerklage benötigt (Mümmler JurBüro 1986, 333; Hintzen ZAP 1991, 811). Nach LG Marburg (Rpfleger 1994, 309) muß der Drittschuldner sogar eine Lohnabrechnung des Schuldners aushändigen.

654 Bei Ansprüchen, die andere Personen an die gepfändete Forderung haben, hat der Drittschuldner sämtliche Abtretungen, Vorpfändungen und auch eine eigene Aufrechnungsmöglichkeit anzugeben (LAG Hannover NJW 1974, 768). Liegen bereits Pfändungen zugunsten vorrangiger Gläubiger vor, müssen diese unter Angabe der Behörde und des Aktenzeichens des Gläubigers mitgeteilt werden. Ebenso erforderlich ist die Angabe, ob es sich bei der Pfändung von Arbeitseinkommen um eine Pfändung nach § 850c ZPO oder eine Unterhaltspfändung nach § 850d ZPO handelt. Weiterhin ist der Zustellungszeitpunkt der vorrangigen Pfändungen mitzuteilen.

4. Keine Auskunftsklage

655 Der Drittschuldner hat kein Recht, die geforderte Auskunft zu verweigern, auch wenn die gepfändete Forderung tatsächlich nicht pfändbar ist oder nicht besteht. (LG Oldenburg Rpfleger 1985, 449). Die Verpflichtung besteht bereits dann, wenn ein formell wirksamer Pfändungsbeschluß zugestellt wird (OLG Schleswig NJW-RR 1990, 448).

656 Gibt der Drittschuldner die Auskunft nicht oder nicht rechtzeitig ab oder verweigert er diese grundlos, steht dem Gläubiger ein einklagbarer Auskunftsanspruch nicht zu (BGH NJW 1984, 1901, zum Meinungsstreit vgl. MünchKommZPO/Smid § 840 Rn. 18). Der Gläubiger wird hier auf den möglichen Schadensersatzanspruch nach § 840 Abs. 2 S. 2 ZPO verwiesen. Kommt der Drittschuldner erst im Einziehungsprozeß seiner Auskunftsverpflichtung nach oder stellt sich jetzt erst heraus, daß die gepfändete Forderung nicht besteht bzw. nicht durchsetzbar ist, kann der Pfändungsgläubi-

ger die Klage auf Schadensersatz umstellen. Der Drittschuldner ist dann zu verurteilen, die bisher entstandenen Kosten zu erstatten (BGH NJW 1981, 990). Die Verpflichtung zur Tragung der Prozeßkosten trifft den Drittschuldner auch dann, wenn der Rechtsstreit vor dem Arbeitsgericht geführt wurde. Die fehlende Kostenerstattung gemäß § 12a Abs. 1 S. 1 ArbGG steht dem Anspruch auf Erstattung der nutzlos aufgewendeten Anwaltskosten des Gläubigers nicht entgegen (BAG NJW 1990, 2643). Diese Kosten müssen nunmehr auch als Zwangsvollstreckungskosten festgesetzt werden können, §§ 103, 104 ZPO. (OLG Düsseldorf Rpfleger 1990, 527; OLG Koblenz JurBüro 1991, 602; vgl. auch OLG Stuttgart, LG Stuttgart, LG Rottweil Rpfleger 1990, 265; a.A.: OLG München JurBüro 1990, 1355; OLG Schleswig JurBüro 1992, 500).

VIII. Vorpfändung

Um den Zeitraum zwischen der Antragstellung auf Erlaß des Pfändungsbeschlusses und der Zustellung selbst zu überbrücken, kann der Gläubiger bereits im Vorfeld dem Drittschuldner und dem Schuldner die Benachrichtigung zustellen, daß die Pfändung bevorstehe. Gleichzeitig ist der Drittschuldner aufzufordern, nicht mehr an den Schuldner zu zahlen und der Schuldner, sich jeder Verfügung über die Forderung, insbesondere ihrer Einziehung, zu enthalten, **§ 845 Abs. 1 S. 1 ZPO**. Diese Vorpfändungsbenachrichtigung ist im Parteibetrieb durch den Gerichtsvollzieher zuzustellen (LG Marburg DGVZ 1983, 121). Voraussetzung für eine wirksame Vorpfändung sind zunächst das Bestehen eines vollstreckbaren Schuldtitels, ein möglicher Bedingungseintritt nach § 726 Abs. 1 ZPO und der Nachweis im Falle einer Zug-um-Zug-Verurteilung nach § 765 ZPO. Nicht erforderlich ist hingegen, daß der Gläubiger bereits im Besitz des Titels ist, der Titel muß auch nicht mit einer Klausel versehen und bereits dem Schuldner zugestellt sein; der Nachweis einer Sicherheitsleistung ist ebenso nicht erforderlich wie der Ablauf der Wartefrist gemäß §§ 750 Abs. 3, 798 ZPO (BGH NJW 1982, 1002; LG Frankfurt/Main Rpfleger 1983, 32). Wirksam wird die Vorpfändungsbenachrichtigung mit Zustellung an den Drittschuldner, § 845 Abs. 2 S. 1 ZPO. Eine Zustellung an den Schuldner ist nicht erforderlich, jedoch empfehlenswert (KG ZIP 1981, 322). | 657

Die Vorpfändung hat die Wirkung eines Arrestes, § 930 ZPO, sofern die Pfändung innerhalb von 1 Monat bewirkt wird, § 845 Abs. 2 S. 1 ZPO. Die Frist beginnt hierbei mit dem Tage, an dem die Benachrichtigung dem Drittschuldner zugestellt wird, § 845 Abs. 2 S. 2 ZPO. Wird die Pfändung innerhalb dieser Frist dem Drittschuldner zugestellt, wirkt das Pfändungspfandrecht auf den Zustellungszeitpunkt der Vorpfändungsbenachrichtigung zurück (LG Hildesheim NJW 1988, 1917). | 658

Auch eine wiederholte Vorpfändung ist zulässig, insbesondere wenn der Gläubiger die 1-Monatsfrist nicht einhalten kann. Die erneute Vorpfändung verlängert jedoch nicht die Frist der ersten Vorpfändung, vielmehr beginnt die Monatsfrist bei jeder Zustellung neu (Zöller/Stöber § 845 Rn. 6). | 659

Kapitel B
Arbeitseinkommen, §§ 850 ff. ZPO

I. Pfändbares Arbeitseinkommen

660 Pfändet der Gläubiger in das Arbeitseinkommen des Schuldners, kann dieser Anspruch niemals in voller Höhe überwiesen werden. Das Arbeitseinkommen ist regelmäßig die einzige Einnahmequelle des Schuldners, dieses benötigt er zur Bestreitung des Lebensunterhaltes für sich und seine Familie. Damit der Schuldner nicht der Sozialhilfe anheimfällt, ist die Pfändung der Höhe nach eingeschränkt, §§ 850 bis 850h ZPO. Pfändungsschutz bei einmaligem Arbeitseinkommen regelt § 850i ZPO, Pfändungsschutz bei Überweisung auf ein Konto findet sich in § 850k ZPO. Wird der Arbeitslohn dem Schuldner in bar ausgezahlt, ist auch die Sachpfändung beschränkt, § 811 Nr. 8 ZPO.

661 Die Pfändung des in Geld zahlbaren Arbeitseinkommens erfaßt die gesamte Vergütung, die dem Schuldner aus einer Arbeits- oder Dienstleistung zusteht, ohne Rücksicht auf ihre Benennungs- oder Berechnungsart, § 850 Abs. 4 ZPO. Der Begriff **Arbeitseinkommen** ist somit weit auszulegen. Beispielhaft nennt das Gesetz in § 850 Abs. 2 ZPO: Dienst- und Versorgungsbezüge der Beamten, Arbeits- und Dienstlöhne, Ruhegelder und ähnliche nach dem einstweiligen oder dauernden Ausscheiden aus dem Dienst- oder Arbeitsverhältnis gewährte fortlaufende Einkünfte, ferner auch Hinterbliebenenbezüge. Ebenfalls unter den Begriff Arbeitseinkommen fallen die in Geld zahlbaren Bezüge, die zum Ausgleich für Wettbewerbsbeschränkungen für die Zeit nach Beendigung des Dienstverhältnisses gewährt werden, oder Renten, die aufgrund von Versicherungsverträgen gezahlt werden, wenn diese Verträge zur Versorgung des Versicherungsnehmers oder seiner unterhaltsberechtigten Angehörigen eingegangen wurden, § 850 Abs. 3 ZPO. Weiterhin gehört hierzu ein Übergangsgeld, das ein Angestellter beim Ausscheiden aus dem Arbeitsverhältnis erhält (BAG NZA 1993, 23). Ebenso pfändbar sind Sozialplanabfindungen (BAG Rpfleger 1992, 442).

Zusammengefaßt ist somit für den Begriff Arbeitseinkommen entscheidend, daß es sich hierbei um eine fortlaufende Einnahmequelle für Dienstleistungen handelt, die die Existenzgrundlage des Schuldners bildet, weil sie seine Erwerbstätigkeit ganz oder zu einem wesentlichen Teil in Anspruch nimmt (BGH NJW 1981, 2465; BGH Rpfleger 1986, 144).

662 Auch das **Arbeitsentgelt eines Strafgefangenen** ist als Arbeitseinkommen anzusehen, (hierzu eingehend Fluhr NStZ 1994, 115). Für sich alleine betrachtet ist dieses Arbeitsentgelt der Höhe nach nicht pfändbar, jedoch sind die Naturalleistungen, die in der Haftanstalt gewährt werden, mit dem Arbeitsentgelt zusammenzurechnen (OLG Frankfurt/Main Rpfleger 1984, 425; LG Karlsruhe NJW-RR 1989, 1536; LG Arnsberg Rpfleger 1991, 520; a.A.: LG Itzehoe Rpfleger 1991, 521; LG Münster Rpfleger 1992, 129). Das **Eigengeld** eines Strafgefangenen auf seinem Eigengeldkonto, § 52 StVollzG, ist uneingeschränkt pfändbar (LG Berlin Rpfleger 1992, 128; LG Hagen Rpfleger 1993, 78; OLG Karlsruhe Rpfleger 1994, 370). Ein Teil des Arbeitsentgelts wird von der JVA auf ein **Überbrückungsgeldkonto**, § 51 StVollzG, eingezahlt, hierdurch soll eine Rück-

lage für die ersten vier Wochen nach der Entlassung des Strafgefangenen gebildet werden, dieses Überbrückungsgeld ist unpfändbar, § 51 Abs. 4 StVollzG. Auch der Teil,
der auf das **Hausgeldkonto** als Taschengeld eingezahlt wird, ist unpfändbar (LG Münster MDR 1992, 521).

Zu den pfändbaren Vergütungen zählen weiterhin die Einkünfte der **Freiberufler**, z.B.   **663**
Rechtsanwälte, Steuerberater, Notare usw., auch der Anspruch eines Kassenzahnarztes
gegen die kassenzahnärztliche Vereinigung oder der Honoraranspruch gegen die
Privatpatienten unterliegt der Pfändung (BGH Rpfleger 1986, 144).

II. Dauerpfändung

Im Gegensatz zur Pfändung künftiger Forderungen, die nur dann als gepfändet gel-   **664**
ten, wenn dies im Pfändungsbeschluß ausdrücklich erwähnt ist, erstreckt sich bei der
Pfändung von Arbeitseinkommen das Pfandrecht kraft Gesetzes auf die nach der Pfändung fällig werdenden Beträge, § 832 ZPO. Hierdurch wird bei einem einheitlichen
Arbeitsverhältnis vermieden, daß der Gläubiger bei jeder Fälligkeit erneut pfänden
muß. Selbst die Versetzung in ein anderes Amt, die Übertragung eines neuen Amtes
oder eine Gehaltserhöhung setzt bei der Pfändung des Diensteinkommens eines Beamten oder Angestellten im öffentlichen Dienst keine neue Pfändung voraus, § 833
Abs. 1 ZPO. Etwas anderes gilt nur dann, wenn der Schuldner den Dienstherrn wechselt, § 833 Abs. 2 ZPO. Die Rechtsprechung sieht auch bei den übrigen Arbeitsver-
hältnissen eine kurzfristige Unterbrechung des Arbeitsverhältnisses als unschädlich
an. Selbst eine Kündigung oder Wiedereinstellung bei demselben Arbeitgeber bewirkt
keine Unterbrechung des einheitlichen Arbeitsverhältnisses, die ursprünglich bewirkte Pfändung wirkt weiter fort (BAG NJW 1957, 439). Auch die Einberufung zur Bundeswehr unterbricht das Arbeitsverhältnis nicht (OLG Düsseldorf DB 1985, 1336). Ein
neues Arbeitsverhältnis ist regelmäßig erst dann anzunehmen, wenn nach Beendigung
die Wiedereinstellung mit geänderten Arbeitsbedingungen erfolgt.

Die Zulässigkeit der Dauerpfändung muß auch für die arbeitseinkommensähnlichen   **665**
Leistungen wie Arbeitslosengeld, Arbeitslosenhilfe und Rentenleistungen gelten, da
auch diese Einnahmen fortlaufende Bezüge sind, die den Lebensunterhalt des Schuldners und seiner Familie sichern. Ob dies auch für Miet- oder Pachtzinsforderung gilt,
ist streitig (bejahend: Thomas/Putzo § 832 Rn. 1; Schuschke § 832 Rn. 3, MünchKomm-
ZPO/Smid § 832 Rn. 8; a.A.: Zöller/Stöber § 832 Rn. 2). Selbst die Dauerpfändung in
einen Erbanteil ist möglich (OLG Hamm FamRZ 1994, 453 = Rpfleger 1994, 222).

Ist die gepfändete Forderung im Zeitpunkt der Pfändung abgetreten, entfaltet der   **666**
Pfändungsbeschluß keine rechtliche Wirkung. Selbst die spätere Rückabtretung führt
nicht zur Entstehung eines Pfändungspfandrechtes, die Pfändung ist ins Leere gegangen und muß nach Rückzession wiederholt werden (vgl. Rn. 614). Diese Grundsätze dürften bei der Pfändung von Arbeitseinkommen nicht gelten. Nach Auffassung
des BAG (DB 1993, 1245 = Rpfleger 1993, 456) genügt für die Pfändung im Hinblick
auf § 832 ZPO, daß der Entstehungsgrund bereits gesetzt ist. Bei Pfändung künftiger,
fortlaufender Vergütungsansprüche erwächst das Pfandrecht dann, wenn die Forderung zurückabgetreten wird, die zuerst ausgebrachte Pfändung bleibt für die Zukunft
wirksam.

III. Vermögenswirksame Leistungen/ Arbeitnehmersparzulage

667 Zahlt der Arbeitgeber zur Vermögensbildung seines Arbeitnehmers vereinbarte vermögenswirksame Leistungen, so unterliegen diese nicht der Pfändung. Es handelt sich hierbei um zusätzliche, zweckgebundene Leistungen, die nach Maßgabe der §§ 2, 10, 11 VermBG und gemäß § 13 VermBG unpfändbar sind.

668 Abtretbar und pfändbar ist hingegen die Arbeitnehmersparzulage. Sie wird auf Antrag des Schuldners durch das für ihn zuständige Finanzamt festgesetzt, § 14 Abs. 4 S. 1 VermBG. Die Pfändung selbst darf jedoch erst nach Ablauf des jeweiligen Kalenderjahres erfolgen (also am 2. 1. des Folgejahres), eine frühere Pfändung ist unzulässig und wirkungslos, § 46 Abs. 6 S. 2 AO. Drittschuldner ist in jedem Falle das Finanzamt und nicht der Arbeitgeber (vgl. Stöber Rn. 922, 923).

IV. Unpfändbare Bezüge

669 Aus sozialen Gründen, aus Gründen der Arbeitsmotivation oder mit Rücksicht auf ihre Zweckgebundenheit sind zahlreiche Einkommensarten absolut unpfändbar, § 850a ZPO. Gänzlich unpfändbar sind in jedem Falle das Erziehungsgeld (LG Hagen Rpfleger 1993, 30; s. jetzt Rn. 720) und die Studienbeihilfe, § 850a Nr. 6 ZPO, da diese kinderbezogenen Gelder nicht für die Rückzahlung der Schulden der Eltern herangezogen werden sollen. Weiterhin unpfändbar sind die Sterbe- und Gnadenbezüge aus Arbeits- oder Dienstverhältnissen und die Blindenzulagen, § 850a Nr. 7, Nr. 8 ZPO.

670 Heirats- und Geburtsbeihilfen sind zweckgebundene Leistungen, die allerdings dann der Pfändung unterliegen, wenn wegen der aus Anlaß der Heirat oder der Geburt entstandenen Forderungen vollstreckt wird, z.B. wegen Entbindungskosten, Kosten für die Säuglingsausstattung, § 850a Nr. 5 ZPO (Zöller/Stöber § 850a Rn. 12).

671 Der Höhe nach begrenzt pfändbar sind die Leistungen für Mehrarbeitsstunden und die Weihnachtsvergütung, § 850a Nr. 1, Nr. 4 ZPO. Überstunden sind hierbei nur die Zeit, die der Arbeitnehmer in seiner Freizeit leistet, nicht z.B. die Sonntags- oder Nachtarbeit. Diese Zeiten fallen unter die normale Arbeitszeit in bestimmten Berufen und hierfür werden Zuschläge gezahlt, die dann zum gewöhnlichen Arbeitseinkommen hinzugerechnet werden. Die unpfändbare Hälfte der Überstundenvergütung errechnet sich aus dem Bruttoeinkommen und nicht aus dem Nettoeinkommen. Die Mehrarbeitsvergütung ist zunächst von dem Bruttoeinkommen als unpfändbar abzurechnen, Steuern und Sozialabgaben sind von dem Restarbeitsverdienst abzuziehen, § 850e Nr. 1 ZPO. Gleiches gilt für die betragsmäßig festgelegte unpfändbare Weihnachtsvergütung, § 850a Nr. 4 ZPO. Auch hier steht der gesamte unpfändbare Bruttobetrag dem Schuldner zu, Steuern und Sozialabgaben sind aus dem Restarbeitseinkommen abzuziehen. Im übrigen kann dahinstehen, ob das Weihnachtsgeld im Monat Dezember oder Januar gezahlt wird, ausschlaggebend ist der Anlaß des Weihnachtsfestes (Stöber Rn. 999).

Ohne Festlegung eines Betragsrahmens sind unpfändbar das Urlaubsgeld, Bezüge aus   672
Anlaß eines besonderen Betriebsereignisses, Treuegelder, Aufwandsentschädigungen,
Auslösungsgelder, Zulagen für auswärtige Beschäftigung, das Entgelt für selbstge-
stelltes Arbeitsmaterial, Gefahrenzulagen sowie Schmutz- und Erschwerniszulagen,
§ 850a Nr. 2, Nr. 3 ZPO. Diese Beträge sind unpfändbar, soweit sie den Rahmen des
Üblichen nicht übersteigen (zur Aufwandsentschädigung eines Abgeordneten vgl.
BezG Frankfurt/Oder Rpfleger 1993, 457). Ausschlaggebend hierbei sind Vereinba-
rungen aufgrund von Tarifverträgen oder steuerfrei anerkannte Sätze. Unter den Begriff Urlaubsgeld fällt nicht der Urlaubsabgeltungsanspruch, also der Betrag, den der
Schuldner für einen nicht genommenen Urlaub erhält. Es handelt sich hierbei um einen
höchstpersönlichen und zweckgebundenen Anspruch (BAG NJW 1967, 2376;
Schuschke § 850a Rn. 3).

V. Bedingt pfändbare Bezüge

1. Rentenansprüche

Grundsätzlich sind die in § 850b Abs. 1 Nr. 1 bis 4 ZPO genannten Renten bzw. Ein-   673
künfte unpfändbar. Da diese aber ebenso wie das Arbeitseinkommen dazu bestimmt
sind, den Lebensunterhalt des Schuldners und seiner Familie zu sichern, sind sie nach
den für das Arbeitseinkommen geltenden Vorschriften pfändbar, wenn der Gläubiger
bereits anderweitig erfolglos vollstreckt hat und die Pfändung der Billigkeit entspricht,
§ 850b Abs. 2 ZPO. Zu den unpfändbaren Renten, die wegen einer Verletzung des Körpers oder der Gesundheit zu entrichten sind, zählen z.B. die Ansprüche nach § 618
Abs. 3 BGB, § 843 BGB, Haftpflichtansprüche gemäß § 8 HaftpflG, § 13 StVG. Ein
Schmerzensgeldanspruch fällt hingegen nicht hierunter, da dieser gesetzlich besonders geregelt ist. Ob der Rentenanspruch auf Vertrag oder auf einer Verfügung von
Todes wegen beruht ist hierbei unerheblich (BGH NJW 1978, 950). Zu den Unter-
haltsrenten, die auf gesetzlichen Vorschriften beruhen, sowie die wegen Entziehung
einer solchen Forderung zu entrichtenden Renten gehört auch der abgetretene
Gehaltsanspruch des Unterhaltsverpflichteten an den Unterhaltsberechtigten
(LG Mannheim Rpfleger 1987, 465).

2. Unterhaltsanspruch/Taschengeld

Auch der **Taschengeldanspruch** des jeweiligen Ehepartners ist als Unterhaltsge-   674
währung gemäß §§ 1360, 1360a BGB bedingt pfändbar (OLG Hamm FamRZ 1990, 547;
OLG Bamberg JurBüro 1988, 543; OLG München JurBüro 1988, 1582; OLG Stuttgart
Rpfleger 1987, 466; OLG Celle FamRZ 1991, 726; OLG Frankfurt/Main FamRZ 1991,
727; OLG Köln FamRZ 1991, 587 und NJW 1993, 3335; a.A.: MünchKommZPO/Smid
§ 850b Rn. 7). Im Hinblick auf die Zweckgebundenheit des Taschengeldanspruches
und der Intention, damit höchstpersönliche Ansprüche zu erfüllen, wird die Pfändung
nur dann der Billigkeit entsprechen, wenn das Einkommen der Ehegatten nicht gering ist und die zu vollstreckende Forderung nicht übermäßig hoch ist (LG Köln Rpfleger 1993, 78). In keinem Fall kann der höchstpersönliche Taschengeldanspruch dem
Ehepartner auf Dauer entzogen werden (OLG München JurBüro 1988, 1582). Bei der
Entscheidung über die Pfändung kann der Unterhaltsanpruch des schuldnerischen
Ehepartners einschließlich gewährter Naturalleistungen entsprechend der Düsseldor-

fer Tabelle mit $3/7$ des Nettoeinkommens des Ehegatten angesetzt werden. Übersteigt dieser Betrag zuzüglich eigener Einkünfte des Schuldners die Pfändungsgrenzen, so ist der pauschal mit ca. 5–7 % des Nettoeinkommens des Ehegatten berechnete Anspruch pfändbar (OLG Hamm FamRZ 1990, 547; OLG München JurBüro 1988, 1582; OLG Celle NJW 1991, 1960; vgl. auch Stöber, Rn. 1031i, der von dem errechneten Taschengeldanspruch $7/10$ pfändbar und $3/10$ für unpfändbar hält). Bei Streit über die Höhe des Taschengeldanspruches sind die Familiengerichte zur Entscheidung berufen (OLG Hamm Rpfleger 1989, 207), an die Entscheidung über die Pfändbarkeit des Anspruches ist das Familiengericht gebunden (OLG Celle FamRZ 1986, 196).

3. Weitere fortlaufende Einkünfte

675 Unpfändbar sind weiterhin sämtliche fortlaufende Einkünfte, die der Schuldner aus Stiftungen oder aufgrund der Fürsorge oder Freigebigkeit eines Dritten oder aufgrund eines Altenteils bezieht, § 850b Nr. 3 ZPO. Unerheblich ist hierbei, daß die Bezüge aufgrund letztwilliger Verfügung oder auf Vertrag beruhen. Bei einem Altenteil handelt es sich um Nutzungen oder wiederkehrende Leistungen, die der Schuldner als Gegenleistung aus Anlaß einer Grundstücksübergabe zur Altersversorgung der Veräußerer zahlen muß (OLG Hamm FamRZ 1988, 746 und Rpfleger 1993, 488; OLG Köln Rpfleger 1992, 431; BayObLG Rpfleger 1993, 443). Ob die Leistungen aus dem Altenteil im Grundbuch dinglich abgesichert sind oder aufgrund einer schuldrechtlichen Vereinbarung gewährt werden, ist unerheblich (BGH NJW 1970, 282). Da das Altenteil jedoch kein eigenständiges Recht ist, sondern eine Zusammensetzung mehrerer Rechte und Vereinbarungen (allerdings kann auch ein Nießbrauchsrecht oder ein Wohnungsrecht alleine Altenteilscharakter haben, vgl. MünchKommBGB/Pecher Art. 96 EGBGB Rn. 22), ist immer zu prüfen, ob die der Vereinbarung zugrundeliegenden Einzelansprüche der Pfändung unterliegen. Der Verkauf eines Grundstückes „auf Rentenbasis" unterliegt nicht der Pfändungsbeschränkung (OLG Hamm Rpfleger 1969, 397). Für unpfändbar erklärt das Gesetz weiterhin die Bezüge aus Witwen-, Waisen-, Hilfs- und Krankenkassen, die ausschließlich oder zu einem wesentlichen Teil zu Unterstützungszwecken gewährt werden. Ob die gezahlten Bezüge zu Unterstützungszwecken tatsächlich benötigt werden, ist ebenso unerheblich wie die Tatsache, ob es sich hierbei um laufende oder einmalige Leistungen handelt (LG Oldenburg Rpfleger 1983, 33). Der Pfändungsschutz umfaßt jedoch nicht die nach dem Tod des Bezugsberechtigten noch ausstehenden Versicherungsleistungen (KG Rpfleger 1985, 73).

4. Todesfallversicherung

676 Der Billigkeit entspricht die Pfändung von Erstattungsansprüchen aus einer Krankheitskostenversicherung, wenn wegen Ansprüchen aus ärztlicher Behandlung der Antrag gestellt wird (LG Lübeck Rpfleger 1993, 207). Auch Ansprüche aus einer Krankenhaustagegeldversicherung fallen unter § 850b Abs.1 Nr. 4 ZPO (LG Lübeck Rpfleger 1993, 207). Lebensversicherungen sind ebenfalls unpfändbar, wenn sie nur auf den Todesfall abgeschlossen sind und den gesetzlich festgelegten Mindestbetrag von 4140,– DM nicht übersteigen. Regelmäßig ist der Versicherungsbetrag zweckgebunden und dient der Deckung eventueller Bestattungskosten. Da dem Pfändungsschutz ausschließlich nur Todesfallversicherungen unterliegen, sind sämtliche gemischte Versicherungen, sowohl auf den Todesfall als auch auf den Erlebensfall pfändbar. Mehrere Versicherungen sind hierbei zusammenzurechnen (vgl. Schuschke § 850b Rn. 17 m.w.N. streitig).

5. Pfändungsvoraussetzungen

Will der Gläubiger in diese zuvor genannten Bezüge pfänden, muß er zunächst   677
nachweisen, daß die bisherige Vollstreckung nicht zum Erfolg geführt hat oder auch
nicht führen wird. Den Nachweis führt er z.B. durch das Gerichtsvollzieherprotokoll
über eine erfolglos durchgeführte Sachpfändung, durch Vorlage des Vermögensverzeichnisses nach Abgabe der eidesstattlichen Versicherung, oder auch durch den
Zurückweisungsbeschluß eines Zwangsversteigerungsantrages, wenn die Zwangsversteigerung des Grundbesitzes aussichtslos ist. Für die weitere Voraussetzung zur
Billigkeit ist der Gläubiger beweispflichtig. Hierbei sind an den Gläubigervortrag jedoch keine überspannten Anforderungen zu stellen, da ihm die Billigkeitsgründe in
der Person des Schuldners überwiegend unbekannt sind (OLG München JurBüro 1988,
1582; OLG Hamm Rpfleger 1989, 207). Das Vollstreckungsgericht muß vor seiner Entscheidung den Schuldner hören, § 850b Abs. 3 ZPO, falls dieser sich nicht äußert, kann
grundsätzlich von der Billigkeit ausgegangen werden (OLG Hamm JurBüro 1979, 917;
LG Verden Rpfleger 1986, 100).

VI. Berechnung der Pfändungsfreigrenzen – gewöhnliche Geldforderung

Da das Arbeitseinkommen dem Schuldner und seiner Familie in erster Linie zur Siche-   678
rung ihres Lebensunterhaltes dient, sind der Höhe nach bestimmte Teile des
Arbeitseinkommens absolut unpfändbar, § 850c Abs. 1, Abs. 2 ZPO. Zunächst ist für
den Schuldner ein bestimmter Grundbetrag gänzlich unpfändbar. Weitere Grundfreibeträge ergeben sich für den Ehegatten und die Verwandten, denen der Schuldner aufgrund gesetzlicher Verpflichtung Unterhalt zu gewähren hat. Als unterhaltsberechtigte Personen kommen hierbei in Betracht: der Ehegatte, der getrennt lebende Ehegatte, § 1361 BGB, der geschiedene Ehegatte, sofern dieser unterhaltsbedürftig ist und
einer Erwerbstätigkeit nicht nachgehen kann, Verwandte in gerader Linie und die Mutter eines nichtehelichen Kindes, § 1615a ff. BGB. Übersteigt das Einkommen den
Betrag, bis zu dessen Höhe es je nach der Zahl der unterhaltsberechtigten Personen
unpfändbar ist, ist auch der darüber hinausgehende Mehrbetrag zu einem bestimmten Teil unpfändbar, und zwar in Höhe von $3/10$, wenn der Schuldner keine weiteren
unterhaltsberechtigten Personen zu versorgen hat, in Höhe von weiteren $2/10$ für die
erste Person, der er Unterhalt gewährt und je weitere $1/10$ für die zweite bis fünfte unterhaltsberechtigte Person, § 850c Abs. 2 S. 1 ZPO. Übersteigt das Arbeitseinkommen
den in § 850c Abs. 2 S. 2 ZPO festgelegten Höchstbetrag, ist dieser darüber hinausgehende Betrag in jedem Falle in voller Höhe pfändbar. Im übrigen kann der pfändbare Betrag direkt aus der amtlichen Lohnpfändungstabelle entnommen werden, auf den
im Pfändungsbeschluß hingewiesen wird, § 850c Abs. 3 S. 2 ZPO (Blankettbeschluß).

Den pfändbaren Betrag muß der Drittschuldner selbst errechnen. Er hat auch die   679
Feststellung zu treffen, welche unterhaltsberechtigten Personen des Schuldners zu
berücksichtigen sind. Hierbei wird er sich zunächst auf die Angaben in der Lohnsteuerkarte berufen. Darüber hinaus muß er aber auch Nachweise anerkennen, die
ihm von seinem Arbeitnehmer vorgelegt werden (z.B. Geburtsurkunde, Sterbeurkun-
de, Heiratsnachweis). Dies gilt gleichermaßen, wenn ihm diese Unterlagen durch den

Gläubiger vorgelegt werden. Im Zweifel kann bei Unstimmigkeiten das Vollstreckungsgericht im Wege der Klarstellung angerufen werden, § 766 ZPO analog. Bei der Berücksichtigung gesetzlicher Unterhaltsverpflichteter ist es unbeachtlich, ob der Schuldner diesen Personen gegenüber ganz oder teilweise Unterhalt leistet, selbst wenn im Einzelfall der von dem Schuldner geleistete Unterhaltsbetrag den Freibetrag nach § 850c ZPO nicht erreicht, muß ihm der pfändungsfreie Grund- bzw. Mehrbetrag gewährt werden (LSG-NRW Rpfleger 1984, 278). Auch die Ehefrau des Schuldners ist in voller Höhe zu berücksichtigen, selbst wenn diese berufstätig ist und ein Arbeitseinkommen weit über den gesetzlichen Freibeträgen erzielt. Die gemeinsamen Kinder werden bei jedem schuldnerischen Ehegatten voll berücksichtigt (LG Bayreuth MDR 1994, 621). Der Gläubiger muß in diesem Fall einen Antrag auf Nichtberücksichtigung dieser unterhaltsberechtigten Person stellen, § 850c Abs. 4 ZPO. Vollstreckt der Gläubiger gegen beide Ehegatten, die jeweils berufstätig sind, ist der jeweilige Freibetrag eines jeden erwerbstätigen Ehegatten bei der Berechnung des pfändbaren Arbeitseinkommens gegenseitig zu berücksichtigen (BAG NJW 1966, 903; BAG NJW 1975, 1296). Etwas anderes kann nur dann gelten, wenn die Ehegatten beide berufstätig sind, jedoch getrennt leben (BAG FamRZ 1983, 899).

680 Bei der Berechnung des pfändbaren Teils des Arbeitseinkommens hat der Drittschuldner von dem Bruttoeinkommen zunächst die absolut unpfändbaren Bezüge gemäß § 850a ZPO in Abzug zu bringen. Danach sind die Steuern und Sozialabgaben abzusetzen, § 850e Nr. 1 ZPO (Napierala Rpfleger 1992, 49). Von dem so ermittelten Nettoeinkommen kann dann der pfändbare Betrag aus der Lohnpfändungstabelle abgelesen werden. Hierbei dürfte regelmäßig die Monatstabelle in Betracht kommen (auch bei Krankengeld, BSG NJW 1993, 811).

681 Hat der Schuldner noch ausstehende Nachzahlungen oder ergab sich ein Lohnrückstand, der nach Wirksamwerden der Pfändung ausgezahlt wird, sind diese Zahlungen immer für den Abrechnungszeitraum zu berücksichtigen, für den sie hätten gezahlt werden müssen. Zwar erfaßt der zugestellte Pfändungs- und Überweisungsbeschluß auch den Nachzahlungsbetrag, den der Drittschuldner dem Schuldner noch nicht ausgezahlt hat, jedoch muß der Drittschuldner für diese Beträge eine rückwirkende fiktive Berechnung für den Monat vornehmen, in dem diese Beträge hätten gezahlt werden müssen. In keinem Fall dürfen diese Beträge dem laufenden Abrechnungszeitraum hinzugerechnet werden (Stöber Rn. 1042; BAG WM 1987, 769).

VII. Nichtberücksichtigung eines Unterhaltsberechtigten

1. Verfahren

682 Verfügt eine grundsätzlich zu berücksichtigende unterhaltsberechtigte Person über eigenes Einkommen, kann auf Antrag des Gläubigers das Vollstreckungsgericht bestimmen, daß diese Person ganz oder teilweise bei der Berechnung des unpfändbaren Teils des Arbeitseinkommens unberücksichtigt zu bleiben hat, § 850c Abs. 4 ZPO. Der Drittschuldner ist nicht verpflichtet zu prüfen, ob ein Unterhaltsberechtigter über eigene Einkünfte verfügt oder nicht. Der Gläubiger muß einen entsprechenden Antrag stellen und die Gründe für die Nichtberücksichtigung vortragen (LG Frankfurt/Main Rpfleger 1988, 74). Der Gläubiger muß insbesondere Angaben zur Höhe des Einkommens der unterhaltsberechtigten Person machen (hierbei reicht es z.B. aus, wenn vorgetragen wird, ein unterhaltsberechtigtes Kind erhalte eine Ausbildungsbeihilfe nach Tarifvertrag (vgl. LG Münster JurBüro 1990, 1363 – durchschnittlich 600,– DM). Auch der Unterhaltsanspruch des Kindes gegenüber der Ehefrau des Schuldners ist als eigenes Einkommen zu berücksichtigen (LG Frankfurt/Main Rpfleger 1994, 221).

Der Gläubiger kann den Antrag bereits mit dem Antrag auf Erlaß des Pfändungs- und   683
Überweisungsbeschlusses stellen. In diesem Falle ist vor der Entscheidung der Schuldner nicht zu hören, § 834 ZPO (Zöller/Stöber § 850c Rn. 13, a.A.: MünchKomm-ZPO/Smid § 850c Rn. 27, 28). Vor Erlaß des Pfändungsbeschlusses darf über einen Antrag nach § 850c Abs. 4 ZPO jedoch nicht entschieden werden (LG Hannover JurBüro 1992, 265). Wird der Antrag erst später gestellt, ist dem Schuldner grundsätzlich rechtliches Gehör zu gewähren. Trifft das Vollstreckungsgericht die Entscheidung der gänzlichen Nichtberücksichtigung einer unterhaltsberechtigten Person, kann im übrigen wieder unter Bezugnahme auf die amtliche Lohnpfändungstabelle der pfändbare Betrag dort abgelesen werden, bei teilweiser Nichtberücksichtigung (hier empfiehlt sich eine quotenmäßige Festlegung) ist die Höhe des pfandfreien Betrages im Beschluß festzusetzen, § 850c Abs. 4 ZPO (LG Osnabrück Rpfleger 1989, 248).

2. Wirkung des Beschlusses

Der Beschluß über die Nichtberücksichtigung eines Angehörigen mit eigenem   684
Einkommen wirkt nur für den Pfändungsgläubiger, auf dessen Antrag die Bestimmung getroffen wurde (BAG NJW 1987, 1573; ArbG Bamberg JurBüro 1990, 264; ArbG Nienburg JurBüro 1989, 1316). Weiterhin begründet ein solcher Beschluß kein neues Pfandrecht, sondern erweitert nur das bereits bestehende Pfandrecht des Pfändungsgläubigers. Der Beschluß wirkt auf den Zeitpunkt des ersten Pfändungsbeschlusses zurück, ein eigener Pfändungsvorrang wird hierdurch nicht begründet. Jeder weitere Pfändungsgläubiger muß einen eigenen Antrag stellen, um den erhöhten Pfändungsbetrag zu erhalten. Ein Abtretungsgläubiger ist nicht antragsberechtigt.

Ordnet das Vollstreckungsgericht die Nichtberücksichtigung eines Unterhaltsberechtigten an, ist auch der Unterhaltsberechtigte selbst hiergegen beschwerdeberechtigt (OLG Oldenburg Rpfleger 1991, 261).

VIII. Zusammenrechnung mehrerer Arbeitseinkommen

1. Voraussetzungen

Mehrere Arbeitseinkommen des Schuldners sind auf Antrag des Gläubigers vom   685
Vollstreckungsgericht bei der Pfändung zusammenzurechnen, § 850e Nr. 2 ZPO. Hierbei können nur mehrere laufende Einkünfte des Schuldners berücksichtigt werden. Eine Zusammenrechnung des Arbeitseinkommens aus unselbständiger Tätigkeit mit einer solchen aus selbständiger Tätigkeit kann nicht erfolgen (LG Hannover JurBüro 1990, 1059). Auch das Arbeitseinkommen oder die Rente des Ehepartners des Schuldners kann nicht mit der Pfändung des schuldnerischen Arbeitseinkommens oder Rentenanspruches zusammengerechnet werden (LG Marburg Rpfleger 1992, 167). Der Gläubiger muß hier gegebenenfalls einen Antrag auf Nichtberücksichtigung des un-

terhaltsberechtigten Ehepartners mit eigenen Einkünften stellen, § 850c Abs. 4 ZPO. Ausländische Sozialleistungen können mit dem Arbeitseinkommen ebenfalls nicht zusammengerechnet werden (LG Aachen MDR 1992, 521).

686 Der Antrag des Gläubigers auf Zusammenrechnung mehrerer Arbeitseinkommen setzt nicht voraus, daß er diese auch insgesamt gepfändet hat (Schuschke § 850e Rn. 6). In diesem Falle wird das nichtgepfändete Arbeitseinkommen dem gepfändeten als Rechnungsbetrag hinzugerechnet. Die Pfändungsfreibeträge errechnen sich nunmehr aus dem erhöhten, zusammengerechneten Betrag, der Schuldner wird so behandelt, als erziele er nur ein gemeinsames Arbeitseinkommen. Diese Vorgehensweise kann jedoch dazu führen, daß der Gläubiger unter Umständen keinen pfändbaren Betrag erzielt. Hat der Gläubiger nur ein relativ geringes Nebeneinkommen des Schuldners gepfändet, und beantragt dieses mit dem wesentlich höheren weiteren Arbeitseinkommen des Schuldners zusammenzurechnen, können die errechneten Freibeträge für den Schuldner und seine unterhaltsberechtigten Personen unter Umständen höher als das geringe Nebeneinkommen sein. Da der Gläubiger das weitere Arbeitseinkommen selbst nicht gepfändet hat, dieses lediglich für die Berechnung herangezogen wurde, kann er hierauf keinen Zugriff nehmen, dies sollte vermieden werden. Der Gläubiger sollte immer sämtliche Einkommen pfänden.

2. Verfahren

687 Der Gläubiger kann den Antrag auf Zusammenrechnung gleichzeitig mit dem Pfändungsantrag oder auch zeitlich später stellen. Im ersteren Falle wird der Schuldner vor der Entscheidung über die Zusammenrechnung nicht gehört, § 834 ZPO. Der Gläubiger muß jedoch die verschiedenen Einkommensarten bezeichnen und auch deren Höhe. Weiterhin sind Angaben zu den persönlichen Verhältnissen des Schuldners, insbesondere der unterhaltsverpflichteten Personen, vorzutragen. Erfolgt der Antrag auf Zusammenrechnung erst nach der Pfändung, ist dem Schuldner rechtliches Gehör zu gewähren (Stöber Rn. 1140; a.A.: LG Frankenthal Rpfleger 1982, 231). Bei der Beschlußfassung über den Antrag muß das Vollstreckungsgericht bestimmen, welchem Arbeitseinkommen der unpfändbare Grundbetrag in erster Linie zu entnehmen ist, § 850e Nr. 2 ZPO. Dies ist regelmäßig das Arbeitseinkommen, das die wesentliche Grundlage der Lebenshaltung des Schuldners bildet. Hierbei ist nicht unbedingt das höhere Arbeitseinkommen ausschlaggebend, vielmehr ist auf das für den Schuldner sicherere Einkommen abzustellen. In der Praxis beschließt das Vollstreckungsgericht regelmäßig, daß sich die verschiedenen Drittschuldner nach der Pfändung untereinander in Verbindung zu setzen haben, um gegenseitig die jeweiligen Einkünfte mitzuteilen und dann den pfändbaren Betrag aus dem zusammengerechneten Einkommen zu ermitteln (so auch Schuschke § 850e Rn. 5, MünchKommZPO/Smid § 850e Rn. 22).

688 So lange eines der Arbeitseinkommen über dem unpfändbaren Grundbetrag gemäß § 850c Abs. 1 ZPO liegt, steht fest, welchem Einkommen dieser Betrag zu entnehmen ist. Liegen jedoch die Arbeitseinkommen unterhalb des unpfändbaren Grundbetrages oder sind die Einkommenshöhen sehr unterschiedlich oder schwankend, muß das Vollstreckungsgericht betragsmäßig festlegen, von welchem Einkommen der unpfändbare Grundbetrag jeweils abzuziehen ist (LArbG Düsseldorf Rpfleger 1986, 100; Grunsky ZIP 1983, 908; a.A.: Zöller/Stöber § 850e Rn. 5).

689 Bezieht der Schuldner neben dem Arbeitseinkommen eine bedingt pfändbare Leistung gemäß § 850b ZPO, kann einem Antrag auf Zusammenrechnung nur stattgegeben werden, wenn die besonderen Voraussetzungen gemäß § 850b Abs. 2 ZPO, insbesondere Billigkeitsgründe, vorliegen. Ob dem Antrag eines Gläubigers auf Zusammenrechnung stattgegeben werden kann, wenn dieser zugleich wegen einer gewöhnlichen Geldforderung und als bevorrechtigter Unterhaltsgläubiger vollstreckt, ist streitig (bejahend: LG Frankfurt/Main Rpfleger 1983, 449; verneinend: Hornung Rpfleger 1982, 46). Gegen die Zulässigkeit eines solchen Antrages sprechen jedoch keine überzeugenden Gründe. Da bei der Unterhaltspfändung der dem Schuldner verbleibende Freibetrag ohnehin durch das Vollstreckungsgericht festzulegen ist, kann im Rahmen dieser Entscheidung das weitere Arbeitseinkommen berücksichtigt werden (vgl. hierzu mit Beispielen Mertens Rpfleger 1984, 453).

3. Wirkung des Beschlusses

Der Zusammenrechnungsbeschluß gilt nur unter den Verfahrensbeteiligten (LArbG 690 Düsseldorf Rpfleger 1986, 100). Die erweiterte Pfändungsmöglichkeit kommt somit nur dem beantragenden Gläubiger zugute. Der Pfändungsumfang vorrangiger oder nachrangiger Gläubiger wird hiervon nicht berührt. Diese Gläubiger müssen einen eigenen Antrag stellen. Allerdings kann der Beschluß den bereits begründeten Pfändungsrang eines vorrangigen Gläubigers nicht mehr beeinträchtigen, § 804 Abs. 3 ZPO (Schuschke § 850e Rn. 6, MünchKommZPO/Smid § 850e Rn. 19).

IX. Pfändung eines Unterhaltsgläubigers

1. Bevorrechtigte Forderungen

Pfändet ein Gläubiger wegen eines gesetzlichen Unterhaltsanspruches, wird das 691 Arbeitseinkommen des Schuldners in wesentlich höherem Maße erfaßt, als dies bei der Pfändung einer gewöhnlichen Geldforderung der Fall ist, § 850d Abs. 1 ZPO. Ein gesetzlicher Grundfreibetrag und unpfändbare Mehrbeträge für die unterhaltsverpflichteten Personen des Schuldners ist hier gesetzlich nicht vorgesehen, § 850d Abs. 1 S. 1 ZPO. Den dem Schuldner verbleibenden Freibetrag setzt das Vollstreckungsgericht nach eigenem Ermessen fest. Auch die Pfändungsmöglichkeit auf die absolut unpfändbaren Bezüge gemäß § 850a Nr. 1, 2 und 4 ZPO wird erweitert; unpfändbar sind nur $1/4$ der für die Leistung von Mehrarbeitsstunden gezahlten Lohnanteile, $1/2$ der Urlaubsvergütung und $1/4$ des Weihnachtsgeldes, höchstens aber die Hälfte des in Nr. 4 festgelegten Betrages, (z.Z. 270,– DM) § 850d Abs. 1 S. 2 ZPO.

Dieses Vorrecht genießen nur die gesetzlichen Unterhaltsansprüche der Verwandten 692 in gerader Linie, §§ 1601 ff. BGB, der Ehegatte oder ein früherer Ehegatte, §§ 1569 ff. BGB, und die Mutter eines nichtehelichen Kindes, §§ 1615a ff. BGB. Das Pfändungsprivileg gilt für die laufenden Unterhaltsansprüche und die bis zu einem Jahr rückständigen, § 850d Abs. 1 S. 4 ZPO. Für Rückstände, die älter als ein Jahr sind, gilt die bevorrechtigte Pfändung nur, wenn sich der Schuldner seiner Zahlungspflicht absichtlich entzogen hat (s. Rn. 699).

In den Genuß des Vorrechts kommen grundsätzlich nur gesetzliche Unterhaltsansprüche, nicht vertraglich begründete. Wird jedoch vertraglich der gesetzliche Unterhaltsanspruch der Höhe und dem Grunde nach geregelt, muß auch hier das Vorrecht gewährt werden (Brox/Walker, Rn. 570). Das Vorrecht genießt auch ein eventueller Prozeßkostenvorschuß des Ehegatten nach § 1360a Abs. 4 BGB (Stöber Rn. 1084; a.A.: LG Essen MDR 1965, 662; LG Bremen Rpfleger 1970, 214). Gleiches gilt für die Frage, ob die Prozeß- und Zwangsvollstreckungskosten des Unterhaltsrechtsstreites ebenfalls zu den privilegierten Forderungen gehören (bejahend: OLG Hamm Rpfleger 1977, 109; verneinend: Stöber Rn. 1085; LG München Rpfleger 1965, 278). Das Vorrecht geht auch nicht dadurch verloren, daß der gesetzliche Unterhaltsanspruch kraft Gesetzes auf den Träger der Sozialhilfe übergeht, §§ 90, 91 BSHG. Hat das Sozialamt anstelle des nicht zahlenden Schuldners Hilfe zum Lebensunterhalt gewährt, kann es durch schriftliche Anzeige (Überleitungsanzeige) an den Schuldner bewirken, daß der Unterhaltsanspruch bis zur Höhe der erbrachten Leistungen auf den Träger der Sozialhilfe übergeht. Das Vorrecht setzt jedoch nicht voraus, daß der Anspruch selbst ausschließlich in der Hand des Unterhaltsgläubigers liegen muß, Sinn der Vorschrift ist auch, daß die Unterhaltsberechtigten nicht der Allgemeinheit zur Last fallen. Demzufolge geht auch der Schutzzweck dieser Vorschrift nicht durch den Übergang des Anspruches auf den Sozialleistungsträger verloren (BAG NJW 1971, 2094; OLG Hamm Rpfleger 1977, 110; LG Aachen Rpfleger 1983, 360).

2. Notwendiger Unterhaltsbedarf

693 Bei der bevorrechtigten Pfändung ist dem Schuldner immer soviel zu belassen, wie er für seinen notwendigen Unterhalt und zur Erfüllung seiner laufenden gesetzlichen Unterhaltspflichten gegenüber den dem Gläubiger vorgehenden Berechtigten oder zur gleichmäßigen Befriedigung der dem Gläubiger gleichstehenden Berechtigten bedarf, § 850d S. 2 ZPO. Das Vollstreckungsgericht muß den Freibetrag für den Schuldner nach eigenem Ermessen der Höhe nach in dem Beschluß festlegen. Der festzulegende Freibetrag richtet sich nach den örtlichen Gegebenheiten bzw. nach eigenen Erfahrungsgrundsätzen. Anhaltspunkt sollte immer der dem Schuldner verbleibende Betrag sein, der sich nach den Vorschriften des Bundessozialhilfegesetzes als laufende Hilfe zum Lebensunterhalt ergibt (KG Rpfleger 1987, 73 und Rpfleger 1994, 373; LG Detmold Rpfleger 1993, 357: z.Z. 1200,– DM). Neben den allgemeinen Lebenshaltungskosten ist jedoch speziell auch das jeweilige Mietniveau am Wohnsitz des Schuldners zu berücksichtigen (vgl. z.B. LG Hannover JurBüro 1988, 130).

Weiterhin ist dem Schuldner der Betrag freizugeben, den er zur Erfüllung seiner laufenden Unterhaltspflichten gegenüber solchen Unterhaltsberechtigten benötigt, die dem pfändenden Gläubiger vorgehen oder dem Gläubiger gleichstehen. Die Rangfolge regelt § 850d Abs. 2 ZPO. Die Unterhaltsberechtigten werden hier in drei Gruppen unterteilt, wobei die jeweils zuerst genannte Gruppe Vorrang vor den weiteren Gruppen hat. Mehrere gleich nahe Berechtigte in einer Gruppe selbst haben untereinander gleichen Rang (vgl. OLG Köln Rpfleger 1994, 33 = NJW-RR 1993, 1156).

694 In die erste Gruppe fallen die minderjährigen unverheirateten Kinder, der Ehegatte, ein früherer Ehegatte und die Mutter eines nichtehelichen Kindes. Bezüglich des Ehegatten bzw. des früheren Ehegatten gilt jedoch § 1582 BGB, der geschiedene Ehegatte hat Rang vor dem derzeitigen Ehegatten des Schuldners, wenn der frühere Ehegatte außer Stande ist, einer Erwerbstätigkeit nachzugehen, § 1581 BGB. Das Vollstreckungsgericht kann das Rangverhältnis der Berechtigten zueinander jedoch auf Antrag des

Schuldners oder eines Berechtigten in anderer Weise regeln, § 850d Abs. 2a ZPO. Ein solcher Antrag setzt zuerst voraus, daß die Pfändung bereits wirksam geworden ist. Wird der Antrag von einem gleichrangigen Unterhaltsberechtigten gestellt, der zunächst nicht berücksichtigt wurde, ist der Pfändungsbeschluß des zuerst pfändenden Unterhaltsberechtigten zu ändern, jedoch nur im Bereich des Vorrechts nach § 850d ZPO. Im übrigen hat die zuerst wirksam gewordene Pfändung Vorrang vor der späteren Pfändung, § 804 Abs. 3 ZPO (LG Aurich FamRZ 1990, 777). Die Anordnung des Vollstreckungsgerichtes, daß die Pfändungsbeschlüsse mehrerer Unterhaltsgläubiger mit rückwirkender Wirkung gleichrangig zu behandeln sind, braucht der Schuldner für die Vergangenheit nur insoweit nachzukommen, als er im Zeitpunkt der Kenntniserlangung von diesem Beschluß noch keine Zahlung geleistet hat (BAG NJW 1991, 1774).

In die zweite Gruppe gehören die übrigen ehelichen und nichtehelichen Kinder des **695** Schuldners, wobei die Kinder den anderen Abkömmlingen vorgehen. In die dritte Gruppe fallen dann die Verwandten aufsteigender Linie, also die Eltern, Großeltern usw., wobei die näheren Grade den entfernteren vorgehen. Der Freibetrag zur Erfüllung der gesetzlichen Unterhaltspflichten der dem Gläubiger vorgehenden Unterhaltsberechtigten ist ziffernmäßig im Pfändungsbeschluß durch das Vollstreckungsgericht festzulegen. Hierbei ist für die Ehefrau ein höherer Freibetrag anzunehmen als für die Kinder. Unterschiede können sich auch dann ergeben, wenn eines der Kinder bereits in der Ausbildung ist oder noch zur Schule geht.

Ist der Schuldner der Auffassung, daß der Pfändungsfreibetrag unrichtig festgesetzt **696** worden ist, muß er im Wege der Erinnerung hiergegen vorgehen, § 766 ZPO (LArbG Saarland JurBüro 1990, 115).

Sind der pfändende Gläubiger und die mit dem Schuldner zu berücksichtigenden **697** Unterhaltsberechtigten gleichrangig, ist der Pfändungsbetrag gleichmäßig zwischen dem Gläubiger und dem gleichstehenden Unterhaltsberechtigten aufzuteilen. Diese Aufteilung wird im Zweifel nach Kopfteilen erfolgen. Das Vollstreckungsgericht wird daher in dem Pfändungsbeschluß für den Gläubiger und die übrigen unterhaltsberechtigten Personen eine gleichmäßige Quote festlegen.

Der dem Schuldner verbleibende Teil seines Arbeitseinkommens darf jedoch in kei **698** nem Fall den Betrag übersteigen, der sich als Freibetrag aus der amtlichen Lohnpfändungstabelle zu § 850c ZPO entnehmen läßt. Der bevorrechtigte Unterhaltsgläubiger darf sich in keinem Falle schlechter stehen als ein normal pfändender Gläubiger, daher sind mindestens die Beträge nach der amtlichen Lohnpfändungstabelle an den Gläubiger abzuführen. Hat der Schuldner in Kenntnis der titulierten Unterhaltsverpflichtung einen wesentlichen Teil seines Arbeitseinkommens an einen Dritten abgetreten, so kann er bei der Festsetzung des pfändungsfreien Betrages so gestellt werden, als würde ihm der abgetretene Betrag noch zur Verfügung stehen (LG Saarbrücken Rpfleger 1986, 309).

3. Verfahren

Das Vorrecht für den Unterhaltsgläubiger wird nur auf Antrag gewährt, andernfalls **699** ergeht der Pfändungsbeschluß nach § 850c ZPO. Vor Erlaß des Pfändungsbeschlusses wird der Schuldner nicht gehört, § 834 ZPO. Vollstreckt der Unterhaltsgläubiger auch wegen Rückständen, die älter als ein Jahr sind, genügt der schlüssige Vortrag, daß der Schuldner sich seiner Zahlungspflicht absichtlich entzogen hat (KG Rpfleger 1986, 394; a.A.: OLG Köln Rpfleger 1994, 33 = NJW-RR 1993, 1156). Soweit der Schuldner rügt, daß die Unterhaltsfreibeträge unrichtig festgesetzt wurden, muß er hiergegen Erinnerung einlegen, § 766 ZPO (LArbG Saarland JurBüro 1990, 115).

4. Vorratspfändung

700 Bei der Vollstreckung wegen eines gesetzlichen Unterhaltsanspruches, aber auch wegen der Rente aus Anlaß einer Verletzung des Körpers oder der Gesundheit, kann zugleich mit der Pfändung wegen fälliger Ansprüche auch künftig fällig werdendes Arbeitseinkommen wegen der dann jeweils fällig werdenden Ansprüche gepfändet und überwiesen werden, § 850d Abs. 3 ZPO. Diese sogenannte Vorratspfändung ist eine Ausnahme zu § 751 Abs. 1 ZPO, wonach die Pfändung grundsätzlich erst nach Fälligkeit des Anspruches zulässig ist. Außer der Voraussetzung eines geltend gemachten Unterhaltsanspruches muß bereits mindestens eine fällige Leistung vorliegen, und die Pfändung muß in laufendes Arbeitseinkommen erfolgen. Dem Arbeitseinkommen gleich stehen die bedingt pfändbaren Ansprüche gemäß § 850b ZPO oder fortlaufende Sozialgeldleistungen. Ausgeschlossen ist daher die Pfändung in wiederkehrende andere Forderungen oder Rechte (a.A.: LG Düsseldorf Rpfleger 1985, 119), in Einkünfte eines Selbständigen, die auf sein Bankkonto überwiesen werden (LG Hannover JurBüro 1987, 463). Zugelassen wird das Privileg jedoch bei Pfändung in andere wiederkehrende Leistungen, z.B. Miet- oder Pachtansprüche (LG Saarbrücken Rpfleger 1973, 373). Diese Pfändung wird richtigerweise jedoch als „Dauerpfändung" und nicht als Vorratspfändung bezeichnet (vgl. auch OLG Hamm Rpfleger 1994, 222 „Dauerpfändung in den Erbanteil").

Die zulässige Vorratspfändung bewirkt, daß zwar erst Zahlung zu leisten ist, wenn die jeweiligen Unterhaltsbeträge fällig werden, jedoch entsteht auch für die erst später fällig werdenden Forderungen des Gläubigers von Anfang an ein einheitlicher Pfändungsrang. Bei der Dauerpfändung entsteht erst mit jeder neuen Fälligkeit des künftigen Unterhaltsanspruches jeweils ein neuer Pfändungsrang, die Pfändung ist damit aufschiebend bedingt (Stöber Rn. 691 m.w.N.).

5. Verrechnungsantrag

701 Pfändet zunächst ein Gläubiger das Arbeitseinkommen des Schuldners wegen einer gewöhnlichen Geldforderung, und wird nachrangig die Pfändung eines Unterhaltsgläubigers wirksam, kann auch diese letztere, bevorrechtigte Pfändung das Pfändungspfandrecht des erstpfändenden Gläubigers nicht mehr zerstören, § 804 Abs. 3 ZPO. Da jedoch bei der Unterhaltspfändung die dem Schuldner und seiner Familie verbleibenden festgelegten Freibeträge wesentlich niedriger sind als die Grundfreibeträge nach der amtlichen Lohnpfändungstabelle, erhält der Unterhaltsgläubiger regelmäßig dennoch eine Zuteilung, da seine Pfändung das Arbeitseinkommen des Schuldners weitaus tiefer erfaßt. Wird jedoch umgekehrt zuerst die Pfändung des Unterhaltsgläubigers wirksam und nachrangig die Pfändung des Gläubigers wegen einer normalen Geldforderung, wird der letztere Gläubiger keine Zuteilung erhalten. Um dem Gläubiger wegen seiner gewöhnlichen Geldforderung dennoch eine Befriedigungschance einzuräumen, kann auf Antrag angeordnet werden, daß auf die Unterhaltsansprüche zunächst die gemäß § 850d ZPO der Pfändung in erweitertem Umfang unterliegenden Teile des Arbeitseinkommens zu verrechnen sind, § 850e Abs. 4 ZPO.

Die Verrechnung nimmt auf Antrag eines Beteiligten (dies könnte auch der Schuldner oder Drittschuldner sein) das Vollstreckungsgericht vor. Die Forderung des Unterhaltsgläubigers soll zunächst durch die gepfändeten Teile des Arbeitseinkommens getilgt werden, die über die Beträge aus der amtlichen Lohnpfändungstabelle hinaus im Wege der bevorrechtigten Unterhaltspfändung das Arbeitseinkommen des Schuldners im erweiterten Umfange erfassen (z.B.: nach Lohnpfändungstabelle wären pfändbar 90,– DM, nach dem bei der Unterhaltsvollstreckung vom Vollstreckungsgericht festgelegten Freibetrag für den Schuldner und seine Familie 300,– DM; pfändet der normale Gläubiger zuerst, erhält er die 90,– DM, der nachrangig pfändende Unterhaltsgläubiger erhält noch 210,– DM. Umgekehrt erhält der zuerst pfändende Unterhaltsgläubiger 300,– DM und der nachrangig pfändende normale Gläubiger zunächst nichts. Beträgt der monatliche Unterhaltsanspruch 250,– DM und wird nur noch dieser Betrag geschuldet, erhält der nachrangige normale Gläubiger immer noch keine Zuteilung, da die 250,– DM über dem Lohnpfändungstabellenbereich von 90,– DM liegen. Hier greift jetzt der Verrechnungsantrag. Der Unterhaltsgläubiger wird zunächst in den Vorrechtsbereich (300,– DM ∕ 90,– DM = 210,– DM) verwiesen, reichen die Beträge nicht, greift er auf den Tabellenbereich zu. Für den normal pfändenden Gläubiger verbleiben dann immer noch (300,– DM ∕ 250,– DM = 50,– DM).

702

Selbst wenn der Unterhaltsgläubiger nicht die bevorrechtigte Pfändung nach § 850d ZPO beantragt hat, kann der nachrangige Gläubiger einen solchen Verrechnungsantrag stellen. Ebenso erfolgt diese Berechnung, wenn der Schuldner einen Teil seines Arbeitseinkommens wegen einer Unterhaltsforderung abgetreten oder in sonstiger Weise darüber verfügt hat. Nicht antragsberechtigt ist aber ein nachrangiger Abtretungsgläubiger, da der Antrag eine Pfändung voraussetzt (Schuschke § 850e Rn. 13, MünchKommZPO/Smid § 850e Rn. 46).

703

Vor der Entscheidung über einen solchen Verrechnungsantrag hat das Vollstreckungsgericht den Beteiligten rechtliches Gehör zu gewähren. Der Beschluß, welcher den Beteiligten zuzustellen ist, ergeht mit konstitutiver Wirkung. Solange der Beschluß dem Drittschuldner nicht zugestellt wird, leistet dieser nach dem Inhalt der ihm vorliegenden Pfändungsbeschlüsse, Abtretungen und sonstige Verfügungen mit befreiender Wirkung gegenüber dem Gläubiger, § 850e Nr. 4 ZPO (Zöller/Stöber § 850e Rn. 33).

X. Änderung des unpfändbaren Betrages

1. Erhöhung des unpfändbaren Betrages

Da der Schuldner vor der Pfändung regelmäßig nicht anzuhören ist, § 834 ZPO, können die besonderen Lebensumstände und Bedürfnisse des Schuldners bei Erlaß des Pfändungsbeschlusses zunächst nicht berücksichtigt werden. Nach Wirksamwerden der Pfändung kann der Schuldner daher jederzeit einen Antrag stellen, damit der pfändbare Teil seines Arbeitseinkommens eingeschränkt wird, § 850f Abs. 1 ZPO,

704

– wenn er nachweist, daß die unpfändbaren Beträge nach der amtlichen Lohnpfändungstabelle nicht ausreichen und er sozialhilfebedürftig i.S.d. BSHG wird;

– wenn besondere Bedürfnisse aus persönlichen oder beruflichen Gründen vorliegen;

– wenn der besondere Umfang der gesetzlichen Unterhaltspflichten dies erforderlich macht.

Mit der ersten Alternative wird der Situation der ständig steigenden Lebenshaltungskosten Rechnung getragen. Sofern die Pfändungsfreibeträge nach der amtlichen Lohnpfändungstabelle oder die festgelegten Freibeträge bei einer Unterhaltspfändung (nach LG Berlin Rpfleger 1993, 120 soll die vorgenannte Vorschrift bei einer Unterhaltspfändung keine Anwendung finden) unter die Höhe des notwendigen Lebensunterhaltes i.S.d. BSHG fallen, muß das Vollstreckungsgericht auf Antrag des Schuldners die Pfändungsbeschlüsse entsprechend korrigieren. Den Nachweis der Höhe der jeweiligen Sozialhilfesätze führt der Schuldner durch eine Bescheinigung des Sozialamtes. Allerdings ist das Vollstreckungsgericht an diese Regelbedarfsbescheinigung nicht gebunden, es muß den notwendigen Lebensunterhalt eigenverantwortlich ermitteln (LG Stuttgart Rpfleger 1993, 357).

Dem Schuldner muß bei einer Pfändung immer so viel für sich und seine Unterhaltsverpflichteten verbleiben, daß er nicht der Sozialhilfe anheim fällt (OLG Stuttgart NJW 1987, 758; OLG Köln FamRZ 1989, 996; LG Hannover Rpfleger 1991, 212). Eine Änderung der dem Schuldner zu verbleibenden Freibeträge darf jedoch nicht dazu führen, daß das ganze Arbeitseinkommen gänzlich unpfändbar wird, ein Rest des pfändbaren Einkommens muß dem Gläubiger immer zugewiesen werden (LG Aachen JurBüro 1990, 121).

Die Zahl der Unterhaltsberechtigten führt immer dann zu einer Änderung des pfändbaren Teils des Arbeitseinkommens, wenn der Schuldner mehr als fünf Personen gegenüber unterhaltsverpflichtet ist, da die amtliche Lohnpfändungstabelle maximal nur fünf Unterhaltsverpflichtete berücksichtigt. Freiwillig übernommene Unterhaltspflichten stellen jedoch keinen Abänderungsgrund dar, es muß sich um gesetzliche Unterhaltspflichten handeln (LG Schweinfurt Rpfleger 1984, 69).

Besondere Bedürfnisse des Schuldners aus persönlichen Gründen sind z.B. zusätzliche Ausgaben wegen einer körperlichen Behinderung (OLG Zweibrücken JurBüro 1988, 934), oder ein Mehrbedarf für ärztlich verordnete Diätverpflegung (LG Essen, LG Frankenthal, LG Mainz alle Rpfleger 1990, 470). Aus beruflichen Gründen können auch erhöhte Fahrtkosten zum Arbeitsplatz ausschlaggebend sein (OLG Köln FamRZ 1989, 996), die Kosten der Anschaffung und Unterhaltung eines Pkw setzen jedoch voraus, daß das Fahrzeug selbst unpfändbar ist gemäß § 811 ZPO (OLG Zweibrücken JurBüro 1988, 933).

2. Herabsetzung des unpfändbaren Betrages (Deliktsansprüche)

705 Vollstreckt der Gläubiger wegen einer titulierten Forderung aus einer vorsätzlich begangenen unerlaubten Handlung, kann er direkt mit Erlaß des Pfändungsbeschlusses beantragen, daß der dem Schuldner zu verbleibende Freibetrag unabhängig von der Höhe der amtlichen Lohnpfändungstabelle festgelegt wird, § 850f Abs. 2 ZPO. Der Schuldner soll sich wegen eines solchen Deliktsanspruches weit mehr einschrän-

ken müssen, als dies bei einer gewöhnlichen Geldforderung der Fall ist. Dem Schuldner ist jedoch so viel zu belassen, wie er für seinen notwendigen Unterhalt und zur Erfüllung seiner laufenden gesetzlichen Unterhaltspflichten benötigt; hierbei sind die örtlichen Sozialhilfesätze als Ausgangspunkt zu beachten (LG Hannover Rpfleger 1991, 212; LG Koblenz JurBüro 1992, 636).

Voraussetzung für einen solchen Antrag des Gläubigers ist eine titulierte Forderung aus vorsätzlich begangener unerlaubter Handlung, grobe Fahrlässigkeit alleine genügt hier nicht. Das Pfändungsprivileg gilt auch für die Prozeßkosten und die Kosten der Zwangsvollstreckung, die im Zusammenhang mit der Titulierung des Anspruches aus der vorsätzlich begangenen unerlaubten Handlung entstanden sind (KG Rpfleger 1972, 66; LG Dortmund Rpfleger 1989, 75; a.A.: LG Hannover Rpfleger 1982, 232).

Die vorsätzlich begangene unerlaubte Handlung muß der Gläubiger grundsätzlich nachweisen. Entweder ergibt sich diese Tatsache bereits aus dem Tenor des Urteils oder aus den Entscheidungsgründen (LG Bonn Rpfleger 1994, 264). Der Gläubiger kann auch gegebenenfalls auf die Prozeßakten verweisen, sofern sich aus den dortigen Schriftsätzen eindeutige Hinweise ergeben (LG Darmstadt Rpfleger 1985, 155). Ist dies nicht der Fall, z.B. bei Vorlage eines Vollstreckungsbescheides, muß der Gläubiger die vorsätzlich begangene unerlaubte Handlung schlüssig vortragen. Das Vollstreckungsgericht muß dann selbständig diese Angaben prüfen (OLG Hamm NJW 1973, 1332; LG Düsseldorf NJW-RR 1987, 758). Sofern der Vortrag des Gläubigers ungenügend ist, muß er gegebenenfalls eine Feststellungsklage erheben (BGH NJW 1990, 834; OLG Oldenburg NJW-RR 1992, 573). **706**

Begehrt der Gläubiger die Herabsetzung der Freibeträge direkt mit dem Antrag auf Erlaß des Pfändungsbeschlusses, ist der Schuldner grundsätzlich vorher nicht anzuhören, § 834 ZPO (OLG Düsseldorf NJW 1973, 1133; OLG Koblenz MDR 1975, 939). Nach anderer Auffassung handelt es sich hierbei jedoch um eine Ermessensentscheidung des Vollstreckungsgerichtes, die nur nach Anhörung der Verfahrensbeteiligten erlassen werden kann, insbesondere auch im Hinblick auf den dem Schuldner mindestens zu belassenen notwendigen Unterhaltsbetrag (OLG Hamm NJW 1973, 1332). Der Beschluß wirkt im übrigen nur zugunsten des Gläubigers, der ihn erwirkt hat. Weiterhin wird mit einem solchen, den Pfändungsumfang erweiternden Beschluß nicht das ursprüngliche Pfandrecht gleichermaßen vergrößert, sondern das Prioritätsprinzip bleibt erhalten, der Beschluß wirkt erst ab Zustellung (Schuschke § 850f Rn. 12). Trifft ein Beschluß nach § 850f Abs. 2 ZPO mit einer Unterhaltspfändung nach § 850d ZPO zusammen, geht der Unterhaltsgläubiger dem Deliktsgläubiger in dem der Pfändung erweiterten Umfangsbereich immer vor (Schuschke § 850f Rn. 12). **707**

3. Herabsetzung des unpfändbaren Betrages (hohes Einkommen)

Verfügt der Schuldner über ein höheres Einkommen, kann der Gläubiger beantragen, daß ein Mehrbetrag über die gesetzlich festgelegten Freibeträge nach § 850c ZPO oder der festgelegte Freibetrag bei einer Unterhaltspfändung für pfändbar erklärt wird, § 850f Abs. 3 ZPO. Der Antrag ist jedoch nur dann zulässig, wenn das Arbeitseinkommen des Schuldners den Betrag von 3744,– DM übersteigt. Da das Einkommen über 3796,– DM ohnehin der Pfändung in vollem Umfang unterliegt und es sicherlich nur äußerst selten einen Schuldner mit einem so hohen Einkommen geben wird, hat diese Vorschrift ihre praktische Bedeutung nahezu gänzlich verloren. **708**

709 Die Entscheidung über den Antrag des Gläubigers trifft das Vollstreckungsgericht nach freiem Ermessen. Begehrt der Gläubiger den erhöhten Betrag zugleich mit dem Antrag auf Erlaß des Pfändungsbeschlusses, muß er die Höhe des Arbeitseinkommens des Schuldners angeben, da der Schuldner vor der Entscheidung grundsätzlich nicht gehört wird, § 834 ZPO (Stöber Rn. 1195, 1198). Dem Schuldner ist jedoch mindestens so viel zu belassen, wie sich bei einem Arbeitseinkommen aus der amtlichen Lohnpfändungstabelle, berechnet nach den in § 850f Abs. 3 ZPO genannten Beträgen, ergibt.

XI. Änderung der Unpfändbarkeitsvoraussetzungen

710 Nach Wirksamwerden der Pfändung des Arbeitseinkommens können sich die Voraussetzungen für die Bemessung des unpfändbaren Teils jederzeit ändern (z. B. Geburt, Todesfall, Heirat etc.). Diese Änderungen in der persönlichen Sphäre des Schuldners hat grundsätzlich auch der Drittschuldner zu beachten, sofern diese Veränderungen ihm bekannt und nachgewiesen werden. Hat das Vollstreckungsgericht in dem Pfändungsbeschluß die Freibeträge oder den pfändbaren Teil des Arbeitseinkommens ziffernmäßig festgelegt, muß sich der Drittschuldner an diese Feststellungen halten. Der Pfändungsbeschluß ist dann durch das Vollstreckungsgericht, welches den Beschluß erlassen hat (BGH Rpfleger 1990, 308), zu korrigieren.

710a Den entsprechenden Antrag kann der Schuldner, der Gläubiger oder auch ein Dritter stellen, der dem Schuldner kraft Gesetzes Unterhalt gewährt, § 850g ZPO. Der abändernde Beschluß ist insbesondere dem Drittschuldner zuzustellen, da dieser so lange mit befreiender Wirkung an den Gläubiger leistet, bis ihm der Änderungsbeschluß bekannt gegeben wurde, § 850g S. 3 ZPO. Hat das Vollstreckungsgericht die Änderung auf einen rückwirkenden Zeitpunkt festgelegt, hat diese Rückwirkung keinen Einfluß auf bereits durch den Drittschuldner geleistete Zahlungen (OLG Köln Rpfleger 1988, 419).

XII. Verschleiertes Arbeitseinkommen

1. Lohnschiebungsvertrag

711 Vereinbart der Schuldner mit dem Drittschuldner/Arbeitgeber, daß die Vergütung für seine Arbeit oder seine Dienste ganz oder teilweise an einen Dritten zu bewirken ist, liegt ein sogenannter Lohnschiebungsvertrag vor. Unabhängig davon, ob es sich um laufende oder eine einmalige Vergütung handelt, wird der Lohnanspruch in der Person des Dritten begründet, und damit dem Pfändungszugriff des Gläubigers entzogen. Damit solche Vereinbarungen jedoch nicht zum Nachteil des Gläubigers getroffen werden können, (BGH NJW 1979, 1601), umfaßt die Pfändung des Vergütungsanspruchs des Schuldners ohne weiteres auch den Anspruch des Drittberechtigten, § 850h Abs. 1 ZPO (LG Lübeck Rpfleger 1986, 100). Der Pfändungsbeschluß ist daher dem Drittberechtigten ebenso wie dem Schuldner zuzustellen. Der Gläubiger kann

aber auch direkt den Anspruch des Drittberechtigten pfänden. Ein besonderer Vollstreckungstitel gegen den Dritten oder eine eventuelle Klauselumschreibung des bereits vorhandenen Titels ist nicht erforderlich, da die Pfändung aufgrund des Schuldtitels gegen den Schuldner erfolgt. Es genügt, wenn der Gläubiger im Antrag auf Erlaß des Pfändungsbeschlusses die Tatsachen schlüssig vorträgt, der Schuldner wird vorher nicht gehört, § 834 ZPO. Wirksam wird die Pfändung mit Zustellung an den Drittschuldner, die weiteren Zustellungen an den Drittberechtigten bzw. den Schuldner dienen deren Kenntnisnahme, sind jedoch keine Wirksamkeitsvoraussetzung (Zöller/Stöber § 850h Rn. 1). Verweigert der Drittberechtigte die Zahlung mit der Begründung, eine Lohnschiebung liege nicht vor, muß er im Wege der Drittwiderspruchsklage vorgehen, § 771 ZPO. Zahlt hingegen der Drittschuldner nicht, muß der Gläubiger Zahlungsklage erheben. Das Prozeßgericht (meistens Arbeitsgericht) prüft dann, ob die Voraussetzungen einer Lohnschiebung vorliegen (Schuschke § 850h Rn. 5; Zöller/Stöber § 850h Rn. 1).

2. Lohnverschleierung

Leistet der Schuldner dem Drittschuldner Arbeiten oder Dienste, für die er kein oder nur ein geringes Entgelt erhält, die aber üblicherweise nach Art und Umfang vergütet werden, wird der tatsächliche Lohn verschleiert. In der Praxis sind solche Arbeits- oder Dienstverhältnisse immer dann anzutreffen, wenn der Ehepartner im Geschäft des anderen Ehegatten mitarbeitet, oder die Kinder arbeiten im Geschäft der Eltern. Damit der Drittschuldner nach der Pfändung die Zahlung nicht mit der Begründung verweigern kann, ein pfändbarer Betrag liege nicht vor, wird zugunsten des Gläubigers eine angemessene Vergütung für die Arbeits- oder Dienstleistung als geschuldet angenommen, § 850h Abs. 2 ZPO (BGH NJW 1979, 1601; OLG Düsseldorf NJW-RR 1989, 390).

712

Da das Vollstreckungsgericht die Voraussetzungen bei Erlaß des Pfändungsbeschlusses nicht prüft, erfolgt die Pfändung regelmäßig in den Grenzen nach § 850c ZPO. Bei der Pfändung eines Unterhaltsgläubigers setzt das Vollstreckungsgericht die Freibeträge für den Schuldner und seine unterhaltsberechtigten Personen im Beschluß fest. Welche Vergütungshöhe im Einzelfalle angemessen ist, muß das Prozeßgericht im Drittschuldnerprozeß feststellen, das Vollstreckungsgericht darf eine solche Festsetzung nicht vornehmen (LG Frankenthal Rpfleger 1984, 425). Bei der Bemessung der Vergütung ist zugunsten des Drittschuldners zu berücksichtigen, daß ihm der Schuldner einen Teil seiner Arbeitsleistung unentgeltlich zuwenden will, um z.B. Schulden abzuarbeiten. Allerdings darf dies nicht zu einem auffälligen Mißverhältnis zur erbrachten Arbeitsleistung stehen. Ein solches Mißverhältnis besteht in einem Wirtschaftsbetrieb mit niedrigem Lohnniveau bei einer Divergenz zum üblichen Tariflohn von mehr als 30 % (LAG Hamm ZIP 1993, 610). Ob von dem Pfändungsbeschluß auch Rückstände des fingierten Arbeitseinkommens erfaßt werden, muß zunächst durch Auslegung ermittelt werden, hiervon kann jedoch regelmäßig ausgegangen werden. Ob die Pfändung dieser Rückstände überhaupt zulässig ist, wird streitig beantwortet (ja: Baumbach/Hartmann § 850h Rn. 9; nein: Stöber Rn. 1228). Haben mehrere Gläubiger das verschleierte Arbeitseinkommen gepfändet, gilt auch im Rahmen des § 850h Abs. 2 ZPO das Prioritätsprinzip, das Pfandrecht des rangersten Gläubigers geht dem des nachrangigen Gläubigers vor, § 804 Abs. 3 ZPO (BGH Rpfleger 1991, 68).

712a

XIII. Sonstige Vergütungen, § 850i ZPO

713 Der Pfändungsschutz gemäß §§ 850a–d ZPO wird nur bei laufenden Einkünften des Schuldners gewährt. Für eine nicht wiederkehrend zahlbare Vergütung muß der Schuldner einen entsprechenden Antrag stellen, um zu erreichen, daß ihm für einen angemessenen Zeitraum für seinen notwendigen Unterhalt und den seiner unterhaltsverpflichteten Personen ein entsprechender Freibetrag gewährt wird, § 850i Abs. 1 ZPO. Hierunter fällt vor allen Dingen das Einkommen der freiberuflich Tätigen, z. B. Ärzte, Rechtsanwälte, Steuerberater, Wirtschaftsprüfer usw. Ebenso fällt hierunter eine einmalige Leistung, die dem Schuldner z.B. dann gewährt wird, wenn er aus dem Arbeitsverhältnis oder aus der Bundeswehr ausscheidet (Abfindung, Karenzentschädigung). Ob die Abfindung aufgrund einer Kündigung oder aus Anlaß einer einvernehmlichen Auflösung des Arbeitsverhältnisses resultiert, ist unerheblich (OLG Köln OLGZ 1990, 236). Auch auf Sozialplanabfindungen ist die Vorschrift anzuwenden (BAG Rpfleger 1992, 442).

713a Bei Antragstellung hat der Schuldner seine persönlichen und wirtschaftlichen Verhältnisse darzulegen. Vor der Entscheidung ist dem Gläubiger rechtliches Gehör zu gewähren. Bei der Festlegung der dem Schuldner verbleibenden Freibeträge darf in keinem Falle über die Freigrenzen nach § 850c ZPO hinausgegangen werden, ihm ist nicht mehr zu belassen, als wenn er ein laufendes Arbeitseinkommen bezieht. Allerdings kann auch der vor der Antragstellung liegende Unterhaltsbedarf des Schuldners berücksichtigt werden (OLG Stuttgart Rpfleger 1985, 159). Ein etwaiger Anspruch auf Sozialhilfe hat jedoch in jedem Falle außer Betracht zu bleiben (OLG Köln MDR 1990, 258). Der Beschluß ist allen Beteiligten von Amts wegen zuzustellen.

Kapitel C
Pfändung von Sozialleistungsansprüchen

I. Pfändbare Ansprüche

Die Pfändbarkeit von Sozialleistungsansprüchen ist geregelt in § 54 SGB I. Hiernach **714** können Ansprüche auf **Dienst- und Sachleistungen** nicht gepfändet werden, § 54 Abs. 1 SGB I. Es handelt sich hierbei um zweckgebundene Leistungen, die weder übertragbar noch pfändbar sind (z.B. Arznei- oder Heilmittel).

1. Einmalige Beträge

Ansprüche auf **einmalige Geldleistungen** können gepfändet werden, soweit nach den **715** Umständen des Einzelfalles, insbesondere nach den Einkommens- und Vermögensverhältnissen des Schuldners, der Art des beizutreibenden Anspruches sowie der Höhe und der Zweckbestimmung der Geldleistung, die Pfändung der Billigkeit entspricht, § 54 Abs. 2 SGB I. Bei diesen einmaligen Leistungen handelt es sich zum Beispiel um Kapitalabfindungen, Rentenabfindungen oder Bestattungs- und Sterbegelder, oder ein Anspruch auf Fahrtkostenersatz. Dem Schuldner muß mindestens für eine angemessene Zeit so viel belassen werden, wie er zum Lebensunterhalt für sich und seine Familie bedarf. Das wichtigste Kriterium zur Bejahung der Pfändbarkeit ist sicherlich die Zweckbestimmung der Geldleistung. Im Regelfall wird die Pfändung demzufolge nur dann zulässig sein, wenn durch die Vollstreckungsmaßnahme die gepfändete Leistung gerade ihrer Zweckbestimmung selbst zugeführt wird (z.B: Pfändung von Sterbegeld für die nicht bezahlten Kosten der Bestattung).

2. Laufende Beträge

Ansprüche auf **laufende Geldleistungen** können grundsätzlich wie Arbeitsein- **716** kommen gepfändet werden, § 54 Abs. 4 SGB I n.F. (§ 54 Abs. 3 SGB I a.F.).

Durch das Gesetz zur Änderung von Vorschriften des Sozialgesetzbuchs über den Schutz der Sozialdaten sowie zur Änderung anderer Vorschriften (Zweites Gesetz zur Änderung des Sozialgesetzbuchs – 2. SGBÄndG) vom 13. 6. 1994 (BGBl. I 1229) wurde die Vorschrift über die Pfändung von Sozialgeldleistungen, § 54 SGB I, außer in den Abs. 1 und 2, entscheidend geändert. Die Änderungen sind am Tage nach der Verkündung, dem 18.6.1994 ohne Übergangsregelung sofort in Kraft getreten.

alte Fassung bis 17. 6. 1994	neue Fassung ab 18. 6. 1994
Abs. 3:	Abs. 3:
Ansprüche auf laufende Geldleistungen können wie Arbeitseinkommen gepfändet werden	**Unpfändbar sind Ansprüche auf**
1. wegen gesetzlicher Unterhaltsansprüche,	1. Erziehungsgelder und vergleichbare Leistungen der Länder,
2. wegen anderer Ansprüche nur, soweit die in Absatz 2 genannten Voraussetzungen vorliegen und der Leistungsberechtigte dadurch nicht hilfebedürftig im Sinne der Vorschriften des Bundessozialhilfegesetzes über die Hilfe zum Lebensunterhalt wird.	2. Mutterschaftsgeld nach § 13 Abs. 1 Mutterschutzgesetz, soweit das Mutterschaftsgeld nicht aus einer Teilzeitbeschäftigung während des Erziehungsurlaubs herrührt oder anstelle von Arbeitslosenhilfe gewährt wird, bis zur Höhe des Erziehungsgeldes nach § 5 Abs. 1 Bundeserziehungsgeldgesetzes,

3. Geldleistungen, die dafür bestimmt sind, den durch einen Körper- oder Gesundheitsschaden bedingten Mehraufwand auszugleichen.

Abs. 4:

Ein Anspruch des Leistungsberechtigten auf Geldleistungen für Kinder (§ 48 Abs. 1 Satz 2) kann wegen gesetzlicher Unterhaltsansprüche eines Kindes, das bei der Festsetzung der Geldleistungen berücksichtigt wird, gepfändet werden. Für die Höhe des pfändbaren Betrages bei Kindergeld gilt:

1. Gehört das unterhaltsberechtigte Kind zum Kreis der Kinder, für die dem Leistungsberechtigten Kindergeld gezahlt wird, so ist eine Pfändung bis zu dem Betrag möglich, der bei gleichmäßiger Verteilung des Kindergeldes auf jedes dieser Kinder entfällt. Ist das Kindergeld durch die Berücksichtigung eines weiteren Kindes erhöht, für das einer dritten Person Kindergeld oder dieser oder dem Leistungsberechtigten eine andere Geldleistung für Kinder zusteht, so bleibt der Erhöhungsbetrag bei der Bestimmung des pfändbaren Betrages des Kindergeldes nach Satz 1 außer Betracht.

2. Der Erhöhungsbetrag (Nummer 1 Satz 2) ist zugunsten jedes bei der Festsetzung des Kindergeldes berücksichtigten unterhaltsberechtigten Kindes zu dem Anteil pfändbar, der sich bei gleichmäßiger Verteilung auf alle Kinder, die bei der Festsetzung des Kindergeldes zugunsten des Leistungsberechtigten berücksichtigt werden, erübrigt.

Abs. 4:

Im übrigen können Ansprüche auf laufende Geldleistungen wie Arbeitseinkommen gepfändet werden.

Abs. 5:

Ein Anspruch auf Erziehungsgeld und ein Anspruch auf vergleichbare Leistungen der Länder können nicht gepfändet werden.

Abs. 5:

Ein Anspruch des Leistungsberechtigten auf Geldleistungen für Kinder (§ 48 Abs. 1 Satz 2) kann wegen gesetzlicher Unterhaltsansprüche eines Kindes, das bei der Festsetzung der Geldleistungen berücksichtigt wird, gepfändet werden. Für die Höhe des pfändbaren Betrages bei Kindergeld gilt:

1. **Gehört das unterhaltsberechtigte Kind zum Kreis der Kinder, für die dem Leistungsberechtigten Kindergeld gezahlt wird, so ist eine Pfändung bis zu dem Betrag möglich, der bei gleichmäßiger Verteilung des Kindergeldes auf jedes dieser Kinder entfällt. Ist das Kindergeld durch die Berücksichtigung eines weiteren Kindes erhöht, für das einer dritten Person Kindergeld oder dieser oder dem Leistungsberechtigten eine andere Geldleistung für Kinder zusteht, so bleibt der Erhöhungsbetrag bei der Bestimmung des pfändbaren Betrages des Kindergeldes nach Satz 1 außer Betracht.**

2. **Der Erhöhungsbetrag (Nummer 1 Satz 2) ist zugunsten jedes bei der Festsetzung des Kindergeldes berücksichtigten unterhaltsberechtig-**

192

ten Kindes zu dem Anteil pfändbar, der sich bei gleichmäßiger Verteilung auf alle Kinder, die bei der Festsetzung des Kindergeldes zugunsten des Leistungsberechtigten berücksichtigt werden, ergibt.

Abs. 6:

Kommt es für die Zulässigkeit einer Pfändung eines Anspruches auf Geldleistungen darauf an, ob die Pfändung der Billigkeit entspricht und ob der Leistungsberechtigte durch die Pfändung nicht hilfebedürftig im Sinne der Vorschriften des Bundessozialhilfegesetzes über die Hilfe zum Lebensunterhalt wird, sollen der Leistungsberechtigte und der Gläubiger vor der Entscheidung über die Pfändung unter Hinweis auf die Rechtsfolgen aus Satz 2 und 3 innerhalb einer zu bestimmenden Frist gehört werden. Trägt der Leistungsberechtigte innerhalb der bestimmten Frist keine Tatsachen vor, die gegen die Billigkeit der Pfändung sprechen oder die die Annahme rechtfertigen, daß er durch die Pfändung hilfebedürftig im Sinne der Vorschriften des Bundessozialhilfegesetzes über die Hilfe zum Lebensunterhalt wird, kann davon ausgegangen werden, daß die Pfändung zulässig ist. Eine Verfügung des Leistungsberechtigten über den Anspruch nach dem Zeitpunkt, zu dem ihm vom Vollstreckungsgericht oder von der Vollstreckungsbehörde Gelegenheit gegeben wurde, sich zu erklären, ist dem Gläubiger gegenüber bis zur Pfändung unwirksam; sie bleibt auch bis zum Eintritt der Unanfechtbarkeit der die Pfändung ablehnenden Entscheidung oder sonstigen Erledigung des Verfahrens, die dem Leistungsberechtigten mitzuteilen ist, unwirksam. Die Entgegennahme fälliger Beträge bleibt hiervon unberührt.

II. Bisheriges Recht bis zum 17. 6. 1994

Bisher war für die Zulässigkeit der Pfändung laufender Geldleistungen nach dem SGB zu unterscheiden, ob es sich um Leistungen mit Lohnersatzfunktion oder um zweckgerichtete Leistungen handelte. **717**

Zu den **Leistungen mit Lohnersatzfunktion** gehören insbesondere das Arbeitslosengeld, Arbeitslosenhilfe, Konkursausfallgeld, Schlechtwettergeld, Kurzarbeitergeld, Krankengeld, Hinterbliebenenrente und Witwenrente. **717a**

Zweckgebunden wird hingegen die Ausbildungsförderung nach dem BAFÖG gewährt, sie dient ausschließlich dem Bedarf zur Erhaltung des Lebensunterhaltes und der Ausbildung. Die Sozialhilfe selbst ist absolut unpfändbar, da es sinnwidrig ist, die Pfändung zuzulassen mit der Folge, daß der Schuldner wiederum der Sozialhilfe anheimfallen würde (LG Berlin MDR 1978, 323). Das Wohngeld nach dem Wohngeldgesetz wird ebenfalls zweckgebunden gewährt und war daher nur dann pfändbar, wenn der Anspruch seiner Zweckbestimmung zugeführt wurde, z. B. wenn wegen der Miete für die Wohnung vollstreckt wurde, für die dem Schuldner der Wohngeldanspruch zustand (LG Bonn Rpfleger 1989, 164 m. Anm. Hintzen m.w.N.). **717b**

717c Laufende Sozialgeldleistungen konnten nur gepfändet werden, wenn die Pfändung der Billigkeit entsprach und der Schuldner nicht sozialhilfebedürftig wurde, § 54 Abs. 3 Nr. 2 SGB I a.F. Handelte es sich bei der zu pfändenden Sozialgeldleistung um eine Forderung mit Lohnersatzfunktion, konnte grundsätzlich von der Billigkeit ausgegangen werden (BGH NJW 1985, 976, so auch MünchKommZPO/Smid § 850i Rn. 45). Da die Pfändung weiterhin im Rahmen der Vorschriften über die Pfändung des Arbeitseinkommens erfolgte, war grundsätzlich davon auszugehen, daß ein Eintritt der Sozialhilfebedürftigkeit nicht gegeben war. Etwas anderes galt nur dann, wenn die Sozialgeldleistung zweckgebunden gewährt wurde. Kam es für die Zulässigkeit der Pfändung auf Billigkeitsgesichtspunkte an, mußte der Gläubiger die Einkommens- und Vermögensverhältnisse des Schuldners darlegen, die Art des beizutreibenden Anspruches angeben, zur Höhe und Zweckbestimmung der Geldleistung Stellung nehmen, und er mußte vortragen, daß der Schuldner nicht hilfebedürftig im Sinne der Vorschriften des BSHG wurde, § 54 Abs. 2 Nr. 2 SGB I a.F. Da der Gläubiger jedoch die persönlichen und wirtschaftlichen Verhältnisse des Schuldners nicht unbedingt kannte, sollte der Schuldner vor Erlaß des Pfändungsbeschlusses durch das Vollstreckungsgericht regelmäßig gehört werden, § 54 Abs. 6 S. 1 SGB I a.F. Es entstand sehr schnell Streit darüber, ob es sich hierbei um eine Anhörungspflicht handelte oder nur um eine Sollvorschrift.

717d Hatte der Gläubiger die Billigkeit der Pfändung vorgetragen und handelte es sich insbesondere um einen zu pfändenden Anspruch mit Lohnersatzfunktion, konnte die Pfändung ohne Anhörung des Schuldners erlassen werden. Von einer Anhörungspflicht gemäß § 54 Abs. 6 S. 2 SGB I a.F. konnte nicht ausgegangen werden (Zellner/Stöber § 850i Rn. 26).

717e Regelmäßig jedoch kannte der Gläubiger die persönlichen und wirtschaftlichen Verhältnisse des Schuldners nicht. In diesem Falle war und wurde der Schuldner vor der Pfändung durch das Vollstreckungsgericht angehört. Trug er innerhalb einer durch das Vollstreckungsgericht bestimmten Frist keine Tatsachen vor, die gegen die Billigkeit der Pfändung sprachen oder die die Annahme rechtfertigten, daß er durch die Pfändung sozialhilfebedürftig wurde, war davon auszugehen, daß die Pfändung zulässig ist, § 54 Abs. 6 S. 2 SGB I a.F. Dieses Verfahren war sehr aufwendig für alle Beteiligten und nicht zuletzt auch das Gericht.

717f Damit der Gläubiger vor anspruchsvernichtenden Verfügungen des Schuldners geschützt war, wurde dem Schuldner vor der Pfändung jede Verfügung über den zu pfändenden Anspruch zu ungunsten des Gläubigers verboten. Über dieses Verfügungsverbot hatte das Vollstreckungsgericht den Schuldner zu belehren. Das Verfügungsverbot wirkte von dem Zeitpunkt des Zugangs des Anhörungsschreibens mit der Belehrung bis zur Wirksamkeit der Pfändung oder bis zur Unanfechtbarkeit eines den Antrag zurückweisenden Beschlusses durch das Vollstreckungsgericht, § 54 Abs. 6 S. 3 SGB I a.F. Allerdings war der Schuldner nicht gehindert, während des Verfügungsverbotes fällige Beträge noch einzuziehen, § 54 Abs. 6 S. 4 SGB I a.F. Ebenfalls bot das Verfügungsverbot keinen Schutz vor zwischenzeitlich zugestellten weiteren Pfändungsbeschlüssen anderer Gläubiger. Deren Rang bestimmte sich nach Wirksamkeit der jeweiligen Pfändung, § 804 Abs. 3 ZPO. Der Gläubiger konnte sich hiervor nur durch eine Vorpfändung sichern (vgl. Rn. 657). Dies wurde allerdings vielerorts nicht beachtet. Auch hier zeigte sich die wenig praktikable Lösung, die erst durch das 1. SGBÄnG vom 20. 7. 1988 BGBl. I 1046 ins Gesetz aufgenommen worden war.

III. Neues Recht ab dem 18. 6. 1994

Nunmehr können laufende Geldleistungen nach dem SGB I uneingeschränkt wie Arbeitseinkommen gepfändet werden, § 54 Abs. 4 SGB I n.F. Es ist hierbei auch nicht mehr zu unterscheiden, ob wegen gesetzlicher Unterhaltsansprüche vollstreckt wird oder wegen anderer Forderungen (vgl. früher § 54 Abs. 3 Nr. 1 SGB I a.F.). Eine besondere Erwähnung dieser früheren Ausnahmevorschrift bedurfte es nach der Generalisierung der Zulässigkeit der Pfändung nicht mehr. Die Pfändung selbst erfolgt hier wie bei einer Unterhaltspfändung gemäß § 850d ZPO (vgl. Rn. 691). Das Vollstreckungsgericht muß im Pfändungsbeschluß den Freibetrag für den Schuldner und seine Unterhaltspflichtigen ziffermäßig festlegen. Auch die Pfändung wegen rückständiger Unterhaltsleistungen über ein Jahr hinaus ist zulässig, wenn der Schuldner sich seiner Zahlungspflicht absichtlich entzogen hat, § 850d Abs. 1 S. 4 ZPO. Wegen fälliger Ansprüche können gleichzeitig mit der Pfändung auch die künftig fällig werdenden laufenden Sozialgeldleistungen wegen der dann jeweils fällig werdenden Ansprüche gepfändet werden, § 850d Abs. 3 ZPO (vgl. hierzu Rn. 213). **718**

IV. Kindergeld

Auch nach neuem Recht kann Kindergeld nur wegen gesetzlicher Unterhaltsansprüche eines Kindes gepfändet werden, das bei der Festsetzung der Geldleistung selbst berücksichtigt wurde, sog. „Zahlkind bzw. Zählkinder", § 54 Abs. 5 SGB I n.F. (§ 54 Abs. 4 SGB I a.F.). Hier haben sich auch nach neuem Recht ab dem 18. 6. 1994 keine Änderungen ergeben (vgl. hierzu im Einzelnen Stöber, Rn. 1386 ff. mit Beispielen). **719**

V. Erziehungsgeld

Auch nach neuem Recht ab dem 18. 6. 1994 sind das Erziehungsgeld oder ein Anspruch auf vergleichbare Leistungen der Länder grundsätzlich unpfändbar, § 54 Abs. 3 SGB I n.F. (§ 54 Abs. 5 SGB I a.F.). Die Unpfändbarkeit besteht auch, wenn wegen gesetzlicher Unterhaltsansprüche vollstreckt wird. Dies ergibt sich bereits aus § 850a Nr. 6 ZPO, da die Pfändung von Sozialgeldleistungen „wie Arbeitseinkommen" erfolgt und hierauf somit auch § 850a ZPO anzuwenden ist (vgl. LG Oldenburg Rpfleger 1987, 28). **720**

VI. Mutterschaftsgeld

Neu mit Wirkung vom 18. 6. 1994 wurde in § 54 Abs. 3 Nr. 2 SGB I n.F. aufgenommen, daß auch Mutterschaftsgeld nach § 13 MuSchG grundsätzlich unpfändbar ist. Das Mutterschaftsgeld wird in den letzten 6 Wochen vor der Geburt (§ 3 Abs. 2 MuSchG) und bis 8 Wochen nach der Geburt (§ 6 Abs. 1 MuSchG) gezahlt, § 13 Abs. 1 MuSchG. **721**

Auf diese Leistung würde auch § 54 SGB I Anwendung finden (vgl. Stöber, Rn. 1320). Auch wenn die Pfändung nach altem Recht regelmäßig nicht der Billigkeit entsprochen hätte, ist nunmehr klargestellt, daß dieser Anspruch der Pfändung gänzlich entzogen ist. Die Unpfändbarkeit gilt allerdings nicht, sofern das Mutterschaftsgeld aus einer Teilzeitarbeit während des Erziehungsurlaubs (bis zur Vollendung des dritten Lebensjahrs des Kindes, § 15 BErzGG) herrührt oder anstelle von Arbeitslosenhilfe gewährt wird.

In jedem Falle gilt die Unpfändbarkeit aber nur bis zur Höhe des Erziehungsgeldes nach § 5 Abs. 1 BErzGG (derzeit 600,– DM monatlich).

VII. Mehraufwand für Körper- und Gesundheitsschäden

722 Mit Wirkung vom 18.6.1994 wurde neu ins Gesetz aufgenommen, daß auch Geldleistungen unpfändbar sind, die den durch einen Körper- oder Gesundheitsschaden bedingten Mehraufwand ausgleichen sollen, § 54 Abs. 3 Nr. 3 SGB I n.F. Hiermit sind nicht die Ansprüche gemeint, die bereits nach § 850 b Abs. 1 Nr. 1 ZPO unpfändbar bzw. bedingt pfändbar sind (vgl. Kap. 673). Hiermit sind die Renten nach dem Sozialversicherungsgesetz und dem Bundesversorgungsgesetz gemeint (z.B. Ausgleichsrenten für Schwerkriegsbeschädigte, vgl. OLG Celle Rpfleger 1952, 597; oder die Grundrente eines Kriegsbeschädigten OLG Hamm Rpfleger 1983, 409). Diese Ansprüche sollen den Mehraufwand abdecken, der dem Schuldner durch seinen Gesundheits- oder Körperschaden entstanden ist und seine Erwerbsfähigkeit entsprechend gemindert bzw. eingeschränkt ist (vgl. Stöber, Rn. 1006).

VIII. Künftige Sozialgeldleistungsansprüche

723 Bei der Frage, ob auch künftige Sozialgeldleistungsansprüche gepfändet werden können, ist zunächst festzuhalten, daß der Schuldner auf die Sozialleistungen einen Anspruch hat, diese sind abtretbar und daher jederzeit pfändbar, § 53 SGB I. Somit können auch zukünftige Ansprüche gepfändet werden, sofern bereits im Zeitpunkt des Erlasses des Pfändungsbeschlusses eine rechtliche Grundlage besteht und die Forderung nach ihrer Art und der Person des Drittschuldners bestimmbar ist (Stöber Rn. 1359 b).

– altes Recht bis zum 17.6.1994

724 Nach altem Recht bis zum 17.6.1994 lagen die Probleme der Pfändung einer künftigen laufenden Sozialgeldleistung in der Frage der Billigkeitsprüfung durch das Vollstreckungsgericht. Die Billigkeit bedeutete eine Tatsachenfeststellung über die Einkommens- und Vermögensverhältnisse des Schuldners, die Art des beizutreibenden Anspruches sowie die Höhe und die Zweckbestimmung der Sozialleistung unter

Berücksichtigung der jeweiligen Umstände des Einzelfalles. Vielfach wurde daher die Pfändung eines zukünftigen Anspruches, insbesondere eines künftigen Rentenanspruches, verneint, da im Zeitpunkt der Pfändung die Billigkeit noch nicht geprüft werden konnte (OLG Köln NJW 1990, 2696; LG Bielefeld JurBüro 1990, 1062; LG Köln Rpfleger 1990, 129; LG Düsseldorf Rpfleger 1991, 129; LG Ulm Rpfleger 1990, 375; LG Aurich Rpfleger 1991, 165; LG Frankenthal Rpfleger 1991, 164).

Einige Gerichte ließen eine Pfändung grundsätzlich zu (OLG Schleswig JurBüro 1988, 541; LG Aachen JurBüro 1990, 1520; OLG Oldenburg NJW-RR 1992, 512). Im übrigen wurde vielfach auf das Lebensalter des Schuldners abgestellt, da die Pfändung abgelehnt wurde, wenn der Anspruch erst in Jahrzehnten entstand (LG Hamburg NJW 1988, 1675; LG Marburg Rpfleger 1989, 163; LG Frankfurt/Main Rpfleger 1989, 116 und 1992, 441; LG Münster Rpfleger 1990, 129; OLG Celle, OLG Hamm, OLG Schleswig alle Rpfleger 1992, 260; LG Hannover Rpfleger 1993, 168).

Diese Argumente gegen die Pfändung überzeugten jedoch alle nicht. Eine laufende Sozialgeldleistung mit Lohnersatzfunktion, und hierzu gehören unzweifelhaft Rentenansprüche, konnte m.E. bereits vorher grundsätzlich nach den Vorschriften über Arbeitseinkommen gepfändet werden. Die Prüfung des eventuellen Eintritts der Sozialhilfebedürftigkeit entfiel, da davon ausgegangen werden konnte, daß die Lohnpfändungstabelle den Eintritt der Sozialhilfebedürftigkeit ausschloß (so LG Nürnberg-Fürth Rpfleger 1993, 207).

– neues Recht ab dem 18. 6. 1994

Nach neuem Recht – ab dem 18.6.1994 – können die Gründe der Billigkeit und des möglichen Eintritts der Sozialhilfebedürftigkeit keine Rolle mehr spielen, da auch künftige Sozialgeldleistungsansprüche nunmehr uneingeschränkt pfändbar sind, sofern die Voraussetzungen für künftige Forderungen vorliegen (vgl. Hornung Rpfleger 1994, 442, Hintzen ZAP Fach 14, 173). Dies gilt insbesondere im Hinblick auf die gesetzliche Änderung des § 850f Abs. 1a ZPO (Buchst. a eingefügt durch das 6. Gesetz zur Änderung der Pfändungsfreigrenzen vom 1. 4. 1992 BGBl. I 745). Sofern der Schuldner durch die Pfändung sozialhilfebedürftig wird, muß er beim Vollstreckungsgericht einen Antrag auf Änderung der Pfändungsfreibeträge stellen (so bereits deutlich LG Nürnberg-Fürth Rpfleger 1993, 207).

725

IX. Zusammenrechnung von Arbeitseinkommen mit Sozialgeldleistungen

Zusammen mit der Änderung des § 54 SGB I durch das Gesetz zur Änderung von Vorschriften des Sozialgesetzbuchs über den Schutz der Sozialdaten sowie zur Änderung anderer Vorschriften (Zweites Gesetz zur Änderung des Sozialgesetzbuchs – 2. SGBÄndG) vom 13.6.1994 (BGBl I 1229) wurde in Art. 19 SGB I auch die Vorschrift § 850e Nr. 2a ZPO über die Zusammenrechnung von Arbeitseinkommen mit Sozialgeldleistungen geändert.

726

alte Fassung bis 17.6.1994

Nr. 2 e:

Mit Arbeitseinkommen sind auf Antrag auch Ansprüche auf laufende Geldleistungen nach dem Sozialgesetzbuch zusammenzurechnen, soweit nach den Umständen des Falles, insbesondere nach den Einkommens- und Vermögensverhältnissen des Leistungsberechtigten, der Art des beizutreibenden Anspruches sowie der Höhe und der Zweckbestimmung der Geldleistung, die Zusammenrechnung der Billigkeit entspricht. Das Vollstreckungsgericht soll vor seiner Entscheidung den Leistungsberechtigten und den Gläubiger hören; § 54 Abs. 6 Satz 1 und 2 des Ersten Buches Sozialgesetzbuch gilt entsprechend. Für eine Verfügung des Leistungsberechtigten über das Arbeitseinkommen und die Ansprüche auf laufende Geldleistung nach dem Sozialgesetzbuch gilt § 54 Abs. 6 Satz 3 des Ersten Buches Sozialgesetzbuch entsprechend. Der unpfändbare Grundbetrag ist, soweit die Pfändung nicht wegen gesetzlicher Unterhaltsansprüche erfolgt, in erster Linie den laufenden Geldleistungen nach dem Sozialgesetzbuch zu entnehmen. Ansprüche auf Geldleistungen für Kinder dürfen mit Arbeitseinkommen nur zusammengerechnet werden, soweit sie nach § 54 Abs. 4 des Ersten Buches Sozialgesetzbuch gepfändet werden können.

| neue Fassung ab 18.6.1994

Nr. 2 e:

Mit Arbeitseinkommen sind auf Antrag auch Ansprüche auf laufende Geldleistungen nach dem Sozialgesetzbuch zusammenzurechnen, soweit diese der Pfändung unterworfen sind. Der unpfändbare Grundbetrag ist, soweit die Pfändung nicht wegen gesetzlicher Unterhaltsansprüche erfolgt, in erster Linie den laufenden Geldleistungen nach dem Sozialgesetzbuch zu entnehmen. Ansprüche auf Geldleistungen für Kinder dürfen mit Arbeitseinkommen nur zusammengerechnet werden, soweit sie nach § 54 Abs. 5 des Ersten Buches Sozialgesetzbuch gepfändet werden können.

– altes Recht bis zum 17.6.1994

727   Mit Arbeitseinkommen konnte der Gläubiger gleichzeitig auch Ansprüche auf laufende Sozialgeldleistungen im Wege der Zusammenrechnung pfänden. Wie im Falle der Pfändung einer Sozialgeldleistung alleine war diese nur zulässig, wenn der Gläubiger die Billigkeit der Pfändung vortrug und der Schuldner nicht sozialhilfebedürftig wurde, § 850e Nr. 2a ZPO a.F. Konnte der Gläubiger keine konkreten Tatsachen für die Zulässigkeit der Pfändung vortragen, hörte das Vollstreckungsgericht vor der Entscheidung den Schuldner regelmäßig an. Ab Zustellung dieses Anhörungsschreibens bis zur Zustellung des Pfändungsbeschlusses oder der Unanfechtbarkeit eines Zurückweisungsbeschlusses über den Pfändungsantrag galt zugunsten des Gläubigers ein Verfügungsverbot, Verfügungen des Schuldners über die zu pfändenden Ansprüche waren dem Gläubiger gegenüber unwirksam. Das Verfahren regelte sich somit genauso wie bei der Pfändung der Sozialgeldleistung alleine. Ein wesentliches Kriterium für die Zulässigkeit der Pfändung war auch hier die Unterscheidung zwischen einem Anspruch mit Lohnersatzfunktion und einem Anspruch, der zweckgebunden gewährt wurde.

– neues Recht ab dem 18.6.1994

728   Nunmehr ist auch bei der Zusammenrechnung – wie bei der Pfändung von Sozialgeldleistungen in § 54 SGB I n.F. – klargestellt, daß Ansprüche nach dem SGB I

grundsätzlich der Zusammenrechnung mit Arbeitseinkommen unterliegen, Billigkeitsgesichtspunkte sind nicht mehr entscheidungsrelevant. Sollte der Schuldner nach der Pfändung eventuell sozialhilfebedürftig werden, muß er einen entsprechenden Antrag an das Vollstreckungsgericht nach § 850 f Abs. 1a ZPO stellen.

Ansprüche auf **Kindergeld** dürfen auch **nach neuem Recht** mit Arbeitseinkommen **729** nur zusammengerechnet werden, soweit wegen gesetzlicher Unterhaltsansprüche eines Kindes gepfändet wird, das bei der Festsetzung des Kindergeldes selbst berücksichtigt wurde (vgl. hierzu Zöller/Stöber § 850i Rn. 35–40). Der unpfändbare Grundbetrag ist, soweit die Pfändung nicht wegen gesetzlicher Unterhaltsansprüche erfolgt, in erster Linie der laufenden Sozialgeldleistung zu entnehmen, da es sich hierbei um das sichere Einkommen des Schuldners handelt, § 850e Nr. 2a S. 3 ZPO n.F.

Auch **mehrere Leistungen** nach dem Sozialgesetzbuch können nunmehr auf Antrag **730** des Gläubigers zusammengerechnet werden. Hierbei müssen nur sämtliche zu pfändende Sozialgeldleistungen grundsätzlich pfändbar sein. Weitere Beschränkungen sind allesamt entfallen.

X. Kontenpfändung – Sozialgeldleistung

Hat der Gläubiger das Konto des Schuldners bei einer Bank gepfändet und wird hier- **731** auf eine laufende Sozialgeldleistung überwiesen, ist dieser Anspruch mit Gutschrift auf dem Konto 7 Tage lang grundsätzlich unpfändbar, § 55 Abs. 1 SGB I. Innerhalb dieser Zeit kann der Schuldner jederzeit über den auf das Konto überwiesenen Anspruch verfügen. Allerdings muß der Schuldner dem Geldinstitut gegenüber nachweisen, daß es sich hierbei um eine Leistung nach dem BSHG handelt. Zahlt die Bank innerhalb der ersten 7 Tage nach der Gutschrift, ist die laufende Sozialgeldleistung insoweit weiterhin nicht der Pfändung unterworfen, als ihr Betrag dem unpfändbaren Teil der Leistungen für die Zeit von der Pfändung bis zum nächsten Zahlungstermin entspricht, § 55 Abs. 4 SGB I. Diesen Pfändungsschutz muß die Bank jedoch nicht von sich aus berücksichtigen, der Schuldner ist vielmehr auf den Weg der Erinnerung zu verweisen (OLG Hamm JurBüro 1990, 1058). Hat der Schuldner aus den Sozialgeldleistungen Rücklagen gebildet, die auf dem gepfändeten Konto liegen, werden diese grundsätzlich von der Pfändung erfaßt. Der Schuldner kann nur einen Antrag stellen, daß ihm für die Zeit von der Pfändung bis zum nächsten Zahlungstermin ein notwendiger Unterhaltsbedarf freigegeben wird (LG Siegen JurBüro 1990, 786). Die Rücklagen unterliegen in voller Höhe der Pfändung, auch wenn sie aus grundsätzlich pfandfreien Rentenbeträgen gebildet wurden.

Kapitel D
Pfändung des Girokontos

I. Kontokorrent

1. Zustellungssaldo

732 Kontokorrent (laufendes Konto, laufende Rechnung) ist die Geschäftsverbindung mit einem Kaufmann der Art, daß die aus der Verbindung entspringenden beiderseitigen Ansprüche und Leistungen nebst Zinsen in Rechnung gestellt und in regelmäßigen Zeitabschnitten durch Verrechnung und Feststellung des für den einen oder anderen Teil sich ergebenden Überschusses ausgeglichen werden, § 355 Abs. 1 HGB. Der Rechnungsabschluß geschieht mindestens einmal jährlich, sofern nicht ein anderes vereinbart ist, § 355 Abs. 2 HGB. Der Umfang der Pfändung bestimmt sich nach § 357 HGB. Die einzelnen Forderungen zwischen den Rechnungsabschlüssen sind reine Rechnungsposten, sie unterliegen selbst nicht der Pfändung (BGH NJW 1981, 1612). Die Pfändung erfaßt nur den Saldo, welcher im Zeitpunkt der Zustellung des Pfändungsbeschlusses durch den Drittschuldner zu errechnen ist. Das Konto wird somit buchungstechnisch auf den Zeitpunkt der Zustellung des Pfändungsbeschlusses abgerechnet. Ein eventuelles Guthaben erhält der Gläubiger aber erst im Zeitpunkt des vereinbarten Rechnungsabschlusses ausgezahlt. Allerdings dürfen dem Gläubiger gegenüber Schuldposten, die nach der Pfändung entstehen grundsätzlich nicht mehr in Rechnung gestellt werden, § 357 S. 2 HGB. Der Gläubiger muß sich nach der Pfändung nur noch Schuldposten entgegenhalten lassen, wenn die Bank zur Auszahlung verpflichtet ist, z.B. durch Einlösung eines Schecks (BGH NJW 1985, 863). Die mit der Kontoführung entstehenden Gebühren und Auslagen (Kontoführungs- und Abschlußgebühren) können ebenfalls noch von dem gepfändeten Konto abgebucht werden.

Im übrigen darf der Drittschuldner erst nach einer Zwei-Wochen-Sperre ein eventuelles Guthaben an den Gläubiger auszahlen, § 835 Abs. 3 S. 2 ZPO. Hiernach soll dem Schuldner die Möglichkeit eingeräumt werden, innerhalb dieser Frist einen Kontoschutzantrag zu stellen, § 850k ZPO (s. Rn. 741).

2. Tagessaldo

733 Neben dem Zustellungssaldo muß der Gläubiger ausdrücklich den Anspruch auf Auszahlung der sich zwischen den Rechnungsabschlüssen ergebenden Guthaben pfänden. Nur so kann vermieden werden, daß der Schuldner weiter über das Konto zu Ungunsten des Gläubigers verfügt (BGH NJW 1982, 1150; BGH NJW 1982, 2192). Da es sich bei den in der Praxis überwiegend vorkommenden Gehaltskonten um ein „Girokonto" handelt, muß der Gläubiger auch den Anspruch des Schuldners auf Auszahlung des jeweiligen Tagesguthabens pfänden. Nur so kann der Gläubiger erreichen, daß das Konto nunmehr in vollem Umfange zu seinen Gunsten gesperrt ist. Bei dem Anspruch auf Auszahlung des Tagesguthabens handelt es sich um eine Geldforderung, die grundsätzlich pfändbar ist (BGH NJW 1982, 2192; BFH NJW 1984, 1919). Auch ein eventuelles Tagesguthaben kann erst nach Ablauf einer Zwei-Wochen-Frist an den Gläubiger ausgezahlt werden, § 835 Abs. 3 ZPO.

3. Überweisungsanspruch

Damit ab dem Zeitpunkt der Zustellung des Pfändungsbeschlusses auch tatsächlich   **734**
alle bei dem Drittschuldner eingehenden Beträge dem Konto gutgeschrieben werden,
und um zu verhindern, daß der Schuldner durch Vornahme von Überweisungsaufträgen über das Konto weiter verfügt, sollten auch diese beiden Ansprüche (auf Vornahme von Überweisungsaufträgen und des Anspruches auf Gutschrift) mitgepfändet werden (BGH NJW 1985, 1219; OLG Köln WM 1983, 1049). Mit dieser umfassen-
den Pfändung ist sichergestellt, daß der Schuldner in keinem Falle mehr über das
Konto zu Ungunsten des Gläubigers verfügen kann. Selbst wenn das Konto im Debet
geführt wird, ist nunmehr sichergestellt, daß nur noch Gutschriften dem Konto zuge-
bucht werden können; in keinem Falle darf der Schuldner das Konto weiter ins Debet
führen (OLG Köln WM 1983, 1049).

II. Überziehungskredit/Dispositionskredit

Auch ohne eine konkrete Absprache wird die Bank regelmäßig dulden, daß der   **735**
Schuldner sein Gehaltskonto bis zu einer bestimmten Höhe überziehen kann. Der
Schuldner hat hierauf jedoch keinen einklagbaren und damit auch übertragbaren Anspruch. Erst mit der Überziehung des Kontos kommt ein Darlehensvertrag zustande,
der dann als Zahlungsanspruch fällig ist (OLG Köln ZIP 1983, 810; BGH NJW 1985,
1219).

Haben Schuldner und Bank jedoch über eine feste Kreditzusage eine Absprache ge-   **736**
troffen, kann der Schuldner durch seine einseitige Abruferklärung den Kreditbetrag
in Anspruch nehmen (Dispositionskredit). Wird dieser Kredit zweckgebunden gewährt, ist er nicht pfändbar, § 851 Abs. 1 ZPO (Brox/Walker Rn. 529). Ob sowohl das
Recht auf Abruf des Kredites und die nachfolgende Auszahlung der Darlehenssumme
der Pfändung unterliegen, wird unterschiedlich beantwortet. Nach einer Auffassung
unterliegt der Anspruch in vollem Umfange der Pfändung, da der nicht zweckgebundene Kredit dem Schuldner zur freien Verfügung steht (LG Düsseldorf JurBüro
1985, 470 und JurBüro 1987, 936). Die gegenteilige Auffassung hält den Anspruch auf
Einräumung eines Dispositionskredites für unpfändbar. Das Abrufrecht des Schuldners ist ein höchstpersönlicher Anspruch, nur er kann entscheiden, ob er den Kredit
in Anspruch nimmt oder nicht; der Anspruch ist somit nicht übertragbar und auch
nicht pfändbar (LG Dortmund NJW 1986, 997; LG Hildesheim JurBüro 1988, 548; LG
Wuppertal JurBüro 1989, 1318; LG Hannover Rpfleger 1988, 372). Nach einer vermit-
telnden Ansicht ist zwar der Anspruch des Schuldners auf Auszahlung der Darlehenssumme pfändbar, aber das Abrufrecht des Schuldners als höchstpersönliches Recht
nicht (vgl. Baßlsperger Rpfleger 1985, 177; OLG Schleswig SchlHAnz 1992, 77). Dem
Gläubiger ist es also nicht gestattet, den Dispositionskredit selbst im Namen des
Schuldners abzurufen (LG Hamburg NJW 1986, 998). Sofern die Pfändung für zulässig
angesehen wird, muß der Gläubiger in der Praxis jedoch damit rechnen, daß die Bank
nach der Pfändung von ihrem Kündigungsrecht dem Kunden gegenüber Gebrauch
macht und die Darlehenszusage widerrufen wird.

III. Gemeinschaftskonten

737 Vielfach führt der Schuldner sein Gehaltskonto mit seinem Ehepartner zusammen als **Oder-Konto**. Dies bedeutet, daß jeder der Kontoinhaber über das gesamte Guthaben verfügen kann, sie sind insoweit Gesamtgläubiger, § 428 BGB (BGH NJW 1985, 2688). Dies hat für den Gläubiger den Nachteil, daß der weitere Kontoinhaber neben dem Schuldner jederzeit über das Konto verfügen kann, insbesondere innerhalb der Zwei-Wochen-Frist, § 835 Abs. 3 S. 2 ZPO. Auf der anderen Seite bietet es dem Gläubiger den Vorteil, daß er mit einem Titel gegen jeden der Schuldner in das Kontoguthaben vollstrecken kann. Allerdings muß der Gläubiger den eventuellen Ausgleichsanspruch der Konteninhaber untereinander gegen sich gelten lassen (OLG Koblenz NJW-RR 1990, 1385), d.h., er kann nur den anteiligen Auszahlungsanspruch verlangen.

738 Wird das gemeinsame Konto des Schuldners als **Und-Konto** geführt, können die Kontoinhaber nur gemeinsam hierüber verfügen. Zur Vollstreckung in dieses Konto benötigt der Gläubiger einen Vollstreckungstitel gegen sämtliche Kontoinhaber als Gesamtschuldner (Stöber Rn. 342).

739 Ein **Anderkonto**, **Sonderkonto**, **Fremdkonto** oder ein **Sperrkonto** unterliegt grundsätzlich der Pfändung. Da es sich hierbei jedoch um Treuhandkonten, oder Konten handelt, die für einen Dritten geführt werden, muß der Gläubiger immer damit rechnen, daß gegen die Pfändung ein Dritter im Wege der Drittwiderspruchsklage vorgehen wird (vgl. Stöber Rn. 400–410).

IV. Pfändungsverfahren

740 Der Gläubiger muß im Antrag auf Erlaß des Pfändungsbeschlusses den Drittschuldner genau bezeichnen. Die Angabe der Kontonummer ist jedoch nicht erforderlich (BGH NJW 1982, 2193). Führt der Schuldner bei der Bank mehrere Konten, sind alle gepfändet (LG Oldenburg Rpfleger 1982, 112). Allerdings muß der Gläubiger genau angeben, welche Ansprüche er aus dem Kontokorrent- bzw. Girokonto des Schuldners pfändet (LG Oldenburg JurBüro 1982, 620; OLG Frankfurt/Main JurBüro 1981, 458).

740a Die Pfändung wird wirksam mit Zustellung des Beschlusses an die Bank als Drittschuldner § 829 Abs. 3 ZPO. Ob das Konto des Schuldners selbst bei der Hauptniederlassung oder einer Filiale der Bank geführt wird, ist hierbei unerheblich. Die Bank ist verpflichtet, das gepfändete Konto selbst festzustellen. Streitig wird die Frage beantwortet, ob die Bank im Rahmen der Drittschuldnerauskunft berechtigt ist, dem Gläubiger **Kontoauszüge** auszuhändigen. Da der Gläubiger mit Aushändigung sämtlicher Kontoauszüge auch über Kontenbewegungen informiert wird, auf die er grundsätzlich keinen Anspruch hat und die auch für die Durchsetzung des titulierten Anspruches unerheblich sind, wird ein solcher Anspruch überwiegend abgelehnt (LG Frankfurt/Main Rpfleger 1986, 186; LG Itzehoe NJW-RR 1988, 1394; LG Hildesheim JurBüro 1988, 47; AG Rendsburg NJW-RR 1987, 819, welches den Rechnungslegungsanspruch für pfändbar hält; vgl. auch Zöller/Stöber § 829 Rn. 33 „Kontokorrent").

V. Pfändungsschutz für Bankguthaben

1. Antrag

Werden das Arbeitseinkommen des Schuldners oder bedingt pfändbare Ansprüche im Sinne von § 850b ZPO auf das Konto überwiesen, verlieren diese Ansprüche den Pfändungsschutz nach §§ 850 ff. ZPO. Nach Buchung dieser Beträge auf das Konto handelt es sich um eine ganz normale Geldforderung, die der Pfändung unterliegt, § 829 ZPO. Da der Schuldner diese Beträge jedoch für seinen eigenen notwendigen Unterhalt und zur Bestreitung seiner laufenden gesetzlichen Unterhaltspflichten benötigt, muß die Pfändung teilweise oder ganz aufgehoben werden. Hierzu muß der Schuldner einen Antrag an das Vollstreckungsgericht stellen, § 850k Abs. 1 ZPO.

741

2. Verfahren

Da das Vollstreckungsgericht vor einer endgültigen Entscheidung dem Gläubiger rechtliches Gehör gewähren muß, ist es befugt, die Zwangsvollstreckung einstweilen einzustellen, § 850k Abs. 3, § 732 Abs. 2 ZPO. Ohne Anhörung des Gläubigers kann es darüber hinaus bereits vorab dem Schuldner einen Freibetrag gewähren und insoweit die Pfändung aufheben, als der Schuldner diesen Betrag von dem Zeitpunkt der Pfändung bis zum nächsten Zahlungstermin benötigt. Der Schuldner hat sowohl die Angaben für diesen vorweg freizugebenden Betrag, als auch insgesamt die Tatsache, daß wiederkehrende Einkünfte nach §§ 850, 850a, 850b ZPO auf das Konto überwiesen werden, nachzuweisen. Darüber hinaus muß dem Vollstreckungsgericht gegenüber die Familienverhältnisse und auch die wirtschaftlichen Belange glaubhaft gemacht werden, § 850k Abs. 2 S. 3 ZPO.

742

Hebt das Vollstreckungsgericht die Pfändung ganz oder teilweise auf, hat es dem Schuldner ein Guthaben freizugeben, das dieser für seinen eigenen notwendigen Unterhalt und zur Erfüllung seiner gesetzlichen Unterhaltspflichten bis zum nächsten Zahlungstermin benötigt. Da der Gläubiger aber regelmäßig auch die zukünftigen Ansprüche aus dem Girokonto gepfändet hat, kann der Pfändungsschutz auch für künftige Geldüberweisungen zugebilligt werden (LG Oldenburg Rpfleger 1983, 33; LG Hannover JurBüro 1986, 1886; LG Bad Kreuznach Rpfleger 1990, 216; KG Rpfleger 1992, 307 = JurBüro 1993, 26). Da die Bank als Drittschuldner jedoch nicht über die persönlichen Kenntnisse, wie der Arbeitgeber des Schuldners, verfügt, und auch nicht angehalten werden kann, den pfändungsfreien Betrag aus der Lohnpfändungstabelle zu entnehmen, muß das Vollstreckungsgericht in dem Aufhebungsbeschluß jetzt und für die Zukunft den freizugebenden Betrag exakt bezeichnen.

743

Einem Pfändungsschutzantrag des Schuldners muß auch dann stattgegeben werden, wenn das gepfändete Konto tatsächlich immer im Debet geführt wird. Auch wenn das auf das Konto überwiesene Arbeitseinkommen zunächst dazu verwendet wird, das Debet auszugleichen, ändert sich an dem Charakter des Arbeitseinkommens, den Lebensunterhalt zu sichern, nichts (LG Freiburg ZIP 1982, 431).

Kapitel E
Zwangsvollstreckung in Herausgabeansprüche, §§ 846 ff. ZPO

I. Ansprüche auf bewegliche Sachen

744 Hat der Gläubiger den Gerichtsvollzieher mit der Sachpfändung beauftragt, kann dieser die dem Schuldner gehörenden, sich aber nicht in seinem Gewahrsam befindenden, Gegenstände nur pfänden, wenn der Dritte zur Herausgabe bereit ist, § 809 ZPO. Andernfalls muß der Gläubiger den Anspruch auf Herausgabe oder Leistung gegen den Dritten pfänden, § 846 ZPO. Der Dritte ist dem Schuldner zur **Herausgabe** des Besitzes an der Sache verpflichtet, wenn er diesen Gegenstand z. B. gemietet, gepachtet, oder ausgeliehen hat. Besteht dagegen zwischen dem Schuldner und Drittschuldner nur ein schuldrechtlicher Vertrag, ist der Dritte dem Schuldner gegenüber nur zur **Leistung** verpflichtet, z.B. aus einem Kaufvertrag.

745 Mit Pfändung des Herausgabe- oder Leistungsanspruches hat der Gläubiger noch kein Recht, auf die Sache selbst Zugriff zu nehmen. Vielmehr ist bei der Pfändung eines solchen Anspruches anzuordnen, daß die Sache an den Gerichtsvollzieher herauszugeben ist, § 847 Abs. 1 ZPO. Nur der Gerichtsvollzieher ist befugt, die Sache zu verwerten. Die Verwertung erfolgt dann nach den Vorschriften über die Verwertung gepfändeter Sachen, § 847 Abs. 2 ZPO. Der Gerichtsvollzieher wird daher zunächst einen öffentlichen Versteigerungstermin anberaumen, gegebenenfalls kann aber auch ein Antrag auf anderweitige Verwertung durch den Gläubiger gestellt werden, § 825 ZPO. Da ein Gegenstand nur dann verwertet bzw. gepfändet werden kann, wenn er als solcher der Pfändung unterliegt, kann auch der Herausgabe- oder Leistungsanspruch nicht gepfändet werden, wenn er auf unpfändbare Sachen gemäß § 811 ZPO gerichtet ist, oder auf Gegenstände, die nach § 865 ZPO nur der Zwangsvollstreckung in das unbewegliche Vermögen unterliegen (Zubehör), oder die Sache selbst hat keinen eigenen Vermögenswert (Hypothekenbrief, Sparkassenbuch; vgl. Zöller/Stöber § 847 Rn. 1).

1. Verfahren

746 Die Pfändung des Herausgabe- oder Leistungsanspruches in eine bewegliche körperliche Sache erfolgt nach den Vorschriften über die Forderungspfändung, §§ 846, 829 ZPO. Die Pfändung wird somit wirksam durch Zustellung an den Drittschuldner, den nicht zur Herausgabe bereiten Dritten. Beauftragt der Gläubiger nach der Pfändung den Gerichtsvollzieher, die herauszugebende Sache bei dem Dritten wegzunehmen, und ist dieser nicht bereit dazu, kann die Wegnahme nicht zwangsweise erfolgen, gepfändet ist nur der Anspruch, nicht die Sache selbst. Der Gläubiger muß zunächst eine Herausgabeklage gegen den Dritten erheben (Zöller/Stöber § 847 Rn. 4). Der Herausgabetitel wird dann im Wege der Zwangsvollstreckung zur Erwirkung der Herausgabe von Sachen vollstreckt, §§ 883 ff. ZPO. Voraussetzung für diese Klage ist der wirksame Pfändungsbeschluß, nicht die Überweisung zur Einziehung (Brox/Walker,

Zwangsvollstreckungsrecht, Rn. 706). Demzufolge kann der Gläubiger diese Klage auch bereits bei einer Sicherungsvollstreckung (§ 720a ZPO) oder bei der Arrestvollziehung (§ 930 ZPO) erheben. Der gepfändete Anspruch selbst wird dem Gläubiger nur zur Einziehung überwiesen, nicht an Zahlungs Statt, § 849 ZPO, da der Anspruch selbst keinen Nennwert hat.

2. Durchführung

Erfüllt der Drittschuldner den Herausgabeanspruch, in dem er die Sache an den Gerichtsvollzieher herausgibt, wird der Schuldner im Falle des Leistungsanspruchs Eigentümer der Sache. Gleiches gilt, wenn der Gerichtsvollzieher im Wege der Herausgabevollstreckung aufgrund eines entsprechenden Urteils die Sache zwangsweise wegnimmt. In diesem Moment wandelt sich das Pfandrecht an dem Anspruch auf Herausgabe in ein Pfandrecht an der Sache selbst um. Die Sache selbst braucht nicht mehr gepfändet zu werden (BGH JurBüro 1979, 364). Wird die Sache jedoch durch den Drittschuldner hinterlegt, z.B. bei mehrfacher Pfändung, entsteht kein Pfandrecht an der Sache, da die Hinterlegung nicht an den Gerichtsvollzieher erfolgt ist (BGH JurBüro 1979, 364). Übereignet der Dritte in Erfüllung der schuldrechtlichen Verpflichtung den Gegenstand an den Gerichtsvollzieher, liegt hierin die Übereignungserklärung, die der Gerichtsvollzieher für den Schuldner annimmt. Der Schuldner wird somit Eigentümer der Sache. Das Pfandrecht an dem Leistungsanspruch setzt sich nunmehr an der dem Schuldner zu Eigentum gehörenden Sache fort (Brox/Walker, Rn. 705). **747**

Haben mehrere Gläubiger den Anspruch gepfändet, richtet sich deren Rang nach dem Zeitpunkt des Wirksamwerdens der jeweiligen Pfändung. Da jedoch nur der Anspruch auf Herausgabe oder Leistung der Sache gepfändet ist, diese jedoch selbst nicht, kann auch ein anderer Gläubiger des Schuldners die Sache bei dem Drittschuldner pfänden lassen. Soweit der Drittschuldner zur Herausgabe bereit ist, § 809 ZPO, kann der Gerichtsvollzieher die Pfändung bewirken. Das hier entstandene Pfandrecht hat Rang vor dem Pfandrecht des erstpfändenden Gläubigers auf den Herausgabeanspruch. Allerdings verstößt der nunmehr zur Herausgabe bereite Dritte gegen das gegen ihn ergangene Verfügungsverbot und er ist daher dem pfändenden Anspruchsgläubiger gegenüber schadensersatzpflichtig (Stöber Rn. 2031). **748**

II. Ansprüche auf unbewegliche Sachen

Gegenstand der Pfändung kann auch ein Anspruch sein, der auf Übereignung eines Grundstückes oder grundstücksgleiches Recht (z.B. Erbbaurecht) gerichtet ist, § 848 ZPO. Nach Abschluß des notariellen Kaufvertrages besteht für den Schuldner ein schuldrechtlicher Anspruch auf Auflassung und Eintragung als Eigentümer im Grundbuch (vgl. hierzu auch BayObLG Rpfleger 1993, 13). Hat der Gläubiger einen Schuldtitel gegen einen Schuldner, der gemeinsam mit seinem Ehepartner ein Grundstück zu Bruchteilen gekauft hat, kann der Übertragungsanspruch des schuldnerischen Anteils am Grundstück nicht gepfändet werden, da der Übereignungsanspruch auf eine **749** unteilbare Leistung gerichtet ist; die Pfändung kann nur den Anteil an der gemeinsamen Forderung erfassen (BayObLG Rpfleger 1993, 13).

1. Verfahren

750 Die Pfändung wird wirksam mit Zustellung an den Verkäufer/Drittschuldner, §§ 848, 829 ZPO. Gleichzeitig oder nachträglich hat das Vollstreckungsgericht anzuordnen, daß das Grundstück an einen Sequester herauszugeben ist, § 848 Abs. 1 ZPO. Die Auflassungserklärung in der Form des § 925 BGB hat der Sequester als Vertreter des Schuldners vorzunehmen. Der Sequester oder auch der Verkäufer beantragen dann die Eigentumsumschreibung auf den Schuldner im Grundbuch. Sofern der Drittschuldner die Auflassungserklärung nicht freiwillig abgibt, muß der Vollstreckungsgläubiger ihn auf Abgabe dieser Willenserklärung verklagen, § 894 ZPO. Mit Rechtskraft des Urteils wird die Erklärung des Drittschuldners ersetzt.

2. Sicherungshypothek

750a Mit der Eigentumsumschreibung auf den Namen des Schuldners im Grundbuch erlangt der Gläubiger ein Pfandrecht an dem Grundstück in Form einer Sicherungshypothek, § 848 Abs. 2 S. 2 ZPO. Diese Sicherungshypothek für die titulierte Forderung entsteht kraft Gesetzes außerhalb des Grundbuches (Zöller/Stöber § 848 Rn. 7). Das Grundbuch ist somit bei der Eigentumsumschreibung auf den Schuldner bereits unrichtig geworden. Bei der in § 848 Abs. 2 S. 3 ZPO bezeichneten Bewilligungserklärung des Sequesters zur Eintragung der Sicherungshypothek handelt es sich somit nur noch um eine Berichtigungsbewilligung, zum Nachweis der Grundbuchunrichtigkeit (§ 22 GBO). Den Antrag auf Eintragung der Sicherungshypothek hat der Sequester oder aber der Gläubiger selbst zu stellen. Die Sicherungshypothek wird zwar gleichzeitig mit der Eigentumsumschreibung zur Eintragung im Grundbuch bewilligt und beantragt, jedoch hat die Hypothek Rang nach solchen Rechten, die im Grundstückskaufvertrag dem Verkäufer vorbehalten wurden (z.B. Kaufpreisresthypothek). Ob die Hypothek auch Rang nach einem Recht erlangt, welches der Schuldner zum Zwecke der Finanzierung aufgenommen hat, ist streitig (LG Fulda Rpfleger 1988, 252 m. Anm. Boettcher; Kerbusch Rpfleger 1988, 475; Hintzen Rpfleger 1989, 439).

751 Die Verwertung der Sicherungshypothek erfolgt nach den Vorschriften über die Zwangsversteigerung, § 848 Abs. 3 ZPO. Für die Vollstreckung aus dem Range der Sicherungshypothek benötigt der Gläubiger jedoch einen Duldungstitel (h.M.).

Kapitel F

Zwangsvollstreckung in andere Vermögensrechte
§§ 857 ff. ZPO

I. Voraussetzungen

Außer der Zwangsvollstreckung in das unbewegliche Vermögen (Zwangsversteigerung, Zwangsverwaltung, Zwangssicherungshypothek), der Pfändung in bewegliche Sachen (Gerichtsvollzieher), der Pfändung in Geldforderungen (§ 829 ZPO), in Herausgabeansprüche (§§ 846 bis 848 ZPO), kann der Gläubiger auch in andere Vermögensrechte pfänden, § 857 ZPO (zu Warenzeichen vgl. Repenn NJW 1994, 175; Arzneimittelzulassung BGH NJW 1990, 2931). Auch hier gilt, daß dieses Vermögensrecht grundsätzlich abtretbar sein muß, § 851 Abs. 1 ZPO, oder bei einem unveräußerlichen Recht zumindest die Ausübung einem anderen überlassen werden kann, § 857 Abs. 3 ZPO. Nicht der Pfändung unterliegen somit tatsächliche aber rechtlich nicht geschützte Aussichten, z.B. die Schlußerbenstellung aufgrund eines Berliner Testamentes, § 2269 BGB. Ebenso nicht pfändbar sind unselbständige Rechte, z.B. Gestaltungsrechte (Kündigung) oder akzessorische Rechte (Bürgschaft), § 401 BGB. Auch ein Anfechtungsrecht oder das Recht der Ausschlagung nach Anfall der Erbschaft sind als höchstpersönliche Rechte unpfändbar (vgl. Zöller/Stöber § 857 Rn. 3). 752

Die Pfändung selbst erfolgt nach den Vorschriften über die Forderungspfändung, §§ 829 ff. ZPO. Die Pfändung wird wirksam mit Zustellung an den Drittschuldner, ist ein solcher nicht vorhanden, wird die Pfändung mit der Zustellung an den Schuldner als bewirkt angesehen; in diesem Falle genügt auch das Gebot an den Schuldner, sich jeder Verfügung über das Recht zu enthalten, § 857 Abs. 2 ZPO. Auch eine Vorpfändung ist zulässig, § 845 ZPO. Allerdings ist der Gerichtsvollzieher nicht befugt, diese Vorpfändungsverfügung selbst anzufertigen, § 857 Abs. 7 ZPO. 753

II. Verwertung

Die Verwertung der gepfändeten anderen Vermögensrechte erfolgt ebenfalls nach den Vorschriften über die Forderungspfändung. Eine Überweisung zur Einziehung, § 835 Abs. 1 ZPO, kommt jedoch nur dann in Betracht, wenn das Recht einen eigenen Vermögenswert hat, den der Gläubiger anstelle des Schuldners einziehen kann. Der **Anteil** eines Gesellschafters **an einer GmbH** ist nicht zur Einziehung zu überweisen, die Verwertung erfolgt vielmehr nach § 844 ZPO, der Gerichtsvollzieher hat den Geschäftsanteil zu versteigern (Zeller/Stöber § 859 Rn. 13). Eine Überweisung an Zahlungs Statt kommt nur dann in Betracht, wenn das gepfändete Vermögensrecht einen Nennwert hat. Da die Überweisung an Zahlungs Statt zur Folge hat, daß die eigene Forderung des Gläubigers gegen den Schuldner erlischt, muß feststellbar sein, in welcher Höhe der Gläubiger als befriedigt anzusehen ist. Ist die Einziehung des Rechtes wegen der Abhängigkeit von einer Gegenleistung oder aus anderen Gründen mit Schwierigkeiten verbunden, kann das Vollstreckungsgericht jederzeit auf Antrag des 754

Gläubigers eine andere Art der Verwertung anordnen, § 844 Abs. 1 ZPO. Darüber hinaus besteht die Möglichkeit bei der Pfändung in ein unveräußerliches Recht, dessen Ausübung einem anderen überlassen werden kann, besondere Anordnungen zu erlassen, insbesondere die zwangsweise Verwaltung anzuordnen, § 857 Abs. 4 ZPO (vgl. LG Lübeck Rpfleger 1993, 360). Ist hingegen die Veräußerung des Rechtes selbst zulässig, kann die Verwertung auch durch Veräußerung angeordnet werden, also durch öffentliche Versteigerung, freihändigen Verkauf oder zur Überweisung an Zahlungs Statt zum Schätzwert, § 857 Abs. 5 ZPO.

III. Anwartschaftsrechte

1. Anwartschaftsrecht an beweglichen Sachen

755   Sowohl das Anwartschaftsrecht des Vorbehaltskäufers als auch des Sicherungsgebers unterliegt der Pfändung. Vorbehaltskäufer ist der Schuldner dann, wenn er eine gekaufte Sache von dem Verkäufer bereits erhalten hat, das Eigentum jedoch unter der aufschiebenden Bedingung übergeht, daß der Kaufpreis voll gezahlt wird, § 455 BGB. Sicherungsgeber ist der Schuldner dann, wenn er zur Sicherung einer Forderung dem Gläubiger eine bewegliche Sache unter der Bedingung übergeben hat, daß nach Wegfall der gesicherten Forderung das Eigentum an ihn zurückfällt. Hat der Gläubiger das Anwartschaftsrecht des Vorbehaltskäufers gepfändet, kann er anstelle des Schuldners den Restkaufpreis an den Verkäufer zahlen, § 267 Abs. 2 BGB, dies kann der Schuldner auch nicht durch einen Widerspruch verhindern (BGH NJW 1954, 1325).

756   Da das Anwartschaftsrecht selbst keinen verwertbaren Vermögensgegenstand darstellt, muß der Gläubiger auch die bewegliche Sache als solche pfänden. Die Pfändung des Anwartschaftsrechtes kommt auch nur dann in Betracht, wenn der Gegenstand selbst verwertbar ist, also nicht im Falle des § 811 ZPO. Unabhängig von dem in der Literatur diskutierten Theorienstreit (Theorie der Rechtspfändung oder Sachpfändung) sollte der Gläubiger immer die Doppelpfändung (BGH MDR 1953, 18; BGH NJW 1954, 1325; MünchKommZPO/Smid § 857 Rn. 22; Zöller/Stöber § 857 Rn. 6) durchführen, also die Pfändung des Anwartschaftsrechtes und die Sachpfändung des Gegenstandes durch den Gerichtsvollzieher. Nach Bedingungseintritt, Zahlung der Restkaufpreissumme, fällt das Eigentum an den Schuldner. Hat der Gerichtsvollzieher die Sache gepfändet, kann zwar erst mit Eigentumsübergang das Pfandrecht an der Sache entstehen. Allerdings wirkt dieses Pfandrecht rangmäßig auf den Zeitpunkt des Wirksamwerdens der Pfändung des Anwartschaftsrechtes zurück (StJ/Münzberg § 857 Rn. 88). Eine spätere Sachpfändung eines anderen Gläubigers hat somit Nachrang zu der zuerst wirksam gewordenen Anwartschaftsrechtspfändung. Diese Ausführungen gelten gleichermaßen für die Pfändung des Anwartschaftsrechtes des Sicherungsgebers.

2. Anwartschaftsrecht an unbeweglichen Gegenständen

757   Ist der Schuldner Käufer eines Grundstückes oder grundstücksgleichen Rechts (z.B. Erbbaurecht), und ist die Auflassung zwischen Verkäufer und Käufer bereits erfolgt, wird der Schuldner mit Eintragung im Grundbuch Eigentümer des Grundstückes,

§§ 873, 925 BGB. In dem Zeitraum zwischen Erklärung der Auflassung und der Eintragung im Grundbuch steht dem Schuldner als Käufer dann ein Anwartschaftsrecht zu, wenn der Antrag auf Eigentumsumschreibung von ihm selbst bereits gestellt wurde oder wenn für ihn eine Auflassungsvormerkung im Grundbuch eingetragen ist (BGH Rpfleger 1989, 192; BGH NJW 1991, 2019). Das Anwartschaftsrecht wird dann bejaht, wenn die Rechtsposition des Käufers so gesichert ist, daß sie einseitig durch den Verkäufer nicht mehr vereitelt werden kann. Verneint wird das Anwartschaftsrecht dann, wenn überhaupt keine Auflassung erklärt ist, wenn der Eigentumsumschreibungsantrag nur durch den Veräußerer gestellt wurde, da dieser es jederzeit in der Hand hat, seinen eigenen Antrag wieder zurück zu nehmen, oder aber wenn das Grundbuchgericht den gestellten Umschreibungsantrag zurückgewiesen hat (BGH Rpfleger 1975, 432).

Wirksam wird die Pfändung mit Zustellung an den Schuldner, da ein Drittschuldner nicht vorhanden ist, § 857 Abs. 2 ZPO (BGH Rpfleger 1968, 3). Insbesondere ist der Verkäufer kein Drittschuldner, da er an dem Eigentumserwerb des Schuldners nicht mehr mitwirken muß, nach Erklärung der Auflassung hat er die Voraussetzungen zur Eigentumsumschreibung erfüllt. Für die Auflassung ist demzufolge auch keine Bestellung eines Sequesters erforderlich (im Gegensatz zur Pfändung des Eigentumsverschaffungsanspruches, vgl. Rn. 750). **758**

Mit der Eigentumsumschreibung im Grundbuch entsteht kraft Gesetzes für den Gläubiger eine Sicherungshypothek in Höhe seiner titulierten Forderung, §§ 857 Abs. 1, 848 Abs. 2 ZPO. Der Vollstreckungsgläubiger kann einerseits selbst den Eigentumsumschreibungsantrag für den Schuldner stellen, er kann sich aber auch dem Antrag des Schuldners anschließen mit der Folge, daß dieser zur Antragsrücknahme nicht mehr berechtigt ist. Gleichzeitig mit der Eigentumsumschreibung ist auf Antrag für den Gläubiger die Sicherungshypothek einzutragen, die bereits außerhalb des Grundbuches entstanden ist, das Grundbuch ist unrichtig, § 848 Abs. 2 S. 2 ZPO. Die Sicherungshypothek wird mit Rang nach Rechten eingetragen, die im Kaufvertrag dem Verkäufer vorbehalten wurden, aber mit Rang vor solchen Rechten, die der Schuldner bereits zur Eintragung bewilligt hat, die aber erst dann eingetragen werden können, wenn er selbst Eigentümer geworden ist (vgl. Hintzen Rpfleger 1989, 439). **759**

Die Verwertung aus der Sicherungshypothek heraus erfolgt im Wege der Zwangsversteigerung oder Zwangsverwaltung. Für die Vollstreckung aus dem Rang des Rechtes benötigt der Gläubiger jedoch einen Duldungstitel (h.M). **760**

IV. Rechte am Grundstück

1. Rechte der Abteilung II des Grundbuches

a) Dienstbarkeiten

Berechtigter einer **Grunddienstbarkeit**, § 1018 BGB, ist der jeweilige Eigentümer eines anderen Grundstückes. Das Recht ist damit wesentlicher Bestandteil des herrschenden Grundstückes, § 96 BGB. Es kann von dem herrschenden Grundstück nicht getrennt **761** werden, auch die Ausübung kann einem Dritten nicht überlassen werden, es ist damit nicht übertragbar und auch nicht pfändbar, § 851 Abs. 1 ZPO.

762 Die **beschränkte persönliche Dienstbarkeit** hat den gleichen Inhalt wie die Grunddienstbarkeit, der Berechtigte ist jedoch eine natürliche oder juristische Person, § 1090 BGB. Ist der Schuldner Inhaber eines solchen Rechtes, ist zunächst festzustellen, ob die Ausübung der Dienstbarkeit einem Dritten überlassen werden kann, denn nur dann unterliegt sie der Pfändung, § 1092 Abs. 1 S. 2 BGB. Die Gestattung der Übertragbarkeit muß zur Wirksamkeit im Grundbuch eingetragen werden (KG NJW 1968, 1882; OLG Karlsruhe BB 1989, 942). Nach anderer Auffassung reicht es bereits aus, wenn die Gestattung rechtsgeschäftlich vereinbart wurde (LG Detmold Rpfleger 1988, 372). Die Pfändung erfolgt gemäß § 857 Abs. 3 ZPO, und wird wirksam mit Zustellung an den Grundstückseigentümer als Drittschuldner, § 829 Abs. 3 ZPO (zum Wohnungsrecht vgl. LG Detmold Rpfleger 1988, 372). Die wirksame Pfändung kann im Wege der Grundbuchberichtigung bei dem Recht im Grundbuch eingetragen werden (BGH NJW 1974, 796; LG Bonn Rpfleger 1979, 349). Da dem Gläubiger nicht das Stammrecht zur Einziehung überwiesen wird, sondern nur die Ausübungsbefugnis, kann er z.B. das gepfändete Wohnungsrecht selbst nutzen oder die Räume vermieten. Das Vollstreckungsgericht kann auf Antrag auch eine andere Art der Verwertung anordnen, z.B. die Verwaltung (vgl. LG Lübeck Rpfleger 1993, 360).

b) Nießbrauch

763 Ein Nießbrauchsrecht ist ein höchstpersönliches Recht und kraft Gesetzes nicht übertragbar, § 1059 S. 1 BGB und somit auch nicht pfändbar, § 851 Abs. 1 ZPO. Die Ausübung des Nießbrauches kann jedoch einem anderen überlassen werden, § 1059 S. 2 BGB. Damit unterliegt er der Rechtspfändung, § 857 Abs. 3 ZPO (OLG Frankfurt/Main MDR 1990, 922). Haben Eigentümer und Berechtigter die Überlassung der Ausübung ausgeschlossen, steht dies der Pfändung nicht entgegen (BGH Rpfleger 1985, 73). Gepfändet wird das Stammrecht, (BGH NJW 1974, 796), die Wirksamkeit tritt ein mit Zustellung an den Eigentümer als Drittschuldner. Die Pfändung kann bei dem Recht im Grundbuch im Wege der Grundbuchberichtigung eingetragen werden (LG Bonn Rpfleger 1979, 349). Auch wenn die Überweisung des Nießbrauches selbst zur Einziehung erfolgt, kann der Gläubiger nur die Ausübungsbefugnis verwerten. Er kann sämtliche Rechte des Schuldners aus dem Nießbrauch geltend machen, also insbesondere die Nutzungen aus dem Grundstück ziehen. Das Vollstreckungsgericht kann jedoch auf Antrag die Verwaltung des Grundstückes regeln, § 857 Abs. 4 ZPO (vgl. Hintzen JurBüro 1991, 755, 757; LG Lübeck Rpfleger 1993, 360).

c) Reallast

764 Ist die Reallast zugunsten des jeweiligen Eigentümers eines anderen Grundstückes bestellt worden, gehört sie zum wesentlichen Bestandteil dieses herrschenden Grundstückes, ist somit nicht übertragbar und auch nicht pfändbar, § 1105 Abs. 2 BGB, § 851 Abs. 1 ZPO. Steht das Recht dem Schuldner jedoch persönlich zu, kann es von dem Gläubiger gepfändet werden, sofern die Einzelleistungen aus dem Recht selbst übertragbar sind, oder umgekehrt nicht höchstpersönlich sind (z.B. Pflegeverpflichtung, Beköstigung). Die Pfändung erfolgt nach den Vorschriften über die Zwangsvollstreckung, die für die Hypothek gelten, §§ 857 Abs. 6, 830 ZPO. Zur Wirksamkeit der Pfändung ist daher in bezug auf künftige Einzelleistungen die Eintragung im Grundbuch erforderlich, § 830 Abs. 1 S. 3 ZPO. Die Pfändung rückständiger Einzelleistungen wird wirksam mit Zustellung an den Eigentümer als Drittschuldner, §§ 830 Abs. 3, 829 Abs. 3 ZPO. Der Gläubiger hat nach der Pfändung die Wahl der Überweisung zur Einziehung oder an Zahlungs Statt. Bei der Überweisung an Zahlungs Statt ist bei den zukünftigen Einzelleistungen zur Wirksamkeit die Eintragung im Grundbuch erforderlich, § 837 Abs. 1 S. 2 ZPO. Im übrigen wird die Überweisung zur Einziehung wirksam mit Zustellung an den Eigentümer als Drittschuldner, §§ 837 Abs. 2, 835, 829 Abs. 3 ZPO (vgl. Hintzen JurBüro 1991, 755, 761, 762). Wegen der rückständigen Einzelleistungen hat der Gläubiger auch das Recht, im Range der Reallast die Zwangsversteigerung des Grundstückes zu betreiben, hierzu bedarf er jedoch eines Duldungstitels (Zeller/Stöber § 15 Rn. 9.1).

d) Vorkaufsrecht

Steht das Vorkaufsrecht dem jeweiligen Eigentümer eines anderen Grundstückes zu,   **765** ist es wesentlicher Bestandteil des herrschenden Grundstückes, somit nicht übertragbar und auch nicht pfändbar, § 1094 Abs. 2 BGB, § 851 Abs. 1 ZPO. Steht das Recht jedoch dem Schuldner persönlich zu, § 1094 Abs. 1 BGB, unterliegt es der Pfändung nur dann, wenn die Übertragbarkeit zwischen Eigentümer und Berechtigtem ausdrücklich vereinbart wurde, §§ 1098 Abs. 1, 514 S. 1 BGB. Die vereinbarte Übertragbarkeit bedarf zu ihrer Wirksamkeit der Eintragung im Grundbuch (OLG Hamm Rpfleger 1960, 154; OLG Hamm Rpfleger 1989, 148). Die Pfändung wird wirksam mit Zustellung an den Eigentümer als Drittschuldner, §§ 857 Abs. 1, 829 Abs. 3 ZPO. Die Pfändung kann im Grundbuch bei dem Recht im Wege der Grundbuchberichtigung vermerkt werden (vgl. zuvor Rn. 762). Bei der Verwertung der Pfändung ist zu unterscheiden, ob ein Kaufvertrag bereits vor Wirksamwerden der Pfändung vorliegt oder nachträglich abgeschlossen wird. Im ersteren Falle kann das Vorkaufsrecht durch den Schuldner bereits ausgeübt worden sein. In diesem Falle geht die Pfändung ins Leere. Der Gläubiger muß dann die Ansprüche des Schuldners aus dem Kaufvertrag (Eigentumsverschaffungsanspruch, Anwartschaftsrecht) pfänden. Ist das Vorkaufsrecht noch nicht ausgeübt, oder wird der Kaufvertrag erst nach der Pfändung geschlossen, setzt sich das Pfandrecht des Gläubigers nach Ausübung des Vorkaufsrechtes an den Ansprüchen aus dem Kaufvertrag fort. Die weitere Sicherstellung des Pfandrechtes erfolgt nach § 848 ZPO, für die Auflassung des Grundstückes ist ein Sequester zu bestellen, der für den Schuldner die Erklärung entgegennimmt und gleichzeitig für die titulierte Gläubigerforderung eine Sicherungshypothek an dem Grundstück zur Eintragung bewilligt (vgl. hierzu Rn. 750).

e) Dauerwohnrecht

Ist der Schuldner Berechtigter eines Dauerwohnrechtes, §§ 31 ff. WEG, hat er das Recht,   **766** unter Ausschluß des Eigentümers eine bestimmte Wohnung in dem Gebäude auf dem Grundstück zu bewohnen. Da das Dauerwohnrecht kraft Gesetzes veräußerlich und vererblich ist, § 33 Abs. 1 WEG, kann es jederzeit gepfändet werden. Die Pfändung wird wirksam mit Eintragung im Grundbuch, §§ 857 Abs. 1, 830 ZPO (Palandt/Bassenge § 31 WEG Rn. 4). Sind die dem Dauerwohnrecht zugrundeliegenden Räume vermietet oder verpachtet, kann der Gläubiger nach Überweisung zur Einziehung ein außerordentliches Kündigungsrecht wahrnehmen, § 57a ZVG analog (Palandt/Bassenge § 37 WEG Rn. 4)

f) Rangvorbehalt

767 Mit dem Rangvorbehalt behält sich der Eigentümer die Befugnis vor, ein dem Umfang nach bestimmtes Recht mit dem Rang vor einem noch zu bestellenden dinglichen Recht eintragen zu lassen. Der Rangvorbehalt ist jedoch ein höchstpersönliches Recht des Eigentümers, weder übertragbar, noch kann die Ausübung einem anderen überlassen werden, und ist somit auch nicht pfändbar (BGH NJW 1954, 954).

g) Erbbaurecht

768 Das Erbbaurecht ist das veräußerliche und vererbliche Recht, auf oder unter der Erdoberfläche des belasteten Grundstückes ein Bauwerk zu haben, § 1 Abs. 1 ErbbauVO. Auf das Erbbaurecht finden die Vorschriften über das Grundstück im wesentlichen Anwendung, § 11 Abs. 1 ErbbauVO. Das Recht unterliegt somit nicht der Rechtspfändung, die Zwangsvollstreckung erfolgt im Wege der Zwangsversteigerung oder Zwangsverwaltung. Regelmäßig vereinbart der Grundstückseigentümer mit dem Erbbauberechtigten, daß dieser ein bestimmtes Entgelt in wiederkehrenden Leistungen (Erbbauzins) zu zahlen hat, § 9 Abs. 1 ErbbauVO. Da die zukünftigen Leistungen jedoch nicht von dem Eigentum am Grundstück getrennt werden können, § 9 Abs. 2 S. 2 ErbbauVO, sind diese nicht übertragbar und auch nicht pfändbar, § 851 Abs. 1 ZPO. Der Pfändung unterliegen nur rückständige Erbbauzinsleistungen, die Pfändung erfolgt nach den Vorschriften über die Reallast, §§ 857 Abs. 6, 830 Abs. 3, 829 Abs. 3 ZPO, die Wirksamkeit tritt ein mit Zustellung an den Erbbauberechtigten als Drittschuldner. Die Pfändung kann im Grundbuch bei dem Recht im Wege der Grundbuchberichtigung vermerkt werden (Hintzen JurBüro 1991, 755, 764).

h) Auflassungsvormerkung

769 Zur Sicherung eines Auflassungsanspruches und zur Eigentumsumschreibung kann aufgrund eines wirksamen Kaufvertrages eine Vormerkung im Grundbuch eingetragen werden. Der Vormerkung kann jedoch auch ein Recht zum Wiederkauf oder Rückkauf des Grundstückes zugrunde liegen, § 497 BGB. Die Vormerkung selbst kann jedoch nicht gepfändet werden, da es sich um ein unselbständiges Nebenrecht des gesicherten Anspruches handelt, § 401 BGB. Gepfändet werden muß der Anspruch als solcher, die Pfändung kann dann bei der Vormerkung im Grundbuch im Wege der Grundbuchberichtigung vermerkt werden (vgl. Rn. 762; Hintzen Rpfleger 1989, 439).

2. Pfändung von Grundpfandrechten

a) Hypothek

aa) Pfändung

770 Die Hypothek als solche ist nicht pfändbar, sie ist vielmehr ein Pfandrecht am Grundstück, welches eine Geldforderung sichert, § 1113 BGB. Mit der Übertragung der Forderung geht auch die Hypothek kraft Gesetzes auf den neuen Gläubiger über, § 1153

Abs. 1 BGB. Eine Übertragung der Hypothek ohne die Forderung, oder der Forderung ohne die Hypothek ist nicht möglich, § 1153 Abs. 2 BGB (Akzessorietät). Zur Abtretung der Forderung, für die eine Hypothek bestellt ist, ist neben der schriftlichen Abtretungserklärung die Übergabe des Hypothekenbriefes erforderlich; sofern für die Hypothek kein Brief erteilt ist, wird die Abtretung erst wirksam mit konstitutiver Eintragung im Grundbuch, §§ 1154 Abs. 1, Abs. 3, 873 BGB. Demzufolge erfordert auch die Zwangsvollstreckung in eine hypothekarisch gesicherte Forderung die Briefübergabe bzw. die Eintragung im Grundbuch, § 830 Abs. 1 ZPO.

Ist für die gesicherte Forderung eine Briefhypothek bestellt worden, benötigt der Gläubiger neben dem Pfändungsbeschluß die Übergabe des Briefes, § 830 Abs. 1 S. 1 ZPO. Gibt der Schuldner den Brief freiwillig heraus, ist die Pfändung damit wirksam geworden. Ebenfalls wirksam wird die Pfändung, wenn der Gerichtsvollzieher den Brief zwangsweise dem Schuldner wegnimmt, § 830 Abs. 1 S. 2 ZPO. Hierbei handelt es sich um eine Herausgabevollstreckung, § 883 ZPO. Der erforderliche Herausgabetitel ist der Pfändungsbeschluß, der dem Schuldner vorher zugestellt sein muß, (BGH NJW 1979, 2045). Einer Klausel bedarf der Pfändungsbeschluß jedoch nicht. Mit der Wegnahme des Briefes zum Zwecke der Ablieferung an den Gläubiger ist die Pfändung wirksam geworden, § 830 Abs. 1 S. 2 ZPO. In diesem Moment sind Verstrickung und das Pfändungspfandrecht an der Forderung entstanden (vgl. hierzu Rn. 486). | 771

bb) Hypothekenbrief

Das Pfandrecht ergreift aber auch den Hypothekenbrief, § 952 Abs. 1 S. 2, Abs. 2 BGB (OLG Hamm Rpfleger 1980, 483). Befindet sich der Brief nicht beim Schuldner und auch nicht bei einem Dritten, muß der Schuldner auf Antrag des Gläubigers an Eides Statt versichern, daß er nicht wisse, wo sich der Brief befindet, § 883 Abs. 2 ZPO. Unter Vorlage dieser eidesstattlichen Versicherung kann dann ein entsprechendes Aufgebotsverfahren, §§ 1003 ff. ZPO, zum Zwecke der Kraftloserklärung des Briefes eingeleitet werden, ein neuer Brief ist danach zu erteilen. Befindet sich der Brief jedoch bei einem Dritten, und ist dieser freiwillig zur Herausgabe bereit, wird die Pfändung mit Aushändigung an den Gläubiger wirksam. Ist der Dritte nicht bereit den Brief herauszugeben, muß sich der Gläubiger den Herausgabeanspruch des Schuldners gegen den Dritten pfänden lassen, § 886 ZPO (streitig: vgl. Zöller/Stöber § 830 Rn. 6). Vollstreckungstitel für diese Pfändung ist der Pfändungsbeschluß (BGH NJW 1979, 2045). Mit Überweisung zur Einziehung kann der Gläubiger dann den Herausgabeanspruch des Schuldners gegen den Dritten klageweise geltend machen, §§ 985, 952 BGB. | 772

Ist die Hypothek bereits im Grundbuch eingetragen, entsteht das Recht als Fremdrecht erst mit der Aushändigung des Briefes, § 1117 Abs. 1 BGB. Grundsätzlich hat das Grundbuchgericht den Brief dem Eigentümer auszuhändigen, der diesen dann an den Hypothekengläubiger weiterleitet. Erst mit Aushändigung an den Hypothekengläubiger entsteht das Recht als Fremdrecht. Pfändet der Gläubiger die hypothekarisch gesicherte Forderung vor der Briefaushändigung an den Gläubiger, handelt es sich zunächst um eine ganz normale Forderungspfändung. Wirksam wird diese mit Zustellung an den Drittschuldner, § 829 Abs. 3 ZPO. Wird der Brief danach an den Hypothekengläubiger ausgehändigt, entsteht das Fremdrecht, und das Pfandrecht erstreckt sich nunmehr auch an der Hypothek. Zur Wirksamkeit der Pfändung bedarf es aber noch der Briefübergabe an den Pfändungsgläubiger. Hat der Grundstückseigentümer mit dem Hypothekengläubiger vereinbart, daß dieser berechtigt ist, sich den Brief di- | 773 rekt durch das Grundbuchgericht aushändigen zu lassen, § 1117 Abs. 2 BGB, entsteht die Hypothek bereits mit der Eintragung im Grundbuch, sofern die zu sichernde Forderung auch ausgezahlt ist. Hat das Grundbuchgericht den Brief noch nicht ausgehändigt, kann sich der Pfändungsgläubiger den Herausgabeanspruch auf Aushändigung des Briefes gegenüber dem Grundbuchgericht pfänden und zur Einziehung überweisen lassen. In diesem Falle ist das Grundbuchgericht Dritter im Sinne der Herausgabevollstreckung, § 886 ZPO. Ist das Grundbuchgericht später in den Besitz des Briefes gelangt, weil dieser z.B. zur Erledigung eines gestellten Antrages benötigt wird, und pfändet der Gläubiger nunmehr die hypothekarisch gesicherte Forderung, kann er den Anspruch des Hypothekengläubigers gegen das Grundbuchgericht auf Herausgabe des Briefes pfänden und sich zur Einziehung überweisen lassen (Verwahrungsverhältnis, § 695 BGB; vgl. Stöber Rn. 1825).

774 Vollstrecken **mehrere Pfändungsgläubiger,** wird der Erstrangige den Brief nicht herausgeben. Zur Wirksamkeit der Pfändung ist jedoch die Einräumung des Mitbesitzes am Brief genügend. Der erstrangige Gläubiger muß auch dem nachrangigen Gläubiger den Mitbesitz einräumen; dies geschieht zweckmäßiger Weise durch Aushändigung des Briefes an den Gerichtsvollzieher, der den Brief dann für alle pfändenden Gläubiger treuhänderisch verwahrt (Zöller/Stöber § 830 Rn. 4).

775 Betreibt der Gläubiger nur eine **Teilpfändung** der hypothekarisch gesicherten Forderung, haben der gepfändete und der nichtgepfändete Teil zunächst Gleichrang (OLG Oldenburg Rpfleger 1970, 100). Die Briefübergabe scheitert jedoch zunächst daran, daß der Gläubiger der Teilpfändung keinen Anspruch auf den Alleinbesitz des Briefes geltend machen kann. Nunmehr müssen Teilbriefe erstellt werden. Der Pfändungsgläubiger hat einen Anspruch auf Vorlage des Briefes beim Grundbuchgericht zwecks Bildung eines solchen Teilbriefes (OLG Oldenburg Rpfleger 1970, 100). Mit Bildung dieser Teilbriefe und Aushändigung an den Pfändungsgläubiger ist die Pfändung dann bewirkt.

776 Ist die Forderung durch eine Buchhypothek gesichert, muß neben dem Pfändungsbeschluß die Eintragung der Pfändung im Grundbuch bei dem Recht erfolgen, § 830 Abs. 1 S. 3 ZPO.

cc) Zustellung an Drittschuldner

777 Ob es sich bei der Hypothek um ein Briefrecht oder ein Buchrecht handelt, in beiden Fällen ist zur Wirksamkeit der Pfändung die Zustellung an den Drittschuldner nicht erforderlich (vgl. auch MünchKommZPO/Smid § 830 Rn. 18 unter Hinweis auf OLG Köln OLGZ 1991, 154). Vor Wirksamwerden der Pfändung kann jedoch der Drittschuldner mit befreiender Wirkung an den Hypothekengläubiger leisten. Stellt der Gläubiger den Pfändungsbeschluß jedoch vor Wirksamwerden der Pfändung dem Drittschuldner zu, wird die später eintretende Wirksamkeit der Pfändung dem Drittschuldner gegenüber auf den Zeitpunkt der Zustellung vorverlegt, § 830 Abs. 2 ZPO. Sofern die Hypothek tatsächlich nicht entsteht, vollzieht sich die Pfändung der Forderung nach § 829 ZPO, zur Wirksamkeit ist hier die Zustellung an den Drittschuldner zwingend, § 829 Abs. 3 ZPO. Fallen persönlicher Schuldner und Grundstückseigentümer auseinander, sind zwei Drittschuldner vorhanden, denen gegebenenfalls getrennt zugestellt werden muß.

Während bei einer Buchhypothek die Pfändung mit konstitutiver Wirkung im Grundbuch bei dem Recht eingetragen werden muß, kann der Gläubiger die wirksame Pfändung bei einer Briefhypothek als Verfügungsbeschränkung im Wege der Grundbuchberichtigung eintragen lassen (Zöller/Stöber § 830 Rn. 8).

dd) Zinsen

Gleichzeitig mit der Forderungspfändung, für die die Hypothek bestellt ist, kann der Gläubiger die zukünftigen Zinsen mitpfänden. Der Anspruch auf rückständige Zinsen wird jedoch wie eine gewöhnliche Geldforderung gepfändet und zur Einziehung überwiesen, §§ 830 Abs. 3 S. 1, 837 Abs. 2 S. 1, 829 ZPO. Auch hier muß die Zustellung an den Drittschuldner zur Wirksamkeit erfolgen.   **778**

ee) Verwertung

Die Verwertung der gepfändeten Forderung, für die eine Hypothek besteht, erfolgt durch Überweisung zur Einziehung oder an Zahlungs Statt, §§ 836, 837 ZPO. Die Überweisung wird wirksam mit Aushändigung des Überweisungsbeschlusses an den Gläubiger, § 837 Abs. 1 S. 2 ZPO. Nur wenn die Überweisung an Zahlungs Statt erfolgt und es sich um ein Buchrecht handelt, wird die Überweisung erst mit der Eintragung im Grundbuch bei dem Recht wirksam, § 837 Abs. 1 S. 2 ZPO. Eine Zustellung des Überweisungsbeschlusses an den Drittschuldner ist nur dann erforderlich, wenn auch rückständige Zinsen gepfändet sind, § 837 Abs. 2 ZPO.   **779**

ff) Grundbucheintragung

Beantragt der Gläubiger die Eintragung der Pfändung im Grundbuch, und ist der Schuldner als Betroffener noch nicht voreingetragen, § 39 GBO, hat der Gläubiger ein Antragsrecht die Grundbuchberichtigung durchzuführen, § 14 GBO. Ist z.B. noch der Erblasser im Grundbuch als Inhaber des Rechtes eingetragen, hat der Vollstreckungsgläubiger ein Recht auf Aushändigung des Erbscheines oder der zur Grundbuchberichtigung erforderlichen Urkunden, § 792 ZPO. Notfalls muß der Gläubiger den Grundbuchberichtigungsanspruch, § 894 BGB, pfänden und sich zur Einziehung überweisen lassen, um dann seinen Anspruch klageweise durchzusetzen (Stöber Rn. 1513, 1514 und Rn. 1836).   **780**

gg) Verwertung durch Zwangsversteigerung

Aus dem Range der Hypothek kann der Gläubiger die Zwangsversteigerung des Grundstückes betreiben, sofern er über einen Duldungstitel verfügt. Hat sich der Grundstückseigentümer bei Bestellung der Hypothek bereits der sofortigen Zwangsvollstreckung unterworfen, §§ 794 Abs. 1 Nr. 5, 800 ZPO, kann der Pfändungsgläubiger diese vollstreckbare Urkunde auf sich umschreiben lassen, § 727 ZPO (vgl. Hintzen Immobiliarzwangsvollstreckung Kap. A IV.1).   **781**

b) Grundschuld

aa) Fremdgrundschuld

Pfändung

782 Auf die Zwangsvollstreckung in eine Grundschuld finden die Vorschriften über die Pfändung in eine Hypothekenforderung entsprechende Anwendung, §§ 857 Abs. 6, 830 ZPO. Dies entspricht auch den sachenrechtlichen Vorschriften, da auf die Grundschuld grundsätzlich die Vorschriften über die Hypothek Anwendung finden, soweit diese nicht ausdrücklich eine Forderung voraussetzen, §§ 1191, 1192 Abs. 1 BGB. Auch wenn in der Praxis regelmäßig die Grundschuld zur Sicherung einer bestimmten Geldforderung bestellt wird, ist sie in ihrem rechtlichen Bestand von einer Forderung nicht abhängig (fehlende Akzessorietät).

783 Die Grundschuld ist daher selbständig zu pfänden und zu verwerten. Handelt es sich um eine Briefgrundschuld, wird die Pfändung wirksam mit Erlaß des Pfändungsbeschlusses und der Briefübergabe (zur freiwilligen oder zwangsweisen Wegnahme vgl. Rn. 772 ff.). Die Pfändung ist somit außerhalb des Grundbuches wirksam geworden, eine Eintragung der Einschränkung der Verfügungsbefugnis über das Recht im Grundbuch kann im Wege der Grundbuchberichtigung erfolgen. Handelt es sich bei der Grundschuld um ein briefloses Recht, ist neben dem Pfändungsbeschluß die Eintragung im Grundbuch bei dem Recht rechtsbegründend, § 830 Abs. 1 S. 3 ZPO. In beiden Fällen empfiehlt sich auch hier, wie bei der Hypothek, die Zustellung des Pfändungsbeschlusses an den Drittschuldner, damit dieser hiervon Kenntnis erlangt, da ihm gegenüber mit der Zustellung die Pfändung als bewirkt anzusehen ist, sofern diese selbst unmittelbar nachfolgt, § 830 Abs. 2 ZPO. Soweit bei der Grundschuld rückständige Zinsen mitgepfändet werden, ist jedoch die Zustellung an den Drittschuldner zwingend, da diese wie eine Geldforderung gepfändet werden, §§ 830 Abs. 3, 829 Abs. 3 ZPO. Drittschuldner ist in diesem Falle nur der Grundstückseigentümer, da es eine persönliche Forderung nicht gibt.

Verwertung

784 Auch die Überweisung der gepfändeten Grundschuld vollzieht sich nach den Vorschriften über die Überweisung einer Hypothekenforderung, §§ 836, 837 ZPO. Die Überweisung wird wirksam mit Aushändigung des Überweisungsbeschlusses an den Gläubiger. Nur wenn die Überweisung an Zahlungs Statt erfolgt und es sich um ein brief loses Recht handelt, ist die Eintragung der Überweisung im Grundbuch bei dem Recht zwingend, § 837 Abs. 1 S. 2 ZPO.

Nach der Pfändung und der Überweisung zur Einziehung ist der Gläubiger berechtigt, aus dem Range der Grundschuld die Zwangsversteigerung des Grundstückes zu betreiben, sofern er über einen Duldungstitel verfügt. Diesen kann er klageweise erstreiten, oder aber er läßt sich die bereits vorhandene vollstreckbare Grundschuldbestellungsurkunde auf seinen Namen umschreiben, §§ 794 Abs. 1 Nr. 5, 800 ZPO, § 727 ZPO (vgl. Hintzen, Immobiliarzwangsvollstreckung, Kap. A IV.1).

bb) Eigentümergrundschuld

785 Eine Grundschuld kann auch für den Eigentümer selbst bestellt werden, § 1196 Abs. 1 BGB. Diese **offene Eigentümergrundschuld** unterliegt der Pfändung gemäß §§ 857

Abs. 6, 830 ZPO. Auch wenn es sich bei der Eigentümergrundschuld um ein drittschuldnerloses Recht handelt, erfolgt die Pfändung nicht nach § 857 Abs. 2 ZPO, sondern nach den Vorschriften über die Hypothekenforderung (BGH NJW 1979, 2045). Die Pfändung wird somit wirksam mit Pfändungsbeschluß und Übergabe des Briefes an den Gläubiger oder bei einem brieflosen Recht mit der Eintragung der Pfändung im Grundbuch, § 830 Abs. 1 ZPO.

Die Überweisung der Eigentümergrundschuld erfolgt ebenfalls nach den Vorschriften über die **Überweisung** einer Hypothekenforderung. Wählt der Gläubiger die Überweisung an Zahlungs Statt, wird diese wirksam mit Aushändigung des Überweisungsbeschlusses, es sei denn, es handelt sich um ein briefloses Recht, dann ist die Eintragung im Grundbuch zwingend, § 837 Abs. 1 ZPO. Mit der Überweisung an Zahlungs Statt wird aus der Eigentümergrundschuld ein Fremdrecht für den Pfändungsgläubiger. Er kann dann aus dem Range der Grundschuld die Zwangsversteigerung des Grundstückes betreiben, sofern er über einen Duldungstitel verfügt. Den kann er entweder klageweise erstreiten oder, falls bereits eine Unterwerfungserklärung vorliegt, ist die Klausel auf den Gläubiger umzuschreiben, §§ 794 Abs. 1 Nr. 5, 800 ZPO, § 727 ZPO (vgl. Hintzen, Immobiliarzwangsvollstreckung, Kap. A IV.1).   786

Hat sich der Gläubiger die Grundschuld zur **Einziehung** überweisen lassen, gilt zur Wirksamkeit dasselbe wie zuvor bei der Überweisung an Zahlungs Statt. Auch hier kann der Pfändungsgläubiger die Zwangsversteigerung des Grundstückes betreiben, die Vollstreckungsbeschränkung gemäß § 1197 Abs. 1 ZPO gilt nur gegenüber dem Eigentümer, nicht gegenüber dem Pfändungsgläubiger (BGH Rpfleger 1988, 181). Auch die Zinsbeschränkung des Eigentümers gemäß § 1197 Abs. 2 BGB gilt nicht gegenüber dem Pfändungsgläubiger (MünchKommBGB/Eickmann § 1197 Rn. 7 und insgesamt Hintzen, Immobiliarzwangsvollstreckung, Kap. A IV.2.1).   787

cc) Vorläufige Eigentümergrundschuld

Eine vorläufige Eigentümergrundschuld steht dem Grundstückseigentümer so lange zu, wie die Forderung, zu deren Sicherung eine Hypothek bestellt wurde, noch nicht ausgezahlt ist oder aber bei einer Briefhypothek, bis der Brief durch den Eigentümer dem Gläubiger ausgehändigt wurde, §§ 1163 Abs. 1 S. 1, Abs. 2, 1177 Abs. 1 BGB. Die vorläufige Eigentümergrundschuld ist jedoch aufschiebend bedingt und wandelt sich in die Fremdhypothek um, sobald die Forderung ausgezahlt und der Brief dem Gläubiger ausgehändigt wurde bzw. bei einer Grundschuld durch Briefaushändigung an den Gläubiger. Die Pfändung einer vorläufigen Eigentümergrundschuld, welche brieflos bestellt wurde, kann nicht wirksam werden, da die zwingende Grundbucheintragung mangels Voreintragung des Schuldners als Gläubiger nicht herbeigeführt werden kann, § 830 Abs. 1 S. 3 ZPO, § 39 GBO. Handelt es sich bei der vorläufigen Eigentümergrundschuld um ein Briefrecht, ist der Gläubiger nicht zur Herausgabe des Briefes verpflichtet, die Hypothek entsteht rückwirkend mit Auszahlung des Darlehens als Fremdrecht, der Hypothekengläubiger ist zum Besitz des Briefes berechtigt. Die Pfändung kann somit ebenfalls nicht wirksam werden (OLG Frankfurt/Main NJW 1955, 1483). Die Pfändung ist nur dann sinnvoll, wenn sichergestellt ist, daß eine Valutierung des Rechtes unterbleibt oder das Recht mangels Briefübergabe nicht als Fremdrecht entstehen wird (vgl. insgesamt Hintzen, Immobiliarzwangsvollstreckung, Kap. A IV.2.2).   788

dd) Künftige Eigentümergrundschuld

789 Eine auf dem Grundstück lastende Hypothek wandelt sich nach Rückzahlung der gesicherten Forderung kraft Gesetzes in eine Eigentümergrundschuld um, §§ 1163 Abs. 1 S. 2, 1177 Abs. 1 BGB. Dieses künftige Eigentümerrecht ist als selbständiger Vermögenswert pfändbar nach den Vorschriften über die Pfändung einer Hypothekenforderung, § 857 Abs. 6 ZPO (BGH NJW 1970, 322). Die Pfändung wird somit wirksam durch Briefübergabe oder Wegnahme und Aushändigung an den Gläubiger, bei einem brieflosen Recht durch Eintragung der Pfändung im Grundbuch, § 830 Abs. 1 ZPO. Hat sich die Fremdhypothek bereits in eine Eigentümergrundschuld umgewandelt, kann der Pfändungsgläubiger den Brief bei dem Grundstückseigentümer als Schuldner im Wege der Zwangsvollstreckung wegnehmen lassen, § 830 Abs. 1 S. 2 ZPO. Befindet sich der Brief noch im Besitze des Gläubigers oder eines Dritten, kann der Gläubiger den Herausgabeanspruch, § 985 BGB, gegenüber dem Gläubiger oder Dritten pfänden, sich zur Einziehung überweisen lassen und gegebenenfalls klageweise durchsetzen (Stöber Rn. 1939). Handelt es sich bei dem gepfändeten Recht um ein briefloses Recht, ist zur Wirksamkeit der Pfändung die Eintragung im Grundbuch zwingend.

789a Den Nachweis des Entstehens einer Eigentümergrundschuld führt der Gläubiger regelmäßig durch Vorlage einer löschungsfähigen Quittung, aber auch durch eine Verzichtserklärung, § 1168 BGB oder ein Ausschlußurteil, § 1170 Abs. 2 BGB (vgl. Stöber Rn. 1945). Diese Unterlagen können im Wege der Herausgabevollstreckung dem Schuldner weggenommen werden, § 836 Abs. 3 ZPO. Sofern der Schuldner angibt, nicht mehr im Besitz dieser Unterlagen zu sein, muß er dieses gegebenenfalls an Eides Statt versichern, § 883 Abs. 2 ZPO. Ist der Schuldner nicht im Besitz dieser erforderlichen Urkunden, kann der Pfändungsgläubiger den Herausgabeanspruch und gegebenenfalls den Grundbuchberichtigungsanspruch des Schuldners gegen den Hypothekar pfänden, § 1144 BGB, § 894 BGB, und dann klageweise durchsetzen.

790 Ist nur ein Teilbetrag des im Grundbuch eingetragenen Grundpfandrechtes Eigentümergrundschuld geworden, und handelt es sich um ein Briefrecht, kann der Pfändungsgläubiger zum Wirksamwerden der Pfändung nicht den gesamten Brief herausverlangen. Ihm steht vielmehr das Recht auf Bildung eines Teilbriefes zu, § 1145 BGB. Im Wege der Hilfspfändung hat er zweckmäßigerweise mitzupfänden (vgl. MünchKommZPO/Smid § 857 Rn. 35):

– das Recht auf Miteigentum am Brief, §§ 952, 1008 BGB;
– den Anspruch auf Aufhebung der Gemeinschaft am Brief §§ 749 Abs. 1, 752 BGB;
– den Anspruch auf Vorlage des Briefes beim Grundbuchgericht oder einem Notar, zwecks Erstellung des Teilbriefes und nachfolgender Aushändigung an sich, § 1145 Abs. 1 S. 2 BGB;
– und letztlich den Grundbuchberichtigungsanspruch, § 894 BGB.

791 Die Pfändung der künftigen Eigentümergrundschuld bei einer im Grundbuch eingetragenen **Fremdgrundschuld** ist nur begrenzt möglich. Da die Grundschuld von einer zu sichernden Forderung nicht abhängig ist, wandelt sie sich nicht kraft Gesetzes mit Erlöschen der ihr zugrundeliegenden Forderung in eine Eigentümergrundschuld um. Der Grundstückseigentümer hat aufgrund der Sicherungsabrede nur einen schuldrechtlichen Anspruch auf **Rückübertragung, Verzicht oder Aufhebung** der Grundschuld. Andererseits kann es durchaus sein, daß der Grundstückseigentümer, welcher von dem persönlichen Schuldner verschieden ist, zur Abwendung der Zwangsversteigerung seines Grundstückes auf die Grundschuld zahlt. In diesem Falle entsteht eine Eigentümergrundschuld (BGH ZIP 1986, 900). Ebenfalls entsteht eine Eigentümergrundschuld, wenn der Grundschuldgläubiger auf sein Recht verzichtet, § 1168 BGB. Darüber hinaus kann der Vollstreckungsgläubiger aber die Rückgewährsansprüche des Eigentümers gegenüber dem Grundschuldgläubiger pfänden und sich zur Einziehung überweisen lassen (vgl. Rn. 792 und Hintzen, Immobiliarzwangsvollstreckung, Kap. A IV.2.3).

ee) Rückgewährsansprüche

Pfändung

Regelmäßig sichert die im Grundbuch eingetragene Fremdgrundschuld eine Forderung, die aufgrund der Sicherungsabrede zwischen dem Schuldner und dem Grundschuldgläubiger vereinbart wurde. Da die Grundschuld somit nur zu Sicherungszwecken bestellt wurde, ist sie dem Grundstückseigentümer zurückzugewähren, wenn der Sicherungszweck weggefallen ist (BGH NJW 1977, 247; BGH ZIP 1982, 1051). Der Grundschuldgläubiger kann den Rückgewährsanspruch erfüllen durch Rückübertragung des Rechtes auf den Eigentümer, durch Verzichtserklärung oder durch eine Aufhebungserklärung.

792

Der Rückgewährsanspruch ist ein selbständiges Vermögensrecht, welches nach den Vorschriften über die Geldforderung gepfändet wird, §§ 857 Abs. 1, 829 ZPO. Die Pfändung wird wirksam mit Zustellung an den Drittschuldner, den Grundschuldgläubiger. Steht der Rückgewährsanspruch aber nicht mehr dem Schuldner zu, sondern ist bereits an nachrangige Grundschuldgläubiger abgetreten worden, geht die ausgebrachte Pfändung ins Leere, und lebt auch dann nicht wieder auf, wenn der abgetretene Anspruch zurückgewährt wird (BGH NJW 1971, 1939). Da die Rückgewährsansprüche in der Praxis vielfach an nachrangige Gläubiger abgetreten sind, empfiehlt sich für den Pfändungsgläubiger, auch den Anspruch des Grundstückseigentümers auf Rückabtretung der abgetretenen Rückgewährsansprüche mitzupfänden (zur Abtretung vgl. BGH Rpfleger 1988, 306). Diese Pfändungen werden wirksam mit Zustellung an die jeweiligen im Grundbuch eingetragenen Grundschuldgläubiger.

Verwertung

Die Verwertung des gepfändeten Rückgewährsanspruches erfolgt nur durch Überweisung zur Einziehung, da ein Nennwert nicht vorhanden ist, (Stöber Rn. 1892). Da jedoch nur der schuldrechtliche Rückgewährsanspruch gepfändet ist, kann der Pfändungsgläubiger nach Erfüllung des Rückgewährsanspruches des Grundschuldgläubigers durch Aufhebung des Rechtes keinen Zugriff auf die Grundschuld nehmen, §§ 875, 1192 BGB. Da mit Erteilung der Löschungsbewilligung und der Zustimmung des Eigentümers die Grundschuld im Grundbuch gelöscht wird, ist die Pfändung ins Leere gegangen. Gleiches gilt für die Erfüllung des Rückgewährsanspruches durch eine Verzichtserklärung des Grundschuldgläubigers, §§ 1168, 1192 BGB. Das Pfandrecht an dem Rückgewährsanspruch erstreckt sich nicht auf die Eigentümergrundschuld (BGH NJW 1989, 2536). Nur wenn der Grundschuldgläubiger die Grundschuld auf den Eigentümer zurück abtritt, wandelt sich im Wege der dinglichen Surrogation das Pfandrecht an dem Rückgewährsanspruch in ein Pfandrecht an der Eigentümer-

793

grundschuld um (OLG Frankfurt/Main JurBüro 1985, 790). Hat sich der Pfändungsgläubiger in diesem Falle den Anspruch an Zahlungs Statt überweisen lassen, entsteht
direkt zu seinen Gunsten ein Fremdrecht. Er kann dann aus diesem Recht die Zwangsversteigerung in das Grundstück betreiben, sofern er über einen Duldungstitel verfügt. Diesen erwirkt er entweder klageweise oder, falls sich der Eigentümer bereits
vorher der sofortigen Zwangsvollstreckung unterworfen hat, kann er die Schuldurkunde auf seinen Namen umschreiben lassen, §§ 794 Abs. 1 Nr. 5, 727 ZPO (vgl. insgesamt Hintzen Immobiliarzwangsvollstreckung Kap. A IV.1).

3. Pfändung in Anteilsrechte

a) Miteigentum

794 Ist der Schuldner Miteigentümer an einer **beweglichen Sache**, unterliegt dieser
Miteigentumsanteil der Pfändung, da es sich um ein selbständiges Vermögensrecht
handelt, welches übertragen werden kann, § 747 Abs. 1 BGB, § 857 Abs. 1 ZPO. Die
Pfändung wird wirksam mit Zustellung an den bzw. die übrigen Miteigentümer als
Drittschuldner. Der Miteigentumsanteil unterliegt jedoch nur dann der Pfändung,
wenn die bewegliche Sache selbst nicht unpfändbar ist, § 811 ZPO. Die Verwertung
erfolgt durch Überweisung des Anspruches zur Einziehung, §§ 857 Abs. 1, 835 ZPO.
Selbst wenn die Miteigentümer vereinbart haben, daß die Aufhebung der Gemeinschaft für immer oder auf Zeit ausgeschlossen oder von einer Kündigungsfrist abhängig ist, kann der Pfändungsgläubiger ohne Rücksicht hierauf die Aufhebung der
Gemeinschaft verlangen, sofern der der Pfändung zugrunde liegende Schuldtitel
rechtskräftig ist, § 751 S. 2 BGB. Die Aufhebung der Gemeinschaft erfolgt durch Teilung des Gegenstandes, sofern dieser ohne Wertverlust überhaupt teilbar ist, § 752
S. 1 BGB. Andernfalls muß der Gegenstand verkauft werden, um dann den Erlös zu
teilen, § 753 Abs. 1 S. 1 BGB.

795 Ist der Schuldner Miteigentümer eines **Grundstücks,** kann der Gläubiger grundsätzlich in diesen Miteigentumsanteil im Wege der Immobiliarvollstreckung vorgehen,
entweder durch Zwangsversteigerung, Zwangsverwaltung oder durch Eintragung einer Zwangssicherungshypothek, § 864 Abs. 2 ZPO. (Zu den Anforderungen und Aussichten einer solchen Vollstreckung vgl. Hintzen Immobiliarzwangsvollstreckung
Kap. A II.1.)

796 Darüber hinaus hat der schuldnerische Miteigentümer jederzeit das Recht, die Aufhebung der Gemeinschaft zu verlangen, § 749 Abs. 1 BGB. Dieser Aufhebungsanspruch
ist zwar grundsätzlich nur mit dem Miteigentumsanteil am Grundstück übertragbar,
er kann jedoch einem Dritten zur Ausübung überlassen werden und unterliegt damit
der Pfändung gemäß § 857 Abs. 3 ZPO (BGH NJW 1984, 1968). Mit dem
Aufhebungsanspruch ist gleichzeitig der Anspruch auf Teilung und Auszahlung eines eventuellen Versteigerungserlöses zu pfänden und zu überweisen. Die Pfändung
ist auch dann möglich, wenn die Miteigentümer die Aufhebung der Gemeinschaft zu
verlangen für immer oder auf Zeit ausgeschlossen oder von einer Kündigungsfrist abhängig gemacht haben, sofern der der Pfändung zugrundeliegende Schuldtitel rechtskräftig ist, § 751 S. 2 BGB. Die Pfändung wird wirksam mit Zustellung an die übrigen
Grundstücksmiteigentümer als Drittschuldner, §§ 857 Abs. 3, Abs. 1, 829 Abs. 3 ZPO.
Die Pfändung des schuldrechtlichen Aufhebungsanspruches bewirkt kein Pfandrecht

an dem Miteigentumsanteil des Schuldners am Grundstück, demzufolge kann die Pfändung auch nicht im Grundbuch vermerkt werden (LG Siegen Rpfleger 1988, 349). Verwertet wird der Aufhebungsanspruch durch Überweisung zur Einziehung, §§ 857 Abs. 1, 835 Abs. 1 ZPO. Da die Teilung eines Grundstückes in Natur regelmäßig ausgeschlossen ist, erfolgt die Verwertung durch Zwangsversteigerung und nachfolgender Teilung des Erlöses, § 753 Abs. 1 S. 1 BGB. Den Antrag auf Anordnung der Auseinandersetzungsversteigerung kann der Gläubiger selbst stellen (vgl. insgesamt Hintzen, Immobiliarzwangsvollstreckung, Kap. A II.1.1).

b) Gesellschaft bürgerlichen Rechts

Der Anteil eines Gesellschafters im Rahmen einer Gesellschaft bürgerlichen Rechts ist   **797** nicht übertragbar und somit auch grundsätzlich nicht pfändbar, § 719 Abs. 1 BGB, § 851 Abs. 1 ZPO. Ausdrücklich wird jedoch der Anteil eines Gesellschafters an dem Gesellschaftsvermögen der Pfändung unterworfen, § 859 Abs. 1 S. 1 ZPO (BGH Rpfleger 1986, 308 und 1992, 260). Der Anteil an einem einzelnen Gesellschaftsgegenstand unterliegt jedoch nicht der Pfändung, § 859 Abs. 1 S. 2 ZPO. Die Pfändung wird wirksam mit Zustellung an die übrigen Gesellschafter als Drittschuldner, §§ 859 Abs. 1, 857 Abs. 1, 829 Abs. 3 ZPO. Zur Wirksamkeit ist jedoch auch die Zustellung an den geschäftsführenden Gesellschafter ausreichend (BGH NJW 1986, 1991, MünchKomm-ZPO/Smid § 859 Rn. 8). Die wirksame Pfändung bewirkt jedoch nicht, daß der Gläubiger als dinglicher Mitberechtigter anstelle des Schuldners in die Gesellschaft eintritt. Nach der Pfändung steht ihm nur der Anspruch auf den jährlichen Gewinnanteil zu, und er hat ein außerordentliches Kündigungsrecht, § 725 Abs. 1 BGB. In Abweichung von der Entscheidung des RG (RGZ 95, 231) kann der Gläubiger auch den Anspruch auf Auseinandersetzung ausüben (BGH Rpfleger 1992, 260 m. Anm. Hintzen). Voraussetzung für die Auszahlung eines Gewinnanteils und die Ausübung des Kündigungsrechtes ist die Überweisung zur Einziehung (Stöber Rn. 1566). Die Kündigung muß der Gläubiger gegenüber allen Gesellschaftern, also auch dem Schuldner, erklären; sie wird wirksam, sobald sie allen Gesellschaftern bekannt geworden ist (BGH MDR 1993, 431).

Trotz der Pfändung und der Überweisung zur Einziehung sind die Gesellschafter be-   **798** fugt, über Gesellschaftsgegenstände alleine zu verfügen (OLG Hamm NJW 1987, 723). Die Pfändung kann auch nicht bei dem zum Gesellschaftsvermögen gehörenden Grundstück im Grundbuch eingetragen werden (OLG Zweibrücken Rpfleger 1982, 413; OLG Hamm NJW-RR 1987, 723; LG Hamburg JurBüro 1988, 788). Ob der Gläubiger nach wirksamer Pfändung und Überweisung zur Einziehung ein Antragsrecht zur Durchführung einer Auseinandersetzungsversteigerung bezüglich eines zum Gesellschaftsvermögen gehörenden Grundstückes hat, wird streitig beantwortet (ja: LG Konstanz Rpfleger 1987, 427; LG Lübeck Rpfleger 1986, 315; Hintzen in Anm. zu BGH Rpfleger 1992, 260; nein: LG Hamburg Rpfleger 1989, 519; vgl. hierzu insgesamt Hintzen, Immobiliarzwangsvollstreckung, A II.3.1).

c) Erbengemeinschaft

Hat der Erblasser mehrere Erben hinterlassen, wird der Nachlaß kraft Gesetzes   **799** zunächst gemeinschaftliches Vermögen der Erben, § 2032 Abs. 1 BGB. Keiner der Erben kann über seinen Anteil an einzelnen Nachlaßgegenständen verfügen, § 2033 Abs. 2 BGB, er kann jedoch jederzeit über seinen Anteil am Gesamtnachlaß verfügen, § 2033 Abs. 1 S. 1 BGB. Dieser Anteil am Nachlaß unterliegt auch der Zwangsvollstreckung durch Pfändung, § 859 Abs. 2 ZPO. Die Pfändung wird wirksam mit Zustellung an die übrigen Miterben, §§ 859 Abs. 2, 857 Abs. 1, 829 Abs. 3 ZPO (OLG Frankfurt/Main Rpfleger 1979, 205). Ist ein Testamentsvollstrecker bestellt und hat dieser sein Amt angenommen, muß die Zustellung ausschließlich an diesen erfolgen. Hat der Erblasser angeordnet oder haben die Erben dies gemeinsam vereinbart, daß die Auseinandersetzung der Gemeinschaft für immer oder auf Zeit ausgeschlossen oder von einer Kündigungsfrist abhängig ist, wirkt dies nicht gegenüber dem Pfändungsgläubiger, sofern der der Pfändung zugrundeliegende Schuldtitel rechtskräftig ist, §§ 2042 Abs. 2, 751 S. 2 BGB. Die wirksame Pfändung kann darüber hinaus bei einem den Erben gemeinsam gehörenden Grundstück im Grundbuch als Änderung der Verfügungsbefugnis eingetragen werden, (OLG Frankfurt/Main Rpfleger 1979, 205). Ist im Grundbuch noch der Erblasser eingetragen, müssen erst die Erben in Erbengemeinschaft voreingetragen werden, § 39 GBO. Zur Herbeiführung der Voreintragung hat der Gläubiger ein eigenes Antragsrecht, er muß nur die Erbfolge nachweisen, § 35 GBO. Hierzu hat der Gläubiger einen Urkundenherausgabeanspruch, § 792 ZPO.

800   Die Verwertung des Miterbenanteils erfolgt durch Überweisung zur Einziehung, § 835 Abs. 1 ZPO. Der Pfändungsgläubiger tritt als dinglicher Mitberechtigter anstelle des Schuldners in die Erbengemeinschaft ein, er kann auch die Auseinandersetzungsversteigerung hinsichtlich des Grundstückes betreiben. Das Antragsrecht des schuldnerischen Miterben ist ausgeschlossen (OLG Hamburg MDR 1958, 45; a.A.: OLG Hamm Rpfleger 1958, 269; LG Wuppertal Rpfleger 1961, 758; zum Verfahren im Einzelnen und zu Besonderheiten bei Vor- und Nacherbfolge vgl. Hintzen, Immobiliarzwangsvollstreckung, D.I.).

d) Gütergemeinschaft

801   Lebt der Schuldner mit seinem Ehepartner in Gütergemeinschaft, ist zur Zwangsvollstreckung ein Urteil gegen beide Ehegatten zur Leistung erforderlich, § 740 Abs. 2 ZPO. Solange aber die Gütergemeinschaft besteht, kann kein Ehegatte über seinen Anteil am Gesamtgut und auch nicht an den einzelnen Gegenständen verfügen. Er ist ebenso nicht berechtigt Teilung zu verlangen, § 1419 Abs. 1 BGB. Dementsprechend ist auch die Vollstreckung durch Pfändung des Gesamtanteils eines Ehegatten am Gesamtgut und an den einzelnen dazugehörenden Gegenständen unzulässig, § 860 Abs. 1 S. 1 ZPO. Erst nach Beendigung der Gemeinschaft ist der Anteil am Gesamtgut pfändbar, § 860 Abs. 2 ZPO. Die Pfändung tritt dann ein mit Zustellung an den anderen Ehegatten. Nach Überweisung des Anspruchs zur Einziehung hat der Pfändungsgläubiger das Recht, den Auseinandersetzungsanspruch des Schuldners durchzusetzen, insbesondere bei einem Grundstück im Wege der Auseinandersetzungsversteigerung. (Zu den Voraussetzungen im einzelnen und zu Besonderheiten vgl. Hintzen, Immobiliarzwangsvollstreckung, D.I.).

Teil F
Herausgabevollstreckung, Handlung, Unterlassung, Willenserklärung, §§ 883–898 ZPO

Der 3. Abschnitt des 8. Buches der ZPO befaßt sich mit der Zwangsvollstreckung zur Erwirkung   **802**

- der Herausgabe/Leistung beweglicher Sachen, §§ 883–886 ZPO;
- von vertretbaren (§ 887 ZPO) bzw. unvertretbaren (§§ 888, 889 ZPO) Handlungen;
- von Unterlassungen und Duldungen (§ 890 ZPO);
- der Abgabe einer Willenserklärung (§§ 894–898 ZPO).

Unberührt hiervon bleibt gemäß § 893 ZPO das Recht des Gläubigers, die Leistung   **803**
des Interesses aufgrund materiell-rechtlicher Vorschriften (z.B. § 283 BGB) wegen
Nichterfüllung des den §§ 883–890 ZPO zugrundeliegenden Anspruchs zu verlangen.
Auf § 894 ZPO findet § 893 ZPO – wie schon aus der systematischen Stellung deutlich – keine Anwendung (h.M.: vgl. RGZ 76, 409, 412). Sachlich und örtlich ausschließlich zuständig für eine derartige Klage des Gläubigers auf Schadensersatz statt
Leistung ist das Prozeßgericht des ersten Rechtszuges (§§ 893 Abs. 2, 802 ZPO).

Kapitel A

Herausgabe/Leistung beweglicher Sachen, §§ 883–884 ZPO

I. Herausgabe

1. Ziel

Zweck der Herausgabevollstreckung ist die Befriedigung des Sachleistungsinteresses   **804**
durch Beschaffung unmittelbaren Fremd- oder Eigenbesitzes des Gläubigers oder eines im Titel bezeichneten Dritten an einer beweglichen körperlichen Sache (Stück- oder
Vorratsschuld; für Gattungsschulden gilt § 884 ZPO). Soll der Gläubiger auch Eigentümer oder Inhaber eines sonstigen Rechts (z.B. Pfandrecht) werden, kommen daneben
die §§ 894 ff. ZPO zur Anwendung.

2. Titel

805 Der – ggf. auszulegende – **Titel** muß auf Herausgabe, Zurückbringen, Rückgabe oder Übergabe lauten oder diese mitbeinhalten (Übereignung), also auf eine körperliche Übergabe gerichtet sein. § 883 ZPO findet entsprechende Anwendung bei Titeln auf Hinterlegung oder Vorlegung bestimmter Sachen zwecks Besichtigung oder Einsichtnahme, z.B. gem. §§ 809, 810 BGB (h.M.: vgl. OLG Hamm NJW 1974, 653; Münch-KommZPO/Schilken § 883 Rn. 6, 7 m.w.N.). Daher fällt unter § 883 ZPO die Vorlage einer Urkunde zwecks Auskunftserteilung, soweit sich die Auskunftserteilung allein darauf beschränkt; ist hingegen umfassend zur Auskunft verurteilt worden, die Herausgabe einer Sache daher nur ein und nicht einziges Element zu deren Erfüllung, findet § 888 ZPO Anwendung (OLG Frankfurt/Main NJW-RR 1992, 171; OLG Köln NJW-RR 1988, 1210; 1989, 567).

806 Enthält der Titel neben der geschuldeten Herausgabe weitere, die herauszugebende Sache betreffende Pflichten des Schuldners (wie z.B. Aufstellung, Bearbeitung, Beschaffung, Herstellung, Montage, Reparatur, Versendung) so ist streitig, ob die Vollstreckung nur gemäß §§ 883, 893 ZPO bzw. §§ 884, 893 ZPO zu erfolgen hat, ob ergänzend die §§ 887, 888 ZPO eingreifen oder ob sowohl die §§ 883 ff. ZPO als auch §§ 887 ff. ZPO Anwendung finden (vgl. im einzelnen MünchKommZPO/Schilken § 883 Rn. 8–10 m.w.N.).

So sind **Arbeitspapiere** gemäß § 883 ZPO herauszugeben, wenn sie vollständig ausgefüllt sind; ansonsten erfolgt die Vollstreckung gemäß § 888 ZPO (LAG Frankfurt/Main DB 1981, 534). Bei der Verurteilung zur Übergabe eines Pkw am Geschäftssitz des Gläubigers erfolgt die Vollstreckung gemäß § 883 ZPO, weil die Verbringung des Pkws vom Wohnsitz des Schuldners an den Geschäftssitz des Gläubigers keine selbständige Bedeutung hat (OLG Frankfurt/Main NJW 1983, 1685 = DGVZ 1983, 153; Schuschke § 883 Rn. 3; a.A.: Zöller/Stöber § 883 Rn. 9; Schneider MDR 1983, 287).

807 Die Herausgabe muß sich auf eine **bestimmte bewegliche körperliche Sache (§ 90 BGB) oder eine Menge bestimmter solcher Sachen** beziehen. Für unbewegliche Sachen gilt § 885 ZPO. **Beweglich** sind auch solche Sachen, die erst durch die Wegnahme beweglich werden. **Bestimmt** ist eine Sache, wenn sie individuell bezeichnet wird (Stückschuld), wobei dies in der gemäß § 253 Abs. 2 Nr. 2 ZPO notwendigen Konkretisierung erfolgen muß. Bezeichnungen wie „Hausrat" oder „PKW" genügen daher nicht (vgl. Rn. 36). Eine **Menge** bestimmter körperlicher Sachen sind sowohl eine Anzahl von Einzelsachen (z.B. 7 näher bezeichnete Teppiche) als auch Sachgesamtheiten wie z.B. eine Bibliothek; ferner auch beschränkte Gattungsschulden („Vorratsschuld"), z.B. 10 Zentner Kartoffeln der Sorte Grata aus dem beim Schuldner vorhandenen Lagerbestand. Nicht unter § 883 ZPO fällt die Vollstreckung unbeschränkter Gattungsschulden (z.B. 10 Zentner Grata), auf die § 884 ZPO Anwendung findet.

808 Ferner fällt nicht unter § 883 ZPO die Herausgabe von **Kindern**; die Vollstreckung erfolgt gemäß § 33 FGG (jetzt h.M.: vgl. OLG Düsseldorf FamRZ 1982, 431; OLG Köln FamRZ 1982, 508; Zöller/Stöber § 883 Rn. 7; Thomas/Putzo § 883 Rn. 1; Münch-KommZPO/Schilken § 883 Rn. 16; Schuschke § 883 Rn. 5; StJ/Münzberg § 883 Rn. 34; Zimmermann § 883 Rn. 2; Brox/Walker Rn. 1049; Baumbach/Hartmann § 883 Rn. 14 f. m.w.N., auch zur Gegenansicht).

3. Antrag

Die Vollstreckung erfolgt auf Antrag (§ 753 ZPO) des Gläubigers durch den Gerichts- **809**
vollzieher entsprechend §§ 754–763 ZPO (vgl. auch § 179 GVGA), soweit die allgemeinen und besonderen Vollstreckungsvoraussetzungen vorliegen und keine Vollstreckungshindernisse bestehen. Zum Durchsuchen der Wohnung des Schuldners ist
eine gesonderte richterliche Anordnung erforderlich (h.M.: vgl. Zöller/Stöber § 758
Rn. 10 m.w.N.; a.A.: Brox/Walker Rn. 1054; Zimmermann § 883 Rn. 1; vgl. im einzelnen Rn. 356). Die §§ 811, 812 ZPO finden keine Anwendung.

4. Gewahrsam des Schuldners

Die herauszugebende Sache muß sich im **Alleingewahrsam des Schuldners** (vgl. hier- **810**
zu Rn. 395 f.) oder eines herausgabebereiten Dritten (siehe Rn. 412 f.) befinden.

Steht die Sache im **Allein- oder Mitgewahrsam eines Dritten**, der nicht zur Heraus- **811**
gabe bereit ist, findet **§ 886 ZPO** Anwendung. Der Gläubiger kann den Herausgabeanspruch des Schuldners gegen den Dritten pfänden und sich zur Einziehung überweisen lassen (§§ 829, 835 ZPO). Die §§ 846–848 ZPO gelten nicht unmittelbar, weil
sie die Zwangsvollstreckung wegen Geldforderungen betreffen, finden aber entsprechende Anwendung. Weigert sich der Dritte dann immer noch, die Sachen an den
Gläubiger herauszugeben, bleibt diesem nur, Klage gegen den Dritten auf Herausgabe zu erheben. Ein entsprechendes Urteil wird dann gemäß § 883 ZPO vollstreckt. Soweit bereits ein Herausgabetitel des Schuldners gegen den Dritten vorliegt, kann dieser entsprechend § 727 ZPO umgeschrieben werden.

5. Durchführung

Der Gerichtsvollzieher **nimmt** die Sache dem Schuldner **weg**. Damit hat der Schuld- **812**
ner seine Leistungspflicht erfüllt und die Gefahr des Verlustes der Sache bis zur Übergabe an den Gläubiger trägt letzterer. Der Gerichtsvollzieher sollte die Sache nach
Möglichkeit an Ort und Stelle dem Gläubiger **übergeben**, soweit nicht nur Hinterlegung oder Vorlegung geschuldet ist, ansonsten soll er sie an den Gläubiger versenden
(§ 179 Nr. 2 GVGA). Die dadurch entstehenden Kosten sind nur dann notwendige Kosten der Zwangsvollstreckung im Sinne von § 788 ZPO, wenn eine entsprechende
Versendungspflicht des Schuldners sich aus dem Titel ergibt (OLG Koblenz NJW-RR
1990, 1152; OLG Stuttgart JurBüro 1981, 943; Zöller/Stöber § 883 Rn. 11; Schuschke
§ 883 Rn. 12).

Erst mit der Übergabe der Sache an den Gläubiger ist die **Zwangsvollstreckung** aus **813**
dem Titel **beendet** und dieser verbraucht (MünchKommZPO/Schilken § 883 Rn. 22;
Schuschke § 883 Rn. 14; StJ/Münzberg § 883 Rn. 32; nach a.A. bereits mit der Wegnahme: Baumbach/Hartmann § 883 Rn. 7; Zöller/Stöber § 883 Rn. 10). Bis dahin kann
der Dritte daher Drittwiderspruchsklage gemäß § 771 ZPO erheben. Zur gleichzeiti-
gen Vollstreckung auf Herausgabe gemäß § 883 ZPO und eines Pfändungsauftrages
vgl. § 179 Nr. 4 u. 5 GVGA.

Findet der Gerichtsvollzieher die herauszugebende Sache nicht vor und ist dem Gläu- **814**
biger der Verbleib der Sache unbekannt, so hat der Schuldner auf Antrag des Gläubi-

gers zu Protokoll des Rechtspflegers an Eides Statt zu versichern, daß er die Sache nicht besitze, auch nicht wisse, wo die Sache sich befinde (**§ 883 Abs. 2 ZPO**). Gemäß § 883 Abs. 3 ZPO kann das Gericht eine der Sachlage entsprechende Änderung des Wortlauts der eidesstattlichen Versicherung beschließen, z.B. bei entschuldbarer Unkenntnis eines evtl. Besitzes (beispielsweise eines herauszugebenden Buches in einer umfangreichen Bibliothek, MünchKommZPO/Schilken § 883 Rn. 27). Das Verfahren richtet sich nach § 899 ff. ZPO, die Abnahme der eidesstattlichen Versicherung erfolgt gemäß § 883 Abs. 4 ZPO entsprechend den §§ 478–480, 483 ZPO. §§ 900 Abs. 2 und 4, 903, 914, 915 ZPO finden keine Anwendung (vgl. StJ/Münzberg § 883 Rn. 37). Zu den Einzelheiten vgl. MünchKommZPO/Schilken § 883 Rn. 23–29; Schuschke § 883 Rn. 15–21). Die §§ 887 ff. ZPO sind unanwendbar (OLG Köln DGVZ 1983, 74, 75; Baumbach/Hartmann § 883 Rn. 8).

II. Leistung

815   Bezieht sich der Titel nicht auf die Herausgabe einer Menge bestimmter, beweglicher körperlicher Sachen, sondern auf **Leistung einer bestimmten Menge vertretbarer Sachen oder Wertpapiere** (unbeschränkte Gattungsschuld), findet nicht § 883 ZPO sondern **§ 884 ZPO** Anwendung. Dieser verweist auf § 883 Abs. 1 ZPO, so daß § 883 Abs. 2–4 ZPO keine Anwendung finden.

Leistung bedeutet körperliche Übergabe an den Gläubiger oder die im Titel genannte Person zwecks Besitz- oder Eigentumsübertragung, wobei unerheblich ist, ob der Schuldner bereits im Besitz der Sache ist oder diese zuvor noch anschaffen/herstellen muß (Lieferung), wenn er sie nur im Zeitpunkt der Wegnahme in Besitz hat.

> **Beispiel:**
>
> Kartoffel-Großhändler K. wurde verurteilt, an den Kläger 10 Zentner Kartoffeln der Sorte Grata, Ernte 1993 zu liefern. Zum Zeitpunkt der Rechtskraft des Urteils war die Sorte bei K. ausverkauft. K. müßte sich die geschuldete Leistung besorgen und dann an den Kläger herausgeben. Unterläßt er dies, geht die Vollstreckung gemäß § 884 ZPO ins Leere, weil K. Kartoffeln nicht im Gewahrsam hat.

816   Da § 884 ZPO nur auf § 883 Abs. 1 ZPO verweist, kann der Gläubiger in diesem Falle nicht die Abgabe einer eidesstattlichen Versicherung gemäß § 883 Abs. 2–4 ZPO verlangen. Auch findet § 887 ZPO keine Anwendung (§ 887 Abs. 3 ZPO). Führt auch der Weg über § 886 ZPO nicht zum Erfolg, bleibt dem Gläubiger nur, die geschuldete Sache selbst zu beschaffen und sodann vom Schuldner Leistung des Interesses zu verlangen (Schadensersatz gemäß § 893 ZPO).

817   **Vertretbare Sachen** sind solche gemäß § 91 BGB. Auf die Leistung einer bestimmten Menge unvertretbarer Sachen finden weder § 883 ZPO noch § 884 ZPO Anwendung (allg.M.), ferner auch nicht § 887 ZPO (vgl. § 887 Abs. 3 ZPO; wohl h.M.: RGZ 58, 160; OLG Köln NJW 1958, 1355; MünchKommZPO/Schilken § 884 Rn. 2 m.w.N.; a.A.:

Baumbach/Hartmann § 883 Rn. 2). Dem Gläubiger bleibt nur, sein Interesse gem. § 893 ZPO als Schadensersatz geltend zu machen.

Wertpapiere im Sinne des § 884 ZPO sind nur solche gemäß § 821 ZPO, bei denen also   818
das Recht aus dem Papier dem Recht am Papier folgt (MünchKommZPO/Schilken § 884 Rn. 3; Thomas/Putzo § 884 Rn. 1; Baumbach/Hartmann § 884 Rn. 1; Zimmermann § 884 Rn. 1; Schuschke § 884 Rn. 1; wohl a.A.: Zöller/Stöber § 884 Rn. 1; zum Begriff Wertpapiere vgl. auch Rn. 393).

Die **Wegnahme** erfolgt entsprechend § 883 ZPO. Entsprechend § 243 Abs. 2 BGB be-   819
schränkt sich die Leistungspflicht des Schuldners auf die vom Gerichtsvollzieher weggenommenen Sachen (vgl. auch § 897 ZPO = Rn. 996).

III. Rechtsbehelfe

Für Gläubiger, Schuldner sowie Dritte besteht die Möglichkeit der Vollstreckungs-   820
erinnerung gem. § 766 ZPO, für Dritte ggfs. auch § 771 ZPO.

Kapitel B
Herausgabe unbeweglicher Sachen, § 885 ZPO

I. Herausgabe

Lautet der Vollstreckungstitel entweder auf Herausgabe, Rückgabe, Räumung oder   821
Wiedereinräumung des Besitzes bzw. Überlassung einer unbeweglichen Sache (Grundstück, Grundstücksteil, Wohnung, Geschäftsraum, Gebäude) oder eines eingetragenen Schiffs oder Schiffsbauwerks, erfolgt die Vollstreckung gemäß § 885 ZPO. Dieser ist ferner auf Räumung von Wohnungen in Wohnwagen, Containern oder Schiffen entsprechend anwendbar (Zöller/Stöber § 885 Rn. 1). Für nichteingetragene Schiffe findet § 883 ZPO Anwendung.

Derartige **Titel** können sein: Urteil, Prozeßvergleich, Anwaltsvergleich, Zuschlagsbeschluß gem. § 93 ZVG, Räumungsbeschluß gem. § 149 Abs. 2, § 94 Abs. 2 ZVG, einstweilige Verfügung (bei Räumung von Wohnraum nur wegen verbotener Eigenmacht, § 940a ZPO). Ihr Inhalt ist ggf. im Wege der Auslegung zu ermitteln (vgl. Zöller/Stöber § 885 Rn. 2).

II. Gewahrsamsinhaber

822 Die Herausgabepflicht etc. betrifft den Schuldner als Gewahrsamsinhaber. Ist ein Dritter Gewahrsamsinhaber, findet § 886 ZPO Anwendung. Im Rahmen der Räumung von Wohnraum höchst kontrovers ist die Frage, ob aufgrund des nur gegen den Schuldner lautenden Räumungstitels auch **sonstige** sich in den herauszugebenden Wohnräumen befindliche **Personen** zwangsgeräumt werden können, oder ob gegen diese ein gesonderter Titel erforderlich ist (vgl. aus neuerer Zeit KG DGVZ 1994, 25 = MDR 1994, 162; Scherer DGVZ 1993, 161 f.; Derleder JurBüro 1994, 1 f.). Dabei lassen sich **folgende Fallgruppen** bilden:

823 – Besteht zwischen dem Gläubiger und Drittem aufgrund einer entsprechenden Vereinbarung zwischen ihnen für den Dritten ein **originäres Besitzrecht** (Mit-Mietvertragspartei), ist gegen den Dritten ein gesonderter Titel erforderlich (h.M.: OLG Köln FamRZ 1955, 46; OLG Oldenburg ZMR 1991, 268 = JurBüro 1991, 1276; Schuschke § 885 Rn. 9 m.w.N.).

824 – Steht dem Dritten aufgrund **vertraglicher Vereinbarung mit dem Schuldner** ein eigenes Besitzrecht zu (z.B. Untermietvertrag), ist ebenfalls ein gesonderter Titel gegen den Dritten notwendig (h.M.: OLG Celle NJW-RR 1988, 913; OLG Hamm Rpfleger 1989, 165; LG Hamburg NJW-RR 1991, 1297; LG Köln DGVZ 1994, 46; Thomas/Putzo § 885 Rn. 5).

825 – Soweit der Dritte allerdings **Ehegatte oder Familienangehöriger** des Schuldners ist, werden im Hinblick auf einen möglichen Mißbrauch hohe Anforderungen an den Nachweis der vertraglichen Vereinbarung zwischen Schuldner und Drittem gestellt und der Dritte im Zweifel auf die Drittwiderspruchsklage gem. § 771 ZPO verwiesen (OLG Frankfurt/Main Rpfleger 1989, 209; LG Berlin DGVZ 1993, 173).

826 – Hat **nur ein Ehegatte den Mietvertrag** abgeschlossen, so verneint die ältere Rechtsprechung und die wohl noch herrschende Meinung, obwohl § 739 ZPO nicht anwendbar ist (h.M.: vgl. Baumbach/Hartmann § 885 Rn. 9), mit unterschiedlichen Begründungen die Notwendigkeit eines Titels gegen den mit dem Schuldner zusammenlebenden anderen Ehegatten (vgl. OLG Düsseldorf WuM 1989, 363; OLG Frankfurt/Main MDR 1969, 852; LG Baden-Baden/OLG Karlsruhe WuM 1992, 493; LG Berlin ZMR 1992, 396; LG Ellwangen DGVZ 1993, 10; LG Frankfurt/Main DGVZ 1991, 11; LG Heidelberg DGVZ 1994, 9; AG Heilbronn DGVZ 1993, 174; LG Köln DGVZ 1994, 46; LG Lübeck DGVZ 1990, 91; LG Oldenburg DGVZ 1991, 26 = Rpfleger 1991, 29 und DGVZ 1991, 139; Baur/Stürner Rn. 659; Baumbach/Hartmann § 885 Rn. 10; Brox/Walker Rn. 1047; MünchKommZPO/Schilken § 885 Rn. 9; Scherer DGVZ 1993, 161; Schuschke § 885 Rn. 9; Thomas/Putzo § 885 Rn. 4; Zimmermann § 885 Rn. 3).

827 – Auch eine Erwähnung des anderen Ehegatten in der **Klausel** sei nicht notwendig (LG Baden-Baden/OLG Karlsruhe WuM 1992, 493; LG Detmold Rpfleger 1987, 323; LG Krefeld Rpfleger 1987, 259; a.A.: OLG Hamm Rpfleger 1989, 165; LG Lübeck DGVZ 1990, 91).

828 – Dasselbe soll für den **Lebensgefährten** des Schuldners gelten (LG Baden-Baden/OLG Karlsruhe WuM 1992, 493; LG Berlin DGVZ 1993, 173; LG Darmstadt

DGVZ 1980, 110; LG Lübeck JurBüro 1992, 196; Brox/Walker Rn. 1047; Münch-KommZPO/Schilken § 885 Rn. 11; Scherer DGVZ 1993, 161; Schuschke § 885 Rn. 9; Thomas/Putzo § 885 Rn. 4).

– Bei **getrennt lebenden Eheleuten** ist hingegen ein gesonderter Titel bzw. eine Titel-umschreibung erforderlich (h.M.: Zöller/Stöber § 885 Rn. 5a; Schuschke § 885 Rn. 9 m.w.N.). Bedenklich LG Berlin DGVZ 1993, 173, wonach der Auszug des Lebens-gefährten des Schuldners nur gem. § 771 ZPO geltend gemacht werden kann. **829**

– **Nach zutreffender Ansicht** ist hingegen gemäß § 809 ZPO allein darauf abzustel-len, ob der Dritte (Mit-)**Gewahrsam** hat, also weisungsfreie Sachherrschaft. Nach richtigem Verständnis der Ehe hat jeder Ehegatte insoweit ein eigenes Besitzrecht und unterliegt nicht den Weisungen des Ehegatten, der den Mietvertrag abge-schlossen hat. Auch ist § 885 Abs. 2 ZPO nicht entsprechend anwendbar, weil er nur das „Wie", nicht aber das „Ob" einer Vollstreckung regelt (OLG Hamburg NJW 1992, 3308; WuM 1992, 548; MDR 1991, 453 = NJW-RR 1991, 909 = ZMR 1991, 143; MDR 1960, 769; KG DGVZ 1994, 25 = MDR 1994, 162; OLG Oldenburg NJW-RR 1994, 715; LG Hamburg NJW-RR 1993, 146; LG Kiel DGVZ 1992, 42; LG Mannheim NJW-RR 1993, 147 = DGVZ 1993, 9; Zöller/Stöber § 885 Rn. 5a; Derleder JurBüro 1994, 1 ff. mit Differenzierung danach, ob dem Vermieter der Einzug des Ehepart-ners bzw. nichtehelichen Lebensgefährten angezeigt wurde – analoge Anwendung des § 727 ZPO, falls der Partner erst nach Klageerhebung in die Wohnung aufge-nommen wurde). **830**

– Auch **Lebensgefährten** unterliegen nicht entsprechenden Weisungen und haben daher selbständigen (Mit-)Gewahrsam (KG DGVZ 1994, 25 = MDR 1994, 162; LG Kiel DGVZ 1992, 42; Zöller/Stöber § 885 Rn. 5e; Baumbach/Hartmann § 885 Rn. 15; Derleder JurBüro 1994, 146). **831**

– Minderjährige **Kinder** oder erwachsene Kinder des Schuldners, die mit ihm in der Wohnung leben und von ihm unterhalten werden, haben hingegen keinen eigenen Gewahrsam (KG DGVZ 1994, 25, 26 = MDR 1994, 162; OLG Hamburg MDR 1991, 453 = NJW-RR 1991, 909 = ZMR 1991, 143; LG Hamburg NJW-RR 1993, 146; Zöl-ler/Stöber § 885 Rn. 5 b). **832**

– Eines gesonderten Titels gegen sie bedarf es daher ebensowenig wie für **Hausan-gestellte, Gäste oder Besucher** (h.M.: Zöller/Stöber § 885 Rn. 5d; Schuschke § 885 Rn. 9; MünchKommZPO/Schilken § 885 Rn. 11, jeweils m.w.N.). **833**

III. Weitere Voraussetzungen

Die Vollstreckung setzt des weiteren einen **Auftrag** des Gläubigers voraus; ferner müs-sen die allgemeinen und besonderen Voraussetzungen der Zwangsvollstreckung vor-liegen. Eine etwaige **Räumungsfrist** (§§ 721, 794a ZPO) muß bei Beginn der Voll-streckung abgelaufen sein. Macht der Schuldner dem Gerichtsvollzieher sowohl das Vorliegen einer sittenwidrigen Härte als auch die Unmöglichkeit der rechtzeitigen An-rufung des Vollstreckungsgerichts glaubhaft, kann der Gerichtsvollzieher die Maß-nahmen zur Erwirkung der Herausgabe bis zur Entscheidung des Vollstreckungsge-richts aussetzen, allerdings auch in Extremfällen nicht länger als eine Woche (§ 765a Abs. 2 ZPO). **834**

835 Einer richterlichen **Durchsuchungsanordnung** (§ 758 ZPO) bedarf es für einen richterlichen Räumungstitel (Urteil) nicht, weil von dessen Inhalt her zwingend das Betreten der Räume zum Zwecke der Zwangsvollstreckung verbunden ist (h.M.: Zöller/Stöber § 885 Rn. 4). Notwendig ist hingegen eine solche Anordnung bei nichtrichterlichen Vollstreckungstiteln wie Prozeßvergleich, Anwaltsvergleich, ferner bei Beschlüssen des Rechtspflegers, z.B. gemäß § 93 ZVG (OLG Bremen Rpfleger 1994, 77; AG Bad Segeberg NJW-RR 1989, 61; Brox/Walker Rn. 1059; Zöller/Stöber § 758 Rn. 10 und § 885 Rn. 10; MünchKommZPO/Schilken § 885 Rn. 15; Schuschke § 885 Rn. 8; Zimmermann § 885 Rn. 4; a.A.: LG Berlin DGVZ 1981, 184; StJ/Münzberg § 885 Rn. 6; Thomas/Putzo § 758 Rn. 13; Baumbach/Hartmann § 758 Rn. 15; MünchKommZPO/Arnold § 758 Rn. 60).

836 Ist zu erwarten, daß der Schuldner durch die Räumung **obdachlos** wird, hat der Gerichtsvollzieher die zuständige Verwaltungsbehörde hiervon zu unterrichten (§ 181 Nr. 2 GVGA). Kommt es vor vollständiger Durchführung der Räumung aufgrund ordnungsbehördlicher Verfügung zu einer Einweisung des Schuldners in die zu räumende Wohnung, so ist der Vollstreckungstitel auch bei einer „symbolischen" Räumung durch den Gerichtsvollzieher (Entfernung nur einzelner Möbelstücke) nicht verbraucht. Nach Aufhebung oder durch Ablauf der in der Einweisungsverfügung angegebenen Zeitspanne kann der Gläubiger daher aus dem Titel (weiter) vollstrecken (h.M.: LG Bonn ZMR 1990, 346; Zöller/Stöber § 811 Rn. 17; Schuschke § 885 Rn. 11, jeweils m.w.N. – Zur Frage des Entschädigungsanspruchs des Gläubigers gegen die Ordnungsbehörde für die Zeit der Nutzung durch den eingewiesenen Schuldner vgl. OLG Köln NJW 1994, 1012).

IV. Durchführung

837 Die Durchführung der Zwangsvollstreckung erfolgt grundsätzlich in der Weise, daß der Gerichtsvollzieher dem Gläubiger und in der Regel auch dem Schuldner Tag und Stunde der beabsichtigten Vollstreckung so rechtzeitig mitteilt, daß der Schuldner sich auf die Räumung einstellen und notwendige Maßnahmen hierzu vorbereiten kann (vgl. § 180 Nr. 2 GVGA).

Die Zwangsvollstreckung wird in der Weise vollzogen, daß der Gerichtsvollzieher den Schuldner und etwaige anwesende Personen, die kein eigenes Besitzrecht haben, falls erforderlich auch mit Gewalt (§ 758 Abs. 3 ZPO), aus dem Besitz setzt, soweit diese nicht seiner vorherigen Aufforderung zur freiwilligen Herausgabe nachgekommen sind. Sodann weist er den Gläubiger in den Besitz ein. Ist der Gläubiger bei der Vollstreckung anwesend, ergreift der Gerichtsvollzieher Maßnahmen, durch die der Gläubiger in die Lage versetzt wird, die tatsächliche Gewalt über das Grundstück oder die Räume auszuüben (z.B. Übergabe der Schlüssel, Bestellung eines Hüters). Die Herausgabevollstreckung eines brachliegenden Grundstücks erfolgt in der Weise, daß der Gerichtsvollzieher an Ort und Stelle in Gegenwart des Gläubigers oder seines Vertreters erklärt und zu Protokoll feststellt, daß er den Schuldner aus dem Besitz setzt und den Gläubiger in den Besitz einweist (LG Trier DGVZ 1972, 93).

Die Vollstreckung erstreckt sich grundsätzlich auch auf Zubehör der herauszugebenden Sache (§§ 97, 98 BGB).

Andere bewegliche Sachen (auch Abfall, Müll), die weder mitherauszugeben noch   838
wegen einer gleichzeitig beizutreibenden Forderung oder wegen der Kosten zu pfänden sind, schafft der Gerichtsvollzieher vom Grundstück weg oder entfernt sie aus
den Räumen. Dies unterbleibt, wenn der Vermieter/Verpächter der Entfernung unter
Berufung auf sein Vermieterpfandrecht widerspricht, jedenfalls wenn es unstreitig ist.
Ansonsten steht dem Vermieter die Drittwiderspruchsklage gemäß § 771 ZPO zu (vgl.
Zöller/Stöber § 885 Rn. 11). Der Gerichtsvollzieher übergibt diese Sachen dem Schuldner; ist dieser abwesend, übergibt er sie einem Bevollmächtigten des Schuldners oder
einer zur Familie des Schuldners gehörenden Person, oder er stellt sie ihnen zur Verfügung (**§ 885 Abs. 2 ZPO**).

Ist keine dieser Personen anwesend, hat der Gerichtsvollzieher die Sachen auf Kosten   839
des Schuldners in ein Pfandlokal zu schaffen oder anderweit für die Verwahrung zu
sorgen (**§ 885 Abs. 3 ZPO**). Er schließt die notwendigen Verträge mit dem Spediteur
bzw. den Lagervertrag im eigenen Namen (h.M.: Zöller/Stöber § 885 Rn. 9). Die Vor-
schußpflicht des Gläubigers erstreckt sich auch auf diese Kosten (§ 5 GVKostG). Müll
und wertloses Gerümpel kann nach vorherigem erfolglosen Hinweis an den Schuldner zur Mülldeponie verbracht werden (LG Karlsruhe DGVZ 1980, 14; Zöller/Stöber
§ 885 Rn. 10).

Wurde der Schuldner vergeblich vom Gerichtsvollzieher aufgefordert, die Sachen ab-   840
zuholen, kann das Vollstreckungsgericht (Rechtspfleger, § 20 Nr. 17 RPflG) den Verkauf der Sachen und die Hinterlegung des Erlöses anordnen (**§ 885 Abs. 4 ZPO**).

Wegen der **Kosten** der Herausgabevollstreckung vgl. Zöller/Stöber § 885 Rn. 13, 14;   841
MünchKommZPO/Schilken § 885 Rn. 33–35).

V. Rechtsbehelfe

Gegen das Verfahren des Gerichtsvollziehers ist als Rechtsbehelf die Vollstreckungs-   842
erinnerung gemäß § 766 ZPO gegeben; gegen Beschlüsse des Rechtspflegers gemäß
§ 885 Abs. 4 ZPO steht dem Schuldner die befristete Erinnerung gemäß § 11 RPflG,
gegen die des Richters die sofortige Beschwerde gem. § 793 ZPO zu (KG Rpfleger 1985,
308; OLG Frankfurt/Main Rpfleger 1979, 350; Zöller/Stöber § 885 Rn. 16).

Kapitel C
Vertretbare Handlungen, § 887 ZPO

I. Art und Weise

843 Die Zwangsvollstreckung zur Erwirkung vertretbarer Handlungen erfolgt durch Ermächtigung des Gläubigers zur Ersatzvornahme der geschuldeten Handlung, ggfs. auch durch Verurteilung zur Zahlung eines dazu erforderlichen Kostenvorschusses.

II. Vertretbare Handlungen

844 Zu den vertretbaren Handlungen im Sinne von § 887 ZPO zählen **nicht** Herausgabe- und Leistungsansprüche gemäß §§ 883, 884 ZPO (vgl. § 887 Abs. 3 ZPO), ferner nicht die Kindesherausgabe, die gemäß § 33 FGG vollstreckt wird. Die Vollstreckung einer Zahlungsverpflichtung erfolgt gemäß § 803 ff. ZPO. Erfolgte gemäß § 510b ZPO eine Verurteilung zur Zahlung einer Entschädigung für den Fall der Nichtvornahme einer Handlung, darf die vorzunehmende Handlung nicht gemäß §§ 887, 888 ZPO vollstreckt werden (§ 888a ZPO). Für Unterlassungen gilt § 890 ZPO, die Abgabe von Willenserklärungen ist in §§ 894, 895 ZPO geregelt; nur soweit diese keine Anwendung finden (z.B. Prozeßvergleich), kann die Vollstreckung gemäß § 888 ZPO erfolgen.

845 **Vertretbare Handlungen** sind daher nur solche, die bei gleichem wirtschaftlichen Erfolg für den Gläubiger und ohne Änderung der Eigenart der Leistung statt vom Schuldner auch von einem Dritten vorgenommen werden können, wenn diese Drittvornahme aus der Sicht des Schuldners in rechtlich zulässiger Weise erfolgen kann (h.M.: vgl. OLG Bamberg MDR 1983, 499; Schuschke § 887 Rn. 2 m.w.N.). Nicht entscheidend ist dabei, daß der Schuldner die Leistung kostengünstiger erbringen könnte oder der Leistungserfolg auf verschiedene Art und Weise herbeigeführt werden kann, z.B. bei Beseitigung von Immissionen (OLG Hamm MDR 1983, 850; Zöller/Stöber § 887 Rn. 2; a.A. OLG Düsseldorf NJW-RR 1988, 63). Handelt es sich eigentlich um eine vertretbare Handlung, ist die Ersatzvornahme jedoch von der Mitwirkung oder Zustimmung eines Dritten abhängig, soll die notwendige Zustimmung des Dritten bis zum Erlaß des Ermächtigungsbeschlusses gemäß § 887 ZPO vorliegen müssen (BayObLG NJW-RR 1989, 462; OLG Frankfurt/Main MDR 1983, 141; Zöller/Stöber § 887 Rn. 7; a.A: OLG Düsseldorf MDR 1991, 260).

846 M. E. muß jedoch genügen, daß die Zustimmung des Dritten noch nicht verweigert und daher noch möglich ist. Die Situation ist insoweit nicht anders als bei der Frage des Unvermögens im Erkenntnisverfahren: Eine Verurteilung des Nicht-Eigentümers zur Übereignung erfolgt, wenn ein (Rück-)Erwerb des Eigentums von Dritten durch den Beklagten möglich ist (BGH WM 1986, 645, 646). Fehlt es hingegen an der notwendigen Zustimmung des Dritten, kommt nicht § 887 ZPO, sondern ggf. § 888 ZPO zur Anwendung (BayObLG NJW-RR 1989, 462; Zöller/Stöber § 888 Rn. 2).

847 Entscheidend für die **Abgrenzungen** der vertretbaren von der unvertretbaren Handlung sind stets die konkreten Umstände des Einzelfalles. **Beispiele** aus der umfangreichen Kasuistik **für eine vertretbare Handlung:**

- **Abnahme** (beim Kauf- sowie Werkvertrag, OLG Köln MDR 1975, 586);

- **Abrechnung** von Betriebskosten (Heizung) an Hand vorliegender Unterlagen (LG Hannover WuM 1993, 475);

- **Bauarbeiten** (Abbruch, Errichtung von Gebäuden);

- **Befreiung** von einer Verbindlichkeit, auch wenn diese eine Geldschuld ist (h.M.: BGH NJW 1958, 497; MünchKommZPO/Schilken § 887 Rn. 3 m.w.N.);

- **Beseitigung** von Mängeln, soweit dadurch nicht die Eigenart des Werkes verändert wird (BGH NJW 1984, 1679; OLG Zweibrücken JurBüro 1982, 939; also nicht bei künstlerischen Werken); von Störungen (z.B. durch Anlagen, Bäume), Immissionen (OLG Köln NJW-RR 1990, 1087). Je nach Sachlage kann jedoch auch § 888 ZPO Anwendung finden (vgl. § 888 Rn. 864 Stichwort „Immissionen");

- **Buchauszug,** insbesondere gem. § 87c Abs. 2 HGB, soweit es dazu nicht der Mitwirkung des Schuldners bedarf (OLG Koblenz NJW-RR 1994, 358 = MDR 1994, 198; OLG Hamm NJW-RR 1994, 489; Schuschke § 885 Rn. 7);

- **Dienstleistungen,** jedenfalls einfacherer Art, soweit nicht besondere persönliche Fähigkeiten und Kenntnisse erforderlich sind oder ein besonderes Vertrauensverhältnis gegeben ist; daher „ja" bei einem Übersetzer, „nein" bei Arzt, Opernsänger, Geschäftsführer (vgl. MünchKommZPO/Schilken § 887 Rn. 7; Brox/Walker Rn. 1066);

- **Freistellung** siehe Befreiung;

- **Handwerkliche** Leistungen, soweit keine besonderen persönlichen Fertigkeiten und Kenntnisse notwendig sind;

- **Mängelbeseitigung** siehe Beseitigung;

- **Nachbesserung** siehe Beseitigung;

- **Reparaturen;**

- **Sicherheiten,** Leistung von Sicherheiten, also insbesondere Stellung einer Bürgschaft (OLG Karlsruhe MDR 1991, 454; OLG Köln MDR 1989, 169).

Zu weiteren Beispielen vgl. Baumbach/Hartmann § 887 Rn. 20–43; MünchKommZPO/Schilken § 887 Rn. 22; Schuschke § 887 Rn. 4–11; Zöller/Stöber § 887 Rn. 3.

III. Antrag

Voraussetzung für die Ersatzvornahme ist neben den allgemeinen und besonderen **848** Voraussetzungen der Zwangsvollstreckung ein Antrag des Gläubigers. Er unterliegt gemäß § 78 Abs. 1 und 2 ZPO dem Anwaltszwang, soweit als Prozeßgericht das Landgericht oder das Familiengericht zuständig ist (OLG Koblenz NJW-RR 1988, 1279; Schuschke § 887 Rn. 12 m.w.N.).

IV. Bestimmtheit des Antrags

849 Die ersatzweise vorzunehmende **Handlung** muß im Antrag im einzelnen **genau bezeichnet** werden (RGZ 60, 121; OLG Frankfurt/Main JurBüro 1988, 259; OLG Köln NJW-RR 1990, 1087; Zöller/Stöber § 887 Rn. 4; Baumbach/Hartmann § 887 Rn. 13; Thomas/Putzo § 887 Rn. 5; Zimmermann § 887 Rn. 6; Schuschke § 887 Rn. 12), auch wenn der Tenor des Titels zulässigerweise nur hinsichtlich des Erfolges bestimmt war, z.B. dahingehend lautete, die erforderlichen Maßnahmen zu treffen, um beeinträchtigende Einwirkungen durch Geräusche und Gerüche auf ein näher bezeichnetes Objekt zu verhindern (RGZ 60, 120, 121; OLG Köln NJW-RR 1990, 1087; MünchKomm-ZPO/Schilken § 887 Rn. 9; a.A. OLG Düsseldorf OLGZ 1976, 376; OLG Hamm MDR 1984, 591 und 1983, 850; OLG München NJW-RR 1988, 22; Brox/Walker Rn. 1072). Nicht erforderlich ist hingegen die Angabe einzelner Arbeitsschritte oder des Unternehmens, das die Arbeiten durchführen soll (OLG Zweibrücken MDR 1983, 500; Zöller/Stöber § 887 Rn. 4).

850 Eine **Auslegung** des Titels ist möglich und notwendig (vgl. BGH NJW 1993, 1394, 1395), jedoch ist die Umdeutung eines Antrags gemäß § 887 ZPO in einen solchen nach § 888 ZPO unzulässig, wenn dem Vortrag des Gläubigers dafür keine Anhaltspunkte zu entnehmen sind (OLG Hamm NJW 1985, 274). Der Anwalt sollte daher stets prüfen, ob er nicht einen Haupt- und Hilfsantrag stellen soll.

Der Gläubiger muß ferner behaupten, daß der Schuldner die titulierte Handlung nicht vorgenommen hat.

V. Zuständigkeit

851 Zuständig für die Entscheidung ist ausschließlich (§ 802 ZPO) das Prozeßgericht des ersten Rechtszuges: Amtsgericht, Familiengericht; beim Landgericht: Zivilkammer, Kammer für Handelssachen, ggf. der Einzelrichter gem. § 348 ZPO; bei WEG-Sachen gem. § 43 WEG das Amtsgericht (BayObLG WuM 1992, 163); bei eidesstattlichen Versicherungen stets das Gericht der Hauptsache (§§ 937, 943 ZPO), also auch im Falle des § 942 ZPO. Erfolgt die Vollstreckung aus einem Anwaltsvergleich, Schiedsspruch, Schiedsvergleich oder einem ausländischen Schiedsspruch/Urteil, ist das Gericht zuständig, das den Titel für vollstreckbar erklärt hat (§§ 720, 1042, 1044, 1044a, 1044b, 1046 ZPO).

VI. Stellungnahme des Schuldners

852 Dem Schuldner ist gem. § 891 S. 2 ZPO rechtliches Gehör zu gewähren. Zum etwaigen Anwaltszwang vgl. § 890 ZPO Rn. 928 f. Wendet der Schuldner **Erfüllung** ein, ist streitig, ob dies grundsätzlich nicht im Verfahren gemäß § 887 ZPO, sondern nur im Klagewege gem. § 767 ZPO geltend zu machen ist (so RGZ 27, 382, 385; OLG Düsseldorf NJW-RR 1988, 63; OLG Hamm NJW-RR 1988, 1088; OLG Köln JurBüro 1993, 242; NJW-RR 1990, 1087 und NJW-RR 1988, 1212; OLG Koblenz MDR 1991, 547; OLG München NJW-RR 1988, 22; Baur/Stürner Rn. 674; Brox/Walker Rn. 1073; Schuschke § 887 Rn. 15; Thomas/Putzo § 887 Rn. 4; Zimmermann § 887 Rn. 9; a.A.: OLG Bamberg FamRZ 1993, 581; OLG Frankfurt/Main MDR 1984, 239; OLG Stuttgart NJW-RR 1986, 1501; OLG Zweibrücken MDR 1986, 1034; Zöller/Stöber § 887 Rn. 7; wahlweise: MünchKommZPO/Schilken § 887 Rn. 8; Baumbach/Hartmann § 887 Rn. 16).

Die Erfüllung ist jedoch im Verfahren gem. § 887 ZPO zu berücksichtigen, wenn sie offenkundig oder unstreitig (allg.M.) oder liquide – etwa gem. § 775 Nr. 4 und 5 ZPO – beweisbar ist (OLG Frankfurt/Main OLGZ 1993, 459, 460; OLG Köln JurBüro 1993, 242, NJW-RR 1990, 1087; NJW-RR 1989, 568). Nach OLG Köln MDR 1993, 579 = JMBl. NW 1993, 77 soll der Erfüllungseinwand bereits dann beachtlich sein, wenn unstreitig eine auf Erfüllung gerichtete Handlung des Schuldners vorgenommen worden ist und nur noch darüber gestritten wird, ob die Handlung den nach dem Inhalt des Vollstreckungstitels zu stellenden Anforderungen genügt.

VII. Beweis

Die **Beweislast für die Erfüllung** trägt unabhängig von der Parteirolle stets der Schuldner (h.M.). | 853

Die **Beweislast im übrigen** entspricht den allgemeinen Grundsätzen und obliegt daher dem Gläubiger (allg.M.: OLG Zweibrücken OLGZ 1978, 372; MünchKommZPO/Schilken § 890 Rn. 19 m.w.N.). Dies gilt grundsätzlich auch für das Verschulden des Schuldners (OLG Zweibrücken GRUR 1986, 839; Schuschke § 890 Rn. 34; MünchKommZPO/Schilken § 890 Rn. 9 u. 19; Zimmermann § 890 Rn. 13; nach a.A. soll insoweit die Beweislast beim Schuldner liegen: OLG Düsseldorf WRP 1993, 326 – Darlegungslast des Schuldners hinsichtlich seiner Maßnahmen, daß Dritte nicht gegen ein gerichtliches Verbot verstoßen; OLG Köln NJW-RR 1986, 1191; StJ/Münzberg § 890 Rn. 38 für Umstände aus dem internen Bereich des Schuldners; unklar: Zöller/Stöber § 890 Rn. 13).

Anwendung finden jedoch die Regeln über den **Anscheinsbeweis** (BVerfG NJW 1991, 3139; OLG Bremen OLGZ 1979, 368, 370; Schuschke § 890 Rn. 34; MünchKommZPO/Schilken § 890 Rn. 9; Baur/Stürner Rn. 689; Rosenberg/Gaul/Schilken § 73 II 2; a.A. KG GRUR 1991, 707) sowie die **Beweiserleichterung** bis zur Beweislastumkehr (KG OLGZ 1993, 340; OLG Zweibrücken OLGZ 1978, 372; Schuschke § 890 Rn. 34; MünchKommZPO/Schilken § 890 Rn. 9, Baur/Stürner Rn. 689; Rosenberg/Gaul/Schilken § 73 II 2). | 854

Die Vorschrift des **§ 138 Abs. 3 ZPO** (Nichtbestreiten) findet jedenfalls dann Anwendung, wenn sichergestellt ist, daß die Aufforderung zur Stellungnahme mit Hinweis auf den Rechtsanwaltszwang den Schuldner auch erreicht hat, z.B. durch förmliche Zustellung (OLG Düsseldorf NJW-RR 1991, 1088; StJ/Münzberg § 891 Rn. 2 m.w.N.; a.A. Zöller/Stöber § 891 Rn. 1). | 855

VIII. Entscheidung

856   Das Gericht entscheidet bei freigestellter mündlicher Verhandlung (§ 891 S. 1 ZPO) durch stets zu begründenden **Beschluß**. Es prüft das Vorliegen der vorgenannten Voraussetzungen, ferner, ob der Schuldner seit dem Bestehen des Vollstreckungstitels Gelegenheit zur Vornahme der geschuldeten Handlung hatte, und ob die Erfüllung und damit auch die Ersatzvornahme derzeit noch objektiv möglich ist. Zur etwa notwendigen Zustimmung eines Dritten vgl. Rn. 845 f. Liegen diese Voraussetzungen nicht vor, ist der Antrag zurückzuweisen (vgl. MünchKommZPO/Schilken § 887 Rn. 8).

Im Beschluß wird der Gläubiger ermächtigt, die konkret zu bezeichnende Handlung auf Kosten des Schuldners (nicht: im Namen des Schuldners als dessen Vertreter) vorzunehmen. Die Anführung einzelner Duldungspflichten im Tenor dient gegebenenfalls der Klarheit, ist aber im Hinblick auf § 892 ZPO nicht notwendig.

857   Ob der Beschluß mit einer **Kostenentscheidung** zu versehen ist, hängt nach zutreffender Auffassung davon ab, ob dem Antrag **stattgegeben** wird (wegen § 788 Abs. 1 ZPO ist dann keine Kostenentscheidung notwendig, aber möglich, so h.M.: OLG Bamberg JurBüro 1987, 785; OLG Hamm GRUR 1994, 83; Zöller/Stöber § 887 Rn. 9; MünchKommZPO/Schilken § 887 Rn. 11; Brox/Walker Rn. 1074; Baumbach/Hartmann § 887 Rn. 15; a.A. OLG Frankfurt/Main MDR 1978, 411; OLG München OLGZ 1984, 66; Schuschke § 887 Rn. 19, Zimmermann § 887 Rn. 13).

Wird der Antrag ganz oder teilweise **zurückgewiesen**, ist stets eine Kostenentscheidung notwendig und zwar entsprechend § 91 ZPO (OLG Frankfurt/Main MDR 1978, 411; OLG Hamm Rpfleger 1973, 104; OLG Karlsruhe FamRZ 1994, 54; OLG München NJW-RR 1991, 1086; OLG Saarbrücken JurBüro 1993, 27; OLG Zweibrücken MDR 1990, 258 = OLGZ 1990, 226; Zöller/Stöber § 887 Rn. 9; MünchKommZPO/Schilken § 887 Rn. 11; Brox/Walker Rn. 1074; Zimmermann § 887 Rn. 13); nach a.A. gem. § 788 Abs. 1 ZPO (Thomas/Putzo § 887 Rn. 9; Schuschke § 887 Rn. 19). Dies auch aus dem Grunde, weil die im Verfahren gem. § 887 ZPO dem Schuldner entstandenen Kosten keine solchen sind, auf die § 788 Abs. 2 ZPO zutrifft (h.M.: OLG Köln OLGZ 1994, 250; LG Berlin VersR 1991, 1393 m.w.N.; Schuschke § 788 Rn. 22, jeweils m.w.N.).

858   Der stattgebende Beschluß wird dem Schuldner, der abweisende dem Gläubiger von Amts wegen **zugestellt** (§ 329 Abs. 3 ZPO); dem Gläubiger wird der stattgebende Beschluß formlos übersandt (§ 329 Abs. 2 S. 1 ZPO).

IX. Kostenvorschuß, § 887 Abs. 2 ZPO

859   Um eine Vorfinanzierung der Ersatzvornahme seitens des Gläubigers und der Beitreibung dieser Kosten gemäß § 788 Abs. 1 ZPO zu vermeiden, empfiehlt es sich und ist in der Praxis auch üblich, gleichzeitig mit dem Antrag auf Ersatzvornahme zu beantragen, den Schuldner zur Zahlung eines die Kosten der Ersatzvornahme voraussichtlich deckenden **Kostenvorschusses** zu „verurteilen" (§ 887 Abs. 2 ZPO). Der Antrag kann auch noch nachträglich gestellt werden. Den für die Ersatzvornahme notwendigen Betrag sollte der Gläubiger unter Beifügung eines Kostenvoranschlags, Sachverständigengutachtens etc. angeben. Die hier entstehenden weiteren Kosten sind

ebenso wie die der Ersatzvornahme selbst solche der Zwangsvollstreckung gemäß § 788 Abs. 1 ZPO (OLG Frankfurt/Main MDR 1983, 140). Das Gericht schätzt die voraussichtlichen notwendigen Kosten, gegebenenfalls nach Einholung eines Sachverständigengutachtens nach billigem Ermessen durch Beschluß (BGH NJW 1993, 1394, 1395); der Betrag darf jedoch nicht höher als der vom Gläubiger beantragte sein, § 308 Abs. 1 ZPO (Zöller/Stöber § 887 Rn. 11; Brox/Walker Rn. 1074). Die Vollstreckung der Kostenvorschußpflicht erfolgt gemäß § 803 ff. ZPO; der Kostenvorschußbeschluß ist Vollstreckungstitel gemäß § 794 Abs. 1 Nr. 3 ZPO.

Erweist sich der Vorschuß als zu niedrig, kann der Gläubiger einen weiteren Vorschuß **nachfordern** (§ 887 Abs. 2 Halbs. 2 ZPO), jedoch nicht mehr nach Beendigung der Ersatzvornahme (OLG Hamm MDR 1972, 615; Schuschke § 887 Rn. 21 m.w.N.). Die Mehrkosten der Ersatzvornahme können dann nur noch gemäß § 788 Abs. 1 ZPO beigetrieben werden (LG Koblenz MDR 1984, 591; MünchKommZPO/Schilken § 887 Rn. 16 m.w.N.). 860

Übersteigt der Vorschuß die Kosten der Ersatzvornahme und die dem Gläubiger entstandenen Kosten, ist er an den Schuldner **zurückzuzahlen**. Der Anspruch ist erforderlichenfalls durch Klage geltend zu machen (RG JW 1898, 201; Zöller/Stöber § 887 Rn. 12). 861

X. Rechtsbehelfe

Gegen die **stattgebende** Entscheidung gemäß § 887 Abs. 1 und 2 ZPO steht dem Schuldner, gegen die **ablehnende** dem Gläubiger, die sofortige Beschwerde gem. § 793 ZPO zu. Einwendungen gegen die Höhe des Kostenvorschusses können nicht mit der Vollstreckungsabwehrklage gem. § 767 ZPO gegen den titulierten Anspruch geltend gemacht werden (BGH NJW 1993, 1394). Eine weitere Beschwerde gegen die Beschwerdeentscheidung des Landgerichts ist möglich (OLG Celle NJW 1990, 262; OLG Köln NJW-RR 1992, 633 mit eingehender Begründung; Zöller/Stöber § 887 Rn. 13; MünchKommZPO/Schilken § 887 Rn. 19; a.A.: OLG Frankfurt/Main MDR 1992, 1000; KG NJW 1991, 989 unter Aufgabe seiner früheren Rechtsprechung). 862

Gegen die Maßnahmen des Gerichtsvollziehers ist die Vollstreckungserinnerung gem. § 766 ZPO gegeben. Der Erfüllungseinwand kann stets – ob nur vgl. Rn. 852 f. – mit der Vollstreckungsabwehrklage gemäß § 767 ZPO geltend gemacht werden (BGH NJW 1993, 1394, 1395).

Ein Anspruch des Gläubigers auf Schadensersatz nach materiellem Recht bleibt unberührt (§ 893 ZPO).

Kapitel D
Unvertretbare Handlungen, § 888 ZPO

I. Art und Weise

863 Handlungen, die nicht durch einen Dritten vorgenommen werden können und ausschließlich vom Willen des Schuldners abhängen, werden durch die Beugemittel Zwangsgeld bzw. Zwangshaft vollstreckt.

II. Unvertretbare Handlungen

864 Unvertretbare Handlungen sind solche, die – vom maßgeblichen Standpunkt des Gläubigers aus gesehen – ein Dritter überhaupt nicht oder nicht mit dem wirtschaftlich oder rechtlich gleichwertigen Erfolg vornehmen kann oder darf. Zur Abgrenzung hinsichtlich der anderen Vollstreckungsarten des 3. Abschnitts vgl. § 887 ZPO Rn. 844.

Hierzu gehören **beispielsweise** Verpflichtungen des Schuldners betreffend:

- **Arbeitspapiere**, wenn sie noch erstellt werden müssen (LAG Düsseldorf JurBüro 1985, 1429; LAG Frankfurt/Main DB 1981, 534);

- **Auskunftserteilung**, soweit diese nicht lediglich in der Vorlage von Urkunden besteht, vgl. § 883 Rn. 805 (OLG Frankfurt/Main NJW-RR 1992, 171; OLG Köln NJW-RR 1989, 567).;

- **Dienstleistungen** höherer Art (geistige, künstlerische, wissenschaftliche). Sind hingegen besondere Fähigkeiten dieser Art erforderlich, von denen nicht feststeht, daß der Schuldner über sie verfügt, scheidet eine Vollstreckung aus (Zöller/Stöber § 887 Rn 18; Baumbach/Hartmann § 888 Rn. 6; MünchKommZPO/Schilken § 887 Rn. 7, 10 m.w.N.);

- **Immissionen**, wenn der Titel nicht auf Unterlassung, sondern auf eine nur durch den Schuldner vorzunehmende Handlung lautet (OLG Köln VersR 1993, 1242; MünchKommZPO/Schilken § 887 Rn. 4 m.w.N.);

- **Mitwirkung** bei der Vornahme gemeinschaftlicher Handlungen, z.B. Klageerhebung, Steuererklärung (BayObLG NJW-RR 1989, 462; OLG München NJW-RR 1992, 768; LG Zweibrücken MDR 1976, 144; Schuschke § 887 Rn. 7 m.w.N.). Je nach Sachlage kommt aber auch eine Vollstreckung gemäß § 887 ZPO in Betracht;

- **Nachlaßverzeichnis**, Erstellung eines (OLG Hamm JMBl. NW 1977, 67);

- **Rechnungslegung** soweit sie nicht nur in der Vorlage von Urkunden besteht (OLG Köln NJW-RR 1992, 633; KG NJW 1972, 2093 m.w.N.);

- **Weiterbeschäftigung** (LAG Köln DB 1988, 660; Dunkl/Baur B Rn. 119 m.w.N.);

– **Widerruf** ehrverletzender oder unwahrer Behauptungen; dieser darf die Erklärung beinhalten, daß der Widerruf in Erfüllung eines gegen den Beklagten ergangenen rechtskräftigen Urteils erfolgt ist (BVerfG NJW 1970, 652; BGH NJW 1962, 1438; OLG Frankfurt/Main JurBüro 1993, 749 = GRUR 1993, 697 betreffend kreditschädigende Äußerungen; OLG Zweibrücken NJW 1991, 304 m.w.N.; Baumbach/Hartmann § 887 Rn. 40; MünchKommZPO/Schilken § 888 Rn. 5 m.w.N.; Schuschke § 888 Rn. 2; nach a.A. soll § 894 ZPO eine entsprechende Anwendung finden: OLG Frankfurt/Main NJW 1982, 113; OLG Hamm NJW-RR 1992, 634 m.w.N.; Zöller/Stöber § 894 Rn. 2; offen: BGH NJW 1977, 1288);

– **Willenserklärungen** nur, soweit nicht die §§ 894, 895 ZPO Anwendung finden (vgl. Rn. 954 f.);

– **Wohnungszuweisung** gemäß § 18a HausratsVO (OLG Köln FamRZ 1983, 1231);

– **Zeugniserteilung** (LAG Frankfurt/Main DB 1981, 534).

Eine derart unvertretbare Handlung muß zusätzlich **ausschließlich vom Willen des Schuldners abhängen**. Dies ist nicht der Fall, wenn die Vornahme der Handlung objektiv oder subjektiv dauernd **unmöglich** ist. Dies gilt auch, wenn die Unmöglichkeit auf einem Verschulden des Schuldners beruht. Dem Gläubiger bleibt dann nur, Schadensersatz gemäß § 893 ZPO geltend zu machen (h.M.: OLG Zweibrücken OLGZ 1991, 225; Zöller/Stöber § 888 Rn. 11). Entsprechendes gilt für den Zeitraum einer vorübergehenden Unmöglichkeit, z.B. Krankheit (Zöller/Stöber § 888 Rn. 11; Zimmermann § 888 Rn. 4). Sind für die vorzunehmende Handlung Geldmittel notwendig, über die der Schuldner nicht verfügt, ist ihm die Handlung nur dann unmöglich, wenn er die Geldmittel nicht besorgen kann und sie ihm auch nicht vom Gläubiger zur Verfügung gestellt werden (MünchKommZPO/Schilken § 888 Rn. 7; Brox/Walker Rn. 1078; Schuschke § 888 Rn. 9). **865**

Nicht ausschließlich vom Willen des Schuldners hängt die Vornahme der Handlung ferner dann ab, wenn die **Mitwirkung Dritter** notwendig ist und feststeht, daß der Dritte seine Mitwirkung verweigert, obwohl der Schuldner alles ihm Zumutbare unternommen hat, um sie herbeizuführen (h.M.: OLG Frankfurt/Main NJW-RR 1992, 171; OLG Köln NJW-RR 1992, 633; Thomas/Putzo § 888 Rn. 3). Zumutbar ist gegebenenfalls auch ein gerichtliches Vorgehen gegen den Dritten (BayObLG NJW-RR 1989, 462; MünchKommZPO/Schilken § 888 Rn. 8, jeweils m.w.N.). **866**

Ausdrücklich **ausgeschlossen** ist gemäß **§ 888 Abs. 2 ZPO** die Zwangsvollstreckung zur Eingehung einer Ehe (dies kommt im Hinblick auf § 1297 Abs. 1 BGB nur bei einem ausländischen Titel in Betracht) sowie zur Herstellung des ehelichen Lebens (§ 1353 BGB). Zulässig ist allerdings die Vollstreckung eines Urteils gegen einen Dritten, der in den räumlich-gegenständlichen Bereich der Ehe eingegriffen hat (BGH NJW 1952, 975: Entfernung eines Ehestörers aus der Ehewohnung; Zöller/Stöber § 888 Rn. 17). **867**

Ausgeschlossen ist die Zwangsvollstreckung ferner bei unvertretbaren Dienstleistungen, also Handlungen aus Dienstvertrag (§ 611 BGB), Auftrag (§ 662 BGB), Geschäftsbesorgungsvertrag (§ 675 BGB). Über § 888 Abs. 2 ZPO hinaus ist eine Zwangsvollstreckung ferner unzulässig, wenn sie gegen Grundrechte verstoßen würde, so bei der Verpflichtung zur Teilnahme an religiösen Handlungen (Art. 4 GG; OLG Köln MDR 1973, 768), bei dem Abschluß eines Erbvertrages (Testierfreiheit gem. § 2302 BGB als Ausfluß von Art. 14 GG; OLG Frankfurt/Main Rpfleger 1980, 117), ferner gemäß § 888a ZPO bei einer Verurteilung zur Entschädigung im Falle des § 510b ZPO.

III. Antrag

868 Voraussetzung für die Festsetzung der Beugemittel ist ein Antrag des Gläubigers. Dieser unterliegt dem Anwaltszwang, soweit als Prozeßgericht das Landgericht oder das Familiengericht zuständig ist (§ 78 Abs. 1 und 2 ZPO). Die vorzunehmende Handlung ist genau zu bezeichnen (es gilt das zu § 887 ZPO Ausgeführte, vgl. Rn. 849). Nicht notwendig ist die Angabe des Zwangsmittels oder dessen Höhe (h.M.: OLG Köln MDR 1982, 589). Eine entsprechende Angabe des Gläubigers stellt nur eine Anregung dar.

IV. Weitere Verfahrensvoraussetzungen

869 Zur Zuständigkeit des Prozeßgerichts des ersten Rechtszuges, der Auslegung des Titels (BGH NJW-RR 1993, 1154), zum Erfüllungseinwand des Schuldners vgl. § 887 ZPO Rn. 850 f. Zur notwendigen Anhörung des Schuldners gem. § 891 S. 2 ZPO vgl. § 890 ZPO Rn. 928 f.

V. Beweis

870 Die **Beweislast** für die Voraussetzungen des § 888 ZPO, also auch für das Tatbestandsmerkmal, daß die Handlung ausschließlich vom Willen des Schuldners abhängt, trägt der Gläubiger. Doch obliegt dem Schuldner hinsichtlich der von ihm behaupteten Unmöglichkeit oder fehlenden Mitwirkung Dritter eine substantiierte Darlegung (OLG Celle Nds. Rpfl. 1994, 163; OLG Hamm NJW-RR 1988, 1087; OLG Köln NJW-RR 1992, 633; Zöller/Stöber § 888 Rn. 11; MünchKommZPO/Schilken § 888 Rn. 8; Schuschke § 888 Rn. 11; Brox/Walker Rn. 1085).

VI. Entscheidung

871 Das Gericht entscheidet nach freigestellter mündlicher Verhandlung (§ 891 S. 1 ZPO) durch zu begründenden **Beschluß**. In ihm ist die vorzunehmende Handlung genau zu bezeichnen (vgl. Rn. 856) und eines der beiden Zwangsmittel festzusetzen. Da es sich dabei um Beugemittel und nicht um eine Bestrafung handelt, ist ein Verschulden des Schuldners nicht erforderlich (h.M.). Überflüssig, wenn auch zulässig ist die Androhung der Zwangsmittel (BGH NJW 1992, 749, 750; Zöller/Stöber § 888 Rn. 12, auch zur a.A.). Die Wahl des Zwangsmittels steht im Ermessen des Gerichts, wobei aber aus Gründen der Verhältnismäßigkeit die sofortige Anordnung von Zwangshaft nur in Ausnahmefällen zulässig sein dürfte (vgl. Baur/Stürner Rn. 684; Brox/Walker Rn. 1087; Schuschke § 888 Rn. 21 ZPO). Eine gleichzeitige Verhängung von Zwangsgeld und Zwangshaft kommt nur insoweit in Betracht, als ersatzweise für den Fall, daß das Zwangsgeld nicht beigetrieben werden kann, Zwangshaft angeordnet wird.

Das Mindestmaß des **Zwangsgeldes** beträgt 5,– DM (Art. 6 Abs. 1 EGStGB), das Höchstmaß 50 000,– DM. Es muß in einer bestimmten Höhe festgesetzt werden; ebenfalls muß für den Fall der Nichtbeitreibbarkeit das Verhältnis der Ersatzhaft zur Höhe des Zwangsgeldes bestimmt werden.   **872**

Die **Zwangshaft** kann von 1 Tag (Art. 6 Abs. 1 EGStGB) bis zu 6 Monaten (§§ 888 Abs. 1 S. 3, 913 ZPO) betragen. Die genaue Dauer kann, muß aber nicht festgesetzt werden.

Zwangsgeld und Zwangshaft können wiederholt und in wechselnder Reihenfolge verhängt werden. Die Zwangshaft darf aber insgesamt nicht mehr als 6 Monate betragen (§ 913 ZPO).

Ist der Schuldner eine **natürliche Person und prozeßunfähig**, ist Zwangsgeld und Zwangshaft gegen denjenigen festzusetzen, dessen Willen gebeugt werden soll, also gegebenenfalls neben dem Schuldner zusätzlich gegen dessen gesetzlichen Vertreter (vgl. eingehend StJ/Münzberg § 888 Rn. 43 m.w.N.; so auch mit Einschränkungen: Schuschke § 888 Rn. 25; Brox/Walker Rn. 1088; nach a.A. kommt Zwangsgeld nur gegen den Schuldner, Zwangshaft jedoch nur gegen den gesetzlichen Vertreter in Betracht, so: Baur/Stürner Rn. 684; Thomas/Putzo § 888 Rn. 16; MünchKommZPO/Schilken § 888 Rn. 12; Baumbach/Hartmann § 888 Rn. 19; Zöller/Stöber § 888 Rn. 8; Jauernig § 27 III 1).   **873**

Bei **juristischen Personen** sowie **OHG/KG** kann **Zwangsgeld** sowohl gegen diese wie deren Organe bzw. für sie handelnden Gesellschafter verhängt werden (StJ/Münzberg § 888 Rn. 43; nach a.A. kommt Zwangsgeld nur gegen den Schuldner in Betracht, so: Baur/Stürner Rn. 684; Thomas/Putzo § 888 Rn. 16; MünchKommZPO/Schilken § 888 Rn. 12; Baumbach/Hartmann § 888 Rn. 19; Zöller/Stöber § 888 Rn. 8; Schuschke § 888 Rn. 26; wohl auch Jauernig § 27 III 1; nach wiederum anderer Ansicht kann Zwangsgeld nur gegen die Organe etc. angeordnet werden, so: Brox/Walker Rn. 1088).   **874**

Zwangshaft kann nur gegen die Organe bzw. die für eine OHG/KG handelnden Gesellschafter verhängt werden (h.M.: Baumbach/Hartmann § 888 Rn. 19; Baur/Stürner Rn. 684; Brox/Walker Rn. 1088; Jauernig § 27 III 1; MünchKommZPO/Schilken § 888 Rn. 12; Thomas/Putzo § 888 Rn. 16; Zimmermann § 888 Rn. 11; Schuschke § 888 Rn. 26; StJ/Münzberg § 888 Rn. 43; Zöller/Stöber § 888 Rn. 8).

Zur Kostenentscheidung, Zustellung des Beschlusses und den Rechtsbehelfen vgl. die entsprechenden Ausführungen zu § 887 ZPO Rn. 856–858, 862.   **875**

VII. Vollstreckung

Die Vollstreckung des **Zwangsgeldes** erfolgt auf Antrag des Gläubigers zugunsten der Staatskasse gem. § 803 ff. ZPO, nicht nach der JBeitrO (BGH NJW 1983, 1859 = MDR 1983, 739; Zöller/Stöber § 888 Rn. 14; Schuschke § 888 Rn. 33; MünchKommZPO/Schil-   **876** ken § 888 Rn. 17, jeweils m.w.N.; a.A.: OLG München NJW 1983, 947 = MDR 1983, 326; LG Koblenz MDR 1983, 851; Baumbach/Hartmann § 888 Rn. 18).

Die **Zwangshaft** wird auf Antrag des Gläubigers gem. §§ 904–913 ZPO vollstreckt. Nimmt der Schuldner die Handlung vor, ist die Zwangsvollstreckung sofort einzustellen.

VIII. Rechtsbehelfe

877 Gegen die überflüssige (vgl. Rn. 871) **Androhung von Zwangsmitteln** ist die sofortige Beschwerde gemäß § 793 ZPO gegeben, weil sie den Anschein eines Vollstreckungsaktes erweckt (BayObLGZ 1988, 413, 416; OLG Frankfurt/Main FamRZ 1989, 1321; OLG Hamm NJW-RR 1988, 767 = MDR 1988, 505; OLG Karlsruhe FamRZ 1994, 54 falls der Beschluß eine Kostenentscheidung enthält; MünchKommZPO/Schilken § 888 Rn. 16; Baumbach/Hartmann § 888 Rn. 14; nach a.A. ist kein Rechtsmittel gegeben, so: OLG Karlsruhe FamRZ 1991, 354; OLG Nürnberg NJW-RR 1987, 1483; Schuschke § 888 Rn. 14; Zimmermann § 888 Rn. 16; Zöller/Stöber § 888 Rn. 16).

878 Gegen die **Ablehnung der Festsetzung** von Zwangsmitteln sowie deren **Festsetzung** ist die sofortige Beschwerde gemäß § 793 ZPO gegeben. Zur weiteren Beschwerde vgl. § 887 ZPO Rn. 862.

879 Gegen **Maßnahmen des Gerichtsvollziehers** ist die Vollstreckungserinnerung gemäß § 766 ZPO statthaft. Der **Erfüllungseinwand** kann stets mit der Vollstreckungsabwehrklage gemäß § 767 ZPO geltend gemacht werden (BGH NJW 1993, 1394, 1395).

Kapitel E
Unterlassung/Duldung, § 890 ZPO

880 Verstößt der Schuldner gegen seine Verpflichtung, eine Handlung zu unterlassen oder zu dulden, kann er gemäß § 890 ZPO zu Ordnungsmitteln (Ordnungsgeld/Ordnungshaft) „verurteilt" werden.

I. Unterlassung

881 Unterlassung bedeutet ein Verhalten, das einen bestimmten Geschehensablauf nicht beeinflußt, indem man einen gegenwärtigen Zustand nicht beeinträchtigt; ferner auch die Beseitigung einer andauernden Beeinträchtigung, wenn allein dadurch dem Un-

terlassungsgebot Folge geleistet werden kann (h.M.: BGH NJW 1993, 1076, 1077 m.w.N.).

Beispiel:

Titel auf Unterlassung, einen PKW an einer bestimmten Stelle abzustellen.
Dies beinhaltet sowohl das **Verbot**, den PKW zukünftig dort hinzustellen als auch, falls er derzeit dort schon steht, **die Verpflichtung**, ihn von dort zu entfernen.

Hauptanwendungsgebiet des § 890 ZPO sind Störungen des Besitzes oder des Eigentums oder sonstiger dinglicher Rechte, von Nachbarrechten, Urheberrechten, Wettbewerbsrechten, sowie der Verwendung bestimmter allgemeiner Geschäftsbedingungen (§ 13 AGBG). Im Einzelfall kann die Abgrenzung zur Vornahme einer Handlung gem. §§ 887, 888 ZPO schwierig sein (vgl. Zöller/Stöber § 890 Rn. 3; Schuschke § 890 Rn. 2 m.w.N.). Der Urteilsinhalt ist gegebenenfalls durch Auslegung zu ermitteln.

II. Duldung

Duldung ist die Verpflichtung zum Untätigbleiben im Hinblick auf die Vornahme einer Handlung durch einen Dritten. **882**

III. Antrag

Die Androhung eines Ordnungsmittels (falls nicht schon im Urteil erfolgt), dessen Festsetzung sowie die Verurteilung des Schuldners zu einer Sicherheitsleistung gem. § 890 Abs. 3 ZPO erfolgen nur auf entsprechenden **Antrag des Gläubigers** hin, der die Art des Ordnungsmittels oder die Höhe der zu leistenden Sicherheit nicht beinhalten muß. Auch über die Androhung der Ersatzordnungshaft ist von Amts wegen zu erkennen (BGH NJW-RR 1992, 1453, 1454). Die für die Festsetzung von Art und Höhe der Ordnungsmittel sowie die Höhe der Sicherheitsleistung maßgeblichen Umstände (vgl. Rn. 932 f.) sollten allerdings schon deshalb dargelegt werden, damit das Gericht nicht schon in Ermangelung weiterer Anhaltspunkte ein nicht angemessenes Ordnungsmittel oder eine zu geringe Sicherheit festsetzt. Bei Prozeßunfähigen, juristischen Personen sowie OHG/KG sollte die Androhung gegen den Schuldner selbst **und** gegen den gesetzlichen Vertreter beantragt werden (vgl. Rn. 896 f.). Empfehlenswert ist der Antrag auf Androhung des Höchstrahmens der Ordnungsmittel, weil das Gericht bei der Androhung des Ordnungsmittels nicht über den gestellten Antrag (§ 308 ZPO), und bei der Festsetzung des Ordnungsmittels nicht über das angedrohte Ordnungsmittel hinausgehen darf. **883**

Es besteht **Anwaltszwang**, soweit als Prozeßgericht das Landgericht oder ein Familiengericht zuständig ist (§ 78 Abs. 1 und 2 ZPO). In dem Antrag sind die nachstehend aufgeführten Voraussetzungen für die Festsetzung von Ordnungsmitteln darzulegen. Werden sie vom Schuldner bestritten, muß der Gläubiger sie beweisen (vgl. Rn. 930). **884**

IV. Zuständigkeit

885 Zuständig für die Entscheidung ist das Prozeßgericht des ersten Rechtszuges (vgl. hierzu die entsprechenden Erläuterungen bei Rn. 851 zu § 887 ZPO).

V. Androhung

886 Zwingende Voraussetzung für die Festsetzung eines Ordnungsmittels ist eine entsprechende **Androhung** (vgl. § 890 Abs. 2 ZPO; BGH NJW 1993, 1076, 1078). Auf sie kann der Schuldner nicht verzichten (h.M.: vgl. Zöller/Stöber § 890 Rn. 12). Sie kann auf entsprechenden Antrag des Klägers/Antragstellers hin bereits in das **Urteil** aufgenommen werden; jedoch nicht in einen Prozeßvergleich, weil es bei diesem an einer **gerichtlichen** Androhung fehlt (h.M.: OLG Hamm MDR 1988, 506; Zöller/Stöber § 890 Rn. 12 m.w.N.). Die Strafandrohung im Urteil ist noch keine Zwangsvollstreckung (h.M.: BGH NJW 1992, 749, 750; NJW 1979, 217; OLG München GRUR 1990, 678; Bork WRP 1989, 360, 361; Baumbach/Hartmann § 890 Rn. 32; Zöller/Stöber § 890 Rn. 12); anders jedoch die gesonderte Androhung (dazu Rn. 892).

887 Eine wirksame Androhung setzt die Angabe der **Art** des Ordnungsmittels unter bezifferter Angabe einer – auch rahmenmäßig – bestimmten oder der gesetzlich maximal zulässigen **Höhe** voraus. Unzulässig sind daher Formulierungen wie „gemäß § 890 ZPO" oder „in gesetzlich zulässiger Höhe" (OLG Hamm NJW 1980, 1289; Zöller/Stöber § 890 Rn. 12). Zulässig hingegen die Fassung „dem Schuldner wird für jeden Fall der Zuwiderhandlung gegen … Ordnungsgeld bis zu 500 000,– DM (alternativ: von 5,– DM bis 500 000,– DM), ersatzweise Ordnungshaft oder Ordnungshaft bis zu 6 Monaten, insgesamt jedoch nicht mehr als 2 Jahre angedroht". Die Ersatzordnungshaft ist von Amts wegen anzuordnen (BGH NJW-RR 1992, 1454). Wurde dies unterlassen, so ist der Beschluß hinsichtlich des Ordnungsgeldes nicht unwirksam, es kann allerdings nur Ordnungsgeld und nicht Ersatzordnungshaft festgesetzt werden, (OLG Hamm OLGZ 1993, 450 und MDR 1992, 411).

888 Ansonsten wird die Androhung auf Antrag des Gläubigers nach Anhörung des Schuldners (§ 891 S. 2 ZPO) durch **gesonderten Beschluß** des Gerichts erlassen. Voraussetzung hierfür ist lediglich ein titulierter Unterlassungsanspruch und die bloße Möglichkeit einer Zuwiderhandlung des Schuldners. Damit ist stets ein **Rechtsschutzbedürfnis** für die Strafandrohung gegeben. Nicht notwendig ist hingegen, daß der Schuldner bereits gegen die Unterlassungspflicht verstoßen hat oder eine solche Zuwiderhandlung droht (h.M.: RGZ 42, 419, 423; VGH Baden-Württemberg JurBüro 1991, 113, 114, 115 m.w.N.).

889 Bei der späteren Festsetzung ist das Gericht an die Art und Höhe des angedrohten Ordnungsmittels gebunden (h.M.: StJ/Münzberg § 890 Rn. 14 m.w.N.).

1. Vollstreckungsfähiger Titel

890 Im Zeitpunkt des Erlasses des Strafandrohungsbeschlusses muß ein auf Unterlassung/Duldung gerichteter – auch vorläufig – vollstreckbarer und vollstreckungsfähiger **Titel** (noch) bestehen. **Vollstreckungsfähig** ist er nur, wenn die entsprechende Ver-

pflichtung für jedermann verständlich und ausreichend konkret bezeichnet ist, wobei aber eine gewisse Verallgemeinerung hingenommen wird, wenn dabei das charakteristische des festgestellten Verletzungstatbestandes zum Ausdruck kommt (BGH NJW 1980, 700, 701: zulässig das Verbot, Flaschen des C-Parfüms $1/12$ oz als Zugabe zu gewähren; unzulässig hingegen das Verbot, Körperpflegemittel in Aufmachungen, die mit handelsüblichen Verkaufseinheiten verwechslungsfähig sind, als Zugabe zu gewähren; BGH NJW 1991, 1114, 1116: unzulässig eine Unterlassungsverpflichtung, Zeitungsanzeigen „ähnlich wie …" zu veröffentlichen; OLG Köln VersR 1993, 1242: zulässig eine Verurteilung des Beklagten, seine Hunde so zu halten, daß Hundegebell, Winseln oder Jaulen auf dem Grundstück eines bestimmten Nachbarn nur außerhalb der Zeitspannen von … bis …, und zwar nicht länger als 10 Minuten ununterbrochen und insgesamt 30 Minuten täglich, zu hören ist; siehe ferner MünchKommZPO/Schilken § 890 Rn. 7; Dunkl/Baur H Rn. 331, 333 mit zahlreichen Nachweisen). Die bloße Wiedergabe des Textes einer Verbotsnorm genügt daher grundsätzlich nicht (OLG Zweibrücken NJW-RR 1987, 1526).

Verboten ist nicht nur das so konkret bezeichnete Verhalten, sondern auch all diejenigen Verhaltensweisen, die dem inhaltlich entsprechen und daher im Verkehr als gleichwertig angesehen werden, also den Kern des Verbots betreffen („**Kerntheorie**", h.M.: BGHZ 5, 189, 193; Baumbach/Hartmann § 890 Rn. 4; Schuschke § 890 Rn. 21–23, jeweils m.w.N. und Beispielen).   **891**

2. Sonstige Voraussetzungen der Zwangsvollstreckung

Desweiteren müssen auch die sonstigen allgemein notwendigen Voraussetzungen der Zwangsvollstreckung für den Erlaß des Androhungsbeschlusses gegeben sein, weil die gesonderte **Androhung ein Akt der Zwangsvollstreckung** ist (h.M.: RGZ 42, 419, 421; BGH NJW 1979, 217; BayObLG WuM 1992, 163; OLG München GRUR 1990, 677, 678; Zöller/Stöber § 890 Rn. 12; Baumbach/Hartmann § 890 Rn. 32; StJ/Münzberg § 890 Rn. 16; Brox/Walker Rn. 1098; Rosenberg/Gaul/Schilken § 73 II 1, anders aber in § 8 I 4 sowie § 44 I: mit dem ersten Vollstreckungsantrag des Gläubigers; das aber wäre doch der Antrag auf Androhung; a.A.: OLG Frankfurt/Main DGVZ 1981, 86 sowie ZZP 67 (1954), 70; MünchKommZPO/Schilken § 890 Rn. 14: bereits mit Antrag auf Androhung, wobei dies in Fn. 52 – ebenso wie das OLG Frankfurt/Main in DGVZ 1981, 86 – mit unzutreffender Bezugnahme auf RGZ 42, 421 und OLG Bremen NJW 1971, 58 geschieht und dies zu Unrecht als h.M. angeführt wird).   **892**

Daher muß – soweit allgemein notwendig – eine Klausel erteilt und der Titel zugestellt sein; ferner müssen die besonderen Vollstreckungsvoraussetzungen gemäß § 750 Abs. 3 ff. ZPO erfüllt sein (h.M.: BGH NJW 1979, 217; Zöller/Stöber § 890 Rn. 12).

Ist eine auf Unterlassung lautende **einstweilige Verfügung** als **Urteil** ergangen, genügt insoweit die Zustellung von Amts wegen (BGH NJW 1990, 122, 124). Andererseits genügt weder die von Amts wegen vorgenommene Zustellung noch eine mündliche Erklärung des Antragstellers, um die Vollziehungsfrist des § 929 Abs. 2 und 3 ZPO zu wahren. Notwendig ist vielmehr, daß der Gläubiger zu erkennen gibt, von der einstweiligen Verfügung Gebrauch zu machen, sei es durch (zusätzliche) Zustellung der einstweiligen Verfügung im Parteibetrieb oder auf andere Weise, wenn es sich dabei nur um ähnlich formalisierte oder urkundlich belegte, jedenfalls leicht feststellbare Maßnahmen handelt (BGH NJW 1993, 1076, 1079).   **893**

894 Eine Heilung von Zustellungsmängeln gem. § 187 S. 1 ZPO ist bei einstweiligen Verfügungen, die auf Unterlassung lauten, im Hinblick auf § 929 Abs. 2 ZPO ausgeschlossen (OLG Hamburg WRP 1993, 822 = OLGZ 1994, 213 unter Aufgabe von WRP 1976, 58; OLG Karlsruhe WRP 1992, 339, jeweils m.w.N., auch zur a.A.).

895 Wird die Vollziehungsfrist des § 929 Abs. 2 ZPO nicht eingehalten, fehlt es nach BGH NJW 1991, 496 f. an dem für die Zwangsvollstreckung notwendigen Titel, weil der Arrest/die einstweilige Verfügung mit Ablauf der Vollziehungsfrist gegenstandslos geworden ist (BGH NJW 1991, 497 unter Ziffer 1 b) bb) (1)).

3. Adressat der Androhung

896 Adressat der Androhung ist derjenige, dem die Unterlassungspflicht obliegt und dessen Willen gebeugt werden soll. Ist der Schuldner eine **natürliche Person** und **prozeßunfähig**, erfolgt die Androhung von Ordnungshaft wie Ordnungsgeld gegenüber demjenigen, dessen Wille für die Einhaltung der Unterlassungsverpflichtung als verantwortlich in Betracht kommt. Die Verantwortlichkeit muß also für den Fall der Androhung noch nicht feststehen (BGH NJW 1992, 749, 750). Gegebenenfalls kann daher Androhung gegen den Schuldner und seinen gesetzlichen Vertreter erfolgen (vgl. eingehend StJ/Münzberg § 888 Rn. 43 sowie § 890 Rn. 59, 60 m.w.N.; Brox/Walker Rn. 1106; nach a.A. soll Ordnungshaft nur gegen den gesetzlichen Vertreter zulässig sein: Zöller/Stöber § 890 Rn. 6 und 12; MünchKommZPO/Schilken § 890 Rn. 10; Schuschke § 890 Rn. 39; Baur/Stürner Rn. 692; Thomas/Putzo § 890 Rn. 9; wohl auch Baumbach/Hartmann § 890 Rn. 24; nach wiederum a. A. soll Ordnungsgeld nur dem Schuldner selbst auferlegt werden können: MünchKommZPO/Schilken § 890 Rn. 10 m.w.N.; Baur/Stürner Rn. 692; Jauernig § 27 IV; wohl auch Baumbach/Hartmann § 890 Rn. 24; nach Thomas/Putzo § 890 Rn. 9 soll schließlich Ordnungsgeld nur gegen den gesetzlichen Vertreter verhängt werden dürfen).

897 Bei **juristischen Personen** sowie **OHG/KG** kann Ordnungsgeld sowohl gegen diese als auch gegen ihre Organe bzw. für sie handelnden Gesellschafter angedroht und verhängt werden (BGH NJW 1992, 749, 750; StJ/Münzberg § 890 Rn. 61; wohl auch Baumbach/Hartmann § 890 Rn. 24; nach a.A. Ordnungsgeld nur gegen den Schuldner: Zöller/Stöber § 890 Rn. 6; Schuschke § 890 Rn. 39; MünchKommZPO/Schilken § 890 Rn. 10; Baur/Stürner § 692; nach weiter a.A. Ordnungsgeld nur gegen die Organe: Brox/Walker Rn. 1106; Thomas/Putzo § 890 Rn. 9.

Ersatzordnungshaft und Ordnungshaft können nur gegen Organe bzw. für die Gesellschaft handelnde Gesellschafter angedroht und verhängt werden (h.M.: vgl. Zöller/Stöber § 890 Rn. 6 u. 12; Schuschke § 890 Rn. 39; MünchKommZPO/Schilken § 890 Rn. 10; StJ/Münzberg § 890 Rn. 61; Thomas/Putzo § 890 Rn. 9; Baur/Stürner Rn. 692; Jauernig § 27 IV).

Damit bei der späteren Festsetzung der Ordnungsmittel keine Schwierigkeiten im Hinblick darauf auftreten, daß nur gegen denjenigen ein Ordnungsmittel verhängt werden kann, dem es auch angedroht wurde, sollte die Androhung gegen den Schuldner selbst und gegen dessen gesetzlichen Vertreter bzw. Organ erfolgen. Letztere müssen in der Androhung noch nicht namentlich bezeichnet werden (BGH NJW 1992, 749, 750; Zöller/Stöber § 890 Rn. 12).

4. Zustellung

Der stattgebende Androhungsbeschluß ist dem Schuldner von Amts wegen zuzustel- **898**
len, dem Gläubiger formlos mitzuteilen. Der ablehnende Beschluß ist dem Gläubiger
von Amts wegen zuzustellen; dem Schuldner ist er nur dann formlos mitzuteilen,
wenn er zuvor angehört wurde (§ 329 Abs. 2 u. 3 ZPO).

VI. Zuwiderhandlung

Notwendig für die Festsetzung eines Ordnungsmittels ist ferner eine vom Schuldner **899**
selbst schuldhaft verursachte Zuwiderhandlung gegen die titulierte Verpflichtung
nach erfolgter Androhung.

1. Noch wirksamer Titel

Dabei darf im Zeitpunkt der Zuwiderhandlung weder der Titel noch seine Voll- **900**
streckbarkeit aufgehoben oder die Zwangsvollstreckung eingestellt sein. Denn ansonsten läge kein wirksames Unterlassungsgebot und damit auch die notwendige
Androhung nicht mehr vor (h.M.: BGH NJW 1970, 122, 125; Zöller/Stöber § 890 Rn. 9;
StJ/Münzberg § 890 Rn. 26). Zur Frage, ob die Festsetzung eines Ordnungsmittels noch
möglich ist, wenn die Zuwiderhandlung vor Aufhebung des Titels bzw. Einstellung
der Zwangsvollstreckung begangen wurde, vgl. Rn. 916 f.

a) Zustellung des Titels/Klausel

Bei der Frage, ob im Zeitpunkt der Zuwiderhandlung neben der Existenz eines wirk- **901**
samen Titels und einer wirksamen Strafandrohung auch die Zustellung des Titels und
– soweit allgemein notwendig – die Erteilung der Vollstreckungsklausel sowie die Zustellung des Androhungsbeschlusses erfolgt sein muß, ist richtigerweise danach zu
unterschieden, ob die Strafandrohung bereits im Titel enthalten war oder durch gesonderten Beschluß erfolgte (h.M.: Bork WRP 1989, 360, 361; MünchKommZPO/Schil-
ken § 890 Rn. 11, 14; Schuschke § 890 Rn. 24; StJ/Münzberg § 890 Rn. 20; Zöller/Stö-
ber § 890 Rn. 24).

b) Androhung im Urteil/Beschluß

Erfolgte die Strafandrohung bereits im Urteil/Beschluß, so genügt es, daß der Titel **902**
vorläufig vollstreckbar ist. Denn eine Zuwiderhandlung gegen ein Verbot liegt – wie
im Strafrecht – bereits dann vor, wenn das Verbot im Zeitpunkt des Verstoßes existent
und sanktionsbewehrt ist. Das ist bei einem mit Strafandrohung versehenen Titel bereits dann der Fall, wenn er verkündet ist (h.M.: RGZ 20, 385, 387; OLG Bremen JR
1965, 24; OLG Frankfurt/Main ZZP 67 (1954), 70; OLG Hamburg MDR 1965, 70; KG
MDR 1964, 155, 156; Zöller/Stöber § 890 Rn. 4; MünchKommZPO/Schilken § 890
Rn. 11 m.w.N., wobei das dort aufgeführte Zitat BGH NJW 1990, 122 für die a.A. nicht
zutrifft, weil diese Entscheidung sich nur mit der Zustellung im Zeitpunkt der Fest-

setzung, nicht aber auch der Zuwiderhandlung befaßt; Bork WRP 1989, 360, 362 m.w.N.; Rosenberg/Gaul/Schilken § 73 II 2; a.A.: OLG München OLG Rspr. 19 (1909), 32).

903 Diese Sachlage ist im Kern identisch mit derjenigen, daß ein Titel ohne Strafandrohung verkündet wurde, die Androhung aber in einem gesonderten Beschluß nachfolgte. Mit der Existenz dieses Beschlusses (Herausgabe aus dem internen Bereich des Gerichts) liegt in Verbindung mit dem verkündeten Urteil ein sanktionsbewehrtes Verbot vor.

Ansonsten könnte ein Schuldner, der sich im Hinblick auf die vor Androhung erfolgte Anhörung bei Gericht erkundigt und erfährt, daß der Beschluß erlassen worden ist, bis zur Zustellung des Titels noch Verstöße begehen, ohne Ordnungsmittel befürchten zu müssen. Die a.A. ist auch insofern inkonsequent, als der Schuldner sich bereits ab Existenz, also schon vor der Zustellung des Strafandrohungsbeschlusses, mit Rechtsbehelfen gegen diesen wehren kann, vgl. Rn. 942.

Die Zustellung des Titels bzw. der Strafandrohung oder die Erteilung der Vollstreckungsklausel müssen auch nicht etwa als allgemeine Voraussetzungen für den Beginn der Zwangsvollstreckung vorliegen. Denn die Zuwiderhandlung selbst ist keine Zwangsvollstreckung, sondern Voraussetzung für eine solche (RGZ 20, 385, 388; OLG Bremen JR 1965, 24, 25; KG MDR 1964, 155, 156; Bork WRP 1989, 360, 362).

904 Hingegen ist eine Zustellung des Titels vor Zuwiderhandlung dann erforderlich, wenn eine **einstweilige Verfügung** (mit oder ohne Strafandrohung) im Beschlußwege erlassen wird. Denn hier wird der Titel erst wirksam mit der im Parteibetrieb vorgenommenen Zustellung an den Antragsgegner (vgl. §§ 936, 922 ZPO; BGH NJW 1993, 1076, 1077; Zöller/Stöber § 890 Rn. 4; Schuschke § 890 Rn. 24; Bork WRP 1989, 360, 363; MünchKommZPO/Schilken § 890 Rn. 11, der allerdings auch eine amtswegige Zustellung genügen läßt – die in Fn. 40 (auch hierfür?) angeführten Zitate bestätigen diese Meinung nicht; die dort als a.A. genannte Entscheidung OLG Hamburg BB 1973, 1189 betraf eine einstweilige Verfügung durch Urteil).

905 Das gleiche gilt für ein im schriftlichen Vorverfahren erlassenes **Versäumnisurteil** (**§ 331 Abs. 3 ZPO**), das erst mit der letzten amtswegigen Zustellung wirksam wird (§ 310 Abs. 3 ZPO; Thomas/Putzo § 310 Rn. 3).

906 Aus den gleichen Gründen muß eine – soweit überhaupt notwendige – **Vollstreckungsklausel** im Zeitpunkt der Zuwiderhandlung noch nicht erteilt sein (OLG Bremen JR 1965, 24, 25; OLG Hamburg NJW-RR 1986, 1501, 1502; KG MDR 1964, 155, 156; OLG München GRUR 1990, 683; OLG Stuttgart MDR 1962, 995; Zöller/Stöber § 890 Rn. 4; Schuschke § 890 Rn. 24; MünchKommZPO/Schilken § 890 Rn. 11 m.w.N.; StJ/Münzberg § 890 Rn. 20; Rosenberg/Gaul/Schilken § 73 II 2).

907 Hingegen muß, soweit das Urteil nur gegen **Sicherheitsleistung** vorläufig vollstreckbar ist, diese vor der Zuwiderhandlung geleistet sein (die Kenntnis des Schuldners hiervon betrifft wieder die Frage des Verschuldens; der Nachweis der Sicherheitsleistung gegenüber dem Schuldner ist nur für den Beginn der Zwangsvollstreckung von Bedeutung, vgl. StJ/Münzberg § 890 Rn. 19; Thomas/Putzo § 890 Rn. 8), weil erst mit der Erbringung der Sicherheitsleistung oder der Rechtskraft der Titel vollstreckbar und damit sanktionsbewehrt wird (OLG Frankfurt/Main NJW-RR 1990, 124; OLG Hamburg NJW-RR 1986, 1501; OLG Hamm NJW 1977, 1205 = BB 1978, 1283; OLG

München GRUR 1990, 638; OLG Stuttgart WRP 1990, 134, 135; Münch-KommZPO/Schilken § 890 Rn. 11; Schuschke § 890 Rn. 24; StJ/Münzberg § 890 Rn. 19; Zöller/Stöber § 890 Rn. 4; Bork WRP 1989, 360, 361).

Durfte der Schuldner die Zwangsvollstreckung gegen Sicherheitsleistung abwenden **908** und hat er diese geleistet, so kann eine Zuwiderhandlung des Schuldners nach Leistung der Sicherheit durch ihn, und bevor der Gläubiger seinerseits Sicherheit leistet oder das Urteil rechtskräftig wird, nicht geahndet werden; denn in diesem zeitlichen Intervall lag kein vollstreckbarer Titel mehr vor (OLG Frankfurt/Main NJW-RR 1990, 124 = GRUR 1989, 485; Thomas/Putzo § 890 Rn. 8; StJ/Münzberg § 890 Rn. 19).

Die **Kenntnis von dem Verbot** oder das Kennenmüssen ist – wie im Strafrecht – nicht **909** für die Zuwiderhandlung, sondern nur im Rahmen des notwendigen Verschuldens von Bedeutung (KG MDR 1964, 156; Zöller/Stöber § 890 Rn. 5).

c) Androhung durch gesonderten Beschluß

Erfolgte die **Strafandrohung durch gesonderten Beschluß**, so müssen, weil der **910** Androhungsbeschluß den Beginn der Zwangsvollstreckung darstellt (siehe oben Rn. 902), bereits zu diesem Zeitpunkt die Voraussetzungen der Zwangsvollstreckung wie Titel, Klausel, Zustellung etc. vorliegen. Da andererseits eine Zuwiderhandlung nur ordnungsmittelbewehrt ist, wenn sie **nach Erlaß der Strafandrohung** erfolgte, müssen im Falle der nachträglichen Strafandrohung im Zeitpunkt der Zuwiderhandlung zwingend die Zustellung des Titels nebst Klausel sowie die sonstigen Zwangsvollstreckungsvoraussetzungen vorliegen.

Die **Zustellung** des Androhungsbeschlusses muß im Zeitpunkt der Zuwiderhandlung **911** nicht erfolgt sein; es genügt, daß er wirksam geworden ist (Herausgabe aus dem internen Bereich des Gerichts; so wohl auch Baumbach/Hartmann § 890 Rn. 19; a.A.: Schuschke § 890 Rn. 14; Thomas/Putzo § 890 Rn. 6; StJ/Münzberg § 890 Rn. 20; Bork WRP 1989, 361; alle ohne Begründung).

Der Grund hierfür ist derselbe, der auch dafür maßgebend ist, daß ein die Strafandrohung enthaltener Titel im Zeitpunkt der Zuwiderhandlung lediglich vorläufig vollstreckbar, aber weder zugestellt noch mit der Vollstreckungsklausel versehen sein muß (s.o. Rn. 903).

2. Verschulden

Die so erfolgte Zuwiderhandlung muß, weil Ordnungsmittel auch Strafcharakter haben, im Zeitpunkt der Vornahme **schuldhaft** (vorsätzlich oder fahrlässig) erfolgt sein, **912** also in Kenntnis oder fahrlässiger Unkenntnis des Verbots. Eine Zuwiderhandlung nach Verkündung, aber vor Zustellung des Titels mit Strafandrohung oder nach Verkündung/Zustellung des Titels ohne Strafandrohung und vor Zustellung des Androhungsbeschlusses setzt daher Kenntnis oder fahrlässige Unkenntnis von der Existenz des vollstreckbaren Titels und der Strafandrohung voraus. Die Nichtwahrnehmung eines Verkündungstermins entschuldigt daher nicht, weil sich der Schuldner nach dem Ergebnis hätte erkundigen können und müssen.

Das Verschulden muß beim **Schuldner selbst** liegen, also für juristische Personen bei **913** ihren Organen, für OHG/KG bei den für sie handelnden Gesellschaftern (BGH NJW

1992, 749, 750; Zöller/Stöber § 890 Rn. 16). Wird gegen ein namentlich zu bezeichnendes Organ selbst ein Ordnungsmittel festgesetzt, muß dieses selbst schuldhaft gehandelt haben; dies setzt grundsätzlich voraus, daß die Zuwiderhandlung in den Verantwortungsbereich des Organs fällt (BGH NJW 1992, 749, 750). Die Anwendung des § 278 BGB scheidet insoweit aus (h.M.: BVerfG NJW 1981, 2457; BGH NJW 1992, 749, 750; MünchKommZPO/Schilken § 890 Rn. 9; Schuschke § 890 Rn. 26; Zöller/Stöber § 890 Rn. 4; a.A. LAG Hamm MDR 1975, 696; Baumbach/Hartmann § 890 Rn. 21).

Das eigene Verschulden des Schuldners kann aber darin liegen, daß er Dritte zum Verstoß veranlaßt oder nicht alle ihm zumutbaren Maßnahmen im Bereich Auswahl, Organisation und Überwachung ergriffen hat, um Zuwiderhandlungen durch Dritte, auf die er Einfluß hätte nehmen können, zu verhindern (OLG Düsseldorf WRP 1993, 326; OLG Frankfurt/Main NJW-RR 1990, 639; OLG Köln NJW-RR 1986, 1191; OLG München NJW-RR 1986, 638; Zöller/Stöber § 890 Rn. 5; Schuschke § 890 Rn. 26, 28–30 m.w.N.; MünchKommZPO/Schilken § 890 Rn. 9; Zimmermann § 890 Rn. 11). Anwaltliche Beratung schließt ein Verschulden nur aus, wenn die Beurteilung der Sachlage allein durch einen Anwalt erfolgen konnte (OLG Hamburg NJW-RR 1989, 1087; Schuschke § 890 Rn. 26).

914 Bei mehreren – auch fahrlässigen – Verstößen kann **Fortsetzungszusammenhang** vorliegen (h.M.: BGH NJW 1960, 2332; OLG Hamm GRUR 1991, 708; OLG Stuttgart NJW-RR 1993, 24; OLG Zweibrücken GRUR 1990, 307, 308; Zöller/Stöber § 890 Rn. 20; Schuschke § 890 Rn. 25; Baumbach/Hartmann § 890 Rn. 9; Köhler WRP 1993, 666 f.), der aber anders als im Strafrecht keinen Gesamtvorsatz voraussetzt (BGH NJW 1993, 721 zur entsprechenden Problematik im Rahmen des § 339 BGB). Liegt Fortsetzungszusammenhang vor, wird wegen der mehreren Verstöße nur ein Ordnungsmittel festgesetzt. Vgl. aber jetzt zur teilweisen Aufgabe der Rechtsprechung zum Fortsetzungszusammenhang im Strafrecht BGH NJW 1994, 1663; 1994, 2368.

VII. Festsetzung

1. Allgemein

915 Im **Zeitpunkt der Festsetzung des Ordnungsmittels** müssen, weil die Festsetzung ein Akt der Zwangsvollstreckung ist, ein noch wirksamer rechtskräftiger oder vorläufig vollstreckbarer Titel sowie die allgemeinen und besonderen Voraussetzungen der Zwangsvollstreckung vorliegen (h.M.: BGH NJW 1990, 122, 124; BGH NJW 1979, 217; Zöller/Stöber § 890 Rn. 8; StJ/Münzberg § 890 Rn. 36; unklar: Thomas/Putzo § 890 Rn. 5, 7, 25).

2. Auswirkungen der Änderung des Titels nach Zuwiderhandlung

916 Kontrovers beantwortet wird die Frage, ob ein Ordnungsmittel noch festgesetzt werden kann, wenn die **Zuwiderhandlung** zwar nach Erlaß eines wirksamen und vollstreckbaren Titels sowie einer Strafandrohung erfolgte, aber danach

- der Titel oder seine Vollstreckbarkeit aufgehoben wurde,
  oder

- die Einstellung der Zwangsvollstreckung erfolgte,
  oder
- der Titel wegen Fristablaufs entfallen ist,
  oder
- die Möglichkeit einer Zuwiderhandlung in der Zukunft nicht mehr besteht.

Die Lösung ergibt sich ohne weiteres, wenn man mit einer Mindermeinung § 890 ZPO **917**
nur Beugecharakter beimißt, weil es bei Wegfall des Titels, gleich ob ex tunc oder ex
nunc keinen zukünftig zu beugenden Willen des Schuldners und insoweit existenten
Titel mehr gibt (so OLG Düsseldorf NJW-RR 1988, 510; OLG Schleswig JurBüro 1988,
671; Schuschke § 890 Rn. 6, 13 m.w.N.; Baumbach/Hartmann § 890 Rn. 10, 21).

Probleme ergeben sich hingegen, wenn man mit der h.M. (BVerfG NJW 1981, 2457;
BGH NJW 1994, 45, 46; OLG Frankfurt/Main NJW-RR 1990, 639, 640; OLG Hamm
NJW-RR 1990, 1086 unter Aufgabe von MDR 1965, 585 und NJW 1980, 1399 = WRP
1979, 566; OLG Stuttgart NJW-RR 1986, 1255; OLG Zweibrücken NJW-RR 1988, 1280;
MünchKommZPO/Schilken § 890 Rn. 1, 21; Zöller/Stöber § 890 Rn. 5) § 890 ZPO
Beuge- und Strafcharakter zumißt.

Bei der Beantwortung der Frage ist vor allem der Grundsatz zu beachten, daß Grund- **918**
lage einer jeden Zwangsvollstreckung ein (noch) vollstreckbarer Titel ist (§§ 750 Abs. 1,
775 ZPO). Dieser Grundsatz bedeutet, daß im Zeitpunkt der Vornahme einer jeglichen
Zwangsvollstreckungsmaßnahme ein (noch) vollstreckbarer Titel vorliegen muß. Dies
führt bei einem völligen Wegfall des Titels nach einer Zuwiderhandlung zwingend
dazu, daß ein Ordnungsmittel nicht mehr verhängt werden kann (OLG Düsseldorf
WRP 1990, 423, 424; OLG Düsseldorf JMBl. NW 1963, 229, 230; OLG Frankfurt/Main
JurBüro 1982, 465, 466; KG WRP 1980, 696; OLG Schleswig JurBüro 1988, 671;
StJ/Münzberg § 890 Rn. 27–29; Schuschke § 890 Rn. 13 m.w.N.; Münzberg WRP 1990,
425 f.; mit Einschränkungen: OLG Stuttgart NJW-RR 1986, 1255).

Die h.M. hingegen „löst" das Problem, indem sie die Existenz des Titels als Grund- **919**
lage der Zwangsvollstreckung nicht für den Zeitpunkt der Festsetzung und damit der
Zwangsvollstreckung verlangt, sondern genügen läßt, daß im Zeitpunkt der Zuwiderhandlung ein vollstreckbarer Titel bestand und dieser erst danach mit Wirkung ex
nunc entfallen ist. Begründet wird dies zum Teil damit, der Unterlassungstitel sei einem Zeitgesetz im Sinne von § 2 Abs. 4 StGB vergleichbar (OLG Frankfurt/Main
OLGZ 1993, 101; JurBüro 1982, 465; NJW 1977, 1204, 1205). Dem ist entgegenzuhalten,
daß es sich bei § 890 ZPO um keine Kriminalstrafe handelt und eine dem § 2 Abs. 4
StGB entsprechende Regelung in der ZPO gerade nicht besteht (vgl. auch SchlHOLG
JurBüro 1988, 671). Zudem liegen die Voraussetzungen für eine entsprechende Anwendung nicht vor, weil einstweilige Verfügungen (wenn man sie insoweit mit einem
Gesetz gleichsetzen will) nicht von vornherein nur für eine bestimmte Zeit bestehen
sollen. Sie gelten grundsätzlich unbeschränkt. Die Möglichkeit der Aufhebung (z.B.
gemäß §§ 925, 926 Abs. 2, 927 ZPO) ist bei Urteilen im Erkenntnisverfahren dem Grunde nach ebenso gegeben. Dementsprechend versagt das Argument gänzlich bei einer
Unterlassungsverpflichtung, die aufgrund eines Urteils im „normalen" Erkenntnisverfahren ergangen ist.

Eigentlicher Grund für die h.M. dürfte der Satz sein „daß nicht sein kann, was nicht
sein darf", nämlich eine Zuwiderhandlung ohne Sanktion durch Ordnungsmittel.

920 Diese rein ergebnisorientierte Begründung widerspricht aber nicht nur dem prozessualen Grundsatz „keine Vollstreckung ohne Titel" und damit dem geltenden Prozeßrecht, sondern sie ist, worauf Münzberg (a.a.O.) wiederholt hingewiesen hat, auch völlig unnötig, weil das von der herrschenden Meinung gewünschte Ergebnis auch im Einklang mit dem Prozeßrecht erzielt werden kann. Das setzt allerdings voraus, daß der Gläubiger bzw. die Parteien im Erkenntnisverfahren (!) auf eine neue Prozeßsituation (z.B. bei Erledigung der Hauptsache) richtig reagieren. Sie müssen daher in ihre Überlegungen einbeziehen, daß der Schuldner einer titulierten Unterlassungsverpflichtung zuwidergehandelt haben kann und, wenn man sich die Möglichkeit der Festsetzung eines Ordnungsmittels offenhalten will, der Titel insoweit bestehen bleiben muß. Dies läßt sich durch eine entsprechende Erledigungserklärung, z.B. mit dem Inhalt „mit Ausnahme hinsichtlich etwaig begangener Zuwiderhandlungen des Schuldners" (nicht genügend klar hingegen die Formulierung „der Rechtsstreit wird in der Hauptsache ab dem (Datum) für erledigt erklärt" – so aber OLG Düsseldorf WRP 1990, 423, 424 mit zustimmender Anmerkung Münzberg WRP 1990, 426 –, weil dies dahin verstanden werden kann, daß ab diesem Zeitpunkt (ex nunc) der Titel insgesamt in Fortfall gekommen ist), einer entsprechenden Abfassung des Textes in einem Prozeßvergleich, aber auch durch eine entsprechende Tenorierung bei der Aufhebung in Rechtsmittel- oder Einspruchsverfahren oder bei der Einstellung der Zwangsvollstreckung erreichen. Hierbei besteht auch eine Hinweispflicht des Gerichts gemäß § 139 ZPO.

Falls dies nicht ausdrücklich und eindeutig geschieht, und auch im Wege der Auslegung keine Klarheit im Sinne einer Einschränkung des Titelwegfalls erzielt werden kann, muß von einem gänzlichen Wegfall des Titels ausgegangen werden (OLG Düsseldorf WRP 1990, 423, 424; OLG Hamm WRP 1992, 338; OLG Karlsruhe GRUR 1992, 207; auch OLG Stuttgart NJW-RR 1986, 1255).

921 Im Rahmen der von der h. M. gemachten Unterscheidung zwischen Wirkung ex tunc und ex nunc führt die **Aufhebung des Titels** aufgrund eines Rechtsbehelfs oder Widerspruchs (zum letzteren vgl. OLG Frankfurt/Main JurBüro 1982, 465), bei Klagerücknahme sowie Nichteinhaltung der Vollziehungsfrist gemäß § 929 Abs. 2 und 3 ZPO zum Fortfall des Titels ex tunc und damit zur Unzulässigkeit der späteren Festsetzung von Zwangsmitteln (vgl. Baur/Stürner Rn. 694; Brox/Walker Rn. 1097; MünchKommZPO/Schilken § 890 Rn. 15 m.w.N.; Zöller/Stöber § 890 Rn. 9a).

922 Kontrovers sind die Meinungen im Falle der **übereinstimmenden Erledigungserklärung** in der Hauptsache. Diese soll – wenn nichts anderes erklärt wurde – noch nicht rechtskräftige Sachentscheidungen rückwirkend wirkungslos werden lassen (mit der Folge der Unzulässigkeit der späteren Festsetzung eines Ordnungsmittels; BayVerfGH NJW 1990, 1784; OLG Hamm MDR 1989, 1001 für den Fall einer Erledigungserklärung ohne Einschränkungen; Baumbach/Hartmann § 91a Rn. 108 und § 890 Rn. 26; MünchKommZPO/Lindacher § 91a Rn. 36, anders MünchKommZPO/Schilken § 890 Rn. 15; Zöller/Stöber § 890 Rn. 9a, jeweils m.w.N.) oder erst ab dem Zeitpunkt der Erledigungserklärung (ex nunc; OLG Frankfurt/Main OLGZ 1993, 101 und JurBüro 1980, 1101; OLG Hamburg NJW-RR 1987, 1024; SchlHOLG JurBüro 1988, 671; OLG Zweibrücken NJW-RR 1988, 1280; im Ergebnis auch OLG Karlsruhe GRUR 1992, 207, 208; Baur/Stürner Rn. 694; Dunkl/Baur Rn. 417 m.w.N., auch zur Gegenmeinung; Brox/Walker Rn. 1097; MünchKommZPO/Schilken § 890 Rn. 15; Thomas/Putzo § 890 Rn. 10; Zimmermann § 890 Rn. 4).

Bei einem **Prozeßvergleich** als Unterlassungstitel wird man durch Auslegung ermit- 923
teln müssen, ob er ex tunc wirken und damit etwaige Verstöße sanktionslos stellen
soll (OLG Stuttgart NJW-RR 1986, 1255; Zöller/Stöber § 890 Rn. 9a; pauschal für ex
nunc: MünchKommZPO/Schilken § 890 Rn. 15).

Angesichts dieser kontroversen Rechtsprechung und Literatur kann jedem Gläubiger
und Rechtsanwalt, letzterem auch aus haftungsrechtlichen Gründen, nur empfohlen
werden, bereits in dem Verfahren, das zum Wegfall des Titels führt, durch entsprechende Erklärung bzw. Antragstellung dafür zu sorgen, daß die Vollstreckbarkeit für
frühere Zuwiderhandlungen bestehen bleibt (vgl. hierzu Münzberg WRP 1990, 425 f.;
StJ/Münzberg § 890 Rn. 28, 29).

Erschöpft sich das Unterlassungsgebot in einem **einmaligen Verhalten**, ist es **befri-** 924
stet oder kommt eine zukünftige Zuwiderhandlung aus anderen Gründen nicht in Betracht (Erlöschen des Unterlassungsanspruchs), steht dies einer Festsetzung von Ordnungsmitteln für die während der Geltung des Unterlassungsgebots erfolgte Zuwiderhandlung nicht entgegen, und zwar weil dadurch der Titel nicht in Wegfall
gekommen ist (OLG Bamberg MDR 1979, 680; OLG Frankfurt/Main NJW-RR 1990,
639, 640; OLG Hamm NJW-RR 1990, 1086; Zöller/Stöber § 890 Rn. 10; Baur/Stürner
Rn. 694; MünchKommZPO/Schilken § 890 Rn. 16; Thomas/Putzo § 890 Rn. 10;
StJ/Münzberg § 890 Rn. 30–32 m.w.N.; Münzberg WRP 1990, 425, 426; a.A.: OLG Düsseldorf NJW-RR 1988, 510 sowie DB 1992, 1084; LAG Hamburg MDR 1990, 365; OLG
Hamm NJW 1980, 1399 = MDR 1979, 679; Baumbach/Hartmann § 890 Rn. 25 (weil
§ 890 ZPO nur Beugemittel); wieder anders LAG Hamm MDR 1975, 696 (weil kein
Verschulden erforderlich).

Ist die **Zwangsvollstreckung einstweilen eingestellt** worden, können vor der Ein- 925
stellung der Zwangsvollstreckung begangene Zuwiderhandlungen nicht während der
Dauer der Einstellung, wohl aber nach deren Beendigung (soweit dann noch ein vollstreckbarer Titel besteht) mit Ordnungsmitteln belegt werden (OLG Düsseldorf JMBl.
NW 1963, 229; Zöller/Stöber § 890 Rn. 9; Schuschke § 890 Rn. 24; StJ/Münzberg § 890
Rn. 21). Hingegen können während der Einstellung begangene Zuwiderhandlungen
später nicht mehr geahndet werden (BGH NJW 1990, 122, 125).

3. Rechtsschutzinteresse

Das notwendige **Rechtsschutzinteresse** des Gläubigers für die Verhängung des Ord- 926
nungsmittels ergibt sich grundsätzlich aus dem Titel und der Zuwiderhandlung des
Schuldners. Es entfällt nicht im Hinblick auf eine verwirkte **Vertragsstrafe** (h.M.: BGH
NJW 1980, 1843; OLG Düsseldorf NJW-RR 1988, 1216; OLG Köln NJW-RR 1987, 360
und 1986, 1191; Zöller/Stöber § 890 Rn. 7 m.w.N.; MünchKommZPO/Schilken § 890
Rn. 17; Schuschke § 890 Rn. 17; Zimmermann § 890 Rn. 5; Baumbach/Hartmann § 890
Rn. 33; a.A. OLG Hamm MDR 1985, 242). Der Gläubiger kann insoweit gleichzeitig
beide Wege beschreiten (OLG Düsseldorf NJW-RR 1988, 1216; OLG Köln NJW-RR 1987,
360; MünchKommZPO/Schilken § 890 Rn. 17; Schuschke § 890 Rn. 17; Zöller/Stöber
§ 890 Rn. 7), er muß daher nicht zwischen einem von beiden wählen (so aber OLG
Köln NJW 1969, 756; LG Frankenthal MDR 1992, 362; Baumbach/Hartmann § 890
Rn. 33; Thomas/Putzo § 890 Rn. 10), zumal der Zweck beider Rechtsinstitute nicht
völlig identisch ist. Allerdings wird das Gericht im Hinblick auf den Grundsatz der
Verhältnismäßigkeit eine verwirkte Vertragsstrafe bei der Auswahl von Art und Höhe

des Ordnungsmittels berücksichtigen müssen (OLG Düsseldorf NJW-RR 1988, 1216; OLG Köln NJW-RR 1986, 1191; Schuschke § 890 Rn. 36).

4. Verjährung

927 Die Festsetzung eines Ordnungsmittels scheidet aus, wenn die Zuwiderhandlung **verjährt** ist. Gemäß Artikel 9 EGStGB beträgt die Verjährungsfrist 2 Jahre für jede Zuwiderhandlung. Sie beginnt mit der Beendigung der untersagten Handlung (OLG Hamm MDR 1978, 765; Zöller/Stöber § 890 Rn. 24). Der vollstreckbare Unterlassungsanspruch selbst verjährt gemäß § 218 BGB in 30 Jahren (unklar insoweit Baumbach/Hartmann § 890 Rn. 28).

5. Rechtliches Gehör des Schuldners

928 Bevor der Schuldner zu einem Ordnungsmittel verurteilt wird, ist ihm **rechtliches Gehör** zu gewähren (§ 891 S. 2 ZPO), d.h. zu der vom Gesetz freigestellten mündlichen Verhandlung (§ 891 S. 1 ZPO) ist er zu laden, ansonsten ist ihm – soweit er im Erkenntnisverfahren anwaltlich vertreten war: seinem Rechtsanwalt, §§ 81, 176, 178 ZPO – eine ausreichende Frist zur Stellungnahme auf den übersandten Gläubigerantrag einzuräumen. Für die mündliche Verhandlung besteht Anwaltszwang gemäß § 78 ZPO wegen der oftmals schwierigen Sach- und Rechtsfragen. Dies gilt auch dann, wenn im Erkenntnisverfahren – wie bei einer im Beschlußwege ergangenen einstweiligen Verfügung vor dem Landgericht, §§ 936, 920 Abs. 3, 78 Abs. 3 ZPO – kein Anwaltszwang bestand (h.M.: OLG Düsseldorf MDR 1987, 506 = JurBüro 1987, 942; OLG Frankfurt/Main WRP 1979, 129; OLG Hamm GRUR 1985, 235; OLG Koblenz GRUR 1985, 573; Schuschke § 890 Rn. 20 und § 891 Rn. 1; Baumbach/Hartmann § 891 Rn. 1; StJ/Münzberg § 891 Rn. 1, jeweils m.w.N.).

929 Dies gilt auch für die bloße Gewährung rechtlichen Gehörs gemäß § 891 Satz 2 ZPO inner- und außerhalb der mündlichen Verhandlung, so daß privatschriftliche Eingaben des Schuldners nicht zu berücksichtigen sind (OLG Düsseldorf NJW-RR 1991, 1088, das eine entsprechende Hinweispflicht des Gerichts bejaht; OLG Frankfurt/Main FamRZ 1987, 1293; OLG Hamm MDR 1985, 242; OLG Koblenz NJW-RR 1988, 1279; OLG Nürnberg NJW 1983, 2950; Schuschke § 891 Rn. 1; Thomas/Putzo § 891 Rn. 2; StJ/Münzberg § 891 Rn. 1 u. 2, mit entsprechender Hinweispflicht des Gerichts; offen, ob privatschriftliche Eingaben bzw. Vorbringen des Schuldners zu berücksichtigen sind: OLG Hamburg OLGZ 1991, 346; a.A.: OLG Celle NdsRpflg 1953, 30; OLG Düsseldorf DB 1965, 891; OLG Köln NJW 1959, 634; Zöller/Stöber § 891 Rn. 1; MünchKommZPO/Schilken § 890 Rn. 19 und § 891 Rn. 4; Zimmermann § 891 Rn. 2 betreffend schriftliche Anhörung).

VIII. Beweis

930 Die Voraussetzungen für die Androhung bzw. Festsetzung eines Ordnungsmittels müssen mit den Beweismitteln der ZPO **bewiesen** und nicht nur glaubhaft gemacht

werden. Dies gilt auch dann, wenn für die Erlangung des Titels, wie z.B. bei der einstweiligen Verfügung, Glaubhaftmachung genügte (h. M.: BVerfG NJW 1991, 3139; Zöller/Stöber § 890 Rn. 13; Baumbach/Hartmann § 890 Rn. 20 m.w.N.).

Zur Beweislast im übrigen vgl. die entsprechenden Ausführungen bei § 887 ZPO Rn. 853 f.

IX. Entscheidung des Gerichts

Die Entscheidung ergeht auch bei mündlicher Verhandlung stets durch zu begründenden **Beschluß**. Der Adressat des Festsetzungsbeschlusses muß mit dem identisch sein, dem gegenüber die Strafandrohung erfolgte. Soweit Ordnungsmittel gegen gesetzliche Vertreter, Organe juristischer Personen bzw. für die OHG/KG handelnde Gesellschafter festgesetzt werden, müssen diese im Festsetzungsbeschluß namentlich bezeichnet werden (BGH NJW 1992, 749, 750; Zöller/Stöber § 890 Rn. 16).   **931**

Das Gericht hat grundsätzlich die **Wahl zwischen den Ordnungsmitteln**, kann also Ordnungsgeld oder alternativ Ordnungshaft festsetzen. Es darf aber kein anderes und kein höheres Ordnungsmittel als angedroht festgesetzt werden. Daher schließt die Androhung nur von Ordnungsgeld die Festsetzung auch von Ersatzordnungshaft aus, bevor nicht ein ergänzender Beschluß ergangen ist (OLG Düsseldorf OLGZ 1993, 450 und MDR 1992, 411). Ferner ist der Grundsatz der Verhältnismäßigkeit zu wahren, so daß bei einem Erstverstoß in der Regel nur Ordnungsgeld verhängt werden kann, es sei denn, dieses reicht im konkreten Fall als Mittel nicht aus (Schuschke § 890 Rn. 35; MünchKommZPO/Schilken § 890 Rn. 20; Zimmermann § 890 Rn. 17; Brox/Walker Rn. 1105; Baur/Stürner Rn. 691; Jauernig § 27 IV; a.A.: Zöller/Stöber § 890 Rn. 17; Baumbach/Hartmann § 890 Rn. 18).   **932**

1. Ordnungsgeld

Die **Höhe** des **Ordnungsgeldes** kann zwischen 5,– DM (Art. 6 Abs. 1 EGStGB) und 500 000,– DM (§ 890 Abs. 1 S. 2 ZPO) je Zuwiderhandlung betragen. Von Amts wegen zugleich mit anzuordnen ist Ersatzhaft für den Fall, daß das Ordnungsgeld nicht beigetrieben werden kann (BGH NJW-RR 1992, 1454). Ferner ist anzugeben, wieviel Tage Ersatzhaft dem festgesetzten Ordnungsgeld entsprechen, z.B. „ersatzweise für 100,– DM je ein Tag Ordnungshaft". Die Ersatzhaft kann zwischen 1 Tag und 6 Monaten, maximal jedoch aufgrund desselben Titels zwei Jahre betragen (h.M.: Zöller/Stöber § 890 Rn. 18; MünchKommZPO/Schilken § 890 Rn. 22; Schuschke § 890 Rn. 37; Thomas/Putzo § 890 Rn. 26; Brox/Walker Rn. 1103; unzutreffend: Baumbach/Hartmann § 890 Rn. 17: max. sechs Wochen). Eine unterbliebene Anordnung der Ersatzordnungshaft kann nachgeholt werden, wenn das Ordnungsgeld nicht beigetrieben werden kann, Art. 8 EGStGB.   **933**

Bei der **Bemessung** der Höhe der Ersatzordnungshaft sind die Grundsätze für die Verhängung von Tagessätzen gem. § 40 StGB nicht anzuwenden. Sie muß jedoch so bemessen sein, daß für den Schuldner ein spürbarer Druck zur Erfüllung der Unterlas-   **934** sungsverpflichtung besteht (h.M.: OLG Frankfurt/Main JurBüro 1987, 1570: 3 Tage bei 7500,– DM reichen nicht aus; Schuschke § 890 Rn. 37).

In diesem Rahmen richtet sich die Höhe des Ordnungsgeldes nach den konkreten Umständen des Einzelfalles, wobei im Hinblick auf den auch strafähnlichen Charakter des Ordnungsmittels vornehmlich auf den Schuldner und dessen Verhalten abzustellen ist (BGH NJW 1994, 45, 46). Maßgeblich sind somit insbesondere: Der Unwertgehalt der Verletzungshandlung, also die Gefährlichkeit ihrer Folgen für den Gläubiger (Intensität und Dauer, entstandener oder drohender Schaden) sowie der Grad des Verschuldens (vorsätzlich/fahrlässig, erstmaliger oder wiederholter Verstoß). Die Verletzung des Titels darf für den Schuldner nicht wirtschaftlich lohnend erscheinen. Es sind aber auch eine zusätzlich verwirkte Vertragsstrafe sowie die wirtschaftlichen Verhältnisse des Schuldners zu berücksichtigen (vgl. BGH NJW 1994, 45, 46; Schuschke § 890 Rn. 36; Köhler WRP 1993, 666, 672 f.).

Feste Größen wie z.B. Bruchteile des Streitwertes der Hauptsache sind daher abzulehnen (BGH NJW 1994, 45, 46; Köhler WRP 666, 676; a.A. KG WRP 1992, 176; OLG Frankfurt/Main NJW-RR 1990, 639; OLG Hamburg NJW-RR 1984, 1024).

2. Ordnungshaft

935 Die **Ordnungshaft** kann zwischen 1 Tag und 6 Monaten je Zuwiderhandlung (Art. 6 Abs. 2 S. 1 EGStGB) betragen. Zur Bemessung gelten die o.a. Kriterien entsprechend (vgl. Rn. 934).

Bei **mehreren Verstößen** gegen dieselbe Unterlassungsverpflichtung kann Ordnungsgeld bzw. Ordnungshaft jeweils bis zum gesetzlichen Höchstmaß festgesetzt werden, Ordnungshaft jedoch insgesamt nicht mehr als 2 Jahre (§ 890 Abs. 1 S. 2 ZPO). Allerdings finden die Grundsätze über den **Fortsetzungszusammenhang** Anwendung (vgl. hierzu Rn. 914); in diesem Fall ist nur ein Ordnungsmittel zu verhängen.

X. Bestellung einer Sicherheit, § 890 Abs. 3 ZPO

936 Hat der Schuldner trotz Strafandrohung der Unterlassungsverpflichtung zuwidergehandelt (was der Gläubiger gegebenenfalls beweisen muß), kann er auf entsprechenden Antrag des Gläubigers hin zur Bestellung einer Sicherheit für einen Schaden des Gläubigers verurteilt werden, der diesem durch zukünftige Zuwiderhandlungen wahrscheinlich entstehen kann. Diese Anordnung kann isoliert, aber auch zusätzlich zur Festsetzung eines Ordnungsmittels erfolgen (h.M.: OLG Frankfurt/Main JurBüro 1978, 771 = Rpfleger 1978, 267; MünchKommZPO/Schilken § 890 Rn. 25; Schuschke § 890 Rn. 42; Zöller/Stöber § 890 Rn. 27).

937 Die **Höhe der Sicherheit** bestimmt das Gericht nach den Umständen des Einzelfalles. Die vom Gericht festzusetzende bestimmte Zeit für die Sicherheitsleistung richtet sich danach, ab wann der Schuldner gegen die Unterlassungsverpflichtung voraussichtlich nicht mehr verstoßen wird.

Soweit hinsichtlich der **Art der Sicherheitsleistung** nichts anderes bestimmt ist, erfolgt sie durch Hinterlegung von Geld oder Wertpapieren der in § 234 BGB genannten Art (§ 108 ZPO).

Die Vollstreckung des Titels (§ 794 Abs. 1 Nr. 3 ZPO) erfolgt gem. § 887 ZPO. Die Geltendmachung des Schadens durch den Gläubiger erfolgt gegebenenfalls durch Klage (vgl. § 893 Abs. 2 ZPO).   **938**

Beispiel für einen entsprechenden Tenor: **939**

Der Schuldner wird verurteilt, an den Gläubiger eine auf 12 Monate befristete Sicherheit in Höhe von 8000,– DM für den durch zukünftige Zuwiderhandlungen des Schuldners gegen die im Urteil vom (Angabe des Titels) angeführte Unterlassungsverpflichtung entstehenden Schaden zu leisten.

XI. Kostenentscheidung

Zur Frage der Kostenentscheidung vgl. die entsprechenden Ausführungen zu § 887 Rn. 857.   **940**

XII. Zustellung der gerichtlichen Entscheidung

Der dem Antrag des Gläubigers stattgebende Beschluß ist dem Schuldner bzw. seinem Bevollmächtigten von Amts wegen zuzustellen, dem Gläubiger formlos zu übersenden. Der ablehnende Beschluß ist dem Gläubiger von Amts wegen zuzustellen; dem Schuldner ist er nur dann formlos mitzuteilen, wenn er zuvor angehört wurde (§ 329 Abs. 2 und 3 ZPO). Wurde dem Antrag nur teilweise stattgegeben, ist der Beschluß beiden zuzustellen.   **941**

XIII. Rechtsbehelfe

Gegen die vom Prozeßgericht als Vollstreckungsgericht erlassenen Entscheidungen ist die sofortige Beschwerde gemäß § 793 ZPO gegeben (Zöller/Stöber § 890 Rn. 28; Schuschke § 890 Rn. 48, 49; Baumbach/Hartmann § 890 Rn. 37; Baur/Stürner Rn. 695; MünchKommZPO/Schilken § 890 Rn. 26; StJ/Münzberg § 890 Rn. 17, 43),   **942**

und zwar für den **Gläubiger** im Fall ganzer oder teilweiser Zurückweisung eines Antrags auf
- Androhung eines Ordnungsmittels durch selbständigen Beschluß (insoweit a.A. nur Zimmermann § 890 Rn. 28: einfache Beschwerde);
- Festsetzung eines Ordnungsmittels;
- Verurteilung zur Sicherheitsleistung;

für den **Schuldner** im Fall

– der Androhung eines Ordnungsmittels durch selbständigen Beschluß;

– der Festsetzung eines Ordnungsmittels;

– der Verurteilung zur Sicherheitsleistung;

– der Ablehnung der Aufhebung des rechtskräftigen Ordnungsmittelbeschlusses (OLG Hamm WRP 1990, 423; a.A.: OLG München MDR 1984, 592 – kein Rechtsmittel).

943   Gegen die **Strafandrohung im Titel** ist dasselbe Rechtsmittel eröffnet wie gegen die Entscheidung im übrigen (BGH NJW 1992, 749, 750; LAG Hamm MDR 1977, 699; Baumbach/Hartmann § 890 Rn. 37; a.A.: OLG Hamm NJW-RR 1988, 960 = MDR 1988, 784: sofortige Beschwerde; nach Zöller/Stöber § 890 Rn. 28 und MünchKomm-ZPO/Schilken § 890 Rn. 26 soll die Androhung nur mit der Entscheidung zusammen anfechtbar sein; nach StJ/Münzberg § 890 Rn. 17 steht dem Gläubiger gegen die Versagung der Strafandrohung im Titel kein Rechtsmittel zu).

XIV. Vollstreckung der Ordnungsmittel

944   Der Festsetzungsbeschluß ist Vollstreckungstitel gemäß § 794 Abs. 1 Nr. 3 ZPO. Zuständig für die von Amts wegen vorzunehmende **Vollstreckung** ist grundsätzlich der Rechtspfleger des Prozeßgerichts gemäß § 31 Abs. 3 RPflG (Ordnungsgeld), § 4 Abs. 2 Nr. 2a RPflG in Verbindung mit der Strafvollstreckungsordnung (Ordnungshaft; OLG München MDR 1988, 784 = NJW-RR 1988, 1407).

1. Ordnungsgeld

945   Das **Ordnungsgeld** wird zugunsten der Staatskasse nach der Justizbeitreibungsordnung (§ 1 Abs. 1 Nr. 3, § 6 Abs. 2 JBeitrO) von Amts wegen vollstreckt (Schuschke § 890 Rn. 44; MünchKommZPO/Schilken § 890 Rn. 24; Zimmermann § 890 Rn. 24; Baumbach/Hartmann § 890 Rn. 31). Zu Zahlungsfristen und Teilzahlungen vgl. Artikel 7 EGStGB.

2. Ordnungshaft

946   **Ordnungshaft** wird nicht gemäß §§ 904 ff. ZPO (so aber Schuschke § 890 Rn. 45; MünchKommZPO/Schilken § 890 Rn. 24; Brox/Walker Rn. 1109; Rosenberg/Gaul/Schilken § 73 II 4), sondern von Amts wegen entsprechend der Strafvollstreckungsordnung vollstreckt. Die Kosten der Haft zahlt daher nicht der Gläubiger, sondern der Staat (wohl h.M.: Zöller/Stöber § 890 Rn. 23; Zimmermann § 890 Rn. 25; StJ/Münzberg § 890 Rn. 44 m.w.N.; Baur/Stürner Rn. 695).

947   Eine **Begnadigung** ist ausgeschlossen, weil es sich bei der Ordnungshaft um keine Kriminalstrafe handelt und ferner damit ansonsten auf den Vollstreckungsanspruch des Gläubigers gegenüber dem Staat verzichtet würde (OLG Koblenz WRP 1983, 575; Zöller/Stöber § 890 Rn. 22; MünchKommZPO/Schilken § 890 Rn. 24; Schuschke § 890

Rn. 45; Baur/Stürner Rn. 695; Baumbach/Hartmann § 890 Rn. 30; differenzierend: StJ/Münzberg § 890 Rn. 48; a.A.: OLG Frankfurt/Main OLGZ 1980, 336 = JurBüro 1980, 1100, 1102; wohl auch BGH NJW-RR 1988, 1530).

Die Ordnungsmittel **verjähren** 2 Jahre seit Erlaß des Ordnungsmittelbeschlusses (Artikel 9 EGStGB; Zöller/Stöber § 890 Rn. 24; Schuschke § 890 Rn. 44).   **948**

Fällt der Vollstreckungstitel nach Erlaß des Ordnungsmittelbeschlusses weg, wird jenem zugleich die Grundlage entzogen, so daß der Beschluß im Beschwerdewege aufzuheben ist (vgl. §§ 775, 776 ZPO; Zöller/Stöber § 890 Rn. 25).   **949**

3. Sonderproblem: Fortfall des Vollstreckungstitels

Kontrovers beantwortet wird die Frage, ob der Fortfall des Vollstreckungstitels **auch Auswirkungen auf bereits rechtskräftige Ordnungsmittelbeschlüsse hat**, gegebenenfalls sogar auf schon vollstreckte, mit der Folge der Rückzahlung des Ordnungsgeldes.   **950**

Die Frage ist nicht identisch mit dem Problem, ob beim gänzlichen oder teilweisen Wegfall des Titels nach einer Zuwiderhandlung des Schuldners gegen die Unterlassungsverpflichtung noch Ordnungsmittel festgesetzt werden können, weist aber gewisse Parallelen hierzu auf.

Der Wegfall des Unterlassungstitels führt für sich allein nicht auch zum Wegfall des Ordnungsmittelbeschlusses (BGH NJW-RR 1988, 1530; vgl. auch §§ 775, 776 ZPO). Die wohl h.M. bejaht aber die Möglichkeit der Aufhebung des Ordnungsmittelbeschlusses auf entsprechenden Antrag des Schuldners hin, wenn der Unterlassungstitel rückwirkend weggefallen ist. Erst danach kann eine Rückzahlung des Ordnungsgeldes erfolgen (BGH NJW-RR 1988, 1530; OLG Hamm MDR 1989, 1001 = OLGZ 1989, 471 = GRUR 1990, 306 = WRP 1990, 423 mit Anmerkung Münzberg; OLG Karlsruhe MDR 1979, 150; Zöller/Stöber § 890 Rn. 25; Schuschke § 890 Rn. 46; MünchKommZPO/Schilken § 890 Rn. 16; Zimmermann § 890 Rn. 26; StJ/Münzberg § 890 Rn. 45; Brox/Walker Rn. 1108; wohl auch Thomas/Putzo § 890 Rn. 35; offen: OLG Celle WRP 1991, 586, 587; OLG Zweibrücken NJW-RR 1988, 1280; differenzierend OLG Frankfurt/Main JurBüro 1991, 1554: nur solange entweder der Titel oder die Vollstreckungsmaßnahme noch nicht rechtskräftig oder – im Falle der Bestandskraft – die Beitreibung zu Unrecht erfolgt ist; a.A.: OLG Celle NJW 1965, 1868; OLG Frankfurt/Main JurBüro 1982, 465 und JurBüro 1980, 1100, 1101 = OLGZ 1980, 336 = WRP 1980, 270, 271 sowie OLG Koblenz WRP 1983, 575: aus Gründen der Rechtskraft und weil §§ 775, 776 ZPO nur bis zur Beendigung der Zwangsvollstreckung Anwendung finden; bei schon erfolgter Zahlung sei die Zwangsvollstreckungsmaßnahme aber schon beendet; Baumbach/Hartmann § 890 Rn. 30).   **951**

In diesem Zusammenhang ist wiederum von Bedeutung, zu welchem Zeitpunkt, aus welchen Gründen und in welchem Umfang der Titel weggefallen ist, insbesondere bei der übereinstimmenden Erledigungserklärung in der Hauptsache (siehe oben Rn. 916 ff. zu der insoweit entsprechenden Problematik).

Gegen die Ablehnung der Aufhebung des Ordnungsmittelbeschlusses ist der Rechtsbehelf der sofortigen Beschwerde gemäß § 793 ZPO gegeben (OLG Hamm MDR 1989, 1001 = WRP 1990, 423; a.A.: OLG München MDR 1984, 592 – kein Rechtsmittel).   **952**

953   Die **Rückzahlung** des vollstreckten Ordnungsgeldes ist ein verwaltungsmäßiger Vorgang zwischen dem Schuldner und der Staatskasse (OLG Hamm MDR 1989, 1001 = WRP 1990, 423; Schuschke § 890 Rn. 46). Weigert sich die Staatskasse zu zahlen, muß geklagt werden. Als Anspruchsgrundlage kommt § 812 Abs. 1 S. 2 BGB (so BAG NJW 1990, 2579; wohl auch OLG Hamm a.a.O.) oder § 717 Abs. 2 S. 1 bzw. § 945 ZPO analog (Zöller/Stöber § 890 Rn. 26) in Betracht. Nach a.A. kann im Beschlußverfahren analog § 776 ZPO Rückzahlung verlangt werden (OLG Frankfurt/Main JurBüro 1991, 1554).

Kapitel F
Abgabe einer Willenserklärung, §§ 894–898 ZPO

954   Besteht die dem Schuldner obliegende Handlung in der Abgabe einer Willenserklärung, wird diese grundsätzlich nicht gem. §§ 887, 888 ZPO vollstreckt, sondern das Gesetz hat den für den Schuldner schonenderen (weil ohne Zwangsmittel) und für den Gläubiger effektiveren (kein besonderes Zwangsvollstreckungsverfahren notwendig) Weg der **Fiktion** der Abgabe der Willenserklärung gewählt, die frühestens mit der Rechtskraft des Urteils eintritt, § 894 Abs. 1 ZPO. Bei dem Urteil handelt es sich nicht um ein Gestaltungs-, sondern um ein Leistungsurteil; dementsprechend enthält der Tenor auch die Verurteilung zur Abgabe der Willenserklärung. Somit ist die Fiktion der Abgabe Urteils**folge** und damit Zwangsvollstreckung, nicht aber Urteilsinhalt (h.M.: BayObLG NJW-RR 1989, 1172). Soweit § 894 ZPO Anwendung findet, ist eine Zwangsvollstreckung im übrigen überflüssig und unzulässig.

I. Willenserklärung

955   § 894 ZPO betrifft nur **Willenserklärungen**. Dazu gehören Willensäußerungen, die auf Herbeiführung eines bestimmten rechtlichen Erfolges (**rechtsgeschäftliche Erklärung**) oder eines tatsächlichen Erfolges gerichtet sind, soweit die Rechtsfolgen dieser Erklärung dann kraft Gesetzes eintreten (**rechtsgeschäftsähnliche Handlungen** wie Mahnung gem. § 284 BGB, Fristsetzung gem. § 326 BGB, Aufforderung gemäß § 108 Abs. 2 BGB); ferner auch **verfahrensrechtliche Erklärungen** (h.M.: vgl. Zöller/Stöber § 894 Rn. 2; Schuschke § 894 Rn. 4, jeweils m.w.N.).

Insoweit ist es dann unerheblich, ob die Willenserklärung empfangsbedürftig ist (z.B. Angebot), ob sie gegenüber dem Gläubiger, einem Dritten oder einer Behörde abzugeben ist, sie der Zustimmung Dritter oder einer bestimmten Form (z.B. § 925 BGB) bedarf, materieller oder prozessualer Natur (Anerkenntnis, Klagerücknahme) ist, der rechtliche Erfolg im Privatrecht oder öffentlichen Recht (Rücknahme des Strafantrags, Zustimmung zu einer Grenzbebauung) eintritt, er allein durch die Willenserklärung

(Eigentumsübertragung gemäß § 929 S. 2 BGB), nur zusammen mit weiteren Willenserklärungen (Zustimmung zu einem Gesellschafterbeschluß) oder erst aufgrund zusätzlicher Handlungen (Übergabe bei einer Eigentumsübertragung gemäß § 929 S. 1 BGB) herbeigeführt wird.

Beispiele:

– **Abschluß** eines Rechtsgeschäfts, auch mit Dritten (BGH NJW 1963, 901);
– **Abtretungserklärung**;
– **Anerkenntnis**;
– **Annahme** eines Vertragsangebots (BGH NJW 1962, 1812);
– **Auflassung** (BGH Rpfleger 1984, 310);
– **Bewilligung** (§ 19 GBO) betreffend Eintragung/Löschung von Rechten im Grundbuch;
– **Kündigung**;
– **Quittungserteilung** (StJ/Münzberg § 894 Rn. 9);
– **Rücknahme** von Berufung, Einspruch, Klage, Strafantrag (BGH NJW 1974, 900);
– **Stimmabgabe** in Gesellschafterversammlung (BGH NJW-RR 1989, 1056);
– **Urlaubsgewährung** (BAG NJW 1962, 270);
– **Veräußerung** von Wohnungseigentum gemäß § 19 WEG (KG Rpfleger 1979, 198);
– **Zustimmung** zur Änderung eines Gesellschaftsvertrages (OLG Bremen NJW 1972, 1952), zur Auszahlung hinterlegter Beträge, zur Mieterhöhung (KG WuM 1986, 107), zur Veräußerung gemäß § 12 WEG (BayObLG Rpfleger 1977, 173), zum Realsplitting (BFH NJW 1989, 1504), zur Veräußerung und Belastung beim Erbbaurecht §§ 5, 8 ErbbauVO (OLG Hamm Rpfleger 1993, 334).

Weitere Beispiele bei Baumbach/Hartmann § 894 Rn. 3 und 4; StJ/Münzberg § 894 Rn. 6–10; Zöller/Stöber § 894 Rn. 2.

Von § 894 ZPO **nicht** erfaßt werden somit **Erklärungen tatsächlicher Art** (wie Auskunft- oder Zeugniserteilung, eidesstattliche Versicherung); denn hier muß der Wille des Schuldners erst noch formuliert werden, so daß die Vollstreckung nur gemäß § 887 ZPO bzw. § 888 ZPO erfolgen kann. Ferner nicht ein solches Verhalten des Schuldners, das nur unselbständiger Teil einer von ihm vorzunehmenden Handlung ist, wie eine eigenhändige Unterschriftsleistung (RGZ 156, 166, 170; Baur/Stürner Rn. 700). **956**

Zur Frage, ob der **Widerruf** unwahrer Behauptungen wegen seiner Personenbezogenheit gemäß § 888 ZPO oder § 894 ZPO zu vollstrecken ist, vgl. § 888 Rn. 864. **957**

Inhalt der Willenserklärung

Die Willenserklärung muß so bestimmt und eindeutig gefaßt sein, daß ihre rechtliche Bedeutung feststeht; bei einer Übereignung muß nicht nur der Gegenstand konkret bezeichnet sein, sondern auch die Person, an die übereignet werden soll. Der Inhalt ist gegebenenfalls durch Auslegung zu ermitteln, die auch unter Zuhilfenahme des Tatbestandes und der Entscheidungsgründe erfolgen kann (h.M.: BGH NJW 1972, 2268, 2269; Baumbach/Hartmann § 894 Rn. 2; Schuschke § 894 Rn. 3, jeweils mit Beispielen). **958**

959 Nach wohl h.M. (OLG Braunschweig NJW 1959, 1929; Baumbach/Hartmann § 894 Rn. 2; StJ/Münzberg § 894 Rn. 5; Zöller/Stöber § 894 Rn. 2) kann ein Titel, dem es auch nach Auslegung an der für § 894 ZPO notwendigen Bestimmtheit fehlt, gemäß §§ 887, 888 ZPO vollstreckt werden.

960 Dem kann nicht zugestimmt werden. Zum einem nicht, weil (vorläufig vollstreckbare) Urteile, die zur Abgabe einer Willenserklärung verurteilen, nicht durch Ausübung von Zwang nach § 888 ZPO vollstreckt werden dürfen (RGZ 156, 164, 169). Zum anderen fehlt derartigen Titeln auch die für §§ 887, 888 ZPO sich notwendig aus dem Titel (Tenor, Tatbestand, Entscheidungsgründe) ergebende Bestimmtheit (Schuschke § 888 Rn. 3 und § 894 Rn. 3; MünchKommZPO/Schilken § 894 Rn. 5; vgl. auch OLG Koblenz OLGZ 1976, 409 f.). Anschauliches Beispiel hierfür ist das stets zitierte Urteil des OLG Braunschweig NJW 1959, 1929: die Beklagte war zur Abgabe eines Vertragsangebots verurteilt worden, das demjenigen entsprechen sollte, welches die Beklagte im Jahre 1955 mit der V-Film AG abgeschlossen hatte. Der Inhalt des Vertrages zwischen der Beklagten und der V-Film ergab sich weder aus dem Urteil noch war er der Klägerin bekannt. Die vom OLG als Beleg angeführte Stelle bei StJ/Münzberg § 894 Anm. I 2 = Rn. 5 enthält keine Begründung für die dort vertretene Auffassung. Dagegen spricht die Kommentierung bei StJ/Münzberg selbst in § 888 Rn. 2 mit Verweis auf § 887 Rn. 4, wo eine Bestimmbarkeit aus Umständen außerhalb des Titels als ungenügend bezeichnet wird.

961 Zur Problematik bei **Wahlschulden** vgl. StJ/Münzberg § 894 Rn. 32, 33 sowie Münch-KommZPO/Schilken § 894 Rn. 7, jeweils m.w.N.

962 Unanwendbar ist § 894 ZPO im Falle der Verurteilung zur **Eingehung einer Ehe**, was im Hinblick auf § 1297 BGB nur bei ausländischen Urteilen von Bedeutung sein kann.

II. Formell rechtskräftiger Titel

963 § 894 ZPO gilt nur für Titel, die der formellen Rechtskraft (§ 705 ZPO) fähig sind („… sobald … Rechtskraft erlangt hat"), also für Urteile und Beschlüsse (z.B. des Familiengerichts gem. § 1383 BGB).

964 Bei **ausländischen Urteilen** (vgl. § 723 ZPO) und **Schiedssprüchen** (§§ 1040, 1042 ZPO) tritt die Wirkung des § 894 ZPO erst mit Rechtskraft der Vollstreckbarkeitserklärung ein (vgl. §§ 723, 1042c, d ZPO; h.M.: BGH BB 1961, 264; Baur/Stürner Rn. 701; Baumbach/Hartmann § 894 Rn. 9; Brox/Walker Rn. 1112; MünchKommZPO/Schilken § 894 Rn. 9; Schuschke § 894 Rn. 1; Thomas/Putzo § 894 Rn. 4; Zöller/Stöber § 894 Rn. 3; a.A.: Zöller/Geimer § 1040 Rn. 1; differenzierend: StJ/Schlosser § 1042 Rn. 2).

965 **Prozeßvergleiche** (§ 794 Abs. 1 Nr. 1 ZPO) und **notarielle Urkunden** (§ 794 Abs. 1 Nr. 5, Abs. 2 ZPO) scheiden schon deshalb aus, weil ihnen die formelle Rechtskraft fehlt (BGH NJW 1977, 583, 584 zum Prozeßvergleich; Schuschke § 894 Rn. 1). Ist in diesen Titeln – ebenso wie bei **Schiedsvergleichen** (§ 1044a ZPO) und **Anwaltsvergleichen** (§ 1044b ZPO) – die Willenserklärung bereits abgegeben, liegt Erfüllung vor, so daß es keiner Zwangsvollstreckung und damit auch keiner Fiktion mehr bedarf.

Enthalten sie aber nur eine Verpflichtung zur Abgabe einer Willenserklärung, kann diese bei Prozeßvergleichen und notariellen Urkunden sowie bei Anwaltsvergleichen, die vom Notar für vorläufig vollstreckbar erklärt wurden (für letztere gilt § 1044a Abs. 3 ZPO und damit §§ 1042 a–d ZPO nicht, so daß sie nicht rechtskräftig werden), nur gemäß § 888 ZPO vollstreckt oder wahlweise Leistungsklage auf Abgabe der Willenserklärung erhoben werden (h.M.: BGH NJW 1986, 2704, 2706; Zöller/Stöber § 894 Rn. 3 m.w.N.). Bei für vorläufig vollstreckbar erklärten Schiedsvergleichen sowie Anwaltsvergleichen gemäß § 1044b Abs. 1 ZPO tritt hingegen mit der Rechtskraft der Vollstreckbarkeitsentscheidung (§§ 1042a–d, 1043 ZPO) die Fiktionswirkung des § 894 ZPO ein (zur Nichtwahrung der Form einer notariellen Beurkundung durch derartige Urkunden vgl. Rn. 977).

Ob die Abgabe einer Willenserklärung auch durch **einstweilige Verfügung** erreicht werden kann, ist – abgesehen von den gesetzlich geregelten Fällen der §§ 885, 899 BGB – im Hinblick auf die damit eintretende (jedenfalls zeitweise) Vorwegnahme der Hauptsache zweifelhaft. Die wohl h.M. (Baur/Stürner Rn. 925; MünchKomm-ZPO/Schilken § 894 Rn. 8; StJ/Grunsky Rn. 50 vor § 935; OLG Hamburg NJW-RR 1991, 382: für eine Kündigung abgelehnt, im übrigen aber offen gelassen) bejaht sie bei Sekundäransprüchen (Nebenpflichten), bei Hauptsacheansprüchen jedoch nur, soweit die besonderen Voraussetzungen vorliegen, unter denen auch sonst eine Befriedigungs- oder Leistungsverfügung für zulässig gehalten wird (vgl. hierzu Zöller/Vollkommer § 940 Rn. 6 ff.). **966**

Die Anwendbarkeit des § 894 ZPO auf derartige einstweilige Verfügungen wird zum Teil völlig pauschal (Zöller/Stöber § 894 Rn. 3; Thomas/Putzo § 894 Rn. 4; Zimmermann § 894 Rn. 4) und in sich widersprüchlich bejaht, ohne die notwendigen Differenzierungen vorzunehmen. Einstweilige Verfügungen sind der formellen Rechtskraft nur fähig, soweit sie als Urteil ergehen. Die häufig angeführten Urteile OLG Frankfurt/Main MDR 1954, 686 und OLG Stuttgart NJW 1973, 908, in denen die Anwendbarkeit des § 894 ZPO bejaht wurde, betreffen folgerichtig auch nur Urteils-Verfügungen, wobei die Willenserklärung mit Eintritt der formellen Rechtskraft als abgegeben gilt. In der Entscheidung OLG Hamm MDR 1971, 401 wird ebenfalls nur die Rechtskraft eines Verfügungsurteils angesprochen, die Vollstreckung soll aber nach dortiger Auffassung gemäß § 888 ZPO erfolgen. **967**

Unklar Schuschke, der in § 894 Rn. 1 nach Anführung gerichtlicher Beschlüsse die einstweilige Verfügung erwähnt, in Fn. 4 aber auf o.a. – Urteile betreffende – Entscheidungen verweist, und in Rn. 6 die formelle Rechtskraft der einstweiligen Verfügung verlangt, die aber nur bei Urteilen eintritt (vgl. § 924 ZPO). Er verlangt neben der formellen Rechtskraft der einstweiligen Verfügung als Voraussetzung für die Fiktionswirkung des § 894 ZPO im Hinblick auf § 929 Abs. 2 und 3 ZPO zusätzlich die vorherige Zustellung der einstweiligen Verfügung im Parteibetrieb. **968**

Dessen bedarf es jedoch nicht. Denn die Vollziehungsfrist des § 929 ZPO beginnt für den Gläubiger bei Urteilen mit der Verkündung. Der Beginn dieser Monatsfrist liegt also früher oder maximal zeitgleich mit dem Beginn der Berufungsfrist für den Antragsgegner. Dies bedeutet, daß die Vollziehungsfrist bis zum Ablauf der Berufungsfrist und damit der Rechtskraft des Verfügungsurteils ebenfalls abgelaufen ist. Hat nun der Gläubiger eine einstweilige Verfügung nicht durch Zustellung des Urteils im Parteibetrieb vollziehen lassen, wird die einstweilige Verfügung nicht rechtskräftig, sondern von selbst unwirksam (BGH NJW 1991, 496, 497).

969 MünchKommZPO/Schilken § 894 Rn. 8 (der die o.a. Entscheidungen auch für die Beschlußverfügungen zitiert) sowie Jauernig NJW 1973, 1671, 1673 verneinen die Anwendbarkeit von § 894 ZPO bei einstweiligen Verfügungen generell. Soweit es um zu sichernde Nebenpflichten geht, soll die Willenserklärung ihrer Auffassung nach – entsprechend § 895 ZPO – mit der Verkündung bzw. Bekanntgabe der einstweiligen Verfügung (gleich ob als Urteil oder Beschluß ergangen) an den Verfügungsbeklagten als abgegeben gelten.

Unverständlich Rosenberg/Gaul/Schilken § 72 I 2, wonach auch Beschlußverfügungen rechtskraftfähig sein sollen.

Widersprüchlich die Ausführungen bei Stein-Jonas. In Rn. 4 zu § 894 ZPO (Münzberg) wird auf Rn. 15 und 50 vor § 935 ZPO verwiesen. In der Rn. 15 vor § 935 ZPO (Grunsky) wird auf Rn. 11 vor § 916 verwiesen, dort wieder auf Rn. 30 zu § 922, wo allerdings nur die formelle Rechtskraft von (Arrest-)Urteilen behandelt wird. In Rn. 52 vor § 935 ZPO wird jeglicher einstweiliger Verfügung (also auch der Urteilsverfügung) die Rechtskraft abgesprochen und damit § 894 ZPO verneint. Andererseits wird eine Fiktionswirkung bei einstweiligen Verfügungen auf Abgabe von Willenserklärungen, mit der Nebenpflichten gesichert werden sollen bzw. im Rahmen zulässiger Leistungsverfügungen, bejaht, wobei die Fiktionswirkung bereits mit dem Erlaß der Entscheidung eintreten soll (§ 935 Rn. 50).

970 Die Literaturmeinungen zur Beschlußverfügung vermögen nur vom Ergebnis her zu überzeugen. Folgt man ihnen nicht, bleibt dem Gläubiger ebenso wie bei der Verpflichtung zur Abgabe einer Willenserklärung in einer notariellen Urkunde oder in einem Prozeßvergleich nur der sicherlich nicht so effektive und unsichere Weg der Vollstreckung gemäß § 888 ZPO.

971 Die Verurteilung des Schuldners muß **unbedingt** und **vorbehaltlos** sein, so daß bei einem Urteil mit Vorbehalt der beschränkten Erbenhaftung gemäß § 780 ZPO nicht § 894 ZPO, sondern § 888 ZPO Anwendung findet (h.M.: RGZ 49, 415, 417; Zöller/Stöber § 894 Rn. 2).

III. Zeitpunkt des Fiktionseintritts

972 Die Fiktion der Abgabe der Willenserklärung tritt im Zeitpunkt der formellen Rechtskraft des Titels ein, wenn die Willenserklärung nicht von einer Gegenleistung des Gläubigers abhängig ist (§ 894 Abs. 1 S. 1 ZPO). Hierzu bedarf es weder der Erteilung einer Vollstreckungsklausel noch der Zustellung des Urteils (BayObLG NJW 1952, 28), soweit die Zustellung nicht Verkündungsersatz war (§ 310 Abs. 3 ZPO). Vor diesem Zeitpunkt, nämlich mit seiner vorläufigen Vollstreckbarkeit, tritt unter den in § 895 ZPO genannten Voraussetzungen aber schon eine Sicherung des Gläubigers ein (siehe dazu Rn. 985 f.).

973 Ist die Willenserklärung von einer **Gegenleistung des Gläubigers abhängig**, tritt gemäß § 894 Abs. 1 S. 2 ZPO die Wirkung erst später, nämlich nach Erteilung einer vollstreckbaren Ausfertigung der rechtskräftigen Entscheidung gemäß §§ 726, 730 ZPO ein (siehe dazu Rn. 982 f.). Daß derartige Urteile dennoch für vorläufig vollstreckbar erklärt werden, wirkt sich allein im Hinblick auf § 895 ZPO, § 16 HGB sowie das Kostenfestsetzungsverfahren (§§ 103 Abs. 1, 704 Abs. 1 ZPO) aus.

IV. Wirkung der Fiktion

1. Abgabe der Willenserklärung

Die Zwangsvollstreckung der Entscheidung erschöpft sich in der Fiktion der Abgabe der Willenserklärung. Handlungen, die mit oder aufgrund dieser Willenserklärung anschließend vorgenommen werden, sind daher keine Zwangsvollstreckung mehr, z.B. nicht die Eintragung im Grundbuch oder Register (h.M.). Daher ist zur Eintragung im Grundbuch auch weder die Vorlage einer vollstreckbaren Ausfertigung des Urteils noch ein Nachweis der sonstigen Zwangsvollstreckungsvoraussetzungen notwendig. Auch findet aus diesem Grunde § 14 KO keine Anwendung, wohl gelten aber die §§ 7, 15 KO.

974

a) Geschäftsfähigkeit/vormundschaftsgerichtliche Genehmigung

Fingiert wird lediglich die Abgabe einer wirksamen Willenserklärung durch den Schuldner. Nach h.M. wird das eventuelle Fehlen der Geschäftsfähigkeit des Schuldners (so RG Gruchot 63, 506; Baur/Stürner Rn. 704; Baumbach/Hartmann § 894 Rn. 12; MünchKommZPO/Schilken § 894 Rn. 13; Rosenberg/Gaul/Schilken § 72 II 1) oder einer dem Schutz des Schuldners dienenden Wirksamkeitsvoraussetzung wie etwa der vormundschaftsgerichtlichen Genehmigung mit der Entscheidung ersetzt (BayObLG MDR 1953, 561; Baur/Stürner Rn. 705; Baumbach/Hartmann § 894 Rn. 13; Thomas/Putzo § 894 Rn. 8; Zimmermann § 894 Rn. 6; Zöller/Stöber § 894 Rn. 7; a.A.: MünchKommZPO/Schilken § 894 Rn. 13; Rosenberg/Gaul/Schilken § 72 II 1; StJ/Münzberg § 894 Rn. 24).

975

b) Erklärungen/Handlungen Dritter

Demgegenüber werden durch § 894 ZPO nicht ersetzt die Wirksamkeitsvoraussetzungen der Willenserklärung, soweit dadurch Dritte geschützt werden, wie z.B. die Einwilligung des Ehegatten gemäß §§ 1365, 1369 BGB oder die Genehmigung des Vertretenen gem. § 177 Abs. 1 BGB (BayObLG Rpfleger 1983, 390); ebenso nicht, wenn die Willenserklärung Teil eines Rechtsgeschäfts ist, das als Ganzes der behördlichen Genehmigung bedarf, wie z.B. bei einer Grundstücksübereignung die Genehmigung gem. § 2 GrdStVG (BGH NJW 1982, 881, 883) oder eine Genehmigung gemäß §§ 19, 51, 144 BauGB. Nicht ersetzt werden auch Willenserklärungen des Gläubigers (z.B. die Annahme der fingierten Auflassungserklärung), für die nach h.M. zur Wahrung der Form des § 925 BGB erforderlich ist, daß sie nach Fiktion der Willenserklärung und unter Vorlage des rechtskräftigen Urteils vor einer zuständigen Stelle (z.B. Notar) erfolgt (h.M.: BayObLG Rpfleger 1983, 390; Zöller/Stöber § 894 Rn. 7); ferner nicht notwendige Eintragungen in das Grundbuch, zur Vollendung des Rechtsgeschäfts not-

976

wendige tatsächliche Handlungen wie die Übergabe der Sache gemäß § 929 S. 1 BGB (siehe hierzu § 897 ZPO Rn. 996 f.), oder die Berechtigung des Erklärenden (siehe hierzu § 898 ZPO Rn. 999).

c) Form

977 Ist die Willenserklärung in einem Urteil, Beschluß, vollstreckbar erklärten Schiedsspruch oder Schiedsvergleich tituliert, wird mit der Rechtskraft der Entscheidung auch die notwendige **Form** – einschließlich der notariellen Beurkundung – ersetzt (h.M.: vgl. MünchKommZPO/Schilken § 894 Rn. 13 m.w.N.). Nicht gewahrt wird die Form der notariellen Beurkundung jedoch durch einen vollstreckbar erklärten Anwaltsvergleich (vgl. Zöller/Geimer § 1044b Rn. 6; Baumbach/Hartmann § 1044b Rn. 4; MünchKommBGB/Förschler § 127a BGB Rn. 4; Palandt/Heinrichs § 127 BGB Rn. 2; Hansens Anwaltsblatt 1991, 113, 114; Ziege NJW 1991, 1581, 1582; Geimer DNotZ 1991, 266, 275; BT-Drucks. 11/8283 zu Art. 1 Nr. 61, S. 50).

d) Zugang

978 Da nur die Abgabe der Willenserklärung durch den Schuldner fingiert wird, bedarf es bei empfangsbedürftigen Willenserklärungen zu ihrem Wirksamwerden noch des **Zugangs** an den Empfänger. Dieser wird durch § 894 ZPO nicht fingiert (a.A.: Thomas/Putzo § 894 Rn. 8), sondern die Willenserklärung muß dem Adressaten gemäß §§ 130 ff. BGB zugehen (RGZ 160, 321, 324). Ist der Gläubiger der Empfänger, soll ihm nach wohl h.M. die Willenserklärung zugegangen sein mit Zustellung des Urteils oder sonstiger Kenntnis vom Urteil (Baur/Stürner Rn. 706; MünchKommZPO/Schilken § 894 Rn. 14; Zöller/Stöber § 894 Rn. 6; unklar Schuschke § 894 Rn. 6; a.A. – Möglichkeit der Kenntnisnahme genügt, daher mit Verkündung –: Brox/Walker Rn. 1116; Jauernig § 28 II; wohl auch Zimmermann § 894 Rn. 7; grundsätzlich so auch StJ/Münzberg § 894 Rn. 23 mit weiterer Differenzierung; nach Baumbach/Hartmann § 894 Rn. 9 soll die Empfangsbedürftigkeit für den Gläubiger unerheblich sein).

979 Dabei wird zu Unrecht auf RGZ 160, 321 f. Bezug genommen. Das RG hatte den Sonderfall zu entscheiden, daß seine – mit der Verkündung rechtskräftige – Entscheidung mit dem dem Gläubiger bereits zugestellten angefochtenen Urteil nicht übereinstimmte, und bei der Urteilsverkündung weder die Parteien noch ihre Vertreter anwesend waren. Es bejahte den Zugang in diesem Fall erst mit der Zustellung des bereits rechtskräftigen (!) Urteils (und verneinte damit inzident den Zugang infolge bloßer Möglichkeit der Kenntnisnahme RGZ 160, 325). Wie der „Normalfall" – das Urteil wird erst nach Zustellung rechtskräftig – zu entscheiden ist, hat es ausdrücklich offen gelassen. Richtigerweise kann der Zugang der Willenserklärung nicht vor ihrem Existentwerden liegen. Die Willenserklärung existiert aber per Fiktion erst mit der Rechtskraft des Urteils. Wurde das Urteil vor Rechtskraft zugestellt, kann die Willenserklärung somit erst mit der Rechtskraft zugegangen sein. Dazu ist nicht erforderlich, daß das rechtskräftige Urteil dem Gläubiger nochmals zugestellt wird, weil sich im Zeitpunkt der Fiktion „der Wortlaut der späteren Erklärung schon in der Hand des Erklärungsempfängers" befindet (RGZ 160, 325).

980 Abzulehnen ist die Auffassung, der Zugang trete mit Verkündung ein, weil damit die Möglichkeit der Kenntnisnahme bestehe. Nach h.M. ist eine Willenserklärung zugegangen, wenn sie so in den Bereich des Empfängers gelangt ist, daß dieser unter nor-

malen Umständen die Möglichkeit der Kenntnisnahme hatte (vgl. BGH NJW 1983, 929, 930; Palandt/Heinrichs § 130 BGB Rn. 5). Allein durch die Verkündung des Urteils ist die Erklärung nicht in den Bereich des Empfängers gelangt (wie etwa Briefkasten, Postfach etc.). Damit bestand für ihn auch keine Möglichkeit, unter normalen Umständen von ihr Kenntnis zu nehmen. Eine Erkundigungspflicht des Empfängers beim Erklärenden sieht § 130 f. BGB nicht vor. Zudem ist es nicht verkehrsüblich, sich bei Gericht nach dem Ergebnis zu erkundigen; das RG verlangte zudem, daß der Gläubiger vom **gesamten** Urteilsinhalt Kenntnis nehmen konnte. Dieser wird aber nicht einmal bei der Verkündung vollständig verlesen (vgl. § 311 Abs. 2 und 3 ZPO). Schließlich ist auch hier zusätzlich ausschlaggebend, daß der Zugang einer Willenserklärung nicht vor deren Abgabe (Fiktionszeitpunkt) liegen kann (s.o.).

Ist ein Dritter der Empfänger, muß ihm eine – nur bei § 894 Abs. 1 S. 2 ZPO notwendigerweise vollstreckbare – Ausfertigung oder beglaubigte Abschrift des rechtskräftigen Urteils vorgelegt (nicht zugestellt, h.M.) werden. **981**

V. Abhängigkeit der Willenserklärung von einer Gegenleistung, § 894 Abs. 1 S. 2 ZPO

Ist nach dem Inhalt des Titels die Willenserklärung von einer Gegenleistung abhängig, tritt die Fiktion nicht schon mit der Rechtskraft der Entscheidung, sondern erst ein, wenn dem Gläubiger gemäß §§ 726, 730 ZPO eine vollstreckbare Ausfertigung (§ 724 ZPO) des rechtskräftigen Titels erteilt worden ist. Der Grund dieser Regelung liegt darin, daß anderenfalls die Zug-um-Zug-Wirkung aufgehoben würde, der Schuldner damit vorleisten müßte und nun seinerseits keinerlei Druckmittel mehr hätte, die dem Gläubiger obliegende Leistung zu erhalten. Denn aus dem Zug-um-Zug-Titel kann nur der Gläubiger, nicht aber auch der Schuldner vollstrecken. **982**

Beispiel:

Übereignung Zug um Zug gegen Zahlung des Kaufpreises;
Löschung der Auflassungsvormerkung Zug um Zug gegen Zahlung eines Geldbetrages.

Durch die Bestimmungen des § 894 Abs. 1 S. 2 ZPO wird dies verhindert, weil im Rahmen des Verfahrens auf Erteilung der Vollstreckungsklausel die Erbringung der Gegenleistung geprüft und die Klausel gemäß § 726 Abs. 2 ZPO nur erteilt werden darf, wenn der Gläubiger durch öffentliche oder öffentlich-beglaubigte Urkunden nachgewiesen hat, daß der Schuldner befriedigt ist oder sich in Annahmeverzug befindet (vgl. hierzu Rn. 85 f.). Die damit gegebenenfalls verbundene Vorleistung des Gläubigers ist unproblematisch, weil die Erbringung der Leistung des Schuldners durch die Fiktion der Abgabe sichergestellt ist.

Die Klausel kann vor oder auch erst nach Rechtskraft der Entscheidung erteilt werden; die Fiktionswirkung tritt unabhängig davon immer erst ein, wenn der Titel rechtskräftig ist **und** die vollstreckbare Ausfertigung erteilt wurde (MünchKomm-ZPO/Schilken § 894 Rn. 18; StJ/Münzberg § 894 Rn. 28 f.). Erteilung bedeutet Her- **983** ausgabe der Ausfertigung aus dem internen Bereich des Gerichts (BFH NJW 1991, 1975; Baumbach/Hartmann § 894 Rn. 15).

984 Mußte der Gläubiger auf Erteilung der Vollstreckungsklausel gemäß § 731 ZPO klagen, tritt die Fiktionswirkung gemäß § 894 Abs. 1 S. 2 ZPO mit der Rechtskraft des Urteils gemäß § 731 ZPO ein (h.M.: Schuschke § 894 Rn. 8; StJ/Münzberg § 894 Rn. 30; MünchKommZPO/Schilken § 894 Rn. 18; Baumbach/Hartmann § 894 Rn. 15), weil erst dadurch (Feststellungsklage), aber auch schon damit (und nicht erst mit dem sich daran anschließenden reinen Schreibakt) feststeht, daß die Voraussetzungen für die Klauselerteilung vorliegen.

Die Regelungen des § 894 ZPO werden ergänzt durch die §§ 895–898 ZPO (vgl. Rn. 985 ff.).

VI. § 895 ZPO

985 Auch § 895 ZPO enthält – wie § 894 ZPO – eine Fiktion, allerdings mit nicht so weitreichenden Folgen, dafür unter leichteren Voraussetzungen.

986 Er setzt zunächst ein **vorläufig vollstreckbares Urteil** voraus, durch das der Schuldner zur Abgabe einer Willenserklärung verurteilt wird. Vorläufige Vollstreckbarkeit bedeutet nicht, daß die Voraussetzungen für die Zwangsvollstreckung sämtlich gegeben sein müßten, sondern nur, daß die nach dem Tenor notwendigen Vollstreckungsvoraussetzungen vorliegen müssen (§§ 708, 709, 534, 560 ZPO).

987 Ist das Urteil nur gegen **Sicherheitsleistung des Gläubigers vorläufig vollstreckbar**, muß diese Sicherheit daher erbracht sein (h.M.: Thomas/Putzo § 895 Rn. 2; Zimmermann § 895 Rn. 1; Baumbach/Hartmann § 895 Rn. 2; MünchKommZPO/Schilken § 895 Rn. 3; Schuschke § 895 Rn. 2; Zöller/Stöber § 895 Rn. 1; StJ/Münzberg § 895 Rn. 4; a.A.: Brox/Walker Rn. 1118). Wenn der Gläubiger die Sicherheit nicht erbringen will, bleibt ihm die Möglichkeit, die Bewilligung einer Vormerkung oder eines Widerspruchs über eine einstweilige Verfügung zu erreichen. Soweit gestattet (§§ 711, 712 ZPO), kann der Schuldner den Eintritt der Wirkung des § 895 ZPO durch Leistung einer Sicherheit verhindern.

Andererseits braucht eine **Vollstreckungsklausel** nicht erteilt zu sein (BGH Rpfleger 1969, 425).

988 Das Urteil muß den Schuldner zur **Abgabe einer Willenserklärung** (siehe dazu Rn. 955 f.) verurteilen, **aufgrund derer** eine Eintragung in das Grundbuch bzw. sonstige Register erfolgen soll, bei denen ähnliche Sicherungsmittel wie Vormerkung/Widerspruch eingetragen werden können (Schuschke § 895 Rn. 3; StJ/Münzberg § 895 Rn. 2). Auf die Art der Eintragung kommt es dabei nicht an (also beispielsweise Auflassung, Hypothek, Eintragungs- oder Löschungsbewilligung), auch soweit diese zugunsten eines Dritten wirken (KG Rpfleger 1979, 198).

989 Mit der Verkündung des Urteils, im Falle des § 310 Abs. 3 ZPO mit dessen – letzter – Zustellung (BGH Rpfleger 1969, 425; Thomas/Putzo § 895 Rn. 3), bei notwendiger Sicherheitsleistung nach deren Erbringung, tritt die **Fiktionswirkung** ein, daß zugunsten des Gläubigers die Eintragung einer Vormerkung bzw. eines Widerspruchs als bewilligt (§ 19 GBO) gilt. Sie ist daher enger als bei § 894 ZPO, weil sie zu einer bloßen Sicherung des Gläubigers führt. Zur Fiktionswirkung im übrigen vgl. Rn. 974 f.

Da eine dem § 894 Abs. 1 S. 2 ZPO entsprechende Regelung in § 895 ZPO fehlt, tritt **990** die Fiktionswirkung auch ein, wenn das Urteil nur **Zug um Zug** gegen eine Leistung des Gläubigers vollstreckbar ist. Denn auch in diesem Fall besteht ein Sicherungsbedürfnis des Gläubigers; andererseits erfolgt keine Vorleistung des Schuldners, weil der Gläubiger nur eine Sicherheit erhält (Brox/Walker Rn. 1118; StJ/Münzberg § 895 Rn. 7).

Ob durch die Fiktion eine Vormerkung oder ein Widerspruch als bewilligt gilt, rich- **991** tet sich nach dem Inhalt des Urteils: lautet dies auf dingliche Rechtsänderung, so gilt eine **Vormerkung** zur Sicherung des entsprechenden schuldrechtlichen Anspruchs als bewilligt (§ 883 Abs. 1 BGB); wird der Beklagte zur Grundbuchberichtigung verurteilt (§ 894 BGB), ist es ein **Widerspruch** (§ 899 BGB). Lautet das vorläufig vollstreckbare Urteil auf Löschung einer Auflassungsvormerkung, kann der Gläubiger daher nur die Eintragung eines Widerspruchs erreichen (OLG Koblenz NJW-RR 1992, 846 = Rpfleger 1992, 102).

Die **Eintragung im Grundbuch** selbst erfolgt nur auf Antrag des Gläubigers durch **992** das Grundbuchamt nach den Regeln der GBO, die auch hinsichtlich der Rechtsbehelfe Anwendung findet (h.M.: KG ZMR 1979, 218; MünchKommZPO/Schilken § 895 Rn. 6).

Dem Grundbuchamt ist dazu eine Ausfertigung des Urteils sowie ein Nachweis der Erbringung der gegebenenfalls notwendigen Sicherheitsleistung vorzulegen, weil erst durch letztere die Fiktionswirkung eintrat. Da nur der Eintritt der Fiktionswirkung Zwangsvollstreckung ist, nicht aber die anschließende Eintragung von Vormerkung oder Widerspruch, müssen die übrigen Zwangsvollstreckungsvoraussetzungen wie Vollstreckungsklausel oder Zustellung des Urteils nicht vorliegen (h.M.: BGH Rpfleger 1969, 425; Zöller/Stöber § 895 Rn. 1). Im Konkurs des Schuldners findet daher hinsichtlich der Eintragung nicht § 14 KO Anwendung, sondern die Vorschriften der §§ 7, 15 KO.

Wird das Urteil rechtskräftig, tritt die weitergehende Fiktionswirkung des § 894 ZPO **993** ein, so daß auf Antrag des Gläubigers nunmehr die entsprechende Eintragung im Grundbuch vorzunehmen ist, gegebenenfalls wenn und soweit die Erfüllung weiterer erforderlicher Voraussetzungen dem Grundbuchamt nachgewiesen ist (wie z.B. Annahmeerklärung des Gläubigers hinsichtlich der Auflassung; Erbringung einer Gegenleistung des Gläubigers, § 894 Abs. 1 S. 2 ZPO).

Bei einer **Aufhebung des Urteils oder seiner vorläufigen Vollstreckbarkeit** erlöschen **994** Vormerkung und Widerspruch, nicht hingegen bei bloßer Einstellung der Zwangsvollstreckung (StJ/Münzberg § 895 Rn. 6; Zöller/Stöber § 895 Rn. 2). Aufgrund eines entsprechenden Nachweises werden diese auf Antrag des Schuldners gelöscht, § 25 S. 2 GBO. Wird die aufhebende Entscheidung ihrerseits wieder aufgehoben, verbleibt es bei der Löschung, es kann lediglich eine Neueintragung vorgenommen werden (h. M.).

VII. § 896 ZPO

995   Soll aufgrund einer Entscheidung gemäß §§ 894, 895 ZPO, die eine Willenserklärung des Schuldners ersetzt, eine Eintragung in das Grundbuch oder sonstige öffentliche Bücher oder Register (z.B. Handelsregister, Bundesschuldbuch, Genossenschaftsregister, Schiffsregister, Patentrolle) erfolgen, gibt § 896 ZPO dem Gläubiger das Recht, an Stelle des Schuldners die Erteilung eines Erbscheins oder sonstiger in § 792 ZPO bezeichneten **Urkunden** zu verlangen, soweit er diese zur Herbeiführung der Eintragung benötigt (vgl. §§ 14, 35, 39, 40 GBO betreffend Voreintragung des Betroffenen = Schuldners). Zur Erlangung derartiger Urkunden ist daher die Anwendung von Zwang gegen den Schuldner unzulässig.

VIII. § 897 ZPO

996   Ist der Schuldner zur Übertragung des Eigentums oder zur Bestellung des Rechts an einer beweglichen Sache (Pfandrecht, Nießbrauch) verurteilt worden, ist neben der Einigungserklärung des Schuldners, die durch § 894 ZPO ersetzt werden kann, die Übergabe der Sache erforderlich (§§ 929, 1032, 1205 BGB). Diese erfolgt, soweit der Schuldner nicht freiwillig leistet, aufgrund eines auch nur vorläufig vollstreckbaren Titels durch den Gerichtsvollzieher gemäß §§ 883, 884, 886 ZPO. Die Übergabe gilt als in dem Moment erfolgt, in dem der Gerichtsvollzieher sie dem Schuldner zum Zwecke der Ablieferung an den Gläubiger wegnimmt, nicht erst mit der Übergabe der Sache durch den Gläubiger an den Gerichtsvollzieher. § 897 ZPO ist eine **Gefahrtragungsregelung**, d.h. der Schuldner wird im Moment der Wegnahme durch den Gerichtsvollzieher frei, gleich ob der Gläubiger die Sache auch wirklich erhält. Dies gilt nach h.M. auch bei **freiwilliger Übergabe** durch den Schuldner (RGZ 90, 193, 197; MünchKommZPO/Schilken § 897 Rn. 4; Baumbach/Hartmann § 897 Rn. 1; StJ/Münzberg § 897 Rn. 3; Schuschke § 897 Rn. 1; vgl. auch Rn. 522 zu § 815 ZPO).

997   Nach h.M. (StJ/Münzberg § 897 Rn. 8; Schuschke § 897 Rn. 5; Brox/Walker Rn. 1123; vgl. auch Zöller/Stöber § 883 Rn. 10 und Baumbach/Hartmann § 883 Rn. 7) ist die **Zwangsvollstreckung beendet**, wenn der Eintritt der Fiktionswirkung, die entsprechende Einigungserklärung des Gläubigers und die Wegnahme durch den Gerichtsvollzieher erfolgt sind. Klagen gemäß §§ 767, 771 ZPO sind daher nach diesem Zeitpunkt nicht mehr möglich.

998   Entsprechendes gilt bei der Verurteilung zur Bestellung, Abtretung oder Belastung von Grundpfandrechten **(§ 897 Abs. 2 ZPO)** für die Übergabe von Hypotheken-, Grund- und Rentenschuldbriefen, soweit es derer zum Rechtserwerb bedarf (§§ 1117 Abs. 1, 1154, 1192, 1199 BGB; also nicht im Fall des § 1117 Abs. 2 BGB bei noch zu bildendem Grundpfandrechtsbrief).

IX. § 898 ZPO

999   Die Fiktion des § 894 ZPO ersetzt zwar die Abgabe einer vom Schuldner abzugebenden Willenserklärung einschließlich deren Wirksamkeitsvoraussetzungen, soweit

diese dem Schutz des Schuldners dienen. Dazu gehört aber nicht die **Berechtigung** des Schuldners, so daß der Gläubiger im Falle der Nichtberechtigung des Schuldners ein Recht nicht wirksam erwerben würde, z.B. mangels insoweit wirksamer Einigung kein Eigentum. Die Vorschriften des BGB über den **Erwerb vom Nichtberechtigten** würden nicht eingreifen, weil die über § 894 ZPO fingierte Abgabe der Willenserklärung Zwangsvollstreckung ist, die Gutglaubensvorschriften aber nur auf rechtsgeschäftlichen Erwerb Anwendung finden (BGH FamRZ 1954, 110, 111). Um auch in diesen Fällen einen Erwerb vom Nichtberechtigten zu ermöglichen, bestimmt § 898 ZPO, daß auf einen Erwerb, der sich nach § 894 ZPO bzw. §§ 894, 897 ZPO vollzieht, die Vorschriften des bürgerlichen Rechts zugunsten derjenigen, die Rechte von einem Nichtberechtigten herleiten (§§ 932–936, 892, 893, 1242 BGB, 366, 367 HGB) entsprechend anzuwenden sind.

Der Erwerb wird demnach wie ein rechtsgeschäftlicher behandelt, so daß auch die **1000** Frage der **Gutgläubigkeit** sich nach diesen Vorschriften richtet. Da der Gerichtsvollzieher im Rahmen des § 897 ZPO als Amtsperson handelt, findet § 166 BGB auf ihn keine Anwendung. Es kommt daher nicht auf seine Kenntnis, sondern **die des Gläubigers** an (h.M.: Baumbach/Hartmann § 898 Rn. 1). Dies gilt auch, wenn der Schuldner der titulierten Verpflichtung **freiwillig** nachkommt (Baumbach/Hartmann § 898 Rn. 1; MünchKommZPO/Schilken § 898 Rn. 5; Thomas/Putzo § 898 Rn. 3; Rosenberg/Gaul/Schilken § 72 II 4; differenzierend: StJ/Münzberg § 898 Rn. 4).

Der gute Glaube muß grundsätzlich noch im **Zeitpunkt** der Vollendung des Rechts- **1001** erwerb vorliegen (Palandt/Bassenge § 892 BGB Rn. 23): bei §§ 929 S. 1, 932 BGB also im Zeitpunkt des Wirksamwerdens der fiktiven Willenserklärung (Zugang des rechtskräftigen Urteils, vgl. Rn. 978 f.), der entsprechenden Willenserklärung des Gläubigers bzw. der Wegnahme durch den Gerichtsvollzieher, je nachdem welcher Zeitpunkt später liegt. Bei Rechten an Grundstücken gilt § 892 Abs. 2 BGB, der aber nach h.M. (vgl. Palandt/Bassenge § 892 BGB Rn. 24) so zu lesen ist, daß **nur noch die Eintragung** fehlen darf. Ist z.B. der Schuldner als Nichtberechtigter zur Bestellung einer Hypothek verurteilt und für den Gläubiger entsprechend eine Hypothek im Grundbuch eingetragen worden, war das zu sichernde Darlehen aber noch nicht ausgezahlt, ist nicht der Zeitpunkt der Antragstellung, sondern der spätere der Auszahlung des Darlehens an den Schuldner maßgebend.

Hat der Gläubiger den **Auflassungsantrag schon vor Rechtskraft** der Entscheidung **1002** gemäß 894 ZPO gestellt, ist maßgebend nicht die Antragstellung, sondern der spätere Zeitpunkt, in dem der Gläubiger nach Rechtskraft des Urteils die als abgegeben fingierte Willenserklärung formgerecht angenommen und den rechtskräftigen Titel dem Grundbuchamt vorgelegt hat (BayObLG Rpfleger 1983, 390; vgl. Rn. 976). Im Schrifttum wird insoweit zum Teil ungenau schon auf die Rechtskraft des Urteils abgestellt.

Auf die gem. § 895 ZPO erworbene **Vormerkung** findet § 898 ZPO keine Anwendung **1003** (RGZ 68, 150, 154; Thomas/Putzo § 898 Rn. 1; Baumbach/Hartmann § 898 Rn. 2; Zimmermann § 898 Rn. 2; wohl auch BGH NJW 1992, 2570, 2574; a.A.: Schuschke § 898 Rn. 2; MünchKommZPO/Schilken § 898 Rn. 2; Brox/Walker Rn. 1122; StJ/Münzberg § 898 Rn. 1; Rosenberg/Gaul/Schilken § 72 II 4, weil eine Gesetzeslücke vorliege).

X. Rechtsbehelfe

1004   Da mit der Fiktionswirkung gemäß **§ 894 Abs. 1 S. 1 ZPO** die Zwangsvollstreckung insoweit auch schon beendet ist, kommen Klagen gemäß §§ 767, 771 ZPO nicht in Betracht. Zum Fall des § 894 Abs. 1 S. 1 mit § 897 vgl. Rn. 1006.

Im Rahmen des **§ 894 Abs. 1 S. 2 ZPO** finden bis zum Eintritt der Fiktionswirkung (Rechtskraft des Urteils und Erteilung der Vollstreckungsklausel) nach wohl h.M. die §§ 767, 771 ZPO Anwendung (StJ/Münzberg § 894 Rn. 19 und 20).

1005   Gegen Eintragungen, die auf der Grundlage des **§ 895 ZPO** erfolgen, ist die Grundbuchbeschwerde gemäß § 71 GBO zulässig. Da die Fiktionswirkung mit der Verkündung eintritt und damit die Zwangsvollstreckung insoweit beendet ist, kommt § 767 ZPO nur gegen Titel gemäß § 894 ZPO in Betracht, solange diese noch nicht rechtskräftig bzw. die Zwangsvollstreckung noch nicht beendet ist (vgl. Rn. 1004).

1006   Bei einer Verurteilung im Falle des **§ 897 ZPO**, bei dem zum Rechtserwerb des Gläubigers mehrere vom Schuldner vorzunehmende Handlungen notwendig sind, ist die Zwangsvollstreckung erst mit dem letzten Teilakt beendet; bis zu diesem Zeitpunkt sind daher Klagen gem. §§ 767, 771 ZPO zulässig (Schuschke § 897 Rn. 5; StJ/Münzberg § 897 Rn. 8). Allerdings zählt zu den Teilakten im vorstehenden Sinn – entgegen Brox/Walker Rn. 1123 – nicht die Grundbucheintragung. Denn diese ist keine Maßnahme der Zwangsvollstreckung (so auch Brox/Walker Rn. 1120), § 897 ZPO ist zudem nur auf bewegliche Sachen anwendbar. Die Verurteilung erfolgt auch nur zur Auflassung, nicht zur Eintragung (unklar: MünchKommZPO/Schilken § 894 Rn. 16 sowie Rosenberg/Gaul/Schilken § 72 II 3: bei Notwendigkeit weiterer Maßnahmen zur Vollendung des Rechtserwerbs ende die Zwangsvollstreckung erst zum entsprechenden Zeitpunkt und solange seien §§ 767, 771 ZPO zulässig).

1007   Hinsichtlich der Handlungen des **Gerichtsvollziehers** kann Vollstreckungserinnerung gemäß § 766 ZPO eingelegt werden.

Im übrigen können je nach Fallgestaltung Wiedereinsetzung in den vorigen Stand (§§ 233 ff. ZPO) oder eine Wiederaufnahme des Verfahrens (§§ 579, 580 ZPO) in Betracht kommen.

Teil G
Rechtsbehelfe

Kapitel A
Vollstreckungserinnerung, § 766 ZPO

I. Ziel und Wesen

Mit der Vollstreckungserinnerung können einzelne Verfahrensmängel der Zwangs-   **1008**
vollstreckung, also deren Art und Weise bzw. das Verfahren betreffende Vorschriften
(formale Fehler) gerügt werden, die dem Gerichtsvollzieher oder dem Vollstreckungsgericht (Richter/Rechtspfleger) als Vollstreckungsorgan unterlaufen oder
die im Rahmen einer Vorpfändung eingetreten sind. Der Erinnerungsführer bezweckt
damit, die Zwangsvollstreckung wegen des Verfahrensmangels für unzulässig zu
erklären, eine Vollstreckungsmaßnahme aufzuheben bzw. den Gerichtsvollzieher
anweisen zu lassen, den Vollstreckungsauftrag zu übernehmen, die Vollstreckungshandlung dem Auftrag gemäß ausführen oder den Kostenansatz nur in bestimmter
Höhe vorzunehmen.

Das unterscheidet sie von der **Vollstreckungsabwehrklage gem. § 767 ZPO**, mit der   **1009**
der Schuldner materiell-rechtliche Einwendungen gegen den titulierten Anspruch geltend machen kann. Abzugrenzen ist sie weiter auch von der **Drittwiderspruchsklage
gem. § 771 ZPO**, mit der Einwendungen materiell-rechtlicher Art gegen Zwangsvollstreckungsmaßnahmen in bestimmte Vermögensgegenstände erhoben werden können. Derartige materiell-rechtliche Einwendungen sind außerhalb des Zwangsvoll-
streckungsverfahrens mit dem gesondert geregelten Verfahren der §§ 767, 771 ZPO
geltend zu machen (vgl. dazu Rn. 1108 f., 1180 f.).

Mit der Erinnerung gegen die Erteilung einer Vollstreckungsklausel (**Klauselerinne-**   **1010**
rung) **gem. § 732 ZPO** wird hingegen bezweckt, die Zwangsvollstreckung aus der erteilten Klausel für unzulässig zu erklären (BGH NJW 1992, 2160, 2161; Zöller/Stöber
§ 732 Rn. 15). Diese kann damit begründet werden, daß die Klausel überhaupt nicht
(kein wirksamer Titel, die Voraussetzungen des § 726 lagen nicht vor) oder nicht dem
die Vollstreckung betreibenden Gläubiger (die Voraussetzungen des § 727 ZPO lagen
nicht vor) erteilt werden durfte.

Hingegen kann mit der Vollstreckungserinnerung nur geltend gemacht werden, daß
die Klausel als eine der notwendigen Voraussetzungen der Zwangsvollstreckung nicht
vorliegt, und zwar entweder überhaupt nicht oder nicht für den die Vollstreckung betreibenden Gläubiger (BGH JZ 1993, 94, 95 mit Anm. Münzberg = NJW 1992, 2159;
StJ/Münzberg § 766 Rn. 14; Zöller/Stöber § 766 Rn. 15; Baumbach/Hartmann § 766
Rn. 16).

1011 Wegen der unterschiedlichen Zielrichtungen und Voraussetzungen der verschiedenen Rechtsbehelfe sollte der gewollte Rechtsbehelf zutreffend bezeichnet werden. Zwar gebietet das Rechtsstaatsprinzip, Verfahrensrecht so auszulegen und anzuwenden, daß den Beteiligten der Zugang zu den in der Verfahrensordnung eingeräumten Rechtsbehelfs- und Rechtsmittelinstanzen nicht in unzumutbarer, aus Sachgründen nicht mehr zu rechtfertigender Weise erschwert wird (BVerfG NJW 1993, 1381). Eingaben sind daher in dem Sinne auszulegen, daß der verfahrensmäßig zulässige und optimale Rechtsbehelf eingelegt wird. Wie eine Reihe von obergerichtlichen Entscheiden zeigt, wird diesen Grundsätzen aber nicht stets in ausreichendem Maße Rechnung getragen. In jedem Fall drohen bei einer unklaren Bezeichnung Rückfragen und damit verbunden Verzögerungen, die schon um des effektiven Rechtsschutzes willen vermieden werden sollten.

II. Statthaftigkeit

1012 Die Vollstreckungserinnerung gegen ein Verhalten des **Gerichtsvollziehers** kommt in Betracht im Hinblick auf durchgeführte Zwangsvollstreckungsmaßnahmen, seine Weigerung, einem Auftrag des Gläubigers entsprechend die Vollstreckung überhaupt oder eine bestimmte Vollstreckungshandlung vorzunehmen, sowie wegen der von ihm in Ansatz gebrachten Kosten. Gegen Beschlüsse des **Prozeßgerichts** als Vollstreckungsorgan ist stets nur die sofortige Beschwerde gegeben (h.M.: vgl. MünchKomm-ZPO/Schmidt § 766 Rn. 13). Entscheidungen des **Grundbuchamts** können stets nur mit der einfachen Beschwerde gem. § 71 GBO bzw. der unbefristeten Erinnerung gem. § 11 RPflG angegriffen werden.

1013 Soweit das Vollstreckungsgericht tätig geworden ist, muß unterschieden werden, ob es sich dabei um eine Vollstreckungs**entscheidung** oder eine Vollstreckungs**maßnahme** (Vollstreckungsakt) handelt. Denn gegen Entscheidungen des Richters, die im Zwangsvollstreckungsverfahren ergehen, ist gem. § 793 ZPO die sofortige Beschwerde und gegen Entscheidungen des Rechtspflegers die Erinnerung gem. § 11 RPflG gegeben. Der Anwendungsbereich des § 766 ZPO betrifft also nur die Fälle, in denen weder § 793 ZPO noch § 11 RPflG Anwendung finden, in denen also keine Entscheidung vorliegt, sondern eine Vollstreckungsmaßnahme (Vollstreckungsakt).

1014 Maßgeblich für die **Unterscheidung zwischen einer Vollstreckungsentscheidung und einer Vollstreckungsmaßnahme** ist nach h.M. (vgl. KG NJW-RR 1986, 1000 = OLGZ 1986, 356; Brox/Walker Rn. 1179, 1182 m.w.N.; a.A.: OLG Hamm Rpfleger 1957, 24, 25; Baur/Stürner Rn. 717; StJ/Münzberg § 766 Rn. 8) nicht der objektive Inhalt des Beschlusses, sondern das **Verfahren**, wie es zu diesem Beschluß gekommen ist:

1015 Wurde dem **Erinnerungsführer vor Erlaß des Beschlusses rechtliches Gehör** gewährt, hat er sich also dazu geäußert bzw. hatte er die Möglichkeit dazu und ist erst nach Ablauf der gesetzten Frist entschieden worden, so liegt eine Vollstreckungs**entscheidung** vor (wohl überwiegende Meinung: KG OLGZ 1986, 356 = NJW-RR 1986, 1000; Brox/Walker Rn. 1179, 1182; MünchKommZPO/Schmidt § 766 Rn. 17; StJ/Münzberg § 766 Rn. 7; Zimmermann § 766 Rn. 3; Stöber Rn. 730a mit ausführlicher und zutreffender Begründung; a.A.: LG Braunschweig MDR 1955, 748).

Nach **a.A.** liegt eine Entscheidung stets dann vor, wenn überhaupt irgend jemand (z.B. der Schuldner) angehört worden ist, so daß der nichtangehörte Drittschuldner als Erinnerungsführer nur die befristete Erinnerung gem. § 11 RPflG erheben kann (OLG Bamberg NJW 1978, 1389; LG Frankfurt/Main Rpfleger 1989, 400; LG Bochum Rpfleger 1984, 278). Diese Auffassung ist inkonsequent, denn es läge dann stets eine Entscheidung vor, weil nach h.M. der Gläubiger durch seinen Antrag stets „angehört" worden ist (siehe dazu Rn. 1022). Beim Erlaß eines Pfändungsbeschlusses nach Anhörung des Schuldners konnten zudem die Argumente des Drittschuldners bisher nicht berücksichtigt werden. Gerade die Berücksichtigung der Argumente der „anderen Seite" soll aber doch ansonsten maßgebliches Kriterium dafür sein, ob eine Entscheidung vorliegt. **1016**

Wurde dem Erinnerungsführer rechtliches Gehör gewährt, kommt es nicht darauf an, ob dies gesetzlich angeordnet (z.B. § 850b Abs. 3 ZPO), möglich oder unzulässig (§ 834 ZPO) war (vgl. OLG Hamm MDR 1975, 938; KG OLGZ 1978, 491; Zöller/Stöber § 766 Rn. 2;). Ein und derselbe Beschluß kann daher gleichzeitig Entscheidung und Vollstreckungsmaßnahme sein, mit sich daraus ergebenden unterschiedlichen Rechtsbehelfen. **1017**

Beispiel:

Nachträglicher Antrag des Gläubigers gem. § 850c Abs. 4 ZPO: dazu muß der Schuldner angehört werden. Er kann – ebenso wie der Gläubiger, wenn sein Antrag zurückgewiesen wurde – gegen den Beschluß des Rechtspflegers befristete Erinnerung einlegen, ein beschwerter Dritter (z.B. ein Unterhaltsberechtigter) hiergegen Vollstreckungserinnerung gem. § 766 ZPO, weil letzterer nicht angehört wurde.

Soweit zur Begründung für das Vorliegen einer Entscheidung angeführt wird, das Gericht habe bei seiner Beschlußfassung Argumente des Schuldners berücksichtigt (Brox/Walker Rn. 1182), trifft dieses Argument nicht auf die Fälle zu, in denen von der Möglichkeit zur Äußerung seitens des Schuldners/Dritten kein Gebrauch gemacht wurde (vgl. LG Braunschweig MDR 1955, 748). In diesem Fall würde das Vollstreckungsgericht sich im Rahmen der Erinnerung erstmals mit den Argumenten des Schuldners/Dritten auseinandersetzen. Hier ließe sich allenfalls damit argumentieren, daß der Schuldner/Dritte die Möglichkeit zur Äußerung hatte, und er sich nicht durch Nichtwahrnehmung seiner Rechte eine „Instanz erschleichen" dürfe, ihm diese vielmehr verlorengehen müsse. **1018**

Abzulehnen ist die Auffassung, wonach nicht nur bei erfolgter Anhörung eine Entscheidung vorliege, sondern auch dann, wenn der Schuldner hätte angehört werden müssen (so StJ/Münzberg § 766 Rn. 8; Rosenberg/Gaul/Schilken § 37 IV 2). Dabei wird nicht genügend berücksichtigt, daß gem. Art. 103 Abs. 1 GG grundsätzlich immer vor Erlaß einer beschwerenden Entscheidung dem davon Betroffenen rechtliches Gehör zu gewähren ist und hiervon u.a. nur dann Ausnahmen zugelassen werden, wenn die reale Gefahr besteht, daß durch eine Anhörung der mit der Entscheidung bezweckte Erfolg vereitelt werden könnte (vgl. § 834 ZPO). **1019**

Unpraktikabel ist ferner ein anderes Kriterium, daß nämlich der Erinnerungsführer von der Anhörung eines Dritten erfahren habe oder diese für ihn erkennbar gewesen sei (LG Bonn DB 1979, 94). Zum einen wird dadurch der Anspruch des Erinnerungsführers auf rechtliches Gehör nicht erfüllt, zum anderen stellt sich die Frage, auf wel- **1020** che Weise der Erinnerungsführer diese Kenntnis erlangt haben muß/müßte: soll er nur überhaupt davon erfahren haben bzw. erfahren haben können, oder bedarf es einer „amtlichen" Kenntnisgabe? Mit Ausnahme einer entsprechenden Information an den Schuldner bzw. Drittschuldner wird dies kaum jemals der Fall sein (Warum sollte das Vollstreckungsgericht die Ehefrau des Schuldners vor der Pfändung einer zukünftigen Rente informieren?). Es stellt sich ferner die Frage, wer die Nichtkenntnis von der Anhörung anderer Personen als der des Erinnerungsführers nachweisen soll. Der Erinnerungsführer, weil dies ein für ihn günstiger Umstand im Rahmen der Zulässigkeit des Rechtsbehelfs ist (§ 766 ZPO: unbefristet – § 11 Abs. 1 S. 2 RPflG/§ 793 ZPO: befristet)? Diese Art der Abgrenzung einer Vollstreckungsentscheidung von einer Vollstreckungsmaßnahme schafft mehr Probleme als sie löst.

1021 Zuzustimmen ist der Auffassung, daß in Fällen, in denen eine gesetzlich gebotene Anhörung des Erinnerungsführers unterblieben ist, diesem ein **Wahlrecht** zwischen der Vollstreckungserinnerung gem. § 766 ZPO und der sofortigen Beschwerde gem. § 793 ZPO bzw. § 11 RPflG zusteht, in dem er sich entweder auf die formale Entscheidung (Nichtanhörung – § 766 ZPO) beruft oder auf diejenige, die bei richtiger Anwendung der Verfahrensvorschriften hätte erlassen werden müssen (Anhörung: befristete Erinnerung bzw. sofortige Beschwerde; vgl. MünchKommZPO/Schmidt § 766 Rn. 17). Dieser Grundsatz der „Meistbegünstigung" findet auch sonst in der ZPO Anwendung (vgl. BGH NJW 1994, 665; Thomas/Putzo Rn. 8–10 vor § 511 ZPO; Zöller/Schneider Rn. 28 f. vor § 511 ZPO).

1022 Soweit ein **Vollstreckungsantrag des Gläubigers zurückgewiesen** wurde, ist stets die sofortige Beschwerde gem. § 793 ZPO bzw. die befristete Erinnerung gem. § 11 Abs. 1 S. 2 RPflG und nicht die Vollstreckungserinnerung gem. § 766 ZPO gegeben (h.M.: vgl. OLG Hamm Rpfleger 1957, 24, 25; KG MDR 1954, 690; OLG Koblenz NJW-RR 1986, 679; Brox/Walker Rn. 1178, 1182; MünchKommZPO/Arnold § 766 ZPO Rn. 15; StJ/Münzberg § 766 Rn. 10; Thomas/Putzo § 766 Rn. 2 und § 829 Rn. 52; Zimmermann § 766 Rn. 2; Zöller/Stöber § 766 Rn. 2; Arnold/Meyer-Stolte § 11 Rn. 81; a.A.: LG Koblenz MDR 1990, 1123; Baumbach/Hartmann § 766 Rn. 5).

Die Begründungen hierfür sind unterschiedlich: Die Argumente des Gläubigers seien bereits bei der ablehnenden Entscheidung berücksichtigt worden; es mache keinen Sinn, das Vollstreckungsgericht gegen die ablehnende Entscheidung anzurufen (Brox/Walker Rn. 1182). Zwingend oder überzeugend sind diese Argumente nicht: Es kann neue Tatsachen geben, die geprüft werden müssen; die Situation ist im übrigen nicht anders als bei der Beschwerde gem. § 567 ZPO in der Alternative „Zurückweisung des Gesuchs", dort jedoch hat das Untergericht die Möglichkeit der Abhilfe (§ 571 ZPO), soweit es sich nicht um eine sofortige Beschwerde handelt. Allerdings ist das Beschwerdeverfahren insofern anders als die Vollstreckungserinnerung, als bei Nichtabhilfe durch das Untergericht das Beschwerdegericht entscheidet, bei der Vollstreckungserinnerung aber stets das Vollstreckungsgericht, und erst gegen dessen Entscheidung als weiterer Rechtsbehelf die sofortige Beschwerde gegeben ist.

In sich konsequent ist hingegen die Begründung, der Gläubiger (Erinnerungsführer) sei durch seine Antragstellung angehört worden, so daß in bezug auf seine Person – als der einzig möglich beschwerten – auch eine Entscheidung vorliegt und ihm daher als Rechtsbehelf die befristete Erinnerung bzw. sofortige Beschwerde zur Verfügung steht.

Letztlich vermag keine der für die verschiedenen Auffassungen angeführten Begründungen voll zu überzeugen. Da Verfahrensvorschriften kein Selbstzweck sind, gewinnen die Argumente der Klarheit und Praktikabilität an Gewicht. Daher spricht für die h.M. deren klare Lösung, die im Sinne der Rechtssicherheit zu bevorzugen ist: Der Rechtsbehelf der sofortigen Beschwerde bzw. befristeten Erinnerung steht demjenigen zur Verfügung, dem rechtliches Gehör gewährt wurde; sonstige Personen können ihre Rechte mit der Vollstreckungserinnerung gem. § 766 ZPO geltend machen.

1023

Während bereits insoweit wegen der unterschiedlichen Grundauffassungen von Rechtssicherheit im Bereich des § 766 ZPO keine Rede sein kann, wird der Rechtssuchende bei Spezialproblemen weiter dadurch verwirrt, daß die jeweiligen Ausgangspunkte nicht konsequent durchgehalten werden.

Dies gilt zunächst für Durchsuchungsbeschlüsse gem. **§ 758 ZPO:** Bei Ablehnung des Antrags sowie bei Erlaß des Beschlusses nach Anhörung des Schuldners ist nach wohl h.M. zutreffend die sofortige Beschwerde bzw. befristete Erinnerung gegeben (vgl. OLG Stuttgart NJW-RR 1987, 759 unter Aufgabe von NJW 1970, 1329; Münch-KommZPO/Arnold § 758 Rn. 90 f. m.w.N.); ansonsten die Erinnerung gem. § 766 ZPO. Nach a.A. soll dagegen auch in den Fällen, in denen der Schuldner nicht angehört wurde, für ihn die sofortige Beschwerde bzw. befristete Erinnerung zur Anwendung kommen (vgl. OLG Hamm NJW 1984, 1972; OLG Koblenz MDR 1986, 64 = Rpfleger 1985, 496; OLG Saarbrücken Rpfleger 1993, 146; Brox/Walker Rn. 1184). Die hierfür gegebene Begründung, der Richter handele nicht als Vollstreckungsorgan, ist inkonsequent; dann wäre nämlich der zulässige Rechtsbehelf die Beschwerde gem. § 567 ZPO (so konsequent Zöller/Stöber § 758 Rn. 25). Wird der Beschluß aber wegen der Nähe zur Zwangsvollstreckung dieser zugerechnet, müßten auch die o.a. Kriterien der Abgrenzung der sofortigen Beschwerde zur Vollstreckungserinnerung gelten; im Rahmen des § 758 ZPO soll aber der Inhalt der Entscheidung maßgebend sein, nicht das Verfahren, wie sie zustande kam: Das Gericht müsse Belange des Schuldners (insbesondere das Verhältnismäßigkeitsprinzip bzw. Art. 13 GG) mit oder ohne dessen Anhörung bei der Rechtsfindung berücksichtigen, daher liege eine Entscheidung vor.

1024

Konsequent hingegen auch im Falle des § 758 ZPO im Sinne der o.a. Abgrenzung durch Gewährung rechtlichen Gehörs: KG NJW 1986, 1180 = NJW-RR 1986, 1000; Zimmermann § 758 Rn. 12; Baumbach/Hartmann § 758 Rn. 26; MünchKommZPO/Arnold § 758 Rn. 91; Thomas/Putzo § 758 Rn. 22.

Eine ähnlich verwirrende Situation bieten Rechtsprechung und Literatur für einen Beschluß betreffend die Vollstreckung zur Nachtzeit sowie an Sonn- und Feiertagen gem. **§ 761 ZPO:**

1025

Die einfache Beschwerde gem. § 567 ZPO sei der zutreffende Rechtsbehelf, weil das Gericht nicht als Vollstreckungsgericht tätig werde: Zöller/Stöber § 761 Rn. 9; LG Darmstadt DGVZ 1977, 7.

Richtiger Rechtsbehelf sei die Vollstreckungserinnerung gem. § 766 ZPO, jedenfalls soweit der Erinnerungsführer nicht angehört worden sei: OLG Stuttgart OLGZ 1970, 182 = NJW 1970, 1329 (generell); LG Düsseldorf MDR 1985, 62; LG Karlsruhe NJW-RR 1986, 550; Baumbach/Hartmann § 761 Rn. 7; Wieser Rpfleger 1988, 293, 296.

Stets die sofortige Beschwerde gem. § 793 ZPO bzw. die befristete Erinnerung gem. § 11 Abs. 1 S. 2 RPflG hingegen nach: OLG Hamm MDR 1984, 411 = NJW 1984, 1972;

OLG Koblenz MDR 1986, 64; OLG Köln Rpfleger 1976, 24; Thomas/Putzo § 761 Rn. 9; Brox/Walker Rn. 1184.

1026 Nicht anders ist die Situation im Rahmen des **§ 811a ZPO (Austauschpfändung)**: für eine befristete Erinnerung gem. § 11 Abs. 1 S. 2 RPflG: OLG Köln DGVZ 1986, 13; MünchKommZPO/Schilken § 811a Rn. 15; Thomas/Putzo § 811a Rn. 8 (ohne Differenzierung); Zimmermann § 811a Rn. 5 (ohne Differenzierung); Zöller/Stöber § 811a Rn. 15 (ohne Differenzierung). Hingegen für § 766 ZPO bei Nichtgewährung rechtlichen Gehörs: MünchKommZPO/Schilken § 811a Rn. 15.

1027 **§ 825 ZPO (andere Verwertungsart):**
Für § 11 Abs. 1 S. 2 RPflG: KG NJW 1966, 1885; KG Rpfleger 1956, 253; Zimmermann § 825 Rn. 8 (stets); Thomas/Putzo § 825 Rn. 13 (stets); Zöller/Stöber § 825 Rn. 12 (stets). Im Falle der Nichtanhörung für § 766 ZPO: LG Braunschweig MDR 1955, 748; Baumbach/Hartmann § 825 Rn. 16; Brox/Walker Rn. 446. Wahlweise § 793 ZPO/§ 11 Abs. 1 S. 2 RPflG bzw. § 766 ZPO: MünchKommZPO/Schmidt § 766 Rn. 20.

1028 **§ 844 Abs. 1 ZPO (andere Verwertungsart):**
Für § 793 ZPO/§ 11 Abs. 1 S. 2 RPflG bei Gewährung rechtlichen Gehörs: Baumbach/Hartmann § 844 Rn. 9; Brox/Walker Rn. 668; stets: OLG Frankfurt/Main BB 1976, 1147 (für Dritte); Thomas/Putzo § 844 Rn. 5; Zimmermann § 844 Rn. 2; Zöller/Stöber § 844 Rn. 5. Für § 766 ZPO ohne rechtliches Gehör: Baumbach/Hartmann § 844 Rn. 9; Brox/Walker Rn. 668. Wahlweise: MünchKommZPO/Schmidt § 766 Rn. 20.

1029 **§ 54 Abs. 6 SGB I in der bis zum 17. 6. 1994 geltenden Fassung (Pfändung von Sozialansprüchen):**
Für § 793 ZPO/§ 11 Abs. 1 S. 2 RPflG: OLG Frankfurt/Main Rpfleger 1993, 57; OLG Köln MDR 1991, 1091 = Rpfleger 1991, 360 = NJW-RR 1992, 894; Hornung Rpfleger 1989, 275; Kohte NJW 1992, 393 f., 399/400. Stets für § 766 ZPO: LG Frankenthal Rpfleger 1989, 273; Stöber Rn. 729a; Zöller/Stöber § 850i Rn. 45.

Vgl. im übrigen die Zusammenstellung bei MünchKommZPO/Schmidt § 766 ZPO Rn. 20.

III. Antrag/Form/Frist

1030 Die Vollstreckungserinnerung kann schriftlich oder zu Protokoll der Geschäftsstelle des Vollstreckungsgerichts eingelegt werden (§ 569 Abs. 2 ZPO analog). Sie unterliegt keinem Anwaltszwang (§§ 78 Abs. 3 ZPO, 13 RPflG).

1031 Ein **Antrag** im eigentlichen Sinn ist nicht erforderlich. Zwingend notwendig ist allerdings die Angabe, für wen der Rechtsbehelf eingelegt wird und gegen welche Vollstreckungsmaßnahme er sich richtet. Eine Begründung ist nach zutreffender Auffassung nicht notwendig, aber dringend anzuraten, damit bei der ansonsten von Amts wegen stattfindenden Gesamtüberprüfung (vgl. MünchKommZPO/Schmidt § 766 Rn. 39 m.w.N.) der vom Erinnerungsführer für maßgeblich angesehene Umstand nicht übersehen wird. Das Gericht muß die tatsächlichen wie rechtlichen Ausführungen des Erinnerungsführers zur Kenntnis nehmen; dies ist nicht identisch damit, daß das Gericht in seiner Begründung auf jeden Vortrag eingehen müßte (BVerfG NJW 1994, 1208, 1210). Der Antrag sollte so genau wie der korrekt abgefaßte Tenor formuliert werden (vgl. Muster Anhang 28).

Eine **Frist** zur Einlegung der Erinnerung besteht nicht; nach Beendigung der Zwangs-vollstreckung fehlt jedoch normalerweise das Rechtsschutzinteresse für eine Erinne-rung (vgl. dazu Rn. 1043 f.).   **1032**

IV. Zuständigkeit

Sachlich ausschließlich zuständig ist grundsätzlich das Amtsgericht als Voll-streckungsgericht, § 766 Abs. 1, § 764 Abs. 1, § 802 ZPO.   **1033**

Örtlich ausschließlich zuständig ist grundsätzlich das Amtsgericht, in dessen Bezirk das Vollstreckungsverfahren stattfinden soll bzw. stattgefunden hat (§ 764 Abs. 2 bzw. § 569 Abs. 1 analog, § 802 ZPO), sofern nicht das Gesetz ein anderes Amtsgericht be-zeichnet (wie in den Fällen der §§ 828 Abs. 2, 848 Abs. 1, 853–855, 858 Abs. 2, 872, 899, 902 ZPO).

Abweichend hiervon ist bei Forderungspfändungen als Vollziehung eines Arrestes das gem. §§ 930 Abs. 1 S. 3, 931 Abs. 3 ZPO für die Pfändung zuständige **Arrestgericht** auch für die Erinnerung gem. § 766 ausschließlich zuständig (BGH NJW 1976, 1453; OLG Stuttgart Rpfleger 1975, 407; Thomas/Putzo § 930 Rn. 2; Zöller/Vollkommer § 930 Rn. 3).   **1034**

Funktionell zuständig für die Entscheidung über die Erinnerung ist der Richter (§ 20 Nr. 17a RPflG). Jedoch steht dem Rechtspfleger, soweit er die Vollstreckungsmaßnah-me erlassen hat, eine Abhilfebefugnis zu gem. § 11 Abs. 2 S. 1 RPflG analog bzw. § 571 ZPO analog (h.M.: vgl. MünchKommZPO/Schmidt § 766 Rn. 42 m.w.N.). Hilft der Rechtspfleger nicht ab, entscheidet der Richter des Vollstreckungsgerichts. Eine Vor-lage an das Rechtsmittelgericht gem. § 11 Abs. 2 S. 3 und 4 RPflG findet nicht statt (h.M.: vgl. OLG Düsseldorf NJW-RR 1993, 831; OLG Saarbrücken Rpfleger 1993, 146; Stöber Rn. 728). Gegen den Beschluß des Richters kann sofortige Beschwerde gem. § 793 ZPO eingelegt werden.   **1035**

Dem Erinnerungsgegner ist vor einer für ihn nachteiligen Abhilfeentscheidung recht-liches Gehör zu gewähren. Eine Ausnahme hiervon ist bei der Erinnerung gegen ei-nen zurückweisenden Gläubigerantrag auf Erlaß eines Pfändungs- und Überwei-sungsbeschlusses im Hinblick auf die Vorschrift des § 834 ZPO gegeben. Hier wird der Schuldner ebenso wie beim sofortigen Erlaß des Pfändungsbeschlusses nicht an-gehört. Hat der Rechtspfleger der Erinnerung abgeholfen, ist dagegen die Voll-streckungserinnerung gem. § 766 ZPO oder die Erinnerung gem. § 11 Abs. 1 S. 2 RPflG statthaft (Rn. 1015).   **1036**

Der Gerichtsvollzieher kann im Rahmen des § 766 Abs. 2 ZPO in beschränktem Maße abhelfen, also z.B. auf einen entsprechenden Antrag hin die Vollstreckung (weiter) an-tragsgemäß durchführen bzw. den Kostenansatz korrigieren. Nicht jedoch kann er von   **1037** ihm bereits durchgeführte Zwangsvollstreckungsmaßnahmen im Wege der Abhilfe aufheben (vgl. auch §§ 775, 776 ZPO).

V. Erinnerungsbefugnis / Beschwer

1038   Eine Berechtigung zur Einlegung einer Erinnerung hat nur, wer durch die konkrete Vollstreckungsmaßnahme in seinen eigenen Rechten beeinträchtigt ist. Dies können grundsätzlich sein: der Gläubiger, der Schuldner, der Drittschuldner oder sonstige Dritte.

1. Gläubiger

1039   Der Gläubiger wird in seinen Rechten beeinträchtigt, wenn das Vollstreckungsorgan seinen Vollstreckungsantrag ganz oder teilweise zurückweist; eine Vollstreckungshandlung nicht antragsgemäß durchgeführt wird; eine Sache gepfändet wird, die der Gläubiger nicht gepfändet haben wollte; eine begonnene Zwangsvollstreckung ohne Vorliegen eines Vollstreckungshindernisses eingestellt wird; der Gerichtsvollzieher Geld und Kostbarkeiten entgegen § 808 Abs. 1 ZPO nicht in Besitz nimmt; er Sachen zu Unrecht als unpfändbar behandelt; bei falschem Ansatz der Kosten durch den Gerichtsvollzieher. Ob vollstreckungsbeschränkende Vereinbarungen (auch) mit § 766 geltend gemacht werden können, ist streitig (vgl. Rn. 320 und MünchKommZPO/ Schmidt § 766 Rn. 33–35 m.w.N.).

Der Gläubiger kann Erinnerung nicht mit der Begründung einlegen, der Gerichtsvollzieher habe unpfändbare Sachen gepfändet. Denn durch eine solche Pfändung werden nicht Rechte des Gläubigers verletzt. Will er einem möglichen Schadensersatzanspruch entgehen oder einer Erinnerung des Schuldners zuvorkommen, kann er die gepfändete Sache freigeben.

2. Schuldner

1040   Eine Beeinträchtigung des Schuldners liegt vor, wenn sich die Vollstreckungsmaßnahme gegen ihn richtet. Seine Beeinträchtigung kann darin liegen, daß kein vollstreckungsfähiger Titel vorhanden ist, z.B. weil die Zug-um-Zug-Leistung nicht ausreichend bestimmt ist (BGH Rpfleger 1993, 206); die Vollstreckungsklausel fehlt überhaupt oder sie ist nicht für den Vollstreckungsgläubiger erteilt (BGH NJW 1992, 2160); die Zustellung des Titels ist nicht ordnungsgemäß erfolgt; es fehlt eine besondere Vollstreckungsvoraussetzung (§ 750 Abs. 2 ZPO: fehlende Zustellung der notwendigen Urkunden; die Frist des § 750 Abs. 3 ZPO ist nicht eingehalten; ein bestimmter Kalendertag ist noch nicht abgelaufen, § 751 Abs. 1 ZPO; eine notwendige Sicherheitsleistung ist nicht erbracht bzw. nicht ordnungsgemäß nachgewiesen, § 751 Abs. 2 ZPO; Verstoß gegen §§ 756, 765 ZPO bei Zug-um-Zug-Leistungen; Verstoß gegen die Wartefrist gem. § 798 ZPO – nach Ablauf der Frist wird die Pfändung aber nach h.M. auch bei eingelegter Erinnerung fehlerfrei); eine Vollstreckung erfolgt trotz Vorliegens eines Vollstreckungshindernisses, §§ 775 ZPO, 14 KO, 47 VerglO; ein unzuständiges

Vollstreckungsorgan wurde tätig; es liegt eine Überpfändung gem. § 803 Abs. 1 S. 2 oder eine nutzlose Pfändung gem. § 803 Abs. 2 ZPO vor; Verstoß gegen Unpfändbarkeitsvorschriften, §§ 811, 851, 865 Abs. 2 S. 1 ZPO; falscher Ansatz der Kosten durch den Gerichtsvollzieher; der pfändungsfreie Betrag gem. § 850d ZPO wurde zu gering angesetzt (OLG Köln FamRZ 1992, 845 = MDR 1992, 1001).

Der Schuldner kann hingegen nicht geltend machen, der Dritte sei entgegen § 809 ZPO nicht zur Herausgabe der Sache bereit gewesen, denn diese Vorschrift schützt nur den Dritten.

3. Drittschuldner

Der Drittschuldner wird durch das Arrestatorium gem. § 829 Abs. 1 S. 2 ZPO sowie die Drittschuldnererklärung gem. § 840 ZPO in seinen Rechten beeinträchtigt, wenn eine Verfahrensvoraussetzung für die Zwangsvollstreckung fehlt (Titel, Klausel, Zustellung des Titels etc., vgl. die obigen Beispiele zum Schuldner; s. auch Brox/Walker Rn. 1200; MünchKommZPO/Schmidt § 766 ZPO Rn. 27, jeweils m.w.N.); ferner bei unzureichender Bezeichnung der zu pfändenden Forderung, weil dadurch der Pfändungsbeschluß unwirksam ist (BGH MDR 1978, 135); bei einem Verstoß gegen die Vorschriften über die Unpfändbarkeit gem. §§ 850 ff. ZPO, bei unzutreffender Festsetzung der Pfändungsfreigrenze gem. § 850d ZPO. **1041**

4. Sonstige Dritte

Sonstige Dritte haben eine Erinnerungsbefugnis, soweit Vorschriften verletzt werden, die (auch) ihrem Schutz dienen: Im Falle des § 739 ZPO z.B. bei Pfändung der persönlichen Gebrauchsgegenstände des nicht schuldenden Ehegatten (vgl. auch § 1362 Abs. 2 BGB und Rn. 406). Für den nachpfändenden Gläubiger im Hinblick auf den Rang gem. § 804 Abs. 3 ZPO (BGH NJW-RR 1989, 636; sobald die Vorschriften über das Verteilungsverfahren gem. §§ 872 ff. Anwendung finden, ist die Erinnerung unzulässig, vgl. OLG Koblenz ZIP 1983, 745). In den Fällen der §§ 810, 865 Abs. 2 ZPO für dingliche Gläubiger; bei unpfändbaren Gegenständen gem. § 811 Nr. 1, 2, 3, 4, 4a und 12 ZPO für die Haus- und Familienangehörigen, bei § 811 Nr. 5, 6 und 8 ZPO jedenfalls für den Ehegatten und die Familienangehörigen. Entsprechendes gilt für § 850c, d, f, i und k ZPO. Für den Gewahrsamsinhaber bei einer Räumung gem. § 885 ZPO, soweit er weder im Titel noch in der Klausel aufgeführt ist, aber andererseits aufgeführt sein müßte, z.B. Untermieter (nähere Einzelheiten vgl. Rn. 823 f., 830). Der Konkursverwalter und die Konkurs- bzw. Vergleichsgläubiger bei einem Verstoß gegen § 14 KO bzw. § 47 VerglO, soweit die Konkurs- bzw. Vergleichsmasse betroffen ist (Brox/Walker Rn. 1208, 1209). Streitig ist, ob der Gerichtsvollzieher erinnerungsbefugt ist (vgl. OLG Düsseldorf NJW-RR 1993, 1280: grundsätzlich nicht; Baumbach/Hartmann § 766 Rn. 21; Brox/Walker Rn. 1210; Zöller/Stöber § 766 Rn. 37; MünchKommZPO/Schmidt § 766 Rn. 62; vgl. auch Rn. 1089). **1042**

Zur Erinnerungsbefugnis im übrigen vgl. die Zusammenstellungen bei Baumbach/Hartmann § 766 Rn. 15–23; Brox/Walker Rn. 1195–1210; MünchKommZPO/Schmidt § 766 ZPO Rn. 25–35).

VI. Rechtsschutzinteresse

1043 Es besteht ab dem **Beginn** der Zwangsvollstreckung, also der ersten gegen den Schuldner gerichteten Handlung des Vollstreckungsorgans. Denn die allgemeinen und besonderen Voraussetzungen der Zwangsvollstreckung müssen erst bei Beginn der Zwangsvollstreckung erfüllt sein. Zudem läßt sich die Unzulässigkeit einer bestimmten Vollstreckungsmaßnahme erst dann konkret und nicht nur hypothetisch prüfen, wenn eine solche bereits vorgenommen wurde (h.M.: vgl. OLG Köln JurBüro 1989, 870 m.w.N.). Soweit der Gerichtsvollzieher tätig wird, liegt der Beginn der Vollstreckung nicht schon in dem an ihn gerichteten Vollstreckungsantrag, sondern erst in dessen Tätigwerden (Pfändung; Ankündigung der Räumung, § 180 GVGA). Ist das Vollstreckungsgericht das Vollstreckungsorgan, beginnt die Vollstreckung schon mit der Herausgabe des Pfändungs- und Überweisungsbeschlusses aus dem internen Bereich des Gerichts, nicht erst mit dessen Zustellung (vgl. BGHZ 25, 60, 63 ff. = NJW 1957, 1480; MünchKommZPO/Schmidt Rn. 44 m.w.N.; Stöber Rn. 712; unklar: Zimmermann § 766 Rn. 7).

Soweit man einen Beschluß gem. § 758 ZPO bzw. § 761 ZPO, der die Zwangsvollstreckung nur vorbereiten soll, wegen des engen Zusammenhanges als Zwangsvollstreckungsmaßnahme ansieht und insoweit die Anwendbarkeit des § 766 ZPO statt des § 567 ZPO bejaht (s.o. Rn. 1024 f.), besteht ab Erlaß eines solchen Beschlusses ein Rechtsschutzinteresse. Ferner in solchen Fällen, in denen dem Erinnerungsführer ein Zuwarten nicht zugemutet werden kann, weil eine nachträgliche Überprüfung ggf. zu spät käme (z.B. § 906 ZPO), oder weil wegen zwischenzeitlicher Beendigung der Zwangsvollstreckungsmaßnahme die Erinnerung unzulässig würde (z.B. durchgeführte Räumung, OLG Köln JurBüro 1989, 870).

1044 Grundsätzlich kein Rechtsschutzinteresse besteht mehr nach **Beendigung** der konkreten Vollstreckungsmaßnahme. Das ist bei Vollstreckung wegen einer Geldforderung erst nach Auskehr des Erlöses an den Gläubiger der Fall, nicht aber schon mit der Versteigerung der Pfandsache oder der Hinterlegung des Erlöses; bei der Forderungspfändung zur Einziehung erst, wenn der Drittschuldner an den Vollstreckungsgläubiger geleistet hat. Entsprechendes soll auch bei der Überweisung an Erfüllungs Statt gem. § 835 Abs. 1 Alt. 2, Abs. 2 ZPO gelten (OLG Düsseldorf Rpfleger 1982, 192 = ZIP 1982, 366; Zöller/Stöber § 835 Rn. 13; Schuschke § 835 Rn. 15; Stöber Rn. 598; a.A. LG Düsseldorf Rpfleger 1982, 329 = JurBüro 1982, 305; StJ/Münzberg § 835 Rn. 43; MünchKommZPO/Smid § 835 Rn. 26; Brox/Walker Rn. 664; Münzberg Rpfleger 1982, 329).

1045 Soweit der **Gläubiger nicht vollständig befriedigt** ist, die Erinnerung aber nicht im Hinblick auf die Vollstreckung in einen einzelnen Gegenstand (z.B. wegen Unpfändbarkeit) erfolgte, sondern weil eine notwendige Voraussetzung der Zwangsvollstreckung nicht vorlag (z.B. keine Klausel), besteht für die Erinnerung bis zur vollständigen Befriedigung des Gläubigers ein Rechtsschutzinteresse (insoweit ungenau Brox/Walker Rn. 1191). Bei der **Wegnahmevollstreckung** bzw. **Räumung** (§§ 883, 885 ZPO) ist die Zwangsvollstreckung erst mit der Besitzerlangung des Gläubigers beendet (MünchKommZPO/Schmidt § 766 Rn. 45; s. auch Rn. 813), nicht aber schon mit der Wegnahme/Räumung durch den Gerichtsvollzieher (so aber Baumbach/Hartmann § 883 Rn. 10; Zöller/Stöber § 766 Rn. 13; wohl auch BGHZ 4, 283, 284).

Ein Rechtsschutzinteresse besteht trotz beendeter Zwangsvollstreckungsmaßnahme **1046** ferner dann, wenn und soweit **fortdauernde Wirkungen der Zwangsvollstreckung** bestehen, die noch beseitigt werden können (OLG Bamberg JurBüro 1983, 298), so bei teilweiser Befriedigung des Gläubigers im Hinblick auf die Ablegung der Offenbarungsversicherung; bei anderweitiger ausreichender Sicherung des Gläubigers gem. § 777 ZPO; hinsichtlich der Unpfändbarkeitbescheinigung des Gerichtsvollziehers als Grundlage für weitere Zwangsvollstreckungsverfahren (vgl. LG Düsseldorf DGVZ 1985, 152; MünchKommZPO/Schmidt § 766 Rn. 45 m.w.N.); bei erfolgter Räumungsvollstreckung im Hinblick auf Maßnahmen gem. § 885 Abs. 2–4 ZPO (KG Rpfleger 1986, 439, 440). Auch bei Einwendungen wegen der vom Gerichtsvollzieher in Ansatz gebrachten Kosten der Zwangsvollstreckung (§ 766 Abs. 2 ZPO).

Ein Rechtsschutzinteresse besteht auch bei **nichtigen Vollstreckungsmaßnahmen**, ob- **1047** wohl sie weder hinsichtlich der Pfändung noch Verstrickung Wirkungen erzeugen. Da aber eine Vollstreckungsmaßnahme existiert, verbindet sich damit grundsätzlich ein Rechtsschein ihrer Wirksamkeit. An der Beseitigung dieses Rechtsscheins besteht ein schutzwürdiges Interesse für den Schuldner bzw. Dritte.

Beispiel:
Überweisungsbeschluß aufgrund eines Arrestes (BGH NJW 1993, 735, 738).

VII. Begründetheit

Die Erinnerung ist begründet, wenn das Verhalten des Vollstreckungsorgans mit den **1048** gesetzlichen Verfahrensvorschriften nicht in Einklang steht. Ob dies der Fall ist, hängt von der Art des geltend gemachten Verstoßes ab. Maßgeblicher Zeitpunkt für die Frage der Begründetheit ist der der Entscheidung über die Erinnerung (§ 570 ZPO analog). Die Sach- und Rechtslage in diesem Zeitpunkt ist daher maßgebend dafür, ob die Vollstreckungsmaßnahme Bestand haben kann. Es ist daher möglich, daß ein bei Einlegung der Erinnerung vorhandener Verfahrensverstoß infolge Heilung nicht mehr besteht und die Erinnerung somit letztlich unbegründet ist (z.B. wurde die fehlende Sicherheitsleistung noch erbracht; der Kalendertag ist zwischenzeitlich abgelaufen; der unpfändbare Gegenstand wurde pfändbar (Zweitwagen); h.M.: vgl. MünchKommZPO/Schmidt § 766 ZPO Rn. 46 m.w.N.).

Grundlage der Entscheidung des Gerichts sind dabei die offenkundigen, unstreitigen **1049** oder von einer Partei vorgetragenen, mit den strengen Beweismitteln der ZPO bewiesenen Tatsachen. Glaubhaftmachung gem. § 294 ZPO genügt nicht. Eine Ermittlung entsprechender Tatsachen von Amts wegen findet über den Bereich der §§ 141–144 ZPO hinaus nicht statt; wohl aber sind die §§ 273 Abs. 2 Nr. 2, 437 Abs. 2 ZPO entsprechend anzuwenden, z.B. also Einholung einer dienstlichen Stellungnahme des Gerichtsvollziehers.

VIII. Entscheidung

1050 Sie ergeht stets als mit Gründen versehener **Beschluß**; eine mündliche Verhandlung ist möglich, aber nicht vorgeschrieben (§ 764 Abs. 3 ZPO). Vor einer dem Erinnerungsgegner nachteiligen Entscheidung ist diesem rechtliches Gehör zu gewähren. Im Rubrum der Entscheidung sind der Gläubiger, der Schuldner und, soweit ein Dritter Erinnerungsführer ist, auch dieser aufzuführen (vgl. Muster, Anhang 28).

1051 Ist die Erinnerung unzulässig oder unbegründet, wird sie **zurückgewiesen**.

Beispiel:

Die Erinnerung des Schuldners gegen die am ... durch den Gerichtsvollzieher ... (DR ...) in (Angabe des Gegenstandes) erfolgte Pfändung wird zurückgewiesen.

Bei zulässiger und begründeter Erinnerung kann der Tenor lauten auf

1052 – Unzulässigerklärung (insgesamt/teilweise) der Zwangsvollstreckung

Beispiel:

Die Zwangsvollstreckung in den am ... durch den Gerichtsvollzieher ... (DR ...) gepfändeten PKW der Marke ..., Fahrgestell-Nr. ... wird für unzulässig erklärt.

1053 – Aufhebung/Abänderung der Vollstreckungsmaßnahme. Soweit das Vollstreckungsgericht selbst die beanstandete Maßnahme erlassen hatte, erfolgt zugleich mit der Unzulässigerklärung auch die entsprechende Aufhebung.

Beispiel:

Die Zwangsvollstreckung aus dem Pfändungs- und Überweisungsbeschluß des ... (Angabe des Gerichts) vom ... – Aktenzeichen – wird in Höhe des pfändungsfreien Betrages von DM ... für unzulässig erklärt. In dieser Höhe wird der Pfändungs- und Überweisungsbeschluß aufgehoben.

Soweit der Gerichtsvollzieher die beanstandete und für unzulässig erklärte Vollstreckungsmaßnahme durchgeführt hatte, muß er von Amts wegen die Vollstreckungsmaßnahme aufheben (§§ 775 Nr. 1, 776 ZPO). Einer gesonderten Anweisung an ihn bedarf es insoweit nicht.

Mit der Aufhebung ist der Rang der Pfändung auf immer verloren. Möglich ist es daher, die Aufhebung der Zwangsvollstreckungsmaßnahme von der Rechtskraft der Entscheidung über die Erinnerung abhängig zu machen (h.M.: vgl. OLG Köln FamRZ 1992, 845 = MDR 1992, 1001).

Beispiel:

Die Wirksamkeit der Aufhebung der Pfändung wird von der formellen Rechtskraft dieses Beschlusses abhängig gemacht.

1054 – **Die Anweisung an den Gerichtsvollzieher**, bestimmte Vollstreckungsmaßnahmen – in bestimmter Weise – durchzuführen; den Vollstreckungsantrag nicht aus dem Grund, der zur Begründetheit der Erinnerung führte, zu verweigern; die Kosten in bestimmter Höhe (nicht) anzusetzen.

Beispiel:

Der Gerichtsvollzieher wird angewiesen,

– die vom Gläubiger am … beantragte Pfändung auszuführen;

– die beantragte Pfändung der Herrenkommode … nicht deshalb zu verweigern, weil bei deren Verwertung nur ein außer allem Verhältnis zu ihrem Wert stehender Erlös erzielt werden könne (§ 812 ZPO).

Kostenentscheidung

Im Falle des **§ 766 Abs. 1 ZPO**:   1055
Die Kostenentscheidung erfolgt gem. den §§ 91 ff., 97 Abs. 1 ZPO (BGH NJW-RR 1989, 125 = Rpfleger 1989, 79 = MDR 1989, 142; Zöller/Stöber § 766 Rn. 34).

Im Falle des **§ 766 Abs. 2 ZPO**:
keine Kostenentscheidung (vgl. § 788 Abs. 1 ZPO), weil der Schuldner nicht der Erinnerungsgegner ist (vgl. LG Düsseldorf JurBüro 1984, 1734; Zöller/Stöber § 766 Rn. 34; MünchKommZPO/Schmidt § 766 Rn. 61).

Rechtskraft

Die Entscheidung erwächst in formelle Rechtskraft; in materielle Rechtskraft stets auch   1056
gegenüber dem Erinnerungsführer, gegenüber dem Erinnerungsgegner (Gläubiger/ Schuldner) aber nur, wenn diesem rechtliches Gehör gewährt wurde, ansonsten ihm gegenüber nicht (h.M.). Eine Rechtskrafterstreckung auf Dritte ist ebenfalls nur zu bejahen, wenn diesen rechtliches Gehör gewährt wurde (streitig, vgl. zum Meinungsstand MünchKommZPO/Schmidt § 766 Rn. 55; Brox/Walker Rn. 1249).

IX. Rechtsbehelfe

Gegen die **Abhilfeentscheidung des Rechtspflegers** ist Erinnerung gem. § 766 ZPO   1057
oder die befristete Erinnerung gem. § 11 Abs. 1 S. 2 RPflG möglich, je nachdem ob dem Erinnerungsführer rechtliches Gehör gewährt wurde oder nicht (s.o. Rn. 1015). Gegen **Entscheidungen des Richters** ist die sofortige Beschwerde gem. § 793 ZPO gegeben. Gegen die Entscheidung des Beschwerdegerichts ist unter den Voraussetzungen der §§ 793 Abs. 2, 568 Abs. 2, 577 ZPO eine weitere sofortige Beschwerde möglich (vgl. hierzu Rn. 1095). Hinsichtlich der Entscheidung über die Kosten gelten die §§ 567 Abs. 2, 568 Abs. 3 ZPO, und zwar auch im Fall des § 766 Abs. 2 Fall 3 ZPO.

X. Einstweiliger Rechtsschutz

1058 Da die Einlegung der Erinnerung keine aufschiebende Wirkung hat, kann gem. §§ 766 **Abs. 1 S. 2, 732 Abs. 2 ZPO** das Vollstreckungsgericht (also der Richter sowie der Rechtspfleger im Rahmen seiner Abhilfebefugnis) nach Einlegung der Erinnerung auf Antrag oder auch von Amts wegen eine einstweilige Anordnung erlassen. Inhalt kann insbesondere sein, daß die Zwangsvollstreckung gegen oder ohne Sicherheitsleistung einstweilen eingestellt oder nur gegen Sicherheitsleistung fortgesetzt werden darf. Die Aufhebung bereits durchgeführter Vollstreckungsmaßnahmen soll unzulässig sein (h.M.: vgl. Thomas/Putzo § 732 Rn. 11; a.A.: MünchKommZPO/Schmidt § 766 Rn. 43; MünchKommZPO/Wolfsteiner § 732 Rn. 16).

1059 Gegen eine **richterliche** einstweilige Anordnung ist nach herrschender Meinung – bis auf Fälle „greifbarer Gesetzeswidrigkeit", vgl. dazu BGH NJW 1993, 135 – kein **Rechtsbehelf** gegeben (§ 707 Abs. 2 ZPO analog), gegen eine entsprechende Anordnung des **Rechtspflegers** die befristete Erinnerung gem. § 11 Abs. 1 S. 2 RPflG (vgl. im einzelen Rn. 1174 f.); der Rechtspfleger muß diese ohne die Möglichkeit der Abhilfe dem Richter vorlegen, der selbst entscheiden muß (§ 11 Abs. 2 S. 2 Halbs. 2 RPflG). Möglich ist ferner eine Aufhebung der einstweiligen Anordnung von Amts wegen oder auf entsprechende Anregung hin.

Kapitel B
Erinnerung gem. § 11 RPflG

I. Ziel und Wesen

1060 Gegen Entscheidungen des Rechtspflegers ist grundsätzlich der Rechtsbehelf der Erinnerung gem. § 11 Abs. 1 S. 1 RPflG gegeben, soweit diese nicht gem. § 11 Abs. 5 RPflG ausgeschlossen ist oder spezielle Rechtsbehelfe wie §§ 732, 766 ZPO dem § 11 RPflG vorgehen. Durch die teilweise komplizierte Regelung des Erinnerungsverfahrens ist sichergestellt, daß Entscheidungen des Rechtspflegers stets einer richterlichen Nachprüfung unterliegen. Obwohl ein Rechtsbehelf eigener Art, weist die Erinnerung Parallelen zur (sofortigen) Beschwerde auf. Diese Bestimmungen finden daher auch sinngemäße Anwendung, § 11 Abs. 4 RPflG.

II. Zulässigkeit

1. Statthaftigkeit

1061 Die Erinnerung ist grundsätzlich statthaft gegen alle Entscheidungen des Rechtspflegers; im Rahmen der Zwangsvollstreckung also, soweit geltend gemacht wird, daß die gesetzlich vorgeschriebenen Voraussetzungen für die durchgeführte Zwangsvollstreckung nicht gegeben seien (z.B. Fehlen des Titels, keine Klausel, unwirksame Zustellung, fehlerhafte Pfändung). Der Ausschluß der Erinnerung gem. § 11 Abs. 5 RPflG betrifft keine Entscheidungen des Rechtspflegers in der Mobiliarzwangsvollstreckung.

Im Bereich der Zwangsvollstreckung ist die Erinnerung nach § 11 RPflG von der Vollstreckungserinnerung gem. § 766 ZPO abzugrenzen. § 11 RPflG gilt nur für **Entscheidungen** des Rechtspflegers, wohingegen § 766 ZPO der zutreffende Rechtsbehelf gegen **Vollstreckungsmaßnahmen** des Rechtspflegers ist. Zu den Einzelheiten der Abgrenzung vgl. Rn. 1015 f.

Für Einwendungen des Schuldners gegen die Erteilung der **Vollstreckungsklausel** ist der besondere Rechtsbehelf der Klauselerinnnerung gem. § 732 ZPO gegeben; insoweit findet § 11 RPflG keine Anwendung. Zudem ist das Klauselerteilungsverfahren, obwohl im 8. Buch der ZPO – Zwangsvollstreckung – geregelt, noch keine eigentliche Zwangsvollstreckung, sondern dient nur deren Vorbereitung (vgl. Rn. 59).

2. Antrag/Form/Frist

Die Erinnerung kann gem. § 11 Abs. 4 RPflG, § 569 Abs. 2 ZPO schriftlich oder zu Protokoll der Geschäftsstelle des Gerichts eingelegt werden, das die Entscheidung erlassen hat (OLG Celle Nds. Rpfl. 1994, 119). Sie unterliegt keinem Anwaltszwang (§§ 78 Abs. 3, 79 ZPO, § 13 RPflG). Das gilt jedenfalls für die Einlegung der Erinnerung. Gelangt die Erinnerung gem. § 11 Abs. 2 S. 2 und 4 RPflG vor ein Gericht, für das Anwaltszwang besteht (Erinnerung gegen Entscheidungen des Rechtspflegers beim Landgericht, Nichtabhilfe durch den Richter), so ist für das weitere Verfahren streitig, ob nunmehr Anwaltszwang besteht (vgl. Zöller/Schneider § 569 Rn. 12). **1062**

Notwendig ist die Angabe, daß und für wen (vgl. Muster, Anhang 27) Erinnerung eingelegt wird, sowie die genaue Angabe der angefochtenen Entscheidung. Ein Antrag im eigentlichen Sinn ist nicht notwendig, ebensowenig eine Begründung. Wenn die Entscheidung des Rechtspflegers nur teilweise angefochten werden soll, muß dies ausdrücklich erklärt werden. Ansonsten erfolgt eine Gesamtüberprüfung, wobei in bezug auf die Einhaltung von Verfahrensvorschriften kein **Verschlechterungsverbot** besteht, im übrigen nur dann, wenn das Beschwerdegericht in der Sache selbst entscheidet. Hebt es die Entscheidung auf und weist die Sache an das Untergericht zurück, kann dieses auch zu ungunsten des Beschwerdeführers entscheiden. Im übrigen ist eine Begründung stets empfehlenswert, insbesondere wenn der Erinnerungsführer die Begründung der angefochtenen Entscheidung bzw. Teile davon für unzutreffend hält. Davon scharf zu unterscheiden ist, daß das Gericht sich im Rahmen der Gesamtprüfung auf die von den Parteien vorgetragenen und bewiesenen (nicht nur glaubhaft gemachten) Tatsachen beschränkt, also keine Ermittlung von Amts wegen erfolgt (h.M.: vgl. MünchKommZPO/Schmidt § 766 Rn. 41, m.w.N.). Wohl gelten aber die §§ 141–144, 273 Abs. 2 Nr. 2, 437 Abs. 2 ZPO entsprechend. **1063**

Die Erinnerung ist **nur fristgebunden** (2 Wochen: § 11 Abs.1 S. 2 RPflG, §§ 793, 577 Abs. 2 ZPO), wenn gegen die Entscheidung, falls der Richter sie erlassen hätte, die sofortige Beschwerde oder kein Rechtsmittel gegeben wäre. Bei Entscheidungen des Rechtspflegers (und nicht bloßen Vollstreckungsmaßnahmen) im Rahmen der Mobiliarzwangsvollstreckung ist daher stets die befristete Erinnerung gegeben. Streitig ist, **1064** ob die Frist für die Einlegung der Erinnerung bei einem Pfändungs- und Überweisungsbeschluß nur durch die Zustellung des Beschlusses an den Schuldner von Amts wegen gem. §§ 329 Abs. 3, 270 ZPO zu laufen beginnt (so OLG Frankfurt/Main Rpfleger 1993, 57) oder schon/nur durch die Zustellung im Parteibetrieb gem. § 829 Abs. 2 S. 2 ZPO (so OLG Köln NJW-RR 1992, 894 = Rpfleger 91, 360 f.; LG Düsseldorf Rpfleger 1990, 376; Baumbach/Hartmann § 829 ZPO Rn. 64; Thomas/Putzo § 829 Rn. 25; Wieczorek § 829 Anm. F III; Zöller/Stöber § 829 ZPO Rn. 31).

3. Zuständigkeit

1065 **Sachlich** und **örtlich** ist im Rahmen der Zwangsvollstreckung grundsätzlich ausschließlich das Amtsgericht als Vollstreckungsgericht zuständig, dessen Rechtspfleger die Entscheidung erlassen hat (§ 764 Abs. 1 u. 2 ZPO bzw. § 569 Abs. 2 ZPO analog, § 802 ZPO). Soweit aber das Arrestgericht gem. § 930 Abs. 1 S. 3 ZPO als Vollziehung des Arrestes eine Forderung gepfändet hat, ist dieses Gericht auch ausschließlich für die Erinnerung zuständig (vgl. BGH NJW 1976, 1453; Zöller/Vollkommer § 930 Rn. 3).

1066 Hinsichtlich der **funktionellen** Zuständigkeit gilt folgendes: Der Rechtspfleger **muß** einer unbefristeten sowie in den Fällen des § 21 Nr. 1 und 2 RPflG auch einer befristeten Erinnerung abhelfen, also seine Entscheidung aufheben bzw. abändern, wenn er sie für zulässig und begründet erachtet (§ 11 Abs. 2 S. 1 RPflG; Arnold/Meyer-Stolte § 11 Rn. 26 m.w.N.). Anderenfalls legt er sie mit einer begründeten und von ihm unterzeichneten, nicht nur paraphierten Nichtabhilfeentscheidung dem Richter vor (OLG München Rpfleger 1990, 156 – zwingend durch Beschluß; Bassenge/Herbst § 11 RPflG Anm. 5; Arnold/Meyer-Stolte § 11 Rn. 25 f. – Nichtabhilfevermerk genügt). Er hat also keine Befugnis, die Erinnerung zurückzuweisen, weil die **Entscheidung** über die Erinnerung allein dem Richter zusteht (§ 11 Abs. 2 S. 3–5 RPflG). Eine fehlende Nichtabhilfeentscheidung stellt einen Verfahrensmangel dar, der nicht durch eine anschließende Nichtabhilfeentscheidung des Richters geheilt wird (BayObLG Rpfleger 1993, 484).

1067 Einer sonstigen befristeten Erinnerung kann der Rechtspfleger nicht abhelfen und muß, auch wenn er seine ursprüngliche Entscheidung für unrichtig und die Erinnerung daher für begründet hält, die Sache dem Richter zur Entscheidung vorlegen (§ 11 Abs. 2 S. 1 Halbs. 2; Abs. 2 S. 2 RPflG). Ob dieser in der Sache selbst entscheidet oder die Sache seinerseits dem Rechtsmittelgericht vorlegen muß, hängt von folgenden Voraussetzungen ab:

1068 Der **Richter** (§ 28 RPflG) **entscheidet** über die Erinnerung in folgenden Fällen gem. § 11 Abs. 2 S. 3 RPflG **stets selbst**:

a) Soweit die Erinnerung ganz oder teilweise zulässig und begründet ist; er ändert die angegriffene Entscheidung in diesem Umfang selbst ab oder verweist sie an den Rechtspfleger zurück; dieser ist dann an die Rechtsauffassung des Richters gebunden (§§ 575, 565 Abs. 2 ZPO analog).

b) Wenn gegen die Entscheidung, falls der Richter sie erlassen hätte, kein Rechtsmittel gegeben wäre (z.B. § 813a Abs. 5 S. 4 ZPO). Anders als bei der Alternative a) muß er daher auch dann selbst entscheiden, wenn er die Erinnerung für unzulässig oder unbegründet ansieht. Durch diese Regelung wird verhindert, daß über die Erinnerung ein ansonsten nicht gegebener Instanzenzug eröffnet wird.

In den anderen Fällen legt er die Erinnerung dem Rechtsmittelgericht vor und unterrichtet die Beteiligten hiervon (§ 11 Abs. 2 S. 4 RPflG). Die Erinnerung gilt nunmehr als Beschwerde gegen die Entscheidung des Rechtspflegers (sog. Durchgriffserinnerung; § 11 Abs. 2 S. 5 RPflG). Auf diese Weise ist dasselbe Gericht zuständig, daß auch für die Beschwerde gegen Entscheidungen des Richters zuständig wäre. **1069**

Die Vorlageentscheidung erfolgt – soweit der Richter abhelfen könnte – grundsätzlich in Form eines **Beschlusses**. Eine Begründung ist notwendig, soweit mit der Erinnerung neue Tatsachen geltend gemacht wurden. Eine Begründung in einem Vermerk zur Verfügung allein genügt nicht (str., vgl. OLG Stuttgart Rpfleger 1994, 204; Zöller/Schneider § 571 Rn. 7 f.). In jedem Fall aber müssen auch die nur in einem Aktenvermerk niedergelegten, für die Nichtabhilfe maßgeblichen Gründe den Parteien bekanntgegeben werden (rechtliches Gehör, Art. 103 Abs. 1 GG).

4. Erinnerungsbefugnis / Beschwer

Die Erinnerung ist nur zulässig, wenn derjenige, der sie einlegt, durch die angefochtene Entscheidung auch beschwert ist (Erinnerungsbefugnis bzw. Beschwer). Das kann sein der Gläubiger (z.B. wenn sein Antrag ganz oder teilweise zurückgewiesen wurde), der Schuldner (der stets durch die Zwangsvollstreckung beeinträchtigt wird, soweit nicht ausnahmsweise Verfahrensvorschriften verletzt werden, die nur Dritte schützen) sowie Dritte, soweit sie in ihren Rechten bzw. ihren rechtlich geschützten Interessen beeinträchtigt sind (z.B. der angehörte Drittschuldner bei der Pfändung einer gem. §§ 850 ff. unpfändbaren Forderung; vgl. auch Rn. 1039 f.). **1070**

5. Rechtsschutzinteresse

Es besteht für den Schuldner und Dritte grundsätzlich erst ab Beginn der Zwangsvollstreckung bis zur Beendigung der konkreten Zwangsvollstreckungmaßregel. Bei der Vollstreckung wegen Geldforderungen durch Erlaß eines Pfändungs- und Überweisungsbeschlusses also ab der ersten Hinausgabe der Entscheidung aus dem internen Gerichtsbetrieb (z.B. telefonische Mitteilung über den Erlaß; Einlegung des Beschlusses in das Fach des Anwalts; Hinausgabe der Ausfertigung zur Zustellung durch den Urkundsbeamten der Geschäftsstelle, BVerfG NJW 1993, 51; Übergabe der Entscheidung an die Post oder den Gerichtswachtmeister zwecks Beförderung, BFH NJW 1991, 1975; vgl. auch Stöber Rn. 712; Thomas/Putzo § 329 Rn. 5) bis zum Erlöschen der gepfändeten Forderung infolge Zahlung des Drittschuldners an den Gläubiger. Im Fall der ganzen oder teilweisen Zurückweisung des Antrags also bereits mit der Existenz, nicht erst mit der Zustellung dieser Entscheidung. **1071**

III. Begründetheit

Die Erinnerung ist begründet, wenn nach der Sach- und Rechtslage im maßgeblichen Zeitpunkt, also dem der Entscheidung über die Erinnerung, die angefochtene Entscheidung unrichtig ist. Neue Tatsachen sind daher bei der Entscheidung über die Erinnerung zu berücksichtigen, § 11 Abs. 4 RPflG, § 570 ZPO analog (vgl. Rn. 1049). **1072**

1073   Die Erinnerung ist also unbegründet, wenn in dem maßgeblichen Jetzt-Zeitpunkt dieselbe Entscheidung erneut ergehen müßte. Sie kann daher trotz eines Verfahrensverstoßes letztlich unbegründet sein.

Beispiel:

Ein Pfändungs- und Überweisungsbeschluß wurde erlassen, obwohl die nach dem Titel notwendige Sicherheit nicht geleistet worden war. Nach Einlegung der Erinnerung und vor der Entscheidung darüber wird die Sicherheitsleistung erbracht. Die Erinnerung ist unbegründet.

IV. Entscheidung

1074   Vor der Entscheidung ist dem Erinnerungsgegner zwingend rechtliches Gehör zu gewähren; Ausnahme: wenn auf die Erinnerung des Antragstellers gegen die Zurückweisung seines Pfändungsantrages hin nunmehr der beantragte Pfändungsbeschluß erlassen werden soll (vgl. § 834 ZPO).

1075   Die Entscheidung über die Erinnerung ergeht grundsätzlich durch **Beschluß**. Der Inhalt kann sein:

1076   • **Die Erinnerung ist zulässig und begründet:**

– Aufhebung der angefochtenen Entscheidung des Rechtspflegers und ggf. Erlaß der neuen Entscheidung durch den Richter.

– Aufhebung der angefochtenen Entscheidung des Rechtspflegers und Zurückverweisung an den Rechtspfleger mit der Maßgabe, die beantragte Entscheidung zu erlassen (§ 575 ZPO analog). Eine Zurückverweisung ist aber nur ausnahmsweise gerechtfertigt (OLG Karlsruhe Rpfleger 1993, 484). Eine Rückgabe an den Rechtspfleger gem. § 5 Abs. 2 RPflG scheidet im Rahmen einer Erinnerung aus, weil dies nur nach einer Vorlage gem. § 5 Abs. 1 RPflG möglich ist (vgl. Stöber Rn. 734).

– Zur Vermeidung irreparabler Folgen der Aufhebung (z.B. des Pfändungsbeschlusses: unwiederbringlicher Verlust der Rangstelle) kann die Wirksamkeit der Aufhebung von der Rechtskraft der Entscheidung abhängig gemacht werden, § 572 Abs. 2 ZPO analog.

1077   • **Die Erinnerung ist unzulässig/unbegründet**

– soweit gegen die Entscheidung des Richters kein Rechtsmittel gegeben ist (§ 11 Abs. 2 S. 3 Alt. 2 RPflG):

Zurückweisung der Erinnerung durch den Richter

– andernfalls:

Vorlage an das Rechtsmittelgericht gem. § 11 Abs. 2 S. 4 und 5 RPflG. Der Richter hat die Beteiligten über die Vorlage zu unterrichten.

V. Rechtsbehelfe

Die Vorlageentscheidung des Richters ist unanfechtbar. Ebenso eine Entscheidung 1078
gem. § 11 Abs. 2 S. 3 Alt. 2 RPflG, weil der Richter ja nur deshalb selbst entscheiden
konnte, weil gegen seine Entscheidung gerade kein Rechtsmittel gegeben ist.

Soweit der Richter der Erinnerung abgeholfen hat, ist gegen seinen Beschluß die Beschwerde (§ 567 ZPO) oder – bei einer „Entscheidung" (vgl. Rn. 1015) – die sofortige
Beschwerde (§ 793 ZPO) gegeben, § 11 Abs. 3 RPflG.

Hatte der Amtsrichter über eine als unbegründet angesehene Erinnerung durch Beschluß entschieden, kann das Beschwerdegericht unter Aufhebung dieses Beschlusses
über die als Beschwerde geltende Erinnerung selbst entscheiden (OLG Hamm NJW-
RR 1990, 1277 = Rpfleger 1990, 286 = JurBüro 1990, 1351).

Gegen die Entscheidung des Beschwerdegerichts ist ggf. die weitere Beschwerde zulässig, §§ 793 Abs. 2, 568 Abs. 2 ZPO (vgl. Rn. 1095).

VI. Einstweiliger Rechtsschutz

Die Erinnerung hat keine aufschiebende Wirkung. Zur Vermeidung wesentlicher 1079
Nachteile kann sowohl der zur Abhilfe berechtigte Rechtspfleger wie der zur Entscheidung berufene Richter eine einstweilige Anordnung erlassen (§ 11 Abs. 4 RPflG,
§ 572 Abs. 2 ZPO analog). Möglicher Inhalt dieser einstweiligen Anordnung kann z.B.
sein: einstweilige Einstellung der Zwangsvollstreckung gegen oder ohne Sicherheitsleistung; Fortsetzung der Zwangsvollstreckung nur gegen Sicherheitsleistung; Aufhebung von Zwangsvollstreckungsmaßnahmen gegen Sicherheitsleistung.

Kapitel C
Sofortige Beschwerde, § 793 ZPO

I. Statthaftigkeit

Die sofortige Beschwerde gem. § 793 Abs. 1 ZPO ist statthaft gegen Entscheidungen, 1080
die im Zwangsvollstreckungsverfahren ohne mündliche Verhandlung ergehen können. Dies sind Entscheidungen, die durch das Vollstreckungsgericht oder das Prozeßgericht als Vollstreckungsorgan ergangen sind. In Betracht kommt hier nur eine
Tätigkeit des Richters, weil gegen Entscheidungen des Rechtspflegers insoweit die befristete Erinnerung gem. § 11 Abs. 1 S. 2 RPflG möglich ist (vgl. Rn. 1060 f.).

1. Entscheidung

1081 Der Begriff der **Entscheidung** ist hier doppelt einzugrenzen. Üblicherweise versteht man unter Entscheidungen des Gerichts Urteile, Beschlüsse und Verfügungen. Im Rahmen des § 793 ZPO scheiden derartige Verfügungen wie z.B. Terminsbestimmung, prozeßleitende Verfügungen, Anordnung der Beweisaufnahme aus. Mit der sofortigen Beschwerde können ferner nur Entscheidungen angegriffen werden, nicht aber Vollstreckungsmaßnahmen. Eine Entscheidung liegt vor, wenn der Antrag des Gläubigers zurückgewiesen wurde oder dem Beschwerdeführer vor der Entscheidung rechtliches Gehör gewährt wurde (vgl. zu den Einzelheiten Rn. 1015 f.).

2. Ohne mündliche Verhandlung

1082 § 793 ZPO findet auf solche Entscheidungen Anwendung, die ohne mündliche Verhandlung ergehen können (z.B. § 764 Abs. 3, § 891 ZPO), gleichgültig, ob eine mündliche Verhandlung tatsächlich stattgefunden hat. § 793 ZPO findet demnach keine Anwendung in Fällen, in denen eine mündliche Verhandlung zwingend vorgeschrieben ist (z.B. §§ 767, 771, 805 ZPO), weil Urteile, soweit nicht wie in den § 128 Abs. 2 und 3, § 307 Abs. 2, § 331 Abs. 3 ZPO gesetzlich ausdrücklich ein anderes bestimmt ist, grundsätzlich nur aufgrund einer mündlichen Verhandlung ergehen (vgl. § 310 Abs. 1 ZPO).

3. Zwangsvollstreckungsverfahren

1083 Die Zwangsvollstreckung **beginnt** bei der Pfändung von Forderungen und anderen Vermögensrechten mit der ersten Hinausgabe der Entscheidung aus dem internen Gerichtsbereich (nicht erst mit der Zustellung des Beschlusses, vgl. BGHZ 25, 60, 63 ff. = NJW 1957, 1480); bei beweglichen Sachen mit der Pfändung, bei unbeweglichen Sachen mit der Ankündigung der Räumung bzw. Anordnung der Eintragung einer Sicherungshypothek oder der Zwangsverwaltung (§§ 867 ZPO; 15, 16, 146 ZVG). Maßnahmen, die zur Vorbereitung einer Zwangsvollstreckung dienen, stellen daher noch keinen Beginn der Zwangsvollstreckung dar: so die Bestimmung der Art und Höhe der Sicherheitsleistung gem. § 108 ZPO oder das Klauselerteilungsverfahren. Die Anordnung der Wohnungsdurchsuchung gem. § 758 ZPO sowie die Erteilung der Erlaubnis für eine Vollstreckung zur Nachtzeit sowie an Sonn- und Feiertagen (§ 761 ZPO) sollen zwar auch die Zwangsvollstreckung erst ermöglichen, sind daher noch keine Zwangsvollstreckung. Die wohl h. M. gibt dem Gläubiger/Schuldner in diesen Fällen dennoch den Rechtsbehelf des § 793 ZPO (vgl. MünchKommZPO/Schmidt § 793 Rn. 3; Brox/Walker Rn. 1252; Zimmermann § 793 Rn. 2; a.A.: Zöller/Stöber § 758 Rn. 25, § 761 Rn. 9: Beschwerde gem. § 567 ZPO; OLG Stuttgart OLGZ 1970, 182 = NJW 1970, 1329: Vollstreckungserinnerung gem. § 766 ZPO, vgl. auch Rn. 1024 f.).

II. Verfahren

1084 Auf das Verfahren im übrigen finden die Vorschriften über die Beschwerde (§§ 567–577 ZPO) Anwendung; im einzelnen:

III. Antrag / Form / Frist

Notwendig ist eine **Beschwerdeschrift**, § 569 Abs. 2 S. 1 ZPO. Die Einlegung kann schriftlich oder durch Erklärung zu Protokoll der Geschäftsstelle erfolgen, wenn der Rechtsstreit im ersten Rechtszug nicht als Anwaltsprozeß zu führen ist oder war, wenn die Beschwerde die Prozeßkostenhilfe betrifft oder wenn sie von einem Zeugen oder Sachverständigen erhoben wird, § 569 Abs. 2 S. 2 ZPO. In diesen Fällen besteht kein Anwaltszwang. Zuständig für die Aufnahme ist der Urkundsbeamte der Geschäftsstelle (§ 153 GVG bzw. der Rechtspfleger gem. § 24 Abs. 2 Nr. 1 RPflG). Einzelheiten zum Anwaltszwang vgl. Zimmermann § 569 Rn. 3 ff. **1085**

Die sofortige Beschwerde ist innerhalb einer **Notfrist** von zwei Wochen einzulegen. Die Frist beginnt entweder mit der Verkündung der Entscheidung (vgl. z.B.: §§ 336, 952 Abs. 4 ZPO, § 121 Abs. 2 VerglO) oder mit ihrer Zustellung, wobei für jede Partei die Fristen getrennt laufen (vgl. § 329 Abs. 3 ZPO). **1086**

IV. Zuständigkeit

Die Einlegung der sofortigen Beschwerde erfolgt bei dem Gericht, das die angefochtene Entscheidung erlassen hat (§ 569 Abs. 1, 1. Halbs. ZPO) oder bei dem Beschwerdegericht (§ 577 Abs. 2 S. 2 ZPO). Über die Beschwerde entscheidet das im Rechtszug zunächst höhere Gericht (Beschwerdegericht, § 568 Abs. 1 ZPO). Eine Abhilfeentscheidung des Gerichts, das die angefochtene Entscheidung erlassen hat, ist ausgeschlossen, § 577 Abs. 3 ZPO. **1087**

V. Beschwerdebefugnis

Zur Beschwerde berechtigt ist derjenige, der durch die angefochtene Entscheidung beschwert ist. Dies kann sein der Gläubiger, der Schuldner, bei der Forderungspfändung auch der Drittschuldner, sowie sonstige Dritte, soweit sie durch die Entscheidung in eigenen Rechten beeinträchtigt werden. Die Beschwerdeberechtigung im angeführten Sinn deckt sich mit dem Begriff der Beschwer, der allerdings gelegentlich zusätzlich zu dem Begriff der Beschwerdebefugnis angeführt und als notwendig angesehen wird. **1088**

Nach wohl h.M. steht dem Gerichtsvollzieher keine Beschwerdeberechtigung zu, weil die Entscheidung des Vollstreckungsgerichts für ihn eine Bindungswirkung wie bei einer Entscheidung des Rechtsmittelgerichts (vgl. § 565 Abs. 2 ZPO) habe, jedenfalls soweit es um seine Amtshandlung gehe (vgl. OLG Düsseldorf NJW 1980, 1111 = NJW-RR 1993, 1280; Zöller/Stöber § 766 Rn. 37; Brox/Walker Rn. 1255). Nach a.A. Auffassung steht ihm jedenfalls dann ein Beschwerderecht zu, soweit es um sein Gebührenrecht geht (vgl. LG Nürnberg DGVZ 1981, 120; Baumbach/Hartmann § 793 Rn. 9; MünchKommZPO/Schmidt § 793 Rn. 7, m.w.N.; Thomas/Putzo § 766 Rn. 28; Geißler DGVZ 1990, 105, 109). **1089**

Der **Wert** der Beschwer ist von Bedeutung im Rahmen der Entscheidung über die Kostenpflicht (§ 567 Abs. 2 S. 1 ZPO – mehr als 200,– DM) bzw. anderer Kostenentscheidungen (§ 567 Abs. 2 S. 2 ZPO – mehr als 100,– DM). **1090**

VI. Rechtsschutzinteresse

1091 Ein Rechtsschutzinteresse ist grundsätzlich gegeben, wenn eine Beschwer vorliegt (BGH WM 1974, 665; Thomas/Putzo Rn. 17 vor § 511 ZPO). Es fehlt, wenn die Zwangsvollstreckung (nicht die einzelne Vollstreckungsmaßnahme, Brox/Walker Rn. 1257) beendet ist.

VII. Begründetheit

1092 Die sofortige Beschwerde ist begründet, wenn nach der Sach- und Rechtslage im maßgeblichen Zeitpunkt, also dem der Entscheidung über die Beschwerde, die angefochtene Entscheidung unrichtig ist. Neue Tatsachen sind daher bei der Entscheidung zu berücksichtigen, § 570 ZPO. Eine Zurückweisung wegen verspäteten Vorbringens ist auch bei gesetzten Fristen zur Stellungnahme nicht zulässig. Weder sind die §§ 296, 528–530 ZPO noch § 767 Abs. 2 ZPO analog anwendbar (vgl. BVerfG NJW 1982, 1635).

Die Beschwerde ist also unbegründet, wenn in dem maßgeblichen Jetzt-Zeitpunkt dieselbe Entscheidung erneut ergehen müßte. Sie kann daher trotz eines Verfahrensverstoßes letztlich unbegründet sein.

Für die Grundlage der Entscheidung des Gerichts vgl. Rn. 1049.

VIII. Weiteres Verfahren

1093
- Gegebenenfalls mündliche Verhandlung (Anwaltszwang), § 573 Abs. 1 ZPO.

- Dem Gegner ist gem. Art. 103 Abs. 1 GG vor einer ihm nachteiligen Entscheidung rechtliches Gehör zu gewähren; daher keine Anhörung, wenn die Beschwerde gegen die Ablehnung des Erlasses eines Pfändungsbeschlusses zurückgewiesen werden soll (vgl. BVerfGE 7, 95, 99 = NJW 1957, 1395; Stöber Rn. 726, m.w.N.).

IX. Entscheidung

1094 Die Entscheidung ergeht in Form eines **Beschlusses**, über die Kosten ist gem. §§ 91 f., 97 Abs. 1 ZPO und nicht gem. § 788 ZPO zu entscheiden. Eine **Kostenentscheidung** entfällt in einem unselbständigen Verfahren, wenn auch die angefochtene Entscheidung keine Kostenentscheidung enthielt bzw. enthalten durfte (z.B. eine einstweilige Anordnung im Rahmen der Zwangsvollstreckung). In diesem Fall gehören die Beschwerdekosten zu den Gesamtverfahrenskosten, über die gem. §§ 91 ff. ZPO anderweitig zu entscheiden ist (MünchKommZPO/Braun § 575 Rn. 11; Zöller/Schneider § 575 Rn. 39; Thomas/Putzo § 575 Rn. 6).

Der **Inhalt** der Beschwerdeentscheidung kann lauten auf
– Verwerfung der Beschwerde (bei Unzulässigkeit)
– Zurückweisung (bei Unbegründetheit)
– Abänderung der angefochtenen Entscheidung
– Aufhebung der angefochtenen Entscheidung und Zurückverweisung.

Es gilt das Verbot der reformatio in peius (vgl. § 536 ZPO).

X. Sofortige weitere Beschwerde, § 793 Abs. 2 ZPO

Die ausdrückliche Zulassung der sofortigen weiteren Beschwerde ist notwendig wegen § 568 Abs. 2 S. 1 ZPO. Beschwerdegericht kann nie ein Amtsgericht sein (vgl. § 568 Abs. 1 ZPO: zunächst höhere Gericht). Die besondere Erwähnung des Landgerichts in § 793 Abs. 2 ZPO bedeutet daher, daß die sofortige weitere Beschwerde nur gegen Beschwerdeentscheidungen des Landgerichts, nicht aber gegen solche des OLG möglich ist (vgl. auch § 567 Abs. 4 S. 1 ZPO; Ausnahme: außerordentliche Beschwerde bei greifbarer Geetzeswidrigkeit, vgl. BGH NJW 1993, 135 mit zustimmender Anm. Kempter NJW 1993, 2158; NJW 1993, 1865 mit ablehnender Anm. Chlosta NJW 1993, 2160). **1095**

Die Vorschrift des § 793 ZPO wird ergänzt durch § 568 Abs. 2 S. 2 ZPO. Danach findet eine weitere Beschwerde nur statt, soweit in der Entscheidung ein **neuer selbständiger Beschwerdegrund** enthalten ist. Eine weitere Beschwerde ist daher nur zulässig, wenn der Grund für die Entscheidung des Beschwerdegerichts ein anderer (neuer) ist als der für die Entscheidung des Amtsgerichts. Ob diese Voraussetzung vorliegt, ist aus einem Vergleich von Tenor und Gründen beider Entscheidungen zu entnehmen. Bei einer gem. § 11 Abs. 2 S. 4 und 5 RPflG als sofortige Beschwerde geltenden Erinnerung ist auf die Entscheidung des Rechtspflegers, nicht auf die Stellungnahme des Amtsrichters abzustellen (OLG Stuttgart Rpfleger 1994, 204 m.w.N.; a.A.: Zöller/Schneider § 568 Rn. 11; Zimmermann § 568 Rn. 6 – die dort angeführte Entscheidung OLG Köln Rpfleger 1989, 210 betrifft aber den Fall, daß der Amtsrichter der Erinnerung abgeholfen und das LG die gegen dessen Entscheidung eingelegte Beschwerde zurückgewiesen hatte). Die Prüfung ist für jede Partei getrennt vorzunehmen. **1096**

Beispiele für einen neuen Beschwerdegrund:

Für den Antragsteller: **1097**

● das Amtsgericht gibt dem Antrag auf Pfändung statt, das Landgericht hebt auf die Beschwerde des Schuldners die Entscheidung auf und weist den Antrag als unbegründet zurück.

● Das Amtsgericht weist den Antrag als unbegründet zurück, das Landgericht als unzulässig.

● Das Amtsgericht weist den Antrag als unzulässig zurück, das Landgericht als unbegründet.

1098 **Für den Antragsgegner:**

- Das Amtsgericht gibt dem Antrag auf Pfändung statt, das Landgericht verwirft die Beschwerde.

- Das Amtsgericht weist den Antrag als unbegründet zurück, das Landgericht hebt die Entscheidung auf, weil der Antrag begründet ist.

1099 Die Rüge der Verletzung des rechtlichen Gehörs gem. Art. 103 Abs. 1 GG durch die Vorinstanz ist nach BVerfG NJW 1988, 1773 stets ein neuer selbständiger Beschwerdegrund i.S. des § 568 Abs. 2 ZPO.

1100 In folgenden Fällen liegt **kein** neuer Beschwerdegrund vor:

- Das Amtsgericht weist den Antrag als unzulässig bzw. unbegründet zurück, das Landgericht weist die Beschwerde aus denselben Gründen zurück.

- Das Amtsgericht weist den Antrag als unzulässig bzw. unbegründet zurück, das Landgericht weist die Beschwerde aus anderen Gründen, aber mit demselben Ergebnis (unzulässig/unbegründet) zurück (vgl. OLG Köln NJW-RR 1990, 511; Thomas/Putzo § 568 Rn. 15; Zöller/Schneider § 568 Rn. 10).

- Das Fehlen der in § 11 Abs. 2 S. 4 RPflG vorgeschriebenen Abgabenachricht an die Beteiligten bei der Durchgriffserinnerung (OLG Düsseldorf NJW-RR 1994, 383 = OLGZ 1994, 352).

1101 Zusammenfassend läßt sich feststellen:

Die der sofortigen Beschwerde stattgebende Entscheidung stellt für den Beschwerdegegner stets einen neuen selbständigen Beschwerdegrund dar. Die die sofortige Beschwerde zurückweisende Entscheidung stellt bis auf den Fall, daß das Amtsgericht/Landgericht mit übereinstimmendem Ergebnis (unzulässig bzw. unbegründet) den Antrag zurückgewiesen haben, stets einen neuen selbständigen Beschwerdegrund dar. Zu den Einzelheiten vgl. Zöller/Schneider § 568 Rn. 5 ff.

1102 Gemäß § 568 Abs. 3 ZPO findet jedoch eine sofortige weitere Beschwerde gegen Entscheidungen des Landgerichts über Prozeßkosten nicht statt. Gegen die Kostenentscheidung des Landgerichts im Rahmen einer sofortigen Beschwerde ist daher keine sofortige weitere Beschwerde möglich.

1103 Ob die weitere Beschwerde auch zulässig ist, wenn der **Beschwerderechtszug weiter reicht als der Rechtsmittelzug** in der Hauptsache, und zwar auch in den Fällen der §§ 887, 888, 890 ZPO, in denen das Prozeßgericht als Vollstreckungsorgan entscheidet, ist streitig (bejahend: OLG Celle NJW 1990, 262; OLG Köln NJW-RR 1992, 633; Baumbach/Hartmann § 793 Rn. 13; Thomas/Putzo § 793 Rn. 5; a.A.: OLG Frankfurt/Main MDR 1992, 1000 = JurBüro 1992, 501; KG NJW 1991, 989; differenzierend: Zöller/Schneider § 568 Rn. 43, 44.

1104 Daneben bejaht die h.M. ausnahmsweise die Zulässigkeit einer weiteren (sofortigen) Beschwerde, wenn die an sich unanfechtbare Beschwerdeentscheidung an einem **schwerwiegenden Verfahrensfehler** (Verletzung rechtlichen Gehörs; Übergehen von Sachvortrag; Überraschungsentscheidung; Entscheidung vor Ablauf der gesetzten Frist; ggfs. auch fehlende Begründung) leidet: vgl. BVerfG NJW 1988, 1773; OLG Frankfurt/Main NJW-RR 1994, 81 = WuM 1993, 746; Thomas/Putzo § 568 Rn. 13;

Zöller/Schneider § 568 Rn. 16 ff.; ablehnend MünchKommZPO/Braun § 568 Rn. 12 ff., alle mit eingehenden Nachweisen.

XI. Einstweiliger Rechtsschutz

Die sofortige Beschwerde hat im Zwangsvollstreckungsverfahren grundsätzlich (Ausnahme: § 900 Abs. 5 ZPO) keine aufschiebende Wirkung, § 572 ZPO. Jedoch kann gem. § 572 Abs. 2 ZPO, der auch für die sofortige Beschwerde gilt (LG Frankfurt/Main MDR 1990, 256; Thomas/Putzo § 572 Rn. 2; StJ/Grunsky § 572 Rn. 4) von Amts wegen oder auf Antrag bis zur Vorlage der Beschwerde an das Beschwerdegericht das Gericht oder der Vorsitzende, dessen Entscheidung angefochten wird, nach der Vorlage das Beschwerdegericht (§ 572 Abs. 3), durch Beschluß die Aussetzung der Vollziehung der angefochtenen Entscheidung anordnen. Dies kommt z.B. zur Verhinderung wesentlicher Nachteile oder bei zweifelhafter Rechtslage in Betracht. 1105

Beispiel (OLG Köln FamRZ 1992, 845 = MDR 1992, 1001):
Teilweise Aufhebung einer Pfändung durch Erhöhung des unpfändbaren Betrages gem. § 850f ZPO. Wird die Vollziehung dieser Entscheidung nicht bis zur Rechtskraft ausgesetzt, ist die Pfändung sofort und endgültig wirksam aufgehoben. Eine dies abändernde Entscheidung des Beschwerdegerichts wirkt nur ex nunc. Die aufgehobene Pfändung wird nicht wieder wirksam. Es bleibt nur die Durchführung einer Neupfändung, wobei die Gefahr eines Rangverlustes besteht (vgl. § 804 Abs. 3 ZPO).

Darüber hinaus kann das Beschwerdegericht gem. § 572 Abs. 3, 1. Halbs. ZPO weitere Anordnungen erlassen, z.B. die Zwangsvollstreckung gegen Sicherheitsleistung einstellen oder die Fortsetzung nur gegen Sicherheitsleistung gestatten. Ob und welche Maßnahmen gem. § 572 Abs. 2 und 3 ZPO angeordnet werden, liegt im pflichtgemäßen Ermessen des Gerichts. Mit Erlaß der Beschwerdeentscheidung werden die vorläufigen Maßnahmen von selbst wirkungslos. Sie können im übrigen jederzeit von Amts wegen durch das Beschwerdegericht aufgehoben werden. 1106

Eine Anfechtung der gem. § 572 Abs. 3 ZPO getroffenen einstweiligen Anordnung des Beschwerdegerichts ist unzulässig (OLG Köln WuM 1993, 473; vgl. im übrigen zur Anfechtbarkeit einstweiliger Anordnungen Rn. 1174 f.). 1107

Kapitel D

Vollstreckungsabwehrklage, § 767 ZPO

I. Ziel und Wesen

Die Vollstreckungsabwehrklage oder auch Vollstreckungsgegenklage ist der richtige Rechtsbehelf, wenn sich der Schuldner nicht gegen Verfahrensverstöße eines Vollstreckungsorgans, sondern mit materiell-rechtlichen Einwendungen gegen den aus 1108 dem Vollstreckungstitel ersichtlichen vollstreckbaren Anspruch wenden will. **Ziel** der Klage ist allein die Beseitigung der Vollstreckbarkeit eines titulierten Anspruchs, und zwar ganz oder auch nur teilweise, auf Dauer oder auf Zeit durch Herbeiführung eines Vollstreckungshindernisses gem. § 775 Nr. 1 ZPO.

1109 Die Vollstreckungsabwehrklage ist eine **prozessuale Gestaltungsklage,** weil mit der stattgebenden Entscheidung die Vollstreckbarkeit des Titels beseitigt wird. Der **Streitgegenstand** ist allein die Vernichtung der Vollstreckbarkeit des Titels, nicht jedoch das Bestehen oder Nichtbestehen des titulierten Anspruchs oder die Wirksamkeit des Titels (vgl. BGH NJW-RR 1990, 246, 247; NJW 1992, 2160). Daher erwachsen bei stattgebender Entscheidung die erhobenen Einwendungen nicht in materielle Rechtskraft (vgl. BGH NJW-RR 1990, 48, 49).

1110 Aus diesen Gründen ist es für die Durchsetzung eines effektiven Rechtsschutzes wichtig, die Vollstreckungsabwehrklage von anderen Rechtsbehelfen und Klagen mit anderer Zielrichtung zu unterscheiden:

Mit der **Klauselerinnerung** nach § 732 ZPO (vgl. Rn. 166 f.) können formelle und materielle Einwendungen mit dem Ziel geltend gemacht werden, die Zwangsvollstreckung **aus der erteilten Klausel** für unzulässig zu erklären. Zu demselben Ziel führt auch die **Klauselgegenklage gem. § 768 ZPO,** doch ist diese beschränkt auf materiell-rechtliche Einwendungen gegen qualifizierte Klauseln nach §§ 726 ff. ZPO (vgl. Rn. 179 f.).

Die **Vollstreckungserinnerung gem. § 766 ZPO** ist der richtige Rechtsbehelf, wenn Verfahrensverstöße der Vollstreckungsorgane geltend gemacht werden (vgl. Rn. 1008 f.).

Die **Unwirksamkeit eines Titels** kann wegen des unterschiedlichen Streitgegenstandes neben der Vollstreckungsabwehrklage geltend gemacht werden, und zwar durch Klage auf Feststellung des Nichtbestehens eines prozessualen Rechtsverhältnisses gem. § 256 ZPO oder als prozessuale Gestaltungsklage analog § 767 Abs. 1 ZPO (für letzteres: BGH NJW 1994, 460 = ZIP 1994, 67). Bei Zweifeln an der Wirksamkeit des Titels empfiehlt es sich daher, neben der für aussichtsreicher erachteten Vollstreckungsabwehrklage gem. § 767 ZPO die prozessuale Gestaltungsklage analog § 767 Abs. 1 ZPO hilfsweise geltend zu machen, bzw. umgekehrt (vgl. Anm. Wolf in BGH LM Nr. 87 zu § 767 ZPO = NJW 1992, 2160).

Die **Abänderungsklage** gem. **§ 323 ZPO** dient dazu, den Wegfall oder die Veränderung von anspruchsbegründenden Tatsachen geltend zu machen. Mit ihr kann also den „stets wandelbaren wirtschaftlichen Verhältnissen und ihrem Einfluß auf den Anspruch" (vgl. BGH NJW-RR 1991, 1156) insofern Rechnung getragen werden, als dies zur Abänderung des Urteils mit Wirkung für die Zukunft führt. Die Klage nach § 323 ZPO und die Vollstreckungsabwehrklage schließen sich daher für den selben Zeitraum gegenseitig aus. Im Hinblick auf die Einschränkungen in den Absätzen 2 und 3 des § 323 ZPO ist es allerdings möglich, für den Zeitraum bis zur Klageerhebung die Vollstreckungsabwehrklage zu erheben, für den Zeitraum danach die Abänderungsklage (vgl. BGH NJW 1986, 2047). Dies kann geschehen im Rahmen einer objektiven Klagehäufung gem. § 260 ZPO, die Klage gem. § 767 ZPO bzw. § 323 ZPO kann aber auch jeweils hilfsweise erhoben werden (BGH FamRZ 1979, 573).

1111 **Nach Beendigung der Zwangsvollstreckung** kann Klage auf Leistung des Verwertungserlöses (abzüglich der Vollstreckungskosten, h.M.: BGH NJW 1976, 1090, 1092 =

Rpfleger 1976, 292) gem. **§ 812 BGB** gegen den Gläubiger der Zwangsvollstreckung erhoben werden, gegebenenfalls im Wege der Klageänderung (sog. **verlängerte Vollstreckungsabwehrklage**, BGH NJW 1987, 3266). Eine solche kann auch mit Verjährung begründet werden. § 813 Abs. 1 S. 1 BGB steht dem nicht entgegen, weil sich dieser nur auf freiwillige Leistungen bezieht, also weder für Leistungen im Rahmen der Zwangsvollstreckung gilt noch für solche, die unter dem Druck der Zwangsvollstreckung zu deren Abwendung erfolgt sind (BGH NJW 1993, 3318, 3320). Auch bei der verlängerten Vollstreckungsabwehrklage ist aber die Präklusion des § 767 Abs. 2 ZPO zu beachten (BGH NJW 1987, 3266; Zöller/Herget § 767 Rn. 2). Der Anwendungsbereich einer Klage gem. **§ 826 BGB** auf Unterlassung der Zwangsvollstreckung, Herausgabe des Titels und Schadensersatz wegen Mißbrauchs eines Urteils oder anderer gerichtlicher Entscheidungen fängt erst dort an, wo andere Möglichkeiten für einen effektiven Rechtsschutz nicht ausreichen. Soweit daher die Vollstreckungsabwehrklage Anwendung findet, ist für eine Klage gem. § 826 BGB kein Raum (näheres zu § 826 BGB vgl. Rn. 1299 f.).

II. Zulässigkeit

1. Statthaftigkeit

Die Vollstreckungsabwehrklage ist an sich **statthaft**, wenn der Kläger **materiell-recht-** **liche Einwendungen** gegen den titulierten Anspruch vorträgt und ein nach Form und Inhalt zur Zwangsvollstreckung geeigneter **Titel** vorliegt. An letzterem fehlt es z.B. bei Gestaltungs- oder Feststellungsklagen. Ferner auch bei offensichtlicher Unbestimmtheit und Unbestimmbarkeit des Tenors. Hingegen wird man bei Urteilen, deren Vollstreckbarkeit im Hinblick auf einen vagen Urteilstenor lediglich zweifelhaft ist, wegen dieser Unsicherheit und des durch die bloße Existenz des Urteils erzeugten Rechtsscheins die Möglichkeit einer Vollstreckungsabwehrklage bejahen müssen, soweit materiell-rechtliche Einwendungen gegen den titulierten Anspruch vorgebracht werden; dies auch aus Gründen der „Chancengleichheit", weil für den Gläubiger die Möglichkeit einer Klage auf Feststellung des Titelinhalts besteht (vgl. BGH NJW 1962, 109, 110; Thomas/Putzo Rn. 22 vor § 704). **1112**

Bei Urteilen betreffend die Unterlassung von bestimmten Immissionen muß die Art und Weise, wie die Störung beseitigt werden soll, in dem Urteilstenor nicht enthalten sein (BGH NJW 1993, 1394, 1395; Zöller/Stöber § 887 Rn. 2).

Ein vollstreckungsfähiger Titel im vorgenannten Sinn liegt wegen der Formalisierung der Zwangsvollstreckung auch dann vor, wenn der Titel aus materiell-rechtlichen Gründen, z.B. wegen fehlerhafter Beurkundung unwirksam (vgl. BGH NJW 1992, 2160, 2161, abweichend von BGH NJW-RR 1987, 1149) oder nicht der materiellen Rechtskraft fähig und damit wirkungsgemindert ist (BGH NJW 1994, 460 = ZIP 1994, 67). Der BGH hat auch in NJW 1993, 1847 erneut offen gelassen, ob die Vollstreckungsfähigkeit des Titels überhaupt noch eine Zulässigkeitsvoraussetzung der Vollstreckungsabwehrklage ist. **1113**

1114 § 767 ZPO ist grundsätzlich auf alle aufgeführten Titel anwendbar, mit folgenden **Ausnahmen**:

1115 **Arrest:**

Hier ist neben dem Widerspruch gem. § 924 ZPO oder der Aufhebungsklage wegen veränderter Umstände gem. § 927 ZPO kein Raum für die Vollstreckungsabwehrklage.

1116 **Einstweilige Verfügung**:

Es gilt das zum Arrest ausgeführte.

Differenzierter wird dies bei der **Leistungsverfügung** gesehen:

Hier soll die Vollstreckungsabwehrklage neben § 927 ZPO zur Wahl stehen (Thomas/Putzo § 936 Rn. 15), jedenfalls soweit § 927 ZPO versagt, also in dem Fall rückständiger Leistungen (vgl. LG Stuttgart MDR 1950, 745; MünchKommZPO/ Schmidt § 767 Rn. 37; Baumbach/Hartmann § 936 Rn. 17; Zöller/Herget § 767 Rn. 7; Zöller/Vollkommer § 927 Rn. 15; StJ/Grunsky § 938 Rn. 41). Soweit gegen die einstweilige Verfügung noch Widerspruch gem. § 924 ZPO erhoben werden kann, ist eine Klage gem. § 767 ZPO ausgeschlossen (Zöller/Vollkommer § 924 Rn. 1; OLG Koblenz GRUR 1986, 95; OLG Celle OLGE 13, 189; Zimmermann § 924 Rn. 2; StJ/Grunsky § 938 Rn. 41).

1117 **Justizbeitreibungsverfahren**

Gem. § 6 Abs. 1 Nr. 1 JBeitrO findet § 767 ZPO keine Anwendung; beachte aber § 8 Abs. 2 JBeitrO.

1118 **Titel gem. § 794 Abs. 1 Nr. 2a und 2b ZPO.**

Soweit Einwendungen erhoben werden, die im vereinfachten Verfahren zur Abänderung von Unterhaltstiteln gem. § 11 Abs. 1 S. 2 RPflG, § 641p Abs. 3 ZPO und § 641q ZPO bzw. im Regelunterhaltsverfahren gem. §§ 642b, 643a ZPO gegen die Festsetzung selbst geltend gemacht werden können, findet § 767 ZPO keine Anwendung.

1119 **§ 794 Abs. 1 Nr. 3a ZPO**

Die Möglichkeit, gem. § 620b ZPO eine Aufhebung bzw. Abänderung einer nach Maßgabe der §§ 127a, 620 Satz 1 Nr. 4–9 und § 621f ZPO durch Beschluß erlassenen einstweiligen Anordnung zu erreichen, schließt eine Vollstreckungsabwehrklage nicht aus (vgl. Zöller/Philippi § 620 Rn. 17, 620b Rn. 4; Thomas/Putzo § 620 Rn. 14; wohl a.A. MünchKommZPO/Schmidt § 767 Rn. 31). Soweit lediglich nachträglich entstandene Einwendungen gegen den in der einstweiligen Anordnung titulierten Anspruch geltend gemacht werden sollen (etwa geleistete Zahlungen), ist die Erhebung einer Vollstreckungsabwehrklage möglich; eine Verweisung auf die Erhebung einer negativen Feststellungsklage mit der sich anschließenden Möglichkeit der Herbeiführung eines Beschlusses gem. § 620f ZPO findet insoweit nicht statt (vgl. BGH NJW 1983, 1330). Soweit die einstweilige Anordnung bereits aus einem der in § 620f ZPO angeführten Gründe von selbst außer Kraft getreten ist, schließt dies Rechtsbehelfe, die diese Wirkung erst herbeiführen sollen (z.B. § 323 ZPO, BGH NJW 1983, 1330; § 767 ZPO, OLG Düsseldorf FamRZ 1991, 721) aus (Thomas/Putzo § 620f Rn. 3; Zöller/Philippi § 620f Rn. 14).

2. Klageantrag

Er muß stets darauf gerichtet sein, die Zwangsvollstreckung aus einem genau be- **1120** zeichneten Titel für unzulässig zu erklären. Je nach Klagegrund ist der Antrag näher zu präzisieren im Hinblick darauf, ob der titulierte Anspruch

a) nicht (mehr) besteht,

b) teilweise nicht mehr besteht,

c) nicht mehr in der Person des Gläubigers (z.B. infolge Abtretung) bzw. nicht mehr gegen den Titel-Schuldner besteht,

d) auf Dauer nicht mehr durchsetzbar ist,

e) nur unter bestimmten Voraussetzungen (Zeit, Ereignis, Zug um Zug) vollstreckbar ist.

Die Zwangsvollstreckung soll für unzulässig erklärt werden: **1121**

a) **insgesamt** und **auf Dauer**:

„… die Zwangsvollstreckung aus dem – genau bezeichneten Titel – für unzulässig zu erklären"

b) **teilweise**:

„… die Zwangsvollstreckung aus dem – genau bezeichneten Titel – in Höhe eines Betrages von … DM / hinsichtlich eines X DM übersteigenden Betrages für unzulässig zu erklären"

oder

„… die Zwangsvollstreckung aus dem – genau bezeichneten Titel – wegen der Zinsen / wegen höherer Zinsen als 5 % über Bundesbankdiskontsatz für unzulässig zu erklären".

c) **auf Zeit**:

„… die Zwangsvollstreckung aus dem – genau bezeichneten Titel – bis zum … (Datum/Ereignis) für unzulässig zu erklären".

d) nur **hinsichtlich** des die Zwangsvollstreckung konkret betreibenden **Gläubigers** bzw. nur im Hinblick auf den **Schuldner** für unzulässig zu erklären:

„die Zwangsvollstreckung aus dem – genau bezeichneten Titel – insoweit für unzulässig erklären, als der seinerzeitige Kläger (Namensangabe) gegen den seinerzeitigen Beklagten und jetzigen Kläger (Namensangabe) die Zwangsvollstreckung betreibt";

„die Zwangsvollstreckung aus dem – genau bezeichneten Titel – hinsichtlich des dortigen Beklagten und jetzigen Klägers für unzulässig zu erklären".

Unrichtig wäre in diesen Fällen ein Antrag, „die … aus dem … für unzulässig zu erklären", weil bei einer entsprechenden Tenorierung aus einem solchen Urteil überhaupt nicht mehr vollstreckt werden kann, also auch nicht mehr für und gegen den Rechtsnachfolger nach Klauselerteilung gem. § 727 ZPO.

e) nur **Zug um Zug** gegen eine Leistung des Gläubigers:

„die Zwangsvollstreckung aus dem – genau bezeichneten Titel – nur Zug um Zug gegen ... (genaue Angabe des Gegenanspruchs, z.B. der zu behebenden Mängel) für zulässig zu erklären".

Beispiel:

Ein Bauträger vollstreckt aus einer notariellen Urkunde die letzte Rate des offenstehenden Kaufpreises, der Bauherr wendet Mängel ein.

f) Kombinationen von a)–e) sind möglich.

Die genaue Fassung des Klageantrages ist auch deshalb wichtig, weil bei einer unzutreffenden Fassung des Klageantrages ein Teil-Unterliegen mit entsprechender Kostenfolge vorliegt; ein in der Praxis gerade bei Zug-um-Zug-Leistung immer wieder auftretender Fall.

Liegen dem Klageantrag **mehrere Einwendungen** zugrunde, muß der Kläger diese nicht in ein Eventualverhältnis zueinander stellen.

3. Zuständigkeit

1122 Sachlich und örtlich ausschließlich (§ 802 ZPO) zuständig ist bei **gerichtlichen Entscheidungen** und **Prozeßvergleichen** das Prozeßgericht des ersten Rechtszuges, also das Gericht des Ausgangsverfahrens, in dem der Vollstreckungstitel geschaffen worden ist. Betrifft der Titel eine Familiensache, dann ist auch die Vollstreckungsabwehrklage eine Familiensache (BGH NJW 1980, 1393). Ohne Bedeutung ist in diesem Zusammenhang, ob das Prozeßgericht des ersten Rechtszuges für die Streitsache zuständig war.

1123 Bei einem **Vollstreckungsbescheid** (§ 794 Abs. 1 Nr. 4 ZPO) ist gem. § 796 Abs. 3 ZPO das Gericht sachlich und örtlich ausschließlich zuständig, das für eine Entscheidung im Streitverfahren entsprechend §§ 690 Abs. 1 Nr. 5, 692 Abs. 1 Nr. 6, 696 Abs. 1 S. 4, Abs. 5 ZPO zuständig gewesen wäre. Die vom Antragsteller im Mahnantrag gem. § 690 Abs. 1 Nr. 5 ZPO (in der seit 1. 1. 1992 geltenden Fassung) getroffene Bezeichnung des für das Streitverfahren **zuständigen** Gerichts ist mit der Zustellung des Mahnbescheids für den Kläger verbindlich und unwiderruflich geworden (BGH NJW 1993, 1273; StJ/Schlosser § 696 Rn. 8). Dies gilt jedoch nur, soweit dem Kläger tatsächlich ein Wahlrecht gem. § 35 ZPO zustand; also nicht bei einer wirksamen anderslautenden Gerichtsstandsvereinbarung mit Ausschließlichkeitscharakter. In einem solchen Fall ist allein das wirksam vereinbarte Gericht ausschließlich zuständig (BGH NJW 1993, 2810, 2811).

1124 Bei gerichtlichen und notariellen **vollstreckbaren Urkunden** gem. § 794 Abs. 1 Nr. 5 ZPO ist sachlich – je nach Streitwert – das AG/LG, örtlich das Gericht des allgemeinen Gerichtsstands des Schuldners (§§ 12 ff. ZPO) und, wenn es an einem solchen fehlt, das Gericht des § 23 ZPO zuständig (§ 797 Abs. 5 ZPO). Soweit der besondere Gerichtsstand des § 800 Abs. 3 ZPO gegeben ist – Zwangsvollstreckung aus Urkunden wegen eines dinglichen oder persönlichen Anspruchs gegen den jeweiligen Eigentümer eines Grundstücks – ist jedoch ausschließlich das Gericht zuständig, in dessen Bezirk das Grundstück belegen ist (§ 24 ZPO).

4. Rechtsschutzinteresse

Es besteht ab der bloßen **Existenz** eines Vollstreckungstitels, denn ab diesem Zeitpunkt **1125** droht eine Zwangsvollstreckung. Anderes gilt nur, wenn sich aus den konkreten Umständen des Falles ergibt, daß eine Zwangsvollstreckung mit Sicherheit nicht zu erwarten ist. Nicht notwendig ist daher, daß eine Vollstreckungsklausel bereits erteilt oder auch nur beantragt, oder ein Vollstreckungsauftrag erteilt wurde bzw. die Vollstreckung begonnen hat. Hat der im Titel oder in der Vollstreckungsklausel ausgewiesene Gläubiger die titulierte Forderung auf einen Dritten übertragen, droht die Vollstreckung durch diesen Dritten grundsätzlich nur dann, wenn die materiellen Voraussetzungen vorliegen, unter denen ihm eine Vollstreckungsklausel gem. §§ 727 f. ZPO erteilt werden könnte (BGH NJW 1993, 1396, 1397). Ein Rechtsschutzinteresse kann aber ausnahmsweise auch dann zu bejahen sein, wenn trotz einer notwendigen, aber bisher unterbliebenen Erteilung der Vollstreckungsklausel für den Rechtsnachfolger – nur – Einwendungen geltend gemacht werden, die den durch den Titel festgestellten Anspruch selbst betreffen (BGH NJW 1992, 2159, 2160 = JZ 1993, 94 mit Anm. Münzberg: der frühere Konkursverwalter vollstreckte nach Beeendigung des Konkursverfahrens aufgrund eines auf ihn als Konkursverwalter lautenden Titels, wobei er und nicht der bisherige Gemeinschuldner als wahrer Rechtsträger in Betracht kam).

Kein Rechtsschutzinteresse besteht mehr, wenn die **Zwangsvollstreckung** in vollem **1126** Umfang **beendet** ist, weil dann das Ziel der Vollstreckungsabwehrklage nicht mehr verwirklicht werden kann. Daher ist die Vollstreckungsabwehrklage auch noch nach Verwertung des Pfändungsgegenstandes zulässig, solange nicht der gesamte Erlös verteilt und der Titel an den Schuldner ausgehändigt worden ist. Der bloße Verzicht des Gläubigers auf die Zwangsvollstreckung beseitigt das Rechtsschutzbedürfnis nicht (BGH NJW 1984, 2826), und zwar selbst dann nicht, wenn nach Teilerfüllung des titulierten Anspruchs durch Scheckzahlung für den Forderungsrest noch ein Titel notwendig ist (OLG Hamm WRP 1992, 195). Denn im letzteren Fall kann der Gläubiger gem. § 733 ZPO eine auf den offenen Forderungsrest beschränkte weitere vollstreckbare Ausfertigung erwirken und den weitergehenden ursprünglichen Titel an den Schuldner aushändigen (BGH NJW 1992, 2148); anderes gilt nur dann, wenn unzweifelhaft eine Zwangsvollstreckung nicht mehr droht, wie es insbesondere bei einem Titel auf **wiederkehrende Leistungen** hinsichtlich der fällig gewordenen, aber schon erbrachten Leistungen der Fall sein kann (vgl. BGH NJW 1984, 2826, 2827; NJW 1993, 2105, 2106).

Das Rechtsschutzinteresse für eine Vollstreckungsabwehrklage, nicht aber auch für **1127** eine Klage auf Herausgabe des Titels entfällt, wenn der Gläubiger die Erstausfertigung einer vollstreckbaren Urkunde dem Notar unter Verzicht auf die Rücknahme mit der Weisung übergeben hat, sie dem Schuldner gegen Löschung von Eintragungen im Grundbuch auszuhändigen, vgl. BGH NJW 1994, 1161: der Notar hatte durch einen entsprechenden Vermerk auf dem Titel sichergestellt, daß dieser nicht versehentlich an den Gläubiger zurückgegeben wurde; für eine weitere vollstreckbare Ausfertigung gem. § 733 ZPO bestand infolge Rücktritts vom Vertrag kein berechtigtes Interesse mehr.

Das Rechtsschutzinteresse **fehlt/fällt** weg, wenn **1128**

– bereits eine zulässige **Berufung** eingelegt worden ist, oder nach Erhebung der Vollstreckungsabwehrklage eine zulässige Berufung eingelegt wird, mit der das angefochtene Urteil auch im Hinblick auf materiell-rechtliche Einwendungen der Vollstreckungsabwehrklage überprüft werden soll und dieses Vorbringen im Berufungsverfahren – noch – geltend gemacht werden kann (siehe auch MünchKommZPO/Schmidt § 767 Rn. 14; vgl. aber Rn. 1135 f. zur Präklusion);

– ausschließlich die von Anfang an bestehende oder rückwirkend herbeigeführte Unwirksamkeit eines gerichtlichen Vergleichs geltend gemacht werden soll; hierüber muß durch Fortsetzung des alten Prozesses entschieden werden (h.M.: vgl. MünchKommZPO/Schmidt § 767 Rn. 13). Hingegen ist im Rahmen der Vollstreckungsabwehrklage zu klären, wenn neben der Nichtigkeit hilfsweise der nachträgliche Wegfall der Zahlungspflicht behauptet (BGH NJW 1967, 2014), oder die Unzulässigkeit der Zwangsvollstreckung auf eine Auslegung des Vergleichs (BGH NJW 1977, 583) oder den Wegfall der Geschäftsgrundlage (BGH NJW 1966, 1658; BVerwG NJW 1994, 2306) gestützt wird (vgl. MünchKommZPO/Schmidt a.a.O.);

– Vollstreckungstitel ein **Arrestbefehl** ist im Hinblick auf die Möglichkeit des § 927 ZPO;

– auf die Geltendmachung einer Vollstreckungsabwehrklage aufgrund eines Prozeßvergleichs **verzichtet** worden ist (BGH NJW 1982, 2072, 2073);

– der Titel nur auf den streitigen **Spitzenbetrag** eines zu zahlenden Unterhalts lautet („... über den freiwillig gezahlten Betrag von 500,– DM hinaus weitere 200,– DM an ... zu zahlen") und die erstrebte Herabsetzung der Unterhaltsrente den freiwillig gezahlten Sockelbetrag nicht übersteigt. Denn dann brauchen nur die freiwilligen Zahlungen gekürzt zu werden, wobei Zahlungen mit entsprechender Bestimmung (§ 366 BGB analog) auf den titulierten Betrag anzurechnen sind (BGH NJW 1993, 1995, 1996).

III. Begründetheit

1129 Die Vollstreckungsabwehrklage ist begründet, wenn

a) die Sachbefugnis der Parteien besteht,

b) materiell-rechtliche Einwendungen gegen den titulierten Anspruch vorliegen

c) und diese Einwendungen nicht präkludiert sind.

1. Sachbefugnis

1130 Hierunter versteht man die **aktive und passive Klagebefugnis**, also die Frage, wer richtiger Kläger (aktivlegitimiert) bzw. Beklagter (passivlegitimiert) ist. **Kläger** kann nur der Vollstreckungsschuldner sein. Das ist derjenige, der zur Zeit der Klageerhebung im Vollstreckungstitel als Schuldner bezeichnet ist; also entweder der ursprüngliche Schuldner oder derjenige, auf den der Vollstreckungstitel gem. §§ 727 ff. ZPO umgeschrieben wurde. Daher scheidet der Drittschuldner als Klagepartei aus (BAG NJW 1964, 687).

Beklagter ist der Vollstreckungsgläubiger. Das ist derjenige,

- der im Vollstreckungstitel als ursprünglicher Gläubiger aufgeführt ist bzw. bei Rechtsnachfolge derjenige, dem eine Vollstreckungsklausel erteilt werden könnte, weil dann durch ihn die Zwangsvollstreckung droht (BGH NJW 1993, 1396);

- für den die Vollstreckungsklausel erteilt worden ist, unabhängig davon, ob dies zu Recht erfolgt ist, weil von ihm die Zwangsvollstreckung droht, solange die Klausel auf ihn lautet;

- der sich als Gläubiger ausgibt und mit Zwangsvollstreckung droht, auch wenn noch keine auf ihn lautende Vollstreckungsklausel erteilt worden ist (vgl. BGH NJW 1992, 2159, der stillschweigend hiervon ausgeht; Zöller/Herget § 767 Rn. 11).

2. Materiell-rechtliche Einwendungen gegen den titulierten Anspruch

Diese Einwendungen können bei **Endurteilen** (§ 704 ZPO) sowie **der Rechtskraft fähi-** 1131 **gen gerichtlichen Entscheidungen** nur **rechtsvernichtender** oder **rechtshemmender** Art sein. Notwendig ausgeschlossen sind insoweit rechtshindernde Einwendungen, wie z.B. die Geschäftsunfähigkeit, Nichtigkeit wegen Formmangels, Sittenwidrigkeit (BGH NJW 1982, 2767) oder Verstoß gegen ein gesetzliches Verbot. Denn diese Tatsachen können aufgrund ihrer Art nicht erst nach Schluß der mündlichen Verhandlung (§ 296a ZPO) als dem für § 767 Abs. 2 ZPO maßgeblichem Zeitpunkt entstanden sein, sondern nur vorher. Hingegen können bei der Vollstreckung aus **nicht der Rechtskraft fähigen Titeln** wie gerichtlichen oder notariellen Urkunden (§ 794 Abs. 1 Nr. 5 ZPO) auch **rechtshindernde** Einwendungen geltend gemacht werden, weil für diese die zeitliche Beschränkung des § 767 Abs. 2 ZPO nicht gilt (§ 795 Abs. 4 ZPO); bei gerichtlichen Vergleichen ist in diesem Fall das alte Verfahren fortzusetzen (BGH NJW 1977, 583).

Als zulässige **rechtsvernichtende** Einwendungen kommen u.a. in Betracht: 1132

- **Änderung der Rechtsprechung** nur, soweit eine entsprechende Regelung im Gesetz vorgesehen ist (z.B. in § 79 Abs. 2 S. 3, § 95 Abs. 3 S. 3 BVerfGG bei der Nichtigerklärung von Normen; §§ 17, 19 AGBG), weil ansonsten die Rechtssicherheit beeinträchtigt würde.

- **Anfechtung** (§§ 119, 123 BGB – siehe hierzu aber auch Rn. 1149)

- **Aufrechnung** (§§ 387 ff. BGB, § 1142 Abs. 2 BGB – siehe hierzu aber auch Rn. 1149)

- **Erfüllung**, auch bezüglich einer Nachbesserungsforderung (BGH NJW 1993, 1394, 1395). Betreibt der Gläubiger die Zwangsvollstreckung auch hinsichtlich solcher Mängel, die bereits ordnungsgemäß beseitigt worden sind, ist die Zwangsvollstreckung teilweise für unzulässig zu erklären; eines eingeschränkten Antrags bedarf es dazu nicht (aber: Kostenfolge gem. § 92 ZPO). Die noch nachzubessernden Mängel müssen jedoch so bestimmt bezeichnet werden, daß eine Vollstreckung des fortbestehenden Anspruchs möglich ist (BGH a.a.O.).

- **Erlaß**

- ausgeübtes **Optionsrecht** (BGHZ 94, 29, 34, 35 = NJW 1985, 2481, 2482)

- **Rücktritt**

– **unzulässige Rechtsausübung**, soweit die Vollstreckung dadurch auf Dauer ausgeschlossen wird (BGHZ 94, 316, 318 = NJW 1985, 2263)

– **Nachbesserungsanspruch**: werden 2 Möglichkeiten der Nachbesserung geschuldet, die 2. Alternative aber nur bei einem Scheitern der 1. Alternative, kann der Schuldner einwenden, daß die bedingte (2.) Alternative, deretwegen der Gläubiger vollstreckt, nicht oder derzeit noch nicht geschuldet wird (BGH NJW 1993, 1394). Beispiel: Nachbesserung von Plattenbelägen durch 1. Ausspachtelung der Risse; 2. falls dies keine ordnungsgemäße Nachbesserung darstellt: im Wege der Gesamtsanierung durch Neuverlegung

– **Vergleich**, auch Prozeßvergleich, soweit mehr als das im Vergleich Vereinbarte vollstreckt werden soll

– **(Ver-)pfändung**

– **Verwirkung** (BGH FamRZ 1991, 1175; NJW 1993, 1394)

– **Vollstreckungsbeschränkende Vereinbarung** (BGH MDR 1991, 668 = NJW 1991, 2295; str., vgl. Rn. 320)

– isolierte **Vollstreckungsstandschaft** (BGHZ 92, 347 = NJW 1985, 809; NJW-RR 1992, 61; NJW 1993, 1396, 1398)

– **Wandelung**

– **Wegfall der Aktivlegitimation** des Klägers, z.B. infolge Abtretung; Übergang des Anspruchs gem. §§ 90, 91 BSHG, § 426 Abs. 2 BGB, § 1143 Abs. 1 BGB; Pfändung und Überweisung gem. §§ 829, 835 ZPO – OLG Frankfurt/Main DGVZ 1993, 91)

– **Wegfall der Geschäftsgrundlage** (BGH NJW 1966, 1658; BVerwG NJW 1994, 2306)

1133 Beispiele **rechtshemmender** Einwendungen:

– **Bereicherungseinrede**, § 821 BGB

– fehlende **Fälligkeit**; insbesondere bei notariellen Urkunden, die einen Verzicht auf den Nachweis der Fälligkeit enthalten (OLG Hamm NJW-RR 1991, 1151; DNotZ 1993, 244; OLG München NJW-RR 1992, 125)

– **Nachbesserung**, s. bei rechtsvernichtende Einwendung

– **Stundung**

– **unzulässige Rechtsausübung**, soweit sie die Vollstreckung nur vorübergehend unzulässig macht

– **Verjährung** (BGH NJW 1993, 1394)

– **Zurückbehaltungsrecht** gem. §§ 273, 320 BGB (BGH WM 1981, 199, 201; MünchKommZPO/Schmidt § 767 Rn. 68). Hierbei ist allerdings zu beachten, daß ein Zurückbehaltungsrecht die Zwangsvollstreckung nicht unzulässig macht, sondern zu einer Zug-um-Zug-Verurteilung führt, §§ 274, 322 BGB (s. oben Rn. 1121).

Beispiel:

Ein Bauträger vollstreckt aus einer notariellen Urkunde die letzte Rate des offenstehenden Kaufpreises, der Bauherr wendet Mängel ein.

Nicht zu den Einwendungen des § 767 ZPO gehören: 1134

– Der Mißbrauch gerichtlicher Entscheidungen, z.B. Vollstreckungsbescheide über sittenwidrige Darlehen. Denn insoweit geht es um die Unrichtigkeit der Entscheidungen bzw. die Sittenwidrigkeit ihrer Ausnutzung und nicht um nachträgliche Einwendungen gegen den titulierten Anspruch selbst (OLG Köln NJW-RR 1987, 941; MünchKommZPO/Schmidt § 767 Rn. 69; str.).

– Nachträgliche Änderung des Verzugszinssatzes, der in der rechtskräftig titulierten Entscheidung festgelegt wurde (BGH NJW 1987, 3266; für eine Anwendung des § 323 ZPO in diesem Fall: OLG Karlsruhe NJW 1990, 1738; Zöller/Vollkommer § 323 Rn. 25; Thomas/Putzo § 323 Rn. 19).

– Fehlen oder Unrichtigkeit der Klausel: §§ 732, 768 ZPO

– Unwirksamkeit des Titels: Feststellungsklage gem. § 256 ZPO oder Gestaltungsklage analog § 767 ZPO (s. Rn. 1110)

– Art und Weise der Zwangsvollstreckung: § 766 ZPO

– Einwendungen gegen die Höhe des Kostenvorschusses gem. § 887 Abs. 2 ZPO (BGH NJW 1993, 1394).

3. Präklusion gem. § 767 Abs. 2 ZPO

Liegt eine der unter Rn. 1131 f. angeführten Einwendungen vor, ist die Klage dennoch 1135 unbegründet – und nicht unzulässig, wie man vom Wortlaut des § 767 Abs. 2 ZPO („nur insoweit zulässig ...") her meinen könnte –, wenn diese Einwendung

• vor den in § 767 Abs. 2 und 3 ZPO bzw. § 796 Abs. 2 ZPO genannten Zeitpunkten entstanden ist, oder zwar danach, aber durch Einspruch hätte geltend gemacht werden können,

• und in dem Verfahren grundsätzlich hätte geltend gemacht werden können,

• und der Titel der materiellen Rechtskraft fähig ist, denn diese soll durch § 767 ZPO geschützt werden.

Auf die Gestaltungsklage analog § 767 ZPO (vgl. dazu Rn. 1110) findet § 767 Abs. 2 ZPO keine Anwendung (BGH NJW 1994, 460 = ZIP 1994, 67).

a) Maßgeblicher Zeitpunkt 1136

für die Präklusion ist demnach bei einem

Urteil 1137

der Zeitpunkt der letzten mündlichen Verhandlung in der Tatsacheninstanz (erste Instanz/Berufungsinstanz). Maßgebend ist insofern die Tatsachenverhandlung, die stattgefunden hat, nicht eine solche, die hätte stattfinden können.

> **Beispiel:**
>
> Nach der letzten mündlichen Verhandlung erster Instanz entsteht die Einwendung der Erfüllung infolge Zahlung; es wird keine Berufung eingelegt: die Einwendung ist nicht ausgeschlossen, weil eine mündliche Verhandlung vor dem Berufungsgericht nicht stattgefunden hat.

Ergeht ein Urteil im **schriftlichen Verfahren gem. § 128** Abs. 2 ZPO, so entspricht dem Schluß der mündlichen Verhandlung der im Beschluß gem. § 128 Abs. 2 S. 2 ZPO bestimmte Zeitpunkt, bis zu dem Schriftsätze eingereicht werden können. Bei einem Urteil im schriftlichen Verfahren gem. **§ 128 Abs. 3 ZPO** entspricht dem Schluß der mündlichen Verhandlung der Zeitpunkt, den das Gericht im Anordnungsbeschluß bestimmt.

Dem Schluß der mündlichen Verhandlung entspricht bei einer Entscheidung nach **Lage der Akten gem. § 251a ZPO** der Tag des versäumten Termins, nicht etwa der Tag der Verkündung.

Bei **Vorbehaltsurteilen** (§§ 302, 600 ZPO) ist entscheidend die letzte mündliche Verhandlung im Nachverfahren, soweit in diesem Verfahren derartige Einwendungen noch zulässig waren (RGZ 45, 429, 432; BGH NJW 1993, 668; NJW 1991, 1117).

Grundurteil: Maßgebend ist die letzte Tatsachenverhandlung, in der Einwendungen zum Grund des Anspruchs geltend gemacht werden konnten (Baur/Stürner Rn. 746).

Höhe-Urteil: Maßgebend ist der Zeitpunkt der letzten mündlichen Verhandlung in der Tatsacheninstanz, in der über die Höhe entschieden wurde.

Versäumnisurteil: Maßgebend ist der Zeitpunkt des Ablaufs der Einspruchsfrist (h.M.: vgl. MünchKommZPO/Schmidt § 767 Rn. 76, 15 mit zutreffender Ablehnung der Mindermeinung). Konnten die Einwendungen innerhalb der Einspruchsfrist, und zwar in der Einspruchsschrift (§ 340 Abs. 3 ZPO) oder auch noch später, weil ein Verstoß gegen § 340 Abs. 3 nicht zur Unzulässigkeit des Einspruchs führt (BGH NJW 1979, 1988), geltend gemacht werden, sind diese gem. § 767 Abs. 2 ZPO präkludiert. Dies gilt auch für solche Einwendungen, die nicht geltend gemacht wurden, weil die Partei eine Zurückweisung dieses Vorbringens gem. §§ 296, 528 ZPO – zu Recht oder zu Unrecht – befürchtete. Eine „Flucht in die Vollstreckungsabwehrklage wegen Säumnis" scheidet daher aus.

1138 **Prozeßvergleich** (§ 794 Abs. 1 Nr. 1 ZPO)
Eine Präklusion gem. § 767 Abs. 2 ZPO scheidet aus, weil dieser Titel nicht in materielle Rechtskraft erwächst (BGH NJW 1977, 583, 584).

1139 **Kostenfestsetzungsbeschluß** (§ 794 Abs. 1 Nr. 2 ZPO)
Keine Präklusion, weil in diesem Verfahren keine Möglichkeit besteht, materiell-rechtliche Einwendungen geltend zu machen (h.M.: BGH NJW 1952, 144; MünchKommZPO/Schmidt § 767 Rn. 75 m.w.N.).

1140 **Regelunterhalts-** (§ 794 Abs. 1 Nr. 2a ZPO) **und Unterhaltsabänderungsbeschluß** (§ 794 Abs. 1 Nr. 2b ZPO)
Im Regelunterhaltsverfahren können nur Einwendungen gem. §§ 642b, 643a ZPO geltend gemacht werden. Insoweit findet § 767 ZPO keine Anwendung. Sonstige materiell-rechtliche Einwendungen sind daher nicht präkludiert.

Beispiel:
Der Vater des nichtehelichen Kindes hat die Vaterschaft anerkannt (§ 1600a BGB) und sich gem. § 642c Nr. 2 ZPO zur Zahlung des Regelunterhalts verpflichtet. Gegen den Festsetzungsbeschluß gem. § 642a ZPO könnte der Einwand, er habe das Vaterschaftsanerkenntnis gem. §§ 1600g ff. BGB angefochten, nicht erhoben werden. Mit dieser Einwendung wäre er daher auch nicht gem. § 767 Abs. 2 ZPO präkludiert.

Beschlüsse gem. § 794 Abs. 1 Nr. 3 ZPO   1141
(z.B. gem. §§ 91a, 99 Abs. 2, 127, 887, 888 ZPO). Auf sie findet gem. § 795 ZPO der
§ 767 Abs. 2 ZPO entsprechende Anwendung, soweit in dem Beschlußverfahren die
materiell-rechtliche Einwendung geltend gemacht werden konnte. Daher nach h.M.
bei einem Beschluß gem. § 887 Abs. 1 ZPO keine Präklusion, weil der Erfüllungseinwand des Schulders hier unbeachtlich und der Schuldner auf § 767 ZPO verwiesen ist
(vgl. Rn. 852).

Vollstreckungsbescheid (§ 794 Abs. 1 Nr. 4 ZPO)   1142
Es gilt das zum Versäumnisurteil ausgeführte, weil er einem vorläufig vollstreckbaren Versäumnisurteil gleichsteht (§ 700 Abs. 1 ZPO) und nach h.M. der materiellen
Rechtskraft fähig ist. § 796 Abs. 2 ZPO ersetzt nur den Zeitpunkt der letzten mündlichen Verhandlung durch den der Zustellung des Vollstreckungsbescheids.

Vollstreckbar erklärter Schiedsspruch, schiedsrichterlicher Vergleich und Anwalts-   1143
vergleich gem. § 1044b Abs. 1 ZPO (§ 794 Abs. 1 Nr. 4b, 1. Halbs., §§ 1042–1042c ZPO)
Einwendungen gegen den zuerkannten Anspruch sind nur insoweit zulässig, als
Gründe, auf denen sie beruhen, nach dem Zeitpunkt entstanden sind, in dem sie in
dem schiedsrichterlichen Verfahren spätestens hätten geltend gemacht werden müssen (BGH NJW 1990, 3210).

Anwaltsvergleich gem. § 1044b Abs. 2 ZPO (§ 794 Abs. 1 Nr. 4a, 2. Halbs.)   1144
Eine Präklusion ist hier durch § 797 Abs. 4 und 6 ZPO ausgeschlossen.

Vollstreckbare Urkunden (§ 794 Abs. 1 Nr. 5 ZPO)   1145
Eine Präklusion ist durch § 797 Abs. 4 ZPO ausgeschlossen.

Festsetzungsbeschluß gem. § 19 BRAGO   1146
Da hier der Schuldner der Festsetzung auch mit Hinweis auf materielle Einwendungen
widersprechen kann (§ 19 Abs. 5 S. 1 BRAGO), findet § 767 Abs. 2 ZPO Anwendung
(h.M.: BGH MDR 1976, 914). Maßgeblicher Zeitpunkt ist in sinngemäßer Anwendung
des § 767 Abs. 2 ZPO der Zeitpunkt des Erlasses der Entscheidung; unter Berücksichtigung der Entscheidung BVerfG NJW 1993, 51 ist unter Erlaß insoweit der Zeitpunkt zu verstehen, bis zu dem der Urkundsbeamte der Geschäftsstelle die Ausfertigung zur Zustellung hinausgibt.

Eintragung in die Konkurstabelle (§ 145 Abs. 2 KO)   1147
Sie steht einem rechtskräftigen Urteil gleich; hinsichtlich der Zwangsvollstreckung finden gem. § 164 Abs. 2 KO die §§ 724–793 ZPO entsprechende Anwendung, somit auch
§ 767 Abs. 2 ZPO. Maßgeblicher Zeitpunkt ist der Schluß des Prüfungstermins (BGH
NJW 1987, 1692; ZIP 1991, 456, 457; Kilger/K. Schmidt § 145 KO Anm. 6).

b) „Entstehung"   1148

Die Einwendung ist entstanden, wenn die sie begründenden Tatsachen bis zum o.a.
maßgeblichen Zeitpunkt objektiv vorhanden waren, so daß der Schuldner sie von daher hätte in den Prozeß einführen und dem Gericht zur Entscheidung unterbreiten,
also geltend machen können. Unerheblich ist, warum er die objektiv mögliche Geltendmachung unterlassen hat, also z.B. infolge Unkenntnis dieser Tatsachen (BGH
NJW 1973, 1328). Dies gilt auch für die Geltendmachung von Einreden (z.B. Ver-

jährung) und Einwendungen (z.B. Verwirkung), vgl. MünchKommZPO/Schmidt § 767 ZPO Rn. 79. Es kommt daher grundsätzlich nicht darauf an, ob eine die Rechtslage ändernde Tatsache bis zum maßgeblichen Zeitpunkt hätte geschaffen werden können (BGH NJW 1985, 2481, 2482).

1149 Die h.M. in der Rechtsprechung macht hiervon eine Ausnahme bei **gesetzlichen Gestaltungsrechten**; bei diesen kommt es danach nicht auf die tatsächliche Ausübung des Gestaltungsrechts (wie z.B. Anfechtung, Aufrechnung, Rücktritt, Wandelung) an, sondern auf den Zeitpunkt, in dem das Gestaltungsrecht durch den Vollstreckungsschuldner hätte ausgeübt werden können (vgl. BGHZ 34, 274, 279 = NJW 1961, 1067, 1068; NJW 1980, 2527, 2528). Begründet wird dies damit, daß die Freiheit des Berechtigten, ob und wann er sein Gestaltungsrecht ausüben will, nur Nebenfolge, nicht aber Zweck des gesetzlichen Gestaltungsrechts sei (BGH NJW 1985, 2482). Bei der **Aufrechnung** ist daher maßgebend der Zeitpunkt, als sich die Forderungen erstmals aufrechenbar gegenüberstanden, § 387 BGB. Im Konkurs besteht eine solche Aufrechnungslage erst, wenn die Konkursforderung des Gläubigers zur Konkurstabelle festgestellt worden ist (BGH NJW 1987, 1691, 1692). Gegenüber an sich unpfändbaren Unterhaltsforderungen kann mit einer Schadensersatzforderung wegen vorsätzlich begangener unerlaubter Handlung aufgerechnet werden, die im Rahmen des Unterhaltsverhältnisses begangen wurde, weil das Aufrechnungsverbot des § 394 BGB insoweit nicht entgegensteht. Dem Unterhaltsverpflichteten muß jedoch das Existenzminimum verbleiben; zudem ist die Aufrechnung nur möglich gegenüber fälligen oder maximal in den nächsten sechs Monaten fällig werdenden Unterhaltsansprüchen, weil der Unterhaltsberechtigte auch nur für diesen Zeitraum Vorauszahlungen entgegennehmen müßte (BGH NJW 1993, 210). Wurde der Aufrechnungseinwand gem. § 530 Abs. 2 ZPO mangels Sachdienlichkeit im Vorprozeß nicht zugelassen, kann die Vollstreckungsabwehrklage nicht mehr auf diesen Aufrechnungseinwand gestützt werden (BGH WM 1994, 1185, 1186). Soweit aber nicht der Schuldner, sondern ein Dritter gegenüber der Forderung des Gläubigers gegen den Schuldner mit einer eigenen Forderung berechtigterweise aufrechnet (vgl. §§ 268, 1142, 1150 BGB), ist ausnahmsweise maßgebend der Zeitpunkt des Wirksamwerdens der Aufrechnung. Denn der Schuldner selbst kann die Aufrechnung nicht erklären, sondern sich nur auf eine von dem berechtigten Dritten bereits erklärte Aufrechnung berufen.

1150 Dementsprechend ist nach der Rechtsprechung bei einem vertraglich eingeräumten Optionsrecht (BGHZ 94, 29, 32 f. = NJW 1985, 2481) sowie bei einem auf Dauer bestehenden Leistungsbestimmungsrecht gem. § 315 BGB (BAG AP Nr. 2 zu § 767 ZPO Bl. 455) der Zeitpunkt der Gestaltungserklärung maßgebend, weil in diesen Fällen die Freiheit des Berechtigten hinsichtlich des Ob und des Zeitpunkts der Ausübung des Gestaltungsrechts Zweck und nicht nur Nebenfolge dieser Gestaltungsrechte sei.

1151 Streitig ist, ob für die Ausübung des **Widerrufs bei einem Abzahlungsgeschäft** (§ 1b AbzG), **Verbraucherkreditgeschäft** (§ 7 VerbrKrG) sowie **Haustürgeschäften** (§ 1 HausTWG) auf den Zeitpunkt der Ausübung des Widerrufs (so zutreffend: OLG Karlsruhe NJW 1990, 2474; OLG Stuttgart NJW 1994, 1225; MünchKommZPO/Schmidt § 767 Rn. 82) oder den ankommt, zu dem der Widerruf möglich war (OLG Hamm NJW 1993, 140).

1152 Demgegenüber stellt die wohl h.M. im Schrifttum auf den Zeitpunkt der Ausübung des Gestaltungsrechts ab (vgl. StJ/Münzberg § 767 Rn. 32 ff.; Thomas/Putzo § 767 Rn. 22).

4. Präklusion gem. § 767 Abs. 3 ZPO

Bei einer **wiederholten Vollstreckungsabwehrklage** gegen denselben Titel mit anderen materiell-rechtlichen Einwendungen ist die Präklusion gem. § 767 Abs. 3 ZPO zu beachten, nach der alle Einwendungen ausgeschlossen sind, die bis zum Schluß der letzten mündlichen Tatsachenverhandlung der ersten Vollstreckungsabwehrklage geltend gemacht werden konnten, und zwar auch im Wege des Nachschiebens von Einwendungen (BGH NJW 1991, 2281). Entsprechendes soll gelten, wenn eine Abänderungsklage gem. § 323 ZPO vorausgegangen ist (OLG Hamm FamRZ 1993, 581). Keine Anwendung findet § 767 Abs. 3 ZPO auf eine Gestaltungsklage analog § 767 ZPO, soweit eine Vollstreckungsabwehrklage vorausgegangen ist (BGH NJW 1994, 460 = ZIP 1994, 67; vgl. auch Rn. 1110).

§ 767 Abs. 3 ZPO findet auch dann Anwendung, wenn der Schuldner ohne eigenes Verschulden mangels Kenntnis nicht in der Lage war, die Einwendung im früheren Vollstreckungsabwehrverfahren geltend zu machen; schließlich auch unabhängig davon, ob im Rahmen der ersten Vollstreckungsabwehrklage die Präklusionsvorschrift des § 767 Abs. 2 ZPO Anwendung fand oder nicht (BGH NJW 1973, 1328; NJW-RR 1987, 59). Zwingende Grundlage für die Ausschlußwirkung ist jedoch eine gerichtliche Entscheidung in der Hauptsache im Rahmen einer Vollstreckungsabwehrklage. § 767 Abs. 3 ZPO findet daher keine Anwendung, wenn die Vollstreckungsabwehrklage zurückgenommen oder gem. § 91a ZPO der Rechtsstreit in der Hauptsache übereinstimmend für erledigt erklärt worden war (BGH NJW 1991, 2280).

In diesem Zusammenhang ist zu beachten, daß nach der Rechtsprechung das Nachschieben neuer Einwendungen als **Klageänderung** angesehen wird, deren Zulassung außerhalb des Bereichs des § 264 ZPO Sachdienlichkeit oder Einwilligung des Beklagten voraussetzt, § 263 ZPO (BGHZ 45,231 = NJW 1966, 1362; Zöller/Herget § 767 Rn. 22; offen gelassen in BGH NJW-RR 1987, 59). Es besteht daher die Möglichkeit, daß derartige neue Einwendungen nicht zugelassen werden, andererseits dieselbe Einwendung infolge Präklusion gem. § 767 Abs. 3 ZPO mit einer neuen Vollstreckungsabwehrklage nicht mehr geltend gemacht werden kann (vgl. MünchKommZPO/Schmidt § 767 Rn. 42; Baumbach/Hartmann § 767 Rn. 57, 58; s. auch BGH WM 1994, 1185).

5. Beweis

Auch im Rahmen der Vollstreckungsabwehrklage gelten grundsätzlich die materiellen Beweislastregeln: derjenige, der ein Recht geltend macht, muß die tatsächlichen Voraussetzungen der rechtsbegründenden und rechtserhaltenden Tatbestandsmerkmale beweisen; wer hingegen ein Recht leugnet, muß die tatsächlichen Voraussetzungen der rechtshindernden, rechtshemmenden und rechtsvernichtenden Tatsachen beweisen (BGH NJW 1986, 2426, 2427; OLG Hamm JurBüro 1994, 308, 309). Nach der Rechtsprechung des BGH (NJW 1981, 2756) tritt infolge der Unterwerfung unter die Zwangsvollstreckung in einer notariellen Urkunde (§ 794 Abs. 1 Nr 5 ZPO) jedoch eine Beweislastumkehr ein, so daß der Kläger beweisen muß, daß die titulierte Forderung nicht entstanden ist. BGH NJW 1991, 1618 läßt offen, ob an dieser Rechtsprechung im Hinblick auf die geübte Kritik (z.B. Wolfsteiner NJW 1982, 2851 f.) festzuhalten ist. Macht der Schuldner geltend, die in der notariellen Urkunde angeführte Vereinbarung stelle ein Scheingeschäft dar, so trifft ihn die Beweislast dafür (BGH NJW 1991, 1618).

1153

1154

1155

1156

IV. Urteilsart und -wirkungen

1157 Mit der Rechtskraft des stattgebenden Gestaltungsurteils wird die Vollstreckbarkeit des Titels beseitigt. Aber schon aufgrund des für vorläufig vollstreckbar erklärten Urteils ist die Zwangsvollstreckung von Amts wegen einzustellen oder zu beschränken und sind bereits erfolgte Vollstreckungsmaßnahmen aufzuheben, §§ 775 Nr. 1, 776 ZPO (vgl. Rn. 271, 274, 278). Die erhobenen Einwendungen erwachsen bei stattgebender Entscheidung nicht in materielle Rechtskraft (vgl. BGH NJW-RR 1990, 48, 49).

V. Einstweiliger Rechtsschutz

1158 Die bloße Erhebung einer Vollstreckungsabwehrklage führt noch nicht zu einer Einstellung der Zwangsvollstreckung. Insoweit kann einstweiliger Rechtsschutz gem. § 769 ZPO erlangt werden (vgl. Rn. 1159 ff.).

Kapitel E
Einstweilige Anordnungen, § 769 ZPO

1159 Da die Erhebung der Vollstreckungsabwehrklage keine die Zwangsvollstreckung hemmende Wirkung zur Folge hat, kann einstweiliger Rechtsschutz über § 769 ZPO erreicht werden. Dieser setzt voraus:

I. Antrag

1160 Der notwendige Antrag kann bei Gerichten mit Anwaltszwang (§ 78 ZPO) durch Schriftsatz, ansonsten schriftlich oder zu Protokoll der Geschäftsstelle (§ 496 ZPO, § 24 Abs. 2 Nr. 3 RPflG), oder in mündlicher Verhandlung gestellt werden. Da das Gericht nicht über den gestellten Antrag hinausgehen darf (§ 308 ZPO; vgl. hierzu OLG Braunschweig NJW 1974, 2138; Zöller/Herget § 707 Rn. 10; MünchKommZPO/§ 769 Rn. 20) empfiehlt es sich, zur Vermeidung einer Zurückweisung des Antrags gegebenenfalls einen Hilfsantrag zu stellen, z.B. Einstellung der Zwangsvollstreckung ohne Sicherheitsleistung, hilfsweise mit Sicherheitsleistung.

II. Zuständigkeit

1161 **Sachlich und örtlich** zuständiges Gericht ist grundsätzlich das Prozeßgericht (§ 769 Abs. 1 ZPO), bei dem die Klage mindestens anhängig sein muß. Insoweit ist ohne Bedeutung, ob die Klage schon zugestellt ist oder das Prozeßgericht für die Klage überhaupt zuständig ist. In letzterem Fall wird der Antrag allerdings nur in Fällen der Notzuständigkeit (vgl. hierzu Zöller/Herget § 769 Rn. 3) erfolgreich sein. Nach überwiegender Meinung genügt allein die Stellung eines Prozeßkostenhilfeantrags insoweit nicht (OLG Hamburg NJW-RR 1990, 394; MünchKommZPO/Schmidt § 769 Rn. 11; Thomas/Putzo § 769 Rn. 7; Zimmermann § 769 Rn. 1; Zöller/Herget § 769 Rn. 4); anderes soll gelten, wenn ein dringender Fall vorliegt (so OLG Stuttgart NJW 1963, 258; Baumbach/Hartmann § 769 Rn. 3; MünchKommZPO/Schmidt § 769 Rn. 11; Zöller/Herget § 769 Rn. 3).

In **dringenden Fällen** kann ein Antrag – auch ohne Anhängigkeit einer Vollstreckungsabwehrklage – auch bei dem Vollstreckungsgericht (§ 764 ZPO) gestellt und von diesem eine einstweilige Anordnung erlassen werden (**§ 769 Abs. 2 ZPO**). Ein dringender Fall liegt vor, wenn das Prozeßgericht nach § 769 Abs. 1 ZPO nicht mehr rechtzeitig entscheiden könnte, bevor eine Vollstreckungsmaßnahme durchgeführt wird, die nicht mehr rückgängig zu machen ist (z.B. Versteigerung, Zahlung durch den Drittschuldner). **Funktionell** zuständig ist insoweit gem. § 20 Nr. 17 RPflG der Rechtspfleger. **1162**

III. Rechtsschutzinteresse

Ein Rechtsschutzinteresse für einen Einstellungsantrag besteht wie im Falle des § 767 ZPO von dem Zeitpunkt an, in dem eine Zwangsvollstreckung droht, bis zur Beendigung der Zwangsvollstreckung (so zutreffend MünchKommZPO/Schmidt § 769 Rn. 20; hingegen bejahen Zimmermann § 769 Rn. 1 sowie Thomas/Putzo § 769 Rn. 6 ohne nähere Begründung ein Rechtsschutzbedürfnis erst ab Erteilung der Vollstreckungsklausel). **1163**

IV. Darlegung und Glaubhaftmachung

Da eine Einstellung nur erfolgen soll, wenn die Vollstreckungsabwehrklage Aussicht auf Erfolg hat, ist das (beabsichtigte) Klagevorbringen **schlüssig darzulegen** (Zöller/Herget § 769 Rn. 6; Zimmermann § 769 Rn. 3). **1164**

Die das schlüssige Vorbringen stützenden Tatsachen sind gem. § 769 Abs. 1 S. 2 ZPO **glaubhaft** zu machen (§ 294 ZPO), und zwar durch präsente Beweismittel (§ 294 Abs. 2 ZPO). Dies bedeutet, daß bei einer (zulässigen) Entscheidung ohne mündliche Verhandlung Beweisantritte durch Vernehmung von Zeugen unstatthaft sind; findet eine mündliche Verhandlung statt, sind die Zeugen zum Termin zu stellen. Urkunden sind vorzulegen, eine Ankündigung der Vorlage einer Urkunde genügt nicht (vgl. § 420 ZPO)! Soweit eine eidesstattliche Versicherung – auch die der Partei selbst – vorgelegt wird, ist zu beachten, daß die in der Praxis immer noch anzutreffende pauschale Bezugnahme auf den Inhalt des Schriftsatzes nicht ausreicht. Vielmehr sind die Tatsachen, die die Partei oder ein Dritter glaubhaft machen wollen, im Text der eidesstattlichen Versicherung selbst anzugeben (vgl. BGH NJW 1988, 2045, 2046). **1165**

Im Fall des **§ 769 Abs. 2 ZPO** sind zusätzlich die die Dringlichkeit begründenden Tatsachen glaubhaft zu machen.

V. Entscheidung

1166   Vor der Entscheidung über den Antrag hat das Gericht dem Gegner rechtliches Gehör zu gewähren; eine Ausnahme ist nur zulässig bei der Zurückweisung des Antrags oder besonderer Eilbedürftigkeit. Welche der gem. § 769 Abs. 1 ZPO möglichen Entscheidungen das Gericht durch zu begründenden Beschluß trifft, steht in seinem pflichtgemäßen Ermessen. Die Entscheidung, die eine mündliche Verhandlung nicht erfordert, kann folgenden Inhalt haben:

1167   –   Die Zwangsvollstreckung aus dem ... (genaue Angabe des Titels) gegen ... (Antragsteller/Kläger) wird gegen Sicherheitsleistung in Höhe von ... DM – alternativ: ohne Sicherheitsleistung – einstweilen eingestellt.

Die Sicherheit ist in einer solchen Höhe zu bemessen, daß der Gläubiger daraus vollen Ersatz für den durch die einstweilige Anordnung entstehenden Schaden erlangen kann. Der Beschluß stellt ein Vollstreckungshindernis gem. § 775 Nr. 2 ZPO dar. Eine bereits erfolgte Vollstreckungsmaßnahme bleibt grundsätzlich bestehen, § 776 S. 2, 2. Halbsatz ZPO.

1168   –   Die Zwangsvollstreckung aus dem ... (genaue Angabe des Titels) gegen ... (Antragsteller/Kläger) darf nur gegen Leistung einer Sicherheit in Höhe von ... DM fortgesetzt werden.

Auch diese Entscheidung stellt ein Vollstreckungshindernis gem. § 775 Nr. 2 ZPO dar. Ein Weiterbetreiben der Zwangsvollstreckung darf erst nach Sicherheitsleistung und deren Nachweis (§ 751 Abs. 2 ZPO) erfolgen. Bisherige Vollstreckungsmaßnahmen bleiben grundsätzlich bestehen, § 776 S. 2, 2. Halbsatz ZPO.

1169   –   die ... (Angabe der konkreten Vollstreckungsmaßnahme) wird gegen eine vom Antragsteller/Kläger zu leistende Sicherheit von ... DM aufgehoben.

Folge: Nach Leistung der Sicherheit erfolgt Aufhebung der Vollstreckungsmaßnahme durch das Vollstreckungsorgan, § 776 S. 2, letzter Halbsatz ZPO.

Die Entscheidung enthält keine **Kostenentscheidung** (h.M.).

1170   In den Fällen des **§ 769 Abs. 2 ZPO** wird zusätzlich eine **Frist** gesetzt, innerhalb der der Antragsteller die Entscheidung des Prozeßgerichts über die Einstellung der Zwangsvollstreckung gem. § 769 Abs. 1 ZPO beizubringen hat. Bei fruchtlosem Ablauf dieser Frist tritt die einstweilige Anordnung ohne weiteres außer Kraft. Die Frist kann gem. § 224 Abs. 2 ZPO abgekürzt oder verlängert werden. Die Wirksamkeit der Entscheidung findet im übrigen infolge einer nachfolgenden Entscheidung des Prozeßgerichts gem. § 769 Abs. 1 ZPO ihr Ende.

1171   Einstweilige Anordnungen gem. **§ 769 Abs. 1 ZPO** wirken bis zur Verkündung des Urteils über die Vollstreckungsabwehrklage; soweit die Anordnung befristet war, tritt sie mit Ablauf der Frist außer Kraft. Danach beginnt der Anwendungsbereich des § 770 ZPO.

VI. Weiterer Anwendungsbereich

Entsprechende Anwendung findet § 769 ZPO ferner bei Klagen gem. §§ 768, 771–774 ZPO (hierbei kann eine Vollstreckungsmaßregel auch ohne Sicherheitsleistung aufgehoben werden, § 771 Abs. 3 S. 2 ZPO), §§ 785, 786 sowie 805 ZPO; entsprechend anwendbar ist § 769 ZPO auch bei Abänderungsklagen gem. § 323 ZPO sowie im Rahmen einer negativen Feststellungsklage gegen eine einstweilige Anordnung gem. § 620 S. 1 Nr. 6 ZPO (OLG Düsseldorf NJW-RR 1994, 519 m.w.N.). Streitig ist, ob im Rahmen einer Klage wegen Urteilsmißbrauchs gem. § 826 BGB die Vorschrift des § 769 ZPO entsprechende Anwendung findet. Bejahend: OLG Karlsruhe FamRZ 1982, 400; FamRZ 1986, 1141; OLG Zweibrücken NJW 1991, 3041; Zöller/Herget § 769 Rn. 1; MünchKommZPO/Schmidt § 769 Rn. 4. Verneinend, daher Hilfe nur über eine einstweilige Verfügung: OLG Frankfurt/Main NJW-RR 1992, 511; OLG Hamm MDR 1987, 505; OLG München NJW 1976, 1748; Thomas/Putzo § 769 Rn. 2; Baumbach/Hartmann § 769 Rn. 1. **1172**

VII. Abänderung/Rechtsbehelfe

Entscheidungen nach § 769 Abs. 1 ZPO können jederzeit auf Antrag aufgehoben oder abgeändert werden (Zöller/Herget § 769 Rn. 10; Zimmermann § 769 Rn. 4; MünchKommZPO/Schmidt § 769 Rn. 27, jeweils m.w.N.; nach Thomas/Putzo § 769 Rn. 16 soll dies nur bei veränderten Umständen möglich sein. **1173**

Sehr streitig ist, welcher Rechtsbehelf gegen Entscheidungen gem. § 769 ZPO möglich ist. Insoweit ist zu differenzieren zwischen den Entscheidungen des Prozeßgerichts und solchen des Vollstreckungsgerichts. **1174**

Hinsichtlich der Entscheidungen des **Prozeßgerichts** haben sich im wesentlichen folgende Meinungen herausgebildet:

Unanfechtbarkeit entsprechend § 707 Abs. 2 S. 2 ZPO: OLG Hamm FamRZ 1987, 499, 500. **1175**

Sofortige Beschwerde mit uneingeschränkter Nachprüfbarkeit, weil § 769 ZPO keine dem § 707 Abs. 2 S. 2 ZPO entsprechende Bestimmung enthält: OLG Hamburg (15. Senat) FamRZ 1990, 431; OLG Hamm Jurbüro 1994, 308, 309; KG FamRZ 1978, 528; OLG Köln MDR 1992, 1196 = NJW-RR 1992, 632. **1176**

Sofortige Beschwerde nur, soweit ein grober Gesetzesverstoß, **Ermessensfehler** (Verkennung der Grenzen des Ermessens) oder **greifbare Gesetzeswidrigkeit** geltend gemacht wird: Die wohl h.M.: vgl. OLG Bamberg JurBüro 1989, 874; OLG Düsseldorf NJW-RR 1994, 519; OLG Karlsruhe FamRZ 1993, 225; OLG Nürnberg NJW-RR 1993, 1216; OLG München NJW-RR 1991, 63; OLG Zweibrücken NJW 1991, 3041; Baumbach/Hartmann § 769 Rn. 13; Zöller/Herget § 769 Rn. 13; MünchKommZPO/Schmidt § 769 Rn. 33, alle mit eingehenden Nachweisen; StJ/Münzberg § 769 Rn. 15; Thomas/Putzo § 769 Rn. 18; Zimmermann § 769 Rn. 5. Vgl. auch BR-Drucksache 400/88 S. 68 zum Rechtspflegevereinfachungsgesetz. **1177**

1178   **Einfache Beschwerde** bei Zurückweisung des Einstellungsantrags:
OLG Hamburg (12. Senat) MDR 1989, 269; NJW-RR 1990, 7; NJW-RR 1990, 394 = Fam-
RZ 1990, 431; Künkel MDR 1989, 309 ff.

1179   Bei Entscheidungen des **Vollstreckungsgerichts,** und zwar

gegen solche des **Rechtspflegers:**
Befristete Erinnerung gem. § 11 Abs. 1 S. 2 RPflG, über die der Richter des Voll-
streckungsgerichts endgültig entscheidet, § 11 Abs. 2 S. 3, 2. Alt. RPflG (h.M.: vgl. OLG
Hamm MDR 1977, 322; LG Frankenthal Rpfleger 1981, 314; Thomas/Putzo § 769
Rn. 18; Zimmermann § 769 Rn. 9).

gegen Entscheidungen des **Richters:**
streitig, ob und mit welchem Rechtsmittel diese anfechtbar sind. Die obigen Ausführungen zur Anfechtbarkeit der Entscheidung des Prozeßgerichts (Rn. 1175 f.) gelten
entsprechend (vgl. Baumbach/Hartmann § 769 Rn. 12; MünchKommZPO/Schmidt
§ 769 Rn. 35).

Kapitel F
Drittwiderspruchsklage, § 771 ZPO

I. Ziel und Wesen

1180   Die Klage gem. § 771 ZPO dient dazu, Eingriffe in Rechte Dritter abzuwehren bzw. zu
beseitigen. Das ist notwendig, weil der Titel als Grundlage der Zwangsvollstreckung
nur das dafür haftende Vermögen betrifft und das Vollstreckungsorgan im Rahmen
der Vollstreckung nur bei Offensichtlichkeit auf die Rechte Dritter Rücksicht nimmt,
ansonsten zunächst vollstreckt wird. Diese Verfahrensweise ist deshalb richtig und
notwendig, weil der Schuldner sonst leicht durch Verweisung auf angebliche Rechte
Dritter (die Sache gehört nicht mir, sondern Herrn XY) die Zwangsvollstreckung vereiteln oder erschweren könnte. § 771 ZPO dient daher als gem. Art. 19 Abs. 4 GG er-
forderliches Korrektiv, wobei allerdings die Position des Gläubigers im Hinblick auf
die Beweislast günstiger ist als die des Dritten; denn der Dritte muß entsprechend dem
allgemeinen Grundsatz, daß jeder die für ihn günstigen Tatsachen beweisen muß, seine behaupteten Rechte am Pfandgegenstand beweisen (BGH NJW 1986, 2426, 2427;
vgl. im einzelnen Rn. 1218).

1181   Bei § 771 ZPO handelt es sich um eine prozessuale Gestaltungsklage mit dem Ziel, die
Zwangsvollstreckung in einen bestimmten Vollstreckungsgegenstand, der nicht zum
haftenden Schuldnervermögen gehört, für unzulässig zu erklären (h.M.: Baum-
bach/Hartmann Einführung vor §§ 771–774 Rn. 1). Das sachliche Recht des Dritten ist
nicht Streitgegenstand der Klage nach § 771 ZPO; es erwächst somit nicht in mate-

rielle Rechtskraft. Macht der Dritte Eigentum an einer gepfändeten Sache geltend und obsiegt er, so steht dementsprechend nicht sein Eigentum rechtskräftig fest, sondern nur sein Recht auf Abwehr der Zwangsvollstreckung in den konkreten Gegenstand (BGH NJW 1985, 3066; NJW 1979, 929).

Ebenfalls dem Schutz Dritter dient **§ 766 ZPO**. Mit der Vollstreckungserinnerung kann der Dritte die Verletzung von **ihn schützenden Verfahrensvorschriften** (formelles Recht) rügen (z.B. der nicht zur Herausgabe bereite Dritte wendet sich gegen die Pfändung der in seinem Gewahrsam befindlichen Sache des Schuldners, § 809 ZPO; der Drittschuldner wehrt sich gegen den Pfändungs- und Überweisungsbeschluß mit der Begründung, es liege kein wirksamer Titel/keine wirksame Klausel vor).

Im Rahmen des **§ 771 ZPO** beruft sich der Dritte hingegen auf die **Verletzung des materiellen Rechts**: Die Zwangsvollstreckung sei in einen Gegenstand erfolgt, der nicht zum haftenden Vermögen des Schuldners, sondern zu seinem Vermögen gehöre.

Beide Rechtsbehelfe können gegebenenfalls **nebeneinander** gegeben sein, wenn nämlich ein nicht zum Vermögen des Schuldners gehörender Gegenstand unter Verletzung von drittschützenden Verfahrensvorschriften gepfändet wurde (z.B. Pfändung einer im Eigentum und Gewahrsam des Dritten befindlichen Sache, der nicht zur Herausgabe bereit ist). In Fällen dieser Art hat der Dritte grundsätzlich die Wahl, welchen Rechtsbehelf er geltend machen will.

Von der **Klage auf vorzugsweise Befriedigung gem. § 805 ZPO** unterscheidet sich die Drittwiderspruchsklage insoweit, als mit letzterer die Zwangsvollstreckung für unzulässig erklärt und in deren Folge Zwangsvollstreckungsmaßnahmen aufgehoben werden sollen. Hingegen wendet sich der Dritte bei der Vorzugsklage gem. § 805 ZPO nicht gegen die Zwangsvollstreckung als solche, diese soll vielmehr auch nach dem Willen des Dritten fortgesetzt werden. Der Dritte will jedoch mit der Klage gem. § 805 ZPO erreichen, daß der Erlös der Pfandverwertung primär an ihn ausgezahlt und nur der danach verbleibende Rest (Übererlös) an den Gläubiger der Zwangsvollstreckung bzw. den Schuldner ausgekehrt wird. | 1182

II. Zulässigkeit

1. Statthaftigkeit

§ 771 ZPO ist anwendbar bei allen Vollstreckungsarten, die zu Eingriffen in die materielle Berechtigung eines Dritten am Vollstreckungsgegenstand führen, sowie bei jeder Art von Titeln, daher auch bei der Zwangsvollstreckung aus Arrestbefehlen und einstweiligen Verfügungen; gegenstandslos ist sie daher bei der Zwangsvollstreckung gem. §§ 887 ff. ZPO. | 1183

Eine gesonderte Drittwiderspruchsklage allein gegen die Hilfspfändung von Kraftfahrzeugpapieren ist unzulässig, weil das Eigentum am Kraftfahrzeug sich analog § 952 BGB auf die Kraftfahrzeugpapiere erstreckt und es dementsprechend allein auf die Pfändung des Kraftfahrzeugs ankommt (KG OLGZ 1994, 113).

2. Klageantrag

1184 Er lautet dahin, die Zwangsvollstreckung aus einem bestimmten Titel in einen genau zu bezeichnenden Gegenstand für unzulässig zu erklären (vgl. Muster Anhang 30).

Wurde in eine **Sache** vollstreckt:
die vom Beklagten betriebene Zwangsvollstreckung aus dem Urteil des Landgerichts Bonn vom 28. 2. 1993 – 3 O 17/97 – in den vom Gerichtsvollzieher Beinhart am 14. 4. 1993 (DR 174/93) gepfändeten Farbfernseher der Marke Dual für unzulässig zu erklären.

Wurde in eine **Forderung** vollstreckt:
die auf Antrag des Beklagten durch Pfändungs- und Überweisungsbeschluß des Amtsgerichts Bonn vom 18. 3. 1993 – 7 M 199/93 – durchgeführte Zwangsvollstreckung in die angeblichen, aufgrund eines Kaufvertrages vom 12. 10. 1992 bestehenden Ansprüche der Firma Helmut Vogel, Sternstraße 12, 53112 Bonn gegen Herrn Waldemar Licht, Bahnhofstr. 12, 53224 Bonn für unzulässig zu erklären.

Anderslautende Anträge wie z.B. auf „Freigabe", „Herausgabe von Pfandstücken" oder „Einwilligung in die Aufhebung der Zwangsvollstreckung" sind unrichtig, können aber entsprechend ausgelegt werden. Insoweit besteht aber mindestens die Gefahr von Verzögerungen durch vermeidbare Rückfragen.

3. Zuständigkeit

1185 Die **sachliche** Zuständigkeit des Gerichts richtet sich nach dem Streitwert, §§ 23 Nr. 1, 71 GVG. Diese Zuständigkeit ist nicht ausschließlich. Der **Streitwert** bemißt sich gemäß § 6 ZPO nach dem Betrag der Forderung, wegen der vollstreckt wird (ohne Zinsen und Kosten), bzw. nach dem Wert des Pfandgegenstandes, wenn er geringer ist; maßgebend ist also stets der geringere von beiden Werten (BGH WM 1983, 246). Das Familiengericht ist zuständig, wenn das vom Kläger geltend gemachte Recht eine Familiensache betrifft (z.B. Übernahmerecht gem. § 1477 Abs. 2 BGB), weil Streitgegenstand das Recht des Dritten auf Abwehr gegen die Zwangsvollstreckung, nicht aber das dem Vollstreckungstitel zugrunde liegende Rechtsverhältnis ist (BGH NJW 1979, 929; NJW 1985, 3066; MünchKommZPO/Schmidt § 771 Rn. 54 m.w.N.; a.A. Zöller/Herget § 771 Rn. 8 m.w.N.).

1186 **Örtlich** ist ausschließlich (§ 802 ZPO) das Gericht zuständig, in dessen Bezirk die Zwangsvollstreckung erfolgt ist (§§ 764 Abs. 2, 828 Abs. 2, 930 Abs. 1 S. 3 ZPO). Bei der Pfändung einer Sache also das Gericht, in dessen Bezirk sich die gepfändete Sache befindet; bei der Pfändung von Rechten das Gericht, in dessen Bezirk sich das Gericht befindet, das den Pfändungs- und Überweisungsbeschluß erlassen hat.

4. Rechtsschutzinteresse

1187 Die Drittwiderspruchsklage ist zulässig ab dem **Beginn der Zwangsvollstreckung bis zu deren vollständiger Beendigung**. Nur bei der Vollstreckung wegen Herausgabe beweglicher und unbeweglicher Sachen ausnahmsweise schon ab dem Zeitpunkt, zu dem die Zwangsvollstreckung droht; denn anders als bei der Zwangsvollstreckung wegen Geldforderungen steht hier von vornherein fest, in welchen Gegenstand vollstreckt werden wird (KG JW 1930, 169; Zöller/Herget § 771 Rn. 5; MünchKomm-ZPO/Schmidt § 771 Rn. 58; abzulehnen Zimmermann § 771 Rn. 3, wonach der Dritte bis zum Vollstreckungsantrag zuwarten muß, denn die Sachlage ist hier nicht anders als bei § 767 ZPO; offen Thomas/Putzo § 771 Rn. 10: „spätestens ab Vollstreckungsantrag"). Dementsprechend kann ein Dritter, der das Eigentum an einer Sache in Anspruch nimmt, bereits bei der Pfändung des angeblichen Anspruchs des Schuldners gegen den Besitzer auf Herausgabe dieser Sache Klage gem. § 771 ZPO erheben (BGH NJW 1979, 373; NJW 1993, 935).

Die Zwangsvollstreckung **beginnt** mit der ersten Vollstreckungshandlung. Wird der Gerichtsvollzieher tätig, liegt der Beginn der Vollstreckung nicht schon in dem an ihn gerichteten Vollstreckungsantrag, sondern erst in dessen Tätigwerden (Pfändung; Vorpfändung, § 845 ZPO; Ankündigung der Räumung, § 180 GVGA). Ist Vollstreckungsorgan das Vollstreckungsgericht, beginnt die Vollstreckung schon mit der Herausgabe des Pfändungs- und Überweisungsbeschlusses aus dem internen Bereich des Gerichts, nicht erst mit dessen Zustellung (vgl. BGHZ 25, 60, 63 ff. = NJW 1957, 1480; Zöller/Herget § 771 Rn. 6). **1188**

Die Zwangsvollstreckung **endet** mit der endgültigen Aufhebung bzw. Beendigung der konkreten Zwangsvollstreckungsmaßnahme, also bei der Zwangsvollstreckung wegen Geldforderungen in bewegliche Sachen erst mit der Auskehr des Versteigerungserlöses an den Gläubiger, bei zur Einziehung überwiesenen Forderungen erst mit der Befriedigung des Gläubigers durch den Drittschuldner (BGH NJW 1979, 373; Zöller/Herget § 771 Rn. 7; Brox/Walker Rn. 1405); zur Problematik bei der Überweisung an Zahlungs Statt vgl. Rn. 1044. Wurde ein Herausgabeanspruch gepfändet, führt die Übergabe der herauszugebenden Sache an den Gerichtsvollzieher auch dann nicht zur Beendigung der Zwangsvollstreckung, wenn die Sache nunmehr gem. §§ 846, 847, 808 ZPO als gepfändet gilt (BGH NJW 1979, 373; NJW 1993, 935). **1189**

Bei der Herausgabe von Sachen endet sie erst mit der Übergabe an den Gläubiger (MünchKommZPO/Schilken § 883 Rn. 22; Schuschke § 883 Rn. 14; StJ/Münzberg § 883 Rn. 32; nach a.A. bereits mit der Wegnahme: Baumbach/Hartmann § 883 Rn. 7; Zöller/Stöber § 883 Rn. 10; vgl. auch BGHZ 4, 284). Denn die Situation ist insoweit nicht anders als bei der Pfändung beweglicher Sachen und der Auskehr des Erlöses an den Gläubiger (§§ 815 Abs. 3, 819 ZPO). Die Leistung an den Gerichtsvollzieher bzw. der Zeitpunkt der Wegnahme ist allein relevant für die Gefahrtragung bzw. die Befreiung des Schuldners, dient aber nicht dem Schutz des Gläubigers gegenüber einem Dritten. **1190**

Im Falle der Verurteilung zur Übertragung des Eigentums an Sachen bzw. der Bestellung von Grundpfandrechten endet die Zwangsvollstreckung in dem Zeitpunkt, in dem der Gläubiger das Eigentum erwirbt. Bei schuldnerfremden beweglichen Sachen ist dies gem. §§ 898 ZPO, 932 BGB der Zeitpunkt des Wirksamwerdens der fiktiven Willenserklärung (Zugang des rechtskräftigen Urteils, vgl. Rn. 978 f.), der entsprechenden Willenserklärung des Gläubigers bzw. der Wegnahme durch den Gerichtsvollzieher; maßgeblich ist der spätere der genannten Zeitpunkte. Bei Rechten an Grundstücken gilt § 892 Abs. 2 BGB, der aber nach h.M. (vgl. Palandt/Bassenge § 892 BGB Rn. 24) so zu lesen ist, daß nur noch die Eintragung fehlen darf. **1191**

Während dieses Zeitraumes sind Klagen auf Herausgabe, Freigabe sowie Unterlassung der Zwangsvollstreckung aufgrund von Rechten im Sinne des § 771 ZPO aus- **1192**

geschlossen, weil § 771 ZPO insoweit lex specialis ist (BGHZ 58, 207, 213 = NJW 1972, 1048, 1049; NJW 1989, 2542; MünchKommZPO/Schmidt § 771 Rn. 12). Wird die Zwangsvollstreckung während der Anhängigkeit der Drittwiderspruchsklage beendet, kann die Klage gem. § 264 Nr. 3 ZPO auf Herausgabe des Erlöses bzw. Schadensersatz umgestellt werden.

1193 **Vor Beginn** dieses Zeitraumes sind Klagen des Dritten auf Herausgabe, Freigabe bzw. Unterlassung der Zwangsvollstreckung aus materiellem Recht denkbar (z.B. §§ 985, 1004 BGB), auch eine negative Feststellungsklage des Gläubigers, gerichtet darauf, daß einem Dritten kein die Veräußerung hinderndes Recht zustehe (vgl. Zöller/Herget § 771 Rn. 5).

Zu Ansprüchen **nach Beendigung** der Zwangsvollstreckung siehe Rn. 1222.

1194 Das Rechtsschutzinteresse wird nicht dadurch ausgeschlossen, daß **der Vollstreckungsakt nichtig** ist (z.B. Pfändung von Forderungen, die der Schuldner vorher abgetreten hatte, BGH NJW 1988, 1095; Pfändung nach Ablauf der Vollziehungsfrist des § 929 Abs. 2 ZPO, BGH NJW 1991, 496), soweit nur der Rechtsschein einer wirksamen staatlichen Vollstreckungsmaßnahme besteht.

Das Rechtsschutzinteresse fehlt daher, wenn die Nichtigkeit eindeutig sowie offensichtlich gegeben ist und wenn dasselbe Ziel – Unzulässigerklärung der Zwangsvollstreckung in einen bestimmten Gegenstand – mit Sicherheit und ohne Risiko auf einem anderen, und zwar einfacheren und kostengünstigeren Weg möglich ist. Das wäre etwa der Fall, wenn die Unwirksamkeit der Pfändung völlig außer Zweifel steht und der Dritte die Versteigerung nicht zu befürchten bräuchte (OLG Bamberg JR 1955, 25; LG Kleve MDR 1955, 621; MünchKommZPO/Schmidt § 771 Rn. 9; Brox/Walker Rn. 1406).

III. Begründetheit

1. Sachbefugnis

1195 Dritter und damit **Kläger** kann grundsätzlich nur sein, wer weder Titelgläubiger noch Titelschuldner der Zwangsvollstreckung ist, also der Inhaber der Verwaltungs- und Verfügungsbefugnis über einen Vermögensgegenstand, der für den titulierten Anspruch nicht haftet (z.B. der Eigentümer der Sache, wenn er nicht der Schuldner ist; der Miteigentümer bei Pfändung einer Sache, sofern der Titel nicht auch gegen ihn lautet; der Gesellschafter einer OHG bei einem Titel nur gegen die Gesellschaft; der Nacherbe im Falle des § 773 ZPO; der Ehegatte in den Fällen der §§ 1365, 1369 BGB). Ausnahmsweise kann auch der Schuldner selbst aktivlegitimiert sein, soweit er Vertreter oder Inhaber einer Vermögensmasse ist, die dem Gläubiger für die titulierte Forderung nicht haftet.

Beispiele:

Aus einem Titel gegen den Konkursverwalter als Partei kraft Amtes wird in dessen Privatvermögen vollstreckt. Entsprechendes gilt bei Testamentsvollstreckung bzw. Nachlaßverwaltung. Nachlaßgläubiger vollstrecken in Eigenvermögen des Erben, der die Erbschaft noch nicht angenommen hat (vgl. § 778 ZPO).

Beklagter – passivlegitimiert – ist der die Zwangsvollstreckung betreibende Gläubiger. Falls der Schuldner das Recht des Dritten bestreitet, kann der Dritte den Gläubiger zusammen mit dem Schuldner verklagen, letzteren auf Feststellung des Rechts des Dritten bzw. auf Herausgabe des Vollstreckungsgegenstandes. Gläubiger und Schuldner sind dann einfache Streitgenossen (**§ 771 Abs. 2 ZPO**).

2. Die Veräußerung hindernde Rechte

Neben der Sachbefugnis setzt die Begründetheit der Klage voraus, daß dem Kläger ein die Vollstreckung hinderndes Recht zusteht, das nicht durch Einwendungen des Beklagten ausgeschlossen ist. Dieses Recht muß im Zeitpunkt der Zwangsvollstreckung vorgelegen haben und noch im Zeitpunkt der letzten mündlichen Tatsachenverhandlung bestehen. — **1196**

Ein solches „die Veräußerung hinderndes Recht" gibt es z.B. im Hinblick auf die Möglichkeit des gutgläubigen Erwerbs streng genommen nicht. Gemeint ist mit der Formulierung in § 771 ZPO ein Recht, das der Zwangsvollstreckung des Gläubigers in den Gegenstand entgegensteht, weil dieser Gegenstand für die titulierte Forderung nicht haftet. Ein solcher Fall liegt jedenfalls immer dann vor,

> „wenn der Schuldner selbst, veräußerte er den Vollstreckungsgegenstand, widerrechtlich in den Rechtskreis des Dritten eingreifen würde und ... deshalb der Dritte den Schuldner an der Veräußerung hindern könnte" (BGHZ 55, 20, 26).

Beispiele:

– **Anfechtungsrecht:** — **1197**

Gem. §§ 3 AnfG, 29 ff. KO: nein, weil die Anfechtung keine dingliche Wirkung hat und die sich aus einer wirksamen Anfechtung ergebenden Ansprüche auf Rückgewähr gem. §§ 7 AnfG, 37 KO nur schuldrechtliche Verschaffungsansprüche sind (BGH NJW 1990, 990, 992; a.A. KG NJW 1958, 914; MünchKommZPO/Schmidt § 771 Rn. 44 m.w.N.).

– **Anwartschaftsrecht:** — **1198**

Das Anwartschaftsrecht berechtigt dessen Inhaber zur Klage gem. § 771 ZPO, wenn in Gegenstände vollstreckt wird, auf die sich das Anwartschaftsrecht bezieht (h.M.: BGHZ 55, 20 = NJW 1971, 799). Dies gilt uneingeschränkt, soweit aus einem nicht auf den Vorbehaltsverkäufer lautenden Titel vollstreckt wird:

Titel gegen S; Pfändung in eine bei diesem befindliche Sache. Diese Sache war vom Eigentümer E an K unter Eigentumsvorbehalt verkauft worden. Gegen die Pfändung kann sowohl E wegen seines Eigentums als auch K als Vorbehaltskäufer und Anwartschaftsrechtsinhaber Drittwiderspruchsklage erheben.

Bei einer Vollstreckung aus dem Titel gegen den Vorbehaltsverkäufer beschränkt sich das Recht des Anwartschaftsberechtigten hingegen auf den Widerspruch gegen die Verwertung (vgl. daher § 772 ZPO). Gegen die Pfändung kann er erst nach vollständiger Zahlung des Kaufpreises und damit verbundenem Eigentumserwerb vorgehen (MünchKommZPO/Schmidt § 771 Rn. 21; StJ/Münzberg § 771 Rn. 17; Brox/Walker Rn. 1412; Rosenberg/Gaul/Schilken § 41 VI 2 b; BGHZ 55, 20, 27 = NJW 1971, 800 betrifft einen Fall, in dem die Sache bereits verwertet worden war, so daß es der hier vorgenommenen Differenzierung nicht bedurfte. Die dortige Bezugnahme auf StJ/Münzberg spricht aber dafür, daß auch der BGH die hier vertretene Auffassung teilt). Überträgt der Erst-Anwartschaftsberechtigte die Anwartschaft auf einen Dritten, so stehen dem Dritten, wenn ein Gläubiger des ersten Anwartschaftsberechtigten die Sache nach der an ihn (Dritten) erfolgten Veräußerung pfändet, die gleichen Rechte zu, also: vor der vollständigen Zahlung nur ein Widerspruchsrecht gegen die Verwertung, danach auch gegen die Pfändung. Die ausgebrachte Pfändung ist in einem solchen Fall unwirksam, weil das Eigentum direkt vom Vorbehaltsverkäufer auf den Dritten übergeht, ohne einen Zwischenerwerb des ersten Anwartschaftsberechtigten (h.M.: BGH NJW 1956, 665).

1199 – **Besitz:**

Der Besitz als solcher ist bei **unbeweglichen** Sachen kein Recht im Sinne des § 771 ZPO (h.M.); die in Rechtsprechung und Literatur wohl h.M. bejaht den Besitz als Recht allerdings bei **beweglichen** Sachen, (BGHZ 2, 164; LG Aachen VersR 1992, 253; Zöller/Herget § 771 Rn. 14; Baumbach/Hartmann § 771 Rn. 15; zweifelnd: Zimmermann § 771 Rn. 7). Dies dürfte zu verneinen sein, weil der Besitz als solcher kein Recht, sondern nur tatsächliche Sachherrschaft ist und sich allein aus dem Besitz nicht ergibt, daß die Sache – wie erforderlich – zum Vermögen des Schuldners gehört. Ausschlaggebend ist daher das Recht, aufgrund dessen der Besitz ausgeübt wird (Recht zum Besitz), z.B. das Recht des Vermieters als Nicht-Eigentümer, des Mieters, des Verleihers, des Vorbehaltskäufers (MünchKommZPO/Schmidt § 771 Rn. 38; Thomas/Putzo § 771 Rn. 21; Brox/Walker Rn. 1420). Aus diesem Grund und im Hinblick auf die §§ 809, 766 ZPO ist das Problem aber von wenig praktischer Bedeutung.

1200 – **Eigentum:**

Es gehört zu den Rechten i.S.v. § 771 ZPO, auch das Miteigentum (BGH NJW 1993, 935, 937), Gesamthandseigentum, Wohnungseigentum; ebenso auflösend bedingtes Eigentum.

Der Eigentümer, der ein Grundstück von dem Titelschuldner belastet mit einer Zwangshypothek erworben hat, kann das Erlöschen der Titelforderung gem. § 771 ZPO geltend machen (OLG Düsseldorf NJW-RR 1993, 1430).

Zur Beweislast bei Ehegatteneigentum vgl. Rn. 1219.

1201 – **Eigentumsvorbehalt:**

Der Eigentumsvorbehalt des Verkäufers bewirkt, daß er bis zur vollständigen Zahlung des Kaufpreises Eigentümer der Sache bleibt und damit als Eigentümer der Zwangsvollstreckung des Gläubigers des Vorbehaltskäufers in die Sache (nicht: in das Anwartschaftsrecht) widersprechen kann (h.M.: BGHZ 54, 214, 218 = NJW 1970, 1733, 1735). Der Gläubiger kann dessen Widerspruchsrecht durch Zahlung des restlichen Kaufpreises als Dritter gem. § 267 BGB beseitigen, weil damit die Bedingung für den Eigentumswechsel auf den Vorbehaltskäufer eintritt. Lehnt der Vorbehaltsverkäufer die Annahme wegen Widerspruchs des Schuldners ab (§ 267 Abs. 2

BGB), begründet dies den Einwand der Arglist (OLG Celle NJW 1960, 2196; vgl. auch Rn. 566).

– **Herausgabeanspruch:**   1202

im Sinne von §§ 883 f. ZPO berechtigt zur Drittwiderspruchsklage, weil der Vollstreckungsgegenstand nicht zum Schuldnervermögen gehört (z.B. bei Miete, Leihe, Pacht, Verwahrung, Hinterlegung, Auftrag, Aussonderungsrecht gem. § 43 KO – BGH NJW 1993, 522, 524 –, Werkvertrag – soweit der Besteller das Material zur Verfügung stellt).

Anders bei bloßen **Verschaffungsansprüchen** wie bei Kauf (§ 433 I 1 BGB), Werklieferungsvertrag (§ 651 BGB), Bereicherung (§ 812 BGB; Ausnahme: nur Besitz wurde erlangt), Vermächtnis (§ 2174 BGB), Rücktritt (§ 346 BGB), Wandelung (§ 462 BGB), Rückgewähr gem. § 7 AnfG, § 37 KO (BGH NJW 1990, 990; streitig, vgl. Rn. 1197), weil in all diesen Fällen der Gegenstand noch zum Schuldnervermögen gehört. Dies gilt selbst dann, wenn der entsprechende Verschaffungsanspruch durch Vormerkung gesichert ist (BGH NJW 1994, 128, 129).

– **Hypothek/Grundschuld:**   1203

Sie stellen wie die übrigen beschränkt dinglichen Rechte nur insoweit ein Recht i. S. des § 771 ZPO dar, als diese Rechte durch die Zwangsvollstreckung beeinträchtigt werden. Eine solche Beeinträchtigung liegt bei Hypotheken/Grundschulden vor,

- wenn bei der Pfändung von **Grundstückszubehör** (vgl. §§ 865 Abs. 1, Abs. 2 S. 1 ZPO, 1120 ff. BGB) keine Enthaftung eingetreten war (h.M.: RGZ 55, 207, 208/209; Zöller/Herget § 771 Rn. 14 „Hypothek"; MünchKommZPO/Schmidt § 771 Rn. 35);

- bei einer Pfändung in den **sonstigen Pfändungsverband** (§§ 865 Abs. 1, Abs. 2 S. 2 ZPO, 1120 ff. BGB) nach erfolgter Beschlagnahme;

- bei der Pfändung von Grundstücksfrüchten gem. § 810 Abs. 2 ZPO;

- bei einer gem. § 865 Abs. 2 S. 2 ZPO zulässigen Pfändung und späterer Beschlagnahme ohne vorherige Enthaftung; dann hat der rangbessere Grundpfandgläubiger ein Widerspruchsrecht gem. § 771 ZPO mit der Maßgabe des § 772 ZPO (RGZ 143, 241, 244 ff.; Zöller/Stöber § 865 Rn. 10; Thomas/Putzo § 865 Rn. 4; MünchKommZPO/Schmidt § 771 Rn. 35; streitig, ob schon vor Beschlagnahme § 805 ZPO oder § 771 ZPO Anwendung findet, vgl. MünchKomm-BGB/Eickmann § 1120 BGB Rn. 43 f.).

Keine Beeinträchtigung liegt vor durch eine spätere Eintragung einer Zwangshypothek oder durch Zwangsversteigerung/Zwangsverwaltung, weil durch diese vorrangige Grundpfandrechte nicht beeinträchtigt werden können, vgl. §§ 10, 155 ZVG, §§ 879, 881 BGB.

– **Inhaberschaft:**   1204

einer Forderung oder anderer Vermögensrechte: Es gilt das zum Eigentum ausgeführte (obwohl nur die „angebliche" Forderung des Schuldners gepfändet wird), wenn und soweit ein Rechtsschein wirksamer Pfändung besteht (BGH WM 1981, 649; NJW 1994, 1057). Der Rechtsschein besteht nicht bei besonders schweren und offenkundigen Fehlern (vgl. BGH NJW 1993, 735, 736: Überweisungsbeschluß aufgrund Arrestes).

1205 – **Leasing:**

Der Leasinggeber kann aufgrund seines Eigentums und des Herausgabeanspruchs intervenieren, wenn in das Leasinggut aufgrund einer Forderung gegen den Leasingnehmer vollstreckt wird. Dem Leasingnehmer stehen bei einer Vollstreckung in den Leasinggegenstand aufgrund eines Titels gegen den Leasinggeber nur die Erinnerung gem. §§ 766, 809 ZPO bzw. die Rechte aus §§ 57 ff. ZVG zu. Dies gilt für alle Arten von Leasing (MünchKommZPO/Schmidt § 771 ZPO Rn. 30, 31; Brox/Walker Rn. 1423, 1424; im einzelnen streitig).

1206 – **Nießbrauch:**

stellt wie auch die sonstigen dinglichen Rechte nur dann ein Recht i.S. von § 771 ZPO dar, wenn diese Rechte durch die Zwangsvollstreckung beeinträchtigt werden. Dies ist zu bejahen, wenn eine bewegliche Sache gepfändet oder die Zwangsverwaltung des Grundstücks durch einen nachrangigen Gläubiger angeordnet wird (Zöller/Herget § 771 Rn. 14 „Nießbrauch"; Hintzen Kap. E I 2 S. 157). Anders ist es bei der Eintragung einer Zwangshypothek oder bei der Zwangsversteigerung, weil diese den Nießbrauch wegen dessen besseren Ranges nicht beeinträchtigen.

1207 – **Pfandrechte:**

sind solche gem. § 771 ZPO, wenn der Inhaber den Pfandrechtsbesitz an der Sache hat (arg. aus § 1232 S. 1 BGB). Die Vorzugsklage aus § 805 ZPO gilt nur bei besitzlosen Pfandrechten an beweglichen Sachen (h.M.: vgl. Zöller/Stöber § 805 Rn. 5; Brox/Walker Rn. 1418; MünchKommZPO/Schmidt § 771 Rn. 14, jeweils m.w.N.). Der besitzende Pfandrechtsgläubiger kann sich jedoch auch auf die Klage gem. § 805 ZPO beschränken (vgl. Rn. 1264). Ist der Pfandrechtsgläubiger als Dritter herausgabebereit (§ 809 ZPO), so verliert er das Widerspruchsrecht (BGH MDR 1978, 401), falls die Herausgabe nicht irrtümlich geschehen ist. Auch bei Herausgabebereitschaft bleibt ihm aber die Klage gem. § 805 ZPO.

Hinsichtlich der Konkurrenz mehrerer Pfändungspfandrechtsgläubiger (§§ 827, 853 ZPO) gilt nicht § 771 ZPO, sondern es finden die Sonderregelungen des Verteilungsverfahrens gem. §§ 872 ff. ZPO Anwendung (RGZ 97, 34, 41; MünchKommZPO/Schilken § 805 Rn. 10; Baumbach/Hartmann § 805 Rn. 3).

1208 – **Sicherungsabtretung/Sicherungsübereignung (eigennützige Treuhand):**

Beispiel:

Der Darlehensnehmer (Sicherungsgeber, Treugeber) übereignet an die Kredit gebende Bank (Sicherungsnehmer, Sicherungseigentümer, Treunehmer, Treuhänder) zur Absicherung des Darlehensrückzahlungsanspruchs eine Sache (Sicherungsgut, Treugut) – üblicherweise gem. §§ 930, 868 BGB – oder tritt ihr eine Forderung zur Sicherung ab.

Vollstreckt der Gläubiger des Sicherungsgebers in das Sicherungsgut, steht dem Sicherungsnehmer (Bank) ein Interventionsrecht zu, solange die zu sichernde Forderung besteht und der Sicherungszweck sich auch sonst nicht erledigt hat, da der Sicherungsnehmer rechtlich Eigentümer der Sache/Inhaber der Forderung ist und ihm nicht das Recht genommen werden darf, den Zeitpunkt der Verwertung selbst zu bestimmen. Das spricht trotz der Nähe zum besitzlosen Pfandrecht gegen die ausschließliche Anwendbarkeit des § 805 ZPO (h.M.: BGHZ 72, 141, 146 = NJW 1978, 1859; Brox/Walker Rn. 1417; teilweise offen MünchKommZPO/Schmidt § 771 Rn. 29; a.A. Baumbach/Hartmann § 771 Rn. 26).

Vollstreckt der Gläubiger des Sicherungsnehmers (Bank) in das Sicherungsgut, steht dem Sicherungsgeber die Klage gem. § 771 ZPO offen, weil der Sicherungsnehmer zwar formal Eigentümer des Sicherungsgutes ist, im Verhältnis des Sicherungsgebers zum Sicherungsnehmer aber dieses Eigentum dem Sicherungsnehmer nicht als Vollrecht, sondern nur zur Sicherung seiner Forderung gegenüber dem Sicherungsgeber zusteht. Dementsprechend steht dem Sicherungsgeber das Widerspruchsrecht gem. § 771 ZPO aber nur so lange zu, bis der Sicherungsnehmer das Sicherungsgut verwerten darf (h.M.: vgl. BGH NJW 1978, 1859; Brox/Walker Rn. 1416; zweifelnd zu der Einschränkung MünchKommZPO/Schmidt § 771 Rn. 28).

- **Sondervermögen:**   1209

  Soweit bei Testamentsvollstreckung, Nacherbschaft, Gesamtgut (s. dazu §§ 737, 774 ZPO), Konkursmasse, Zwangsvollstreckungsmasse in das Vermögen vollstreckt wird, das für die titulierte Forderung nicht haftet, steht dem Vermögensinhaber/Vermögensverwalter die Drittwiderspruchsklage zu.

- **Treuhand** (uneigennützige/fremdnützige Treuhand; zur eigennützigen Treuhand   1210
  s. Rn. 1208):

  Beispiele:

  Inkassozession; Übertragung des Vermögens von einem Treugeber auf einen Treuhänder zwecks Verwendung im Sinne des Treugebers, z.B. zur Erfüllung von Forderungen (Verwaltungstreuhand).

  Dem **Treugeber** steht gegen den Gläubiger des Treuhänders die Drittwiderspruchsklage zu, wenn in das Treugut vollstreckt wird. **Treugut** liegt vor, wenn es sich durch Absonderung vom übrigen Vermögen des Treuhänders offenkundig um solches handelt (Offenkundigkeitsprinzip), z.B. Anderkonto für die Verwaltung von Fremdgeldern (BGH NJW 1971, 559, 560; NJW 1973, 1754; NJW-RR 1993, 301). Treugut ist ein Gegenstand ferner dann, wenn er dem Treuhänder vom Treugeber aus seinem Vermögen übertragen worden ist (Unmittelbarkeitsprinzip). Liegt diese Voraussetzung vor, ist beim Treuhandkonto die Offenkundigkeit nicht zwingend erforderlich. An den Nachweis der Unmittelbarkeit sind aber strenge Anforderungen zu stellen (BGH BB 1993, 1549 = NJW 1993, 2622).

  Dem **Treuhänder** steht hingegen bei der Vollstreckung gegen den Treugeber in Treugut, das sich im Besitz des Treugebers befindet, kein Interventionsrecht zu, soweit es nicht zu einer Vollrechtsübertragung auf ihn gekommen ist (h.M.: BGHZ 11, 37, 42 = NJW 1954, 190; MünchKommZPO/Schmidt § 771 Rn. 26).

- **Veräußerungsverbot:**   1211

  Bei den **absoluten** Veräußerungsverboten der §§ 1365, 1369 BGB steht dem geschützten Ehegatten die Klage gemäß § 771 ZPO zu (Palandt/Diederichsen § 1368 BGB Rn. 3; Baur/Stürner Rn. 290, 571, 781; Brox FamRZ 1961, 285). Bei den relativen

Veräußerungsverboten gemäß §§ 135, 136 BGB, § 938 Abs. 2 ZPO, § 106 KO, § 58 VerglO steht dem dadurch Geschützten gem. § 772 ZPO nur das Recht zu, die Veräußerung (Versteigerung, § 814 ZPO; andere Verwertung, § 825 ZPO; Überweisung, § 835 ZPO) zu verhindern, nicht aber auch schon die Pfändung.

1212   –   **Verschaffungsanspruch** begründet kein Widerspruchsrecht;
        siehe: Herausgabeanspruch

     –   **Vorbehaltskäufer:**
        siehe: Anwartschaftsrecht

     –   **Vorbehaltsverkäufer:**
        siehe: Eigentumsvorbehalt

1213   –   **Zurückbehaltungsrecht:**
        Weder das des **§ 273 BGB** (OLG Hamm NJW 1968, 1241, 1242; MünchKomm-ZPO/Schmidt § 771 Rn. 37) noch das des **§ 1000 BGB** (OLG Saarbrücken OLGZ 84, 126, 127 m.w.N.; a.A. MünchKommZPO/Schmidt § 771 Rn. 37) berechtigen zur Drittwiderspruchsklage.

3. Gegenrechte des Beklagten

1214   Gegenüber dem Vorbringen des Klägers kann sich der Beklagte in verschiedener Weise verteidigen. Dies kann u.a. geschehen durch:

Bestreiten des geltend gemachten Rechts, mit der Folge, daß der Kläger die klagebegründenden Tatsachen beweisen muß (vgl. zur Beweislast Rn. 1218 f.).

1215   Darüber hinaus kann er geltend machen, daß das Recht zwar formal dem Kläger zustehe, der dingliche Übertragungsakt aber **nichtig**, durch ihn – Beklagten – **anfechtbar** bzw. **einredebehaftet** sei.

Beispiele von Einwendungen des Beklagten:

Scheingeschäft, § 117 Abs. 1 BGB; Verstoß gegen § 138 Abs. 1 BGB (Knebelungsvertrag; Übersicherung des Klägers als Sicherungsnehmer und dadurch bewirkte Reduzierung der Haftungsmasse des Sicherungsgebers gegen Null); Anfechtung gem. §§ 2 ff. AnfG (BGHZ 98, 10 = NJW 1986, 2252, 2253) bzw. §§ 29 ff. KO; Einrede, der Kläger habe den Vollstreckungsgegenstand durch unerlaubte Handlung gegenüber dem Beklagten erworben; Einrede der Arglist: Weigerung des Sicherungsnehmers (hier: Klägers), die Erfüllung durch den Gläubiger des Sicherungsgebers (hier: Beklagten) anzunehmen, nachdem der Gläubiger das Sicherungsgut und den Anspruch des Sicherungsgebers auf Rückübertragung gepfändet hat (OLG Celle NJW 1960, 2196).

1216   Der Beklagte kann ferner einwenden, er habe ein **besseres Recht** am Vollstreckungsgegenstand, der Vollstreckungsgegenstand hafte also mit, z.B.: aufgrund eines gesetzlichen Pfandrechtes des Vermieters vor Sicherungsübereignung der Sache (RGZ 143, 275, 277; BGH LM Nr. 2 zu § 771 ZPO); der Beklagte als rangbesserer Hypothekengläubiger gegenüber dem Nießbraucher bezüglich der aufgrund des dinglichen Titels gegen den Grundstückseigentümer gepfändeten Mietzinsen (RGZ 81, 146, 150); der Vermögensgegenstand gehöre zum vom Kläger gem. § 419 BGB übernommenen Vermögen (BGHZ 80, 296, 300 = NJW 1981, 1835, 1836, und zwar auch soweit nur eine Sicherungsübereignung erfolgt ist).

Schließlich kann der Beklagte geltend machen, den Kläger treffe eine **persönliche Haftung** (neben dem Schuldner) für die titulierte Forderung. Denn dann müßte der Kläger aus einem gegen ihn erwirkten Titel die Zwangsvollstreckung auch in den Vollstreckungsgegenstand dulden. Den Beklagten insoweit auf den Klageweg zu verweisen, wäre jedoch zu formalistisch und nicht prozeßökonomisch, zumal Rechte des Klägers nicht beschränkt werden, wenn der Beklagte dies bereits im Rahmen der Klage gem. § 771 ZPO geltend machen kann. Denn in jedem Fall wird geprüft, ob die vom Beklagten behauptete Haftung besteht.   1217

Zu dieser Gruppe gehören die Fälle, in denen es sich beim Kläger um einen Gesamtschuldner, Bürgen (BGH LM Nr. 2 zu § 771 ZPO), Gesellschafter einer OHG oder Komplementär einer KG handelt (BGH a.a.O.).

4. Beweis

Der Kläger muß das geltend gemachte Recht, der Beklagte dessen Erlöschen bzw. evtl. Gegenrechte beweisen (h.M.: vgl. BGH NJW 1986, 2426, 2427; Brox/Walker Rn. 1443).   1218

Auch bei **Sicherungsrechten** muß daher der Dritte dieses Recht (z.B. Sicherungsübereignung), der Beklagte dessen Erlöschen bzw. das der gesicherten Forderung oder deren Nichtentstehung beweisen (BGH NJW 1991, 353; a.A. MünchKommZPO/Schmidt: der Dritte soll auch bei nichtakzessorischen Rechten wie z.B. der Sicherungsübereignung neben dieser zudem das Entstehen der zu sichernden Forderung bzw. die Vereinbarung der Sicherungsübereignung auch für noch zu begründende Forderungen beweisen müssen).

Macht bei einer Zwangsvollstreckung gegen den **Ehepartner** der andere Ehegatte sein Eigentum an dem Vollstreckungsgegenstand geltend, muß der nicht schuldende Ehegatte die Vermutung des § 1362 Abs. 1 BGB durch den Nachweis des Erwerbs des Eigentums widerlegen. Dabei kann ihm die Vermutung des § 1006 BGB zu Gute kommen. Gem. § 1006 BGB wird vermutet, daß der Besitzer mit der Erlangung des Besitzes Eigenbesitzer geworden ist; zugunsten des Eigenbesitzers wird weiter vermutet, daß er Eigentümer geworden und während der Dauer seines Besitzes geblieben ist (BGH NJW 1976, 238; BGH NJW 1992, 1162, 1163). Besaß der nicht schuldende Ehegatte die Sache bereits vor der Ehe, braucht er daher auch nach der Eheschließung den Fortbestand des Eigentums nicht zu beweisen; § 1006 Abs. 2 BGB findet Anwendung (BGH NJW 1992, 1162, 1163). Eine für den Erblasser sprechende Vermutung des § 1006 BGB gilt zugunsten des Erben auch dann fort, wenn der Erbe im Zeitpunkt des Erbfalls verheiratet ist (BGH NJW 1993, 935, 936).   1219

IV. Urteilsart und -wirkungen

1220 Die Entscheidung über die Drittwiderspruchsklage ergeht durch Urteil. Bei der Abweisung der Klage kann der Gläubiger vorbehaltlich der Regelung des § 770 ZPO – die zwar von Amts wegen ergehen kann (vgl. auch § 771 Abs. 3 S. 1 ZPO), aber angeregt werden sollte, um ein Übersehen zu verhindern – weiter vollstrecken. Das stattgebende Urteil ist ein **Gestaltungsurteil,** durch das die Zwangsvollstreckung in den konkreten Vollstreckungsgegenstand aufgrund einer konkreten Vollstreckungsmaßnahme für unzulässig erklärt wird. Dies führt nicht dazu, daß die Vollstreckungsmaßnahmen ohne weiteres ihre Wirkungen verlieren. Vielmehr bedarf es für eine **Aufhebung** der Zwangsvollstreckungsmaßnahme durch das zuständige Vollstreckungsorgan der Vorlage einer – nicht notwendig vollstreckbaren – Ausfertigung oder Urschrift eines rechtskräftigen oder vorläufig vollstreckbaren Urteils (§§ 775 Nr. 1, 776 S. 2 ZPO). Nach h.M. besteht weder für den Gläubiger noch für das Vollstreckungsorgan eine Pflicht, den Zustand vor der Zwangsvollstreckung wiederherzustellen, also z.B. den gepfändeten Gegenstand zum Schuldner zurückzuschaffen (vgl. MünchKommZPO/Schmidt § 771 Rn. 78 m.w.N.).

1221 Die rechtskräftige **Abweisung** der Drittwiderspruchsklage hindert den Dritten, wegen desselben Rechts eine Klage aus materiellem Recht gegen den Vollstreckungsgläubiger zu erheben („res judicata", RGZ 70, 25, 27; MünchKommZPO/Schmidt § 771 Rn. 79, 80 m.w.N.).

1222 Hatte hingegen der Dritte die Erhebung der Drittwiderspruchsklage versäumt, kann er **nach Beendigung der Zwangsvollstreckung** Ansprüche gegen den Gläubiger gem. § 812 Abs. 1 S. 1, 2. Alt. BGB (Eingriffskondiktion, RGZ 156, 399; BGH NJW 1976, 1090 = Rpfleger 1976, 292) auf Herausgabe des Verwertungserlöses (nach h.M. der Bruttoerlös abzüglich Versteigerungskosten, vgl. BGH NJW 1976, 1090, 1092 = Rpfleger 1976, 292, 293; MünchKommZPO/Schilken § 804 Rn. 33 m.w.N. auch zur a.A.) bzw. gem. §§ 823, 826 BGB wegen schuldhafter Verletzung z.B. des Eigentums geltend machen; bei einer Herausgabevollstreckung kann gegebenenfalls Klage gem. § 985 BGB erhoben werden. Denkbar ist ferner ein Anspruch des Dritten auf Schadensersatz aus positiver Forderungsverletzung aufgrund des infolge der Pfändung entstandenen gesetzlichen Schuldverhältnisses zwischen dem Vollstreckungsgläubiger und dem Dritten als Inhaber des Rechts (BGH NJW 1972, 1048, 1049 = BGHZ 58, 207, 214; Brox/Walker Rn. 466). Der Vorteil bei dieser Anspruchsgrundlage liegt darin, daß ein Wegfall der Bereicherung nicht in Betracht kommt und für ein Verschulden des Rechtsanwalts der Vollstreckungsgläubiger gem. § 278 BGB haftet. Diese Ansprüche können sich durch Mitverschulden des Dritten gem. § 254 BGB, gegebenenfalls bis auf Null reduzieren (BGH NJW 1993, 522, 525).

All diesen Ansprüchen des Dritten liegt die Erwägung zugrunde, daß die Einhaltung der formellen Vollstreckungsvoraussetzungen dem Gläubiger noch kein materielles Recht zum Zugriff auf schuldnerfremdes Vermögen verleiht (BGH NJW 1992, 2570, 2573). Ferner findet der Grundsatz, daß ein subjektiv redliches Verhalten in einem gesetzlichen Rechtspflegeverfahren nicht schon durch die Beeinträchtigung von in § 823 BGB geschützten Rechtsgütern seine Rechtswidrigkeit indiziert, keine Anwendung, wenn im Wege der Zwangsvollstreckung in Rechtsgüter am Vollstreckungsverfahren nicht beteiligter Dritter eingegriffen wird (BGH NJW 1992, 2014, 2015). Der Umstand, daß der Kläger keine Klage gem. § 771 ZPO erhoben hatte, stellt keine Fiktion der Genehmigung zur Pfändung seines Eigentums dar (BGH NJW 1992, 2570, 2574).

V. Einstweiliger Rechtsschutz

Da die Erhebung der Drittwiderspruchsklage als solche keine Hemmung der Zwangsvollstreckung zur Folge hat, kann auf Antrag des Vollstreckungsschuldners eine einstweilige Einstellung der Zwangsvollstreckung angeordnet werden (§§ 771 Abs. 3, 769 ZPO); weitergehend als bei § 769 ZPO ist hier auch die Aufhebung von Vollstreckungsmaßnahmen ohne Sicherheitsleistung möglich (§ 771 Abs. 3 S. 2 ZPO). Im übrigen wird auf die Ausführung zu § 769 ZPO verwiesen (vgl. Rn. 1159 f.).   **1223**

Kapitel G
Drittwiderspruchsklage, § 772 ZPO

I. Ziel und Wesen

Zweck des § 772 ZPO ist, die Veräußerung oder Überweisung, also die Verwertung eines Pfandgegenstandes zu verhindern, weil ansonsten der für den Dritten bestehende Schutz des Verfügungsverbotes endgültig beseitigt würde, z.B. infolge lastenfreien Eigentumserwerbs in der Versteigerung aufgrund staatlichen Hoheitsaktes. Die Vorschrift setzt damit den materiell-rechtlichen Schutz, den die §§ 135, 136 BGB gewähren, im Vollstreckungsrecht in einer Weise fort, wie es dem angemessenen Ausgleich des durch das Verfügungsverbot Begünstigten einerseits und des Gläubigers des vom Verfügungsverbot Betroffenen andererseits entspricht.   **1224**

Beispiel:

A tauscht seinen Computer gegen eine alte Uhr des B. Der Computer ist mangelhaft, B erklärt die Wandelung. Er erwirkt im Wege der einstweiligen Verfügung gemäß § 938 Abs. 2 ZPO ein die Uhr betreffendes Veräußerungsverbot gegen A. Ein Gläubiger des A pfändet die bei A befindliche Uhr.

B kann keine Drittwiderspruchsklage gemäß § 771 ZPO erheben, weil sein insoweit allein in Betracht kommendes Recht hinsichtlich der Uhr der aufgrund der Wandelung gegebene Rückgewähranspruch und damit ein bloßer Verschaffungsanspruch ist (vgl. Rn. 1202). Anderseits hat er insoweit mehr als diesen bloßen Verschaffungsanspruch, weil dessen Realisierung durch ein Verfügungsverbot gesichert ist. A kann rechtlich zwar weiter über die Uhr verfügen (sie z.B. durch ein Pfandrecht belasten), er darf es aber nicht. Geschieht dies trotzdem, ist die Verfügung relativ, d.h. nur dem B gegenüber unwirksam, jedem anderen gegenüber jedoch wirksam. Indem   **1225** nun der Gläubiger des A die Uhr pfänden läßt, wird diese belastet, und zwar mit einem Pfändungspfandrecht. Allerdings geschieht dies nicht durch eine Verfügung des A, weil nicht dieser, sondern der Gerichtsvollzieher die Pfändung vorgenommen hat. Zugunsten des durch das Verfügungsverbot Geschützten greift hier § 135 Abs. 1 S. 2 BGB ein, wonach den rechtsgeschäftlichen Verfügungen solche gleichstehen, die im Wege der Zwangsvollstreckung oder Arrestvollziehung erfolgen. Das führt dazu, daß auch das Pfändungspfandrecht des Gläubigers dem Geschützten gegenüber relativ unwirksam ist (so wohl auch StJ/Münzberg § 772 Rn. 7; Schuschke § 772 Rn. 3; a.A. MünchKommZPO/Schmidt § 772 Rn. 16: relativ unwirksam sei nur die Verwertung, nicht aber auch die Pfändung. Wenn aber in obigem Beispielsfall der B im Hinblick auf die erklärte Wandelung von A die zwischenzeitlich mit dem Pfändungspfandrecht des B belastete Uhr rückübereignet erhält, würde er nur das mit dem Pfändungspfandrecht belastete Eigentum erwerben. – Wie hier auch BGH ZIP 1980, 23, 24 zu § 106 Abs. 1 S. 3 KO: die relativ unwirksame Pfändung (!) wird mit Eröffnung des Konkursverfahrens endgültig unwirksam).

1226 So wie der A nicht verfügen durfte, dürfte gemäß § 135 Abs. 1 S. 2 BGB eigentlich auch nicht eine Verfügung im Wege der Zwangsvollstreckung erfolgen. Hier trifft nun § 772 ZPO eine andere Regelung, die auch materiell-rechtliche Auswirkungen hat. Dies ist nicht verwunderlich, weil § 772 ZPO ursprünglich als Absatz 4 des heutigen § 135 BGB vorgesehen war (vgl. MünchKommZPO/Schmidt § 772 Rn. 1): Es soll im Wege der Zwangsvollstreckung lediglich eine Verwertung nicht stattfinden, alle weniger beeinträchtigenden Maßnahmen darf der Gläubiger aber durchführen lassen.

1227 Wird gegen die Ordnungsvorschrift des § 772 S. 1 ZPO verstoßen, steht dem Geschützten (streitig, ob auch dem Schuldner, vgl. MünchKommZPO/Schmidt § 772 Rn. 19) die Vollstreckungserinnerung gemäß § 766 ZPO zu. Wahlweise kann der Geschützte aber auch die Verwertung des Pfandgegenstandes durch Klage gemäß §§ 772 S. 2, 771 ZPO verhindern. Diese Regelung ist interessengerecht.

1228 Erst und nur durch die Verwertung würde der durch das Verfügungsverbot Begünstigte seine geschützte Rechtsposition für immer verlieren, z.B. durch Versteigerung des Pfandgegenstandes. Denn der Ersteher in der Zwangsversteigerung erwirbt **kraft staatlichen Hoheitsaktes originäres Eigentum**, mit der Folge, daß das Verfügungsverbot untergeht; dies selbst dann, wenn der Ersteher das Verfügungsverbot kennt. Voraussetzung hierfür ist nach h.M. lediglich eine wirksame Verstrickung des Pfandgegenstandes, nicht jedoch auch ein wirksames Pfändungspfandrecht (BGH NJW 1992, 2570, 2571 m.w.N.; Brox/Walker Rn. 1426; Schuschke § 772 Rn. 3; MünchKommZPO/Schmidt § 772 Rn. 16; StJ/Münzberg § 772 Rn. 9; unklar Zöller/Herget § 772 Rn. 2: der Ersteher sei gemäß §§ 135 Abs. 2, 932 BGB nicht geschützt. Das dortige Zitat RGZ 90, 335 betrifft aber den Pfändungspfandgläubiger, nicht den Ersteher in der Zwangsversteigerung).

1229 Unterbleibt die Verwertung und dringt der Geschützte mit seinem durch das Verfügungsverbot gesicherten Anspruch durch (im Beispielsfall: Rückübereignung der Uhr von A an B), hat er nunmehr ein lastenfreies Recht an dem betreffenden Gegenstand (hier: Eigentum an der Uhr) erworben, weil das Pfändungspfandrecht ihm gegenüber nicht wirksam war. Insoweit ist seine Position sogar sicherer als in dem Fall, daß der vom Verfügungsverbot Betroffene verfügt hätte. Denn – nur – bei rechtsgeschäftlichen Verfügungen finden über § 135 Abs. 2 BGB die Vorschriften zugunsten derjenigen, welche Rechte von einem Nichtberechtigten herleiten, entsprechende Anwendung, nicht hingegen bei Pfändungen im Wege der Zwangsvollstreckung. Ein etwaiger guter Glaube des Pfändungspfandgläubigers an die Nichtexistenz des Verfügungsverbots hilft diesem daher nicht (h.M.: RGZ 90, 335, 338; Brox/Walker Rn. 1426; Schuschke § 772 Rn. 3, jeweils m.w.N.; a.A.: MünchKommBGB/Mayer-Maly § 135 BGB Rn. 43). Gibt der Pfändungspfandgläubiger den Pfandgegenstand nicht frei, kann der Geschützte nunmehr Drittwiderspruchsklage gemäß § 771 ZPO erheben; bei obsiegendem Urteil wird die Pfändung gemäß § 776 S. 1 ZPO aufgehoben.

Bestand das Verfügungverbot in einem allgemeinen Veräußerungsverbot gemäß **§ 106 Abs. 1 S. 3 KO** und wurde anschließend Konkurs eröffnet, wird die relativ unwirksame Pfändung mit Konkurseröffnung endgültig unwirksam (BGH ZIP 1980, 23, 24). Gegen die nunmehr gemäß § 14 KO unwirksame Pfändung kann der Konkursverwalter Vollstreckungserinnerung gemäß § 766 ZPO einlegen.   **1230**

Aber auch die Interessen des Pfändungspfandgläubigers sind ausreichend geschützt. Da die durch das Veräußerungsverbot erlangte Rechtsposition unsicher ist, weil sie nur bis zur Klärung des vom Geschützten geltend gemachten Rechts besteht und diese Klärung auch zu seinen Ungunsten ausgehen kann, darf der Gläubiger des vom Verfügungsverbot Betroffenen daher bereits jetzt pfänden und sich damit einen entsprechenden Rang (§ 804 Abs. 3 ZPO) sichern. Dieser wirkt sich aus, wenn das Verfügungsverbot später entfällt und nunmehr auch die Verwertung durchgeführt werden kann (gegebenenfalls nach einer Vollstreckungsabwehrklage gem. § 767 ZPO des Pfändungspfandgläubigers gegen das gemäß § 772 S. 2 ZPO erwirkte Urteil, s. Rn. 1238).

*

II. Zulässigkeit

Die Klage ist **statthaft**, wenn geltend gemacht wird, ein von einem Verfügungsverbot betroffener Gegenstand solle im Wege der Zwangsvollstreckung veräußert oder überwiesen werden. Sie kann sich daher nicht gegen eine bloße Pfändung, daher auch nicht gegen die Eintragung einer Sicherungshypothek oder die Anordnung der Zwangsversteigerung bzw. Zwangsverwaltung richten (h.M.: Zöller/Herget § 772 Rn. 2; StJ/Münzberg § 772 Rn. 9 m.w.N.).   **1231**

Dementsprechend lautet der **Antrag** auch nur dahin,

> die Veräußerung bzw. die Überweisung … (des genau zu bezeichnenden Gegenstandes) im Wege der Zwangsvollstreckung für unzulässig zu erklären.

Zur **Zuständigkeit** und zum **Rechtsschutzinteresse** gelten die Ausführungen zu § 771 ZPO entsprechend (vgl. Rn. 1185 f.).

III. Begründetheit

Die **Sachbefugnis** auf Klägerseite liegt bei dem durch das Verfügungsverbot Geschützten; richtiger Beklagter ist der vollstreckende Gläubiger (vgl. die entsprechenden Ausführungen zu § 771 ZPO Rn. 1195).   **1232**

Zur Begründetheit der Klage ist ferner erforderlich, daß im Zeitpunkt der letzten mündlichen Verhandlung zugunsten des Klägers ein Veräußerungsverbot der in §§ 135, 136 BGB bezeichneten Art, also ein relatives Veräußerungsverbot besteht.

1233 **Veräußerungsverbot** bedeutet Verfügungsverbot, also ein Verbot der unmittelbaren Einwirkung auf ein Recht durch Übertragung, Aufhebung, Belastung oder inhaltliche Änderung (allg.M.: vgl. Palandt/Heinrichs §§ 135, 136 BGB Rn. 1). Zu den Verfügungsverboten der in §§ 135, 136 BGB genannten Art gehören z.B. diejenigen gem. §§ 15, 98, 156 Abs. 1 VVG (gesetzliche); §§ 935, 940, 938 Abs. 2 ZPO, § 106 Abs. 1 S. 3 KO, §§ 58 f. VerglO (h.M.: vgl. MünchKommZPO/Schmidt § 772 Rn. 5 m.w.N.).

1234 **Nicht** dazu gehören

- die **absoluten Verfügungsverbote**, wie z.B. §§ 290 f., 443 StPO, weil sie unter § 134 BGB und nicht unter §§ 135, 136 BGB fallen (h.M.: MünchKommZPO/Schmidt § 772 Rn. 6);

- **Verfügungsbeschränkungen** (wie z.B. §§ 1365, 1369, 1643, 1804, 1903, 2211 BGB), weil diese das rechtliche Können betreffen und damit absolut wirken, nicht aber wie §§ 135, 136 BGB das rechtliche Dürfen mit der Folge nur relativer Unwirksamkeit;

- Verfügungsbeschränkungen gemäß **§§ 6, 7 KO**, und zwar unabhängig davon, ob man darin eine absolute oder relative Verfügungsbeschränkung sieht (vgl. zu diesem Problem MünchKommBGB/Mayer-Maly § 135 Rn. 22 m.w.N.), weil der Schutz gegen Zwangsvollstreckungsmaßnahmen von Konkursgläubigern durch die eigenständige Regelung des § 14 KO gewährleistet ist; Verstöße gegen dieses Vollstreckungshindernis können mit der Vollstreckungserinnerung gemäß § 766 ZPO geltend gemacht werden (h.M.: vgl. MünchKommZPO/Schmidt § 772 Rn. 7 m.w.N.);

- **relative Verfügungsverbote**, die bei einer **Zwangsvollstreckung durch Pfändung** von Gegenständen oder Beschlagnahme von Grundstücken entstehen (§§ 829 Abs. 1, 857 Abs. 1 ZPO; §§ 23, 148 ZVG), weil die Zulässigkeit und Folge mehrfacher Zwangsvollstreckung bzw. des Beitritts zur Zwangsversteigerung desselben Gegenstandes speziell geregelt sind (vgl. §§ 804 Abs. 3, 826, 853, 872 f. ZPO; §§ 10, 27 ZVG; Zöller/Herget § 772 Rn. 1; MünchKommZPO/Schilken § 772 Rn. 13; Schuschke § 772 Rn. 2; Baumbach/Hartmann § 772 Rn. 1; StJ/Münzberg § 772 Rn. 2; a.A.: Brox/Walker Rn. 1426 betr. § 23 ZVG, ohne Begründung);

- **Vormerkung**, § 883 BGB, und **Widerspruch**, § 899 BGB (h.M.: OLG Hamburg MDR 1963, 509; MünchKommZPO/Schmidt § 772 Rn. 10, 11 m.w.N.);

- ein **vereinbartes Abtretungsverbot** (§§ 399, 413 BGB), weil es absolut wirkt und zudem in § 851 Abs. 2 ZPO sowohl die Zulässigkeit der Pfändung wie die der Verwertung eigenständig geregelt ist.

1235 Selbst wenn ein derartiges relatives Verfügungsverbot besteht, ist eine Veräußerung oder Überweisung im Wege der Zwangsvollstreckung nur dann unzulässig, wenn diese wegen eines persönlichen Anspruchs (Forderung) oder aufgrund eines infolge des Verbots unwirksamen Rechts erfolgt. § 772 ZPO trifft somit nicht zu, wenn die Zwangsvollstreckung aufgrund eines Rechts erfolgt, das vom Verfügungsverbot nicht erfaßt wird (z.B. ein vor Wirksamwerden des Verfügungsverbots erworbenes Pfandrecht;

eine zwar danach, aber in Unkenntnis von dem nicht im Grundbuch eingetragenen Verfügungsverbot und damit gutgläubig erworbene Grundschuld, § 135 Abs. 2, § 892 Abs. 1 S. 2 BGB; vgl. StJ/Münzberg § 772 Rn. 8; Schuschke § 772 Rn. 3; Thomas/Putzo § 772 Rn. 2) oder wenn der dazu berechtigte Dritte der Verfügung zustimmt (h.M.: StJ/Münzberg § 772 Rn. 8).

Schließlich dürfen keine **Gegenrechte des Beklagten** bestehen. Insoweit kann auf die Ausführung zu § 771 ZPO Rn. 1214 f. verwiesen werden. **1236**

Beispiel:

A tauscht sein Bild gegen eine Uhr des M. Sodann erklärt er die Wandelung wegen der Mangelhaftigkeit der Uhr und erwirkt eine einstweilige Verfügung, durch die dem M verboten wird, über die Uhr zu verfügen. Der Gläubiger V des M läßt bei diesem wegen eines titulierten Mietzinsanspruchs u.a. die Uhr pfänden. Die Klage des A gegen V ist gemäß § 772 S. 2 ZPO eigentlich begründet. Aber: wenn der A für den Mietzinsanspruch des V gegen M eine Bürgschaft übernommen hätte (Mithaft), stünde V ein Gegenrecht zu. Denn wenn infolge der Wandelung der Uhr M diese wieder an den A zurückübereignet, könnte V bei A mit einem gegen den A als Bürgen erwirkten Titel auch in die Uhr vollstrecken.

IV. Urteilsart und -wirkungen

Es gelten die Ausführungen zu § 771 ZPO Rn. 1220 f. entsprechend. **1237**

Ergibt sich nach Rechtskraft des Urteils, daß das Verfügungsverbot entfällt, kann der Pfändungspfandgläubiger – falls der Dritte nicht freiwillig damit einverstanden ist – über die Vollstreckungsabwehrklage gemäß § 767 ZPO gegen das gemäß § 772 ZPO erwirkte Urteil erreichen, daß er nunmehr den Pfandgegenstand auch verwerten darf (h.M.: StJ/Münzberg § 772 Rn. 13, Zöller/Herget § 772 Rn. 3; Schuschke § 772 Rn. 7; Rosenberg/Gaul/Schilken § 41 10 c; a.A.: MünchKommZPO/Schmidt § 772 Rn. 22: inzident, aber auch durch Feststellungsklage). Wird ein Antrag des Gläubigers des Schuldners unter Hinweis auf das Verfügungsverbot eine Pfändung/Eintragung einer Sicherungshypothek/Anordnung der Zwangsversteigerung oder Zwangsverwaltung abgelehnt, steht ihm die Vollstreckungserinnerung gemäß § 766 ZPO bzw. die Rechtspflegererinnerung gemäß § 11 RPflG zu. **1238**

V. Einstweiliger Rechtsschutz

Vorläufiger Rechtsschutz kann über eine einstweilige Anordnung gemäß §§ 772 S. 2, 771 Abs. 3, 769 ZPO erreicht werden; zu den Einzelheiten vgl. Rn. 1223, 1159 f., jedoch kommt eine Aufhebung zulässiger Pfändungen nicht in Betracht. **1239**

Kapitel H
Drittwiderspruchsklage des Nacherben, § 773 ZPO

I. Zulässigkeit

1240 Die Vorschrift gilt nur für die Vollstreckung wegen Geldforderungen (§§ 803–871 ZPO), also nicht für die Teilungsversteigerung unter Mitvorerben (h.M.: BayObLG NJW 1965, 1966; OLG Hamm NJW 1969, 516; Schuschke § 773 Rn. 3; MünchKomm-ZPO/Schmidt § 773 Rn. 3; Palandt/Edenhofer § 2115 BGB Rn. 3). Im Konkurs entspricht ihr das Veräußerungsverbot des § 128 KO. Sie ergänzt und beschränkt vollstreckungsrechtlich den dem Nacherben durch § 2115 BGB gewährten Schutz gegen Verfügungen im Wege der Zwangsvollstreckung, in dem sie – entsprechend der Regelung des § 772 ZPO im Hinblick auf § 135 Abs. 1 S. 2 BGB – nur eine Verfügung in Form der Veräußerung oder Überweisung im Wege der Zwangsvollstreckung als eine solche behandelt, die nicht erfolgen soll. Nur gegen derartige Verfügungen kann der Nacherbe nach Maßgabe des § 771 ZPO Widerspruch erheben. Dies bedeutet, daß wie bei § 772 ZPO die bloße Pfändung, Eintragung einer Sicherungshypothek, Anordnung der Zwangsversteigerung oder Zwangsverwaltung, die Verurteilung zur Duldung der Zwangsvollstreckung mit Ausnahme der Verwertung (BGH NJW 1990, 1237, 1239) zulässig ist.

Der **Antrag** lautet auch hier,

die Veräußerung bzw. Überweisung des ... (genau zu bezeichnenden Gegenstandes) ist im Wege der Zwangsvollstreckung für unzulässig zu erklären.

Zur **Zuständigkeit des Gerichts** und zum **Rechtsschutzinteresse** vgl. die entsprechenden Ausführungen zu § 771 ZPO Rn. 1185 f.

II. Begründetheit

1241 **Sachbefugt** auf Klägerseite ist der Nacherbe, richtiger Beklagter der die Zwangsvollstreckung betreibende Gläubiger (vgl. die entsprechenden Ausführungen zu § 771 ZPO Rn. 1195).

Die Klage ist begründet, wenn der **Pfandgegenstand zur Vorerbschaft** gehört, und die im Wege der Zwangsvollstreckung getroffene Verfügung das Recht des Nacherben vereiteln oder beschränken würde.

1242 Eine derartige **Beeinträchtigung oder Vereitelung** liegt **nicht** vor, wenn

– der Anspruch eines Nachlaßgläubigers geltend gemacht wird (§ 2115 S. 2, 1. Alt. BGB), weil dafür der Nacherbe haftet. Dazu gehören auch Verbindlichkeiten, die aus einer ordnungsgemäßen Verwaltung des Nachlasses (§ 2120 BGB) durch den Vorerben entstanden sind (BGH NJW 1990, 1237, 1238);

– ein an einem Erbgegenstand bestehendes Recht geltend gemacht wird, das im Nacherbfall dem Nacherben gegenüber wirksam ist, § 2115 S. 2, 2. Alt. BGB, z.B. ein vom Erblasser oder vom befreiten Vorerben gem. §§ 2113, 2136 BGB wirksam bestelltes Grundpfandrecht (RGZ 133, 263, 264);

– die Verbindlichkeiten des Vorerben mit Zustimmung des Nacherben eingegangen wurden (h.M.: Zöller/Herget § 773 Rn. 1).

III. Urteilsart und -wirkungen

Es gelten die entsprechenden Ausführungen zu § 771 ZPO Rn. 1220 f.　　**1243**

Tritt während des Rechtsstreits der Nacherbfall ein, kann der Nacherbe im Wege der Klageänderung nunmehr Drittwiderspruchsklage gem. § 771 ZPO mit dem Ziel der generellen Unzulässigkeitserklärung der Zwangsvollstreckung in diesen Gegenstand erheben (Ausnahme: § 800 ZPO, vgl. Brox/Walker Rn. 1428).

IV. Einstweiliger Rechtsschutz

Vorläufiger Rechtsschutz kann über eine einstweilige Anordnung gemäß §§ 773 S. 2, **1244** 771 Abs. 3, 769 ZPO erreicht werden (vgl. dazu im einzelnen Rn. 1239, 1223, 1159 f.).

Kapitel I

Drittwiderspruchsklage des in Gütergemeinschaft lebenden Ehegatten, § 774 ZPO

I. Zulässigkeit

Ist ein Titel gegen einen Ehegatten ergangen, der ein selbständiges Erwerbsgeschäft **1245** betreibt, in Gütergemeinschaft lebt und das Gesamtgut nicht oder nicht allein verwaltet, so kann der Gläubiger gem. § 741 ZPO grundsätzlich in das Gesamtgut vollstrecken. Liegen die dort genannten Voraussetzungen nicht vor, kann der andere Ehegatte mit der Widerspruchsklage gemäß § 774 ZPO **beantragen**,

die Zwangsvollstreckung in den … (genau zu bezeichnenden Gegenstand) für unzulässig zu erklären.

II. Begründetheit

Sachbefugt ist auf Klägerseite der allein- oder mitverwaltende Ehegatte, richtiger Be- **1246** klagter ist der Vollstreckungsgläubiger.

Die Klage ist begründet, wenn das gegen den nicht klagenden Ehegatten ergangene Urteil in Ansehung des Gesamtgutes dem allein- oder mitverwaltenden Ehegatten gegenüber unwirksam ist. Ein solcher Fall ist gegeben, wenn

- es sich bei der titulierten Forderung nicht um eine Geschäftsschuld handelt (BGHZ 83, 76 f. = NJW 1982, 1810 f.);

- infolge Unkenntnis von dem Betrieb des Erwerbsgeschäfts dazu eine Einwilligung des klagenden Ehegatten nicht erteilt war (§§ 1431, 1456 BGB);

- bei Eintritt der Rechtshängigkeit der Einspruch gegen den Betrieb des Erwerbsgeschäfts oder der Widerruf seiner Einwilligung zu dem Betrieb im Güterrechtsregister eingetragen oder dem Gläubiger bekannt war (§§ 741 ZPO; § 1412 Abs. 1, 1. Halbsatz 2. Altern., 1431 Abs. 3, 1456 Abs. 3 BGB).

Demgegenüber kann der Gläubiger einwenden, trotz des Einspruchs bzw. des Widerrufs habe der klagende Ehegatte dem konkreten Geschäft, aus dem die titulierte Forderung resultiert, zugestimmt. Dies führt – ggf. nach entsprechendem Beweis des Gläubigers – zur Klageabweisung (h.M.: vgl. Schuschke § 774 Rn. 2; Brox/Walker Rn. 1429 m.w.N.).

Im übrigen gelten die Ausführungen zu § 771 ZPO Rn. 1220 f. entsprechend.

III. Einstweiliger Rechtsschutz

1247 Vorläufiger Rechtsschutz kann über eine einstweilige Anordnung gemäß §§ 774, 771 Abs. 3, 769 ZPO erlangt werden (vgl. dazu im einzelnen Rn. 1239, 1223, 1159 f.).

Kapitel J

Vorzugsklage, § 805 ZPO

I. Ziel und Wesen

1248 Anders als der Inhaber eines Besitzpfandrechtes kann der Inhaber eines besitzlosen Pfand- oder Vorzugsrechtes (z.B. der Vermieter – § 559 BGB) die Pfändung einer beweglichen Sache des Schuldners weder durch die Verweigerung einer Herausgabe an den Gerichtsvollzieher (vgl. § 809 ZPO) noch durch eine Drittwiderspruchsklage gem. § 771 ZPO verhindern. Der Schutz seiner Sicherungsrechte erfolgt nicht durch Verhinderung der Zwangsvollstreckung, sondern in der Weise, daß ihm ein Anspruch darauf zusteht, in Höhe der seinem Pfand- bzw. Vorzugsrecht zugrundeliegenden Forderung aus dem Erlös der Pfandverwertung vorab befriedigt zu werden.

Diesen Anspruch kann er gem. § 805 ZPO durch Klage geltend machen. Der An- **1249** wendungsbereich dieser prozessualen Gestaltungsklage bezieht sich nur auf **bewegliche Sachen**, in die wegen Geldforderungen vollstreckt wurde. Bei einer Zwangsvollstreckung wegen Geldforderungen in Forderungen und andere Rechte sowie zur Herausgabe von Sachen gem. §§ 883 ff. ZPO kommt für den Inhaber eines Pfand- bzw. Vorzugsrechts allein eine Drittwiderspruchsklage gem. § 771 ZPO in Betracht.

Klageziel ist somit nicht die Verhinderung der Zwangsvollstreckung überhaupt (wie **1250** bei der Vollstreckungsabwehrklage gem. § 767 ZPO) oder in bestimmte Gegenstände (so bei der Drittwiderspruchsklage gem. § 771 ZPO), sondern die **vorzugsweise Befriedigung** des Klägers aus der auch in seinem Sinne liegenden Verwertung des Vollstreckungsgegenstandes. Die Klage hat damit eine gewisse Ähnlichkeit mit der Widerspruchsklage gem. § 878 ZPO, unterscheidet sich von ihr jedoch insbesondere dadurch, daß die Widerspruchsklage nur im Rahmen des Verteilungsverfahrens gem. §§ 872–882 ZPO möglich ist, und dieses Verteilungsverfahren ausschließlich zwischen mehreren Pfändungspfandgläubigern durchgeführt wird.

II. Zulässigkeit

1. Statthaftigkeit

Die Klage ist statthaft, wenn der Kläger vorträgt, daß ihm ein vorrangiges bzw. **1251** gleichrangiges Pfand- oder Vorzugsrecht an einem beweglichen Vollstreckungsgegenstand zusteht, und er die vorzugsweise Befriedigung seiner dem Pfand- bzw. Vorzugsrecht zugrundeliegenden Forderung aus dem Reinerlös der Verwertung des Gegenstandes begehrt, der aufgrund einer Zwangsvollstreckung wegen Geldforderung gepfändet wurde.

2. Klageantrag

Der **Klageantrag** ist darauf zu richten, **1252**
> den Kläger aus dem Reinerlös des am … (Datum) durch … im Auftrag des … gepfändeten … (genau bezeichneten Gegenstandes) bis zum Betrag von … DM (Hauptsache, ggf. nebst Zinsen bis zum Tag der Auszahlung, Kosten) vor dem Beklagten zu befriedigen.

Falls die Forderung des Klägers **noch nicht fällig** ist, sind von dem errechneten Be- **1253** trag Zwischenzinsen entsprechend §§ 1133 Satz 3, 1217 Abs. 2 Satz 2 BGB für die Zeit von der Auskehr des Erlöses bis zum Fälligkeitstermin in Abzug zu bringen (MünchKommZPO/ Schilken § 805 Rn. 19; Zimmermann § 805 Rn. 7; StJ/Münzberg § 805 Rn. 23; Brox/Walker Rn. 1467; a.A. Thomas/Putzo § 805 Rn. 9; Zöller/Stöber § 805 Rn. 10: Hinterlegung bis zum Fälligkeitstermin; für Abzug und Hinterlegung: Baumbach/Hartmann § 805 Rn. 5).

1254 Falls der Anspruch **bedingt** und die Bedingung noch nicht eingetreten ist, muß der Klageantrag lauten:

> den Kläger aus dem Reinerlös des am ... (Datum) durch ... im Auftrag des ... gepfändeten ... (genau bezeichneten Gegenstandes) bis zum Betrag von ... DM (Hauptsache, ggf. nebst Zinsen bis zum Tag der Auszahlung, Kosten) vor dem Beklagten zu befriedigen und den Gesamtbetrag bis zum ... (genaue Angabe der Bedingung) zu Gunsten des Klägers zu hinterlegen.

3. Zuständigkeit

1255 **Sachlich** ausschließlich zuständig ist je nach Streitwert das Amts- bzw. Landgericht, in dessen Bezirk das Vollstreckungsgericht seinen Sitz hat (§§ 805 Abs. 2, 802 ZPO; §§ 23, 71 GVG). Der Streitwert bemißt sich entweder nach der Forderung, die dem geltend gemachten Pfand- oder Vorzugsrecht zugrundeliegt, der titulierten Forderung des beklagten Vollstreckungsgläubigers oder der Höhe des Erlöses aus der Verwertung; maßgeblich ist der niedrigere der genannten Werte (h.M.: vgl. Zöller/Schneider § 3 Rn. 16 „Vorzugsweise Befriedigung" m.w.N.).

Örtlich ausschließlich zuständig ist das Gericht, in dessen Bezirk die Pfändung stattgefunden hat (§§ 805 Abs. 2, 764 Abs. 2, 802 ZPO).

4. Rechtsschutzinteresse

1256 Das Rechtsschutzinteresse für die Vorzugsklage ist gegeben **ab dem Beginn** der Zwangsvollstreckung (Pfändung), weil erst durch die Pfändung feststeht, daß in einen Gegenstand vollstreckt wird, an dem der Kläger ein Pfand- bzw. Vorzugsrecht geltend macht. Es endet **mit der Beendigung** der Zwangsvollstreckung (Auskehr des Erlöses an den Vollstreckungsgläubiger). Endet die Zwangsvollstreckung während der Anhängigkeit einer Vorzugsklage, kann der Kläger gem. § 264 Nr. 3 ZPO die Klage auf Herausgabe der Bereicherung bzw. Schadensersatz umstellen.

1257 Ein Rechtsschutzinteresse fehlt, soweit eine **Einwilligung des Vollstreckungsgläubigers** bzw. des Schuldners in die Auszahlung des Erlöses an den Kläger in Höhe der geltend gemachten Forderung vorliegt; ferner bei einer eindeutigen und offensichtlichen Nichtigkeit der Vollstreckungsmaßnahme, weil in diesem Fall keine wirksame Pfändung und damit auch kein Rangverhältnis zwischen mehreren Pfandrechten besteht. § 805 ZPO findet keine Anwendung bei einem bestrittenen Rangverhältnis zwischen **Pfändungspfandgläubigern**. Insoweit enthalten die §§ 872–882 ZPO spezielle Regelungen (RGZ 91, 41).

1258 Vom Beginn der Zwangsvollstreckung bis zu deren Beendigung kann wegen desselben Pfand- bzw. Vorzugsrechts keine Klage aus materiellem Recht erhoben werden, weil insoweit die Vorzugsklage gem. § 805 ZPO eine **spezielle Regelung** darstellt. Danach kann der Pfand- bzw. Vorzugsrechtsinhaber Ansprüche aus ungerechtfertigter Bereicherung gem. § 812 Abs. 1 S. 1, 2. Alt. BGB (RGZ 119, 265, 269; Baur/Stürner Rn. 797) bzw. unerlaubter Handlung gem. § 823 BGB klageweise geltend machen.

Soweit allerdings die Vorzugsklage abgewiesen worden war, kann wegen desselben Pfand- bzw. Vorzugsrechts auch nach Beendigung der Zwangsvollstreckung keine Klage aus materiellem Recht mehr erhoben werden. Einer solchen Klage steht die

Rechtskraft der Vorzugsklage entgegen, weil hierdurch bindend festgestellt wurde, daß dem Kläger im Verhältnis zum Beklagten wegen des bestimmten geltend gemachten Rechts kein Anspruch auf vorzugsweise Befriedigung zusteht.

III. Begründetheit

1. Sachbefugnis

Kläger und damit aktivlegitimiert ist derjenige, der das bessere Pfand- bzw. Vorzugs- 1259
recht geltend macht. Beklagter und damit passivlegitimiert ist der Pfändungspfandgläubiger; ferner der Schuldner, soweit er das Pfand- bzw. Vorzugsrecht des Klägers bestreitet oder der Auszahlung des Erlöses an den Kläger widerspricht (§ 805 Abs. 3, § 59 ZPO – einfache Streitgenossen). Die Klage gegen den Schuldner ist insoweit auf Duldung der Zwangsvollstreckung, d.h. Befriedigung des Klägers aus dem Erlös zu richten.

2. Pfand- oder Vorzugsrecht

Die Klage ist begründet, wenn dem Kläger ein vor- oder gleichrangiges Pfand- bzw. 1260
Vorzugsrecht zusteht und der Beklagte hiergegen keine berechtigten Einwendungen geltend machen kann. Aufgrund der ausdrücklichen Regelung in § 805 Abs. 2, 2. Halbsatz a.E. ZPO steht die fehlende Fälligkeit der durch das Pfand- bzw. Vorzugsrecht abgesicherten Forderung der Klage nach § 805 ZPO nicht entgegen. Gleiches gilt für bedingte Ansprüche.

Zu den Rechten i.S. von § 805 ZPO gehören insbesondere

* die **gesetzlichen besitzlosen Pfandrechte** des Vermieters (§ 559 BGB), Verpächters   1261
  (§ 585 BGB) und des Gastwirts (§ 704 BGB). Diese Pfandrechte gehen nicht dadurch
  unter, daß der Gerichtsvollzieher die Sache von dem Grundstück entfernt; § 560
  BGB gilt insoweit nicht (BGH NJW 1986, 2426). Ferner gilt die Frist des § 561 Abs. 2
  BGB nicht, weil Ziel der Vorzugsklage nicht die Zurückschaffung der Sache,
  sondern die vorzugsweise Befriedigung ist.

* die **gesetzlichen Besitzpfandrechte** (z.B. des Werkunternehmers gem. § 647 BGB),   1262
  die Vertragspfandrechte sowie die Pfändungspfandrechte, wenn der Gläubiger
  bzw. Gerichtsvollzieher den Besitz am Pfandgegenstand unfreiwillig verloren hat,
  ihm also die Sache abhanden gekommen ist; der **Besitzverlust** darf nicht durch freiwillige Rückgabe an den Eigentümer bzw. Verpfänder erfolgt sein, weil in diesem
  Falle gem. § 1253 BGB das Pfandrecht erlischt. Anwendbar ist ferner § 560 S. 2,
  3. Alt. BGB, wonach ein Pfandrecht nicht besteht, wenn die zurückgebliebenen Sachen zur Sicherung des Pfandrechtsgläubigers offenbar ausreichen (vgl. BGHZ 27,
  227 = NJW 1958, 1282). Wegen weiterer Pfandrechte vgl. MünchKomm-
  ZPO/Schilken § 805 ZPO Rn. 10.

* **Vorzugsrechte** gem. **§ 49 Abs. 1 KO**, die im Konkurs des Schuldners zur Abson-   1263
  derung berechtigen.

Das Vorzugsrecht gem. § 49 Abs. 1 Nr. 1 KO steht der öffentlichen Hand wegen der auf der Sache ruhenden Zölle und Verbrauchssteuern zu. Hierzu gehören ferner Zurückbehaltungsrechte wegen Verwendungen zum Nutzen einer Sache gem. § 49 Abs. 1 Nr. 3 KO, also z.B. die Zurückbehaltungsrechte gem. §§ 273, 1000 BGB in Verbindung mit §§ 450, 547, 601, 994 BGB. Ferner können geltend gemacht werden die kaufmännischen Zurückbehaltungsrechte gem. §§ 369 ff. HGB (vgl. § 49 Abs. 1 Nr. 4 KO).

Bei den in § 49 Abs. 1 Nr. 3 und 4 KO genannten Zurückbehaltungsrechten ist zu beachten, daß durch freiwilligen wie unfreiwilligen Besitzverlust das Zurückbehaltungsrecht erlischt (h.M.: vgl. RGZ 109, 105). Soweit die Inhaber derartiger Zurückbehaltungsrechte aber den Besitz am Pfandgegenstand haben, können sie sich gegen eine Pfändung gem. §§ 766, 809 ZPO wehren. Daher findet die Klage gem. § 805 ZPO nur in den Fällen Anwendung, in denen der Berechtigte von seinem Widerspruchsrecht keinen Gebrauch machen will.

1264 • Die Vorzugsklage ist darüber hinaus in all den Fällen gegeben, in denen der Kläger als Inhaber eines **Rechtes i.S. des § 771** ZPO eine Drittwiderspruchsklage erheben könnte. Denn bei der Vorzugsklage handelt es sich im Verhältnis zur Drittwiderspruchsklage um ein „Weniger", so daß sich der Inhaber eines Pfand- bzw. Vorzugsrechts mit der Klage gem. § 805 ZPO begnügen kann (allg. M.).

1265 Ob das Pfand- bzw. Vorzugsrecht vorrangig oder gleichrangig ist, richtet sich im wesentlichen nach § 804 Abs. 3 ZPO. Vgl. hierzu im einzelnen Rn. 503 f.

3. Gegenrechte des Beklagten

1266 Der Beklagte kann gegenüber dem geltend gemachten Pfand- bzw. Vorzugsrecht des Klägers grundsätzlich dieselben Einwendungen erheben, die auch ein Beklagter im Rahmen der Drittwiderspruchsklage erheben könnte. Wegen Einzelheiten vgl. daher Rn. 1214 f.

4. Beweis

1267 Der Kläger muß das Entstehen des Anspruchs sowie dessen Höhe, das geltend gemachte Pfand- bzw. Vorzugsrecht und dessen Vorrang bzw. Gleichrang beweisen (vgl. BGH NJW 1986, 2426), der Beklagte dessen Erlöschen sowie eventuelle Gegenrechte.

V. Urteilsart und -wirkungen

1268 Bei der Vorzugsklage handelt es sich um eine **prozessuale Gestaltungsklage**. Mit der formellen Rechtskraft des Urteils steht daher fest, daß dem Dritten ein Recht auf vorzugsweise Befriedigung aus dem Erlös des Vollstreckungsgegenstandes (nicht) zusteht. Im Falle des Obsiegens des Klägers hat dies zur Folge, daß der Gerichtsvollzieher bzw. die Hinterlegungsstelle (§ 13 Abs. 2 S. 1 Nr. 2 HinterlO) nach Vorlage einer vollstreckbaren Ausfertigung des Urteils an den Kläger den Reinerlös (Erlös abzüglich der Vollstreckungskosten) bis zur Höhe des im Urteil angegebenen Betrags auszahlt.

VI. Einstweiliger Rechtsschutz

Da die Klage gem. § 805 ZPO nicht der Verhinderung der Zwangsvollstreckung, sondern deren Durchführung bei vorzugsweiser Befriedigung des Klägers dient, kommt eine Einstellung der Zwangsvollstreckung nicht in Betracht. Statt dessen muß das Gericht, wenn die Voraussetzungen des § 805 ZPO (Bestehen des Pfand- bzw. Vorzugsrechts, dessen Vor- bzw. Gleichranges = „Anspruch" i.S. des § 805 Abs. 4 ZPO) glaubhaft gemacht werden (§ 294 ZPO), die Hinterlegung des Verwertungserlöses anordnen. Nach Vorlage eines entsprechenden Beschlusses an den Gerichtsvollzieher hat dieser zugunsten aller in dem Beschluß aufgeführten Personen den Versteigerungserlös zu hinterlegen. Das übrige Verfahren richtet sich nach den §§ 769, 770 ZPO (vgl. hierzu Rn. 1159 f.). **1269**

Kapitel K

Allgemeine Härteklausel, § 765a ZPO

I. Ziel und Wesen

Auf Antrag des Schuldners kann das Vollstreckungsgericht eine Maßnahme der Zwangsvollstreckung ganz oder teilweise aufheben, untersagen oder einstweilen einstellen, wenn die Maßnahme unter voller Würdigung des Schutzbedürfnisses des Gläubigers wegen ganz besonderer Umstände für den Schuldner eine Härte bedeutet, die mit den guten Sitten nicht vereinbar ist. **1270**

Zweck der Vorschrift des § 765a ZPO ist es, dem Schuldner in ganz besonders gelagerten Fällen zur Vermeidung oder Milderung besonderer, dem allgemeinen Rechtsempfinden nach unzumutbarer Härten Schutz vor der Vollstreckung zu gewähren. Diese Vorschrift ist trotz zahlreicher Schuldnerschutzvorschriften auch in der Mobiliarzwangsvollstreckung unentbehrlich. Denn es gibt Fälle, die von den gesetzlich geregelten Schuldnerschutzvorschriften nicht erfaßt werden, aber in denen dennoch, auch im Hinblick auf das Grundrecht des Art. 2 GG unter voller Würdigung der Gläubigerinteressen (Art. 14 GG) der Schuldner schutzwürdiger ist als der Gläubiger. Andererseits stellt § 765a ZPO als „ultima ratio" eine Ausnahmevorschrift dar und ist daher eng auszulegen (BGHZ 44, 138, 143 = NJW 1965, 2107, 2108). **1271**

II. Statthaftigkeit

1272 Vollstreckungsschutz nach § 765a ZPO kann gegen eine **Maßnahme der Zwangsvoll-streckung** beantragt werden. Dies bedeutet einerseits, daß die Zwangsvollstreckung aus einem Titel über § 765a ZPO nicht generell für unzulässig erklärt werden darf, sondern nur eine konkrete einzelne Maßnahme (OLG Köln Rpfleger 1994, 267). Andererseits findet § 765a ZPO Anwendung unabhängig davon, in welcher Form die Zwangsvollstreckung erfolgt ist, ob als Vollstreckungsentscheidung (z.B. als Pfändungs- und Überweisungsbeschluß nach Anhörung des Schuldners), als Vollstreckungsmaßnahme (z.B. bei Pfändung durch den Gerichtsvollzieher) oder nach Anordnung der Zwangsversteigerung (BVerfG Rpfleger 1994, 427 = NJW 1994, 1272). Unerheblich ist dabei, welches Vollstreckungsorgan (Gerichtsvollzieher, Vollstreckungsgericht, Prozeßgericht oder Grundbuchamt) tätig geworden ist.

1273 § 765a ZPO als „vollstreckungsrechtliche Generalklausel des Schuldnerschutzes" findet grundsätzlich auf **alle Arten der Zwangsvollstreckung** Anwendung, gleich aus welchem Titel vollstreckt wird, also auch bei der Zwangsvollstreckung wegen Geldforderungen in bewegliches Vermögen (§§ 803–863 ZPO). Ferner bei der Zwangsvollstreckung wegen sonstiger Forderungen auf Herausgabe (§§ 883–886 ZPO), Erwirkung von Handlungen oder Unterlassungen (§§ 887–893 ZPO) und unabhängig davon, daß in diesem Bereich schon eine Reihe von Schuldnerschutzvorschriften bestehen (wie z.B. §§ 721, 758, 794a, 803 Abs. 1 S. 2, 803 Abs. 2, 811, 812, 813a, 817a, 825, 850 ff., 851, 852; 54, 55 SGB I). Ausnahme: Gewährung von Räumungsschutz im Verfahren über die Zuteilung von Ehewohnungen; hier sind die §§ 2, 15, 17 HausratsVO lex specialis, so daß das Familiengericht zuständig ist (h.M.: vgl. OLG München NJW 1978, 548; Sternel Mietrecht V Rn. 105; Erman/Dieckmann 1993 § 15 HausratsVO Rn. 3; Zöller/Stöber § 765a Rn. 2). Nach zutreffender Auffassung ist § 765a ZPO auch anwendbar bei einer Teilungsversteigerung gem. § 180 ZVG (OLG Karlsruhe Rpfleger 1994, 223; OLG Köln Rpfleger 1991, 197; Zeller/Stöber Einl. 52. 6 m.w.N., auch zur a.A.).

III. Antrag/Form/Frist

1274 Eine Entscheidung gem. § 765a ZPO kann nicht von Amts wegen ergehen, sondern **nur auf Antrag des Schuldners**; soweit in einen zur Konkursmasse gehörenden Gegenstand vollstreckt wird, ist nur der Konkursverwalter antragsberechtigt (h.M.: Zöller/Stöber § 765a Rn. 19; MünchKommZPO/Arnold § 765a Rn. 85 m.w.N.). Der Antrag geht dahin, dem Schuldner gegen eine einzelne, konkret bezeichnete Maßnahme der Zwangsvollstreckung Schutz zu gewähren, verbunden mit dem Sachvortrag, aus dem sich ergibt, warum diese Vollstreckungsmaßnahme eine mit den guten Sitten nicht zu vereinbarende Härte darstellt. Der Antrag muß nicht ausdrücklich den § 765a ZPO anführen, weil den Gerichten von Amts wegen die Pflicht obliegt, Eingaben des Schuldners auszudeuten und dies regelmäßig dahin zu geschehen hat, daß der Schuldner den für den konkreten Fall zulässigen und optimalen Rechtsbehelf ergreifen will. So haben die Gerichte auch zu prüfen, ob in einer Erinnerung (§ 766 ZPO), einem Antrag auf Rechtsschutz oder auf Verwertungsaufschub (§ 813a ZPO) ein Antrag nach § 765a ZPO mit enthalten ist. Da dies aber übersehen werden kann, ist dringend anzuraten, ausdrücklich auf § 765a ZPO Bezug zu nehmen. Ist ausdrücklich Erinnerung eingelegt worden, so kann in der Beschwerdeinstanz diese Erinnerung nicht mehr in einen Antrag nach § 765a ZPO umgedeutet oder ein solcher nachgeschoben werden (vgl. OLG Köln OLGZ 1993, 113, 120; OLG Köln NJW-RR 1989, 189; Zöller/Stöber § 765a Rn. 24; a.A.: Baumbach/Hartmann § 765a Rn. 9; MünchKommZPO/Arnold § 765a Rn. 79).

Der Antrag kann **schriftlich** oder zu **Protokoll der Geschäftsstelle** eines jeden Amtsgerichts gestellt werden (§§ 129a Abs. 1, 496 ZPO analog). Wird der Antrag allerdings nicht beim zuständigen Gericht gestellt, können sich insoweit Verzögerungen durch die notwendige Aktenversendung ergeben (vgl. § 129a Abs. 2 ZPO). Anwaltszwang besteht für die Antragstellung nicht (§§ 78 Abs. 3, 79 ZPO). Der Antrag ist **nicht fristgebunden**. **1275**

Nicht notwendig ist die Angabe einer bestimmten Art des Schutzes (Aufhebung, Unterlassung, einstweilige Einstellung), da das Vollstreckungsgericht („kann") unter den aufgeführten Möglichkeiten diejenige nach pflichtgemäßem Ermessen auszuwählen hat, die den wohlverstandenen Interessen von Schuldner und Gläubiger entspricht.

IV. Zuständigkeit

Ausschließlich zuständig (§ 802 ZPO) für die Entscheidung über einen Antrag gem. § 765a ZPO ist – mit einer Ausnahme – **sachlich** das Amtsgericht als Vollstreckungsgericht (§ 764 Abs. 1 ZPO), und zwar unabhängig davon, welches Vollstreckungsorgan gehandelt hat; bei der Vollziehung eines Arrestes durch Forderungspfändung ist jedoch Vollstreckungsgericht das Arrestgericht, § 930 Abs. 1 S. 3 ZPO. Die **örtliche** Zuständigkeit ergibt sich grundsätzlich aus § 764 Abs. 2 ZPO bzw. den gesetzlichen Sonderbestimmungen (§§ 828 Abs. 2, 848 Abs. 1, 853–855, 858 Abs. 2, 873, 899, 902 ZPO). **Funktionell** zuständig ist der Rechtspfleger gem. § 20 Nr. 16 bzw. Nr. 17 RPflG. **1276**

V. Rechtsschutzinteresse

Ein Rechtsschutzinteresse für den Antrag besteht nicht erst ab dem Beginn der Zwangsvollstreckung, sondern schon dann, wenn die Zwangsvollstreckung droht, also grundsätzlich **ab Existenz des Titels**. Denn mit § 765a ZPO kann auch die Unterlassung der Zwangsvollstreckung begehrt und erreicht werden (vgl. Brox/Walker Rn. 1477). Es **entfällt** mit vollständiger Beendigung der Vollstreckungsmaßnahme. Das ist nicht der Fall, wenn Sachen des Mieters sich noch in der Wohnung befinden, selbst wenn der Gerichtsvollzieher bereits die Schlösser ausgewechselt hatte, so daß dem Schuldner der Zutritt verwehrt war (LG Hamburg WuM 1993, 417). Ausnahmsweise ist es auch noch nach Beendigung der Zwangsvollstreckung zu bejahen, nämlich dann, wenn Maßnahmen noch fortwirken, z.B. nach Räumung der Wohnung des Schuldners hinsichtlich der vom Gerichtsvollzieher geräumten beweglichen Sachen, die nicht Gegenstand der Räumungsvollstreckung waren, § 885 Abs. 2–4 ZPO (KG NJW-RR 1986, 1510 = Rpfleger 1986, 439). **1277**

Zum Verhältnis zu anderen Rechtsbehelfen vgl. Rn. 1284.

VI. Begründetheit

1278 Der Schuldnerschutzantrag wird nur erfolgreich sein, wenn

- die Vollstreckungsmaßnahme für den Schuldner wegen ganz besonderer Umstände eine sittenwidrige Härte darstellt

und

- das Gericht zu dem selben Ergebnis auch bei voller (!) Berücksichtigung des Schutzbedürfnisses des Gläubigers gelangt.

1. Sittenwidrige Härte

1279 Notwendig sind **ganz besondere Umstände.** Die mit der Zwangsvollstreckung regelmäßig verbundene Härte oder allgemeine wirtschaftliche oder soziale Erwägungen reichen keinesfalls aus. Es genügt daher nach h.M. nicht, daß der Schuldner aufgrund der Vollstreckung Sozialhilfe in Anspruch nehmen müßte (Baumbach/Hartmann § 765a Rn. 23 „Sozialhilfe"; Zimmermann § 765a Rn. 4; Zöllcr/Stöber § 765a Rn. 9; OLG Düsseldorf NJW-RR 1986, 1512; LG Duisburg Rpfleger 1991, 514; a.A. Münch-KommZPO/Arnold § 765a Rn. 40). Anderenfalls würden die Kosten der Sozialhilfe vom Staat auf den Vollstreckungsgläubiger verlagert.

Andererseits muß der Gläubiger nicht moralisch vorwerfbar gehandelt haben. Hat er es getan, ist auch dies in die Gesamtabwägung mit einzubeziehen (StJ/Münzberg § 765a Rn. 2).

1280 Die Härte muß vielmehr objektiv eine Stärke erreichen, die es als **untragbar** erscheinen läßt, die Vollstreckung durchzuführen. Die Härte muß allein oder zumindest auch den Schuldner oder seine Angehörigen, für die er zu sorgen hat, treffen. Belange sonstiger Dritter oder der Allgemeinheit bleiben sowohl im Hinblick auf den Schuldner wie den Gläubiger außer Ansatz (vgl. Baumbach/Hartmann § 765a Rn. 11; Münch-KommZPO/Arnold § 765a Rn. 44; Zöller/Stöber § 765a Rn. 8). Die Härte kann sich – auch alternativ – ergeben aus der Art und Weise, dem Ort oder/und dem Zeitpunkt bzw. Zeitraum der Zwangsvollstreckung (OLG Frankfurt/Main Rpfleger 1981, 118).

2. Schutzbedürfnis des Gläubigers

1281 Allein die Bejahung einer durch ganz besondere Umstände für den Schuldner vorliegenden Härte führt nicht zur Anwendung des § 765a ZPO, vielmehr sind die Schutzbedürfnisse des Gläubigers voll zu würdigen und gegen die des Schuldners abzuwägen. Nur wenn letztere die des Gläubigers eindeutig überwiegen, darf Vollstreckungsschutz gewährt werden. Dies ergibt sich neben dem Wortlaut des § 765a ZPO auch aus dem Gesichtspunkt, daß der Gläubiger infolge eines Titels ein schutzwürdiges Recht auf Vollstreckung hat, das ihm nur unter engen Voraussetzungen wieder genommen werden darf (OLG Nürnberg KTS 1985, 759). Besonders schutzwürdige Belange des Gläubigers sind z.B.: der Gläubiger ist selbst dringend auf die zu räumende Wohnung angewiesen; er hat die zu räumende Wohnung bereits weitervermietet; die Zwangsvollstreckung wird wegen einer Forderung aus einer vorsätzlich begangenen unerlaubten Handlung betrieben.

Einigkeit besteht darüber, daß § 765a ZPO als Ausnahmenorm eng auszulegen ist   **1282** (h.M.: BGHZ 44, 138, 143 = NJW 1965, 2107, 2108). Andererseits wird betont, daß diese Norm keinen Auffangtatbestand darstelle und nicht nur subsidiär gelte. Bei aller Unterschiedlichkeit der Begründungen zum Anwendungsbereich des § 765a ZPO im einzelnen lassen sich für die praktische Rechtsanwendung des § 765a ZPO in der Mobiliarzwangsvollstreckung folgende **Grundsätze** zusammenfassen:

– § 765a ZPO findet nicht nur Anwendung, wenn die konkrete Härtesituation des   **1283** Schuldners von abstrakten Regelungen des Gesetzes nicht erfaßt wird (Kassenpfändung des Kleingewerbetreibenden, LG Berlin DGVZ 1979, 43; Räumung aus einem Zuschlagsbeschluß gem. § 93 Abs. 1 ZVG, weil § 721 ZPO hier nicht hilft), sondern auch wenn der spezielle Rechtsbehelf ausgeschlossen ist (längere Räumungsfrist als 1 Jahr, §§ 721 Abs. 5, 794a Abs. 5 ZPO).

– § 765a ZPO findet keine Anwendung, soweit der Schuldner derzeit noch die Mög-   **1284** lichkeit hat, durch Einlegung eines speziellen Rechtsbehelfs dasselbe Rechtsschutzziel zu erreichen, z.B. §§ 721, 794a ZPO, ggf. mit §§ 233–238 ZPO (vgl. LG Mannheim DWW 1973, 97; MünchKommZPO/Arnold § 765a Rn. 13 f.; Zöller/Stöber § 765a Rn. 13).

– Allein die Versäumung eines möglich gewesenen Rechtsbehelfs steht der Anwen-   **1285** dung des § 765 a ZPO nicht entgegen (vgl. Zöller/Stöber a.a.O.). Dies gilt selbst dann, wenn die Einlegung eines Rechtsbehelfs schuldhaft versäumt wurde; ebenso für den Fall, daß die Härtegründe in einem ersten Vollstreckungsschutzverfahren vorsätzlich oder fahrlässig zurückgehalten wurden. Diese Umstände sind allerdings bei der Gesamtabwägung von Schuldner- und Gläubigerinteressen mit zu berücksichtigen (OLG Köln NJW 1993, 2248 = ZMR 1993, 336).

– Materielle Einwendungen gegen den titulierten Anspruch selbst können nicht über   **1286** § 765a ZPO, sondern nur gem. §§ 767 ZPO, 826 BGB geltend gemacht werden.

Das Schwergewicht des § 765a ZPO liegt in der Praxis im Bereich des **Räumungs-**   **1287** **schutzes**. Er findet Anwendung, soweit der Schutz nach den §§ 721, 794a ZPO versagt, weil z.B. Gewerberaum geräumt werden soll, die maximale Räumungsfrist von einem Jahr überschritten ist bzw. überschritten werden soll oder die Antragsfrist der §§ 721, 794a ZPO nicht eingehalten wurde.

3. Beispiele aus der Rechtsprechung:

§ 765a ZPO wurde u.a in folgenden Fällen **bejaht**:   **1288**

– Der Schuldner wird die Wohnung wenige Tage nach dem Räumungstermin freigeben (LG Köln WuM 1969, 103);

– bei bevorstehender Geburt des Kindes der Schuldnerin (OLG Frankfurt/Main Rpfleger 1981, 24);

– 6 Wochen vor und 8 Wochen nach dem Entbindungstermin, soweit die laufende Nutzungsentschädigung gezahlt wird (LG Bonn DGVZ 1994, 75);

– eine Ersatzwohnung wird alsbald zur Verfügung stehen, so daß der Schuldner ansonsten mehrfach umziehen müßte; auch wenn der Gläubiger Eigenbedarf hat, muß er eine gewisse Zeit die beengten Verhältnisse noch hinnehmen (LG Stuttgart Rpfleger 1985, 71 : drei Monate; LG Braunschweig WuM 1973, 82 : drei Monate; AG Bergheim BlGBW 1973, 60 : acht Monate; LG Aachen WuM 1973, 174; vgl. auch Münch-KommZPO/Arnold § 765a Rn. 63 Fn. 85);

– wenn ein schwerwiegender Eingriff in das Recht auf Leben und körperliche Unversehrtheit des Schuldners (Art. 2 Abs. 2 S. 1 GG) zu besorgen ist (BVerfG NJW 1979, 2607), so bei konkret bestehender Selbstmordgefahr (BVerfG NJW 1991, 3207; NJW 1994, 1272 = Rpfleger 1994, 427, die sich nicht nur aus einer psychischen Erkrankung ergeben kann, sondern auch aus anderen persönlichkeitsbedingten Ursachen, wie der individuellen Charakterstruktur und der emotionalen Befindlichkeit, BVerfG NJW 1994, 1719); altersbedingter Gebrechlichkeit, die bei Räumung nicht ausschließbar den Schuldner zum Pflegefall werden lassen kann (BVerfG NJW 1992, 1155); hohes Alter, verbunden mit dem Verlust der gewohnten Umgebung, der gerade für ältere und an cerebralen Durchblutungsstörungen leidenden Menschen besonders nachteilig ist (LG Berlin Das Grundeigentum 1992, 153; kritisch hierzu: Schneider JurBüro 1994, 321 f.).

1289   In Fällen dieser Art wird regelmäßig die Einstellung der Zwangsvollstreckung für längere Zeit ausreichen. Soweit die fraglichen Umstände ihrer Natur nach aber keiner Änderung zum Besseren zugänglich sind, kann in einem noch engeren Kreis von Ausnahmefällen auch die Gewährung von Räumungsschutz **auf Dauer** geboten sein (BVerfG NJW 1992, 1155). An den **Nachweis** durch ein fachärztliches Attest sind einerseits strenge Anforderungen zu stellen (vgl. OLG Köln Rpfleger 1990, 30 = NJW-RR 1990, 590 = MDR 1990, 257; OLG Köln NJW 1993, 2248 = ZMR 1993, 336; LG Darmstadt Rpfleger 1991, 117; LG Bonn WuM 1991, 284); andererseits ist diesbezüglicher Vortrag des Schuldners von den Gerichten besonders sorgfältig zu prüfen (BVerfG NJW 1994, 1272 = DGVZ 1994, 71).

Entsprechendes gilt für mit dem Schuldner zusammenlebende Angehörige: die Zwangsräumung ist für die 97jährige, in der Wohnung des Schuldners mitlebende Mutter lebensbedrohlich; dabei soll eine eventuell nicht ausreichend nachdrückliche Wohnungssuche des Schuldners trotz des 4 1/2 Jahre alten rechtskräftigen Räumungstitels nicht entgegenstehen (OLG Frankfurt/Main NJW-RR 1994, 81 = Rpfleger 1994, 174 = WuM 1993, 746).

1290   Verneint wurde die Anwendung z.B. in folgenden Fällen:

– Die Räumung des Schuldners führt zu dessen Obdachlosigkeit; denn es ist Sache der Ordnungsbehörde, den Schuldner unterzubringen (OLG Oldenburg NJW 1961, 2119; LG München I WuM 1993, 473 – wobei im entschiedenen Fall aber aufgrund besonderer Umstände dennoch Räumungsschutz gewährt wurde);

– eine Ersatzwohnung steht erst in 2 Monaten zur Verfügung, weil der Mietvertrag erst kurz vor dem seit Wochen angesetzten Räumungstermin abgeschlossen wurde und sich der Einzug wegen Renovierung des Badezimmers verzögern soll (LG Hannover Rpfleger 1986, 439);

– der Schuldner bewohnte die Wohnung mit Ehefrau und vier Kindern, das Sozialamt glich die rückständigen Mieten aus. Der Antrag auf Aussetzung der Räumung auf Dauer wurde abgelehnt (LG Frankenthal Rpfleger 1984, 68);

– Der Schuldner bemühte sich nicht genügend um eine Ersatzwohnung (OLG Celle WuM 1987, 63; LG Heilbronn Rpfleger 1993, 501 = DGVZ 1993, 140 mit Katalog weiterer Ablehnungsgründe);

– der Schuldner drohte erstmals nach einem ersten vergeblichen Vollstreckungsschutzverfahren mit Freitod, wobei die Gründe schon seinerzeit bestanden; kein Vortrag des Schuldners zu ärztlicher Behandlung der psychischen Fehlreaktionen; Gläubiger muß Vertragsstrafe an Erwerber des Hauses wegen Nichträumung zahlen; voraussichtlicher Umzug des Schuldners in eine neue Wohnung in max. einem Monat (OLG Köln NJW 1993, 2248 = ZMR 1993, 336).

Sonstige Fälle: 1291

– Der die Vollstreckung betreibende nachrangige Gläubiger kann mit keiner Erlösauskehr rechnen (LG Koblenz DGVZ 1987, 44, 45);

– Kassenpfändung bei Gewerbetreibenden, wenn dadurch der notwendige Lebensunterhalt entzogen wird; §§ 811 Nr. 5, 813a ZPO greifen insoweit nicht (LG Berlin DGVZ 1979, 43);

– Pfändung des Nießbrauchs, der aufgrund des entsprechenden Inhalts der Bestellung bei der Zwangsvollstreckung erlischt (OLG Frankfurt/Main OLGZ 1980, 482);

– das auf das Konto des Schuldners bei einem Geldinstitut überwiesene Arbeitseinkommen wird am 15. eines Monats gepfändet, als infolge Erkrankung noch das gesamte Guthaben besteht. Über § 850 k ZPO kann nur die Aufhebung der Pfändung für die Hälfte des Guthabens erreicht werden. Dies genügt jedoch nicht, wenn allein schon die Miete die Hälfte des Guthabens ausmacht;

– da § 850k ZPO Pfändungsschutz auch für die durch zukünftige Geldeingänge entstehenden Guthaben gewährt, bedarf es eines Rückgriffs auf § 765a ZPO insoweit nicht (KG JurBüro 1993, 26);

– bei der Pfändung eines Grabsteins können Erwägungen der Pietät ggf. über § 765a ZPO berücksichtigt werden (OLG Köln JurBüro 1991, 1703 = DGVZ 1992, 116 = OLGZ 1993, 113, 120);

– die bloße Pfändung des Anwartschaftsrechts des Schuldners an einem unter Eigentumsvorbehalt gekauften Pkw führt noch nicht zum Vollstreckungsschutz gem. § 765a ZPO, weil dadurch noch keine Belange des Schuldners berührt werden (LG Lübeck Rpfleger 1994, 174).

VII. Weiteres Verfahren

Will das Gericht den Antrag des Schuldners nicht zurückweisen, ist der Gläubiger vor   1292
Erlaß der Entscheidung zwingend zu hören. Die Entscheidung ergeht – bei freigestellter mündlicher Verhandlung – durch zu begründenden Beschluß.

Möglicher Inhalt der Entscheidung:

1293 – Die **Aufhebung bereits erfolgter Zwangsvollstreckungsmaßnahmen**; jedoch erfolgt dies gem. § 765a Abs. 4 ZPO wegen des mit der Aufhebung der Vollstreckungsmaßnahmen eintretenden unwiderbringlichen Rangverlustes erst nach Rechtskraft des Beschlusses. Eine Aufhebung kommt nur in Betracht, wenn die sittenwidrige Härte gerade in dem Bestehenbleiben der konkreten Zwangsvollstreckungsmaßnahme liegt.

– **Untersagung zukünftiger konkreter Zwangsvollstreckungsmaßnahmen auf Dauer.** Insoweit steht schon der Wortlaut des § 765a ZPO dem immer wieder zu lesenden „Grundsatz", § 765a ZPO ermögliche nur eine zeitlich begrenzte Regelung, entgegen.

– **Einstweilige Einstellung der Zwangsvollstreckung.** Dies ist der Regelfall. Sie kann mit bzw. ohne Sicherheitsleistung erfolgen, auch unter Auflagen wie z.B. Zahlung rückständiger Mieten. Folge: bisherige Zwangsvollstreckungsmaßnahmen bleiben bestehen, es besteht aber ein Vollstreckungshindernis gem. § 775 Nr. 2 ZPO.

1294 Eine **Kostenentscheidung** ist nur notwendig, wenn die Kosten dem Gläubiger auferlegt werden (§ 788 Abs. 3 ZPO, ansonsten: § 788 Abs. 1 ZPO).

1295 Gem. § 765a Abs. 3 ZPO kann das Vollstreckungsgericht den erlassenen Beschluß auf Antrag des Gläubigers/Schuldners bei Änderung der Sachlage oder arglistiger Einwirkung im Hinblick auf die Entscheidung abändern, und zwar auch dann, wenn das LG/OLG den Beschluß erlassen hat, der Beschluß rechtskräftig ist oder ein Rechtsbehelf gegen die Entscheidung eingelegt wurde. Eine Änderung der Sachlage liegt bei einer Änderung der der Entscheidung zugrundeliegenden Tatsachen vor, also bei nach Erlaß des Beschlusses entstandenen oder zwar zuvor entstandenen Tatsachen, die aber vom Antragsteller seinerzeit noch nicht geltend gemacht werden konnten (Baumbach/Hartmann § 765a Rn. 36; Brox/Walker Rn. 1490; MünchKommZPO/Arnold § 765a Rn. 110; Zöller/Stöber § 765a Rn. 29).

VIII. Rechtsbehelf

1296 Gegen die Entscheidung gem. § 765a ZPO ist die sofortige Erinnerung gem. § 11 Abs. 1 S. 2 RPflG gegeben, wenn – wie normalerweise – der Rechtspfleger den Beschluß erlassen hat; der Rechtspfleger kann nicht abhelfen, sondern hat die Erinnerung dem Richter vorzulegen (zum weiteren Verfahren der Rechtspfleger-Erinnerung vgl. Rn. 1061 f.). Hatte ein Richter die Entscheidung erlassen, kann dagegen sofortige Beschwerde gem. § 793 ZPO erhoben werden.

IX. Einstweiliger Rechtsschutz

1297 Er kann durch eine einstweilige Anordnung gem. §§ 766 Abs. 1 S. 2, 732 Abs. 2 ZPO analog gewährt werden, wenn entsprechende Tatsachen glaubhaft gemacht sind.

Rechtsbehelf hiergegen: bei Entscheidung des Rechtspflegers ist befristete Erinnerung gem. § 11 Abs. 1 S. 2 RPflG möglich; ob gegen eine entsprechende Entscheidung des Richters ein Rechtsmittel zulässig ist, ist streitig (verneinend: OLG Köln WuM 1993, 473; Zöller/Stöber § 765a Rn. 27; a.A. OLG Köln NJW-RR 1992, 632, 633 = MDR 1991, 1196; vgl. im einzelnen Rn. 1174 f.).

Ferner kann der **Gerichtsvollzieher** gem. § 765a Abs. 2 ZPO eine Maßnahme zur Er- **1298** wirkung der Herausgabe von Sachen (§§ 883–886 ZPO) bis zur Entscheidung des Vollstreckungsgerichts, jedoch nicht länger als eine Woche, aufschieben, wenn ihm die Voraussetzungen des § 765a Abs. 1 ZPO glaubhaft gemacht werden und dem Schuldner die rechtzeitige Anrufung des Vollstreckungsgerichts nicht möglich war. Diese Möglichkeit besteht nicht bei der Zwangsvollstreckung wegen Geldforderungen. Rechtsbehelf gegen die Entscheidung des Gerichtsvollziehers: Vollstreckungserinnerung gem. § 766 ZPO.

Kapitel L
Klage auf Unterlassung der Zwangsvollstreckung gem. § 826 BGB

I. Ziel und Wesen

Der Schuldner kann unter besonderen Voraussetzungen auch mit einer Klage gem. **1299** § 826 BGB die Unterlassung der Zwangsvollstreckung aus einem Titel, die Herausgabe des Titels sowie Schadensersatz wegen Urteilsmißbrauchs erreichen. Diese Klage stellt zwar keinen Rechtsbehelf der Zwangsvollstreckung im eigentlichen Sinne dar, soll aber wegen des vergleichbaren Klagezieles und -erfolges hier mit dargestellt werden.

II. Statthaftigkeit

Auch unrichtige Gerichtsentscheidungen müssen um der Rechtssicherheit willen **1300** grundsätzlich als endgültig verbindlich hingenommen werden. Derartige Entscheidungen stehen dann zwar im Widerspruch zur materiellen Gerechtigkeit, doch hat der Gesetzgeber durch das Institut der Rechtskraft in zulässiger Weise von diesen konkurrierenden Verfassungsprinzipien dem Prinzip der Rechtssicherheit Vorzug vor dem der Gerechtigkeit im Einzelfall eingeräumt (so zuletzt noch BVerfG NJW-RR 1993, 232). In **schwerwiegenden, eng begrenzten Ausnahmefällen** läßt die Rechtsprechung es jedoch zu, daß die Rechtskraft eines materiell unrichtigen Titels durchbrochen wird. Das ist dann der Fall, wenn es mit dem Gerechtigkeitsgedanken schlechthin unvereinbar wäre, daß der Titelgläubiger seine formelle Rechtsstellung unter Mißachtung der wahren Rechtslage zu Lasten des Schuldners ausnutzt (BGH NJW 1991, 1884, 1885).

III. Klageantrag

1301 Der Klageantrag kann auf drei Ziele gerichtet sein:

- **Unterlassung der Zwangsvollstreckung** (nicht: Unzulässigerklärung) aus dem genau bezeichneten Titel, und zwar generell oder in bestimmter Höhe.

  Dabei ist zu beachten, daß die Zwangsvollstreckung wegen der Beträge zulässig bleibt, die dem Titelgläubiger auch bei Nichtigkeit des Darlehensvertrages gegen den Ratenkreditnehmer zustehen, also z.B. das Darlehensnettokapital (BGH WM 1989, 170). Ist nur der titulierte Verzugszins sittenwidrig, kann der Gläubiger daher 4 % Verzugszinsen gem. § 288 Abs. 1 S. 1 BGB verlangen, oder den von ihm entsprechend den Anforderungen des BGH (NJW 1988, 1967 und 1971; NJW-RR 1989, 947) dargelegten bzw. den gem. § 287 ZPO vom Gericht geschätzten (OLG Köln JMBl. NW 1990, 101) oder einen 5 % über dem Bundesbankdiskontsatz liegenden Zinssatz (entsprechend § 11 Abs. 1 VerbrKrG, so BGH NJW 1992, 109; vgl. dazu auch Gruber NJW 1992, 2274).

- **Herausgabe dieses Titels** an den Kläger;

- ggf. auch auf **Schadensersatz/Rückzahlung** zuviel gezahlten Geldes (Angabe des Betrages bzw. Feststellung des Anspruchs).

1302 **Beispiel** eines Antrags:

. . . den Beklagten zu verurteilen,

1. die Zwangsvollstreckung aus dem Vollstreckungsbescheid des Amtsgerichts Bonn vom 23. 8. 1985 – 12 B 1246/85 – zu unterlassen
   oder:
   hinsichtlich eines über 4500,– DM hinausgehenden Betrages zu unterlassen
   oder:
   hinsichtlich der Verzugszinsen zu unterlassen, soweit diese höher als 5 % über dem Bundesbankdiskontsatz liegen.

2. den vorgenannten Titel an den Kläger herauszugeben

3. an den Kläger 4830,– DM zu zahlen
   oder:
   festzustellen, daß die Beklagte verpflichtet ist, den Betrag an den Kläger zurückzuzahlen, der sich aus den Zahlungen des Klägers abzüglich des Darlehensnettokapitals und der halben Restschuldversicherungsprämie sowie des Anspruchs der Bank auf Ersatz ihres insoweit entstandenen Verzögerungsschadens, der nicht mehr als 5 % über Bundesbankdiskontsatz betragen darf, ergibt.

IV. Zuständigkeit

Zuständig für die Klage ist jedes Gericht, in dessen Bezirk Zwangsvollstreckungs- **1303**
maßnahmen vorgenommen wurden oder zu erwarten sind; ferner der Sitz des Klägers als Vollstreckungsschuldner sowie der Ort der Erwirkung des Titels (vgl. OLG
Hamm NJW-RR 1989, 305; OLG Schleswig NJW-RR 1992, 239; Palandt/Thomas § 826
BGB Rn. 50; Thomas/Putzo § 32 Rn. 1; Zöller/Vollkommer § 32 Rn. 17 „Sittenwidrige Ausnutzung").

V. Begründetheit

Die Klage gem. § 826 BGB ist begründet, wenn (kumulativ) **1304**

– das Urteil aus der Sicht des jetzt über den Anspruch zu entscheidenden Gerichts
  unrichtig ist,

– der Titelgläubiger **Kenntnis** von dieser Unrichtigkeit hat; hierbei genügt es, wenn
  er im Rahmen einer Klage gem. § 826 BGB die entsprechende Kenntnis erlangt
  (BGH NJW 1987, 3256. 3257),

– **besondere Umstände** hinzutreten, die das Verhalten des Titelgläubigers als sittenwidrig erscheinen lassen.

  Diese Umstände können sich daraus ergeben, daß der Gläubiger durch bewußte
  rechts- oder sittenwidrige Handlungen zur Unrichtigkeit des Urteils beigetragen
  hat; oder wenn er einen nicht erschlichenen, aber materiell unrichtigen Vollstreckungstitel ausnutzt, falls dessen materielle Unrichtigkeit sich aus seiner
  Sittenwidrigkeit ergibt und letztere so eindeutig und schwerwiegend ist, daß jede
  Vollstreckung allein deswegen schon das Rechtsgefühl in unerträglicher Weise verletzen würde; ein solcher Fall liegt aber nicht schon dann vor, wenn der Gläubiger
  mehr erhalten hat, als ihm bei zutreffender Beurteilung der Rechtslage zustünde
  (BGH NJW 1991, 30, 31). Beide Alternativen wurden bejaht bei Erwirkung eines
  Vollstreckungsbescheides wegen eines Vergütungsanspruchs aus Partnerschafts-
  vermittlung (§ 656 BGB) bei Bezeichnung der Forderung als „Zahlungsanspruch
  aus Ratenzahlungsvertrag" (OLG Stuttgart NJW 1994, 330).

VI. Insbesondere: Gewerbliche Konsumentenkredite

Hauptanwendungsgebiet für die Klage gem. § 826 BGB ist die Vollstreckung sitten- **1305**
widriger **Bank-Konsumentenkredite.** Unter Zugrundelegung der vorgenannten
Grundsätze, die mit der Verfassung in Einklang stehen (vgl. BVerfG NJW-RR 1993,
232), müssen daher **kumulativ** folgende Voraussetzungen für die Begründetheit der
Klage erfüllt sein:

1306 – **Unrichtigkeit des Vollstreckungstitels**

Der Vollstreckungstitel muß materiell-rechtlich unrichtig sein, d.h. der für vollstreckbar erklärte Anspruch darf nicht oder nicht im titulierten Umfang bestehen. Bei Urteilen (Titel mit gerichtlicher Schlüssigkeitsprüfung) muß diese Unrichtigkeit auf tatsächlichem Gebiet bestehen, bei Vollstreckungsbescheiden (Titel ohne eine solche Schlüssigkeitsprüfung) genügt eine rechtliche Fehlerhaftigkeit (BGH NJW 1987, 3256, 3257). Maßgebend ist dabei, ob nach der Auffassung des nunmehr zur Entscheidung berufenen Gerichts der geltend gemachte Anspruch berechtigt war. Dabei ist eine Gesamtwürdigung aller objektiven und subjektiven Geschäftsumstände vorzunehmen. Entscheidendes Kriterium ist die Feststellung eines auffälligen Mißverhältnisses zwischen Leistung und Gegenleistung.

1307 Dieses wiederum ergibt sich im wesentlichen aus dem Vergleich zwischen dem Vertragszins zu dem damals üblichen Marktzins (relative und absolute Zinsdifferenz). Als Marktzins wird der von der Deutschen Bundesbank ermittelte Schwerpunktzins herangezogen. Ein auffälliges Mißverhältnis wird von der Rechtsprechung in der Regel bejaht, wenn der Vertragszins den marktüblichen Effektivzins relativ um 100 % oder absolut um 12 % übersteigt (BGHZ 110, 336 = NJW 1990, 1595); wurde der Kredit in einer Niedrigzinsphase (bis 8 %) langfristig ohne Zinsanpassungsklausel gewährt, bildet der Richtwert von 110 % die Grenze (BGH NJW 1991, 834). Aber auch bei relativen Abweichungen zwischen 90 und 100 % bzw. einer absoluten Zinsdifferenz unter 12 % kann die Gesamtwürdigung aller Umstände zur Bejahung der Sittenwidrigkeit führen (BGHZ 104, 102 = NJW 1988, 1659). Bei einer Abweichung unter 90 % verneint die Rechtsprechung hingegen ein auffälliges Mißverhältnis.

Die materielle Unrichtigkeit des Titels kann sich auch allein auf zu hoch in Ansatz gebrachte Verzugszinsen beziehen (BGH NJW 1987, 3256, 3259).

1308 Ist der Ratenkreditvertrag objektiv sittenwidrig, so ergibt sich in der Regel bereits daraus das notwendige Vorliegen des subjektiven Tatbestandes, nämlich der vorsätzlichen oder grobfahrlässigen Ausnutzung der schwächeren Lage des Kunden durch die Teilzahlungsbank. Wegen der Einzelheiten vgl. Palandt/Heinrichs § 138 BGB Rn. 25 ff.

1309 – **Kenntnis des Gläubigers von der Unrichtigkeit**

Dem Titelgläubiger muß diese materielle Unrichtigkeit bekannt sein; insoweit reicht es aus, daß er bei einem Streit über die zukünftige Vollstreckung diese Kenntnis im Rahmen der Klage gem. § 826 BGB erhält (BGH NJW 1987, 3256, 3257).

1310 – **Besondere Umstände**

Ferner müssen besondere Umstände hinzutreten, aufgrund derer es dem Titelgläubiger zugemutet werden muß, seine ihm unverdient zugefallene Rechtsposition aufzugeben (BGH NJW 1987, 3256).

Diese Voraussetzung ist nicht schon dadurch erfüllt, daß der Gläubiger statt Klage zu erheben, das **Mahnverfahren** gewählt hat und der Titel somit ohne Schlüssigkeitsprüfung ergangen ist. Vielmehr ist notwendig, daß der Gläubiger erkennen konnte, daß eine gerichtliche Schlüssigkeitsprüfung wegen Sittenwidrigkeit des Kreditgeschäfts zu einer Ablehnung des Klagebegehrens führen würde und er sich des Mahnverfahrens bedient und einen Vollstreckungsbescheid erwirkt, nachdem der Schuldner aufgrund seiner Unerfahrenheit schon gegen den Mahnbescheid keinen Widerspruch erhoben hatte (BGH NJW 1991, 1884, 1885). Maßgebender Zeitpunkt für dieses Erkennenkönnen durch den Gläubiger ist der Antrag auf Erlaß des Vollstreckungsbescheids (BGH NJW-RR 1990, 179, 180).

In **Extremfällen** kann allerdings von dem Erfordernis besonderer Umstände abgesehen werden. Ein solcher Extremfall liegt vor, wenn die materielle Unrichtigkeit des Titels aufgrund der Sittenwidrigkeit bereits so eindeutig und so schwerwiegend ist, daß jede Vollstreckung allein schon deswegen das Rechtsgefühl in schlechthin unerträglicher Weise verletzen würde (BGH NJW 1987, 3256, 3258). Kein solcher Extremfall: relative Überschreitung des Marktzinses um 160,45 % (Titel war allerdings ein Urteil und kein Vollstreckungsbescheid, BGH ZIP 1989, 89) oder 120,7 % (BGH NJW 1991, 30). Extremfall bejaht vom OLG Zweibrücken (NJW-RR 1989, 874, 875) bei einer absoluten Zinsdifferenz von 15 % und einer relativen von 170 % (das Urteil wurde nach Rücknahme der Revision rechtskräftig). **1311**

Die Tatsache, daß der Gläubiger aus einem nicht erschlichenen, materiell aber falschen Vollstreckungstitel mehr erhalten hat, als ihm bei zutreffender Beurteilung der Rechtslage zustünde, stellt für sich allein gesehen keinen solchen besonderen Umstand dar (BGH NJW 1991, 30, 31). **1312**

Im Hinblick auf die Änderung des § 690 Abs. 1 Nr. 3 ZPO durch das Verbraucherkreditgesetz wird der Anwendungsbereich einer Klage gem. § 826 ZPO sich in der Praxis wesentlich verringern bzw. nur noch für Altfälle in Betracht kommen. **1313**

VII. Beweis

Der Kläger hat neben den die Klage begründenden Tatsachen der Unrichtigkeit, Kenntnis des Vollstreckungsgläubigers und der besonderen Umstände auch die Ursächlichkeit des arglistigen Verhaltens des Vollstreckungsgläubigers für die Unrichtigkeit des Titels zu beweisen. Maßgebend ist allerdings nicht, wie das Gericht seinerzeit ohne das arglistige Verhalten des Klägers entschieden hätte, sondern wie es nach Auffassung des jetzt entscheidenden Gerichts bei richtiger Beurteilung der Sach- und Rechtslage hätte entscheiden müssen. **1314**

VIII. Entscheidung

Die Entscheidung des Gerichts ergeht durch Urteil. Hierbei handelt es sich um ein Leistungs- und/oder Feststellungsurteil, nicht um ein Gestaltungsurteil. **1315**

IX. Einstweiliger Rechtsschutz

1316 Streitig ist, wie einstweiliger Rechtsschutz zu gewähren ist. Während ein Teil der Rechtsprechung und Literatur § 769 ZPO für entsprechend anwendbar hält (OLG Karlsruhe FamRZ 1982, 400; FamRZ 1986, 1141; OLG Zweibrücken NJW 1991, 3041; Zöller/Herget § 769 Rn. 1; MünchKommZPO/Schmidt § 769 Rn. 4 m.w.N.) wird diese Ansicht von anderen verneint und der Schuldner statt dessen darauf verwiesen, eine einstweilige Verfügung auf Unterlassung der Zwangsvollstreckung zu erwirken (OLG Frankfurt/Main NJW-RR 1992, 511; OLG Hamm MDR 1987, 505; OLG München NJW 1976, 1748; Thomas/Putzo § 769 Rn. 2; Baumbach/Hartmann § 769 Rn. 1).

Inhaltsverzeichnis Anhang

1. Vollstreckungsauftrag an den Gerichtsvollzieher, §§ 753, 754 ZPO

Herrn Obergerichtsvollzieher

oder

An die Gerichtsvollzieherverteilerstelle
des Amtsgerichts ...

In der Zwangsvollstreckungssache

– Gläubiger –

Prozeßbevollmächtigte(r):

gegen

– Schuldner –

Prozeßbevollmächtigte(r):

wird namens und im Auftrag des Gläubigers der anliegende Titel des AG/LG ...
AZ.: ... vom ... überreicht, mit der Bitte, nachfolgende Beträge im Wege der
Zwangsvollstreckung beizutreiben:

_____ DM Hauptforderung/Teilbetrag

_____ DM Gebühr für diesen Auftrag, § 57 BRAGO

_____ DM Auslagenpauschale, § 26 BRAGO

_____ DM 15 % MwSt.

_____ DM Summe

Die eingezogenen Beträge sind auf mein Konto ... einzuzahlen, Geldempfangsvollmacht liegt vor.

Weiterhin bitte ich um Übersendung einer vollständigen Abschrift des Pfändungsprotokolls.

Es wird weiterhin beantragt,
– dem Schuldner eine Abschrift des Vollstreckungstitels zuzustellen,
– die Sicherungsvollstreckung gem. § 720 a ZPO durchzuführen.
  Die Voraussetzungen gem. § 750 Abs. 3 ZPO liegen vor.

Der Schuldner ist, vgl. § 806 a ZPO, insbesondere zu folgenden Punkten
zu befragen:
– Name und Anschrift des Arbeitgebers
– bei Erhalt von Arbeitslosengeld zur Angabe der Stammnummer beim Arbeitsamt
– bei Zahlung von Rente oder Pension zur Angabe der auszuzahlenden Stelle und
  der Versicherungs- bzw. Rentennummer.

Falls der Schuldner persönlich oder bei Nichtanwesenheit auf Befragen eines zum
Hausstand gehörenden erwachsenen Hausgenossen hierzu Angaben macht,
werden Sie ausdrücklich beauftragt, eine Vorpfändungsbenachrichtigung gem.
§ 845 Abs. 1 ZPO zu fertigen und zu veranlassen.

Falls der Schuldner die Durchsuchung der Wohnung verweigert, bitte ich Sie, den
beigefügten, vorgefertigten und unterschriebenen Antrag nach § 758 ZPO mit dem
Datum zu versehen und zusammen mit dem Pfändungsprotokoll und den gesamten
Vollstreckungsunterlagen dem zuständigen Vollstreckungsgericht zum Erlaß der
Durchsuchungsanordnung zu überreichen.

Falls ein Beschluß nach § 761 ZPO erforderlich wird, werden Sie ausdrücklich
ermächtigt, diesen Beschluß im Auftrag des Gläubigers bei dem zuständigen Vollstreckungsgericht zu beantragen.

Ich bitte weiterhin
– falls bereits eine vorrangige wirksame Pfändung in einen Vermögensgegenstand
  vorliegt, die Anschlußpfändung durchzuführen, § 826 ZPO
– um Vollzug der Hilfspfändung aller vorgefundenen Urkunden (Versicherungs-
  police, Sparbuch, Grundpfandrechtsbriefe pp.), die für eine nachfolgende
  Forderungspfändung benötigt werden.

Es wird darauf hingewiesen,
– daß der Gläubiger mit einer Ratenzahlungsvereinbarung ausdrücklich einverstanden sein muß, in keinem Falle können monatliche Ratenzahlungen unter ... DM
  akzeptiert werden
– daß auch bei amtsbekannter Vermögenslosigkeit des Schuldners in jedem Falle
  ein vollständiges Pfändungsprotokoll zu übersenden ist.

Anlagen: Vollstreckbare Ausfertigung des Titels
         Vorgefertigte Anträge

(Unterschrift)

2. Antrag auf Erlaß der Durchsuchungsanordnung, § 758 ZPO

An das
Amtsgericht
– Vollstreckungsgericht –
in ...

In der Zwangsvollstreckungssache

– Gläubiger –

Prozeßbevollmächtigte(r):

gegen

– Schuldner –

Prozeßbevollmächtigte(r):

wird namens des Gläubigers **beantragt**,

die Durchsuchung der Wohnung/Geschäftsräume des Schuldners durch den Gerichtsvollzieher und die Öffnung verschlossener Haustüren, Wohnungstüren und Zimmertüren richterlich zu genehmigen.

Die Genehmigung ist zur Durchführung der Zwangsvollstreckung erforderlich, weil sich der Schuldner weigert, die titulierte Schuld zu begleichen, und er dem Gerichtsvollzieher das Betreten seiner Wohnung/Geschäftsräume nicht gestattet oder der Schuldner mehrfach nicht angetroffen wurde. Der Titel und das Protokoll des Gerichtsvollziehers ... vom ... sind beigefügt.

(Unterschrift)

3. Antrag auf Genehmigung der Zwangsvollstreckung zur Nachtzeit sowie an Sonn- und Feiertagen, § 761 ZPO

An das
Amtsgericht
– Vollstreckungsgericht –
in ...

In der Zwangsvollstreckungssache

– Gläubiger –

Prozeßbevollmächtigte(r):

gegen

– Schuldner –

Prozeßbevollmächtigte(r):

wird namens des Gläubigers **beantragt**,

die Durchführung der Pfändung, auch der Taschenpfändung, während der Nachtzeit und an Sonn- und Feiertagen zu gestatten (§ 761 ZPO).

Die Gestattung ist zur Durchführung der Zwangsvollstreckung erforderlich, weil der Gerichtsvollzieher den Schuldner zu den üblichen Tageszeiten wiederholt nicht angetroffen hat.

Titel und das Protokoll des Gerichtsvollziehers ... über die vergeblichen Vollstreckungsversuche sind beigefügt.

(Unterschrift)

4. Austauschpfändung, § 811a ZPO

An das
Amtsgericht
– Vollstreckungsgericht –
in ...

In der Zwangsvollstreckungssache

– Gläubiger –

Prozeßbevollmächtigte(r):

gegen

– Schuldner –

Prozeßbevollmächtigte(r):

wird namens des Gläubigers **beantragt**,

die am ... (Datum) durchgeführte Pfändung des ... (genaue Bezeichnung) durch den Gerichtsvollzieher ... (Name) DR.-Nr. ... gegen Überlassung eines ... (genaue Bezeichnung) zuzulassen

oder

die am ... (Datum) durchgeführte Pfändung des ... (genaue Bezeichnung) durch den Gerichtsvollzieher ... (Name) DR.-Nr. ... gegen Überlassung eines Betrages von ... zuzulassen

oder

die am ... (Datum) durchgeführte Pfändung des ... (genaue Bezeichnung) durch den Gerichtsvollzieher ... (Name) DR.-Nr. ... zuzulassen. Dem Schuldner ist aus dem Versteigerungserlös ein Betrag von ... zur Beschaffung eines Ersatzgegenstandes zu überlassen.

Die Kosten des Verfahrens sind dem Schuldner aufzuerlegen.

Gründe:

(Unterschrift)

5. Antrag auf Verwertungsaufschub, § 813 a ZPO

An das
Amtsgericht
– Vollstreckungsgericht –
in ...

In der Zwangsvollstreckungssache

– Gläubiger –

Prozeßbevollmächtigte(r):

gegen

– Schuldner –

Prozeßbevollmächtigte(r):

wird namens des Schuldners beantragt zu beschließen:

– die Verwertung der am ... durch den Gerichtsvollzieher ... DR.-Nr. ...
  gepfändeten Gegenstände ... wird ausgesetzt,
– dem Schuldner wird gestattet, die Forderung des Gläubigers über ...
  insgesamt in ... monatlichen Raten über jeweils DM ... beginnend ab
  dem ... zu zahlen,
– der bereits bestimmte Versteigerungstermin am ... wird aufgehoben,
– die Zwangsvollstreckung wird bis zur endgültigen Entscheidung einstweilen
  eingestellt.

Gründe:

(Unterschrift)

6. Antrag auf anderweitige Verwertung, § 825 ZPO

An das
Amtsgericht
– Vollstreckungsgericht –
in ...

In der Zwangsvollstreckungssache

– Gläubiger –

Prozeßbevollmächtigte(r):

gegen

– Schuldner –

Prozeßbevollmächtigte(r):

wird namens des Gläubigers **beantragt** zu beschließen:

– der am ... durch den Gerichtsvollzieher ... DR-Nr. ... gepfändete
  Gegenstand ... ist nicht in ... sondern in ... zu versteigern
  oder
– ist nicht durch den Gerichtsvollzieher, sondern durch Herrn/Frau ...
  zu versteigern
  oder
– ist nicht am ... sondern günstiger ... zu versteigern
  oder
– ist durch freihändigen Verkauf zu einem Mindestpreis von ... zu verwerten
  oder
– ist dem Gläubiger zum Preis von ... zu verkaufen
  oder
– ist dem Gläubiger zu übereignen gegen Anrechnung der titulierten Forderung als
  Übernahmepreis.

Die Kosten des Verfahrens sind dem Schuldner aufzuerlegen.

Gründe:

(Unterschrift)

7. Eidesstattliche Versicherung, §§ 807, 900 ZPO

An das
Amtsgericht
– Vollstreckungsgericht –
in ...

In der Zwangsvollstreckungssache

– Gläubiger –

Prozeßbevollmächtigte(r):

gegen

– Schuldner –

Prozeßbevollmächtigte(r):

wird gem. §§ 807, 900 ZPO namens des Gläubigers beantragt, Termin zur Abgabe der eidesstattlichen Versicherung und zur Vorlage des Vermögensverzeichnisses durch den Schuldner zu bestimmen.

oder: Termin zur Ergänzung des Vermögensverzeichnisses vom ... zu bestimmen.

Der Antrag wird auch für den Fall gestellt, falls bereits gegen den Schuldner ein Haftbefehl in anderer Sache vorliegt.

Sollte der Schuldner im Termin nicht erscheinen oder die Abgabe (Ergänzung) der eidesstattlichen Versicherung ohne Grund verweigern, wird bereits jetzt beantragt, die Haft anzuordnen und eine Ausfertigung des Haftbefehls zu übersenden.

Sofern der Schuldner im Termin erscheint und die eidesstattliche Versicherung (Ergänzung) abgibt, wird eine Abschrift des Terminprotokolls und des Vermögensverzeichnisses erbeten.

Sofern der Schuldner innerhalb der letzten drei Jahre die eidesstattliche Versicherung bereits abgegeben hat, wird der obige Antrag zurückgenommen und die Erteilung einer Abschrift des vorliegenden Vermögensverzeichnisses erbeten.

Der Gläubiger ist mit einer Vertagung des Termins um 1 Monat einverstanden, falls der Schuldner Ratenzahlung von monatlich mindestens ... DM zugesteht, erstmals zahlbar am ... .

Ist der Schuldner im dortigen Bezirk tatsächlich nicht wohnhaft, wird die Weiterleitung/Verweisung an das zuständige Wohnsitzgericht beantragt.

Die aufgrund der beigefügten Ausfertigung des ... (genaue Titelbezeichnung) gegen den Schuldner versuchte Pfändung war gemäß der beigefügten Unpfändbarkeitsbescheinigung des Gerichtsvollziehers ganz oder teilweise erfolglos.

Die Unpfändbarkeit i.S.v. § 807 ZPO wird glaubhaft gemacht durch Hinweis auf die bereits vorliegenden Haftbefehle anderer Gläubiger AZ.: ...

Der Gläubiger kann von dem Schuldner aufgrund der zuvor genannten Titel folgende Beträge verlangen:

a) _____ DM Hauptforderung
   nebst ... Zinsen ab dem ... aus

b) _____ DM festgesetzte Kosten
   nebst ... Zinsen ab dem ...

c) _____ DM bisherige Vollstreckungskosten s. anl. Aufstellung

d) _____ DM Kosten für diesen Antrag

   _____ DM Summe

(Unterschrift)

365

8. Widerspruch gegen die Verpflichtung zur Abgabe der eidesstattlichen Versicherung, § 900 Abs. 5 ZPO

An das
Amtsgericht
– Vollstreckungsgericht –
in ...

In der Zwangsvollstreckungssache

– Gläubiger –

Prozeßbevollmächtigte(r):

gegen

– Schuldner –

Prozeßbevollmächtigte(r):

wird namens des Schuldners Widerspruch gegen die Verpflichtung zur Abgabe der eidesstattlichen Versicherung erhoben.

Gründe:
– Fehlen oder Wegfall der Vollstreckungsvoraussetzungen
– die Ladung zum Termin ist nicht gemäß den gesetzlichen Bestimmungen erfolgt
– die Zwangsvollstreckung ist nicht fruchtlos ausgefallen
– der Gläubiger ist zwischenzeitlich befriedigt worden
– der Titel ist durch Urteil/Beschluß des AG/LG/OLG aufgehoben worden

(Unterschrift)

9. Auftrag zur Verhaftung des Schuldners, §§ 753, 909 ZPO

Herrn/Frau
Obergerichtsvollzieher/in
in ...

An die
Gerichtsvollzieherverteilerstelle
beim AG in ...

In der Zwangsvollstreckungssache

– Gläubiger –

Prozeßbevollmächtigte(r):

gegen

– Schuldner –

Prozeßbevollmächtigte(r):

übersende ich namens des Gläubigers den Haftbefehl des AG ... vom ...
AZ.: ... , den Vollstreckungstitel ..., und die bisherigen Vollstreckungsunterlagen
mit der Bitte, den Haftbefehl gegen den Schuldner zu vollstrecken.

Die Forderung setzt sich wie folgt zusammen:

_____ DM Hauptforderung nebst ... Zinsen seit ...

_____ DM bisherige Vollstreckungskosten

_____ DM Summe

(Unterschrift)

367

10. Antrag auf Löschung der Eintragung im Schuldnerverzeichnis, § 915 ZPO

An das
Amtsgericht
– Vollstreckungsgericht –
in . . .

In der Zwangsvollstreckungssache

– Gläubiger –

Prozeßbevollmächtigte(r):

gegen

– Schuldner –

Prozeßbevollmächtigte(r):

wird namens des Schuldners die Löschung im Schuldnerverzeichnis beantragt.

Der Schuldner hat

– die Forderung getilgt (Quittung anbei)
– die Forderung ausweislich anliegender Bescheinigung des Gläubigers gezahlt
  am . . .

oder

– seit dem Schluß des Jahres, in dem die Eintragung erfolgte, sind drei Jahre ver-
  gangen.

(Unterschrift)

11. Pfändungs- und Überweisungsbeschluß in Arbeitseinkommen, § 850c ZPO, in Taschengeldanspruch, § 850b ZPO, in Arbeitslosengeld, § 54 SGB I

An das Amtsgericht
in ...

Ich beantrage den nachstehenden Beschluß zu erlassen.

Ich – besorge die Zustellung selbst – bitte die Zustellung durch Vermittlung der Geschäftsstelle zu veranlassen, und zwar an den Drittschuldner mit der Aufforderung zur Erklärung gemäß § 840 ZPO.

Schuldtitel und ... Unterlagen über die bisherigen Vollstreckungskosten sind beigefügt.

Der Gläubiger hat – keine – Prozeßkostenhilfe.

, den ...

(Rechtsanwalt)

Pfändungs- und Überweisungsbeschluß

In der Zwangsvollstreckungssache

– Gläubiger –

Prozeßbevollmächtigte(r):

gegen

– Schuldner –

Prozeßbevollmächtigte(r):

Nach der vollstreckbaren Ausfertigung des ... (Titel) des AG/LG/OLG ... vom ... AZ.: ... und dem Kostenfestsetzungsbeschluß vom ... AZ.: ... stehen dem/den Gläubiger(n) gegen den Schuldner nachfolgende Ansprüche zu:

a) _____ DM Hauptforderung
nebst ... Zinsen ab dem ... aus ...

b) _____ DM festgesetzte Kosten
nebst ... Zinsen ab dem ...

c) ========== DM bisherige Vollstreckungskosten

_____ DM Summe

bei Arbeitseinkommen/Arbeitslosengeld

Wegen und bis zur Höhe dieser Ansprüche und wegen der Kosten für diesen
Beschluß (s. unten unter I.–III.) werden die angeblichen Ansprüche des Schuldners
gegen

– Drittschuldner –
(Arbeitgeber/Arbeitsamt)

auf Zahlung des gesamten, jetzigen und künftigen Arbeitseinkommens/Arbeits-
losengeldes ohne Rücksicht auf die Benennung – einschließlich des Geldwertes
von Sachbezügen – aus dem Arbeits- oder Dienstvertrag gepfändet.

Ergänzende Bestimmungen:

Von der Pfändung sind ausgenommen, Steuern und Beiträge zur Sozialversicherung. Diesen Zahlungen stehen Beiträge gleich, die in üblicher Höhe an eine
Ersatzkasse, eine private Krankenversicherung oder zur Weiterversicherung gezahlt
werden. Ebenfalls unpfändbar sind die in § 850a ZPO genannten Bezüge.

Von dem errechneten Nettoeinkommen ergibt sich der pfändbare Betrag unter
Berücksichtigung der Unterhaltspflichten des Schuldners aus der Tabelle zu
§ 850c ZPO – Anlage 2.

> Der Drittschuldner darf, soweit das Arbeitseinkommen/Arbeitslosengeld gepfän-
> det ist, nicht mehr an den Schuldner zahlen. Der Schuldner hat sich insoweit
> jeder Verfügung über das Arbeitseinkommen/Arbeitslosengeld zu enthalten, ins-
> besondere darf er es nicht mehr einziehen.
> Das gepfändete Arbeitseinkommen/Arbeitslosengeld wird dem Gläubiger zur
> Einziehung überwiesen.

oder bei
Taschengeld/Unterhalt

Wegen und bis zur Höhe dieser Ansprüche und wegen der Kosten für diesen Beschluß (s. unten unter I. bis III.) werden die angeblichen Ansprüche des Schuldners
gegen

– Drittschuldner –
(der andere Ehegatte)

auf Zahlung des jetzigen und künftigen Unterhalts, insbesondere des Taschengel-
des in Höhe von monatlich ... DM, gepfändet.

> Der Drittschuldner darf, soweit die Ansprüche gepfändet sind, nicht mehr an
> den Schuldner leisten.
> Der Schuldner hat sich insoweit jeder Verfügung über den vorbezeichneten An-
> spruch zu enthalten, insbesondere darf er ihn nicht mehr einziehen.
> Die gepfändeten Ansprüche werden dem Gläubiger zur Einziehung überwiesen.

Der pfändbare Betrag ergibt sich aus der Tabelle zu § 850c ZPO – Anlage 2 –.

Die Pfändung des Taschengeldanspruchs entspricht der Billigkeit:

Kosten:

I. Gerichtskosten:

   Gebühr (KV-Nr. 1640 GKG)   20,— DM

II. Anwaltskosten:

   a) Gebühr § 57 BRAGO (3/10) (Wert: ...)   _____ DM

   b) Auslagen § 26 BRAGO   _____ DM

   c) MwSt.   _____ DM

                               Summe: DM

**III. Zustellungskosten
(Gerichtsvollzieherkostengesetz)**

   a) Gebühr für Zustellung an Drittschuldner   DM

   b) Gebühr für Zustellung an Schuldner   DM

   c) Gebühr Beglaubigung von ... Seiten   DM

   d) Pauschsatz für Vordruckkosten   DM

   e) Wegegelder   DM

   f) Postgebühren für Zustellung
      an Schuldner/Drittschuldner,   DM
      Nachnahmekosten   DM

                               Summe: DM

                        ... , den ...

                        Das Amtsgericht

                        Rechtspfleger(in)

                        Ausgefertigt ...

                        als Urkundsbeamter der
                        Geschäftsstelle

12. Vorpfändungsbenachrichtigung, § 845 ZPO

In der Zwangsvollstreckungssache

– Gläubiger –

Prozeßbevollmächtigte(r):

gegen

– Schuldner –

Prozeßbevollmächtigte(r):

kann der Gläubiger von dem Schuldner aufgrund des ... (Titel) des AG/LG/OLG
... vom ... AZ.: nachfolgende Beträge verlangen:

_____ DM Hauptforderung nebst ... Zinsen
seit dem ... aus ...

_____ DM festgesetzte Kosten nebst ... Zinsen
seit dem ...

_____ DM bisherige Vollstreckungskosten

_____ DM Summe

Ich benachrichtige Sie

– Drittschuldner –

namens des Gläubigers darüber, daß die Pfändung des Anspruches des Schuldners gegen Sie aus ... bevorsteht.

Bei Arbeitseinkommen sind die Pfändungsfreigrenzen gemäß §§ 850 ff. ZPO
(insbesondere § 850c ZPO) zu beachten.

Der Drittschuldner darf nicht mehr an den Schuldner Zahlung leisten.
Der Schuldner darf nicht mehr über die Forderung verfügen, sie insbesondere nicht mehr einziehen.

Diese Benachrichtigung hat die Wirkung eines Arrestes (§ 930 ZPO), sofern die Pfändung des Anspruches innerhalb eines Monats bewirkt wird.

(Unterschrift)

13. Pfändungs- und Überweisungsbeschluß in Arbeitseinkommen/Arbeitslosengeld wegen Unterhaltsansprüche, § 850d ZPO

An das Amtsgericht
in ...

Ich beantrage den nachstehenden Beschluß zu erlassen.

Ich – besorge die Zustellung selbst – bitte die Zustellung durch Vermittlung der Geschäftsstelle zu veranlassen, und zwar an den Drittschuldner mit der Aufforderung zur Erklärung gemäß § 840 ZPO.

Schuldtitel und ... Unterlagen über bisherige Vollstreckungskosten sind beigefügt.

Der Schuldner ist ledig – verheiratet – verwitwet – geschieden und hat ... weitere unterhaltsberechtigte Kinder.

Der Gläubiger hat – keine – Prozeßkostenhilfe.

, den ...

(Rechtsanwalt)

Pfändungs- und Überweisungsbeschluß

In der Zwangsvollstreckungssache

– Gläubiger –

Prozeßbevollmächtigte(r):

gegen

– Schuldner –

Prozeßbevollmächtigte(r):

Nach der vollstreckbaren Ausfertigung des ... (Titel) des AG/LG/OLG ... vom ... AZ.: ... und dem Kostenfestsetzungsbeschluß vom ... AZ.: ... stehen dem/den Gläubiger(n) gegen den Schuldner nachstehende Ansprüche zu:

374

a) _____ DM (i. B. ...) Unterhaltsrückstand
für die Zeit vom ... bis ...

b) _____ DM (i. B. ...) monatlich, fällig
jeweils am ... jeden Monats,
erstmals ab ...

c) _____ DM monatlichen Unterhalt, fällig jeweils
am ... jeden Monats, erstmals ab ...
bis zur Vollendung des 6. Lebensjahres
des Gläubigers

d) _____ DM monatlichen Unterhalt, fällig jeweils
am ... jeden Monats, erstmals ab ...
von der Vollendung des 6. Lebensjahres
bis zur Vollendung des 12. Lebensjahres

e) _____ DM monatlichen Unterhalt, fällig jeweils
am ... jeden Monats, erstmals ab ...
von der Vollendung des 12. Lebensjahres
bis zur Vollendung des 18. Lebensjahres

f) _____ DM festgesetzte Kosten
nebst ... Zinsen ab dem ...

g) _____ DM bisherige Vollstreckungskosten

_____ DM Summe

Wegen und bis zur Höhe dieser Ansprüche und wegen der Kosten für diesen
Beschluß (s. unten unter I.–III.) werden die angeblichen Ansprüche des Schuldners
gegen

– Drittschuldner –
(Arbeitgeber/Arbeitsamt)

auf Zahlung des gesamten, jetzigen und künftigen Arbeitseinkommens/Arbeits-
losengeldes ohne Rücksicht auf die Benennung – einschließlich des Geldwertes
von Sachbezügen – aus dem Arbeits- oder Dienstvertrag gepfändet.

Der Drittschuldner darf, soweit das Arbeitseinkommen/Arbeitslosengeld gepfändet ist, nicht mehr an den Schuldner zahlen. Der Schuldner hat sich insoweit
jeder Verfügung über das Arbeitseinkommen/Arbeitslosengeld zu enthalten, insbesondere darf er es nicht mehr einziehen.
Das gepfändete Arbeitseinkommen/Arbeitslosengeld wird dem Gläubiger zur
Einziehung überwiesen.

Ergänzende Bestimmungen:

Von der Pfändung sind ausgenommen, Steuern und Beiträge zur Sozialversicherung. Diesen Zahlungen stehen Beiträge gleich, die in üblicher Höhe an eine Ersatzkasse, eine private Krankenversicherung oder zur Weiterversicherung gezahlt werden. Ebenso unpfändbar sind die in § 850a ZPO genannten Bezüge, wobei dem Schuldner von den Bezügen nach § 850a Nr. 1, 2 und 4 ZPO mindestens die Hälfte der nach § 850a ZPO unpfändbaren Beträge zu verbleiben haben.

Pfandfreier Betrag nach § 850d ZPO

Der Schuldner ist nach Angabe des Gläubigers ledig – verheiratet – geschieden – verwitwet – und hat noch weitere ... unterhaltsberechtigte Kinder. Als notwendigen Unterhalt und zur Erfüllung seiner laufenden gesetzlichen Unterhaltspflichten sind dem Schuldner zu belassen

monatlicher Grundfreibetrag zzgl. ... des Mehrbetrages.

Der dem Schuldner hiernach verbleibende Teil seines Arbeitseinkommens darf den Betrag nicht übersteigen, der ihm nach den Vorschriften des § 850c ZPO gegenüber nicht bevorrechtigten Gläubigern zu verbleiben hätte.

Kosten:

  I. Gerichtskosten:

    Gebühr (KV-Nr. 1640 GKG)   20,— DM

  II. Anwaltskosten:

    a) Gebühr § 57 BRAGO (3/10) (Wert: ...)   DM

    b) Auslagen § 26 BRAGO   DM

    c) MwSt.   DM

          Summe: DM

**III. Zustellungskosten
(Gerichtsvollzieherkostengesetz)**

a) Gebühr für Zustellung an Drittschuldner   DM

b) Gebühr für Zustellung an Schuldner   DM

c) Gebühr Beglaubigung von ... Seiten   DM

d) Pauschsatz für Vordruckkosten   DM

e) Wegegelder   DM

f) Postgebühren für Zustellung
    an Schuldner/Drittschuldner   DM

g) Nachnahmekosten   DM

Summe: DM

... , den ...

Das Amtsgericht

Rechtspfleger(in)

Ausgefertigt ...

als Urkundsbeamter der
Geschäftsstelle

377

14. Antrag nach § 850c Abs. 4 ZPO
– Wegfall von Unterhaltsberechtigten –

An das
Amtsgericht
– Vollstreckungsgericht –
in ...

In der Zwangsvollstreckungssache

– Gläubiger –

Prozeßbevollmächtigte(r):

gegen

– Schuldner –

Prozeßbevollmächtigte(r):

wird namens des Gläubigers beantragt:

Der Pfändungs- und Überweisungsbeschluß des AG ...
vom ... AZ.: ... ist dahingehend abzuändern, daß bei der Berechnung des pfändbaren Betrages der/die Unterhaltsberechtigte ... in vollem Umfang unberücksichtigt zu lassen ist

oder
daß bei der Berechnung des pfändbaren Betrages der/die Unterhaltsberechtigte ...
zu ($1/4$, $1/2$, $3/4$) unberücksichtigt zu lassen ist

oder
daß bei der Berechnung des pfändbaren Betrages der/die Unterhaltsberechtigte ...
nur mit ... (konkreter Betrag) zu berücksichtigen ist.

Gründe:

(Unterschrift)

15. Antrag nach § 850e Nr. 2 ZPO
– Zusammenrechnung mehrerer Einkünfte –

An das
Amtsgericht
– Vollstreckungsgericht –
in ...

In der Zwangsvollstreckungssache

– Gläubiger –

Prozeßbevollmächtigte(r):

gegen

– Schuldner –

Prozeßbevollmächtigte(r):

wird namens des Gläubigers beantragt, die gepfändeten Arbeitseinkommen
aufgrund der Pfändungs- und Überweisungsbeschlüsse des AG ... vom ...
und vom ... AZ.: ... und ... gegenüber den Drittschuldnern

– ...

– ...

zusammenzurechnen.

Der unpfändbare Grundbetrag ist in erster Linie dem Arbeitseinkommen bei dem
Drittschuldner ... zu entnehmen.

Gründe:

(Unterschrift)

16. Antrag nach § 850e Nr. 4 ZPO
– Verrechnungsantrag bei Pfändung oder Abtretung nach §§ 850c und 850d ZPO –

An das
Amtsgericht
– Vollstreckungsgericht –
in ...

In der Zwangsvollstreckungssache

– Gläubiger –

Prozeßbevollmächtigte(r):

gegen

– Schuldner –

Prozeßbevollmächtigte(r):

wird namens des Gläubigers ein **Verrechnungsantrag** gemäß § 850e Nr. 4 ZPO gestellt. Der Gläubiger erhält durch den

– Drittschuldner –

aus dem gepfändeten Arbeitseinkommen aufgrund des Pfändungs- und Überweisungsbeschlusses des AG ... vom ... AZ.: ... keine Zahlungen, da eine bevorrechtigte Unterhaltspfändung vorliegt.

a) Auf diese Unterhaltspfändung sind jedoch zunächst die gemäß § 850d ZPO der Pfändung in erweitertem Umfang unterliegenden Teile des Arbeitseinkommen zu verrechnen

oder

b) Der nicht nach § 850d ZPO in den erweiterten Umfang pfändende Unterhaltsgläubiger ist jedoch auf diesen Vorrechtsbereich zu verweisen.

Gründe:

(Unterschrift)

380

17. Lohnpfändungsschutz, § 850f Abs. 1 ZPO

An das
Amtsgericht
– Vollstreckungsgericht –
in . . .

In der Zwangsvollstreckungssache

– Gläubiger –

Prozeßbevollmächtigte(r):

gegen

– Schuldner –

Prozeßbevollmächtigte(r):

wird namens des Schuldners **beantragt**, den Pfändungs- und Überweisungsbeschluß des AG in . . . vom . . . AZ.: . . . teilweise abzuändern und über die
unpfändbaren Beträge gemäß §§ 850c, d ZPO hinaus weitere . . . DM monatlich
für unpfändbar zu erklären.

Gründe:

– der Schuldner weist durch anliegende Bescheinigung des Sozialamtes nach,
  daß durch die Pfändung der notwendige Lebensunterhalt für sich und . . .
  nicht gewährleistet ist
– besondere Bedürfnisse aus persönlichen/beruflichen Gründen bestehen . . .
– der Schuldner hat mehr als 5 Personen Unterhalt zu leisten und zwar . . .

(Unterschrift)

18. Pfändungserweiterung bei Forderung aus
unerlaubter Handlung, § 850f Abs. 2 ZPO

An das
Amtsgericht
– Vollstreckungsgericht –
in ...

In der Zwangsvollstreckungssache

– Gläubiger –

Prozeßbevollmächtigte(r):

gegen

– Schuldner –

Prozeßbevollmächtigte(r):

wird namens des Gläubigers **beantragt**,
den aufgrund des Pfändungs- und Überweisungsbeschlusses des AG ...
vom ... AZ.: ... pfändbaren Teil des Arbeitseinkommens ohne Rücksicht
auf die in § 850c ZPO vorgesehenen Beschränkungen auf monatlich
mindestens ... DM festzusetzen.

Gründe:

Die Zwangsvollstreckung wird vorliegend betrieben wegen einer Forderung aus vorsätzlich begangener unerlaubter Handlung, da ...

(Unterschrift)

19. Pfändungserweiterung bei
hohem Einkommen, § 850f Abs. 3 ZPO

An das
Amtsgericht
– Vollstreckungsgericht –
in ...

In der Zwangsvollstreckungssache

– Gläubiger –

Prozeßbevollmächtigte(r):

gegen

– Schuldner –

Prozeßbevollmächtigte(r):

wird namens des Gläubigers **beantragt**,
den Pfändungs- und Überweisungsbeschluß des AG ... vom ...
AZ.: ... abzuändern und zu beschließen, daß die monatlichen Einkünfte
des Schuldners über 3744,– DM hinaus in vollem Umfang pfändbar sind.

Gründe:

(Unterschrift)

20. Kontenschutzantrag, § 850k ZPO

An das
Amtsgericht
– Vollstreckungsgericht –
in ...

In der Zwangsvollstreckungssache

– Gläubiger –

Prozeßbevollmächtigte(r):

gegen

– Schuldner –

Prozeßbevollmächtigte(r):

wird namens des Schuldners **beantragt**,
den Pfändungs- und Überweisungsbeschluß des AG ... vom ...
AZ.: ... abzuändern und zu beschließen:

1. Die Pfändung des Guthabens auf dem Konto Nr. ... bei dem Drittschuldner ...
   ist in Höhe von ... DM bis zum nächsten Zahlungstermin am ... aufzuheben.
2. Die Pfändung ist weiterhin aufzuheben wegen der künftigen Geldeingänge aus
   Arbeitseinkommen in Höhe von monatlich ... DM, die auf das zuvor genannte
   Konto überwiesen werden.
3. Vorab ist dem Schuldner ein Betrag von ... DM freizugeben, den er dringend
   zum Lebensunterhalt benötigt.
4. Die Zwangsvollstreckung aus dem o.g. Pfändungs- und Überweisungsbeschluß
   ist bis zur endgültigen Entscheidung einstweilen einzustellen.
5. Die Kosten des Verfahrens sind dem Gläubiger aufzuerlegen.

Gründe:

(Unterschrift)

21. Antrag auf Pfändung und Überweisung einer Hypothek oder Grundschuld, § 830 ZPO

An das
Amtsgericht
– Vollstreckungsgericht –
in ...

Ich beantrage den nachstehenden Beschluß zu erlassen.

Ich – besorge die Zustellung selbst – bitte die Zustellung durch Vermittlung der Geschäftsstelle zu veranlassen, und zwar an den Drittschuldner mit der Aufforderung zur Erklärung gemäß § 840 ZPO.

Schuldtitel und ... Unterlagen über die bisherigen Vollstreckungskosten sind beigefügt.

Der Gläubiger hat – keine – Prozeßkostenhilfe.

, den ...

(Rechtsanwalt)

Pfändungs- und Überweisungsbeschluß

In der Zwangsvollstreckungssache

– Gläubiger –

Prozeßbevollmächtigte(r):

gegen

– Schuldner –

Prozeßbevollmächtigte(r):

Nach der vollstreckbaren Ausfertigung des ... (Titel) des AG/LG/OLG ... vom ... AZ.: ... und dem Kostenfestsetzungsbeschluß vom ... AZ.: ... stehen dem/den Gläubiger(n) gegen den Schuldner nachfolgende Ansprüche zu:

a) _____ DM Hauptforderung
nebst ... Zinsen ab dem ... aus ...

b) _____ DM festgesetzte Kosten
nebst ... Zinsen ab dem ...

c) _____ DM bisherige Vollstreckungskosten

_____ DM Summe

Wegen und bis zur Höhe dieser Ansprüche und wegen der Kosten für diesen
Beschluß (s. unten unter I.–III.) wird die angebliche Darlehensforderung des
Schuldners gegen

– persönlicher Drittschuldner –

die angeblich für diese Forderung im Grundbuch von ... Blatt ... in Abt. III unter
lfd. Nr. ... auf dem Grundstück lfd. Nr. ... des Bestandsverzeichnisses des

– dinglicher Drittschuldner –

eingetragene Briefhypothek/Briefgrundschuld oder Buchhypothek/Buchgrundschuld
in Höhe von ... nebst ... Zinsen seit dem ... gepfändet.
Die Pfändung erfolgt auch wegen der Kosten der Briefwegnahme und der
Eintragungskosten im Grundbuch.

Im Falle einer Briefhypothek/Briefgrundschuld:
Die Pfändung erfaßt auch den Anspruch des Schuldners gegen

– Drittschuldner –

auf Herausgabe des für die vorstehend bezeichnete Hypothek/Grundschuld erstellten Briefes.

Der Brief ist vom Schuldner an den Gläubiger herauszugeben.

Der Drittschuldner darf, soweit die Ansprüche gepfändet sind, nicht mehr an
den Schuldner zahlen.
Der Schuldner hat sich insoweit jeder Verfügung über die gepfändeten Ansprüche zu enthalten, insbesondere darf er sie nicht mehr einziehen.
Die gepfändeten Ansprüche werden dem Gläubiger zur Einziehung – an Zahlungs Statt – überwiesen.

Kosten:

I. Gerichtskosten:

Gebühr (KV-Nr. 1640 GKG)   20,— DM

II. Anwaltskosten:

a) Gebühr § 57 BRAGO (3/10) (Wert: ...)   _____ DM

b) Auslagen § 26 BRAGO   _____ DM

c) MwSt.   _____ DM

                            Summe: DM

III. Zustellungskosten
(Gerichtsvollzieherkostengesetz)

a) Gebühr für Zustellung an Drittschuldner   _____ DM

b) Gebühr für Zustellung an Schuldner   _____ DM

c) Gebühr Beglaubigung von ... Seiten   _____ DM

d) Pauschsatz für Vordruckkosten   _____ DM

e) Wegegelder   _____ DM

f) Postgebühren für Zustellung
   an Schuldner/Drittschuldner
   Nachnahmekosten   _____ DM

                            Summe: DM

... , den ...

Das Amtsgericht

Rechtspfleger(in)

Ausgefertigt ...

als Urkundsbeamter der
Geschäftsstelle

22. Pfändung der Rückgewährsansprüche bei Grundschulden, § 857 ZPO

An das
Amtsgericht
– Vollstreckungsgericht –
in ...

Ich beantrage den nachstehenden Beschluß zu erlassen.

Ich – besorge die Zustellung selbst – bitte die Zustellung durch Vermittlung der Geschäftsstelle zu veranlassen, und zwar an den Drittschuldner mit der Aufforderung zur Erklärung gemäß § 840 ZPO.

Schuldtitel und ... Unterlagen über die bisherigen Vollstreckungskosten sind beigefügt.

Der Gläubiger hat – keine – Prozeßkostenhilfe.

, den ...

(Rechtsanwalt)

Pfändungs- und Überweisungsbeschluß

In der Zwangsvollstreckungssache

– Gläubiger –

Prozeßbevollmächtigte(r):

gegen

– Schuldner –

Prozeßbevollmächtigte(r):

Nach der vollstreckbaren Ausfertigung des ... (Titel) des AG/LG/OLG ... vom ... AZ.: ... und dem Kostenfestsetzungsbeschluß vom ... AZ.: ... stehen dem/den Gläubiger(n) gegen den Schuldner nachfolgende Ansprüche zu:

a) _____ DM Hauptforderung
nebst ... Zinsen ab dem ... aus ...

b) _____ DM festgesetzte Kosten
nebst ... Zinsen ab dem ...

c) ═════════════════ DM bisherige Vollstreckungskosten –
s. anl. Aufstellung

_____ DM Summe

Wegen und in Höhe dieser Ansprüche und wegen der Kosten für diesen Beschluß
(s. unten unter I.–III.) werden gepfändet die Ansprüche des Schuldners gegen

– Drittschuldner –

– auf Rückübertragung der im Grundbuch von ... Blatt ... in Abt. III unter lfd. Nr.
... eingetragenen Grundschuld durch Rückabtretung, Verzicht oder Aufhebung
sowohl hinsichtlich des gesamten Grundschuldbetrages über ... DM als auch
bezüglich Teilbeträge
– auf die zukünftige Eigentümergrundschuld
– auf Auszahlung des Mehrerlöses, der in einer eventuellen Zwangsversteigerung
auf die Grundschuld entfällt und von dem Gläubiger nicht in Anspruch genommen wird
– auf Berichtigung des Grundbuches durch Umschreibung des Rechtes in eine
Eigentümergrundschuld und auf Herausgabe der für die Grundbuchberichtigung
benötigten Urkunden
– auf Herausgabe des Grundschuldbriefes
– bei teilweiser Valutierung der Grundschuld:
auf den Miteigentumsanteil an dem über die vorbezeichnete Grundschuld
erstellten Briefes, auf Aufhebung der Gemeinschaft an dem Brief und auf Erstellung und Herausgabe eines Teilgrundschuldbriefes entweder durch das Grundbuchamt oder den Notar
– bei abgetretenen Rückgewähransprüchen:
auf Rückabtretung der abgetretenen Rückgewähransprüche gegenüber

– Drittschuldner –

Die Pfändung erfolgt auch wegen der Kosten der Briefwegnahme und der Eintragungskosten im Grundbuch:

Der Drittschuldner darf, soweit die Ansprüche gepfändet sind, nicht mehr an
den Schuldner zahlen/leisten.
Der Schuldner hat sich insoweit jeder Verfügung über die gepfändeten
Ansprüche zu enthalten, insbesondere darf er sie nicht mehr einziehen.
Die gepfändeten Ansprüche werden dem Gläubiger zur Einziehung – an Zah-
lungs Statt – überwiesen.

389

Kosten:

I. Gerichtskosten:

Gebühr (KV-Nr. 1640 GKG) 20,— DM

II. Anwaltskosten:

a) Gebühr § 57 BRAGO (3/10) (Wert: ...) _____ DM

b) Auslagen § 26 BRAGO _____ DM

c) MwSt. _____ DM

Summe: DM

III. Zustellungskosten
   (Gerichtsvollzieherkostengesetz)

a) Gebühr für Zustellung an Drittschuldner _____ DM

b) Gebühr für Zustellung an Schuldner _____ DM

c) Gebühr Beglaubigung von ... Seiten _____ DM

d) Pauschsatz für Vordruckkosten _____ DM

e) Wegegelder _____ DM

f) Postgebühren für Zustellung
   an Schuldner/Drittschuldner _____ DM

Summe: DM

..., den ...

Das Amtsgericht

Rechtspfleger(in)

Ausgefertigt ...

als Urkundsbeamter der
Geschäftsstelle

23. Anwartschaftsrecht bei Eigentumsvorbehaltskauf, § 857 ZPO

An das
Amtsgericht
– Vollstreckungsgericht –
in ...

Ich beantrage den nachstehenden Beschluß zu erlassen.

Ich – besorge die Zustellung selbst – bitte die Zustellung durch Vermittlung der Geschäftsstelle zu veranlassen, und zwar an den Drittschuldner mit der Aufforderung zur Erklärung gemäß § 840 ZPO.

Schuldtitel und ... Unterlagen über die bisherigen Vollstreckungskosten sind beigefügt.

Der Gläubiger hat – keine – Prozeßkostenhilfe.

, den ...

(Rechtsanwalt)

Pfändungs- und Überweisungsbeschluß

In der Zwangsvollstreckungssache

– Gläubiger –

Prozeßbevollmächtigte(r):

gegen

– Schuldner –

Prozeßbevollmächtigte(r):

Nach der vollstreckbaren Ausfertigung des ... (Titel) des AG/LG/OLG ... vom ... AZ.: ... und dem Kostenfestsetzungsbeschluß vom ... AZ.: ... stehen dem/den Gläubiger(n) gegen den Schuldner nachfolgende Ansprüche zu:

391

a) _____ DM Hauptforderung
nebst . . . Zinsen ab dem . . . aus . . .

b) _____ DM festgesetzte Kosten
nebst . . . Zinsen ab dem . . .

c) _____ DM bisherige Vollstreckungskosten –
s. anl. Aufstellung

_____ DM Summe

Wegen und bis zur Höhe dieser Ansprüche und wegen der Kosten für diesen
Beschluß (s. unten unter I.–III.) wird das angebliche Anwartschaftsrecht des
Schuldners auf den Erwerb des Eigentums der vom

– Drittschuldner –

unter Eigentumsvorbehalt verkauften . . . und der Herausgabeanspruch des Schuldners gegen den Drittschuldner gepfändet.

Der Drittschuldner darf, soweit die Ansprüche gepfändet sind, nicht mehr
an den Schuldner leisten.
Der Schuldner hat sich insoweit jeder Verfügung über die gepfändeten
Ansprüche zu enthalten, insbesondere darf er sie nicht mehr einziehen.
Die gepfändeten Ansprüche werden dem Gläubiger zur Einziehung über-
wiesen.

Kosten:

I. Gerichtskosten:

Gebühr (KV-Nr. 1640 GKG) 20,— DM

II. Anwaltskosten:

a) Gebühr § 57 BRAGO (3/10) (Wert: . . .) _____ DM

b) Auslagen § 26 BRAGO _____ DM

c) MwSt. _____ DM

Summe: DM

**III. Zustellungskosten
(Gerichtsvollzieherkostengesetz)**

a) Gebühr für Zustellung an Drittschuldner _____ DM

b) Gebühr für Zustellung an Schuldner _____ DM

c) Gebühr Beglaubigung von ... Seiten _____ DM

d) Pauschsatz für Vordruckkosten _____ DM

e) Wegegelder _____ DM

f) Postgebühren für Zustellung
an Schuldner/Drittschuldner
Nachnahmekosten _____ DM

Summe: DM

... , den ...

Das Amtsgericht

Rechtspfleger(in)

Ausgefertigt ...

als Urkundsbeamter der
Geschäftsstelle

24. Eigentumsverschaffungsanspruch
aus Grundstückskaufvertrag, §§ 846, 848 ZPO

An das
Amtsgericht
– Vollstreckungsgericht –
in . . .

Ich beantrage den nachstehenden Beschluß zu erlassen.

Ich – besorge die Zustellung selbst – bitte die Zustellung durch Vermittlung der Geschäftsstelle zu veranlassen, und zwar an den Drittschuldner mit der Aufforderung zur Erklärung gemäß § 840 ZPO.

Schuldtitel und . . . Unterlagen über die bisherigen Vollstreckungskosten sind beigefügt.

Der Gläubiger hat – keine – Prozeßkostenhilfe.

, den . . .

(Rechtsanwalt)

Pfändungs- und Überweisungsbeschluß

In der Zwangsvollstreckungssache

– Gläubiger –

Prozeßbevollmächtigte(r):

gegen

– Schuldner –

Prozeßbevollmächtigte(r):

Nach der vollstreckbaren Ausfertigung des . . . (Titel) des AG/LG/OLG . . . vom . . . AZ.: . . . und dem Kostenfestsetzungsbeschluß vom . . . AZ.: . . . stehen dem/den Gläubiger(n) gegen den Schuldner nachfolgende Ansprüche zu:

a) _____ DM Hauptforderung
nebst ... Zinsen ab dem ... aus ...

b) _____ DM festgesetzte Kosten
nebst ... Zinsen ab dem ...

c) _____ DM bisherige Vollstreckungskosten –
s. anl. Aufstellung

_____ DM Summe

Wegen und bis zur Höhe dieser Ansprüche und wegen der Kosten für diesen Beschluß (s. unten unter I.–III.) wird der angebliche Anspruch des Schuldners gegen

– Drittschuldner –

auf Auflassung und Eigentumsumschreibung aus dem Kaufvertrag vom ...
abgeschlossen vor Notar ... Urkunden-Nr. ... bezüglich des Grundstückes ...
eingetragen im Grundbuch von ... Blatt-Nr. ... gepfändet.
Zum Sequester ist Herr/Frau ... zu bestellen. Gleichzeitig wird angeordnet, daß
das Grundstück an den Sequester herauszugeben und an ihn aufzulassen ist.

Der Drittschuldner darf, soweit die Ansprüche gepfändet sind, nicht mehr an
den Schuldner leisten.
Der Schuldner hat sich insoweit jeder Verfügung über die gepfändeten
Ansprüche zu enthalten, insbesondere darf er sie nicht mehr einziehen.
Die gepfändeten Ansprüche werden dem Gläubiger zur Einziehung überwiesen.

Kosten:

I. Gerichtskosten:

Gebühr (KV-Nr. 1640 GKG)   20,— DM

II. Anwaltskosten:

a) Gebühr § 57 BRAGO (3/10) (Wert: ...)   _____ DM

b) Auslagen § 26 BRAGO   _____ DM

c) MwSt.   _____ DM

Summe: DM

III. Zustellungskosten
(Gerichtsvollzieherkostengesetz)

a) Gebühr für Zustellung an Drittschuldner   ———— DM

b) Gebühr für Zustellung an Schuldner   ———— DM

c) Gebühr Beglaubigung von ... Seiten   ———— DM

d) Pauschsatz für Vordruckkosten   ———— DM

e) Wegegelder   ———— DM

f) Postgebühren für Zustellung
  an Schuldner/Drittschuldner
  Nachnahmekosten   ———— DM

Summe: DM

... , den ...

Das Amtsgericht

Rechtspfleger(in)

Ausgefertigt ...

als Urkundsbeamter der
Geschäftsstelle

25. Klage, § 826 BGB

An das
Amtsgericht/Landgericht
in ...

Klage

des ...

Klägers,

Prozeßbevollmächtigter:

gegen

Herrn ...

Beklagten,

Prozeßbevollmächtigter:

Ich bestelle mich zum Prozeßbevollmächtigten des Klägers und werde **beantragen**,
den Beklagten zu verurteilen

1. die Zwangsvollstreckung aus dem Vollstreckungsbescheid des AG ... vom ...
   – AZ.: ... – zu unterlassen/
   hinsichtlich eines über DM ... hinausgehenden Betrages zu unterlassen/
   hinsichtlich der Verzugszinsen zu unterlassen, soweit diese höher als 5 % über
   dem Bundesbankdiskontsatz liegen,

2. den vorgenannten Titel an den Kläger herauszugeben,

3. an den Kläger DM ... nebst ... % Zinsen seit dem ... zu zahlen.

Begründung:

(Unterschrift)

26. Antrag auf Vollstreckungsschutz, § 765a ZPO

An das
Amtsgericht (Vollstreckungsgericht)
Landgericht (Arrestgericht)
in ...

In Sachen

des ...

Gläubigers,

Verfahrensbevollmächtigter:

gegen

Herrn ...   Schuldner,

Verfahrensbevollmächtigter:

beantrage ich namens und in Vollmacht des Schuldners

– die Zwangsvollstreckung aus dem ... (Angabe des Titels) bis zum ... /
  auf Dauer zu untersagen.
– die Zwangsvollstreckung aus dem ... (Angabe des Titels) in ...
  (Angabe des Gegenstandes) zu untersagen
– die am ... durch den Gerichtsvollzieher ... (DR-Nr. ...) im Auftrag des
  Gläubigers durchgeführte Pfändung des ... (Angabe des Gegenstandes)
  aufzuheben.
– die Verwertung des am ... durch den Gerichtsvollzieher ... (DR-Nr. ...)
  im Auftrag des Gläubigers gepfändeten ... (Angabe des Gegenstandes)
  bis zum ... zu untersagen.

Begründung:

(Unterschrift)

27. Erinnerung gegen Entscheidungen des Rechtspflegers in der Zwangsvollstreckung, § 11 RPflG

An das
Amtsgericht (Vollstreckungsgericht)
Landgericht (Arrestgericht)
in ...

In Sachen

des ...

Gläubigers,

Verfahrensbevollmächtigter:

gegen

Herrn ...   Schuldner,

Verfahrensbevollmächtigter:

lege ich namens und in Vollmacht des Gläubigers/Schuldners gegen
– die Entscheidung des Rechtspflegers vom ..., durch den der Antrag auf ...
  (z.B. Erlaß eines Pfändungs- und Überweisungsbeschlusses) zurückgewiesen
  worden ist,
– gegen den nach Gewährung rechtlichen Gehörs ergangenen Pfändungs- und
  Überweisungsbeschluß vom ... (AZ.: ...)

Erinnerung

ein und **beantrage**,
> die Zwangsvollstreckung aus dem vorgenannten Beschluß für unzulässig zu
> erklären und den Beschluß aufzuheben.

Ferner beantrage ich,
– die Zwangsvollstreckung aus dem ... (Angabe des Vollstreckungstitels) in ...
  (Bezeichnung der gepfändeten Forderung) einstweilen – ggfs. gegen Sicherheitsleistung – einzustellen.

399

– anzuordnen, daß die Zwangsvollstreckung aus dem ... (Angabe des Vollstreckungstitels) nur gegen Leistung einer Sicherheit des Gläubigers in Höhe
von ... fortgesetzt werden darf.

– die Vollstreckungsmaßregel, nämlich die ... vorab gegen Sicherheitsleistung des
Schuldners aufzuheben.

Begründung:

(Unterschrift)

28. Vollstreckungserinnerung gegen Zwangsvollstreckungsmaßnahmen, § 766 Abs. 1 ZPO, mit einstweiliger Anordnung, §§ 766 Abs. 1 Satz 2, 732 Abs. 2 ZPO

An das
Amtsgericht (Vollstreckungsgericht)
Landgericht (Arrestgericht)
in ...

In Sachen

des ...

Gläubigers,

Verfahrensbevollmächtigter:

gegen

Herrn ...   Schuldner,

Verfahrensbevollmächtigter:

lege ich namens und in Vollmacht des Schuldners/des ... (Angabe von Namen und Anschrift des Dritten) als Erinnerungsführer
– gegen die am ... durch den Gerichtsvollzieher ... (DR-Nr. ...) im Auftrag des ... (Angabe des Gläubigers) in ... (Angabe des Vollstreckungsgegenstandes) durch-geführte Zwangsvollstreckung
– gegen den am ... erlassenen Pfändungs- und Überweisungsbeschluß (AZ.: ...)

Erinnerung

ein und **beantrage**,
– die Zwangsvollstreckung insoweit für unzulässig zu erklären.
– die Zwangsvollstreckung aus dem Pfändungs- und Überweisungsbeschluß für unzulässig zu erklären und den Beschluß aufzuheben.

Ferner beantrage ich,

– die Zwangsvollstreckung aus dem ... (Angabe des Vollstreckungstitels) in ... (Angabe des gepfändeten Gegenstandes) einstweilen – ggfs. gegen Sicherheitsleistung – einzustellen.

– anzuordnen, daß die Zwangsvollstreckung aus dem ... (Angabe des Vollstreckungstitels) in ... (Angabe des gepfändeten Gegenstandes) nur gegen Leistung einer Sicherheit des Gläubigers in Höhe von ... fortgesetzt werden darf.

– die Vollstreckungsmaßregel, nämlich die ... vorab gegen Sicherheitsleistung des Schuldners aufzuheben.

Begründung:

(Unterschrift)

29. Vollstreckungsabwehrklage, § 767 ZPO, mit einstweiliger Anordnung, § 769 Abs. 1 ZPO

An das
Amtsgericht/Landgericht
in ...

Klage

des ...

Klägers,

Prozeßbevollmächtigter:

gegen

Herrn ...   Beklagten,

Prozeßbevollmächtigter:

Ich bestelle mich zum Prozeßbevollmächtigten des Klägers und werde **beantragen,**

die Zwangsvollstreckung aus dem ... (genaue Angabe des Titels)

– für unzulässig zu erklären
– hinsichtlich eines DM ... übersteigenden Betrages für unzulässig zu erklären
– wegen höherer Zinsen als 5 % über Bundesbankdiskontsatz für unzulässig zu erklären
– bis zum ... (Datum/Ereignis) für unzulässig zu erklären
– insoweit für unzulässig zu erklären, als der seinerzeitige Kläger ... (Name) die Zwangsvollstreckung aus dem vorgenannten Titel gegen den seinerzeitigen Beklagten und jetzigen Kläger betreibt
– hinsichtlich des seinerzeitigen Beklagten und jetzigen Klägers für unzulässig zu erklären
– nur Zug um Zug gegen ... (genaue Angabe der Gegenforderung) für unzulässig zu erklären.

Ferner beantrage ich,

– die Zwangsvollstreckung aus dem ... (Angabe des Vollstreckungstitel) einstweilen – ggfs. gegen Sicherheitsleistung – einzustellen.

– anzuordnen, daß die Zwangsvollstreckung aus dem vorgenannten Vollstreckungstitel nur gegen Leistung einer Sicherheit des Gläubigers in Höhe von ... fortgesetzt werden darf.

– die Zwangsvollstreckung gegen Sicherheitsleistung des Schuldners aufzuheben.

Begründung:

(Unterschrift)

30. Drittwiderspruchsklage, § 771 ZPO, mit einstweiliger Anordnung, §§ 771 Abs. 3, 769 Abs. 1 ZPO

An das
Amtsgericht/Landgericht
in . . .

Klage

des . . .

Klägers,

Prozeßbevollmächtigter:

gegen

Herrn . . .

Beklagten,

Prozeßbevollmächtigter:

Ich bestelle mich zum Prozeßbevollmächtigten des Klägers und werde **beantragen**,
– die vom Beklagten betriebene Zwangsvollstreckung aus dem . . . (genaue Angabe des Titels) in den/die/das vom Gerichtsvollzieher . . . am . . . (DR-Nr. . . .) gepfändete(n) . . . (genaue Angabe des Gegenstandes) für unzulässig zu erklären.
– die auf Antrag des Beklagten durch Pfändungs- und Überweisungsbeschluß des AG . . . (genaue Angabe des Gerichts mit AZ) durchgeführte Zwangsvollstreckung in die angebliche . . . (genaue Angabe der gepfändeten Forderung) für unzulässig zu erklären.

Ferner beantrage ich,
– die Zwangsvollstreckung aus dem vorgenannten Vollstreckungstitel in . . . (genaue Angabe des Gegenstandes) – ggfs. gegen Sicherheitsleistung – einstweilen einzustellen.
– die Vollstreckungsmaßregel, nämlich die . . . vorab – ggfs. gegen Sicherheitsleistung des Klägers – aufzuheben.

Begründung:

(Unterschrift)

31. Drittwiderspruchsklage/Veräußerungsverbot, § 772 ZPO, mit einstweiliger Anordnung, § 769 Abs. 1 ZPO

An das
Amtsgericht/Landgericht
in ...

Klage

des ...

Klägers,

Prozeßbevollmächtigter:

gegen

Herrn ...

Beklagten,

Prozeßbevollmächtigter:

Ich bestelle mich zum Prozeßbevollmächtigten des Klägers und werde **beantragen**,
– die Veräußerung des am ... (DR-Nr. ...) durch den Gerichtsvollzieher ...
   gepfändete(n) ... (genaue Angabe des Gegenstandes) im Wege der vom
   Beklagten aus dem ... (genaue Angabe des Titels) betriebenen Zwangsvollstreckung für unzulässig zu erklären.
– die durch Beschluß des AG ... (genaue Angabe des Gerichts mit AZ) vom ...
   erfolgte Überweisung der angeblichen ... (genaue Angabe der gepfändeten
   Forderung) im Wege der Zwangsvollstreckung aus dem ... (genaue Angabe
   des Titels) für unzulässig zu erklären.

Ferner wird beantragt,
– die Zwangsvollstreckung aus dem vorgenannten Vollstreckungstitel in ...
   (genaue Angabe des Gegenstandes) – ggfs. gegen Sicherheitsleistung –
   einstweilen einzustellen.
– die Vollstreckungsmaßregel, nämlich die ... vorab – ggfs. gegen Sicherheitsleistung des Klägers – aufzuheben.

Begründung:

(Unterschrift)

32. Vorzugsklage, § 805 ZPO, mit einstweiliger Anordnung, §§ 805 Abs. 4, 769 Abs. 1 ZPO

An das
Amtsgericht/Landgericht
in ...

Klage

des ...

Klägers,

Prozeßbevollmächtigter:

gegen

Herrn ...

Beklagten,

Prozeßbevollmächtigter:

Ich bestelle mich zum Prozeßbevollmächtigten des Klägers und werde **beantragen**,
– den Kläger aus dem Reinerlös des am ... durch den Gerichtsvollzieher ...
(DR-Nr. ...) im Auftrag des Beklagten gepfändeten ... (genaue Angabe des Gegenstandes) bis zum Betrag von DM ... (Hauptsache, ggfs. Zinsen bis zum Tag der Auszahlung, Kosten) vor dem Beklagten zu befriedigen.
– den Kläger aus dem Reinerlös des am ... durch den Gerichtsvollzieher ...
(DR-Nr. ...) im Auftrag des Beklagten gepfändeten ... (genaue Angabe des Gegenstandes) bis zum Betrag von DM ... (Hauptsache, ggfs. Zinsen bis zum Tag der Auszahlung, Kosten) vor dem Beklagten zu befriedigen und den Gesamtbetrag bis zum ... (genaue Angabe der Bedingung) zu Gunsten des Klägers zu hinterlegen.

Ferner wird beantragt,

den Reinerlös aus der Pfandverwertung des am ... im Auftrag des Gläubigers durch den Gerichtsvollzieher ... (DR-Nr. ...) gepfändeten ... (genaue Angabe des gepfändeten Gegenstandes) bis zu einem Betrag von DM ... zugunsten der Parteien einstweilen zu hinterlegen.

Begründung:

(Unterschrift)

33. Antrag auf Ersatzvornahme, § 887 ZPO

An das
Amtsgericht/Landgericht
in ...

In Sachen

des ...

Gläubigers,

Verfahrensbevollmächtigter:

gegen

Herrn ...   Schuldner,

Verfahrensbevollmächtigter:

wird namens und in Vollmacht des Gläubigers der anliegende Vollstreckungstitel ... (Angabe des Titels) überreicht und **beantragt**,

1. den Gläubiger zu ermächtigen, die dem Schuldner aufgrund des vorstehenden
   Titels obliegende vertretbare Handlung, nämlich ... (Bezeichnung der Handlung)
   auf Kosten des Schuldners vornehmen zu lassen,

2. dem Schuldner aufzugeben, die Durchführung der vorstehenden Maßnahmen/ ...
   (Angabe einzelner Pflichten) zu dulden,

3. den Schuldner zu verurteilen, für die durch die Vornahme der gem. Ziff. 1 des
   Antrags vorzunehmenden Handlung entstehenden Kosten einen Vorschuß in
   Höhe von DM ... an den Gläubiger zu zahlen.

Begründung:

(Unterschrift)

Anlagen:
Vollstreckbare Ausfertigung des vorgenannten Titels mit Zustellungsurkunde, ggfs.
Nachweis der Erfüllung besonderer ZV-Voraussetzungen (z. B. Sicherheitsleistung).

34. Antrag auf Festsetzung eines Zwangsgeldes, § 888 ZPO

An das
Amtsgericht/Landgericht
in ...

In Sachen

des ...

Gläubigers,

Verfahrensbevollmächtigter:

gegen

Herrn ...   Schuldner,

Verfahrensbevollmächtigter:

wird namens und in Vollmacht des Gläubigers der anliegende Vollstreckungstitel ... (Bezeichnung des Titels) – überreicht und **beantragt**,
– zur Erzwingung der dem Schuldner aufgrund des vorstehenden Titels
   obliegenden unvertretbaren Handlung, nämlich ... (Bezeichnung der Handlung)
   gegen den Schuldner ein Zwangsgeld bis zu 50 000,– DM,
   und für den Fall, daß dieses nicht beigetrieben werden kann, ersatzweise für
   je DM ... einen Tag Zwangshaft, maximal jedoch Zwangshaft bis zu sechs
   Monaten festzusetzen.
– Zwangshaft bis zu sechs Monaten festzusetzen.

Begründung:

(Unterschrift)

Anlagen:
Vollstreckbare Ausfertigung des vorgenannten Titels mit Zustellungsurkunde; ggfs.
Nachweis der Erfüllung besonderer ZV-Voraussetzungen (z. B. Sicherheitsleistung).

35. Antrag auf Androhung von Ordnungsmitteln, § 890 ZPO

An das
Amtsgericht/Landgericht
in ...

In Sachen

des ...

Gläubigers,

Verfahrensbevollmächtigter:

gegen

Herrn ...   Schuldner,

Verfahrensbevollmächtigter:

wird namens und in Vollmacht des Gläubigers der anliegende Vollstreckungstitel ... (Bezeichnung des Titels) – überreicht und **beantragt**,

dem Schuldner für jeden Fall der Zuwiderhandlung gegen die im vorstehenden
Titel angeführte Unterlassungsverpflichtung, nämlich ... (Bezeichnung
der Verpflichtung) die Verhängung von Ordnungsgeld bis zu 500 000,– DM –
für den Fall, daß dieses nicht beigetrieben werden kann, Ordnungshaft bis zu
6 Monaten –

und

Ordnungshaft bis zu 6 Monaten, insgesamt jedoch nicht mehr als 2 Jahre,

anzudrohen.

Begründung:

(Unterschrift)

Anlagen:
Vollstreckbare Ausfertigung des vorgenannten Titels mit Zustellungsurkunde.

410

36. Antrag auf Festsetzung eines Ordnungsmittels, § 890 ZPO

An das
Amtsgericht/Landgericht
in ...

In Sachen

des ...

Gläubigers,

Verfahrensbevollmächtigter:

gegen

Herrn ...   Schuldner,

Verfahrensbevollmächtigter:

wird namens und in Vollmacht des Gläubigers der anliegende Vollstreckungstitel ... (Angabe des Titels) überreicht und **beantragt**,

gegen den Schuldner wegen Zuwiderhandlung gegen die im vorstehenden Titel
angeführte Unterlassungsverpflichtung, nämlich ... (Bezeichnung der Verpflichtung)

– ein Ordnungsgeld bis zu 500 000,– DM, und für den Fall, daß dieses nicht
  beigetrieben werden kann, für je DM ... einen Tag Ordnungshaft, insgesamt jedoch nicht mehr als 6 Monate,

– Ordnungshaft bis zu 6 Monaten, insgesamt jedoch nicht mehr als 2 Jahre,

festzusetzen.

Begründung:

(Unterschrift)

Anlagen:
Vollstreckbare Ausfertigung des vorgenannten Titels mit Zustellungsurkunde).

Gesetzesverzeichnis

(Die angegebenen Zahlen beziehen sich auf die Randnummern im Buch)

Bundesrechtsanwaltsgebührenordnung (BRAGO)

Bundessozialhilfegesetz (BSHG)

Einführungsgesetz zum Strafgesetzbuch (EGStGB)

Einkommensteuergesetz (EStG)

Erbbaurechtsverordnung (ErbbauVO)

Gesetz über die Angelegenheiten der Freiwilligen Gerichtsbarkeit (FGG)

Grundbuchordnung (GBO)

Stichwortverzeichnis

(Die angegebenen Zahlen beziehen sich auf die Randnummern im Buch)